Imperador cidadão

Roderick J. Barman

Imperador cidadão
e a construção do Brasil

Tradução
Sonia Midori Yamamoto

editora
unesp

Fundação Editora da Unesp (FEU)
Praça da Sé, 108
01001-900 – São Paulo – SP
Tel.: (0xx11) 3242-7171
Fax: (0xx11) 3242-7172
www.editoraunesp.com.br
www.livrariaunesp.com.br
atendimento.editora@unesp.br

CIP – Brasil. Catalogação na fonte
Sindicato Nacional dos Editores de Livros, RJ

B239i

Barman, Roderick J., 1937-
   Imperador cidadão / Roderick J. Barman; tradução Sonia Midori Yamamoto – São Paulo: Editora Unesp, 2012. Tradução de: Citizen Emperor

   Inclui bibliografia
   ISBN 978-85-393-0179-9

   1. Pedro II, Imperador do Brasil, 1825-1891. 2. Brasil – História – Império, 1822-1889. I. Título.

11-6032.   CDD: 981.04
                                                  CDU: 94(81)04

Editora afiliada:

Asociación de Editoriales Universitarias
de América Latina y el Caribe

Associação Brasileira de
Editoras Universitárias

Para
D. Pedro Gastão de Orléans e Bragança
Bisneto do Imperador Cidadão
&
Tataraneto do Rei Cidadão

Sumário

Ora o que é um rei-cidadão? Será esse Luis Filippe [...]? Oh! se é este que é o rei--cidadão, esse chamamos rei forte, esse queremos nós, esse querem todos os brasileiros: um monarca forte que refreie as ambições dos descontentes e reprima o fanatismo das massas, um monarca capaz de conciliar liberdade com ordem, com paz interna, com o desenvolvimento do país, com sua glória artística e literária.

O chronista, 21 jun. 1838

Que medo poderia ter? De que me tirassem o governo? Muito melhores reis do que eu o têm perdido, e eu não lhe acho senão o peso duma cruz que carrego por dever. Tenho ambição de servir a meu país; mas quem sabe não o serviria melhor noutra posição? Em todo o caso jamais deixarei de cumprir meus deveres de cidadão brasileiro.

Anotação no diário de D. Pedro II, 17 out. 1862

O rei ser responsabilizado! "Vamos deixar as nossas vidas, as nossas almas, as nossas dívidas, as nossas esposas preocupadas, os nossos filhos e os nossos pecados serem responsabilidade do rei." Nós temos de aguentar tudo. Ah, posição difícil esta, gêmea da grandeza, sujeita ao discurso de qualquer bobalhão, cujo intelecto não consegue captar mais do que sua própria dor de barriga. Que infinita paz de espírito é essa que os reis devem negligenciar e da qual os homens comuns podem desfrutar? E o que têm os reis que os homens comuns não têm, salvo o cerimonial e as cerimônias? E tu, cerimônia idolatrada, o que vens a ser? Que tipo de deus tu és, que precisas suportar mais dores mortais que os teus adoradores? Qual o teu aluguel? Qual a tua renda? Ah, cerimônia, mostra-me o teu valor! O quê? É tua alma feita de adoração? Tu por acaso és algo além de função pública, título de nobreza, ritual exibicionista criando temor e reverência nos outros homens, onde tu és menos feliz sendo temida que eles temendo a ti?

Henrique V, Ato 4, Cena I

Durante o que tem sido uma longa vida, investi todas as minhas forças e toda a minha devoção para assegurar o progresso e a prosperidade de meu povo: parece que não obtive sucesso! [...] Porque nunca amei o poder por ambição pessoal, nunca tive qualquer desejo que não fosse o de promover o bem-estar de meu país e eu nunca ansiei ser outra coisa que não um *pastor populi* [pastor do povo].

D. Pedro II, *Le Figaro*, 7 nov. 1891

Mapas e figuras

Mapas

Tabelas genealógicas

Figuras

Apresentação

Na história da América Latina desde a independência, ninguém se manteve no poder com tanta firmeza e por tanto tempo quanto D. Pedro II do Brasil. A única figura comparável é Fidel Castro, que tomou o poder em Cuba após a revolução de 1959. Por suas personalidades e seus sistemas de governo, ambos os governantes moldaram em larga medida o caráter e a cultura pública de seus Estados-nações. Dada a situação do Brasil em 1840, quando D. Pedro II começou a governar, seus feitos e sua influência duradoura foram de insuperável importância.

Como soberano, D. Pedro II se destaca. Quando ele assumiu o poder, fazia menos de vinte anos que o Brasil era politicamente independente e tornara-se um Estado único há menos de um quarto de século. O Império estabelecido em 1822 havia confinado a um Estado-nação dezenove províncias antes ligadas somente pelo idioma e por um governo autocrático. O país era vasto, fragmentado em partes disparatadas que se conectavam somente por rotas marítimas. Não existia uma economia nacional, o nível de atividade econômica estava longe de ser intenso e a riqueza se concentrava nas mãos de poucos. A população do Brasil era (para seu tamanho) pequena, racialmente diversificada, oprimida pela escravidão e predominantemente analfabeta. Essas condições implicavam que o governo central possuía recursos escassos, capacidade administrativa limitada e um campo de ação restrito. No fim da década de 1830, as estruturas de poder estavam sendo contestadas e a autoconfiança dos grupos governantes fraquejava. Os brasileiros voltaram-se ao jovem D. Pedro II na esperança de que ele dotasse o governo de autoridade legítima e atuasse como árbitro e defensor das regras do sistema político.

A tarefa de transformar o Brasil em um Estado-nação em pleno funcionamento coube a um garoto de 14 anos. D. Pedro II dedicou-se nos próximos cinquenta anos a enfrentar esse formidável desafio. "Durante o que é agora uma longa vida", ele refletiu em novembro de 1891, "apliquei todas as minhas forças e toda a minha devoção para assegurar o progresso e a prosperidade de meu povo".[1] Diligente, paciente e, acima de tudo, perseverante, ele evitava iniciativas ousadas e confrontos. Primeiramente o imperador estabeleceu um domínio irrefutável sobre os assuntos públicos, e sua integridade e imparcialidade eram respeitadas por todos. Mais do que isso, a identidade pública que ele desenvolveu incorporava os valores que o círculo de governo no Brasil desejava para o país. Ele era, ao mesmo tempo, o imperador modelo e o cidadão modelo. Tanto literal quanto metaforicamente, sobrepujava seus compatriotas. As realizações de D. Pedro II no âmbito nacional e a elevada reputação de que desfrutava no exterior convenceram os brasileiros de que os objetivos que ele defendia criariam um país tão poderoso e civilizado quanto França, Grã-Bretanha ou Estados Unidos.

No início de seu reinado, D. Pedro II atuou sobretudo como uma figura de autoridade que trouxe estabilidade e segurança à cena política. As disposições da Constituição Brasileira concediam-lhe mais prerrogativas do que as de muitos presidentes naquela época. Entre outros poderes, o imperador detinha o direito irrestrito de nomear ministros, indicar senadores e dissolver a Câmara Baixa do Legislativo. O fato de D. Pedro II usar seus poderes com cautela, atendo-se à estrutura da Constituição e com um olho na opinião pública (conforme ele a interpretava), de modo algum diminuía seu controle sobre o sistema político ou o país. Era dele a iniciativa em assuntos públicos e se revelou hábil em aproveitar ou criar oportunidades para atingir os objetivos que buscava. O círculo de poder no Brasil tinha de se submeter ao imperador, tanto na solução de questões políticas quanto na distribuição de cargos políticos.

Na vida adulta, D. Pedro II desenvolveu a arte de gerenciar tanto a política quanto o governo, o que assegurou paz interna e acomodou interesses políticos conflitantes. Sua capacidade de administração teve um papel essencial na consolidação de uma comunidade política nacional com caminho livre para o progresso, métodos consensuais de negociação e limites explícitos

---

1 "Au Jour le Jour", assinado por Gaston Calmette, *Le Figaro*, 7 nov. 1891.

de ação aceitável. A comunidade política abrangia somente uma pequena parcela da população brasileira, parcela essa que não só aceitava, mas dependia da continuidade do país como um Estado-nação único e unificado. D. Pedro II saiu-se tão bem que, na década de 1880, os círculos de poder tomavam como um fato consumado a existência do Brasil como um Estado-nação e deixaram de considerar o imperador essencial como o organizador e gestor do sistema. D. Pedro II tornara-se redundante como imperador.

O *status* de D. Pedro II como o primeiro cidadão de seu país foi igualmente indispensável ao estabelecimento do Brasil como um Estado-nação. Em virtude de seu caráter, comportamento e interesses pessoais, o imperador criou um modelo de cidadania que angariava tanto o respeito internacional quanto a aceitação nacional. Como um proeminente intelectual brasileiro ressaltou em 1891, o imperador havia sido o "representante, por mais de meio século, do Brasil perante as nações civilizadas, como personificação dos mais altos princípios humanos e da dignidade e honra nacionais".[2] Tão forte foi o modelo de cidadania estabelecido por D. Pedro II que, na década de 1880, a geração ascendente o havia internalizado e muito se assemelhava a ele no tocante a seu ponto de vista, cultura e expectativas, embora eles tivessem passado a vê-lo como pessoalmente ultrapassado e irrelevante para as necessidades do país.

O lado político e o pessoal entrelaçaram-se para fazer de D. Pedro II o que ele foi. Muitas facetas de seu caráter foram herdadas – sua grande energia e seu amor por leitura e conhecimento, por exemplo –, mas sua personalidade também se moldou pela posição privilegiada que ocupava, por penosas experiências na infância e adolescência e pelo relacionamento conturbado com a família (pais, irmãos, esposa e filhos) e com seu séquito, a corte imperial. Se o imperador chegou a se esforçar para ser um cidadão, o cidadão nunca deixou de ser um imperador. D. Pedro II nunca se perguntou se os brasileiros o queriam como seu primeiro cidadão, ou se eles desejavam o progresso e a prosperidade que ele vislumbrava conceder-lhes. Uma pessoa próxima do imperador comentou que D. Pedro II "era realmente bem superior a pequenas paixões, mas [...] apesar de tudo, sempre tinha catinga de rei. Pensava que era feito de outra fibra e superior a toda a gente".[3]

---

2 De um artigo, "Na biblioteca do imperador", no *Jornal do Commercio*, reproduzido na anotação do diário de 5 ago. 1891, em Taunay, *Pedro II*, p.146; e também em Taunay, *Homens*, p.131.

3 BNRJ TM Arm. 32 Pac. 99 Comentário do visconde de Albuquerque a João Alfredo Correia de Oliveira, o penúltimo presidente do Conselho sob o Império, conforme registrado em uma nota de pesquisa manuscrita por Tobias Monteiro, que começa com "O Visconde de Albuquerque era...".

O sistema de governo de D. Pedro II emanava das qualidades de sua personalidade. Sua posição e suas experiências tornaram-no notavelmente egocêntrico, com uma aversão à intimidade que o deixava desprovido emocionalmente. Se ele tomava uma decisão a respeito de algo, era quase impossível mudá-la ou, a bem da verdade, levá-lo a fazer o que não quisesse. "Quem é esse ente no mundo que poderá com o Imperador?!", um cortesão perguntou, exasperado, em maio de 1887. "Afirmo de antemão: ninguém."[4] D. Pedro II trabalhava muito sozinho. Seus principais conselheiros nunca foram seres humanos, mas sim a página impressa, sobretudo as monografias e as resenhas em francês, que para ele ilustravam a "civilização" vislumbrada para o Brasil. Ele não era inovador em suas ideias ou aspirações. Sua visão para o país – e as ações que ele privilegiava para concretizá-la – refletia os ideais e o modo de pensar que ele absorvera cedo na vida. O que ele entendia como a meta mais adequada para o Brasil era a de tentar equiparar-se à Europa contemporânea em cultura e política. A consciência da fragilidade do Brasil como um Estado-nação reforçava a cautela natural de D. Pedro II. Preferia atingir seus objetivos lentamente, por vias indiretas. Um homem de monumental reserva e autodisciplina férrea, D. Pedro II tomava o cuidado, ao falar ou escrever, de revelar-se pouco. Decifrar a personalidade do imperador representa uma tarefa desafiadora. Uma vez ultrapassadas essas defesas, encontramos uma personalidade complexa que ao mesmo tempo incita simpatia, exasperação e respeito.

As principais realizações de D. Pedro II – a promoção de uma cultura política e de um ideal de cidadania – não só subsistiram à sua queda como imperador em 1889, mas também se mantiveram como normas e diretrizes da vida pública nos três regimes subsequentes – a República Velha (1889-1930), a Era Vargas (1930-45) e a República Liberal (1945-64). Até o regime militar (1964-85) foi profundamente influenciado pela visão estabelecida por D. Pedro II do Brasil como um Estado-nação. Somente na década de 1980 essa visão começaria a ser superada.

Eu não pretendia escrever uma biografia de D. Pedro II. Trinta e cinco anos de pesquisas sobre a política e a sociedade brasileira no século XIX levaram-me, de modo relutante porém inexorável, de volta a D. Pedro II como a chave para compreender o desenvolvimento do Brasil como Estado-nação. Nascido e criado na Grã-Bretanha, residente por algum tempo nos Estados Unidos e também no Brasil, e agora vivendo em um país das Américas que reconhece

---

4 UFP JA conde de Nioac a João Alfredo Correia de Oliveira, Milão, 17 maio 1888.

a rainha Elizabeth II como sua chefe de Estado, não percebo nenhuma vantagem inata, nenhuma virtude superior seja na forma de governo monárquica, seja na republicana. Ambas podem funcionar de modo eficaz. Nenhuma está isenta, por sua natureza intrínseca, das deficiências e defeitos que afligem todos os governos. Como governante, D. Pedro II não merece nem mais nem menos simpatia do que o presidente de uma república.

No século XIX, a moeda era o milréis, que equivalia a um mil réis e era grafado como 1$000. Um mil milréis (1:000$000) era conhecido como um conto de réis. O milréis era geralmente cotado em relação à libra esterlina (£), e seu valor nominal no reinado de D. Pedro II era estipulado em 26 pence, ou 11,25% de uma libra esterlina, que continha 240 pence. O valor real do milréis flutuava consideravelmente devido à variação da balança comercial externa do Brasil e das condições econômicas internas. A inflação causava um substancial aumento no custo de vida durante o reinado de D. Pedro II. Por todos esses motivos, os equivalentes em dólar estadunidense fornecidos no texto para somas originalmente em milréis não podem ser mais do que meras aproximações. Ao fazer a conversão de milréis para dólares estadunidenses, foi usado o valor anual médio.[5]

Eu gostaria de expressar minha gratidão ao generoso apoio que o Canada Council e seu sucessor, o Social Science and Humanities Research Council of Canada (SSHRC), prestou ao longo de anos tanto à minha pesquisa quanto à minha obra. O SSHRC financiou pesquisas fundamentais deste livro no Brasil, em Lisboa e Windsor. O conde Enrico "Harry" Dobrzensky, de Dobrzenicz, colaborou muito com minha tarefa ao se oferecer, quando nos encontramos por acaso em uma festa em Vancouver, a me apresentar a seu tio, D. Pedro de Orléans e Bragança, e eu sou muito grato a ele por isso. Em Petrópolis, D. Pedro com uma generosidade exemplar proveu-me acesso irrestrito ao Arquivo Grão Pará, onde estão guardados os papéis pessoais de seu bisavô, D. Pedro II, e de seus avós, D. Isabel e o conde d'Eu. Estou em profunda dívida com ele. No Rio de Janeiro e em Petrópolis, José Gabriel da Costa Pinto compartilhou comigo, como fizera durante trinta anos, seu conhecimento sobre a história e os arquivos do Brasil imperial. Na Biblioteca Nacional, Waldir da Cunha permitiu-me livre acesso aos documentos de Tobias Monteiro. Devo também estender meus agradecimentos às competentes recomendações de Maria Judith Peixoto, assistente cultural no Consulado do Canadá, em Lisboa. Pela benevolente permissão de Sua Majestade Rainha Elizabeth II, pude consultar

---

5 Ver a tabela "Exchange Value of the Milreis in U.S. Dollars", Duncan, *Public and Private*, p.183.

documentos relativos a D. Pedro II e D. Teresa Cristina nos Arquivos Reais em Windsor, onde a assistente Pamela Clark foi muito atenciosa.

As ilustrações, que representam uma ferramenta essencial para compreender D. Pedro II e sua época, foram adquiridas principalmente graças à generosa cooperação de três instituições no Rio de Janeiro. Devo muito a Jaime Antunes da Silva, diretor-geral do Arquivo Nacional, e sua assistente, Marilda Dias Alves, e a Maria Isabel Falcão, coordenadora de acesso à informação, e sua assistente, Nilda Sampaio, coordenadora de materiais audiovisuais e cartográficos. Na Biblioteca Nacional, devo agradecer a Joaquim Marçal Ferreira de Andrade, chefe da Divisão Iconográfica, e sua assistente, Francisca Helena Martins Araújo. No Museu Nacional Histórico, fui imensamente auxiliado por Denise Portugal, chefe do Arquivo Histórico. Quero prestar meus calorosos agradecimentos a Maurice Williams, que adquiriu para mim duas ilustrações inestimáveis do Kunsthistoriches Museum, de Viena. A permissão dada pelas quatro instituições à reprodução das ilustrações em sua posse é graciosamente reconhecida.

Várias pessoas gentilmente me ofereceram ajuda em momentos específicos. Jacqueline Goggin forneceu-me sua tese não publicada sobre a personalidade e a carreira de Mary Wilhelmine Williams, a primeira biógrafa de língua inglesa de D. Pedro II. Thomas Whigham, que está escrevendo um novo estudo sobre a Guerra do Paraguai, compartilhou ideias e materiais comigo. Dain Borges proveu-me de materiais de seu banco de dados sobre famílias baianas. Rosa Stenberg ajudou-me tanto a procurar os descendentes de Anna von Baligand na Alemanha quanto a traduzir materiais de originais alemães. Dominique Bajard e Bradley Fritz elucidaram-me as evidências sobre o histórico médico de D. Pedro II. Pierre-Henri Laurent da Tufts University emprestou-me sua cópia de um estudo sobre a monarquia belga que não está disponível na América do Norte. Finalmente, o serviço de empréstimo entre bibliotecas da University of British Columbia atendeu aos meus pedidos com paciência e competência.

Algumas temáticas e conclusões expressas nesta obra foram primeiramente testadas em palestras ministradas na "Rocky Mountain Conference on Latin American Studies", realizada em Vancouver, e na "Brazilian Studies Seminar" da University of Toronto. Eu gostaria de agradecer a David Higgs pelo convite para fazer uma apresentação no seminário. O relatório "Outside Reader" [O leitor forâneo], patrocinado pela Stanford University Press, levou a expressivas melhorias no manuscrito original, e sou grato a ele. Janet Ladner deu ao texto final o benefício de uma leitura meticulosa, pela qual agradeço muito. As opiniões expressas neste livro são, naturalmente, inteiramente minhas; elas não são nem devem ser consideradas de qualquer outra pessoa ou instituição. Gary McManus forneceu os mapas. Por fim, mas não menos importante, agradeço a você, Jean, esposa querida, por seu trabalho como copesquisadora (e organizadora) durante nosso feliz e compensador período no Rio de Janeiro, em Petrópolis e em Lisboa, e por criticar com sua habitual competência o manuscrito durante seu desenvolvimento.

R. J. B.

Mapa 1. Brasil no século XIX

1
Nascido para governar, 1825-1831

O nascimento de um menino no Rio de Janeiro nas primeiras horas de 2 de dezembro de 1825 – o filho e herdeiro do imperador do Brasil, Dom Pedro I, e de sua imperatriz, Dona Leopoldina[1] – foi celebrado com toda a pompa cerimonial exigida por sua nobre estirpe.[2] Seus avôs eram o rei de Portugal e o imperador da Áustria; suas avós, filhas dos reis da Espanha e do Reino de Nápoles. Entre seus primos estavam monarcas da Grã-Bretanha, França, Bavária e Sardenha. Na verdade, o príncipe infante tinha laços de sangue com praticamente todas as casas reais europeias. Entre seus ancestrais destacavam-se dois: Luis XIV da França e Carlos V do Sacro Império Romano. Como qualquer indivíduo de descendência real, ele devia ser chamado por todos os nomes que lhe foram conferidos em seu batismo, em 9 de dezembro de 1825: Dom Pedro de Alcântara João Carlos Leopoldo Salvador Bibiano Francisco Xavier de Paula Leocádio Miguel Gabriel Rafael Gonzaga de Bragança e Bourbon.

No entanto, a ilustre linhagem do príncipe recém-nascido não significava que seu *status* como príncipe imperial fosse amplamente reconhecido ou incontestavelmente seguro. O Império do Brasil, entidade nova e de solidez duvidosa, foi estabelecido em 1822 quando as colônias de Portugal na América recusaram-se a continuar sob o domínio de Lisboa. Três anos depois o jovem

---

1 A certidão de nascimento de D. Pedro II é reproduzida em *Contribuições*, p.38, e informações sobre seus ancestrais são fornecidas em ibid., p.10-1.

2 O boletim médico anunciando o nascimento é reproduzido em ibid., p.29-30.

Estado-nação ainda lutava por coesão e estabilidade interna e por reconhecimento internacional. Uma séria rebelião contra o poder centralizado no Rio de Janeiro havia tomado as províncias do Nordeste em meados de 1824 e sido combatida com muito derramamento de sangue. Outra revolta, que eclodira no extremo sul em abril de 1825, mostrava-se difícil de reprimir. Como a única monarquia do Novo Mundo, o Brasil era visto com desconfiança pela maioria das repúblicas americanas. O Império também não era bem aceito pela maioria das soberanias europeias, que não só deploravam o fato de D. Pedro I ter liderado uma rebelião contra o próprio pai, o rei de Portugal, como também se sentiram ultrajadas pela promulgação por ele, em março de 1824, de uma Constituição para a nova nação. O governo britânico era uma exceção: necessidades comerciais nutriam seu desejo de ver o Império consolidado. Com intensa pressão diplomática, em agosto de 1825 os ingleses forçaram o monarca português a assinar com o Brasil um tratado de reconhecimento e reconciliação. Três semanas antes do nascimento do príncipe, seu avô D. João VI ratificou o tratado em Lisboa e com isso abriu caminho para o reconhecimento internacional de D. Pedro I como imperador do Brasil.[3]

O novo Império era um híbrido político, ao mesmo tempo uma monarquia tradicional que derivava sua autoridade de Deus e um Estado-nação moldado pelas doutrinas das revoluções norte-americana e francesa. A necessidade de conciliar essas duas tradições políticas contrastantes era apenas uma das enormes tarefas a serem enfrentadas pelo pai do bebê, como chefe do regime imperial. O Brasil se equiparava à Rússia em tamanho. Espalhava-se pelo leste da América do Sul, estendendo-se do norte do Rio Amazonas às margens do Rio da Prata. Terras tão vastas e fragmentadas não poderiam ser facilmente governadas a partir de um único ponto central. O Império possuía cerca de 3,5 milhões de habitantes, a maioria vivendo ao longo da costa do Atlântico. A população era diversificada ao extremo: descendentes de portugueses, ameríndios e africanos, com predominância dos últimos. Nada menos que um terço dos habitantes era de escravos negros, cujo trabalho possibilitou o cultivo de açúcar, algodão e café, bem como a extração de ouro. Os lucros provenientes desses produtos destinavam-se a um pequeno círculo de proprietários e administradores de terras, que controlavam as questões locais por meio de câmaras municipais. Como sociedade, o Brasil carecia de sistema de educação, rede de transportes e estrutura administrativa interligada. A atividade de impressão havia sido proibida antes de 1808, e a imprensa livre surgiria somente depois de 1821.[4]

---

3 Barman, *Brazil*, p.99-100, 118-23, 127-8.

4 Para uma análise das condições no Brasil durante seu último período colonial, ver ibid., p.9-41.

Essa mistura heterogênea de povos e territórios fora reunida pelos portugueses por meio de um lento processo de conquista e colonização ao longo de três séculos. Até o início do século XIX os únicos fatores que ligavam as dezenove colônias distintas de Portugal na América do Sul eram a submissão à monarquia portuguesa, o governo centralizado em Lisboa e a língua e a cultura portuguesa. Foram eventos ocorridos na Europa que reuniram essas diversas colônias do Novo Mundo português em um Estado único. Em novembro de 1807 os exércitos de Napoleão invadiram Portugal. Incapaz de resistir, porém relutante em se entregar, o governo optou por fugir. A família real, muitos cortesãos e a maior parte da burocracia governamental embarcaram em navios ancorados no porto de Lisboa, e após uma viagem assolada por tempestades através do Atlântico a frota chegou ao Rio de Janeiro em março de 1808.[5]

No decorrer dos treze anos seguintes, o Rio de Janeiro serviu como capital do domínio de Portugal. Mais importante do que isso, tornou-se o centro administrativo e comercial do Novo Mundo português. Quando Napoleão foi derrotado, em 1814, o governo real decidiu não retornar a Lisboa. Em reconhecimento a essa nova realidade e como meio de valorizar seu próprio *status* no cenário mundial, o governo estabelecido no Rio elevou suas posses americanas (antes colônias, agora províncias) à condição de reino do Brasil, equiparado e unido ao de Portugal. O decreto de 12 de dezembro de 1815, que criou o reino e uniu-o ao de Portugal, não foi nada mais que uma medida no papel. Não alterou o sistema administrativo vigente, seja através do domínio português ou no âmbito do novo reino. A nova ordem não foi universalmente aceita. Em 1817, uma revolta nas províncias do Nordeste do Brasil tentou repudiar tanto a monarquia quanto o jugo do Rio de Janeiro, mas foi facilmente reprimida.[6]

Três anos mais tarde, em 1820, uma insurreição do Exército em Portugal teve desfecho bastante diferente. Os portugueses desejavam que o rei, D. João VI, retornasse a Lisboa e pusesse fim ao sistema opressivo de poder absoluto. A revolta triunfou sem dificuldade em Portugal. Instalado em Lisboa, o regime rebelde ordenou a eleição de um congresso soberano, ou cortes, que redigiria uma Constituição para as posses portuguesas. Esses desdobramentos sem precedentes chocaram o governo real no Rio de Janeiro a ponto de deixá-lo completamente sem ação. No início de 1821, as unidades do Exército português guarnecidas nas principais cidades brasileiras

---

5 Ibid., p.42-3.
6 Ibid., p.53-60.

declararam-se a favor do regime de Lisboa. Ao rei só restou aquiescer à situação e aceitar a perda de seus poderes tradicionais.[7]

Em abril de 1821, o rei D. João VI e sua corte finalmente não tiveram escolha senão retornar a Lisboa, onde se estabeleceram as recém-eleitas cortes. Permaneceu no Rio, como regente do Reino do Brasil, o filho mais velho de D. João VI, D. Pedro. Inicialmente, o príncipe regente, que era jovem, inculto e obstinado, foi aceito por condescendência. Sua autoridade era repudiada pela maior parte das Juntas eleitas que governavam as dezenove províncias e sua conduta, rigorosamente monitorada pelas unidades do Exército português postadas no Rio. Ao final de 1821, o Reino do Brasil, criado em 1815, cessara de existir na realidade. As cortes de Lisboa, que não lhe nutriam nenhuma simpatia, emitiram um decreto reconvocando o príncipe regente a Portugal; posteriormente, começaram a debater sobre a abolição dos órgãos de governo estabelecidos no Rio de Janeiro desde 1808.[8]

A resistência no Rio às ações das cortes foi organizada por uma coalizão formada por radicais, que desejavam um Estado independente (e idealmente republicano), e por conservadores, que desejavam manter o *status quo* criado pelos acontecimentos a partir de 1808. Os dois grupos concordaram que persuadir o príncipe regente D. Pedro a desafiar o decreto das cortes de Lisboa e permanecer no Rio era a chave do sucesso. Ao concordar em permanecer, em janeiro de 1822, o príncipe regente efetivamente se colocou como o chefe do movimento que desafiava as cortes. D. Pedro obteve êxito em intimidar as tropas portuguesas estacionadas no Rio. Elas se retiraram da cidade e acabaram por embarcar para Lisboa. Dessa forma, o governo provisório ao menos assegurou independência de ação.[9]

Por um ano e meio, o regime no Rio e o governo das cortes em Lisboa disputaram a lealdade das províncias do Brasil. À medida que o confronto assumia a forma de conflito armado, o regime do Rio tornava-se cada vez mais radical em relação a seus objetivos. "Não são próprias do meu caráter meias medidas", D. Pedro observou mais tarde.[10] Em julho de 1822, o príncipe regente convocou uma Assembleia Constituinte distinta para o Brasil e em 7 de setembro declarou o país independente de Portugal. Algumas semanas depois, ele foi aclamado imperador D. Pedro I do Brasil. Na terminologia da

---

7 Ibid., p.61-72.

8 Ibid., p.65-82.

9 Ibid., p.82-5.

10 AHMI POB Cat. B Maço 12 Doc. 588. Rascunho sem data de D. Pedro I; transcrito em Vianna, *Pedro I e Pedro II*, p.26-7.

época, a palavra "império" significava uma monarquia de tamanho e recursos extraordinamente grande, e essa designação evitava que D. Pedro usurpasse o título de "rei" de seu pai, D. João VI.[11] O título de "imperador" dava a conotação de um regente eleito, assim como o imperador do Sacro Império Romano havia sido, ou que ao menos reinava por sanção popular, como o imperador Napoleão I. Como proclamava o título de D. Pedro I, ele era "por Graça de Deus, e unânime aclamação dos Povos, Imperador Constitucional e Defensor Perpétuo do Brasil".[12]

A proclamação do Império por si só de nada adiantou. Como notou um observador em dezembro de 1822, "Tudo está por ser feito. Não há Constituição, nem códigos [de leis], nem sistema de educação; nada existe, além de um soberano reconhecido e coroado".[13] As últimas tropas portuguesas só foram expulsas do solo brasileiro em agosto de 1823. Nessa ocasião, a nova Assembleia Constituinte estava em sessão há cerca de três meses. Embora seus membros representassem os homens mais capazes e melhor educados do Brasil, eles se revelaram tão exagerados em suas pretensões quanto prolixos em seus debates. O imperador, que se ressentia com qualquer violação de suas prerrogativas herdadas e que carecia de qualquer habilidade em administração política, acabou perdendo a paciência. Em novembro de 1823 mobilizou tropas da guarnição do Rio e dissolveu a Assembleia à força.[14]

Prometendo a seus súditos uma Constituição "duplamente mais liberal" do que a minuta elaborada pela Assembleia Constituinte, o imperador colocou seu círculo mais próximo de conselheiros para trabalhar. Usando e geralmente melhorando as propostas da Assembleia, os conselheiros produziram uma Constituição que, após consulta *pro forma* às Câmaras Municipais do Brasil, foi promulgada por D. Pedro I em 25 de março de 1824. Em alguns aspectos essa Constituição foi realmente liberal. Assegurava uma ampla gama de liberdades civis e incumbia um corpo legislativo (composto de um Senado e uma Câmara dos Deputados) da aplicação das leis e do controle das finanças. O eleitorado incluía boa parte da população de homens livres. O Executivo foi colocado nas mãos de ministros que conduziam os assuntos governamentais na

---

11 Barman, *Brazil*, p.85-100.
12 Ver a primeira sentença do decreto de 25 mar. 1824, promulgando a Constituiçao, transcrita em Oliveira Tôrres, *Democracia coroada*, p.479.
13 Wenzel vom Mareschal para príncipe Metternich, n.41b, Rio de Janeiro, 16 dez. 1822, transcrito em Figueira de Mello, "Correspondência", p.139-40.
14 Barman, *Brazil*, p.113-8.

legislatura.[15] Por outro lado, a Constituição estabeleceu não três, mas quatro poderes: o Legislativo, o Moderador, o Executivo e o Judiciário. O Moderador, "a chave de toda a organização política",[16] cabia exclusivamente ao imperador e incluía o direito de dissolver a Câmara dos Deputados, nomear senadores (a partir de uma lista de três eleitos) e ministros, sancionar leis e decretos, suspender membros do Judiciário e conceder perdão. Antes de empregar o Poder Moderador, o imperador devia consultar não seus ministros, mas um Conselho de Estado, cujos membros ele mesmo nomeava. A Constituição de 1824 criou, em suma, uma ordem política que era representativa e até democrática na aparência, mas extremamente tradicional em sua essência. Seu bom funcionamento dependia em grande medida dos talentos do monarca e da confiança que seu caráter e integridade inspirassem na comunidade política.[17]

O problema era que, devido à violenta dissolução da Assembleia Constituinte, ele não inspirava essa confiança. As províncias do Nordeste, que se rebelaram em 1817 contra o poder central do Rio, agora se insurgiam contra o regime de D. Pedro I. Os rebeldes consideravam a nova Constituição um documento imposto, um ato de pretensão monárquica. Em julho de 1824 proclamaram uma forma de governo republicana e federativa. Reprimir essa rebelião não representou nenhuma grande dificuldade, mas sua própria ocorrência deixou evidente que o Império não contava com apoio unânime da população do Brasil.[18] Embora a derrota da revolta removesse qualquer desafio imediato à existência do Império, o regime carecia de um senso de segurança e, por isso, procurou a validação externa de sua autoridade – em particular, o reconhecimento das monarquias da Europa. Tal reconhecimento dependia, no entanto, de um entendimento com Portugal. As negociações tiveram início em 1824 com a mediação da Grã-Bretanha, mas Portugal não podia resignar--se com a independência de territórios que o haviam tornado uma grande potência, assim como o pai de D. Pedro I não podia encorajar seu filho mais velho e herdeiro a reivindicar um título mais grandioso que o seu próprio.[19]

O impasse foi rompido pelo governo britânico, que temia que um prolongamento da disputa colocasse em risco seu comércio com o Brasil e os privilégios desfrutados ali há muito tempo. Um diplomata britânico foi mandado

---

15 Em 1824, havia seis ministérios, por ordem de precedência: Império (Interior), Justiça, Relações Externas, Finanças, Marinha e Guerra.

16 Artigo 98 da Constituição de 1824; ver Pimenta Bueno, *Direito público*, p.492.

17 Barman, *Brazil*, p.123-6.

18 Ibid., p.118-23.

19 Ibid., p.126-7.

primeiro a Lisboa, onde pressionou D. João VI a autorizá-lo a agir em nome de Portugal, e depois partiu para o Brasil. Embora os termos do acordo exigissem consideráveis concessões do Brasil, o tratado assinado em 29 de agosto garantiu um ponto essencial: a aceitação incondicional de Portugal da independência do Brasil e seu reconhecimento como Império. Assim que os termos foram confirmados por D. João VI, que ratificou o tratado em novembro, as outras monarquias da Europa seguiram o exemplo.[20] Tal reconhecimento externo serviu para legitimar o regime e fortalecer seu suporte interno.

Figura 1. Mãe de D. Pedro II, a imperatriz D. Leopoldina.

Um elemento indispensável para a sobrevivência do Império era, no modo de pensar da época, um herdeiro. Desde seu casamento com D. Pedro em 1817, D. Leopoldina dera à luz cinco vezes. Sua filha mais velha, D. Maria da Glória, fora seguida por um filho, nascido em março de 1821. Enfermo desde o nascimento, o príncipe infante havia morrido antes de completar um ano de vida. Mais três filhas se seguiram. Em maio de 1825 a notícia de que a imperatriz estava novamente grávida reacendeu as esperanças em relação ao

---

20 Ibid., p.128-9.

sexo do novo bebê.[21] A assinatura do tratado com Portugal em agosto pareceu um bom presságio. Em novembro as expectativas cresceram. Os habitantes do Rio foram ordenados a iluminar suas casas por três noites assim que o nascimento fosse anunciado. Quando, no próprio dia de seu nascimento, o infante foi apresentado à corte reunida, a alegria foi geral. "O céu tem ouvido as súplicas e coroado os votos de todos os brasileiros", a Câmara Municipal do Rio proclamou, "concedendo-lhes um príncipe em que se prolonga a Linha da Augusta Imperial Dinastia do senhor D. Pedro I." O conselho estendeu a iluminação das casas por mais quatro dias. À existência de D. Pedro estava atrelado o futuro do Brasil como uma entidade unida, e também sua viabilidade como Estado-nação. A continuidade do regime parecia garantida. Grandes atos eram esperados do "príncipe que", nas palavras em ode a seu nascimento, "veio encher a esperança do Brasil".[22]

De certo modo, D. Pedro II veio, como todos os seres humanos, nu ao mundo. Como os próprios antepassados do príncipe atestaram, ele nasceu, como todos nós, com uma considerável carga de herança biológica e cultural.

Figura 2. Pai de D. Pedro II, o imperador D. Pedro I, em 1826.

---

21 Sobre a primeira menção à gravidez de D. Leopoldina, ver ANRJ CI Caixa 4 Pac. 4 Doc 22. Nota de Plácido Antônio Pereira de Abreu ao ministro do Império (Interior), Rio de Janeiro, maio 1825.

22 *Contribuições*, p.26, 31, 33.

A linhagem do futuro regente do Brasil pode ter sido enaltecida, mas geneticamente tinha pouco a oferecer. Seus pais eram primos em segundo grau. Os pais de sua mãe eram duplamente primos em primeiro grau, o que significava que D. Leopoldina tinha quatro bisavós em vez dos oito usuais. Os pais de D. Pedro I eram primos em primeiro grau. Seu pai, por sua vez, era filho de um casamento de um tio com uma sobrinha. Essas uniões entre parentes muito próximos eram há muito tempo habituais entre a realeza europeia que pertencia à Igreja católica, tanto que, retrocedendo cinco gerações, o jovem príncipe possuía (como mostra a Tabela 1) somente 14 em vez dos usuais 32 tetravós.[23]

Essa procriação consanguínea aumentava consideravelmente a probabilidade de que o bebê herdasse algum gene defeituoso carregado por seus pais. Insanidade, retardamento mental e instabilidade emocional eram realmente comuns em ambos os lados da família. Sua bisavó paterna, D. Maria I de Portugal, havia sido considerada demente nos últimos 25 anos de vida. Seu tio materno, o futuro imperador Ferdinando da Áustria, era descrito como "sujeito a ataques epiléticos e, de modo geral, extremamente frágil, enquanto mentalmente, se não um completo idiota, beirava à inépcia". O próprio pai do príncipe infante, D. Pedro I, era hiperativo e sofria ocasionais convulsões epiléticas.[24] Tal histórico genético tornava duvidosa as perspectivas de D. Pedro possuir uma saúde robusta ou demonstrar uma notável capacidade intelectual. Apreensões a esse respeito ficaram evidentes em um comentário publicado no *Spectador Brasileiro* pouco após seu nascimento, que se referiu a convulsões de seu falecido irmão mais velho "que, por duas vezes, atacaram o príncipe D. João, uns poucos dias depois de batizado, e outra depois dos 11 meses, que findou cobrindo de luto o dia 4 de fevereiro de 1822".[25] Na aparência, D. Pedro poderia ter herdado a feiura extrema que caracterizou ambos os avós paternos. No entanto, os olhos azuis e o cabelo louro do bebê sugeriam que ele se pareceria com a família da mãe. Nesse caso, porém, era

---

23 Ibid., p.10-1. Os membros das famílias reais que eram protestantes de fé também se casavam com seus primos, mas uniões entre tio e sobrinha e filhos de pais primos em primeiro grau não ocorriam.

24 Sobre os respectivos históricos médicos da rainha Maria I, do imperador Ferdinando e de D. Pedro I, veja Serrão, *História de Portugal*, v.3, p.314-5; Macartney, *The Hapsburg Empire*, p.886; e Macaulay, *Dom Pedro*, p.36, 47, 56-7, 65, 171-2. D. Pedro I parece ter sofrido de epilepsia generalizada primária, do tipo em que o paciente não sofre acessos de "perda de contato", na infância (antigamente chamados de *petit mal*), mas é afetado por convulsões tônico-clônicas (antigamente chamadas de *grand mal*) a partir da idade de 12 anos; ver Niedermeyer, *Epilepsy Guide*, p.42, 55-9; e Freeman; Vining; Pillas, *Seizures*, p.60-1.

25 *Spectador Brasileiro*, 10 dez. 1825 apud *Contribuições*, p.35.

provável que apresentasse o queixo protuberante e o lábio inferior saliente tão característicos de seus ancestrais de Habsburgo.[26]

Por um momento, nos dias que se seguiram ao nascimento de D. Pedro em 2 de dezembro de 1825, tais preocupações pesaram pouco em relação ao fato de sua existência. Ele era o indispensável herdeiro ao trono, a garantia física da continuidade do Império. A importância desse fato na determinação da vida futura de D. Pedro é inquestionável. A frase de Shakespeare – *"there's such divinity doth hedge a king"* [há certa divindade que protege um rei] – aplica--se plenamente ao príncipe, não obstante seu nascimento no Novo Mundo. Dotado de uma aura de autoridade, visto com veneração e tratado com deferência, ele era desde o dia do nascimento diferente dos outros mortais. Em idade avançada, D. Pedro comparou-se a "um homem encerrado numa torre envidraçada".[27] Essa distinção, essa qualidade de estar apartado, de ser isolado por uma parede transparente, afetaria todos os seus relacionamentos, até com a própria família. A expectativa de ter sua ordem mais insignificante prontamente atendida e um instintivo sentimento de superioridade formaram os elementos cruciais do nascimento, criação, ponto de vista e comportamento de D. Pedro.

Esses elementos foram fortemente reforçados pelas realidades que no século XIX governaram a existência dos monarcas europeus. Eles ocupavam uma posição central e indispensável nas questões públicas, e a política girava em torno deles. Na vida nacional, o soberano desempenhava dois papéis distintos, porém entrelaçados, que Walter Bagehot, autor de *The English Constitution*, caracterizou como "dignificantes" e "eficientes". O primeiro papel capacitava o monarca a conquistar lealdade e confiança da humanidade; o segundo, a empregar essa deferência para conduzir o trabalho do governo.[28]

---

26 Observadores notavam os olhos azuis de D. Pedro; ver AHMI POB I POB 5.2 826. D. Mariana de Verna Magalhães Coutinho a D. Pedro I, Paço Imperial, 22 fev. 1826; e BNRJ TM Arm. 31 Env. 145-1. Leopold von Daiser-Sillbach, *chargé d'affaires* [encarregado de negócios], ao príncipe Metternich, n.4a, Rio de Janeiro, 6 abr. 1831. Daiser relatou que D. Pedro se parecia muito com a mãe; ver Leopold von Daiser-Sillbach, *chargé d'affaires*, ao príncipe Metternich, n.11b, Rio de Janeiro, 8 jul. 1831. Um diplomata austríaco aposentado que visitou o Brasil em 1882 observou o quanto o imperador se parecia, nos modos e na aparência, com o arquiduque Albert de Habsburgo; ver o apontamento no diário do barão Von Hübner de 13 set. 1882, em Mendes Gonçalves, *Diplomata*, p.136.

27 Taunay, *Reminiscências*, p.145.

28 Bagehot, *Constitution*, p.4. Bagehot referia-se às "partes" da "Constituição", não ao soberano, mas o conceito se aplica com igual força ao monarca. David Titus oferece uma discussão perceptiva de ambos os papéis ("Imperador na corte" e "Imperador no Estado") do monarca japonês sob a Constituição de 1889; ver Titus, *Palace and Politics*, p.51-6.

Tabela 1. A linhagem de D. Pedro II

Gen. 1	Gen. 2	Gen. 3	Gen. 4	Gen. 5
Pedro II do Brasil	Pedro I do Brasil	João VI de Portugal	Pedro III de Portugal	João V de Portugal
				Pedro II de Portugal
				Maria Sophia de Neuberg
				Maria Anna da Áustria
				Leopoldo I do Sacro Império Romano
				Eleanor de Neuberg
			Maria I de Portugal	José I de Portugal
				João V de Portugal
				Maria Anna da Áustria
				Maria Ana da Espanha
				Felipe V da Espanha
				Elizabeth Farnese
		Carlota Joaquina da Espanha	Carlos IV da Espanha	Carlos III da Espanha
				Felipe V da Espanha
				Elizabeth Farnese
				Maria Amelia da Saxônia
				Augusto III da Polônia
				Maria Josepha da Áustria
			Maria Louisa de Parma	Felipe, duque de Parma
				Felipe V da Espanha
				Elizabeth Farnese
				Louisa-Elizabeth da França
				Luiz XV da França
				Maria Leszczynska
	Leopoldina da Áustria	Francisco II do Sacro Império Romano e I da Áustria	Leopoldo III do Sacro Império Romano	Francisco I do Sacro Império Romano
				Leopoldo, duque de Lorraine
				Elizabeth Charlotte de Orleans
				Maria Theresa da Áustria
				Carlos VI do Sacro Império Romano
				Elizabeth Christina de Brunswick-Wolfenbüttel
			Maria Louisa da Espanha	Carlos III da Espanha
				Felipe V da Espanha
				Elizabeth Farnese
				Maria Amelia da Saxônia
				Augusto III da Polônia
				Maria Josepha da Áustria
		Maria Theresa de Nápoles	Ferdinando IV de Nápoles	Carlos III da Espanha
				Felipe V da Espanha
				Elizabeth Farnese
				Maria Amelia da Saxônia
				Augusto III da Polônia
				Maria Josepha da Áustria
			Maria Carolina da Áustria	Francisco I do Sacro Império Romano
				Leopoldo, duque de Lorraine
				Elizabeth Charlotte de Orleans
				Maria Theresa da Áustria
				Carlos VI do Sacro Império Romano
				Elizabeth Christina de Brunswick-Wolfenbüttel

Em seu primeiro papel, a monarquia servia como o símbolo da ordem social existente e como a personificação da identidade nacional. Dotados de uma aura de mistério, os monarcas realizavam rituais e cerimônias que os colocavam em um plano acima daquele dos meros mortais. Eles eram tidos quase como sacerdotes, uma vez que eram os indicados de Deus e os guardiões da religião estabelecida que sustentava a ordem social e moral. Rituais e cerimônias, que constituíam uma parte central das vidas dos monarcas, incluíam todos os principais festivais cristãos. Esses eventos públicos, com seus ritos, o traje especial dos participantes e o acompanhamento musical, uniam o religioso ao secular na mente do povo. Nessas cerimônias públicas e também em seu cotidiano, os monarcas eram rodeados pelos membros de sua corte, que geralmente provinham da aristocracia. A corte realçava o esplendor das cerimônias, mantinha os súditos à distância e por sua própria existência protegia o *status* do soberano. O primeiro papel dos monarcas assegurava-lhes veneração e obediência, mas, como um corolário, significava que o soberano estava constantemente exposto. O ciclo de vida do monarca – nascimento, infância, cortejo, casamento e morte – ocorria em público, sob o escrutínio do mundo.[29]

O segundo papel desempenhado pelos monarcas da Europa reside na conduta do governo. Parte desse papel era cerimonial. O soberano abria e fechava as sessões legislativas com um discurso. Os assuntos governamentais eram conduzidos em nome do monarca, que sancionava leis, conferia títulos de nobreza e outras honrarias e assinava todos os decretos. Mais significativo era seu envolvimento efetivo nos assuntos governamentais. Nas monarquias constitucionais do início do século XIX, as prerrogativas do regente eram contrabalançadas pela representação popular, e cada lei ou decreto devia ser rubricado por um ministro. Entretanto, tais restrições não faziam do monarca uma nulidade. Como François Guizot, o estadista francês, observou, *"Le trône n'est pas un fauteuil vide"* [o trono não é uma cadeira vaga]. Nas mãos do monarca estava a escolha do chefe de um novo gabinete, o direito de aprovar (e, portanto, vetar) a indicação de ministros e o poder de destituí-los. O monarca detinha o direito de ser consultado sobre o programa geral de legislação do gabinete e sobre medidas específicas propostas. Cada lei, cada decreto, cada nomeação devia ser assinado pelo monarca, e essa assinatura jamais podia ser considerada um fato consumado. O monarca precisava ser consultado, cortejado e cativado. Somente um ministério tolo trataria o

---

29 Bagehot, *Constitution*, p.38.

monarca com desconsideração, e somente um imprudente passaria por cima do soberano.[30]

O monarca contava com várias maneiras de testar a opinião pública, influenciar questões e fazer que desejos e apreensões viessem à tona. Além disso, era muito bem assessorado no tratamento dos assuntos governamentais, e a corte desempenhava um papel crucial a esse respeito. Ele podia contar com membros da corte para obter aconselhamento e apoio. Cada cortesão podia tornar as preferências do soberano conhecidas, sondar a opinião pública e conduzir negociações, tudo isso sem o envolvimento direto do governante. O grau de influência de um monarca nos assuntos do governo dependia de sagacidade individual, aplicação aos assuntos de interesse e habilidade em manobra política. Em dezembro de 1861, ao saber da morte do príncipe Alberto, cônjuge da rainha Vitória, um importante político britânico comentou que

> se ele tivesse vivido para agregar à sua grande diligência e talento o peso que a idade e a longa experiência teriam proporcionado no trato com estadistas de sua própria estatura, ele teria feito de si mesmo um homem quase tão poderoso quanto o primeiro-ministro em exercício.[31]

Embora o Império do Brasil fosse uma criação recente e se situasse no Novo Mundo, os dois papéis do soberano em nada diferiam do modo como eram desempenhados pelos regentes dos reinos europeus. A Igreja Católica era a religião estabelecida do Império, e o imperador (D. Pedro I e, após ele, D. Pedro II) era assíduo no cumprimento de seus deveres religiosos, comparecendo à missa diariamente e participando pessoalmente dos principais festivais religiosos. Conforme a prática dos monarcas portugueses, D. Pedro I e seu sucessor concediam uma audiência semanal no Palácio a súditos de todas as classes e condições. O imperador ouvia cada um apresentar petições, aflições e elogios. Ele também concedia frequentes audiências fechadas a diplomatas estrangeiros, oficiais militares e outros dignitários visitantes. Ocasionalmente, no decorrer do ano – para prestigiar aniversários de familiares, feriados nacionais e as principais festividades da Igreja –, o imperador

---

30 Ver o excelente estudo sobre a situação na Bélgica e os papéis desempenhados pelos reis Leopoldo I e II sob a Constituição de 1831, em Stengers, *L'Action*.

31 Apontamento referente a 16 dez. 1861, no diário de Edward, lorde Stanley MP, transcrito em Vincent, *Disraeli, Derby*, p.179-80.

organizava um dia de gala, uma reunião que se caracterizava por um cerimonial requintado, uma rígida observância das regras de etiqueta e o uso de uniformes completos e insígnias pelos homens e vestidos pomposos e joias pelas mulheres. Praticamente a metade dessas festas de gala era tomada pela cerimônia do beija-mão. Aqueles com direito a estar presente nesse tipo de evento reuniam-se nas antessalas do salão do trono. Ao tocar de trompetes, o imperador e sua família, acompanhados por criados, apareciam e, passando pelas antecâmaras, adentravam o salão principal. Ali o imperador e sua família ficavam sobre um estrado, enquanto os criados "faziam parede" – isto é, alinhavam-se contra as paredes. Em estrita ordem de precedência, a multidão à espera tinha permissão para entrar no salão do trono, aproximava-se de seu soberano e, de joelhos, beijava-lhe a mão. Então se afastava de costas. Ao final da cerimônia, o imperador retirava-se com a família e os criados para seus aposentos pessoais no Palácio.[32]

O cenário do cotidiano do imperador – do qual D. Pedro I e seu filho D. Pedro II raramente escapavam – era a Corte Imperial e a Casa Imperial dentro dela,[33] que ficava apartada do restante da sociedade. Transferida intacta de Lisboa em 1808, Corte e Casa foram mantidas inalteradas após a Independência.[34] A palavra "corte" significava tanto a residência física do imperador quanto a cúpula de uma elaborada hierarquia de privilégios. Na base da hierarquia estavam os fidalgos, de sangue nobre ou azul. Esse *status* podia ser herdado, obtido por nomeação a uma das ordens de cavalaria ou adquirido por ordenação como oficial militar. Como imperador do Brasil, D. Pedro I manteve três ordens de cavalaria da monarquia portuguesa – Cristo, São Bento d'Aviz e São Tiago da Espada – e estabeleceu outras três – Cruzeiro, Pedro I e Rosa. Todas as seis ordens foram mantidas no reinado de D. Pedro II. As três ordens mais antigas possuíam somente três graus de honraria – cavaleiro, comendador e grã-cruz –, mas a do Cruzeiro possuía quatro e a da

---

32　Ver a descrição de uma solenidade na corte em 2 dez. 1828, em Walsh, *Notices*, v.I, p.518-25; de outra realizada em 18 out. 1829, em Adalbert da Baviera, *Herzen*, p.54-5; e a de 7 set. 1831, em Ruschenberger, *Three Years*, p.48-51. Em 1825, ano de nascimento de D. Pedro, o imperador realizou 32 dessas solenidades. Em 15 delas (conhecidas como *dias de gala*) ele oferecia um beija-mão. Cf. *Almanach para 1825*, p.178-9.

33　Nos usos da época, a *Corte* significava a área em que o monarca residia (neste caso, a cidade do Rio de Janeiro); *Paço* era o palácio ou o local de residência; e *Casa*, o domicílio do monarca.

34　Não há nenhum estudo sobre a *Corte e Casa* no período de 1808 a 1889 equivalente aos de John Beattie, Philip Mansel e David Titus sobre as cortes do Rei George I da Bretanha, do imperador Napoleão I da França e do imperador Hiroito do Japão. Existem materiais necessários para tal obra sob a guarda do AHMI e nos papéis da *mordomia*, agora no ANRJ.

Rosa não menos do que seis.[35] O imperador atuava como o grão-mestre das seis ordens. Havia também os detentores de títulos de nobreza, cerca de 55 no final de 1825, alguns concedidos por D. João VI e outros conferidos por D. Pedro I desde 1822. Condes e marqueses tornavam-se automaticamente membros da corte, mas barões e viscondes eram admitidos somente se seus títulos houvessem sido outorgados com grandeza (com direito de admissão).[36]

Em Portugal, famílias com títulos de nobreza e de antigos fidalgos compunham a maioria dos cortesões que serviam ao monarca, e em certa medida essa prática persistiu no Império do Brasil. Em 1825 a Corte Imperial possuía em torno de 150 postos de oficiais, dos quais 15 eram ocupados por nobres.[37] Os postos na corte eram de dois tipos. Os grandes oficiais do Estado, como o mordomo-mor e o estribeiro-mor, eram membros da nobreza, e seus deveres limitavam-se à participação em cerimônias do Estado, tais como as de coroação e os dias de gala. A segunda classe de postos na corte era composta de quatro grupos: os gentis-homens da Imperial Câmara, os veadores, os guarda-roupas e os médicos da Imperial Câmara.[38] Toda semana quatro cortesões representando cada um desses grupos apresentavam-se para o serviço. Esses quatro oficiais prestavam constante atendimento ao imperador durante o dia.[39] Nomeações na corte, mantidas via de regra por indivíduos de descendência nobre, não eram totalmente desprovidas de responsabilidade, mas não impunham afazeres pesados.

A Casa Imperial, que se situava dentro da corte, abrigava homens e mulheres que prestavam serviço ao imperador e sua família. Os membros da Casa Imperial eram todos conhecidos como criados, mas na realidade subdividiam-se em dois grupos. Os criados de galão dourado, que faziam

---

35 Respectivamente *cavaleiro, oficial, dignitário* e *grã-cruz*, e *cavaleiro, oficial, comendador, dignitário, grande dignitário* e *grã-cruz*. A ordem de D. Pedro I possuía três classes.

36 Ver Lacombe, *Nobreza brasileira*, p.81-3; e Barman, *Role of Titles in Imperial Brazil*. O tratamento honorífico Dom, para homens, e Dona, para mulheres, (abreviados em ambos os casos como D.) significava que o indivíduo era parente da família real, pertencia a uma família nobre ou (no caso dos homens) era um dignitário da Igreja Católica.

37 A informação factual sobre a Corte de D. Pedro I é extraída de *Almanach para 1825* e *Almanach para 1827*. O primeiro lista 149 posições na corte, todas exceto uma ocupadas por homens. A esse total, acrescentei mais trinta para abranger as funções (*damas, donas da câmara* e *açafatas*) desempenhadas por mulheres. Dos 141 homens na corte (7 ocupando dois postos), há registro de que 21 residiam fora do Rio de Janeiro. Dos 56 membros da nobreza com títulos, 19 possuíam cargos na corte.

38 Ver Lacombe, *Nobreza brasileira*, p.89-109.

39 Via de regra, esses cortesãos não viviam permanentemente no palácio imperial, mas residiam lá enquanto estavam (para usar a terminologia da corte britânica) "em atendimento" (*da semana*).

parte tanto da Corte quanto da Casa e eram os grandes oficiais do Estado, e os oficiais da corte, ou cortesãos.[40] Eles proporcionavam ao monarca e sua família companhia, suporte e aconselhamento. Os criados de galão branco eram, para usar uma frase empregada pela rainha Vitória da Inglaterra, os "empregados particulares que dedicavam constante atendimento pessoal ao soberano".[41] Eles atendiam às necessidades particulares da família imperial e dos oficiais da corte. As funções dos dois grupos na casa não eram totalmente distintas, e ambos vestiam o uniforme verde e dourado reservado para uso doméstico. Os cortesões recebiam hospedagem e alimentação quando estavam a serviço na corte.[42] Os empregados particulares (criados de galão branco), que chegavam a cem, recebiam remuneração mensal e residiam na corte. Eram, contudo, empregados somente no nome. Evitavam quaisquer afazeres que fossem indignos ou envolvessem força física, tarefas essas que eram realizadas por um grupo grande de subordinados ou escravos. O contato frequente com os membros da família imperial proporcionava aos empregados particulares uma considerável influência.[43]

As perspectivas tanto de cortesões quanto de empregados particulares eram semelhantes. Ambos os grupos viviam no mesmo ambiente. Eram recrutados em grande parte de famílias que já trabalhavam no palácio, e o serviço na corte tendia a ser vitalício. Essa prática foi responsável durante a década de 1820 pela presença entre os cortesões e os empregados particulares de D. Pedro I de um número desproporcional de indivíduos nascidos em Portugal.[44]

---

40 Em uma carta de 1855 a seu cunhado Fernando, rei regente de Portugal, D. Pedro II escreveu sobre Nicolau Nogueira da Gama, um *veador* que estava prestes a visitar Portugal e que "não é apenas como um bom criado que eu valorizo". Ver ANTT Caixa 7324 Capilha 184 Doc. 2 D. Pedro II para Fernando, rei regente de Portugal, Rio de Janeiro, 25 fev. 1855. D. Pedro II distinguia os dois tipos como *criados de honra* e *criados de serviço*; ver Lacombe, "Educação", p.251.

41 Esta frase é citada na introdução às cartas de Frieda Arnold, uma das *dressers* (aquela que veste) da rainha Vitória, em Stoney; Weltzien, *My Mistress*, p.6-7.

42 ANRJ CI Caixa 5 Pac. 1 Doc 38 contém de ago. 1831 *a Folha das criadas de S. M. I. que venceram Ordenados, e Comedarias* e a *Folha dos criados de S. M. I. que venceram Ordenados, e gratificações*. A primeira lista inclui as *damas camaristas* e as *açafatas*, mas a segunda não contém quaisquer *criados de galão dourado* do sexo masculino.

43 Informações sobre os "criados particulares" do sexo masculino foram reunidas dos *Almanachs* para 1825 e 1827 e das listas, compiladas em junho de 1831, em ANRJ CI Caixa 5 Pac. 1 Doc. 15d.

44 A presença no domicílio imperial dos nascidos em Portugal – cortesões, como os marqueses de Cantagalo e Jacarepaguá, e criados particulares, como Plácido Antônio Pereira de Abreu e Francisco Gomes da Silva – provocavam um sentimento de desconfiança entre os brasileiros quanto aos motivos de D. Pedro I e era uma importante causa de seus problemas

Figura 3. O Paço da Cidade à época da Independência.

D. Pedro I, sua família e sua corte deslocavam-se entre três residências, todas elas adquiridas pelo pai do imperador após sua chegada em 1808. A maior parte do ano transcorria no Paço de São Cristóvão, a poucos quilômetros do Rio de Janeiro, na época uma cidade com 120 mil habitantes. O Paço da Cidade, localizado no coração do Rio, era usado principalmente para as cerimônias formais da corte, realizadas vez ou outra no decorrer do ano. A terceira residência imperial, visitada durante os meses quentes de verão, situava-se na Fazenda de Santa Cruz, a cerca de 75 quilômetros da cidade do Rio de Janeiro.[45] Esses deslocamentos traziam inconveniências, mas os membros da Corte e Casa, a quem os ambientes familiares e as práticas estabelecidas eram sagrados, aceitavam-nos como algo rotineiro.

A Corte e Casa naturalmente girava em torno do imperador, visto que somente ele lhes dava um senso de propósito e justificava sua existência.

políticos. Stoney e Weltzien referem-se às "dinastias de homens e mulheres que serviam" à rainha Vitória e sua família, dando exemplos esclarecedores; veja *My Mistress*, p.2. Muitos dos criados particulares da rainha eram de origem alemã.

45 O palácio da cidade havia sido a residência do vice-rei do Estado do Brasil. As propriedades de São Cristóvão, também conhecidas como Quinta da Boa Vista e Santa Cruz, haviam originalmente pertencido à Ordem Jesuíta, expulsa em 1759 dos territórios portugueses.

A mesma deferência e obediência que os membros da corte e da residência dedicavam ao monarca eram por eles esperadas daqueles que os serviam. Seu mundo era estruturado por rigorosa etiqueta e privilégio hierárquico, e eles defendiam ferozmente sua continuidade. Se fossem sensatos, cortesãos e empregados particulares esforçavam-se para proteger seu "augusto amo", como o monarca era chamado, de influências perigosas, dissuadi-lo de comportamento agressivo ou incomum e manter sua imagem de príncipe perfeito. O círculo interno de cortesãos e empregados particulares – muitos dos quais o monarca conhecia desde a infância e cuja discrição era inviolável – também poderia propiciar uma oportunidade, sem romper o *status* da relação entre o soberano e seus súditos, para que o monarca relaxasse e se comportasse de modo espontâneo. Tais momentos de relaxamento contribuíam para reforçar o *status quo*: eles ofereciam alívio psicológico que tornava tolerável o ônus de governar.[46]

Nem todas as cortes – certamente não a de D. Pedro I – atingiam esse ideal de harmonia e suporte. Maria Graham, uma viúva inglesa que no final de 1824 servira brevemente como governanta da filha mais velha do imperador, escreveu um vívido relato de sua vida na residência imperial.[47] O problema básico era a falta de organização. Os vários departamentos do domicílio, como cozinha, despensa e estábulos, existiam em virtual independência, todos eles atentos para defender direitos e pré-requisitos arraigados. Membros da família imperial possuíam o que correspondia a um aposento ou quarto pessoal com seu próprio séquito de criados, e cada cômodo competia por recursos e vantagens. Ninguém, muito menos o próprio imperador, tinha autoridade ou capacidade para impor ordem e controle sobre essa agregação de interesses. A natureza da criadagem agravava o problema. Quando D. João VI retornou a Lisboa em 1821, a maior parte da corte e da criadagem acompanhara seu mestre, restando apenas uma minoria de cortesãos e talvez a maioria dos empregados mais graduados no Rio. Aqueles que permaneceram foram rapidamente promovidos na Corte e Casa, não obstante sua falta de posição social e inexperiência.

D. Pedro I fracassou consistentemente em subordinar seu comportamento pessoal e escolha do círculo mais íntimo às necessidades da monarquia e de

---

46 Sobre o papel do domicílio imperial na administração do monarca japonês nos anos anteriores a 1945, ver Titus, *Palace and Politics*, p.49-63. O secretariado pessoal dos reis britânicos desempenhou um papel semelhante na proteção ao monarca, como exemplifica a rápida, quase brutal, expulsão de Edward VIII do trono, seu subsequente exílio de sua terra natal e a sua exclusão de qualquer papel na vida pública.

47 Graham, "Escorço", p.97-122. Essa obra é uma tradução de um manuscrito em inglês, encadernado e sem título, mantido em BNRJ SM Cofre 50. 2. 23.

seu prestígio nacional e, por conseguinte, não representava um modelo de conduta que pudesse ter mantido a situação sob controle. Consequentemente, a corte e a residência imperial eram uma rede de intrigas em que facções concorrentes colocavam o interesse pessoal em primeiro plano. Ao ceder aos caprichos de seu mestre e aproveitar-se de suas fraquezas, cortesões e empregados particulares buscavam cair nas graças do regente e, dessa forma, assegurar favores para si. Qualquer um que ameaçasse o *status quo*, como Maria Graham descobriu à própria custa, tornava-se alvo de injúria e expulsão do palácio. Os membros da Corte e Casa falharam, em outras palavras, em manter o decoro necessário a uma corte ou em proteger a imagem pública que qualquer governante devia projetar.[48]

Como Maria Graham salientou, D. Pedro I era dotado de boas intenções e, quando reconhecia seus erros, costumava esforçar-se para remediá-los. A nomeação e súbita destituição de Graham da função de governanta produziram algum benefício. Em 12 de outubro de 1824, o imperador nomeou seu confessor, frei Antônio de Arrábida, como diretor dos estudos de suas filhas.[49] Ao mesmo tempo, aprovou um conjunto de instruções detalhadas para a criação e educação de seus filhos. Eles deveriam levantar-se às 7 horas da manhã e ir para a cama antes das 20h30. Tinham as refeições às 8 horas da manhã, ao meio-dia e às 7 horas da noite. Pela manhã, faziam suas lições e no final da tarde, exercícios. Ao designar uma dama de companhia para se responsabilizar por cada criança e ao delegar-lhe autoridade sobre tudo que se relacionasse ao quarto da criança, essas novas determinações tentavam mudar várias das práticas que tanto haviam incomodado Maria Graham.[50] Um dos principais objetivos da medida era assegurar que os filhos do imperador fossem adequadamente educados, já que D. Pedro I estava determinado para que "eu e o mano Miguel havemos de ser os últimos malcriados da família".[51]

---

48 Ibid., p.101-4, 108-15; e ver sir Charles Stuart para George Canning, secretário de Relações Externas, n.9, Privado, Rio de Janeiro, 9 set. 1825, em Webster, *Independence*, v.I, p.286.

49 Sobre o caráter de D. Pedro I, ver Graham, "Escorço", p.120. O relato dela sobre a nomeação por ele de frei Antônio d'Arrábida como diretor de estudos e instruções (p.130) é confirmado pelo decreto da nomeação, datado de 12 out. 1824, em ANRJ Código 370 Pasta 13.

50 Ver a minuta do documento, composto por 37 artigos, com emendas manuscritas por D. Pedro I, transcrita em Lacombe, "Educação", p.243-9. Como o artigo 24 refere-se ao frei Antônio como diretor de estudos, a data da composição deve ser subsequente a sua nomeação em 12 out. 1824.

51 Comentário referente a Joaquim Manuel de Macedo feito por uma das filhas de D. Pedro II, a quem ele lecionava, e repetido por ele para Cristiano Ottoni; veja Ottoni, *Autobriographia*, p.43.

O novo sistema de supervisão e orientação parece ter prosperado tão bem quanto se poderia esperar em uma corte mal organizada.

No final de 1825, quando a gravidez da imperatriz trouxe a esperança de um herdeiro, D. Pedro I tomou diversas medidas para garantir os devidos cuidados ao bebê. O príncipe recebeu seu próprio quarto, chefiado por uma dama de companhia de confiança. Os pais do príncipe, que sentiam enorme orgulho pelo filho e demonstravam muita preocupação por seu bem-estar, não assumiram nenhum ônus de sua criação no início da vida. "Você entende disto melhor do que eu", era a resposta habitual do imperador sempre que a dama de companhia comunicava a ele problemas sobre o filho. O bebê foi amamentado não pela mãe, mas pela mesma ama de leite que cuidara da irmã dele, D. Paula.[52] O contato de D. Pedro com os pais, embora razoavelmente frequente, pode ser mais bem caracterizado como uma série de encontros agendados, subordinados aos outros compromissos do casal. Em fevereiro de 1826, quando D. Pedro tinha apenas dois meses, o imperador e a imperatriz partiram por várias semanas a uma visita de Estado à província nordestina da Bahia. Para as famílias reais e nobres da época, não havia nada de extraordinário em deixar um bebê aos cuidados de criados. O que era incomum nessa ocasião era a decisão do imperador, que provocou um grande escândalo público, de incluir sua amante no séquito que acompanhou o casal imperial e sua filha mais velha, D. Maria da Glória.[53]

A conveniência dinástica, e não o amor, motivara o casamento de D. Pedro I com D. Leopoldina. A compatibilidade pessoal não preocupou os diplomatas que arranjaram a união, em 1817, do filho mais velho e herdeiro do rei de Portugal com a segunda filha do imperador Francisco da Áustria.[54] O jovem casal, ambos com 19 anos quando se casaram, tinha poucos interesses em comum, além do gosto por cavalgar. Virtualmente inculto, D. Pedro I não se importava nem um pouco com as atividades científicas que D. Leopoldina prestigiava. A imperatriz não possuía a aparência nem o temperamento necessários para manter fiel D. Pedro I. Criada para ser piedosa, dócil e fadada a sofrer, D. Leopoldina sujeitava-se como uma questão de dever tanto às aventuras sexuais quanto à falta de controle emocional de seu marido.

---

52 D. Mariana Carlota de Verna Magalhães Coutinho para Ernesto Frederico de Verna Maga-lhães, Rio de Janeiro, 27 jan. 1827 apud Raffard, *Pessoas*, p.161. Sobre a ama de leite, uma imigrante suíça, veja ibid., p.162-4.

53 Macaulay, *Dom Pedro*, p.190-1; Oberacker, *Leopoldina*, p.402.

54 O estudo mais informativo, embora nem sempre incisivo, sobre a imperatriz é Oberacker, *Leopoldina*.

Figura 4. A irmã mais velha de D. Pedro II, que
desde os sete anos era rainha Maria II de Portugal.

O imperador, por sua vez, embora não dedicasse fidelidade nem devoção
à esposa, geralmente a tratava com algum afeto e boa-vontade e a considerava
como parte de sua vida. Apesar dos sérios problemas conjugais, o relacionamento era aparentemente sólido até, em uma visita à província de São Paulo
em agosto de 1822, D. Pedro I conhecer Domitila de Castro Canto e Melo –
jovem muito atraente, infeliz em seu casamento com um oficial militar.[55]

Perspicaz e ambiciosa, D. Domitila possuía todo o encanto e a arte de
manipulação que notoriamente faltavam a D. Leopoldina. Em meados
de 1823, a favorita foi instalada em uma casa próxima ao Paço de São Cristóvão. À medida que seu poder sobre o imperador crescia, suas demandas
aumentavam. Em abril de 1825, ela foi designada dama de companhia na corte
e em outubro do mesmo ano, nomeada viscondessa de Santos. Em fevereiro
de 1826 ela acompanhou o casal imperial em sua visita à Bahia, período em
que D. Leopoldina foi forçada a suportar a constante proximidade da rival. O
pior estava por vir. Em maio de 1826 D. Pedro I formalmente reconheceu a
paternidade da filha de D. Domitila, Isabel Maria, criando-a como duquesa de
Goiás com o título de "alteza real". Em outubro, D. Domitila foi promovida
ao *status* de marquesa.[56]

---

55 Macaulay, *Dom Pedro*, p.57-65, 168-9; Rangel, *Dom Pedro*, p.75-93.
56 Macaulay, *Dom Pedro*, p.169-70, 187; Rangel, *Dom Pedro*, p.122-5, 137-41.

Os favores providos em abundância à amante por um apatetado monarca eram suficientemente humilhantes, mas o que particularmente angustiou D. Leopoldina foi o tratamento cada vez mais insensível que passou a receber do marido. Ele a mantinha constantemente sem fundos, forçando-a a tomar emprestados ou implorar recursos de qualquer fonte, além de agir de modo rude e hostil.[57] Sentindo-se cada vez mais isolada, negligenciada e desprezada, D. Leopoldina teve uma profunda depressão. Novamente grávida em meados de 1826, perdeu qualquer vontade de viver após ser abusada pelo marido na presença da favorita. Pouco depois um assunto urgente levou o imperador a uma viagem ao extremo sul do Brasil. D. Leopoldina abortou, contraiu febre puerperal e morreu em 11 de dezembro de 1826. No dia seguinte, o príncipe infante, então com apenas 1 ano, foi levado com seus irmãos a prestar a última homenagem junto ao corpo de D. Leopoldina.[58]

Anos depois, D. Pedro não tinha nenhuma recordação da mãe. A morte dela não causara nenhum transtorno em sua vida, nenhuma mudança em sua rotina. Em termos emocionais, o desaparecimento dela não exerceu nenhum impacto direto sobre ele.[59] Já para o imperador, a morte de D. Leopoldina teve um efeito profundamente desolador, afetando tanto seu comportamento pessoal quanto sua vida pública. Embora tivesse negligenciado a esposa quando viva, D. Pedro I viu-se profundamente angustiado com sua morte. Procurou compensação na amante, de quem se tornara totalmente dependente. Ele a tratava como esposa (o que ela não podia ser, pois já tinha marido) e colocou ela e seus filhos em posição de igualdade com sua prole legítima. Essa paixão cega confirmou na mente do povo os rumores a respeito de D. Leopoldina ter sido vítima de seus maus-tratos nos últimos meses de vida, o que intensificou a antipatia popular contra D. Domitila.[60] O imperador não podia sustentar tal perda de respeito e reputação em um momento em que os assuntos públicos tomavam um curso bastante desfavorável.

---

57 Oberacker, *Leopoldina*, p.413-5.
58 Ibid., p.427-30, 432-33; Macaulay, *Dom Pedro*, p.196-203; Rangel, *Dom Pedro*, p.122-5, 142-3; *Contribuições*, p.43.
59 Em 1890, D. Pedro II declarou que não tinha nenhuma recordação direta de D. Leopoldina; veja D. Pedro II para o barão do Rio Branco, Baden-Baden, 11 set. 1890, em Rio Branco, *Correspondência*, p.104. Recentes estudos sobre desenvolvimento infantil sugerem que a perda da mãe na infância não afeta de modo adverso uma criança desde que ela receba cuidado e atenção equivalentes de uma ou mais pessoas em contato próximo e constante; ver Shaffer, *Development Psychology*, p.449-61.
60 Rangel, *Dom Pedro*, p.168-73.

As dificuldades que D. Pedro I experimentava em relação ao segundo de seus papéis como monarca – a administração dos assuntos governamentais – haviam sido, em grande medida, criadas por ele próprio. O imperador era por natureza exaltado, excêntrico e emotivo demais para o papel que desempenhava. Virtualmente inculto, ele não havia sido treinado para manter o necessário autocontrole e capacidade de adaptação. Por um lado, era dependente demais de um pequeno grupo de conselheiros e cortesãos, principalmente os portugueses de nascimento. Entretanto, por outro, tendia a reagir às situações impulsivamente, sem levar em conta as consequências de seus atos. O mais grave erro cometido por D. Pedro I, em termos de efeitos de longo prazo, foi a forma violenta como dissolveu a Assembleia Constituinte em novembro de 1823.

Essa dissolução negara ao regime imperial uma imediata legitimidade e privara-o do apoio interno necessário para administrar as relações externas do Brasil com Portugal, Grã-Bretanha e o Rio da Prata. O tratado de 1825 com Portugal, mediado pela Grã-Bretanha, continha cláusulas que degradavam a honra do Brasil, além de serem financeiramente onerosas. Ele também evitava de forma delibera qualquer menção à sucessão ao trono de Portugal. Quando D. João VI morreu, no início de 1826, os conselheiros reais proclamaram seu filho mais velho, D. Pedro I, rei de Portugal – que seria então D. Pedro IV –, uma posição que a Constituição brasileira de 1824 impedia-o de aceitar. Quando as notícias da sucessão chegaram ao Rio de Janeiro ao final de abril, pouco tempo antes da abertura da primeira legislatura a ser eleita sob a Constituição de 1824, o imperador tinha de encontrar uma rápida solução para o problema. Ele não podia passar a coroa a seu filho infante, que era necessário como seu sucessor no Brasil. Por isso, abdicou do trono português em favor da filha mais velha, D. Maria da Glória, tendo antes usado seus poderes como rei para dar uma Constituição a Portugal. Logo ficou evidente que a maioria dos portugueses não aceitava ser governada por uma rainha de 7 anos e que vivia no Brasil. Em vez disso, estes consideravam D. Miguel, o irmão mais novo do imperador, seu soberano por direito. Somente a intervenção diplomática e militar da Grã-Bretanha em 1826 e 1827 sustentou o novo regime constitucional em Portugal.[61]

Quando um enviado britânico chegou ao Rio de Janeiro para negociar novos tratados relativos ao comércio em geral e o de escravos, o imperador e seus ministros viam-se tão enredados em dívida de gratidão à Grã-Bretanha

---

61 Barman, *Brazil*, p.141-3, 148.

a ponto de debilitar sua capacidade de resistência às demandas desse país. Um acordo banindo o comércio de escravos com a África, após um período de graça de três anos, foi assinado em novembro de 1826 e um tratado comercial, a perdurar por no mínimo quinze anos, foi finalmente concluído em agosto de 1827. Os termos de ambos os tratados poderiam ser, e foram, denunciados como prejudiciais à honra e aos interesses nacionais do Brasil; a aceitação desses acordos por D. Pedro I minou ainda mais seu prestígio.[62]

O mais grave desafio à posição do imperador foi o conflito que eclodiu no extremo sul do país em abril de 1825. Espanha e Portugal há muito lutavam pelo controle da Banda Oriental, um território na margem leste do Rio da Prata. Entre 1815 e 1820, D. João VI obtivera êxito em conquistar o território, que fora então incorporado ao novo Império. O apoio popular ao controle do Brasil era tão tênue que uma invasão em abril de 1825 de um pequeno grupo de 33 homens proveniente das Províncias Unidas do Rio da Prata (que mais tarde se tornaria a Argentina) provocou uma insurreição geral. O Congresso das Províncias Unidas declarou a área parte de seu território. Em resposta, o Império emitiu uma declaração de guerra contra seu vizinho, apenas dez dias após o nascimento de D. Pedro.[63] Apesar dos recursos superiores em homens e suprimentos, o Brasil não conseguiu derrotar seus oponentes. Ao final de novembro de 1826, o imperador deixou o Rio rumo ao extremo sul, determinado a reorganizar as forças militares e liderá-las a uma vitória decisiva. Notícias sobre a morte da esposa trouxeram-no de volta antes mesmo de iniciada a missão. O conflito arrastou-se, em um impasse oneroso desprovido de qualquer glória que se tornou crescentemente impopular.[64]

Todos esses desdobramentos colocaram D. Pedro I e seu círculo de conselheiros em uma clara posição de desvantagem na luta por supremacia política, que se prolongou durante 1826 e 1827. Duas concepções bastante distintas do Brasil como Estado-nação motivaram o conflito. A primeira foi uma visão, inspirada sobretudo em Napoleão I, de uma ordem constitucional dotada de uma legislatura eleita e um Judiciário independente, mas dirigido por um regente supremo cujo talento superior e estrela auspiciosa concediam-lhe autoridade inconteste. A segunda visão do Estado-nação aceitava o povo – ou, mais precisamente, aquela parcela da população que se qualificava como "civilizada" – como fonte de autoridade, com representantes por ele eleito

---

62 Ibid., p.147-8.
63 Ibid., p.127-8.
64 Ibid., p.139-40, 146-7.

controlando o poder. Defensores dessa segunda visão dominavam a Câmara dos Deputados, a câmara mais baixa nesse período. O principal objetivo era tornar os ministros do Conselho subordinados ao corpo legislativo e, desse modo, restringir os poderes do imperador. D. Pedro I não tinha nenhuma intenção de abrir mão de qualquer fração de autoridade que possuía, com base na Constituição de 1824.[65]

Esse conflito consumiu muita energia e atenção que deveriam ter sido dedicadas às necessidades urgentes do Brasil, que, exceto por possuir uma Constituição, carecia de quase todos os demais atributos de um Estado-nação. A Câmara dos Deputados empenhava-se, desde sua inauguração em maio de 1826, a promulgar leis que fizessem da Constituição uma realidade, substituísse o absolutismo colonial por instituições representativas e que efetivassem os direitos de cidadania dos brasileiros. Entre as medidas aprovadas no período de 1826 a 1830 estavam a reforma do Judiciário, a criação de juízes de paz, a promulgação do código de lei criminal e a autorização de liberdade de imprensa. Duas escolas de Direito – uma em Olinda, na província nordestina de Pernambuco, e em São Paulo – foram fundadas; duas escolas de Medicina já existiam, em Salvador, na Bahia, e no Rio de Janeiro. A criação de escolas primárias nos centros urbanos foi autorizada. A naturalização de estrangeiros, a concessão de privilégios a inventores e a construção de obras públicas foram regulamentadas. O efeito dessas e de outras medidas consistia em limitar os poderes do imperador e seus ministros e criar fontes alternativas de autoridade.[66]

Apesar de significativos, esses desafios que moldariam a vida futura do jovem herdeiro ao trono não afetaram a existência resguardada de sua infância. O mundo no âmbito do qual a consciência de D. Pedro lentamente se formou e suas percepções se acentuaram era focado no Paço de São Cristóvão, situado a noroeste da cidade do Rio de Janeiro.[67] Em 1829, um visitante estrangeiro elogiou o "belo vale de São Cristóvão, com suas inúmeras casas de verão e jardins com a mais exuberante vegetação". O local foi "muito apropriadamente chamado de Quinta da Boa Vista".[68] As janelas do palácio proporcionavam uma bela vista das montanhas escarpadas, da vegetação tropical e das águas da Baía de Guanabara, elementos esses que continuam a tornar o Rio de Janeiro tão atrativo.

---

65 Ibid., p.131, 143-6.
66 Ibid., p.144-6; *Organizações*, p.18-27.
67 Oberacker, *Leopoldina*, p.121-2; *Contribuições*, p.26-8.
68 Veja o relato do conde Spreti, out. 1829 apud Adalbert da Bavária, *Herzen*, p.54.

São Cristóvão era mais que uma residência. Era também uma propriedade dedicada à agricultura, e em 1831 nada menos que 190 escravos trabalhavam em seus campos.[69] "Não era raro que o primeiro som que se ouvisse pela manhã", um visitante em 1824 posteriormente recordou, "fosse a voz de Dom Pedro, gritando aos colonos ou aos escravos na roça particular, para saber se estavam prontos a serem revistados." As cozinhas, estábulos e cômodos de criados e escravos espalhados pelo terreno produziam montes de resíduos humanos e animais, o que causava ofensa tanto aos olhos quanto ao nariz.[70] A única área de formalidade na propriedade eram os jardins em estilo europeu, que ladeavam o palácio. As cercas vivas que margeavam as veredas do jardim eram compostas por pés de café e algodão, com laranjeiras plantadas a intervalos regulares.[71]

A residência imperial, um enorme bloco disforme de construção pintado de amarelo, não fazia jus ao atrativo cenário que a circundava. Originalmente um retiro campestre de um mercador local, que o ofertara a D. João VI em 1808, ao longo dos anos o palácio passara por reformas e expansões, tudo em diferentes estilos arquitetônicos que o privavam de uma característica própria. Em seu interior, os cômodos eram de teto alto, cavernosos e deselegantes. Os aposentos privativos da família imperial, que ocupavam o andar superior, também careciam de estilo e comodidade.

Durante a infância de D. Pedro II, cerca de 150 homens trabalhavam como criados nas cocheiras, estábulos, depósitos e cozinhas do palácio. Quando um príncipe estrangeiro hospedou-se em São Cristóvão em 1829, a ele e sua pequena comitiva foram designados 32 criados. "Essa é a prática no Brasil", um membro da comitiva comentou. "Cada um faz o mínimo possível, e todo o trabalho pesado é executado, de fato, pelos negros."[72] A carga de trabalho dentro do palácio recaía sobre cinquenta escravos do sexo masculino, dos quais cerca de vinte prestavam serviços pessoais à família imperial. Outras seis escravas, supervisionadas por um homem, encarregavam-se de lavar as roupas da família imperial. A memória de seus nomes foi conservada porque – talvez de modo surpreendente – elas recebiam um pagamento mensal por seu trabalho. Arcangela de Jesus, Maria da Paixão, F. Clemência, Josefa Selemina, Maria do Canto, Rita Francisca e outros escravos domésticos e

---

69 Ver ANRJ CI Caixa 5 Pac. 1 Doc. 15g. José Joaquim da Cunha para Manuel José de Sousa França, 23 jun. 1831.

70 Graham, "Escorço", p.100.

71 Ver o relato do conde Spreti, out. 1829 apud Adalbert da Bavária, *Herzen*, p.56.

72 Ibid., p.54.

criados comuns espalhavam-se por toda a parte no palácio.[73] Em outubro de 1824, D. Pedro I ordenou que as damas da corte designadas para cuidar de suas filhas não permitissem que as princesas "conversem com os pretos, ou pretas, nem que brinquem com os molequinhos, e cuidarão muito especialmente para que as meninas não os vejam nus".[74]

Apesar de tudo que faltava a São Cristóvão em serviços e conforto, tratava-se de uma residência infinitamente preferível ao Paço da Cidade, o palácio urbano. Anteriormente residência do vice-rei de Portugal no período colonial, essa construção limitada ficava próxima ao cais, no coração da cidade, com acesso para a rua por todos os lados e, portanto, sujeita àquilo que Maria Graham adequadamente chamou "do barulho e do sujo da cidade".[75] Embora o Paço da Cidade fosse ocupado por cortesãos e contasse com um séquito de criados, o imperador e sua família não o usavam como residência oficial, preferindo deslocar-se de São Cristóvão para funções da corte e a condução de assuntos de Estado.[76] Ali o imperador oferecia a cerimônia do beija-mão, presidia os dias de gala, recebia enviados estrangeiros e comparecia a cerimônias religiosas, realizadas na capela imperial localizada do outro lado da rua.

O palácio rural serviu apropriadamente como cenário dos primeiros anos de vida de D. Pedro, o meio em que seu caráter foi formado.

Sua rotina diária seguia as instruções de criação e educação da prole imperial elaborada por D. Pedro I em outubro de 1824. A única interrupção a essa existência assentada ocorria quando D. Pedro, a partir da idade em que começou a andar, passou a acompanhar o pai às cerimônias realizadas no palácio da cidade e quando, durante os meses quentes do verão, de dezembro a abril, ele e suas irmãs acompanhavam o imperador em suas viagens a Santa Cruz, uma fazenda imperial situada em uma vasta planície a oeste do Rio de Janeiro.[77] Como Santa Cruz não proporcionava alívio o bastante para o calor do verão, o imperador começou a passar os meses de fevereiro e março em uma propriedade, a fazenda do Padre Correia, no alto das montanhas ao norte

---

73 Informações sobre criados comuns e escravos foram reunidas das listas de pagamentos, datadas de jul. 1831 e mar. 1832, contidas em ANRJ CI Caixa 5 Pac. 1 Docs. 18, 22a, 27, 32 e Caixa 7 Pac. 1 Doc. 24. Quando a irmã de D. Pedro II, D. Francisca, casou-se em maio de 1843, pediu ao imperador a liberdade de sete escravos que a serviam, incluindo "minha lavadeira Maria da Paixão", supostamente a mesma pessoa. Ver carta não datada em Lacombe, *Mordomo*, p.316.

74 Ver artigo 14 da minuta de instruções, transcrita em Lacombe, "Educação", p.245.

75 Graham, "Escorço", p.100.

76 *Contribuições*, p.56-7.

77 ANRJ, CI Caixa 4 Pac. 4 Doc. 55.

Figura 5. D. Pedro II com cerca de 4 anos.

do Rio. Em 1828 e 1829, o jovem príncipe acompanhou o pai nessas viagens. Mais de trinta anos depois, D. Pedro revisitaria o local em que, como escreveu mais tarde, "eu passei alguns meses de minha meninice, reconhecendo logo a ponte onde ia pescar minha piabinha".[78]

Não há muitas informações de cunho pessoal sobre os quatro primeiros anos de D. Pedro II. Ele certamente contraiu sua parcela de doenças infantis. Em agosto de 1827, na época da dentição, adoeceu o bastante para que dois boletins médicos fossem emitidos. Uma leve queixa, provavelmente um resfriado, foi seguida de uma febre alta que, por sua vez, provocou – como costuma ser o caso em doenças infantis – acessos de convulsão. Os médicos da corte conseguiram fazer a febre baixar e as convulsões cessarem. Quando um membro da nobreza visitou a corte após retornar da Europa no final de 1827, viu o jovem príncipe que mais tarde relembrou como "magro e muito amarelo".[79] Nada sugere, contudo, que a saúde da criança não fosse boa de

---

78 Essa propriedade foi primeiramente visitada pela família imperial em 1825. Ver Calmon, *Pedro II*, t.I, p.32-3 (onde o ano da visita de D. Pedro está erroneamente mencionado como 1830); e AHMI POB Cat. B Cod. 37 Doc. 1957. Apontamento no diário para 23 jun. 1861.

79 Para as recordações do visconde de Barbacena sobre a visita dele no final de 1827 e o texto dos dois boletins médicos datados de 5 e 6 ago. 1827, veja *Contribuições*, p.45-6. O ataque foi provavelmente de "convulsões febris", que ocorreram entre 6 meses e 3 anos, que são

modo geral. Um clérigo inglês, que viu o jovem príncipe em 1828 em uma recepção diplomática no palácio da cidade, descreveu-o como "um pequeno camarada refinado de 3 anos", "vestido com jaqueta e calças simples" e com uma aparência "tão simples e bonita que chamava a atenção de todos".[80] Essa percepção é confirmada por um diplomata que posteriormente observou sobre D. Pedro II que "ele é habitualmente muito alegre e tem um ar sorridente".[81] Como essas observações deixam claro, a prole de D. Pedro I comparecia a funções oficiais, inclusive a apresentações teatrais noturnas, e esperava-se que se comportassem em público com o decoro apropriado à sua classe social. Maria Graham comentou em 1824 que D. Maria da Glória, aos 5 anos, "fora ensinada a portar-se como uma rainhazinha, com uma graça e maneiras que me espantaram a primeira vez que as vi".[82]

Os primeiros laços de afeto de D. Pedro foram estabelecidos com os membros de seus aposentos. A figura mais importante era D. Mariana de Verna Magalhães Coutinho, nomeada pelo imperador para ser a dama de companhia encarregada da criação de D. Pedro. Nascida em Portugal, em 1779, D. Mariana viera com a família para o Rio em 1807. Tanto seu marido, um burocrata do governo, quanto seus filhos ocupavam posições na corte. Viúva em 1823, D. Mariana parece ter encontrado realização pessoal em sua nova função, considerando seu protegido, a quem não poupava cuidados e afeição, como seu próprio neto. Como sugere o nome que lhe foi dado por seu infante – "Dadama" –, D. Pedro estabeleceu com ela o apego emocional que as crianças costumam desenvolver a partir de cerca dos 7 meses, geralmente por suas mães.[83] Ele sentia apego semelhante e duradouro em relação a cada um que lhe serviu durante a infância. Sua ama de leite recebeu uma pensão e ocupou acomodações no Paço da Cidade até sua morte, em 1878. Em 1866, D. Pedro observou: "Novidade d'aqui além as dos jornais só há a morte do cônego Cesário [Fernandes da Torre], que era meu conhecido de infância".[84]

---

mais comumente desencadeadas por uma infecção trivial do trato respiratório superior; veja Niedermeyer, *Epilepsy Guide*, p.48-51.

80 Walsh, *Notices*, v.I, p.525.

81 BNTJ TM Arm. 31 Env. 145-1 Leopold von Daiser-Sillbach, *chargé d'affaires*, para príncipe Metternich, n.2b, Rio de Janeiro, 2 fev. 1832.

82 Graham, "Escorço", p.109.

83 Sobre D. Mariana, ver Raffard, *Pessoas*, p.137-41; e Calmon, *Pedro II*, v.I, p.5. Sobre os apegos psicológicos formados na infância, consultar Shaffer, *Development Psychology*, p.433-4.

84 D. Pedro II para condessa de Barral, Rio de Janeiro, 23 maio 1866, em Magalhães Jr., *D. Pedro II*, p.75. Sobre o cônego, veja *Almanach para 1825*, p.190; e *Almanak administrativo... 1853*, p.49.

O falecido padre havia sido capelão da capela imperial na década de 1820 e mais tarde administrador de uma propriedade imperial nos subúrbios do Rio.

A respeito dos membros de sua família propriamente dita, D. Pedro via o pai com razoável frequência, mas o fato de que, na vida adulta, não conservasse na memória nenhuma imagem forte dele sugere que o relacionamento entre ambos não era próximo. No âmbito familiar, seus vínculos mais significativos foram construídos com as quatro irmãs, todas elas mais velhas do que ele. A idade e as circunstâncias mantiveram a irmã mais velha de D. Pedro afastada. Seis anos mais velha, D. Maria da Glória, rainha de Portugal desde meados de 1826, levava uma vida apartada, com sua própria morada dentro do palácio. Essa pompa e circunstância foram mal empregadas, pois seu trono foi usurpado em abril de 1827 pelo tio, o infante D. Miguel. Em julho de 1828, quando o irmão tinha apenas 2 anos e 6 meses, "a pequena rainha", como fontes diplomáticas costumavam chamá-la, foi despachada do Rio para a Europa na vã esperança de que sua presença lá uniria os monarcas da Europa em torno de sua causa.[85] Sua ausência do Rio durou mais de um ano, fazendo que os vínculos mais íntimos do jovem príncipe fossem formados com suas irmãs D. Januária, D. Paula e D. Francisca, nascidas em 1822, 1823 e 1824, respectivamente. Vários fatores influenciaram a natureza desses vínculos. Diferentemente do que ocorria em famílias comuns, D. Pedro residia separado de suas irmãs, de tal modo que a dinâmica habitual da vida entre irmãos, como a competição pela afeição dos pais e pelo uso de brinquedos, não existia. Além disso, D. Pedro não era apenas o filho varão, cuja superioridade provinha do gênero, mas também o herdeiro ao trono, a quem todos (exceto o próprio pai) deviam deferência. As irmãs de D. Pedro eram sempre respeitosas, subservientes até, em relação ao irmão.[86]

Essa atitude de deferência e subserviência era compartilhada e efetivamente reforçada pelos assistentes e criados que formavam os séquitos de D. Pedro e suas irmãs. Um episódio envolvendo D. Maria da Glória, contado por Maria Graham, é revelador a esse respeito:

> Ela tinha sido sempre acostumada não somente a ter pequenos escravos negros para brincar, bater ou maltratar, mas a tratar do mesmo modo uma pequena menina branca, filha de umas das damas. Observei que, nos seus muito

---

85 Barman, *Brazil*, p.148-9.

86 Esse julgamento baseia-se em uma leitura atenta das cartas escritas por D. Januária e D. Francisca, a partir da década de 1840, atualmente em AGP XIX–I e XXIX–I.

folguedos, ela não somente dava pontapés e batia nos negrinhos, mas esbofeteava sua companheira branca (uma pequena e tímida menina) com a energia e com o ânimo de um tiranazinha indiferente. Eu havia falado, em particular, à mãe dessa menina, esperando que ela cooperasse comigo na correção desse costume impróprio, mas ela me respondeu que daria a morte a um filho que não julgasse uma honra receber uma bofetada de uma princesa.[87]

Tabela 2. Seleção de descendentes de D. Pedro I, imperador do Brasil

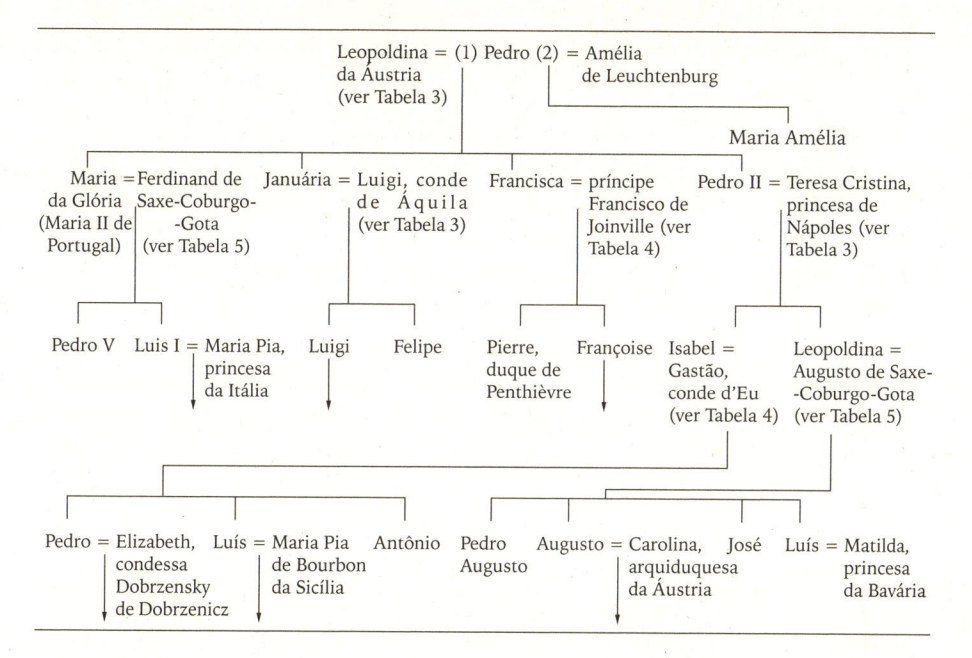

Uma observação semelhante, talvez excessivamente severa, sobre a influência da vida palaciana sobre o jovem D. Pedro foi feita muitos anos depois por um dos primeiros biógrafos do imperador.

Essas damas de companhia certamente não maltratavam a criança imperial, mas não possuíam a autoridade e a preocupação de uma mãe, que nada é capaz de substituir. Elas se revezavam em turnos, durante os quais cada qual naturalmente

---

87 Graham, "Escorço", p.102. Calmon, *História de Minas*, p.45, alega que a dama de companhia e sua filha eram D. Ana Romana de Aragão Calmon, criada condessa de Itapagipe em 1826, e sua filha Maria Francisca Calmon da Silva Cabral.

fazia dele seu *enfant gaté* [criança mimada]. Os criados, ao se sujeitarem a todos os caprichos do Senhor Moço, acabavam por corrompê-lo.[88]

Lamentavelmente sabemos pouco sobre os criados que realmente cuidaram de D. Pedro, mas sua importância a esse respeito não pode ser minimizada. Pela proximidade e constante atendimento a seu mestre imperial, conheciam seu caráter e seus hábitos intimamente. Uma clara hierarquia existia entre os empregados domésticos, desde uma elite composta pelos criados pessoais ou particulares da família imperial até os negros e mulatos, livres e escravos, que executavam as tarefas mais humildes.[89] A ama de leite de D. Pedro, Marie Catherine Equey, pertencia à elite. Dos muitos criados negros e mulatos, o nome de um deles subsistiu. Rafael, um negro cuja ocupação como soldado rendeu-lhe um emprego em São Cristóvão, acabou por tornar-se um criado de múltiplos propósitos em constante atendimento ao jovem príncipe, e ele permaneceria na corte até sua morte, em 1889.[90]

No final de 1829, quando D. Pedro se aproximava de seu quarto aniversário, pela primeira vez o mundo externo interferiu em sua jovem vida. Chegou da Europa uma linda moça com quem seu pai se casou no mesmo dia do desembarque. A nova imperatriz revelou-se tão amorosa quanto atraente. Ambos, pai e filho, foram por ela cativados. Ela preenchia o vazio deixado pelo falecimento de D. Leopoldina em dezembro de 1826.

A morte deixara o imperador com um sentimento de profunda perda e prolongado remorso. Sua paixão cega pela marquesa de Santos podia mascarar, mas não dissipava essa perda. Um ano e meio após a morte de D. Leopoldina, o imperador decidiu casar-se novamente. Em junho de 1827, um agente partiu para a Europa com instruções de encontrar uma princesa adequada. Nenhuma casa real estava disposta a sacrificar uma de suas filhas. O fracasso retumbante da missão convenceu até D. Pedro I de que, enquanto seu relacionamento

---

88 Ottoni, *D. Pedro*, p.12. O conhecimento de Ottoni de muitos indivíduos ligados ao conde nas décadas de 1820 e 1830 "estes relatos me deram ocasião de ver e ouvir muita coisa, dita e feita dentro dos reposteiros do paço, no primeiro e segundo reinado"; ver ibid., p.10.

89 Não subsistiram registros da equipe que trabalhava em São Cristóvão no final da década de 1820, e pode-se questionar se os registros efetivamente mantidos nesse período eram mais do que esboços. A documentação de 1831 fornece um bom retrato da estrutura e do pessoal de São Cristóvão; ver ANRJ CI Caixa 5 Docs. 15d para 48.

90 Sobre Rafael, ver BNTJ TM Arm. 32 Pac. 3. Testemunho de Eduardo Marcelino da Paixão, almoxarife do paço, que chamou Rafael "escravo da Coroa", conforme registrado por Tobias Monteiro em uma nota de pesquisa começando com "Rafael tinha sido..."; Calmon, *Pedro II*, v.I, p.5, 57, claramente baseado em Teixeira, *Imperador*, p.23-4.

íntimo com a marquesa de Santos persistisse, nenhum casamento poderia ser arranjado. No entanto, foi somente em agosto de 1828 que a favorita se retirou para a província de São Paulo. Sua filha mais velha com o imperador, a duquesa de Goiás, foi levada para estudar em um convento em Paris e jamais voltou ao Brasil. Mas romper o concubinato pouco contribuiu para melhorar as perspectivas matrimoniais do imperador, visto que sua reputação pessoal era tão ruim que nenhuma casa real lhe ofereceria de bom grado uma esposa. No fim das contas, seus agentes tiveram de se contentar com uma moça de *status* parcialmente real.[91]

Amélie de Beauharnais, nascida em 31 julho de 1812, era a quarta filha de Eugène de Beauharnais, enteado de Napoleão I e vice-rei do reino da Itália, e da princesa Augusta, irmã do primeiro rei da Bavária. Após a queda de seu padrasto em 1814, Eugène recebeu o título de duque de Leuchtenberg e instalou-se com a família em Munique. Sua morte em 1824 deixara sua prole com um *status* incerto e sem perspectivas concretas quanto ao futuro.[92] Para a princesa Augusta, que possuía fortes ambições para os filhos, casar Amélie com um imperador do Brasil proporcionava a melhor perspectiva possível para reivindicar um *status* real para a família Leuchtenberg. O contrato matrimonial foi arranjado sem dificuldade e os parentes de Amélie, o rei da Bavária e o imperador da Áustria, deram seu consentimento ao enlace. Um casamento por procuração foi celebrado com certa pompa em Munique, a 12 de agosto de 1829. A noiva, que dois dias antes completara 17 anos, foi entregue pelo tio, o príncipe Karl Teodor da Bavária. No dia seguinte, a imperatriz, acompanhada pelo irmão mais velho, Augusto, partiu para a Inglaterra, onde se encontraria com D. Maria da Glória, a mais velha dos cinco recém-adquiridos enteados, e embarcou para o Rio de Janeiro na fragata Imperatriz.[93]

A avó da noiva expressava considerável dúvida sobre o futuro que esperava por D. Amélia, como passaria a ser conhecida no Brasil.

> Sua profunda sensibilidade, modéstia e simplicidade me uniram a ela muito fortemente e intensificaram minha tristeza em ter de me separar dela para sempre [...] Até hoje choro quando penso nessa pobre ovelha sacrifical.[94]

---

91 Macaulay, *Dom Pedro*, p.211-2, 224-30; Rangel, *Dom Pedro*, p.189-222; Adalbert da Bavária, *Herzen*, p.34-5, 37-8.

92 Sobre Eugène de Beauharnais e sua família, ver Oman, *Napoleon's Viceroy*, p.193-209, 328, 462-6, 494-5; Adalbert da Bavária, *Herzen*, p.34-44.

93 Ver Adalbert da bavária, *Herzen*, p.37-40.

94 Ver rainha herdeira Caroline da Bavária para rainha Elise da Prússia, Munique, 2 ago. 1829, apud ibid., p.43.

Antes do casamento, a mãe da imperatriz a advertira a não esperar mais do que uma vida de préstimos, tolerância e gestão discreta. D. Amélia era admiravelmente apta a desempenhar tal papel. Ela se recusara a gastar na cerimônia do casamento a considerável soma enviada por D. Pedro I para esse fim e, em vez disso, doara o dinheiro a um orfanato de Munique.[95]

A fragata avistou a costa brasileira em 15 de outubro de 1829, bem antes do previsto, e no dia seguinte navegou para o porto do Rio de Janeiro. O imperador apressou-se para o Arsenal Naval, onde embarcou em um vapor que zarpou para rebocar o Imperatriz. Em meio ao entusiasmo com o primeiro encontro dos noivos, ninguém prestou muita atenção às quatro crianças – "meninos muito bem educados" – que embarcaram no Imperatriz mais tarde naquele dia. Era a apresentação de D. Pedro à madrasta, uma jovem notável por sua beleza morena, elegância marcante e maneiras afáveis. Toda a família jantou reunida a bordo do navio. Ao meio-dia do dia seguinte, sob forte chuva, D. Amélia desembarcou. A procissão da qual tomaram parte D. Pedro e suas irmãs foi tão magnífica quanto permitiu a chegada inesperadamente antecipada da noiva. Após a cerimônia religiosa de núpcias na capela imperial, o casal seguiu para o palácio da cidade, onde realizaram uma solenidade de beija-mão e participaram de um pomposo banquete. As crianças foram então despachadas para casa em São Cristóvão, e os recém-casados permaneceram no palácio da cidade.[96]

A imperatriz arrebatou o marido desde o primeiro instante em que ele a viu. Em sua homenagem, D. Pedro I fundou uma nova ordem de cavalaria, a ordem da Rosa. D. Amélia também conquistou o coração de seus enteados. Sua aparência e modos cativantes harmonizavam-se com sua bondade e bom senso. Ela se dedicava a assegurar o bem-estar doméstico de seu esposo e sua prole. Apenas um mês após sua chegada o enviado francês relatou a Paris:

> Parece que a imperatriz continua a exercer a mesma influência sobre os filhos de D. Pedro. Felizes resultados já são aparentes; reformas consideráveis foram realizadas no interior do palácio, e a ordem começa a reinar lá; a educação das jovens princesas é supervisionada e orientada pela imperatriz em pessoa.[97]

---

95 O orfanato ainda existe e localiza-se, desde 1899, no Dom Pedro Platz, no extremo leste do canal Nymphenburg; ver ibid., p.41.

96 Ibid., p.50-1; *Jornal do Commercio*, 17 out. 1829; Carolina Juanicó de Calado para Francisco Juanicó, Rio de Janeiro, 21 out. 1829 apud Melo Franco, *Um soldado*, p.95.

97 BNRJ TM Arm. 32 Env. 146. Despacho de Eduard Pontois para o ministro francês de Relações Externas, Rio de Janeiro, 19 nov. 1829.

Figura 6. A madrasta de D. Pedro II, D. Amélia de Leuchtenberg.

O herdeiro ao trono recebia o mesmo cuidado e atenção que D. Amélia dedicava às princesas. Seu talento para criar um sentido de família, apesar da vastidão dos palácios imperiais e os rigores da etiqueta na corte, conquistou a devoção do jovem príncipe. Ele logo passou a chamar D. Amélia de "mamãe" e pelo resto de sua vida considerou-a como tal.[98] Seu apelo não era só maternal. Na vida adulta de D. Pedro, a mulher ideal, a quem ele sempre buscou, era morena, vivaz e inteligente, e notadamente mais velha do que ele.

Para D. Pedro, que celebrou seu quarto aniversário em 2 de dezembro de 1829, os meses subsequentes ao casamento foram um período de felicidade, favorável ao desenvolvimento de um senso de identidade. Em fevereiro de 1830, a família imperial deixou o Rio para sua estada anual nas montanhas ao norte da capital. Seu destino era a fazenda de Córrego Seco, uma proprie-

---

98 Sobre a identificação de D. Pedro II de D. Amélia como sua mãe, veja as referências a ela como "minha mãe" em suas cartas à condessa de Barral, Rio de Janeiro, não datadas [9 maio 1865 e 23 mar. 1867], em Magalhães Jr., *D. Pedro II*, p.35, 102.

dade que estava sendo adquirida pelo imperador.[99] Lá o clima era fresco, as acomodações modestas e o estilo de vida simples. D. Pedro começou a ter contato com as maravilhas do mundo externo. Com as professoras de suas irmãs, tomou suas primeiras lições, aprendendo as letras do alfabeto e os nomes de objetos familiares em três línguas – português, inglês e francês.[100] A falta de fluência em português de D. Amélia fez que o francês servisse como a língua oficial no palácio, e dessa forma D. Pedro estabeleceu as bases de seu domínio posterior nesse idioma.[101] Suas aulas também incluíam imagens religiosas, para ensinar-lhe os elementos do cristianismo, enquanto ele tomava aulas de dança para "o familizar com o dever de uma lição regular e até por exercício ginástico tem-se lhe dado com aproveitamento lições de dança". Ele passara a participar das atividades em família e esteve presente uma noite em que seu pai tocou um dueto de flauta com um visitante.[102] Parecia que o príncipe estava finalmente experimentando a infância vivenciada pela maioria dos meros mortais. A política, contudo, interveio.

Os apoiadores do casamento de D. Amélia com D. Pedro I tinham esperança de que a união restaurasse a harmonia tanto na esfera pessoal quanto na política. Por mais admirável que fosse o sucesso de D. Amélia em transformar a vida de seu esposo e prole, ela não teve a mesma habilidade em remediar o declínio na posição política do imperador, que continuava incontrolável desde a época do falecimento de sua primeira esposa. Em 1828, D. Miguel havia desalojado D. Maria do trono de Portugal; a guerra com as Províncias Unidas (Argentina) terminara em um impasse, com a criação da República do Uruguai no território contestado; e as finanças nacionais chafurdavam em um déficit terrível. Pior ainda, os oponentes ao regime de D. Pedro I haviam conquistado notáveis êxitos nas eleições realizadas para a escolha da próxima Câmara dos Deputados, a ser convocada em maio de 1830.[103]

---

99 AMHI POB I POB 25.1.830 Bar.c. Alberto da Cunha Barbosa a um oficial da corte não identificado, Correia, 25 jan. 1830; e uma nota não datada [mas certamente de jan. 1830] por D. Pedro I sobre o pessoal a ser levado na viagem. Ver também Adalbert da Baváría, *Herzen*, p.61-2; Calmon, *Pedro II*, v.I, p.33.

100 ANRJ CI Caixa 4 Pac. 4 Doc. 83. Relato de D. Antônio de Arrábida, bispo de Anemuria, à legislatura, 12 maio 1830.

101 Raffard, *Pessoas*, p.161.

102 Quarenta e cinco anos depois, D. Pedro reconheceu a face do visitante quando se encontraram em Nova York; veja sua carta à condessa de Barral, Washington D. C., 9 abr. [*sic* 9 maio] 1876, em Magalhães Jr., *D. Pedro II*, p.177.

103 Barman, *Brazil*, p.150-2.

A nomeação por D. Pedro I, em dezembro de 1829, de um novo gabinete de ministros – que pretendia trabalhar em conjunto com o novo corpo legislativo em vez de resistir a suas demandas – parecia promissora, assim como a partida para a Europa, no início de 1830, dos conselheiros pessoais mais desprezados do imperador. Contudo, a sessão da legislatura que teve início em maio e se prolongou até novembro de 1830 deixou clara a extensão do colapso de confiança e compreensão entre o imperador e as forças políticas que dominavam a Câmara dos Deputados. Os inimigos de D. Pedro I consideravam-no um opositor à lei constitucional e, por causa de seu nascimento em Portugal, incapaz de proteger e promover os interesses do Brasil como um Estado-nação independente. Por seu lado, o imperador estava determinado a não renunciar ao controle de suas prerrogativas como monarca e, acima de tudo, a não permitir que o Legislativo tivesse voz quanto a quem ele deveria nomear como ministros e conselheiros de Estado.[104]

Ao final de 1830, o confronto intensificou-se. Uma sensação de crise iminente e inevitável dominou o mundo político. Uma visita formal do imperador e da imperatriz a Minas Gerais, no início de 1831, não obteve êxito em angariar apoio para o regime naquela que era, politicamente, uma província de crucial importância. O fracasso de todas as tentativas de construir um compromisso viável, e em particular a inabilidade de qualquer gabinete em conquistar a confiança tanto do monarca quanto da oposição, caiu como uma luva nas mãos daqueles a favor de soluções radicais.[105] Em meados de março de 1831, o enviado britânico ao Rio relatou a seu governo a existência de "um partido de oposição ao Imperador e ao Governo".

> Os periódicos desse partido vêm há algum tempo dirigindo a atenção do público à necessidade de um soberano *brasileiro* e não *português*, e alusões, não passíveis de equívocos, são feitas à conveniência de convocar o Príncipe Imperial ao Trono com um Governo Provisório. Sabe-se bem, porém, que o principal objetivo do partido é o estabelecimento de um Sistema Federativo de Governo ou, em outras palavras, uma República.[106]

Em 25 de março de 1831, D. Pedro I substituiu seus ministros em uma vã tentativa de restaurar a ordem nas ruas do Rio de Janeiro, onde gangues rivais

---

104 Ibid., p.156-7.
105 Ibid., p.157-8.
106 PRO FO 13 v.81. Arthur Ashton, *chargé d'affaires*, para lorde Palmerston, secretário de Relações Externas, n.25, Rio de Janeiro, 17 mar. 1831.

marchavam e entravam em conflito. Falhando visivelmente nessa missão, o novo ministério rapidamente perdeu a confiança do imperador. Em um estado de ânimo de desespero e rebeldia, D. Pedro I destituiu os ministros em 5 de abril, nomeando em seu lugar um gabinete composto inteiramente por seus conselheiros da mais alta confiança. Esse ato, conjugado com a chegada ao Rio de um regimento das tropas do Sul e a dispensa do comandante da guarnição da capital, confirmou os piores temores dos líderes da oposição: a iminência de um golpe contra a ordem estabelecida, da repetição da violenta dissolução pelo imperador da Assembleia Constituinte em novembro de 1823.[107] A resposta da oposição foi imediata. Eles ordenaram que seus seguidores saíssem às ruas e tentassem cooptar as tropas militares para sua causa.

Na tarde de 6 de abril de 1831, uma imensa multidão, com muitos homens armados, ocupou o Campo de Santa Ana, um espaço ao ar livre próximo ao centro do Rio. À noite, as tropas militares, encorajadas por seus oficiais, juntaram-se ao que se tornara uma rebelião popular contra o imperador e seus atos. Enquanto isso, no Paço de São Cristóvão, onde a família imperial residia na época, D. Pedro I rejeitava firmemente a reiterada exigência da multidão para que ele restaurasse ao poder os ministros destituídos. Enviados britânicos e franceses, convocados em caráter de urgência ao palácio à meia-noite, "encontraram Sua Majestade acompanhado por seus ministros, pelos membros de seu círculo domiciliar cuja dedicação permanecia inabalável, embora fossem poucos em número, e uma parte da Guarda Imperial". Enquanto possíveis cursos de ação eram apressadamente discutidos, "um *aide-de-camp* [ajudante de ordens] entrou para anunciar que" a guarda imperial

> havia marchado para o Rio sem ordens e sem deixar um sentinela sequer para vigiar as Avenidas do Palácio! Imediatamente após, outra mensagem chegou da cidade [das multidões reunidas] [...] de que se o Imperador não aquiescesse a suas demandas antes do amanhecer, eles encontrariam os meios para formar um governo de acordo com seus desejos.[108]

Diante desses acontecimentos, D. Pedro I tomou, como era seu hábito, o curso mais simples e direto. Ele decidiu resolver a crise abdicando ao trono em favor de seu filho de 5 anos de idade. Havia, afinal, outro trono a resgatar em Portugal. Nenhum argumento foi capaz de dissuadi-lo da ação imediata.

---

107 *História da revolução*, p.35-9.
108 PRO FO 13 v.81 Arthur Ashton para lorde Palmerston, n.29, Rio de Janeiro, 10 abr. 1831.

Recolhendo-se em seu gabinete, ele escreveu sua carta de renúncia ao trono e enviou-a à cidade. Em seguida, pediu asilo para si, sua esposa e D. Maria da Glória a bordo de navios de guerra europeus ancorados no porto do Rio e uma travessia segura para a Europa. Às 5 horas da manhã do dia 7 de abril de 1831, o antigo monarca e sua comitiva chegaram ao embarcadouro de São Cristóvão e de lá foram conduzidos em barcos por marinheiros britânicos e franceses. No palácio, eles haviam deixado um pequeno menino de cabelos louros e olhos azuis. Enquanto dormia tranquilamente, sem ser perturbada pela agitação da noite, essa criança de cinco anos tornara-se o novo imperador do Brasil.[109]

---

109 Barman, *Brazil*, p.158-9; Macaulay, *Dom Pedro*, p.246-53.

2
Não há segurança aqui, 1831-1840

Meu querido pai e senhor,

Quando me levantei e não achei Vossa Majestade Imperial e mamãe para lhes beijar a mão, não me podia consolar, nem posso, meu querido papai. Peço a Vossa Majestade Imperial que nunca se esqueça deste filho que sempre há de guardar obediência, respeito e amor ao melhor dos pais tão cedo perdido para seu filho. Beijo respeitosamente as augustas mãos.[1]

D. Pedro II começou a escrever essa carta originalmente a lápis, depois prosseguiu a tinta, mas chegou só até a palavra "beijar". Como ele explicou posteriormente em uma segunda carta ditada:

Principei a escrever a Sua Majestade Imperial pela minha própria letra, mas não pude acabar, entrei a chorar e a tremer-me a mão e não pude acabar. Remeto para prova da minha verdade o princípio que tenho feito. Eu todos os dias rogarei ao céu pelo melhor dos pais que, para minha desgraça, tão cedo me faz perder, sempre serei obediente filho e seguirei os ditames de meu Augusto Pai.[2]

---

1 AMHI POB I POB 22.2.831 PI.B c 1-8 [anteriormente Maço 92 Doc. 4265]. A primeira carta, que não está datada, foi transcrita em Rangel, *Educação*, p.63. Erroneamente, Rangel sustenta que o texto a lápis foi escrito por José Bonifácio, que na época não estava no palácio, nem é sua caligrafia.

2 Ibid. Essa carta, sem data, foi assinada por D. Pedro II.

Essas duas cartas revelam a reação imediata de D. Pedro II e suas irmãs aos acontecimentos de 7 de abril de 1831. Os cortesãos e criados do palácio de São Cristóvão podiam proporcionar parco conforto às crianças; seu próprio futuro estava em risco. A corte sob a regência de D. Pedro I havia sido alvo de acalorados ataques da oposição. Ninguém poderia afirmar com certeza qual seria o eventual desfecho da revolta. O objetivo original era substituir, como imperador, D. Pedro I por seu filho. Entretanto, ao alvorecer de 7 de abril, a rebelião se tornara nada menos que um movimento popular. A multidão, armada e exaltada, poderia apoiar objetivos mais radicais – uma mudança social fundamental e de caráter republicano. As tropas estavam fora de controle, confraternizando com o povo. Não havia governo.

O medo provou-se uma força poderosa de unidade e moderação. O espectro da anarquia silenciava os defensores de uma república. Animosidades e disputas suspensas, os políticos uniam-se na monarquia, que garantia a ordem social existente. Naquela manhã de 7 de abril, membros do poder Legislativo no Rio de Janeiro reuniram-se no prédio do Senado. Eles se apressaram em eleger três homens para atuar como regentes interinos e governar em nome de D. Pedro II, até que a próxima sessão legislativa em maio pudesse escolher um regente permanente. Um novo ministério foi imediatamente nomeado. Os legisladores também emitiram uma proclamação destinada a restaurar a calma e assegurar obediência ao regime:

> Do dia 7 de abril de 1831 começou a nossa existência nacional; o Brasil será dos Brasileiros, e livre.
>
> Concidadãos! Já temos Pátria, temos um Monarca, símbolo da vossa união, e da integridade do Império, que educado entre nós receba quase no berço as primeiras lições da Liberdade Americana e aprenda a amar o Brasil, que o viu nascer; o fúnebre prospecto da anarquia, e da dissolução das Províncias, que se apresentava aos nosso olhos, desapareceu de um golpe.[3]

A magnitude da emergência e da falta de qualquer alternativa prática ao regime em vigor tornou o jovem imperador indispensável aos políticos. O ministro do Império (do Interior) foi enviado imediatamente a São Cristóvão para assumir a responsabilidade por D. Pedro II e suas irmãs e garantir sua segurança e bem-estar.[4]

---

3 Bonavides; Vieira, *Textos políticos*, p.239.
4 Ver AMHI POB Maço 109 Doc. 5.358 Apontamentos destacados da vida política do visconde da Goiana até 1837. A seção sobre os eventos de 7 abr. 1831 está transcrita em Vianna, *Vultos do Império*, p.55-6.

O governo interino encontrou dificuldade em restaurar a calma na cidade e firmar sua autoridade. "Grandes grupos de populares, armados, continuam a marchar pelas ruas", observou o enviado britânico, "e uma recorrência das cenas passadas de tumulto pode, ao menor motivo, ocorrer".[5] As tensões permaneciam elevadas em razão da presença do antigo imperador a bordo de uma fragata inglesa no porto do Rio. Sob tais circunstâncias, os regentes não hesitavam em usar o novo monarca para sustentar sua credibilidade. Na manhã de 9 de abril, D. Pedro II, que ainda não completara 5 anos e 6 meses de idade, deixou São Cristóvão em uma carruagem acompanhado por sua governanta, D. Mariana de Verna Magalhães. Quando passou pelo Campo de Santa Ana, ele teve uma recepção tumultuada de uma enorme multidão. D. Mariana precisava instruí-lo constantemente: "Imperador, acene; acene, imperador". A reação popular era tão entusiasmada que, quando a procissão chegou à cidade, a multidão desatrelou os cavalos e arrastou a carruagem pelas ruas até a capela imperial onde se realizaria uma missa comemorativa.[6]

"Chegamos ao palácio [da cidade] pouco depois do meio-dia, mas o jovem imperador só chegou à capela às 13h30", relatou o enviado austríaco, barão Daiser.

> Quando a carruagem chegou à frente da igreja, um homem do povo, visto que não estavam presentes nem cortesãos, nem guardas, nem criados, apanhou o imperador, colocou-o em seu ombro e, dessa maneira, carregou-o para dentro da igreja. As pessoas aplaudiam-no calorosamente, afagavam-no com carinho e beijavam suas mãos e até seu rosto.

Após a missa, o imperador foi levado ao palácio pelos regentes.

> Uma revista às tropas ocorreu, os soldados intercalados por pessoas comuns armadas e depois vinham cerca de quinhentos a seiscentos dos mesmos, também armados, porém sós, sem quaisquer soldados.

---

5 PRO FO 13 v.81 Arthur Ashton, *chargé d'affaires*, para lorde Palmeston, secretário de Relações Externas, n.28, Rio de Janeiro, 9 abr. 1831.

6 Item no *Jornal do Commercio*, 12 abr. 1831, transcrito em "Traços biográphicos", p.609-11; e Raffard, "Apontamentos acerca de pessoas e cousas do Brasil", p.290. Calmon, *Pedro II*, v.I, p.51-2, afirma de modo incorreto que a cerimônia de aclamação do imperador realizou-se no Campo de Santa Ana nesse dia.

O enviado austríaco concluiu seu relato:

> Após um longo intervalo, fomos convidados a entrar na sala de audiências. O imperador ocupava o trono. Uma mesa havia sido colocada a seu lado para preencher o espaço. Ao deixar o palácio, tivemos dificuldade em passar pela multidão composta de todas as classes e cores. Somente às 17h retornamos dessa cerimônia triste e desagradável.[7]

O ministro da Áustria, sendo representante de um monarca autocrático, Francisco I, que também era avô do garoto, reagia necessariamente com desalento e sobressalto. Seus temores eram compartilhados por D. Mariana e as damas da corte. Receosas de que integrantes do povo invadissem o Paço da Cidade e capturassem o jovem imperador, elas permaneceram acordadas a noite toda, determinadas a proteger aquele sob sua custódia.[8]

A inquietação popular só começou a se dissipar quando o antigo imperador partiu para a Europa em 13 de abril. A aclamação formal de D. Pedro II como imperador ocorreu no dia seguinte. Essa cerimônia no Campo de Santa Ana foi acompanhada pela distribuição de espadas de honra e coroas cívicas a soldados e civis envolvidos na rebelião. No final do mês, a multidão havia finalmente sido induzida a depor suas armas e deixar o Campo de Santa Ana.[9] As tropas militares foram persuadidas a voltar para seus quartéis. O estado de emergência havia passado, embora a cidade não pudesse ser considerada tranquila. A atenção voltou-se para os debates do Legislativo nacional, que se reuniu em 2 de maio, e para a escolha de três regentes permanentes que governariam em nome de D. Pedro II até ele completar 18 anos, o que ocorreria em 2 de dezembro de 1843. Para o menino monarca e suas irmãs, a vida retomou o que parecia ser seu curso normal. Suas aulas prosseguiram com os mesmos professores de antes, e eles costumavam visitar com sua comitiva um pequeno palácio na praia de Botafogo, no extremo sul da cidade.[10]

Os acontecimentos de abril de 1831 foram decisivos para moldar tanto o destino quanto a personalidade de D. Pedro II. Até aquele momento, sua vida nada tinha que a diferenciasse da de outras realezas. A perda da mãe não era

---

7 BNRJ TM Arm. 32 Env. 145-1 Leopold von Daiser-Silbach, *chargé d'affaires*, para príncipe Metternich, n.4b, Rio de Janeiro, 7 abr. 1831.

8 Raffard, "Apontamentos acerca de pessoas e cousas do Brasil", p.290-1.

9 Item no *Jornal do Commercio*, 18 abr. 1831, transcrito em "Traços biográficos", p.611-2.

10 BNRJ TM Arm. 32 Env. 145-1 Leopold von Daiser-Silbach, *chargé d'affaires*, para príncipe von Metternich, n.5b, Rio de Janeiro, 26 abr. 1831.

incomum naquela época, e D. Amélia surgira como uma substituta ideal. A insurreição que levara D. Pedro II ao trono fizera dele um órfão. Seu pai e sua madrasta desapareceram, uma privação súbita e total. Não lhe foi permitido sequer um último adeus ao pai, D. Amélia ou D. Maria da Glória nos dias que antecederam sua partida para a Europa. Na verdade, ele jamais reveria seu pai e D. Maria da Glória. D. Amélia, a quem ele estimava como sua verdadeira mãe, voltaria a encontrar somente quarenta anos depois, em 1871.[11]

Vários fatores intensificaram o desamparo da criança. Como monarca, foi apartado de todos os outros mortais, exceto dos parentes. Afora as três irmãs mais velhas, também crianças, não tinha parentes vivendo no Brasil. A partida de seu pai e de sua madrasta teve o efeito de destruir sua família e, como demonstram as cartas escritas por Pedro a ambos e à irmã mais velha, o impacto dessa privação em seu desenvolvimento pessoal foi severo. Monarcas são por definição indivíduos isolados, totalmente dependentes de membros da família e amigos íntimos para relacionamentos informais que proporcionem um senso de pertencimento e realização. Tais relacionamentos desempenham um papel particularmente significativo na infância para a formação do caráter. A inesperada perda da família assombraria D. Pedro II pelo resto da vida, sobretudo porque sua memória não retinha uma imagem clara de seus pais. Em 1º de janeiro de 1862, ele comentou sobre a estátua equestre de D. Pedro I que estava sendo erguida no Rio: "É enorme e muito real, de acordo com o que aqueles que conheceram meu pai dizem, embora, a julgar pelos retratos, seu perfil não pareça correto para mim".[12] Qualquer pessoa que tivesse conhecido os pais de D. Pedro II atrairia seu interesse por toda sua vida. Ele procurou, por meio de constante correspondência com seus parentes na Europa, recriar os laços familiares rompidos em 7 de abril de 1831.[13] Uma procura por aquilo que A. E. Housman denominou "a terra do contentamento perdido" passaria a ser um motivo recorrente na vida do imperador e moldaria seu caráter como adulto.

---

11 "Não conheço maior dor que a da perda da nossa mãe, embora não o sentisse d'aquela a quem devo a existência, senão pelo que outros dela me referiram, experimentando-a contudo tão profunda, creio eu, quando faleceu. Quem como tal consagrava-me seu amor." D. Pedro II ao barão de Rio Branco, Baden-Baden, 11 set. 1890, em Rio Branco, *Correspondência*, p.104.

12 Ver Vianna, "Diário de 1862", p.19.

13 Rascunhos de algumas de suas cartas ao pai, à mãe e à irmã mais velha estão arquivados em AGP XXXVIII – 10, 11, 14. Quatro cartas para sua irmã D. Maria II estão arquivadas em ANTT Caixa 7324 Capilha 136 Docs. 1 a 3 e Capilha 138 Doc. 5 (erroneamente incluídas com cartas ao seu cunhado Fernando).

A extensão da perda de D. Pedro II foi ampliada pelas mudanças na Corte e Casa após a abdicação do pai. Nos dias que antecederam sua viagem à Europa, o antigo imperador mostrara-se determinado a levar consigo tanto dinheiro e bens quanto pudesse reunir. Ansiosos por acelerar a partida dele do Brasil, os regentes interinos não tentaram impedir o intento de D. Pedro. A remoção de "objetos de ouro e prata" foi tão completa que, como alegou o enviado austríaco, "não restou no Palácio Imperial uma colher de prata sequer".[14] Embora muita coisa de valor tivesse sido deixada para trás, esse comentário era até certo ponto exato. O desaparecimento de muitos objetos da família – móveis, quadros e ornamentos – representava para as crianças uma lembrança contínua da perda que haviam sofrido.

O impacto da partida dos pais sobre D. Pedro II e suas três irmãs poderia ter sido amenizado se a casa imperial em que viviam tivesse se mantido intacta nos anos seguintes, livre das demandas do mundo externo. Havia pouca probabilidade de tal isolamento. D. Pedro II se tornara o soberano do Brasil, e sua pessoa incorporava a ordem política. A atitude tomada por seu pai em 7 de abril levava a corte a se tornar enredada em política. D. Pedro I nomeara José Bonifácio de Andrada e Silva, um antigo ministro e então um deputado, a servir como tutor de seus filhos.[15]

Durante a menoridade do imperador, três regentes atuariam em nome de sua capacidade política – outorgando leis, selecionando ministros e assinando decretos. O tutor atuaria junto ao imperador em sua capacidade pessoal e civil, substituindo o pai e dessa forma controlando sua criação, cuidando de sua educação e supervisionando os assuntos domésticos. Embora não demasiadamente político, o posto de tutor exercia considerável influência. Foi exatamente por essa razão que D. Pedro I, pretendendo proteger seu filho de influências subversivas durante sua longa menoridade, nomeou um tutor que era reconhecido por sua crença na monarquia e sua tenacidade na defesa daquilo em que acreditava. Ao escolher José Bonifácio, D. Pedro I voltava-se para seu passado. Durante 1822 e 1823, quando a luta para estabelecer o Brasil como um Estado-nação independente estava no ponto mais crucial, José Bonifácio servira como ministro-chefe de D. Pedro I e derrotara todos os inimigos do novo Império. Em 1831, o antigo imperador

---

14 BNRJ, TM, Arm. 32, Env. 145-1, Leopold von Daiser-Silbach ao príncipe Metternich, n.17, Rio de Janeiro, 17 set. 1831.

15 Barman, *Brazil*, p.163.

claramente esperava que José Bonifácio desempenhasse o mesmo papel por seu filho.[16]

A ação do antigo imperador foi alvo de várias graves objeções, tanto de ordem legal quanto pessoal. O documento que nomeava José Bonifácio como tutor estava datado de 6 de abril de 1831, mas havia sido claramente assinado após a abdicação de D. Pedro I. Poder-se-ia alegar que, ao abdicar, o imperador perdera qualquer autoridade sobre seu sucessor. Além disso, o artigo da Constituição de 1824 que autorizava o monarca a designar o tutor de seu sucessor mencionava somente nomeações feitas por testamento. A nomeação de José Bonifácio por D. Pedro I poderia, portanto, ser considerada apenas mais um dos atos arbitrários e inconstitucionais que haviam angariado tanta antipatia e desconfiança ao antigo imperador.[17]

Algo que alimentava a controvérsia sobre a nomeação de José Bonifácio era seu caráter e sua conduta passada. Homem de notável capacidade, grande experiência administrativa e imensa autoconfiança, José Bonifácio sempre se mostrara tendencioso em suas negociações, arrogante com seus rivais e vingativo em relação aos oponentes. Uma incapacidade de separar o interesse público da vantagem própria e de seus familiares intensificava a hostilidade em relação a ele e seus dois irmãos, que formavam uma facção familiar baseada em sua província nativa de São Paulo. Os irmãos Andrada eram, sob muitos aspectos, forasteiros. Na juventude, todos haviam cursado a Universidade de Coimbra, em Portugal, e após a graduação haviam conquistado postos no governo real. O movimento pela independência do Brasil deu-lhes o poder e o reconhecimento anteriormente negados, mas uma ambição desmedida ocasionou a deportação dos 3 irmãos para a França, após a dissolução da Assembleia Constituinte em novembro de 1823. Nem a idade avançada (ele se aproximava dos 70 anos em 1831), nem o exílio de cinco anos haviam diminuído a sede de poder de José Bonifácio. Ao retornar ao Brasil em 1829, ele e seus irmãos reingressaram na política e todos os três foram eleitos para a Câmara dos Deputados convocada em 1830.[18]

Idade, personalidade e ambição política contribuíam para fazer de José Bonifácio uma má escolha como tutor do jovem imperador. Em vez de tentar manter o palácio resguardado das brigas partidárias, José Bonifácio usava seu posto em benefício próprio e, por conseguinte, como um foco de intriga e controvérsia.

---

16 Ibid., p.85-118.
17 Ibid., p.163.
18 Sousa, *Fundadores*, v.I, p.315-22.

Figura 7. José Bonifácio de Andrada e Silva, tutor de D. Pedro II entre 1831 e 1833.

Por menos desinteressados que pudessem ser aqueles que se opunham à nomeação de José Bonifácio como tutor, eles realmente possuíam sólidas razões para recusar a aceitar o decreto do antigo imperador. A questão foi encaminhada para a sessão seguinte da legislatura. Os regentes interinos nomearam como tutor em exercício o marquês de Itanhaém, um membro veterano da corte. Em tais circunstâncias, alguém mais cauteloso do que José Bonifácio poderia ter considerado prudente renunciar à nomeação. Entretanto, o antigo imperador, antes de viajar para a Europa, havia reafirmado sua escolha por José Bonifácio como tutor e escrito uma carta ao Legislativo justificando seu ato. José Bonifácio assegurara a seu antigo soberano que "se eu não puder obter a confirmação da Regência e Câmaras, ao menos como cidadão particular não deixarei um só momento de vigiar sobre a sua [de D. Pedro II] futura felicidade".[19] Assim, a disputa permaneceru até a convocação do Legislativo, em maio de 1831.

---

19 AHMI, POB, II POB 8.4.831 Sil c I.2 José Bonifácio de Andrada e Silva a D. Pedro I, Paquetá, 8 abr. 1831.

A recusa dos regentes em exercício em reconhecer o direito do antigo imperador a nomear um tutor para D. Pedro II foi endossada em 17 de junho pela Câmara dos Deputados, um ato que José Bonifácio denunciou em um protesto público. O Legislativo, contudo, não tomou ação imediata em suprir um tutor ao imperador. Sua prioridade era a definição dos poderes a serem atribuídos aos regentes permanentes em relação a D. Pedro II e a escolha desses regentes. A lei aprovada pelas câmaras em 12 de junho negou aos regentes permanentes a maior parte dos poderes conferidos pela Constituição da monarquia. O Legislativo procedeu então à seleção dos novos regentes.[20] Os dois irmãos de José Bonifácio eram candidatos, mas, apesar de campanhas ativas, "o Partido dos Andradas teve suas expectativas frustradas", como o encarregado de Relações Externas britânico relatou a seu governo.[21] Os três regentes permanentes selecionados em 12 de junho eram todos apoiadores do novo regime, mas não radicais em suas posições políticas.

Para o jovem imperador e suas irmãs, a vida continuou praticamente inalterada. No início de julho, o enviado austríaco barão Daiser, que como representante do avô de D. Pedro II – o imperador Francisco I – reivindicou direito de acesso direto ao monarca, fez sua primeira visita ao Paço da Cidade, onde se encontrou com as quatro crianças, uma por vez. "Sua Majestade o Imperador tomou-me pela mão para me convidar a sentar. Ele se expressa muito bem em francês para sua idade e me perguntou: 'Como vai o vovô?'" Após as entrevistas, o barão Daiser encontrou-se com D. Mariana, a governanta do imperador, que "ficou com os olhos marejados a me ver".

> Ela me disse que não podia se queixar da Regência, que demonstrara todo o respeito e a atenção possíveis; que nada faltava às crianças, que estavam amparadas sob muitos aspectos (alimentação, por exemplo) e mais bem tratadas do que antes; e que, se essa situação persistisse, ela poderia me assegurar que a criação delas não seria prejudicada pelas recentes mudanças.[22]

As melhorias relatadas por D. Mariana não eram surpreendentes. No início de junho, o governo iniciara uma reorganização e um expurgo dos palácios e seu pessoal. Novos oficiais foram nomeados, cerca de quarenta

---

20 Barman, *Brazil*, p.163.
21 PRO FO 13 v.83 Arthur Ashton para lorde Palmerston, n.65, Rio de Janeiro, 21 jun. 1831.
22 BNRJ, TM, Arm. 32, Env. 145-1, Leopold von Daiser-Silbach ao príncipe Von Metternich, n.11b, Rio de Janeiro, 8 jul. 1831.

criados domésticos foram demitidos e a equipe que cuidava dos estábulos do palácio foi drasticamente reduzida. Os empregados tinham de assinalar presença para receber seu pagamento, o que significava que o absenteísmo não era mais possível.[23] Era de se esperar que a qualidade do serviço na residência imperial revelasse uma acentuada mudança para melhor. A manutenção dessas melhorias dependia das habilidades daquele que fosse escolhido pelo Legislativo como o tutor do imperador.

A eleição ocorreu em 8 de julho. O resultado demonstrou que os legisladores, mediante o reconhecimento de seus direitos de nomear o tutor, estavam dispostos a respeitar o desejo do imperador. José Bonifácio foi nomeado para o cargo por ampla margem de votos sobre o candidato lançado pelo novo governo. Questões políticas pesaram na decisão. Era consenso entre os diplomatas estrangeiros que o desejo de oferecer concessões aos irmãos Andrada, evitando assim levá-los a uma oposição declarada, influenciara muitos deputados. Um senador contou ao enviado francês que

> uma espécie de conspiração havia sido necessária entre os membros moderados de ambas as Câmaras, não que, em seu ponto de vista, o sr. d'Andrada fosse, sob muitos aspectos, a pessoa mais adequada para essa proeminente e delicada tarefa.[24]

José Bonifácio foi veementemente instigado por seus dois irmãos a recusar o cargo, que eles consideravam algo como um suborno. O solene compromisso assumido perante o antigo imperador e argumentações do enviado austríaco, dentre outros, levaram José Bonifácio a aceitar a nomeação no final de julho.[25] Os regentes, porém, adiaram a promulgação da lei que definia os deveres do tutor até quase meados de agosto, e José Bonifácio só assumiu o cargo no final desse mês.[26]

Essas semanas de mudanças e controvérsias afetaram o universo pessoal de D. Pedro II e suas irmãs. O expurgo no pessoal doméstico removera tanto o diretor de estudos das crianças quanto seu professor de inglês de muito tempo,

---

23 ANRJ CI Caixa 5 Pac. 1 Docs. 15c, 15d, 15e, 15j, 18, 38.

24 BNRJ, TM, Arm. 32, Env. 146 Edouard Pontois para o ministro francês de Relações Externas, Rio de Janeiro, 9 jul. 1831. Veja também PRO FO 13 v.83 Arthur Ashton para lorde Palmerston, n.65 e 68, Rio de Janeiro, 10 jul. 1831.

25 BNRJ, TM, Arm. 32, Env. 145-1, Leopold von Daiser-Silbach ao príncipe von Metternich, n.11a e 12b, Rio de Janeiro, 14 e 23 jul. 1831.

26 Lei de 12 ago. 1831, em *Coleção das leis, 1830-31*, p.356; e BNRJ TM Arm. 32 Env. 145-1, Leopold von Daiser-Silbach ao príncipe von Metternich, n.15, Rio de Janeiro, 31 ago. 1831.

A proposta de destituir José Bonifácio foi aprovada na Câmara dos Deputados por uma ampla margem, mas em 16 de julho foi reprovada no Senado, por apenas um voto. Essa pequena diferença instaurou um impasse no cenário político. Ao final de julho, regentes e ministros tentaram criar uma súbita crise e dessa forma apressar a Câmara dos Deputados a declarar uma convenção nacional e decretar uma nova Constituição federalista. Essa imprudente manobra fracassou e deixou as forças políticas que até então apoiavam o regime seriamente divididas.[34] Reinava uma atmosfera de incerteza e instabilidade.

O fato de salvar seu cargo por um triz e ver-se diante de uma campanha contrária da imprensa deixou José Bonifácio em um clima de paranoia, uma sensação de estado de sítio. Essa perspectiva era intensificada pelo contínuo declínio de sua condição física e mais ainda de suas faculdades mentais. Após pensar brevemente em uma renúncia ao final de maio de 1832, ele decidiu manter-se no cargo. Seus inimigos pareciam-lhe tão desprezíveis quanto implacáveis. Em sua mente, eles desistiriam de qualquer medida contra ele e suas responsabilidades.[35]

Um indício dessa mentalidade de cerco foi a queixa do enviado austríaco, feita em meados de abril de 1832, de que os cortesãos mais velhos não lhe passavam mais informações sobre o estado do imperador e das princesas, forçando-o a subornar os criados para obter as notícias que precisava enviar ao avô das crianças em Viena.[36] Dois meses mais tarde, em meados de julho, à época do voto crucial no Senado sobre a destituição de José Bonifácio, o barão Daiser não conseguia mais esconder sua inquietação sobre a situação na corte:

> O que é mais lamentável são as intrigas que reinam dentro do Palácio Imperial, que contém quase tantos partidos quanto os existentes na cidade. As damas [de companhia], sobretudo aquelas pertencentes à família de madame Magalhães, estão em franca oposição ao tutor e ao mordomo a quem ele nomeou. O motivo disso é infelizmente banal. Elas não têm mais permissão de administrar as contas para a manutenção do imperador e suas irmãs, sob a acusação de estarem lucrando com isso. As crianças augustas são testemunhas de todas essas tramas e intrigas, discutidas em sua presença sem o menor constrangimento. Em reuniões mantidas no palácio com editores de jornais, artigos são forjados contra José Bonifácio. Ele

---

34 Barman, *Brazil*, p.173-4.
35 BNRJ, TM, Arm. 32, Env. 145-1, Leopold von Daiser-Silbach ao príncipe von Metternich, n.9 e 10, Rio de Janeiro, 19 jun. e 10 jul. 1832.
36 Ibid., Leopold von Daiser-Silbach ao príncipe von Metternich, n.6b, Rio de Janeiro, 16 abr. 1832.

tem conhecimento disso, mas está fragilizado demais para colocar um fim em todo esse conluio.

Consequentemente, vou ao palácio somente para apresentar meus respeitos à família imperial e muito raramente faço visitas lá. Esse estado de coisas não pode continuar, sob pena de haver efeitos os mais desoladores.[37]

Para compreender o impacto desse estado de coisas sobre um menino de 6 anos, é importante entender a natureza de seu caráter. Mais tarde, o próprio D. Pedro II escreveu, em um momento de rara sinceridade:

Desde crianca que já pensei em mim mais do que nos objetos que me rodeavam – chamaram-me minhas manas, às vêzes, esquisito – e, à medida que fui crescendo e abrindo os olhos para o mundo, fui-me convencendo, principalmente por uma experiência em certos casos bem desagradável, de que esse estudo nunca é suficiente.[38]

Em outras palavras, D. Pedro II não era alguém que, por natureza, se sentisse à vontade com o mundo. O inesperado não o entusiasmava. No início de 1832, ao enviar o retrato do imperador a Viena (Figura 8), o enviado austríaco comentou:

A expressão facial é séria demais, embora seja precisamente o olhar que o jovem príncipe assume quando dele se aproxima alguém a quem ele não conhece.[39]

Em meados de 1832, o restrito mundo que cercava D. Pedro II tornava-se cada vez menos seguro. O único meio de que ele dispunha para manter esse universo seguro residia dentro de si mesmo. O aprendizado e acima de tudo os livros revelavam à criança outra existência, mais amistosa.

Uma aptidão para aprender era uma qualidade que os brasileiros, ou ao menos os brasileiros preocupados com o futuro de seu país, desejavam em seu novo regente. O próprio antigo imperador, em uma carta escrita ao filho em março de 1832, declarara da forma mais dramática a necessidade de instrução e cultura.

---

37 Ibid., Leopold von Daiser-Silbach ao príncipe von Metternich, n.11, Rio de Janeiro, 16 jul. 1832.

38 ANTT Caixa 7324 Capilha 184 Doc. 2 Pedro II para Fernando, rei regente de Portugal, Rio de Janeiro, 25 fev. 1855.

39 BNRJ, TM, Arm. 32, Env. 145-1, Leopold von Daiser-Silbach ao príncipe von Metternich, n.1, Rio de Janeiro, 10 jan. 1832. Daiser identificou o pintor como "Sousa Lobo".

Figura 8. D. Pedro II, com 6 anos de idade, vestindo a farda imperial do reino de D. Pedro I e a grande cruz da Ordem do Cruzeiro. A pintura foi enviada ao imperador Francisco I da Áustria.

O tempo em que se respeitavam os príncipes somente por serem príncipes unicamente acabou-se; no século em que estamos, em que os povos se acham assaz instruídos de seus direitos, é mister que os príncipes igualmente estejam e conheçam que são homens, e não divindades, e que lhes é indispensável ter muitos conhecimentos e boa opinião para que possam ser mais amados do que mesmo respeitados; o respeito de um povo livre para seu chefe deve nascer da convicção que aquele tem de que seu chefe é capaz de fazê-lo chegar àquele grau de felicidade a que ele aspira, e assim não sendo, desgraçado chefe, desgraçado povo.[40]

Ainda que comentaristas mais humildes usassem uma linguagem menos floreada, não deixavam de manter uma crença menos fervorosa de que a educação deveria e poderia dotar um monarca com sabedoria e discernimento, qualidades indispensáveis àqueles escolhidos pela Providência para governar.

40 AHMI Maço 94 Doc. 4505 Pedro I para Pedro II, Angra [do Heroísmo], 11 mar. 1832.

O jovem monarca não necessitava de muito encorajamento daqueles encarregados por sua criação para dedicar-se aos estudos. Os livros e o aprendizado o atraíam desde seu primeiro contato com eles. Já em 1830 sua aplicação como aluno era elogiada.[41] Em outubro de 1831, D. Mariana de Verna, escrevendo ao antigo imperador na Europa, pintou um retrato elogioso de seu filho: "esse menino raro em tudo está adiantadíssimo, está lendo português quase corretamente, lê tão bem o inglês e vai agora ler francês [...]; isto sem ter ainda 6 anos". O gosto de D. Pedro II pelos estudos era tamanho que ele tomava aulas com suas irmãs mais velhas e, quando uma doença o impediu de comparecer, "desatou a chorar, e foi preciso mudar o local da lição para o quarto dele e, apesar de estar com a cara inchada, não perde lição nenhuma, sem que ninguém o obrigasse ou persuadisse".[42]

O que pode ter ampliado o apelo das aulas para D. Pedro II era o fato de que nenhum de seus cinco instrutores residia na corte, e somente um deles podia ser considerado um cortesão. Eles vinham três vezes por semana ao palácio para ministrar aulas a D. Pedro II e suas irmãs e, dessa forma, tanto espacial quanto psicologicamente, eles existiam fora de seu mundo restrito e inseguro. As matérias que eles lecionavam eram as tradicionais para crianças no início do século XIX: caligrafia, geografia, francês, inglês, pintura e dança. Os instrutores do imperador não eram professores por profissão, e nenhum deles parecia ser notadamente talentoso. Certamente nenhum deles capturou a lealdade duradoura de D. Pedro II como alguns de seus futuros professores o fariam.[43]

Em 2 de dezembro de 1832, o imperador completou 7 anos e, seguindo a tradição da corte portuguesa, ele foi afastado do controle de suas damas e colocado sob a responsabilidade de um aio para orientar sua criação e supervisionar sua educação. José Bonifácio selecionou para esse cargo Francisco Maria Teles, um veador cuja lealdade ao tutor parece ter sido sua principal qualificação para o cargo. Certamente Teles não deixou nenhuma marca na

---

41 ANRJ CI Caixa 4 Pac. 4 Doc. 55 Relato do frei Antônio de Arrábida, diretor de estudos, para o Legislativo, 12 maio 1830.

42 Rangel, *Educação*, p.116.

43 ANRJ CI Caixa 5 Pac. 1 Doc. 32 contém um resumo sobre as finanças da educação de D. Pedro II de 1831 a 1839. O único cortesão era Abbé Réné Boiret, um refugiado da Revolução Francesa que lecionara francês a D. Pedro I; ver Rangel, *Educação*, p.38-9. Além de cinco professores, um flautista acompanhava as aulas de dança. Os seis homens recebiam um subsídio de viagem por visita. Outras informações sobre os compromissos e o mandato dos professores podem ser encontradas em ANRJ CI Código 570 Caixa 4 Doc. 55, Caixa 9 Doc. 46, Caixa 10 Docs. 16, 39, 40, 55 e Caixa 11 Doc. 6a; e Rangel, *Educação*, p.36-7, 132, 145, 194, 209-10, 235, 334.

história, e o fato de que o novo aio serviu como um modelo para o jovem imperador é questionável.[44] O enviado austríaco relatou, ao final de 1832, que a pessoa a quem D. Pedro II "é mais ligada e a única de quem toma orientação" era Richard Shelley, um inglês originalmente cavalariço nos estábulos do palácio, casado com uma sobrinha de D. Mariana e promovido a criado pessoal do antigo imperador. De acordo com a opinião geral, Shelley era genuinamente dedicado a seu jovem mestre e aos interesses dele. Quando D. Pedro II recusava-se a tomar um medicamento, Shelley engolia um pouco do remédio primeiro e assim convencia seu protegido. Na visão do barão Daiser, Shelley "sob todos os aspectos é mais valorizado do que a maioria das pessoas atualmente a serviço do imperador".[45] Shelley claramente atuava nessa fase da vida de D. Pedro II como um substituto de seu pai ausente.

A falta de uma vida familiar normal tornava o imperador e suas irmãs particularmente ligados e dependentes uns dos outros. A segunda irmã mais velha, D. Paula, vivia no Rio de Janeiro e tinha dois anos mais que D. Pedro II. A princesa era, desde seus primeiros anos de vida, adoentada e com frequência não conseguia seguir suas aulas. A partir de meados de 1831 sua saúde melhorou substancialmente. Ela cresceu rapidamente e pôde levar uma vida ativa. No final de 1832, contudo, foi acometida pelo que foi provavelmente meningite e, após três semanas em agonia, faleceu em 16 de janeiro de 1833.[46] A perda de D. Paula foi motivo de aflição pública e privada. O artigo 117 da Constituição de 1824 designava os filhos de D. Pedro I, primeiro os varões e depois as mulheres, como herdeiros ao trono imperial, enquanto o artigo 119 declarava que "nenhum estrangeiro poderia suceder à coroa do Império do Brasil". A morte de D. Paula deixou somente D. Januária e D. Francisca como possíveis sucessoras de D. Pedro II.[47] No âmbito pessoal, o desapare-

44 Francisco Maria Teles já era um veador em 1824; ver "Almanach para 1825", p.186.

45 BNRJ, TM, Arm. 32, Env. 145-1, Leopold von Daiser-Silbach ao príncipe von Metternich, n.19, Rio de Janeiro, 17 dez. 1832. Sobre Richard Shelley, que era casado com D. Maria José de Verna e Bilstein, ver Ottoni, *D. Pedro*, p.13; e Raffard, "Apontamentos acerca de pessoas e cousas do Brasil", p.509.

46 Sobre a saúde de D. Paula e sua derradeira doença, ver BNRJ, TM, Arm. 32, Env. 145-1, Leopold von Daiser-Silbach ao príncipe von Metternich, n.11b, Rio de Janeiro, 8 jul. 1831, e n.1, 2 e 3, Rio de Janeiro, 5, 12 e 21 jan 1833; e ANRJ CI Caixa 4 Pac. 4 Doc. 83 Relato de frei Antônio de Arrábida para o Legislativo, Rio de Janeiro, 2 maio 1830.

47 Pimenta Bueno, *Direito público*, p.495-6. A irmã mais velha do imperador, D. Maria da Glória, era tecnicamente sua sucessora, apesar de ser rainha de Portugal. A lei n.9 de 30 out. 1835 excluiu-a, embora fosse nascida no Brasil, das cláusulas do artigo 117; ver *Coleção de leis, 1835*, p.9.

cimento da irmã causou profundo pesar às crianças sobreviventes. A morte dela intensificou o sentimento de insegurança.

A situação política no Brasil não apresentava melhoria. A regência que governava em nome do imperador impunha pouco respeito ou autoridade. Proprietários de terras e mercadores das maiores cidades brasileiras davam apoio ao regime somente porque não viam nenhuma alternativa melhor. Os oponentes tornavam-se mais numerosos e ousados. Um fator complicador era o restabelecimento do prestígio de D. Pedro I. Em julho de 1832, ele desembarcara na foz do Rio Douro e tomara Porto, a segunda cidade de Portugal, onde suas tropas resistiram sob repetidos ataques do exército de D. Miguel. No decorrer dos meses, aumentava a probabilidade de um eventual triunfo de D. Pedro I e a recondução de sua filha ao trono de Portugal. Seus êxitos, a dissipação dos ressentimentos em relação a ele com o passar do tempo e a ineficácia do regime vigente tornavam atrativa a ideia de que ele deveria ser chamado de volta ao Brasil para governar como regente até que seu filho atingisse a maioridade ao final de 1843.[48]

Entre os interessados políticos a favor do retorno do antigo imperador destacavam-se os irmãos Andrada e sua facção. Como observou o enviado austríaco:

> Os Andrada e seus seguidores (independentemente de seus objetivos imediatos) conspiram e sempre conspirarão contra qualquer situação em que eles não sejam chamados para desempenhar um papel de liderança.[49]

Antônio Carlos, o segundo irmão Andrada, era o principal organizador de uma petição requerendo que D. Pedro I assumisse a regência. A perspectiva de que o antigo imperador desembarcasse na costa brasileira como chefe de um exército calejado por batalhas e dedicado quase levou ao pânico os apoiadores do regime vigente. Seus temores pareceram confirmar-se quando, em março de 1833, uma revolta contra o regime de regência em Minas Gerais tomou a capital da província e depôs seu presidente. Embora a rebelião fosse rapidamente contida, parecia um prenúncio do que estava por vir. Vários cortesões, incluindo um dos sobrinhos de D. Mariana, haviam participado, e suspeitava-se do envolvimento de vários políticos proeminentes. Os apoia-

---

48 Barman, *Brazil*, p.175; e BNRJ, TM, Arm. 31, Env. 145-1, Leopold von Daiser-Silbach ao príncipe von Metternich, n.6a, Rio de Janeiro, 26 mar. 1833.

49 BNRJ, TM, Arm. 32, Env. 145-2, Leopold von Daiser-Silbach ao príncipe von Metternich, n.3a, Rio de Janeiro, 18 mar. 1835.

dores da regência, induzidos ao desespero por suas apreensões, tornavam-se cada vez mais dispostos a empregar meios radicais contra seus inimigos.[50]

O nível crescente de hostilidade dirigida àqueles que apoiavam o retorno de D. Pedro I alimentou a mania de perseguição de José Bonifácio, que já estava pronto a imputar o pior a seus inimigos. O tutor suspeitava de conspirações em toda parte, tanto contra seus jovens protegidos quanto contra ele próprio. No final de março de 1833, ele transferiu as crianças de São Cristóvão para o palácio da cidade, pretensamente porque a primeira residência era insalubre. Como observou o enviado austríaco, o palácio era na verdade mais insalubre – e as condições de vida, bem piores.

> Os quartos ocupados pelas crianças reais eram pequenos, de teto baixo. O palácio é muito pequeno e não há jardim nem quintal; desse modo, pode-se dizer que as crianças estão em uma espécie de prisão, da qual raramente saem, por causa da falta de meio de transporte e de outro lugar para visitar.[51]

Tal inatividade e reclusão eram tão evidentemente prejudiciais à saúde das crianças que o barão Daiser teve de intervir. Ele alugou uma mansão de frente para a Baía de Botafogo e persuadiu o tutor a levar o imperador e suas irmãs para temporadas no local, salientando que a mesma residência já havia sido usada para essa finalidade nas semanas subsequentes ao 7 de abril de 1831. A manobra do enviado austríaco acabou não correspondendo às suas expectativas. José Bonifácio insistiu em que seus protegidos fossem escoltados para essas excursões por um grande cortejo, que era difícil de reunir.

> Ele nunca permite que eles saiam sem sua companhia, o que sua idade e enfermidades o impedem de fazer com frequência. Desse modo, ele voluntariamente cria dificuldades com as quais seus Protegidos Augustos sofrem.[52]

Em setembro, tendo observado o imperador e suas irmãs em uma festa comemorativa no dia da Independência, o enviado francês comentou sobre D. Pedro II: "A palidez de sua pele não indica boa saúde". Ele acrescentou, com

---

50 Barman, *Brazil*, p.175; e BNRJ, TM, Arm. 32, Env. 145-1, Leopold von Daiser-Silbach ao príncipe von Metternich, n.6a e 9b, Rio de Janeiro, 26 mar. e 1º maio 1833.

51 BNRJ, TM, Arm. 32, Env. 145-1, Leopold von Daiser-Silbach ao príncipe von Metternich, n.8 e 9b, Rio de Janeiro, 15 abr. e 1º maio 1833.

52 Ibid., Leopold von Daiser-Silbach ao príncipe von Metternich, n.6a e 9b, Rio de Janeiro, 26 mar. e 1º maio 1833.

justificável exagero, que "as crianças não fazem nenhum exercício durante os seis meses do ano em que residem na cidade".[53]

Não era somente com respeito à saúde física que os protegidos do tutor sofriam. Pouco capaz de separar os interesses públicos dos pessoais, José Bonifácio acreditava que o futuro da monarquia dependia de sua própria continuidade como tutor. Ele, portanto, bombardeava as crianças com injúrias contra os regentes e ministros, censurando seus terríveis delitos e denunciando suas tramas sinistras. O enviado francês notou que "em uma recente recepção na corte, à qual os regentes e ministros compareceram, o imperador e as princesas não lhes dirigiram nenhuma palavra", porque o tutor "incute-lhes um grande ódio por todos os que formam o presente governo".[54] Incutir "terror" poderia ser uma descrição mais adequada do que incutir "um grande ódio", visto que José Bonifácio insistia no perigo de que as crianças fossem sequestradas pelo governo vigente e afastadas para as províncias de São Paulo ou Minas Gerais.

O tutor não se limitava a falar. No início de agosto de 1833 ele decidiu que a condessa de Itapagipe substituiria D. Mariana de Verna Magalhães como a dama encarregada dos aposentos do imperador e, em outubro, destituiu D. Maria Antônia de Verna Magalhães – filha de D. Mariana – como dama de companhia da princesa D. Francisca.[55] Ambas, mãe e filha, foram proibidas de visitar a corte. Na noite de 22 de setembro, José Bonifácio convocou os juízes de paz do Rio de Janeiro ao palácio em caráter de urgência, anunciando que a regência pretendia capturar o imperador e suas duas irmãs. Quando os juízes chegaram, encontraram o palácio cercado por cidadãos armados que haviam atendido ao chamado do tutor e permaneciam em posição há várias horas. Os regentes e ministros temeram com razão a deflagração de um golpe de Estado contra eles, mas, após uma noite de suspense, nada aconteceu. A única consequência foi um aprofundamento das suspeitas e tensões.[56]

Essas pressões físicas e emocionais afetaram o jovem imperador. Em 4 de outubro, o menino de 8 anos comeu em demasia durante uma festa e, sofrendo

---

53 BNRJ, TM, Arm. 32, Env. 146 Alexis Guignard, conde de Saint Priest, para o ministro francês de Relações Externas, Rio de Janeiro, 9 set. 1833.

54 Ibid.

55 José Bonifácio para a condessa de Itapagipe, 8 ago. 1833, e sua ordem de 10 out. 1833, em posse do finado Pedro Calmon Moniz de Aragão Bittencourt; citado em Calmon, *Pedro II*, v.I, p.66.

56 Ver *A verdade*, 1º out. 1833; e BNRJ, TM, Arm. 32, Env. 146 Alexis Guignard, conde de Saint Priest, para o ministro francês de Relações Externas, Rio de Janeiro, 4 out. 1833.

de indigestão, começou a vomitar. Nessa noite, fortes convulsões acompanhadas por febre alta deixaram-no inconsciente por quase cinco horas. Tão crítico era o estado de D. Pedro II que José Bonifácio mandou chamar com urgência os enviados da Áustria e da França. Quando eles chegaram, às 5h da manhã, o perigo iminente de morte já havia passado. Ao retornar algumas horas depois, o barão Daiser encontrou o imperador ainda adoentado, com a mente confusa. Naquela noite os sintomas voltaram – acessos, febre, alucinação e sede incessante. Os remédios usados pelos médicos e descritos pelo enviado austríaco eram quase tão horríveis quanto a doença em si. De alguma forma o imperador sobreviveu e iniciou uma prolongada convalescência.[57]

A enfermidade do imperador tanto ilustrava quanto se comparava com a condição febril do corpo político. Apoiadores do antigo imperador tornaram-se mais ousados e eloquentes. Em maio de 1833, Antônio Carlos, irmão do tutor, viajou para a Europa, carregando consigo "uma petição assinada por um grande número de chefes de família (fala-se em 8 mil deles, mas tenho sérias dúvidas a respeito) pela qual o ex-imperador é solicitado a retornar".[58] Ao final de julho, as forças constitucionalistas tomaram Lisboa, e lá o antigo imperador estabeleceu-se como regente por sua filha, D. Maria da Glória. Essas notícias chegaram ao Rio de Janeiro no início de outubro e, ao mesmo tempo, soube-se que Antônio Carlos estava prestes a apresentar a petição ao antigo imperador.[59] Nesse ínterim, na capital do Brasil, a Sociedade Militar se formava, composta por oficiais de nível sênior do Exército que haviam feito carreira sob o comando de D. Pedro I. "No Rio de Janeiro, todos estão convencidos de que ele retornará", o enviado francês relatou. "As notícias da Europa confirmam essa crença."[60]

---

57 BNRJ, TM, Arm. 32, Env. 145-1, Leopold von Daiser-Silbach ao príncipe von Metternich, n.15 e 16a, Rio de Janeiro, 7 e 19 out. 1833; e Arm. 32, Env. 146 Alexis Guignard, conde de Saint Priest, para o ministro francês de Relações Externas, Rio de Janeiro, 12 out. 1833. Em idade avançada, o imperador recordou a recepção em 4 out. "Foi de uma indigestão minha com convulsões que quase matou-me"; ver AHMI POB Cat. B Maço 37 Doc. 1.057 Registro no diário para 7 ago. 1890.

58 BNRJ, TM, Arm. 32, Env. 145-1, Leopold von Daiser-Silbach ao príncipe von Metternich, n.10, Rio de Janeiro, 21 maio 1833.

59 Ver Macaulay, *Dom Pedro*, p.288-90, 292-3; *A verdade*, 1º nov. 1833; e BNRJ, TM, Arm. 32, Env. 146 Alexis Guignard, conde de Saint Priest, para o ministro francês de Relações Externas, Rio de Janeiro, 4 out. 1833. Os despachos do barão Daiser 16b e 17 (datados de out. e nov.) não estão resumidos em BNRJ TM Arm. 32 Env. 145-1.

60 BNRJ, TM, Arm. 32, Env. 146 Alexis Guignard, conde de Saint Priest, para o ministro francês de Relações Externas, Rio de Janeiro, 4 out. 1833.

Na verdade, os acontecimentos na Europa não confirmavam nada disso. Em meados de setembro de 1833, Antônio Carlos chegou a Lisboa, encontrou-se com o antigo imperador e entregou a petição. D. Pedro I deixou claro que somente uma requisição formal dos conselhos municipais, apoiados por um voto do Legislativo nacional, faria que ele passasse a atuar como regente por seu filho.[61] Antônio Carlos não somente se calou diante dessa recusa como também, quando a decisão do ex-imperador foi divulgada na imprensa britânica, publicou uma declaração negando que sua visita à Europa tivesse qualquer cunho político. Apesar dessa confusão, um ponto estava claro para os apoiadores da regência que governava o Brasil em nome de D. Pedro II. Mesmo que o antigo imperador tivesse se comprometido a retornar, ele não o faria em um futuro próximo. O momento da ação havia chegado, e o desespero dava-lhes coragem. Em 5 de dezembro, uma multidão rompeu o recinto da Sociedade Militar, destruiu duas prensas que imprimiam periódicos de apoio ao retorno de D. Pedro I e quebrou janelas das casas dos que eram a favor da causa. O governo fechou a associação militar.[62] Essas medidas não provocaram nenhuma reação e reanimaram o governo.

José Bonifácio estivera em constante contato com os líderes da Sociedade Militar. Quando os enviados da Áustria e da França foram convocados ao Paço da Cidade por ocasião da crise de saúde do imperador, encontraram o tutor em reunião com o presidente da associação.[63] O palácio de São Cristóvão, para o qual D. Pedro II havia sido deslocado quando de sua convalescência, supostamente serviu como quartel-general dessa conspiração para o retorno de D. Pedro I e como depósito de armas e munições. Encorajados pelo sucesso na destruição da Sociedade Militar, os ministros decidem então enfrentar o tutor. José Bonifácio rejeitou com desdém a sugestão de que voluntariamente renunciasse por motivo de saúde.[64]

Em 14 de dezembro de 1833, os regentes assinaram um decreto suspendendo José Bonifácio de suas funções até a Assembleia Geral examinar a

---

61 O rascunho da carta anterior do imperador, datada de 14 set. 1833, confirmando as condições de seu retorno como regente para seu filho, está em AHMI POB Maço 98 Doc. 4.820 e transcrito em Vianna, *Pedro I e Pedro II*, p.47-9.

62 BNRJ, TM, Arm. 32, Env. 146 Alexis Guignard, conde de Saint Priest, para o ministro francês de Relações Externas, Rio de Janeiro, 12 out. 1833.

63 Ibid.

64 BNRJ, TM, Arm. 32, Env. 145-1, Leopold von Daiser-Silbach ao príncipe von Metternich, n.18a, Rio de Janeiro, 18 dez. 1833.

questão. Para atuar como tutor provisório, nomearam o marquês de Itanhaém, que já havia servido como tal de abril a agosto de 1831.[65] Uma força militar acompanhou os juízes de paz encarregados de executar o decreto. Ao chegar a São Cristóvão, a força cercou o palácio. José Bonifácio recusou-se a reconhecer a competência dos juízes, exigindo uma ordem direta dos regentes. Enquanto tal documento era providenciado, o juiz de paz superior trouxe as tropas para frente do palácio, onde ficaram estacionadas com espadas em punho. Enquanto isso, o marquês de Itanhaém chegou, e José Bonifácio permitiu que ele assumisse controle sobre o imperador e suas irmãs. O marquês de Itanhaém saiu com as crianças para almoçar. Em sua ausência, dois oficiais militares enviados pela regência deixaram claro a José Bonifácio que ele devia renunciar a seu posto. Ele consentiu em ceder somente à força, exigindo ser preso e mantido sob custódia. Foi então removido sob escolta para seu quarto.[66]

Em seguida, o enviado austríaco, tendo tomado conhecimento da ação do governo, chegou ao palácio. Ele encontrou as tropas alinhadas no átrio e os juízes de paz reunidos na varanda do palácio. Um juiz sênior informou-o sobre o que havia acontecido.

> Nesse exato momento, o imperador surgiu com as princesas; primeiramente me dirigi às crianças augustas e procurei reconfortá-las, percebendo que elas estavam um tanto apreensivas, embora muito contentes em me ver. A seguir, falei com as damas [de companhia] que observei estavam todas chorosas e pedi que se controlassem e não perturbassem as emoções das crianças com queixas e lágrimas que para nada serviam, mas em vez disso as inspirassem com coragem.[67]

---

65 As principais fontes sobre a deposição de José Bonifácio como tutor estão em um longo relato de João Silveira do Pilar, juiz de paz do 3º Distrito de São José, cidade do Rio de Janeiro, publicado em *A verdade*, 21 dez. 1833; e no despacho de von Daiser-Silbach, n.18a, 18 dez. 1833, citado na nota de rodapé anterior. O despacho do enviado francês, embora longo e vívido, é um relato de segunda mão, que é contrariado em alguns pontos por Daiser-Silbach; veja BNRJ, TM, Arm. 32, Env. 146 Alexis Guignard, conde de Saint Priest, para o ministro francês de Relações Externas, Rio de Janeiro, 31 dez. 1833.

66 Mais tarde naquele dia, José Bonifácio foi levado de barco à Ilha de Paquetá, na Baía de Guanabara, onde ele possuía uma casa de campo e foi mantido sob vigilância. As acusações contra ele só foram ouvidas em março de 1835, quando foi absolvido. Ele permaneceu na ilha até sua morte, em 1838; ver Sousa, *Fundadores*, v.I, p.340-1, 353.

67 BNRJ, TM, Arm. 32, Env. 145-1, Leopold von Daiser-Silbach ao príncipe von Metternich, n.18a, Rio de Janeiro, 18 dez. 1833.

O golpe terminou, portanto, não em sangue, mas em lágrimas. Os ministros mal podiam crer em seu triunfo e não perderam tempo em consolidar sua posição. Aureliano de Sousa e Oliveira Coutinho, o ministro da Justiça, escreveu imediatamente a D. Mariana de Verna Magalhães:

> Parabéns, minha senhora, custou, mas demos com o colosso em terra; a conspiração estava disposta para arrebentar qualquer destes dias, e chegaram a distribuir antes de ontem 18 mil cartuchos, e algum armamento, tudo foi descoberto e providenciado a tempo; o ex-tutor resistiu às ordens, e Decreto da Regência, e foi preciso empregar a força, e prendê-lo. Seria bom que vossa excelência viesse hoje para minha casa, pois que vamos falar ao novo tutor para chamar a vossa excelência para o Paço, porque convém muito que ao pé do monarca esteja pessoa sua amiga, e de muita confiança. Não tenho tempo para mais.
>
> P. S. A família imperial vem ficar hoje no Paço da Cidade, e nós que aqui estamos nele a esta hora que escrevo (são duas da tarde) vamos esperá-la em caminho, e fazê-la entrar em triunfo etc. Agora conhecerão o amor que lhe tem o bom povo brasileiro. A alegria é geral.[68]

Transferir o imperador e suas irmãs para a segurança do palácio da cidade foi apenas o primeiro passo na remodelagem da corte. Francisco Maria Teles foi destituído da função de aio ou supervisor do imperador. A condessa de Itapagipe foi substituída como primeira dama pela fiel D. Mariana, cujas parentes foram readmitidas como damas de companhia. Quatro oficiais e um grande número de criados foram demitidos e proibidos de entrar na corte. Mais do que isso, o posto de mordomo – o oficial encarregado das finanças e posses do imperador – foi concedido a Paulo Barbosa da Silva.[69]

Esse expurgo pôs fim a uma disputa aberta pelo poder na corte que começara com a nomeação de José Bonifácio como tutor em agosto de 1831. Os efeitos emocionais de mais de dois anos de conflito sobre o jovem imperador e suas irmãs foram consideráveis. O enviado francês relatou a seu país sobre o despejo de José Bonifácio: "O imperador não demonstrou a menor emoção. Ele, no entanto, ficou feliz em rever sua antiga governanta, Dona Mariana [...]

---

68 Aureliano de Sousa e Oliveira Coutinho para D. Mariana de Verna Magalhães Coutinho, não datado, citado em Raffard, "Apontamentos acerca de pessoas e cousas do Brasil", p.358-9.

69 BNRJ, TM, Arm. 32, Env. 145-1, Leopold von Daiser-Silbach ao príncipe von Metternich, n.18a, Rio de Janeiro, 14 jan. 1834; e Lacombe, "Paulo Barbosa", p.31-50. Em 1853, Francisco Maria Teles vivia em Lisboa; ver *Almanak administrativo para... 1853*, p.34.

As princesas pareceram mais preocupadas".[70] A taciturnidade de D. Pedro II mascarava um trauma profundo e recorrente – um temor e uma desconfiança do mundo externo e uma aversão a mudanças. Alguns anos mais tarde, comentando sobre uma parada realizada em homenagem a seu 15º aniversário, ele observou que "o trombeta tocou o seu clarim, que outrora me era tão terrível, principiaram os tiros de artilheria, que antigamente até me faziam verter lágrimas de terror".[71] Essa lembrança não era de modo algum exacerbada, como atesta o comentário do enviado austríaco em outubro de 1834: "Há oito meses ele não podia ouvir o tiro de um canhão, disparado na baía [de Guanabara], sem uma espécie de estremecimento".[72] No final da meia-idade D. Pedro II confessaria, ao discutir sobre seu distanciamento da paixão, que "meu estilo de vida durante minha juventude me fez tímido".[73] Ao final de 1879, ele comentou em uma carta: "E o futuro? Sempre receio a mudança".[74]

Os vitoriosos da luta pelo poder demonstraram um desejo louvável de tranquilizar D. Pedro II e suas irmãs. O primeiro passo foi levar as três crianças para um dia de pescaria. Embora essa expedição fosse conduzida com considerável cerimônia, o enviado austríaco, que havia sido convidado pelo imperador, atestou sobre "o prazer que essa viagem deu às crianças augustas".[75] Mais importante ainda foi a dedicação e a atenção que o tutor em exercício, o marquês de Itanhaém, trazia à vida de seus protegidos. O fim das constantes lamúrias de José Bonifácio contra seus inimigos, a oportunidade mais frequente de fazer exercícios físicos, sobretudo após o retorno da corte ao palácio de São Cristóvão em setembro de 1834, bem como nutrição mais adequada, provocaram uma rápida melhoria na saúde das crianças, como os diplomatas estrangeiros apropriadamente relataram. "A criança que há apenas pouco tempo era tão tímida e tremia ao menor ruído", relatou o enviado francês no final de 1835, "já se tornou um bom atirador e um cavaleiro

---

70 BNRJ, TM, Arm. 32, Env. 146 Alexis Guignard, conde de Saint Priest, para o ministro francês de Relações Externas, Rio de Janeiro, 31 dez. 1833.

71 AHMI POB Maço 102 Doc. 5.020 Registro no diário de D. Pedro II para 2 dez. 1840, transcrito em Vianna, *Pedro I e Pedro II*, p.116.

72 BNRJ, TM, Arm. 32, Env. 145-1, Leopold von Daiser-Silbach ao príncipe von Metternich, n.18a, Rio de Janeiro, 15 out. 1834.

73 BNRJ, TM, Arm. 32 Pac. 4 D. Pedro II para Martilde-Marie Ruinart de Brimont, condessa Vallier de la Tour, Rio de Janeiro, 31 mar. 1884.

74 D. Pedro II para condessa de Barral, Rio de Janeiro, 31 dez. 1879, em Magalhães Jr., *D. Pedro II*, p.296.

75 BNRJ, TM, Arm. 32, Env. 145-2, Leopold von Daiser-Silbach ao príncipe von Metternich, n.1a, Rio de Janeiro, 14 jan. 1834.

destemido."[76] Tão satisfeito estava o ministro austríaco com o modo como o marquês de Itanhaém desempenhava suas responsabilidades que, quando a eleição de um novo tutor chegou ao Legislativo em agosto de 1834, o barão Daiser discretamente interveio para garantir a confirmação do marquês no posto.[77]

Apesar da expressiva melhoria no cotidiano do imperador após o afastamento de José Bonifácio em dezembro de 1833, dois fatores – sua saúde e as condições da Corte e Casa – afetavam de modo adverso sua vida. Durante sua séria enfermidade em 4-5 de outubro de 1833, D. Pedro II sofrera convulsões epiléticas. Esses ataques não haviam cessado após sua recuperação. O enviado austríaco, evidentemente ansioso por não alarmar o avô, imperador da Áustria, relatou em abril de 1834 que o crescimento físico de D. Pedro II levava-o a comer mais e que refeições pesadas davam-lhe "indigestão que quase sempre resultavam em uma pequena reação nervosa que desaparece após alguns dias".[78] Daiser supunha que os ataques poderiam ser evitados "por uma dieta razoável e por meio de exercícios regulares e moderados". A cozinha brasileira, ele se queixava, era "nociva à saúde, sobretudo o hábito de constantemente ingerir doces". A recomendação pessoal do enviado era que o imperador tomasse uma dose diária de Tokay, um "vinho prescrito aos enfermos necessitados de um tônico não irritante".[79]

Era muito provável que o imperador estivesse sofrendo do que atualmente se conhece por epilepsia rolândica benigna, que pode acometer crianças dos 3 anos de idade ao início da adolescência. Um ataque começa com uma sensibilidade no canto da boca, seguida por uma contração nesse mesmo ponto. A seguir, a contração espalha-se para o outro lado da face ou causa uma torção ali. Às vezes a convulsão avança para os membros do mesmo lado do corpo. Um ataque desse tipo corresponde àquilo que o barão Daiser cha-

---

76 Ibid., BNRJ, TM, Arm. 32, Env. 146 Alexis Guignard, conde de Saint Priest, para o ministro francês de Relações Externas, Rio de Janeiro, 12 jan. 1834, e Edouard Pontois para o ministro francês de Relações Externas, Rio de Janeiro, 17 set. 1835.

77 BNRJ, TM, Arm. 32, Env. 145-2, Leopold von Daiser-Silbach ao príncipe von Metternich, n.6a, Rio de Janeiro, 28 ago. 1834. A eleição em si foi realizada em 11 ago.; ver *Contribuições*, p.77.

78 BNRJ, TM, Arm. 32, Env. 145-2, Leopold von Daiser-Silbach ao príncipe von Metternich, n.6a, Rio de Janeiro, 12 abr. 1834.

79 Ibid. O barão Daiser pediu para que uma consignação do vinho fosse enviada pelo avô de D. Pedro II de Viena, visto que não havia nenhum suprimento no Rio. O imperador austríaco aquiesceu; ver ibid., príncipe von Metternich para Leopold von Daiser-Silbach, Viena, 22 jul. 1834.

mou de "pequena reação nervosa" e "ataques de cabeça que costuma sofrer", conforme mencionado no diário de um político nacional.[80] As crises podem, contudo, agravar-se, envolvendo o corpo todo – o que se chama de convulsão tônico-clônica, ou de grande mal. A criança retesa-se e perde a consciência. Os olhos viram para cima, a cabeça cai para trás e braços e pernas endurecem. A respiração fica difícil e os lábios e faces, azuis, enquanto a saliva provoca um som gorgolejante na boca ou garganta. A seguir, vêm espasmos rápidos e rítmicos da cabeça e membros, que duram alguns minutos e gradualmente diminuem, terminando com um profundo suspiro da criança. Uma convulsão generalizada é seguida por alguns minutos de inatividade e prolongada perda de consciência, da qual o enfermo se recupera sentindo-se cansado e confuso. Ataques de epilepsia rolândica benigna tendem a ocorrer à noite e durante certos estágios do sono.[81]

Até os dias de hoje os ataques epiléticos, embora fáceis de diagnosticar e normalmente controláveis com medicamentos, são – como a descrição que acabamos de mencionar deixa claro – extremamente angustiantes de testemunhar. No início do século XIX, quando o complexo de condições conhecidas em conjunto como epilepsia era um mistério médico e sem qualquer medicação eficaz, provocava considerável temor, particularmente porque era tida como uma doença mental. Mesmo com os ataques epiléticos se originando de fato no cérebro, eles não provocam normalmente dano cerebral, embora uma forma de epilepsia infantil – a síndrome de Lennox-Gastaut – esteja associada a lesões cerebrais e deficiências mentais.[82] O sobressalto causado pela enfermidade de D. Pedro II e o desejo de explicá-la como nada mais do que ataques nervosos acarretados pela indigestão são, portanto, inteiramente compreensíveis. Os médicos da corte não podiam tratar o estado do imperador, nem prever se isso levaria ao retardamento mental que afligia seu tio, o futuro imperador Fernando da Áustria. A preocupação de que o conhecimento sobre o estado de saúde do imperador pudesse disseminar-se para o povo era uma das razões de limitar seus contatos com o mundo externo. Alguns rumores sobre sua saúde

---

80 Rodrigo de Sousa Pontes escreveu em seu diário de 3 out. 1843 que D. Pedro II "Está doente, com muita tosse que de ordinário precede os ataques de cabeça que costuma sofrer"; ver AHMI RSP Lata 294 Maço 1, Pasta 3. Na realidade essas convulsões haviam cessado em 1840, quando o imperador tinha 14 anos.

81 Essas convulsões originam-se na região cerebral dos lobos temporais, próxima ao sulco rolândico, daí o nome da doença. Para um excelente trabalho sobre o assunto, ver Freeman; Vining; Pillas, *Seizures*, p.64-5, 107.

82 Ibid., p.110-1.

acabaram se espalhando. Ao final de 1839 o enviado britânico informou a seu governo, em um despacho assinalado como "privado e secreto":

> Relatos têm surgido recentemente, embora confinados a um círculo limitado e repetidos com grande cautela, de que o imperador não está livre de alguma afecção mental, ou debilitação das faculdades intelectuais; e que jamais se poderá esperar que ele reine em pessoa. As declarações de todos os que compõem sua corte tendem a contradizer diametralmente tais relatos.

O enviado era cético quanto a esses rumores, mas se comprometeu "a não perder de vista esse assunto".[83] Na realidade, como é característico da epilepsia rolândica benigna, os ataques cessaram no início da adolescência.

Assim como a melhoria da saúde do imperador após o afastamento de José Bonifácio como tutor não era tudo que parecia ser, também a restauração da calma e ordem na Corte e Casa após esse afastamento não acabou com as intrigas para manipular o imperador e obter vantagens pessoais. O novo tutor era dedicado a seus protegidos, consciencioso no desempenho de seus deveres e desinteressado de qualquer papel político. Nascido em família nobre com grandes posses de terras na província do Rio de Janeiro, o marquês de Itanhaém passara virtualmente toda a vida na corte servindo ao pai e ao avô do imperador. O tutor não podia, desse modo, ser caracterizado como extremamente inteligente ou de forte personalidade. Logo se tornou evidente que ele estava sendo manipulado por três indivíduos que desempenhariam um papel importante na vida de D. Pedro II nos próximos doze anos – a governanta, D. Mariana de Verna Magalhães; o mordomo da corte, Paulo Barbosa da Silva; e o ministro da Justiça, Aureliano de Sousa e Oliveira Coutinho.

Esses três eram amigos íntimos, que se encontravam na casa de campo de D. Mariana, situada nas proximidades de São Cristóvão. Todos eles gostavam de poder e influência em benefício próprio, interpretavam qualquer oposição a seu domínio como ofensa pessoal e eram implacáveis na defesa de sua posição na corte. Quando D. Mariana foi restituída como primeira dama de companhia, em dezembro de 1833, o enviado austríaco reconheceu sua principal falha de caráter: "Ela é, na verdade, intriguista demais, mas possui caráter, boas maneiras e crenças corretas".[84] Em contraposição a

---

83 PRO FO 13 v.154 William G. Ouseley, *chargé d'affaires*, para lorde Palmerston, *Private and Secret*, Rio de Janeiro, 19 dez. 1839.

84 BNRJ, TM, Arm. 32, Env. 145-2, Leopold von Daiser-Silbach ao príncipe von Metternich, n.1a, Rio de Janeiro, 14 jan. 1834.

D. Mariana, Paulo Barbosa da Silva, um oficial militar que participava da vida na corte há quase vinte anos, falava com franqueza e agia com rudeza. Natural de Minas Gerais, ele herdara expressiva riqueza e havia sido educado na França no final da década de 1820. Era dotado de capacidade administrativa e talento para manobras políticas. Como mordomo, encarregado de controlar os gastos do palácio, administrar a riqueza pessoal do imperador e das princesas e gerenciar as propriedades imperiais, ele obteve em dois anos uma acentuada melhoria nas finanças imperiais.[85] No tocante à corte e efetivamente a suas origens sociais e raciais, Aureliano de Sousa e Oliveira Coutinho era um forasteiro, sem nenhum vínculo com famílias proprietárias de terras em sua província nativa, o Rio de Janeiro.[86] Seu pai, um coronel do corpo de engenheiros do Exército, mandara-o estudar na Universidade de Coimbra. Após se formar em direito, Aureliano atuou como juiz e deixou sua marca na política como homem forte do regime de regência. Entre 1833 e 1835, ele manteve nada menos que três cargos no gabinete. O enviado austríaco descreveu-o como "um jovem de talento e considerável energia".[87] O estabelecimento de conexões na corte era um movimento sagaz para assegurar sua influência política assim que o imperador atingisse a maioridade.

A aliança entre Aureliano, D. Mariana e Paulo Barbosa com o marquês de Itanhaém como seguidor, rapidamente assegurou-lhes o domínio sobre os assuntos da Corte e Casa. Nada podia ser feito sem sua benevolência e aprovação, e eles seguiam somente seus próprios interesses e os de seus amigos. Seu poder despertava forte ressentimento entre aqueles que não desejavam o controle da corte por qualquer facção. Quando o ministério do qual Aureliano era membro caiu do poder no início de janeiro de 1835, o novo gabinete propôs a destituição do marquês de Itanhaém, D. Mariana e Paulo Barbosa de seus postos. As mudanças não foram feitas, em parte por causa da intervenção

---

85 Sobre o caráter de Barbosa da Silva, ver Lacombe, "Paulo Barbosa", p.31-50. O enviado francês observou no final de 1835 que "a renda escassa da Lista Civil [...] administrada com economia e inteligência permitira ao Sr. Paulo Barbosa [...] realizar no palácio de São Cristóvão obras de expansão e embelezamento"; ver BNRJ, TM, Arm. 32, Env. 146, Edouard Pontois ao ministro francês de Relações Externas, Rio de Janeiro, 17 set. 1835. Sem mencionar Paulo Barbosa pelo nome, o enviado austríaco fez observações semelhantes em 1837; veja BNRJ, TM, Arm. 32, Env. 145-3, Leopold von Daiser-Silbach ao príncipe von Metternich, n.6e, Rio de Janeiro, 26 jun. 1837.

86 Vianna, "Visconde de Sepetiba", *Estudos*, p.31-148.

87 BNRJ, TM, Arm. 32, Env. 145-2, Leopold von Daiser-Silbach ao príncipe von Metternich, n.2, Rio de Janeiro, 1º mar. 1834.

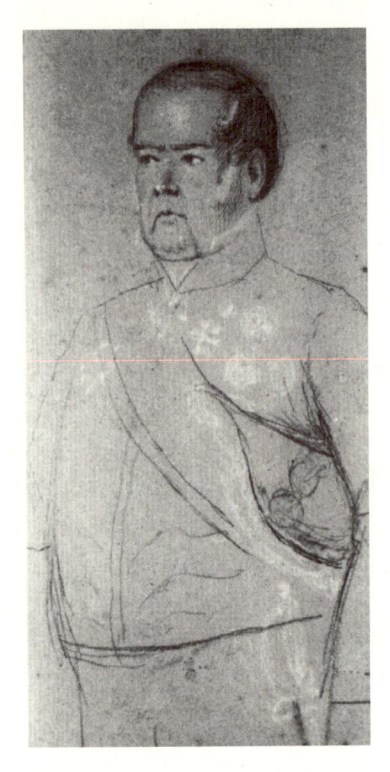

Figura 9. Paulo Barbosa e Silva, mordomo da corte imperial, 1833-1868.

do enviado austríaco, que receava pelo dano emocional que mais substituições na corte poderiam infligir ao imperador e suas irmãs.[88]

A influência que D. Mariana e Paulo Barbosa detinham sobre os assuntos da Corte e Casa foi demonstrada na seleção de um novo aio para o imperador, em substituição a D. Francisco Maria Teles, demitido em dezembro de 1833. Somente em outubro do ano seguinte o marquês de Itanhaém organizou uma reunião privada com um número de indivíduos proeminentes da vida pública para preencher a vaga.[89] O candidato que acabou por ser selecionado foi frei

88 Ibid., Leopold von Daiser-Silbach ao príncipe von Metternich, n.2, Rio de Janeiro, 11 fev. 1835. Von Daiser atribuiu a destituição de Aureliano e seus colegas do poder em parte a uma anistia que Aureliano havia concedido ao sobrinho de D. Mariana e a outros participantes do levante de março de 1833 em Minas Gerais; ver ibid., Leopold von Daiser-Silbach ao príncipe von Metternich, Rio de Janeiro, n.3a, 18 mar. 1835.

89 Ibid., Leopold von Daiser-Silbach ao príncipe von Metternich, n.8, Rio de Janeiro, 15 out. 1834, sobre a reunião para discutir a nomeação.

Pedro de Santa Mariana e Sousa, um monge carmelita que desde 1813 leciona na Academia Militar do Rio de Janeiro.[90] "Ele é um homem altamente respeitável graças à pureza de seus valores morais, à natureza de seu caráter e a seu profundo conhecimento de matemática", reportou o enviado austríaco a seu governo, em fevereiro de 1835.

> Mas ele está totalmente absorvido por seus estudos e, portanto, não está apto a gradualmente desvendar ante os olhos do jovem príncipe os vastos horizontes do mundo em que Sua Majestade será algum dia convocado a desempenhar um dos papéis principais.[91]

As razões por trás da escolha de frei Pedro de Santa Mariana como aio eram óbvias. Um homem de reputação política e experiência secular poderia alterar o equilíbrio de poder na corte, reduzindo a influência de D. Mariana e Paulo Barbosa. O novo aio logo percebeu que estava diante de uma tarefa demasiadamente difícil e que lhe faltavam as qualidades exigidas para a função. Ele tentou renunciar, mas foi dissuadido.[92] Apesar de todos os seus defeitos, frei Pedro não pode por dois motivos ser considerado um fracasso em seu posto. Primeiro, ele conquistou e para sempre conservou o respeito e a afeição de D. Pedro II e suas irmãs. Ao assumir seus poderes como imperador, D. Pedro II obteve do papa um bispado *in partibus* (o de Crisópolis) para seu antigo aio, que viveu o resto da vida no palácio de São Cristóvão. O imperador compareceu a seu funeral em 1864 – uma rara honraria – e a cada ano desde então, no aniversário de sua morte, participava de uma missa de celebração a "meu bispo".[93]

Em segundo lugar, frei Pedro foi responsável por introduzir seu pupilo imperial à ciência pura e à pesquisa abstrata, aspectos do aprendizado que

---

90 Os fatos da vida de frei Pedro podem ser coletados de Nabuco, "Frei Pedro".

91 BNRJ, TM, Arm. 32, Env. 145-2, Leopold von Daiser-Silbach ao príncipe von Metternich, n.9 e 10b, Rio de Janeiro, 13 nov. e 22 dez. 1834, e n.2, Rio de Janeiro, 11 fev. 1835. Frei Pedro de Santa Mariana não era um estranho na corte, visto que aparentemente lecionou latim ao imperador a partir de 1833; ver Rangel, *Educação*, p.194.

92 ANRJ CI Caixa 9 Pac. 3 Doc. 129 frei José de Santa Eufrasia para um anônimo "Ilmo. Sr." [provavelmente Paulo Barbosa da Silva], Convento, 28 out. 1836.

93 Nabuco, "Frei Pedro"; D. Pedro II para a condessa de Barral, Rio de Janeiro, 5 maio 1880, em Magalhães Jr., *D. Pedro II*, p.335; e D. Pedro II para o barão de Cotegipe, Rio de Janeiro, 2 maio 1886, em Pinho, *Cartas*, p.276. Sobre a consagração do frei Pedro como bispo, ver os artigos do *Jornal do Commercio*, 6 e 14 jul. 1841, transcritos em "Traços biográficos", p.634-5.

arrebatariam D. Pedro II até o fim de seus dias. O imperador era muito consciente de sua dívida com o aio. Ao comentar sobre o pêndulo de Foucault em seu diário, em 22 de abril de 1891, alguns meses após a morte dele, D. Pedro II expressou seu pesar: "Sinto não terem sido publicados os trabalhos do Bispo de Crisópolis sobre a fórmula geral de resolver as equações."[94] A sede de conhecimento científico que frei Pedro despertou em seu pupilo foi extremamente oportuna, dada a crença amplamente aceita de que um governante personificava a cultura de uma nação e deveria ser um exemplo de civilização, um modelo de conduta para seus súditos.[95] Um dos exercícios de caligrafia passado para o imperador resumia esses conceitos:

> Feliz do Povo que é regido por um príncipe prudente. Vive alegre, abastado, e ama aquele a quem deve a sua ventura. Modela por este, o Telêmaco, o teu governo, ama aos teus povos como a filhos e toma o saber a ser deles amado, trabalha porque experimentem que se gozem por tranquilidade, a seu príncipe devem tão prezados dons.[96]

O amor nato do jovem príncipe pelos estudos tornou-o ávido por aceitar o equilíbrio entre conhecimento e capacidade, sabedoria e comportamento civilizado. Sua identificação com a cultura europeia, sobretudo a da França, e a aceitação de toda uma vida de seus preceitos deveram-se em parte ao fato de três de seus instrutores serem imigrantes franceses.[97] De longe, o mais influente foi Félix Emílio Taunay, que ensinou D. Pedro II a desenhar a partir de janeiro de 1835, além de lhe dar aulas de francês desde outubro de 1838. Meio século depois, D. Pedro II descreveu Taunay como possuidor

---

94 AHMI POB Cat. B Maço 35 Doc. 1.057.

95 Ao aceitar sua nomeação como enviado francês em set. 1835, Edouard Pontois "tomou a liberdade de fazer uso das observações, repletas de sabedoria [...] [fornecidas a ele pelo rei Luís Felipe] e apoiadas por tão poderosa autoridade para destacar como era importante para o Brasil e o futuro da monarquia que o jovem imperador recebesse uma educação digna de seu berço e sua posição", que deve ser "altiva e adequada às ideias e necessidades de nossa época". BNRJ TM Arm. 32 Env. 146 Edouard Pontois para o ministro francês de Relações Externas, Rio de Janeiro, 17 set. 1835.

96 ANRJ CI Caixa 9 Pac. 127. O exercício é assinado: D. Pedro 2, São Cristóvão, 22 set. 1836.

97 Abbé Réné Boiret (sobre o qual, ver n.43) foi professor de francês até a morte em 1838; Félix Emílio Taunay (cuja vida é discutida no texto) ensinava desenho; e Louis Alexis Boulanger, que estava no Brasil em maio 1828, lecionava redação e geografia. Sobre este, ver *Registo, 1823-1830*, p.29; e Raffard, "Apontamentos acerca de pessoas e cousas do Brasil", p.397-8, 400-1. Sobre os instrutores do imperador a partir de jul. 1833, ver Garcia, *Mestres*.

de um "espírito vasto, versado em quase todos os ramos dos conhecimentos humanos, este, sim, foi o meu verdadeiro mestre".[98]

O pai de Taunay, um pintor de renome, havia sido um forte apoiador de Napoleão Bonaparte e, com a restauração dos Bourbons ao trono da França, viera ao Brasil em 1816 com outros artistas também politicamente desfavorecidos. Embora o velho Taunay logo retornasse à Europa, quatro de seus filhos estabeleceram-se no Rio de Janeiro. Félix Emílio Taunay havia seguido os passos do pai como pintor e, em 1834, foi nomeado dirigente da Academia de Belas Artes do Rio de Janeiro.[99] Em suas próprias palavras, "um incansável amante do belo", o mais jovem Taunay identificava a beleza não somente na natureza, mas também na civilização.

> Há uma religião (profana) do Belo, uma glorificação da inteligência humana pelas artes, as ciências e as grandes virtudes, culto cuja sede existiu em Atenas e desde os tempos da Renascença se reproduziu em Paris, sem ter jamais passado por outro lugar, nem sequer Roma. Desse culto tive a felicidade de transmitir ao imperador a chama.[100]

D. Pedro II absorveu o ponto de vista de Taunay, como mais tarde observou: "Devo-lhe muito, principalmente com respeito ao amor ao belo e seu cultivo".[101] O sucesso de Taunay deveu-se em parte à segurança que seu pupilo sentia em sua companhia. "Por mais longe que eu olhe no passado, sempre encontro seu pai a meu lado, solícito e nunca importuno!"[102]

Taunay e (em muito menor proporção) os outros dois professores que eram franceses influenciaram o desenvolvimento do imperador em dois importantes aspectos. D Pedro II tornou-se, em primeiro lugar, completamente fluente em francês. Desde a adolescência, lia vorazmente nesse idioma, mantinha diários

---

98 Declaração feita em Cannes, em julho de 1890, e relatada por José Pires Brandão em uma carta ao visconde de Taunay, transcrita em Taunay, *Trechos*, p.118.

99 Ibid., p.8, 181.

100 Essa observação (cujo contexto indica que foi escrita na década de 1870) é citada em ibid., p.115; ver também o próprio epitáfio de Félix Emílio Taunay, citado em Taunay, *Homens*, p.120.

101 Anotação feita por D. Pedro II sobre *Curiosidades naturaes do Paraná*, de autoria do visconde de Taunay, e reproduzida em Taunay, *Homens*, p.120.

102 Taunay, *Memórias*, p.60. Uma variação dessa observação feita por D. Pedro II é dada pelo visconde de Taunay: "Por mais distante que eu olhe no meu passado sempre me recordo de haver visto o seu bom Pai e com ele estado a conversar"; ver Taunay, *Trechos*, p.109.

e se correspondia nele e era capaz de manter conversações sobre assuntos literários e científicos com sábios desde Victor Hugo a Louis Pasteur.[103] Em segundo lugar, ele se tornou tão imbuído da cultura francesa que a percebia como sua própria. Ao visitar o templo de Karnak, no Egito, em dezembro de 1876, escreveu (em um diário mantido em francês):

> Ao sair do grande templo, pude do primeiro pilono apreciar o admirável ocaso; [...] Do alto desse pilono adorei Deus, criador de tudo quanto é belo, voltando-me para as minhas duas pátrias, o Brasil e a França, esta pátria da minha inteligência e aquela pátria de meu coração.[104]

Figura 10. D. Pedro II, com suas irmãs, D. Francisca e D. Januária, em seu estúdio no palácio de São Cristóvão em 1835. Gravados em uma pintura de Félix Emílio Taunay.

---

103 O conde de Gobineau, enviado da França no Rio em 1869 e 1870, mantinha longas conversas semanais com D. Pedro II. Nunca ele sentira qualquer necessidade de comentar sobre a qualidade do francês do imperador em suas cartas à esposa; ver Gobineau, *Lettres*. Por outro lado, o grão-duque Alexander da Rússia, que visitou D. Pedro II em 1887, relembrou o francês do imperador como tendo "fraseado muito distinto, gramaticalmente correto, embora ligeiramente hesitante"; ver Alexander da Rússia, *Grand duke*, p.98.

104 Registro no diário para 18 dez. 1876 [D. Pedro II], "Voyage", p.20.

O fascínio que o universo intelectual exercia sobre o jovem imperador não era inteiramente altruísta. Livros e estudos continuavam a prover um meio de escape tanto naquela época quanto por toda sua vida; por meio deles ele podia apartar-se da realidade externa que considerava ameaçadora ou insatisfatória. Os livros compensavam os aborrecimentos externos e a virtual ausência de qualquer vida social – e de quaisquer companhias de sua própria idade, além de suas irmãs remanescentes. Uma lembrança relata os três brincando de cerimônia religiosa na igreja, com D. Francisca fazendo o papel de padre.[105] O sentimento de solidariedade dos três irmãos, de proteção e apoio mútuos, foi colocado à prova e fortemente reforçado quando, em dezembro de 1834, eles souberam da morte do pai por tuberculose em Lisboa. Ao receberem a notícia, sua primeira reação compartilhada foi buscar uns aos outros.[106] Alguns meses depois, em junho de 1835, souberam da morte do avô, o imperador Francisco da Áustria.[107] Essa dupla perda fortaleceu nesse período seus laços de afeição.

A natureza do relacionamento entre os irmãos mudou à medida que o imperador amadureceu. Ele se tornou cada vez mais ciente de sua superioridade, tanto como homem quanto como o soberano do Brasil. Ele continuava a tratar D. Januária e D. Francisca com amabilidade, mas esperava que elas fizessem sua vontade e lhe conferissem deferência e obediência. Por seu lado, elas se mostravam cada vez menos dispostas a desafiá-lo ou ofendê-lo. D. Pedro II ansiava por um irmão. Ele encontraria um em Ferdinand de Saxe-Coburgo-Gota, que se casara com sua irmã mais velha, D. Maria II, em 1837, quando D. Pedro II tinha 11 anos. Embora os dois só viessem a se conhecer em 1871, D. Pedro II considerava seu novo cunhado, conhecido como Fernando, em português, como seu verdadeiro "mano" e começou a se corresponder com ele, o que era constante e geralmente uma necessidade da parte do imperador e durou até a morte de Fernando em 1885.[108] A troca de cartas não lhe proporcionou, contudo, uma real companhia masculina.

---

105 Pinto de Campos, "D. Pedro II", p.237.

106 BNRJ, TM, Arm. 32, Env. 145-2, Leopold von Daiser-Silbach ao príncipe von Metternich, n.10b, Rio de Janeiro, 22 dez. 1834. Embora a notícia da morte do antigo imperador já tivesse chegado ao Rio em 20 nov., seus filhos só a receberam após as cerimônias oficiais em comemoração ao nono aniversário de D. Pedro II, em 2 dez.

107 Ibid., Leopold von Daiser-Silbach ao príncipe von Metternich, n.6b, Rio de Janeiro, 2 jun. 1835. A morte do imperador Francisco I foi uma perda não somente para seus netos mas também para essa biografia, visto que o barão Daiser a partir daí cessou seus despachos, para dedicar às vidas de D. Pedro II e suas irmãs mais atenção do que fizera até então.

108 Ao ser informado por seu sobrinho Luís I, rei de Portugal, sobre a doença fatal de Fernando, o imperador respondeu: "O que me diz de seu Pai a quem amo como se fossemos irmãos de

O contato de D. Pedro II e suas irmãs com estranhos de sua própria idade era extremamente limitado, como o enviado austríaco relatou no início de 1835:

> Quanto às pessoas com quem eles se encontram, o número é muito pequeno. Afora as horas de estudo, eles estão quase sempre juntos sob a vigilância de algumas damas das princesas e de frei Pedro, o aio do jovem imperador [...] Suas companhias mais usuais são uma menina de 8, 10 anos e dois garotos pequenos, que são todos tutelados do marquês de Itanhaém. A menina mora no palácio; os dois irmãos frequentam uma escola de onde vêm para São Cristóvão frequentemente durante o dia e também nas férias.[109]

A identidade da ménina não é clara. Ela não poderia ter sido Mariana Velho da Silva, a quem o imperador apresentou em 1874 como "a companheira de minhas irmãs nas brincadeiras e durante a adolescência".[110] Os dois meninos eram quase certamente Luís e João Pedreira do Couto Ferraz, cujo falecido pai havia sido juiz na Casa da Suplicação (Suprema Corte) do Rio de Janeiro.[111] Luís, o mais velho dos dois e posteriormente visconde de Bom Retiro, viraria íntimo e também um assistente do imperador. Algum tempo depois, D. Pedro II conheceu o jovem Guilherme Schüch de Capanema. "Foi educado, por assim dizer, comigo, é filho d'um dr. alemão mineralogista de bastante merecimento que veio com minha mãe, tem pouco mais de minha idade, e portanto sou muito seu amigo",[112] o imperador explicou sobre Capanema em 1855. O "portanto" na frase final é revelador. Qualquer pessoa que D. Pedro II

---

pai e mai consterna-me profundamente". Ver ANTT Caixa 9 Capilha 312 Doc. 1 D. Pedro II para Luís I, Rio de Janeiro, 23 maio 1885. Praticamente todas as cartas de D. Fernando a D. Pedro II estão arquivadas em AGP IV, mas vinte delas subsistem em ANTT Caixa 7.324 Capilha 184.

109 BNRJ, TM, Arm. 32, Env. 145-2, Leopold von Daiser-Silbach ao príncipe von Metternich, n.3a, Rio de Janeiro, 18 mar. 1835.

110 BNP NAF D. Pedro II para Mme. Frederica Planat de la Faye, Rio de Janeiro, 22 maio 1874. Filha de José Maria Velho da Silva, um oficial da corte, Mariana casou-se com o futuro visconde de Ubá. A filha deles, Maria José de Avelar, baronesa de Muritiba, tornou-se amiga inseparável de D. Isabel, filha mais velha de D. Pedro II.

111 Os dois irmãos nasceram em 1818 e 1826. Ver Raffard, "Apontamentos acerca de pessoas e cousas do Brasil", p.429, que também cita como conhecidos Francisco Otaviano de Almeida Rosa, filho do médico da corte, Otávio Maria da Rosa e D. José de Assis Mascarenhas, o filho legitimado do marquês de São João da Palma. Aureliano de Sousa e Oliveira Coutinho trouxe seus filhos para visitas ao palácio. Ver ibid.; e um artigo intitulado "Persistência", publicado em O Brasil, 23 nov. 1844.

112 ANTT Caixa 7324 Capilha 184, Doc. 15 D. Pedro II para Fernando, rei regente de Portugal, Botafogo, 30 jun. 1855. Raffard, "Apontamentos acerca de pessoas e cousas do Brasil", p.430, declara que Schüch de Capanema, nascido em jan. 1824, atuou como adversário de D. Pedro II em suas aulas de esgrima.

tivesse conhecido na infância ou que tivesse vínculos estreitos de qualquer espécie com seus pais despertava nele uma fidelidade obstinada que pouco era afetada pelas qualidades pessoais ou pelo comportamento do indivíduo. A amizade para D. Pedro II era uma questão de sua própria determinação.

Se na vida adulta D. Pedro II não desenvolvia facilmente relacionamentos nos quais se envolvesse plenamente, essa característica pode ser em parte atribuída a experiências da infância. O marquês de Itanhaém, após sua nomeação como tutor em dezembro de 1833, perseguiu firmemente uma política baseada em dois pontos. No intuito de melhorar o bem-estar físico e emocional de seu pupilo, mantinha D. Pedro II protegido de um contato contínuo com o mundo externo. Em segundo lugar, Itanhaém não restringia – e na verdade encorajava – a sede do imperador por conhecimento, tanto que um de seus professores observou em abril de 1836 que "ele é muito avançado para sua idade, sob todos os aspectos".[113]

O menino imperador carecia de habilidades sociais, em boa parte porque ele tinha poucas oportunidades de desenvolvê-las. No final de 1836, o príncipe Henrique de Orange, em uma viagem de circunavegação, chegou inesperadamente ao Rio. Durante a sua breve visita, D. Pedro II teve sua primeira experiência com as cerimônias e os compromissos que tradicionalmente preenchiam a vida de um monarca, que incluíram um Te Deum, uma revista militar, dois bailes, uma apresentação de gala no teatro e um jantar de pompa em São Cristóvão. O barão Daiser relatou que, quando o imperador foi informado sobre a chegada do príncipe, ele logo pediu "um livro sobre a Holanda e suas colônias, a fim de ter assunto para conversar com o príncipe".

> Por causa da mútua timidez dos dois jovens, um deles com apenas 11 anos e o outro com 16, sua conversa não era animada. Entretanto, ao final do primeiro dia que passaram juntos, o imperador disse a seu tutor em um tom triunfante que ele já fizera nove perguntas ao príncipe.[114]

Em fevereiro de 1838, o príncipe de Joinville (o terceiro filho do rei Luís Felipe de França) visitou o Rio de Janeiro. Extrovertido e vigoroso, o príncipe organizou a simulação de um desembarque em massa no litoral da baía próxima a São Cristóvão. O imperador participou e, ao final dela, com "sua face e roupas enegrecidas de pólvora, exclamou várias vezes que nunca

---

113 Rascunho de carta de Luís A. Boulanger a sua família, 25 abr. 1836, transcrita em Raffard, "Apontamentos acerca de pessoas e cousas do Brasil", p.398.

114 BNRJ, TM, Arm. 32, Env. 145-2, Leopold von Daiser-Silbach ao príncipe von Metternich, n.12, Rio de Janeiro, 19 dez. 1836.

na vida sentira-se tão feliz".[115] Uma aventura tão extraordinária tinha de ser repetida. Alguns meses depois, realizou-se, como D. Pedro II lembrava-se com prazer na meia-idade,

> por lembrar-me o que eu com outros rapazes fizemos perto do lago da Quinta, atirando muito e jogando-os muito laranja verde. O forte era de madeira num dos topos do lago. Remávamos; enfim era excelente brincadeira.[116]

Tais raros momentos de liberdade e exuberante alegria não conseguiam compensar a falta de companhia e de uma vida social variada que o imperador sentia. Não era à toa que D. Pedro II mergulhava na literatura e na aprendizagem, como suas cartas remanescentes ao mordomo indicam:

> Sr. Paulo Barbosa,
> Tenha a bondade de enviar-me algumas seleções em Latim e um *Magnun Lexicon* [dicionário português-latim], porque o meu está muito velho, e também lembro-lhe para trazer-me algo bonito para dar a Nhonho.
> De seu amigo,
> *D. Pedro 2*

> Providencie para adquirir a seguinte obra, que está à venda no estabelecimento de E. Laemmert, tradução de Cornelius Nepos.

> Sr. Paulo,
> Providencie para que sejam encadernadas as partes que estou enviando com esta minha carta. Os livros que recebi ontem de minha tia-avó ainda não chegaram ao Palácio da Cidade.
> *D. Pedro 2* [117]

---

115 BNRJ, TM, Arm. 32, Env. 146 Achille, barão de Fort Rouen, para o ministro francês de Relações Externas, Rio de Janeiro, 23 fev. 1838. Esse episódio marca uma das raras passagens na vida de D. Pedro II em que o provérbio "A criança é o pai do homem" não vingou. O imperador adulto não tinha nenhum entusiasmo pelos militares ou por artilharia como tal.

116 Essa lembrança foi evocada por uma simulação de batalha encenada por alunos da Escola Militar; veja D. Pedro II para a condessa de Barral, Rio de Janeiro, 3 dez. 1879, em Magalhães Jr., *D. Pedro II*, p.290. Esse episódio (ou um parecido) foi veementemente denunciado como uma atividade insegura e inadequada para o monarca por *O Chronista*, 6 set. 1838.

117 Lacombe, *Mordomo*, p.284, 288. Quando jovem, D. Pedro II nunca datava suas ordens a Paulo Barbosa da Silva, mas os três bilhetes foram provavelmente escritos durante a minoridade do imperador. "Nhonho" pode ter sido João Pedreira do Couto Ferraz. A tia-avó mencionada era bem provavelmente Marie-Amélie de Bourbon-Siciles, esposa de Luís Felipe, rei da França (ver tabela 3).

Como o terceiro bilhete demonstra, literatura e conhecimento eram para o jovem imperador algo identificado com a Europa, sobretudo a França. "Um dos livros de mais antiga leitura de que me recordava com prazer", lembrou D. Pedro II em idade avançada, era *Lettres sur l'Islande* [Cartas sobre a Islândia], de Xavier Marmier, que descreve uma visita à Islândia, publicado em 1837.[118] Outro livro que ele guardava na memória era *Paul et Virginie* [Paul e Virginie] de Bernardin de Saint Pierre, um idílio sobre um amor jovem e não consumado. Não só esse tema era atrativo, mas também seu cenário – uma terra tropical com vegetação exuberante e povoado por escravos africanos adoráveis – era familiar.[119] À medida que seu conhecimento de inglês e alemão se aperfeiçoou, D. Pedro II começou a ler livros nesses idiomas também. Um fã por toda a vida de "meu Walter Scott", ele devorava os romances Waverley, "que me deliciaram desde minha adolescência".[120] Sua leitura ia muito além da ficção e incluía uma ilustrada "viagem a Constantinopla, que muito me interessou quando eu tinha 12 ou 13 anos".[121] Tamanha era sua sede de conhecimento que ele, após ser colocado na cama, às vezes reacendia as velas e lia até tarde da noite.[122]

O tratamento dado pelo tutor a seu pupilo gerava uma visível disparidade entre o desenvolvimento intelectual e o psicológico do imperador. No final de 1839, quando ele tinha apenas 14 anos, o enviado britânico relatou que

> passar o tempo com jogos de cartas, brinquedos de criança e ocasionalmente festas de meninos que se reuniam para brincar com o imperador constituem seu entretenimento [...] Meus filhos são frequentemente convidados ao palácio, e o

118 AHMI POB Cat. B Maço 37 Doc. 1.057 Registro no diário para 25 set. 1890. D. Pedro II anotou que o livro foi publicado em 1836, quando realmente surgiu como uma série no *Revue des deux mondes*, e portanto ele pode tê-lo lido primeiramente nessa resenha.

119 Ibid., registro no diário para 25 set. 1890. Até 1890, D. Pedro II tinha lido o livro três vezes.

120 AGP XXXVIII-1 D. Pedro II para D. Isabel. 19 out, 1864 e D. Pedro II para o conde de Gobineau, Rio de Janeiro, 27 set. 1879, em Raeders, *Pedro II e Gobineau*, p.569-70. "Disse o imperador que sempre quando está doente rele os romances de Walter Scott"; ver apontamento no diário para 28 jan. 1889, em Rebouças, *Diário*, p.326. De acordo com Raeders, *Pedro II e Gobineau*, p.69, os exemplares de D. Pedro II, com muitas anotações, das edições em língua inglesa e francesa de Scott ainda existiam no Chateau d'Eu na França, na década de 1930.

121 D. Pedro II para a condessa de Barral, Rio de Janeiro, 3 set., 1879, em Magalhães Jr., *D. Pedro II*, p.268. Essa obra pode ter sido parte de "gravuras d'um viagem a Constantinopla que muito me interessou quando eu tinha 12 ou 13 anos" que o príncipe de Joinville ofereceu a D. Pedro II ao término de sua visita ao Rio; veja BNRJ TM Arm. 32 Env. 145-3, Leopold von Daiser-Silbach ao príncipe von Metternich, n.3a, Rio de Janeiro, 28 fev. 1838.

122 Pinto de Campos, "Pedro II", p.45-6.

mais velho deles tem apenas 8 anos; no entanto, o imperador parece gostar das brincadeiras deles tanto quanto eles próprios.[123]

Se as circunstâncias contribuíam para manter D. Pedro II emocionalmente imaturo e socialmente inábil, seu gosto pelos estudos e a companhia quase constante de homens adultos tornaram-lhe ao mesmo tempo sério e presunçoso demais para sua idade. A vida sedentária do imperador aliada a seu apetite por doces tornaram-no roliço desde cedo. Raramente os estrangeiros eram francos em seus comentários, mas é evidente que eles o consideravam estranho. O príncipe de Joinville, após seu primeiro encontro com o imperador, na época com 11 anos, descreveu-o como "uma abóbora [...] teso, desengonçado, agindo como um homem de 40".[124] O enviado britânico, usando uma linguagem mais diplomática, fez a mesma observação um ano mais tarde: "o modo de entretenimento e as recreações para passatempo adotados para o jovem soberano não são tais que desenvolvam suas faculdades corporais ou mentais".

A disparidade entre o crescimento intelectual e emocional do imperador de forma alguma preocupava a comunidade política do Brasil, que endossava com entusiasmo a política do tutor. O imperador era importante não como indivíduo, mas como o líder sacramentado do país, uma fonte de autoridade legítima e aquele que incorporava a identidade nacional. A precocidade intelectual de D. Pedro II era uma prova bem-vinda de sua capacidade de desempenhar o papel a que estava predestinado. Sua maturidade despertava as esperanças de que ele poderia assumir as rédeas do governo antes mesmo de completar a maioridade estipulada pela Constituição – 18 anos – em 2 de dezembro de 1843. No final da década de 1830, quando D. Pedro II entrava na adolescência, era inevitável que ele passasse a dominar a atenção pública. O curso tomado pelos assuntos nacionais desde a abdicação de D. Pedro I em abril de 1831 e a mudança de destino das forças políticas de oposição faziam que os olhares se voltassem para o jovem imperador, cada vez mais considerado a chave da sobrevivência do Brasil como uma nação e a esperança para seu futuro.

A coalizão de interesses políticos que, em abril de 1831, conseguiu a abdicação de D. Pedro I e sua partida do Brasil logo descobriu que sua vitória resolvia muito pouco. Apesar de todas as falhas, o antigo imperador contava com considerável apoio em todos os níveis da sociedade. A passagem do tempo,

---

123 PRO FO 13 v.154 William G. Ouseley para lorde Palmerston, *Private and Secret*, Rio de Janeiro, 19 dez. 1839.

124 Registro no diário para 1º jan. 1838 em Lacombe, "Diário", p.184.

uma insatisfação crescente com o regime de regência e o sucesso do antigo imperador em reconquistar o trono de Portugal para sua filha haviam tornado significativamente mais atraentes os planos de retorno de D. Pedro I ao Brasil, fosse como imperador restituído ou – o mais viável – como regente durante a minoridade de seu filho.[125] A morte do antigo imperador por tuberculose em Lisboa, em 24 de setembro de 1834, frustrou esses planos, mas os apoiadores de D. Pedro I no Brasil a partir de então simplesmente transferiram suas lealdades e esperanças para seu filho. Na opinião deles, a nação não recuperaria a força e a estabilidade que desfrutara sob o comando de D. Pedro I até que seu filho assumisse o controle da ordem política. Monarquistas conservadores não viam razão para o imperador esperar a maioridade para apropriar-se de seus poderes, conforme decretava o artigo 121 da Constituição. Em Portugal, após a morte de D. Pedro I em 1834, o Legislativo não procurou nomear um novo regente para a rainha Maria II, mas preferiu declará-la, aos 15 anos, emancipada e em pleno exercício dos poderes reais.[126]

Proeminente entre os monarquistas conservadores – e efetivamente um representante deles – era Francisco Vilela Barbosa, marquês de Paranaguá. Formado pela Universidade de Coimbra, Paranaguá fizera carreira em Portugal, só retornando ao Brasil no final de 1823. Imediatamente nomeado ministro por D. Pedro I, desempenhou um papel central no golpe que dissolveu a Assembleia Constituinte em novembro de 1823. Ele permaneceu como ministro até janeiro de 1827 e foi também designado para o Conselho de Estado, nomeado para o novo Senado e agraciado com um título de nobreza. Em dezembro de 1829, o marquês reassumiu o cargo de ministro, no qual continuou até março de 1831, atuando no gabinete como porta-voz e vigilante de seu mestre imperial. D. Pedro I incluiu Paranaguá no malogrado "gabinete dos marqueses" instituído em 5 de abril de 1831, um ato de provocação que deflagrou a crise da abdicação. Forçado a seguir seu mestre no exílio, Paranaguá logo retornou ao Brasil. Ele se manteve fora de projeção pública, mas continuou a tomar parte das ações do Senado.[127] Suas opiniões e seu passado evidenciavam que, se dependesse dele, o artigo 121 da Constituição não impediria D. Pedro II de tomar o poder antes de completar 18 anos.

Se os monarquistas conservadores sabiam o que queriam e se incomodavam com a demora da emancipação do imperador, os interesses políticos

---

125 Barman, *Brazil*, p.171, 175-6.
126 Ibid., p.202, 204.
127 Ver a biografia em Sisson, *Galeria*, v.I, p.313-7.

que haviam forçado D. Pedro I a abdicar sentiam-se enredados na desordem, desiludidos com a regência que haviam criado e duvidosos de sua capacidade de governar o país. A coalizão que tomara o poder em 7 de abril de 1831 era, na verdade, nada mais do que uma aliança de interesses discrepantes, unidos somente pela oposição a D. Pedro I. O elemento mais radical desse agrupamento eram os republicanos declarados, cujo zelo agressivo excedia em muito seu número efetivo. Muito mais importantes eram os nativistas, homens que consideravam a monarquia uma relíquia opressiva da era colonial, mas temiam as consequências de aboli-la. Em vez disso, os nativistas buscavam destituir o monarca de seus poderes, transformando-o em um representante simbólico, subordinado aos representantes eleitos pelo povo. A Lei da Regência de 12 de junho de 1831 havia posto em prática essa estratégia; retirava dos regentes as prerrogativas imperiais mais significativas. Privados do direito a dissolver o Legislativo, os três regentes escolhidos por esse corpo careciam de qualquer autoridade independente.

Os nativistas e os republicanos identificavam-se mais com suas províncias originárias do que com o novo Estado-nação e tinham em comum o apoio ao federalismo. Buscavam uma devolução maciça de poder às províncias. A missão do governo nacional no Rio devia se limitar a proteger as províncias de ataque externo, assegurar sua ordem interna e prover-lhes receita. Nativistas e republicanos pretendiam alcançar essas mudanças por meio de uma emenda constitucional que também restringiria os poderes do monarca e do Senado.[128]

Muitos líderes nativistas e republicanos eram padres, dentre os quais o mais notável era Diogo Antônio Feijó. Um enjeitado (supostamente filho de um padre), Feijó era em grande medida um autodidata e essencialmente um homem rústico. Pouco à vontade no meio do Rio de Janeiro, preferia viver em sua província nativa de São Paulo. Somente seu zelo pela causa da liberdade e do federalismo fazia-o desempenhar, como deputado, um papel de liderança na política nacional, tanto antes quanto após a abdicação de D. Pedro I. Não obstante suas falhas, Feijó era certamente o mais capaz dos líderes nativistas.[129]

O terceiro principal elemento da coalizão que triunfara em 7 de abril de 1831 diferia de forma acentuada em perspectiva e condição social dos dois primeiros. Os homens fortes do terceiro grupo haviam sido educados na Universidade de Coimbra, a maioria deles nos anos entre 1820 e 1827. Como

---

128 Barman, *Brazil*, p.163, 164-5, 171-3.
129 Ibid., p.169-70.

consequência do desprezo e perseguição por parte dos alunos de origem portuguesa, essa geração desenvolvera uma forte lealdade ao Brasil. Ao retornar para casa, ocuparam postos no Judiciário e na Administração Geral. Tendo conhecido o absolutismo em Portugal, desejavam impedir que esse sistema se estabelecesse em sua própria nação. Desconfiavam de D. Pedro I por sua impulsividade, seus conselheiros portugueses e sua resistência às exigências de um governo mais transparente. Na realidade, os membros dessa geração educada em Coimbra eram monarquistas e apoiadores do *status quo*. Essa preferência, no entanto, seria mantida firmemente sob controle enquanto o retorno de D. Pedro I ao poder permanecesse possível.[130]

Se os nativistas sofriam com a escassez de líderes, o bloco de Coimbra estava sobrecarregado pela abundância de homens que, por formação e inclinação, queriam comandar. Duas figuras destacavam-se. Pedro de Araújo Lima, um proprietário de terras da província de Pernambuco, era notável por sua habilidade como administrador, sua moderação na linguagem e nas ações e em sua integridade pessoal. O respeito com que contava levou-o a ser eleito porta-voz da Câmara dos Deputados em 1827 e novamente em 1837. Ao contrário de Araújo Lima, Bernardo Pereira de Vasconcelos não inspirava confiança entre seus contemporâneos, embora poucos negassem seu brilhantismo intelectual, energia e capacidade de liderança. Orador persuasivo e jornalista da província de Minas Gerais, Vasconcelos também se sobressaía na elaboração de projetos de lei. Era o ideólogo do bloco de Coimbra, responsável por manter seus membros leais às doutrinas do liberalismo.[131]

Nenhuma dessas facções políticas era rigidamente organizada, nem apoiava programas consensuais. Também existia uma série de grupos independentes, notadamente os irmãos Andrada e seus seguidores, que estavam mais interessados em seu próprio progresso do que em qualquer outra coisa. Um segundo desses grupos era o clã familiar da região Nordeste chefiado por Antônio Francisco de Paula e Holanda Cavalcanti de Albuquerque, que era bastante irascível, egoísta e instável em suas opiniões, assim como qualquer um dos irmãos Andrada.[132]

---

130 Ibid., p.164.
131 Ibid., p.190-1.
132 Sobre Holanda Cavalcanti, ver ibid., p.180-1. Em set. 1831 ele abordara o *chargé d'affaires* com um plano detalhado solicitando a ajuda da França na criação de um Estado-nação separado no Nordeste do Brasil, com uma das irmãs de D. Pedro II como sua monarca; ver BNRJ TM Arm 32 Env. 146 Edouard Pontois para o ministro francês de Relações Externas, Rio de Janeiro, 28 set. 1831.

A instabilidade que assolou o país após a abdicação de D. Pedro I possuía causas mais profundas do que as maquinações desses interesses políticos. Em 1831, o Brasil era uma nação independente havia menos de uma década e um Estado unificado há meros quinze anos. A vastidão de seus territórios, a disparidade de seus povos e a diversidade de suas culturas não eram equilibradas nem contidas por uma forte identificação com a nação que detivesse precedência sobre outras lealdades. Embora alguns defendessem o desmembramento do país, muitos consideravam a autonomia local como a pedra fundamental da independência política, julgando o forte governo do Rio de Janeiro como uma continuação da ordem colonial. As revoltas, agitações e rivalidades que infestavam o país no início da década de 1830 advinham de tensões e contradições estruturais há muito tempo reprimidas.[133]

A fragilidade do Estado-nação e o espectro de um declínio à anarquia fizeram que muitos brasileiros se apegassem ao único indivíduo que simbolizava e tornava real a nação comum. A grave doença de D. Pedro II em outubro de 1833 despertou, segundo o enviado francês, uma desolação universal e uma preocupação com o futuro.[134] Dezoito meses depois, em março de 1835, o enviado austríaco enviou um despacho a Viena que, apesar da inclinação conservadora e do tom paternalista, era notavelmente prudente. Comentando sobre o séquito que servia a D. Pedro II, então com 9 anos, o barão Daiser escreveu:

> Maior atenção está sendo dada a sua educação física e intelectual, porque é mais do que provável que na idade de 14 anos, isto é, daqui a quatro anos e meio, o jovem imperador seja declarado emancipado, tal qual a jovem rainha de Portugal [...] A execução desse plano tornou-se agora uma aspiração universal. A família imperial brasileira conta com um prestígio deveras considerável junto a esse povo mais incivilizado do que propriamente de má índole [...] Ninguém gosta de obedecer a seu igual; o imperador está acima de todos, ninguém se iguala a ele; nem a vaidade, nem o orgulho de quem quer que seja é ferido por obedecer a um governante hereditário *nascido no país* [...] É um sentimento monárquico que até as ideias liberais fracassaram em silenciar.[135]

---

133 Barman, *Brazil*, p.16.
134 BNRJ, TM, Arm. 32, Env. 146 Alexis Guignard, conde de Saint Priest, para o ministro francês de Relações Externas, Rio de Janeiro, 12 out. 1833.
135 Ibid., Env. 145-2, Leopold von Daiser-Silbach ao príncipe von Metternich, n.2, Rio de Janeiro, 24 mar. 1835. Daiser continuou a discutir sobre os riscos de uma maioridade antecipada, solicitando orientação de Viena a esse respeito. Metternich respondeu, a favor

Fosse a explanação de Daiser bem fundamentada ou não, na realidade, o apoio organizado ao republicanismo definhava. Dada a tenra idade do imperador, um entusiasmo renovado pela monarquia não era capaz, no entanto, de por si só resolver os problemas nacionais. O governo regente, sustentado por uma coalizão entre os nativistas liderados por Feijó e o bloco de Coimbra guiado por Vasconcelos, conseguiu entre 1831 e 1834 derrotar todas as tentativas de derrubá-lo. Não obstante, o regime estava perpetuamente na defensiva, jamais capaz de restaurar a calma e a segurança ou impor sua autoridade. O número de descontentes crescia a passos largos, beneficiando o movimento que defendia o retorno do antigo imperador.[136]

A ameaça crescente imposta pela causa restauracionista acabou por obrigar o bloco de Coimbra, muito a contragosto, a ceder às reivindicações dos nativistas pelo federalismo. Havia uma justificativa para esse sacrifício. A introdução de um sistema federal significava que D. Pedro I, caso reconquistasse o poder no Rio de Janeiro, não iria nem poderia controlar todo o Brasil. Os procedimentos para autorizar emendas constitucionais eram complexos e muito lentos. Somente em maio de 1834, a Câmara dos Deputados, recém-eleita e dotada de poderes constituintes, começou a debater modificações específicas. A aprovação da emenda foi favorecida pelos temores de que o antigo imperador, destituído de uma missão por uma derrota do absolutismo em Portugal, sucumbisse ao canto da sereia de seus apoiadores no Brasil e cruzasse de volta o Atlântico chefiando um exército.[137]

O Ato Adicional, como as emendas eram conhecidas, foi promulgado em 12 de agosto de 1834. Suas disposições aboliram o Conselho de Estado, substituíram os três regentes (nomeados pelo Legislativo) por um único regente escolhido por eleição popular para um mandato de quatro anos e criaram uma Assembleia Legislativa em cada província. Essa terceira cláusula foi de longe a mais importante. As assembleias receberam considerável poder. Os presidentes das províncias continuaram a ser nomeados pelo governo nacional, mas possuíam poucos meios de controlar as assembleias.[138] O novo sistema era uma aposta, justificada pela necessidade, e Bernardo Pereira de Vasconcelos e outros líderes do bloco de Coimbra estavam totalmente cientes dos riscos que o Ato Adicional acarretava.

---

de uma maioridade antecipada: "Estou bem ciente de que na idade de 14 um príncipe não está em condição de governar; mas estaria ele mais capacitado de governar aos 16 ou 18?". Ver ibid., príncipe von Metternich para Leopold von Daiser-Silbach, 1º ago. 1835.

136 Barman, *Brazil*, p.176.

137 Ibid., p.175-6, 178.

138 Ibid., p.177-8.

Seis semanas após a promulgação do Ato Adicional, D. Pedro I faleceu em Lisboa. A notícia de sua morte transformou a dinâmica da política brasileira. O movimento restauracionista desapareceu da noite para o dia. Tentativas de tomar o poder à força cessaram. O bloco de Coimbra, libertado de seus temores e amargurado com o sacrifício inútil que haviam feito, abruptamente reverteu o curso de suas ações. Vasconcelos, declarando que a liberdade excessiva passava a ser o perigo, liderou a maior parte do bloco de Coimbra no movimento Regresso, que defendia o "retorno" à ordem e à autoridade.[139] A aprovação do Ato Adicional e a morte do antigo imperador desorganizaram os nativistas, privando-os das metas compartilhadas e da ameaça velada que anteriormente os mantinha unidos.

O curso dos acontecimentos que se seguiram à aprovação do Ato Adicional justificou os presságios do bloco de Coimbra. A devolução do poder às províncias, longe de aplacar ambições e descontentamentos locais, inflamou-nos. Nos extremos norte e sul, guerras civis eclodiram. Em janeiro de 1835, massas ameríndias e mestiças na província do Pará rebelaram-se contra a minoria no poder. Na província do Rio Grande do Sul uma revolta em setembro de 1835 evoluiu para um movimento separatista liderado por eminências locais.[140] O governo nacional pouco podia fazer para resistir a essas afrontas a sua autoridade. O Ato Adicional, ao determinar a substituição dos três regentes, tornava-os impotentes. Eleições para escolha do novo regente ocorreram somente em abril de 1835, e os resultados revelaram quão fragmentado o Brasil estava. Nenhum candidato chegou perto de obter a maioria dos votos. No topo da apuração estava o líder nativista Feijó, seguido de perto por Holanda Cavalcanti, apoiado pelos antigos restauracionistas. Araújo Lima, Vasconcelos e outros dois membros do bloco de Coimbra juntos somavam tantos votos quanto Holanda Cavalcanti. Nenhum candidato contava com apoio nacional. Somente em outubro de 1835 os resultados da eleição foram proclamados. Em 12 de outubro, por fim, Diogo Antônio Feijó relutantemente assumiu o cargo.[141]

O governo de Feijó foi um tormento que se prolongou por quase dois anos. Faltavam-lhe a visão, a flexibilidade e os recursos necessários para reger o Brasil sob as condições prevalecentes desde a morte de D. Pedro I e a aprovação do Ato Adicional.[142] Uma complicação adicional era a percepção

---

139 Ibid., p.185.
140 Ibid., p.179-80, 182-3.
141 Ibid., p.180-1.
142 Ibid., p.183-4.

de Feijó sobre seu cargo. Relutante em assumir o poder, uma vez instalado no posto, o regente passou a considerar que, por ter sido escolhido pela vontade do povo, somente a ele devia prestar contas. Revelou-se não menos resoluto e intransigente na defesa de suas prerrogativas quanto D. Pedro havia sido. As pretensões semimonárquicas de Feijó foram largamente consideradas desrespeitosas, até insultantes, ao jovem imperador.[143] Seu comportamento serviu para desacreditar não somente a ele próprio, mas também à própria ideia de um único regente eleito.

Ainda que Feijó tivesse desenvolvido novas habilidades e abandonado suas pretensões, ele teria enfrentado uma tarefa impossível. Nada que o regente pudesse ter feito teria conquistado os adeptos do movimento Regresso, liderado por Vasconcelos. Dominantes na Câmara dos Deputados, eles se mostravam implacáveis em sua oposição ao regente. Para eles, todo ato de Feijó era suspeito. O fracasso do regente em tomar uma providência imediata contra a rebelião no Rio Grande do Sul revelou, na mente deles, a simpatia de Feijó pela revolta separatista – e até sua cumplicidade com ela.[144]

A oposição dirigida por Vasconcelos buscava atingir três objetivos. O mais imediato era fustigar Feijó para que ele ou cometesse alguma violação constitucional (desse modo justificando sua deposição) ou renunciasse ao cargo por desgosto.[145] Uma vez livres do regente, Vasconcelos e seus aliados pretendiam restaurar um governo de autoridade, impondo ordem, respeito e obediência por todo o Brasil. Em terceiro e último lugar, os líderes do Regresso estavam determinados, não obstante a emenda constitucional de 1834 que introduzia o federalismo, a restaurar o poder e a autoridade do governo nacional. Como o Ato Adicional autorizava a aprovação de leis que interpretassem suas disposições, Vasconcelos pensava em assegurar a promulgação de uma lei que interpretasse o Ato de modo a privar as províncias e municipalidades de jurisdição sobre a justiça e a polícia. Outra lei poderia então ser aprovada, devolvendo ao governo nacional a autoridade sobre essas duas áreas.[146]

A renúncia por desgosto e o impedimento legal por violação à Constituição não eram os únicos meios possíveis de acabar com a autoridade de Feijó como

---

143 O regente tentou, por exemplo, forçar diplomatas estrangeiros a apresentar suas cartas de credenciamento a ele, em vez de a D. Pedro II; veja BNRJ TM Arm. 32 Env. 145-2 Leopold von Daiser- Silbach ao príncipe von Metternich, n.7b e 8b, Rio de Janeiro, 18 jun. 1835.

144 Barman, *Brazil*, p.185.

145 BNRJ TM Arm. 32 Env. 145-3, Leopold von Daiser-Silbach ao príncipe von Metternich, [n.6c], Rio de Janeiro, 26 jun. 1837.

146 Barman, *Brazil*, p.193-4.

regente. Vasconcelos cogitou brevemente em 1835 declarar a princesa Januária regente em nome de seu irmão mais novo. O plano, "tão insano quanto
arriscado", nas palavras do barão Daiser, era motivado por outros interesses
políticos, como a sede de poder de Vasconcelos, a quem faltavam os meios para
conquistá-lo.[147] O desagrado geral e arraigado pela subordinação a mulheres
e premissas estabelecidas sobre a incapacidade nata feminina inviabilizaram
a ideia. Planos para declarar o imperador emancipado não suscitavam tais
preconceitos. Em maio de 1837 um deputado apresentou um projeto de lei
que declarava o imperador de 11 anos de idade emancipado e criava uma Junta
para aconselhá-lo até que completasse 18 anos. Araújo Lima, o porta-voz da
Câmara Baixa, opôs-se tão energicamente à medida que deixou sua cadeira
para falar e votar contra ela. O projeto obteve somente dezoito apoiadores.
Como um mau presságio para o futuro, os dezoito incluíam Holanda Cavalcanti e Martim Francisco de Andrada, líderes de duas facções políticas que
advogavam em causa própria.[148]

Figura 11. D. Pedro II com 11 ou 12 anos
de idade.

---

147 BNRJ TM Arm. 32 Env. 145-2, Leopold von Daiser-Silbach ao príncipe von Metternich,
n.3b, Rio de Janeiro, 30 mar. 1836; ver Sousa, *Fundadores*, v.8, p.141.
148 Souza, *Fundadores*, v.8, p.142-6.

Em maio de 1837, a regência de Feijó perdera quase toda credibilidade. Pouco ou nenhum progresso se atingira na repressão a revoltas nos extremos norte e sul. As necessidades do país não estavam sendo supridas. Confiantes e disciplinados, os apoiadores do Regresso intensificaram sua campanha para depor Feijó do cargo. O que aumentou consideravelmente a credibilidade do movimento foram os vínculos próximos, tanto políticos quanto pessoais, que esses líderes estabeleceram com o pujante setor cafeeiro no Vale do Paraíba, ao sul da cidade do Rio de Janeiro. As exportações de café quadruplicaram de volume nas décadas de 1820 e voltaram a dobrar entre 1829 e 1835. Ao final da década, os embarques de café do porto do Rio de Janeiro totalizavam em valor a metade de toda a exportação do Brasil.[149] Essa expansão econômica fortaleceu a posição de um governo nacional que aumentasse suas receitas e sua capacidade de obter empréstimos.

Ao final de agosto de 1837, Feijó havia perdido toda vontade de continuar no poder. Em 14 de setembro, ele indicou Pedro de Araújo Lima como ministro do Império (Interior). Quatro dias depois, Feijó renunciou como regente e partiu para sua província natal. Em função da pasta que ocupava, Araújo Lima tornou-se regente interino. Ele nomeou um gabinete composto por apoiadores do Regresso e chefiado por Bernardo Pereira Vasconcelos, que o substituiu como ministro do Império.[150] A nova administração imediatamente se empenhou em alcançar os demais objetivos do movimento.

O primeiro passo foi impor respeito pela autoridade estabelecida, desgastada por seis anos de uma conduta igualitária. As cerimônias e práticas tradicionais que cercavam o monarca, suspensas desde a abdicação de D. Pedro I, foram restabelecidas. Logo após se tornar regente interino, em um evento público Araújo Lima ajoelhou-se e beijou a mão do imperador. Esse ato restaurou o beija-mão, uma cerimônia herdada da prática portuguesa e um símbolo da subordinação e obediência de cada súdito ao monarca.[151] "Em 2 de dezembro de 1837, o décimo segundo aniversário de Sua Majestade o Imperador foi celebrado com muito mais pompa do que em anos anteriores",

---

149 Barman, *Brazil*, p.196-7, 294.

150 BNRJ TM Arm. 32 Env. 145-3, Leopold von Daiser-Silbach ao príncipe von Metternich, n.7 e 8a, Rio de Janeiro, 14 set. e 14 out. 1836.

151 O ressurgimento da cerimônia ocorreu antes de 25 jan. 1838; ver *O Chronista* dessa data. Justiniano José da Rocha, em um panfleto de 1855, lembrou a ação do novo regente como ocorrida "na festividade de Santa Cruz, à porta da igreja"; ver Magalhães Jr., *Três panfletários*, p.154. Rocha provavelmente se referia ao festival da Elevação da Cruz realizado na igreja de Santa Cruz dos Militares. O dia indicado pela Igreja Católica para o festival é 14 set., e Feijó só renunciou como regente em 18 set. 1838.

relatou o ministro austríaco. O cortejo formal, com sua cerimônia de beija-mão, "foi mais bem frequentada do que de costume, e muitos indivíduos que há muito tempo se abstinham de vir à corte foram vistos lá". A rota de São Cristóvão ao Paço da Cidade ficou abarrotada de pessoas, "e em toda parte o jovem imperador foi recebido com sinais de respeito e apoio".[152]

Em 2 de dezembro de 1837, uma nova escola secundária, denominada Colégio D. Pedro II, foi fundada no Rio de Janeiro por ordem de Vasconcelos como ministro do Império. A missão da escola era educar os futuros líderes do Brasil, que "aprenderão a respeitar as leis e as instituições, e conhecerão as vantagens da subordinação e da obediência".[153] Assim declarou Vasconcelos, na presença do imperador e do regente interino, na cerimônia de inauguração do colégio em março de 1838. Em outubro desse ano, foi criado o Instituto Histórico e Geográfico Brasileiro, uma sociedade acadêmica destinada tanto a revelar quanto a promover as reivindicações do Brasil para ser uma nação civilizada, e na primeira reunião seus membros redigiram um requerimento para que o imperador fosse seu protetor. Quando o pedido foi feito a D. Pedro II em uma cerimônia formal, ele o aceitou e ofereceu ao Instituto uma sala no palácio da cidade para suas reuniões.[154]

Ao tomar essas medidas, a administração do Regresso e seus apoiadores não pretendiam introduzir o absolutismo nem mesmo a monarquia autoritária associada a D. Pedro I. Em vez disso, o modelo defendido por eles era o regime constitucional de Luís Felipe estabelecido na França em julho de 1831. Esse objetivo foi claramente enunciado em meados de 1838 por um jornal identificado com o movimento do Regresso.

> Ora, o que é um rei-cidadão? Será esse Luis Filippe [...]? Oh!, se é este que é o rei-cidadão, esse chamamos rei forte, esse queremos nós, esse querem todos os brasileiros: um monarca forte que refreie as ambições dos descontentes e reprima o fanatismo das massas; um monarca capaz de conciliar liberdade com ordem, com paz interna, com o desenvolvimento do país, com sua glória artística e literária.[155]

---

152 BNRJ TM Arm. 32 Env. 145-3, Leopold von Daiser-Silbach ao príncipe von Metternich, n.10a, Rio de Janeiro, 2 dez. 1837; e ibid., Env. 146 Achille barão de Fort Rouen ao ministro francês de Relações Externas, Rio de Janeiro, 3 dez. 1837.

153 "Discurso recitado por ocasião da abertura das aulas do Collégio D. Pedro Segundo, aos 25 de março de 1838 por Bernardo Vasconcellos", transcrito em Sousa, *Fundadores*, v.5, p.283.

154 Sobre a fundação e o desenvolvimento inicial do Instituto, ver Corrêa Filho, "Como se fundou", p.3-9, 12-3.

155 *O Chronista*, 21 jun. 1838. O enviado austríaco descreveu *O Chronista* como "um jornal semi-ministerial"; veja BNRJ TM Arm. 32 Env. 145-3, Leopold von Daiser-Silbach ao príncipe von Metternich, n.14a, Rio de Janeiro, 27 out. 1838.

O autor dessas linhas escreveu com mais verdade do que supunha. Suas palavras profetizaram o papel e os atributos do imperador cidadão. Elas delinearam a missão que D. Pedro II se esforçaria tão firmemente para concretizar por quase meio século.[156]

A campanha para incutir deferência e respeito ao jovem imperador encontrou pronta aceitação por todo o Brasil. Antes mesmo que o gabinete do Regresso tomasse posse, a figura de D. Pedro II havia capturado a atenção pública. Cópias de seu retrato foram providenciadas e enviadas a todas as partes do país. "Mandei fazer pelo meu [filho] Joaquim um retrato do imperador", escreveu um deputado do Ceará em junho de 1837, "para oferecer à Assembleia dessa província, a fim de colocarem na Sala das Sessões".[157] Odes em homenagem ao imperador e ao papel que ele estava destinado a desempenhar nos assuntos da nação foram publicadas nas colunas da imprensa do Rio e copiadas com frequência cada vez maior pelos jornais das províncias:

> Fujam dias de horror, dias de susto,
> Fuja a discórdia que o país talara,
> Venha o reinado de Dom Pedro, o justo![158]

Essa atitude de adulação e deferência, diligentemente incentivada pelo gabinete do Regresso, inevitavelmente influenciou o caráter e o ponto de vista de D. Pedro II. Desde o nascimento, ele fora apartado, separado do mundo. A campanha do Regresso incutiu no menino imperador um senso de indispensabilidade e superioridade inata. Um homem de mais de 40 anos havia se ajoelhado diante dele em público e lhe beijado a mão. Seu aniversário havia se transformado em um dia de obsequiosa cerimônia e adoração pública. As colunas da imprensa estavam cheias de artigos e poemas enaltecendo suas habilidades e proclamando seu papel como salvador de sua pátria. D. Pedro II não podia senão crer que o mundo girava em torno dele. Ele dava ordens e, como suas cartas remanescentes ao mordomo revelam, esperava que elas fossem cumpridas de imediato.

---

156 Os três editores de *O Chronista* eram Justiniano José da Rocha, Firmino Rodrigues Silva e Josino do Nascimento Silva. O raciocínio incisivo e o estilo vibrante do trecho sugerem que o primeiro nomeado era o autor.

157 Joaquim Inácio da Costa Miranda para José Martiniano de Alencar, Rio de Janeiro, 20 jun. 1837, em "Correspondência passiva", p.115.

158 Versos escritos em 1836 por Justiniano José da Rocha, citados em Calmon, *Pedro II*, v.I, p.120.

Sr. Paulo:
Mande-me comprar uma cruz de ouro com um cordão de trancelim de ouro.
D. Pedro 2º

Sr. Paulo Barbosa,
Mande-me um presente bonito para a marquesa que faz hoje anos.
De seu amigo
D. Pedro 2º

Senhor Paulo:
Quero que a onça que o vigário do Engenho Velho me trouxe seja entregue
à rainha dos franceses.
D. Pedro 2º[159]

A fervorosa subordinação e a pronta obediência que cercavam o imperador eram corruptoras em outro aspecto. Como o próprio D. Pedro II comentou em 1869, ele não era capaz de conduzir bem uma discussão, visto que raramente conversava com alguém disposto a contestar as opiniões que ele expressava.[160] Ele não tinha família, exceto as irmãs, as quais tomavam o cuidado de não desafiá-lo. Sua posição distorcia todos os seus relacionamentos, como ele observou ao enviado francês em 1869.

> As pessoas que vêm falar comigo [...], sempre desejando obter algo de mim, devem até certo ponto dissimular, mas nada que se compare a mim, pois eu sou sempre forçado a tomar cuidado com o que digo e o que faço e jamais posso ser espontâneo.[161]

À medida que D. Pedro II passou para a adolescência, essa necessidade de cautela serviu para intensificar sua desconfiança do contato humano e

---

159 Lacombe, *Mordomo*, p.287, 292, 321. Embora não datados, muito provavelmente os três bilhetes para Paulo Barbosa da Silva datam do período da minoridade do imperador. A marquesa citada era provavelmente a esposa do tutor de D. Pedro II. A rainha da França era Marie-Amélie de Bourbon-Siciles, esposa do rei Luís Felipe.

160 A observação foi feita ao enviado francês, o conde de Gobineau, quando ele tentava desculpar-se por discordar das opiniões do imperador; veja Gobineau à condessa de Gobineau, Rio de Janeiro, 4 maio 1869, *Lettres*, p.54-5; Gobineau à condessa de Gobineau, Rio de Janeiro, 24 maio 1869 apud ibid., p.67.

161 Gobineau à condessa de Gobineau, Rio de Janeiro, 24 maio 1869 apud ibid., p.67.

torná-lo monossilábico quando obrigado a falar. "Vivi desde menino até os 15 anos afastado da sociedade, convivendo com bons livros e muito aproveitando sempre das conversas com o [Félix Emílio] Taunay, sobretudo", D. Pedro II explicou muitos anos mais tarde. "Fiquei, é verdade, um pouco urso, mas gostando dos lugares elevados."[162] O distanciamento, ou melhor, um medo propriamente dito, de intimidade de D. Pedro II com outros seres humanos originava-se de um pavor, adquirido na infância, da possibilidade de traição e abandono que tal contato poderia acarretar. Richard Shelley, o criado pessoal do imperador, que após 1831 serviu como "verdadeira ama seca e o embalava como se fora seu filho", ausentou-se por alguns meses em uma viagem à Europa. Ao retornar, Shelley "de joelhos, abraçava chorando as pernas do amozinho que apenas lhe disse com indiferença: 'Ah! já vieste?'"[163] A indiferença, infame ou não, era uma armadura vestida em defesa contra mais mágoa, da qual D. Pedro II já havia sofrido em demasia, ao deixar a infância para trás.

Os efeitos prejudiciais ao caráter de D. Pedro II provocados pelo uso que o gabinete do Regresso fazia dele como instrumento de política foram notados na época. "O imperador começou a ser menos dócil", o barão Daiser relatou no fim de fevereiro de 1838. "Seus modos são grosseiros; ele não é mais tão assíduo em seus estudos; seu temperamento está-se tornando instável e obstinado." Tanto o regente interino quanto a maioria dos ministros estavam, segundo Daiser, "preocupados com essa situação".[164] Vasconcelos e seus colegas tinham, contudo, problemas mais urgentes a resolver. Estavam determinados a atingir os demais objetivos do Regresso – a imposição da ordem, do respeito e da obediência por todo o Brasil e a aprovação de uma lei que interpretasse o Ato Adicional de 1834 e desse modo permitisse que o governo nacional retomasse o controle da justiça e da polícia. O Gabinete achava que esses objetivos eram mais fáceis de proclamar do que de realizar. Alguns êxitos, porém, foram alcançados. Em março de 1838, Araújo Lima foi

---

162 D. Pedro II para a condessa de Barral, Rio de Janeiro, 2 dez. 1879, em Magalhães Jr., *D. Pedro II*, p.289, conforme corrigido por Sodré, *Abrindo*, p.240-1.

163 O incidente, "do período da minoridade", é recontado em Ottoni, *D. Pedro*, p.13; ver comentários em Raffard, "Apontamentos acerca de pessoas e cousas do Brasil", p.509. A carta não datada de D. Pedro II ao mordomo, ordenando-o a oferecer dinheiro a "Richard e Maria José por sua viagem" valida a história; ver Lacombe, *Mordomo*, p.317.

164 BNRJ TM Arm. 32 Env. 145-3, Leopold von Daiser-Silbach ao príncipe von Metternich, [n.3c], Rio de Janeiro, 2 fev. 1838. A referida mudança no comportamento de D. Pedro II também poderia ter sido causada pelo início da adolescência.

eleito regente, derrotando facilmente Holanda Cavalcanti e Antônio Carlos. Em julho de 1838, um projeto de lei interpretando o Ato Adicional começou seu lento progresso pelo Legislativo.[165]

A dedicação dos ministros a sua missão, sua mobilização sistemática de recursos, incluindo navios a vapor para transportar tropas e correspondências, e seus gastos irrestritos falharam em impor ordem, respeito e obediência às províncias. Longe de existirem revoltas sendo contidas e reprimidas, novas eclodiam e a desordem social disseminava-se. A revolta da Sabinada, que em novembro de 1837 tomou controle de Salvador, a capital da província da Bahia, foi expressamente dirigida contra o programa do ministério do Regresso. Somente em março de 1838 a rebelião foi reprimida, após um cerco sangrento. No Legislativo o ministério enfrentava crescente oposição.[166] Uma causa maior dessa falta de êxito surgia dentro do próprio Gabinete, como o enviado austríaco observou em setembro de 1838: "Quanto ao governo, é o sr. Vasconcelos que é sua alma; ele representa sozinho a administração inteira; nada pode ser feito sem seu consentimento ou contra sua vontade; ele é o verdadeiro regente do Império".[167] A sede de poder de Vasconcelos aumentava à medida que permanecia no cargo. Ele não podia cooperar, mas tinha de dominar, e não tolerava centros de autoridade independentes de sua vontade. Como era previsível, até seus aliados acabaram tornando-se ressentidos e rebeldes.[168]

Um centro de autoridade independente que Vasconcelos tentava eliminar era a Casa Imperial, ainda mais por ser inimigo declarado de longa data de Paulo Barbosa da Silva, o mordomo. Desde o momento de sua posse, Vasconcelos esforçava-se para minar e depois destituir de seus postos Paulo Barbosa e o marquês de Itanhaém, o tutor do imperador. Em maio de 1837, Itanhaém recomendara, em seu relatório ao Legislativo, que a D. Pedro II fosse concedido um supervisor de estudos além do frei Pedro. Vasconcelos persuadiu tanto Araújo Lima, o regente interino, quanto o barão Daiser, o enviado austríaco, que esse posto deveria ser ocupado por um instrutor experiente em "história, economia política, direito público e estatística" a ser trazido da Itália. A seleção do instrutor foi colocada nas mãos do príncipe de

---

165 Barman, *Brazil*, p.198-9.

166 Ibid., p.195, 197-9.

167 BNRJ TM Arm. 32 Env. 145-3, Leopold von Daiser-Silbach ao príncipe von Metternich, n.13, Rio de Janeiro, 24 set. 1838.

168 Ibid., Leopold von Daiser-Silbach ao príncipe von Metternich, n.15, Rio de Janeiro, 17 nov. 1838.

Metternich, que governava a Áustria em nome de Fernando I. Nada devia ser divulgado até que o nomeado, supostamente um "pesquisador científico", chegasse ao Rio, onde o imperador "será comunicado de que é uma honra tal escolha por seu augusto tio para orientar sua educação".[169]

Esse golpe, se bem-sucedido, teria aberto caminho para "a quase total mudança no pessoal do Palácio", o que era desejado pelo gabinete.[170] A trama de Vasconcelos a esse respeito, como tantas outras, não vingou. Paulo Barbosa mostrou-se apto em combater intrigas. A campanha na imprensa lançada por Vasconcelos em meados de 1838 contra o tutor e o mordomo tornou-se tão radical e desenfreada que acabou afastando aqueles anteriormente favoráveis às mudanças no palácio.[171] Acima de tudo, Vasconcelos perdeu o apoio de Araújo Lima.

Vários fatores levaram Araújo Lima, antes um aliado leal do gabinete do Regresso, a declarar sua independência. Ele considerava que sua vitória na eleição de abril de 1838 para regente colocara-o em um patamar distinto de autoridade. Instalado no posto em 7 de outubro de 1838, o regente não via razão para identificar-se com um gabinete que rapidamente perdia prestígio e carecia de unidade interna. Ele buscou sistematicamente frustrar as pretensões e bloquear os planos de Vasconcelos.[172] Dadas essas condições, não era de surpreender que o marquês de Itanhaém farejasse a trama de importar um novo instrutor da Itália. Sua reação foi nomear Cândido José de Araújo Viana, então porta-voz da Câmara dos Deputados, ao cargo, em janeiro de 1839. A eminência política de Araújo Viana tornou-o intocável em seu novo posto.[173] Ele logo estabeleceu um bom relacionamento com o jovem imperador, que perdurou até a morte de Araújo Viana em janeiro de 1875.[174]

---

169 Ibid., extrato traduzido do relato do marquês de Itanhaém incluso em Leopold von Daiser--Silbach ao príncipe von Metternich, n.6a, Rio de Janeiro, 26 jun. 1837; Leopold von Daiser--Silbach ao príncipe von Metternich, em cifra, Rio de Janeiro, 26 dez. 1837.

170 Ibid., Leopold von Daiser-Silbach ao príncipe von Metternich, [n.3c], Rio de Janeiro, 2 fev. 1838.

171 Ibid., Leopold von Daiser-Silbach ao príncipe von Metternich, n.13, Rio de Janeiro, 24 set. 1838.

172 PRO FO 13 v.152 William G. Ouseley para lorde Palmerston, n.2, Rio de Janeiro, 18 jan. 1839.

173 ANRJ CI Caixa 10 Pac. 2 Doc. 3 marquês de Itanhaém para Bernardo Pereira de Vasconcelos, Boa Vista, 11 jan. 1839. Quando a escolha de Metternich chegou ao Rio em maio de 1839, ele próprio se viu desempregado, e o governo teve de se livrar dele a um custo considerável; ver BNRJ TM Arm. 32 Env. 145-3, Leopold von Daiser-Silbach ao príncipe von Metternich, n.6c, Rio de Janeiro, 8 maio 1839; e BNRJ TM Arm. 32 Pac. 19 Notas sobre Francisco Bonnelli por Tobias Monteiro.

174 Ver o elogio a Cândido José de Araújo Viana, marquês de Sapucaí, proferido pelo visconde de Bom Retiro, em *RIHGB*, t.38, parte 2 (1877), p.403-13.

Em 18 abril de 1839, Vasconcelos e seus colegas finalmente renunciaram. O movimento Regresso havia então se fragmentado em facções discordantes. A partir daí o regente não conseguiu fazer mais do que formar uma sucessão de gabinetes desorganizados que careciam de apoio no Legislativo e eram incapazes de solucionar os problemas do país. Os rebeldes no Rio Grande do Sul continuavam resistindo, e no início de 1839 uma revolta social extraordinária, a Balaiada, eclodiu no interior da província do Maranhão. À medida que os males do país pioravam, o regente viu-se em circunstâncias nada melhores do que as de seu antecessor Feijó. Ele não tinha caráter nem habilidade para impor sua autoridade, enquanto suas tentativas de tomar o controle pareciam arrogantes, a usurpação de uma posição que pertencia ao imperador somente.[175] Parecia cada vez mais improvável que Araújo Lima completasse seu mandato no cargo, que terminaria em setembro de 1842, dezesseis meses antes de D. Pedro II atingir a maioridade. Ninguém via com agrado a perspectiva de novas eleições, programadas para o início de 1842, para escolher um regente que servisse durante esse breve período. Parecia preferível terminar a minoridade ao final da regência de Araújo Lima.[176]

Uma crescente corrente de opinião acreditava que, dada a piora da crise no Brasil, manter a regência até setembro de 1842 significaria um desastre para o país e muito pior seria prolongá-la até 2 dezembro de 1843. "Com base nas melhores fontes de informação, sou quase levado a pensar", o enviado britânico relatou em julho de 1839, "que a minoridade do imperador não durará, sob quaisquer circunstâncias, além do ano de 1841".[177] O apoio a uma emancipação imediata também se baseava em motivos menos confessáveis do que a preocupação com o futuro do país. Apesar da retórica enaltecendo a maturidade e o elevado caráter de D. Pedro II, poucos políticos duvidavam que, por um período considerável após uma maioridade precoce, o imperador seria guiado por aqueles que ele inicialmente nomeara. "Os defensores da imediata maioridade do imperador", comentou o enviado britânico em setembro de 1839, "em sua maioria buscam apenas seu próprio benefício e a concretização do governo do país por meio de uma camarilha".[178] O fascínio pelo poder era grande.

---

175 Barman, *Brazil*, p.199-200; e PRO FO 13 v.154 William G. Ouseley para lorde Palmerston, n.71, Rio de Janeiro, 18 set. 1839.

176 BNRJ TM Arm. 32 Env. 145-3, Leopold von Daiser-Silbach ao príncipe von Metternich, n.8a, Rio de Janeiro, 14 out. 1837.

177 PRO FO 13 v.153. William G. Ouseley para lorde Palmerston, n.56 *Confidencial*, Rio de Janeiro, 20 jul. 1839.

178 Ibid., v.154, William G. Ouseley para lorde Palmerston, n.72, Rio de Janeiro, 25 set. 1839.

Havia um segundo e irrefutável motivo para uma maioridade precoce. No final da sessão parlamentar de 1839, o projeto de lei que interpretava as disposições do Ato Adicional estava em fase final de aprovação. Assim que a medida fosse promulgada na sessão de 1840, o gabinete em exercício poderia levar avante uma segunda lei assumindo controle sobre a polícia e a justiça. Aqueles que fossem ministros nesse momento contariam com enorme quantidade de apoio e poderiam, portanto, sustentar-se indefinidamente no poder. O momento oportuno para os políticos ambiciosos tomarem posse era imediatamente após a aprovação da lei interpretando o Ato Adicional. O meio mais seguro de fazê-lo era assumir o poder em decorrência da imediata emancipação do imperador.

O aniversário de 14 anos do imperador, em 2 de dezembro de 1839, foi celebrado com excepcional pompa e entusiasmo público.[179] Pelos preceitos da Igreja Católica, ele poderia contrair matrimônio e, por conseguinte, em um importante aspecto ele atingira a emancipação. Sua maturidade intelectual e grande autoconfiança, reconhecidas por todos, reforçavam a percepção de que ele atingira a idade adulta. A extensão da dependência dos brasileiros em relação a seu monarca veio à tona em 23 de março de 1840, quando D. Pedro II sofreu um grave ataque epilético, uma convulsão tônico-clônica. Um segundo acesso, menos violento, seguiu-se em 1º de abril. O barão Daiser relatou em 14 de abril:

> A população do Rio de Janeiro demonstrou nessa ocasião sinais muito fortes de seu apego à família imperial e da importância que ela atribui à vida do jovem monarca, sobre quem repousa a esperança e todo o futuro do Brasil.[180]

A doença do imperador intensificou o desejo popular pela antecipação de sua maioridade.

A aproximação da nova sessão do parlamento, em que a lei interpretando o Ato Adicional seria aprovada, levou à formação do Clube da Maioridade, um grupo "positivamente empenhado em conseguir do corpo legislativo um suprimento de idade para o imperador, a fim de ser encarregado do governo

---

179 BNRJ, TM, Arm. 32, Env. 146 Achille, barão de Fort Rouen, para o ministro francês de Relações Externas, Rio de Janeiro, 7 dez. 1839.

180 Ibid., Env. 145-4, Leopold von Daiser-Silbach ao príncipe von Metternich, n.3d e 4, Rio de Janeiro, 24 mar. e 14 abr. 1840. A partir daí, em decorrência do início da adolescência, D. Pedro II parou de sofrer de epilepsia rolândica benigna.

desde já".[181] Seus membros representavam interesses políticos – os nativistas e as facções familiares – há muito sem cargo e ávidos por poder. A primeira reunião foi realizada a portas fechadas em 15 de abril de 1840, na casa do padre José Martiniano de Alencar, um senador e leal nativista. Como era de se esperar, Antônio Carlos foi eleito presidente do clube e Holanda Cavalcanti, seu vice-presidente. Este último propôs uma estratégia de duas fases. Em primeiro lugar, cada membro devia apurar, por todos os meios possíveis, os desejos do imperador sobre o assunto e, em segundo lugar, mobilizar apoio para o plano entre seus camaradas legisladores.[182] Sem a disposição de D. Pedro II em assumir o poder, o projeto não seria viável.

Na segunda reunião do clube, realizada em 22 de abril, nenhum progresso decisivo pôde ser relatado. Antônio Carlos e Holanda Cavalcanti declararam ter feito sondagens, mas que "nada de positivo puderam colher; mas alguns dados tinham para pensar que o imperador estava desejoso da ideia da maioridade".[183] Esse fracasso não era de todo surpreendente. Apesar de sua juventude, D. Pedro II já estava apto a manter suas verdadeiras opiniões ocultas. Em relação a sua emancipação imediata, porém, o imperador não possuía livre-arbítrio. Ele existia no âmbito da corte e estava sujeito a suas pressões. Uma antecipação da maioridade beneficiaria imensamente os membros da Corte e Casa. Mais uma vez eles desfrutariam, como antes de 7 de abril de 1831, acesso direto ao centro do poder no Brasil. Não era de surpreender que, desse momento em diante, a Casa Imperial se tornasse, nas palavras do enviado britânico, "um berço de intriga política mesquinha tal qual em qualquer *Minor Court* da Alemanha".[184]

Em 4 de maio de 1840, um dia após o Legislativo abrir sua sessão anual, o clube realizou sua quarta reunião. Antônio Carlos anunciou que ele "e seu irmão, sr. Martim Francisco, haviam conversado a esse respeito com uma pessoa do palácio". Esse cortesão, cuja identidade não é conhecida,

> depois de dias veio anunciar-lhes que, tendo tocado nessa ideia ao imperador, este respondera que queria e que desejava que fosse logo, e muito estimava que

---

181 Ver as minutas da primeira reunião, em 15 abr. 1840, desse clube, transcritas em Sousa, *Fundadores*, v.8, p.256-7.
182 Ibid., p.256.
183 Minutas da segunda reunião, em ibid., p.257-8.
184 PRO FO 13 v.160 William G. Ouseley para lorde Palmerston, n.56 *Confidencial*, Rio de Janeiro, 20 maio 1840.

partisse isso dos srs. Andradas e seu partido, acrescentando essa pessoa serem estas as palavras de Sua Majestade.[185]

O cortesão abordado pelos irmãos Andrada não era o tutor de D. Pedro II porque, durante a mesma reunião em que os Andradas fizeram o anúncio, havia sido acordado que um deputado de Minas Gerais, que era primo de Itanhaém, devia abordar o tutor e obter a confirmação quanto aos desejos do imperador. Três dias depois, em 7 de maio, o clube soube que Itanhaém dera a necessária garantia.[186]

Era de total importância para os conspiradores ter certeza de que seus planos tinham o consentimento de D. Pedro II, visto que o projeto de lei interpretando as disposições do Ato Adicional havia sido então aprovado pelo Senado e enviado ao regente para assinatura. Em 9 de maio, os membros do clube concordaram que um projeto de lei declarando o imperador maior de idade imediatamente deveria ser apresentado na próxima sessão do Senado, onde era mais provável que a medida assegurasse uma maioria. A aprovação na Câmara Alta aumentaria o apoio na Câmara dos Deputados. O consenso sobre os termos do projeto de lei não foi tão facilmente obtido. Os políticos nativistas desejavam prover ao imperador um conselho de Estado, composto por um representante de cada província, para aconselhá-lo até que completasse 21 anos. Na sétima reunião, em 12 de maio, foi decidido apresentar dois projetos, o primeiro declarando a imediata maioridade de D. Pedro II e o segundo criando um conselho privado de dez membros.[187]

Em 13 de maio de 1840, Holanda Cavalcanti apresentou os dois projetos. Seu discurso chamou a ideia da antecipação da maioridade de D. Pedro II de "um conceito majestoso", dizendo desse modo que o imperador apoiava a proposta. Os dois projetos foram agendados para debate em 20 de maio. Sem demora, Holanda Cavalcanti foi para São Cristóvão onde, assim o enviado austríaco foi informado, ele foi admitido à presença do imperador. Holanda Cavalcanti apresentou uma defesa de sua proposta, argumentando que uma maioridade imediata era a única maneira de salvar o país de males presentes e futuros. "O jovem imperador ficou muito tocado por sua abordagem lisonjeira e foi muito cordial com o sr. Holanda Cavalcanti; e fui informado de que, após o último ter-se retirado, o imperador não escondeu sua alegria." Assim que o

---

185 Minutas da quarta reunião, em Sousa, *Fundadores*, v.8, p.259.
186 Minutas da quinta reunião, em ibid., p.261.
187 Minutas da sexta e sétima reuniões, 9 e 12 de maio, em ibid., p.260-1.

regente tomou conhecimento das ações no Senado, ele também se apressou rumo a São Cristóvão, chegando após a partida de Holanda Cavalcanti. A reunião que ele manteve com D. Pedro II foi, segundo relatou o barão Daiser, formal e bastante fria.[188]

À luz desse tratamento, Araújo Lima não tinha a ilusão de que seu mandato como regente seria completado, nem tinha ele qualquer intenção de agarrar-se ao posto. "Se o imperador quisesse governar ou um grande partido no país desejasse isso", o ministro de Relações Externas informou ao enviado britânico em nome do regente, "sua excelência não hesitaria em deixar a Regência".[189] Araújo Lima não desejava, contudo, ser dispensado às pressas e sem cerimônia de seu cargo. A perspectiva de que a emancipação de D. Pedro II empossaria uma coalizão de oposição, composta por nativistas e pelas facções personalistas de Holanda Cavalcanti e Andrada, enfureceu o bloco de Coimbra, o elemento mais numeroso da Câmara dos Deputados. Liderado por Honório Hermeto Carneiro Leão, um deputado de Minas Gerais renomado por sua coragem e energia, o bloco de Coimbra adotou uma estratégia que iria, sem se opor a uma declaração precoce da maioridade de D. Pedro II, retardar sua execução ao máximo possível. Foi acordado que seria apresentado um projeto de lei autorizando os eleitores da próxima Câmara dos Deputados, então às portas de ser eleita, a conceder aos deputados o poder de fazer emendas ao artigo 121 da Constituição. A nova Câmara seria convocada em maio de 1842 e, se a necessária emenda constitucional fosse designada como a primeira ordem a ser tratada, o imperador poderia ser declarado maior de idade naquele mesmo mês. Assim, a maioridade do imperador seria postergada por dois anos.

Carneiro Leão apresentou o projeto na Câmara Baixa em 17 de maio de 1840. O plano cumpriu seu propósito, reunindo apoio contra uma maioridade imediata. Três dias depois foi aberto no Senado o debate sobre o projeto de Holanda Cavalcanti. Nenhum membro pediu a palavra. Diante disso, o marquês de Paranaguá, que acabara de ser eleito presidente do Senado, levantou-se da cadeira. Ele apresentou uma forte defesa da monarquia tradicional e incitou à adoção do projeto para declarar a maioridade do imperador. Nenhum outro senador falou. Colocada em votação, a proposta foi derrotada por dois votos, dezesseis a favor e dezoito contra.[190]

---

188 BNRJ TM Arm. 32 Env. 145-4, Leopold von Daiser-Silbach ao príncipe von Metternich, n.4, Rio de Janeiro, 20 maio 1840.

189 PRO FO 13 v.160. William G. Ouseley para lorde Palmerston, *Private e Secret*, Rio de Janeiro, 20 maio 1840.

190 Ibid., William G. Ouseley para lorde Palmerston, n.31, Rio de Janeiro, 20 maio 1840.

A primeira investida havia então sido revertida, mas a vitória apertada significava que a questão da antecipação da maioridade de D. Pedro II continuaria a dominar os assuntos públicos, desviando a atenção de qualquer outra questão. Tornou-se vital que Carneiro Leão, liderando o então revitalizado bloco de Coimbra, assegurasse a rápida promulgação do projeto de lei autorizando a próxima Câmara a fazer emendas à Constituição. Era uma tarefa quase impossível. Os apoiadores de uma emancipação imediata contavam com apoio suficiente na Câmara Baixa para prolongar a discussão sobre o projeto para depois do momento fixado para as eleições de uma nova Câmara. Em 18 de julho, dois meses após o início da crise, Carneiro Leão inesperadamente abandonou a luta e propôs a retirada de seu projeto de lei.[191]

Com esse ato, a iniciativa passou novamente para as mãos dos apoiadores de uma maioridade imediata. Em 22 de julho, Antônio Carlos apresentou um projeto de lei declarando o imperador imediatamente maior de idade. Nesse momento, o regente, diante de uma situação fora do controle e de sua dispensa sumária do cargo, tentou impor uma solução. Ele nomeou Bernardo Pereira de Vasconcelos, o antigo líder do Regresso, como ministro do Império. O primeiro ato de Vasconcelos foi emitir um decreto suspendendo a legislatura, que deveria voltar a se reunir em 20 de novembro. Pretendia-se que o imperador fosse declarado maior de idade em seu aniversário de 15 anos.

A nomeação de Vasconcelos e o decreto de suspensão da sessão parlamentar deflagraram a crise final. Na Câmara dos Deputados, a leitura do decreto causou furor, com os apoiadores de uma maioridade imediata anunciando sua determinação em resistir, por meio da força, se necessário. Enquanto isso, no Senado, o marquês de Paranaguá recusou-se a ler o decreto, o qual ele encaminhou como "perdido". Mantendo o Senado em sessão, ele enviou mensagem sobre seu ato à Câmara Baixa. Os defensores de uma maioridade precoce reuniram-se no Senado e aprovaram uma moção, assinada por 17 senadores (dentre 49) e 40 deputados (dentre 101), convocando o imperador a assumir plenos poderes. Uma delegação de oito membros foi designada para levar essa declaração a São Cristóvão e buscar uma resposta

---

191 Sobre os acontecimentos de 18 a 23 de julho as fontes estão em BNRJ TM Arm. 32 Env. 145-4, Leopold von Daiser-Silbach ao príncipe von Metternich, n.9a e 10, Rio de Janeiro, 18 e 29 jul. 1840; e PRO FO 13 v.161 William G. Ouseley para lorde Palmerston, n.52, 53 e 54, Rio de Janeiro, 27, 28 e 30 jul. 1840. Anexa ao despacho n.53 está a "Declaração dos eventos que levaram à abdicação do Sr. P. de A. Lima, como regente e a declaração da maioridade de S.M.I. D. Pedro II Imperador do Brasil". Anexo ao despacho n.54 está um "Memorando confidencial, Rio de Janeiro, 30 jul. 1840".

de D. Pedro II. Notícias sobre a nomeação de Vasconcelos como ministro e a tentativa de suspensão da legislatura haviam se espalhado como fogo pela cidade, levando multidões a aglomerar-se e alunos da escola militar a mobilizar-se a favor da antecipação da maioridade.

Em São Cristóvão, a delegação foi recebida em audiência por D. Pedro II que, após ouvir seu apelo, solicitou a seus membros que aguardassem em uma sala contígua enquanto ele ponderava sobre sua resposta. Diante da perspectiva de assumir o poder, o imperador hesitou. Ele buscou a opinião daqueles em quem confiava, como seu professor, Araújo Viana. Eles lhe deram conselhos variados, mas a maioria instou-o a concordar com a maioridade imediata como o único meio de evitar uma mobilização popular e uma disputa civil. A decisão de D. Pedro II foi facilitada pela chegada do regente, com quem conversou em particular. A seguir, a delegação foi readmitida à sala. O regente explicou que a suspensão havia sido pensada para preparar a forma de declarar a emancipação do imperador em 2 de dezembro. Em vista dos acontecimentos do dia, Araújo Lima indagou a D. Pedro II se ele desejava que a maioridade fosse declarada em seu 15º aniversário ou de imediato. O imperador respondeu "Quero já" e ordenou que a legislatura se reunisse para esse fim dentro de dois dias. Quando os riscos de tal demora foram-lhe expostos, D. Pedro II declarou: "Convoque para amanhã".[192]

Na manhã seguinte, quinta-feira, 23 de julho de 1840, os legisladores reuniram-se na casa do Senado, onde o marquês de Paranaguá declarou "desde já maior Sua Majestade Imperial o senhor D. Pedro II e no pleno exercício de seus direitos constitucionais". Naquela tarde, o imperador dirigiu-se com grande pompa de São Cristóvão para o Senado. Lá, diante dos legisladores reunidos, ele fez o juramento:

---

192 Mais tarde em seu reinado, quando a frase "quero já" voltou-se contra ele, D. Pedro II tentou negar ter pronunciado essas palavras. Recordando em 22 ago. 1863 sua conversa com o padre Joaquim Pinto de Campos, que desejava escrever a biografia do imperador, D. Pedro II observou: "Dei-lhe algumas notícias [...] de como se passou o *quero já* da maioridade, que não foi decerto pronunciado por mim; pois eu fiz um verdadeiro sacrifício tomando as rédeas de governo três anos e tanto antes da idade legal, exprimindo eu, portanto, apenas a opinião de ser necessária desde logo a declaração da minha maioridade para evitar as desordens que se receiavam". Ver apontamento no diário em Vianna, "Diário de 1862", p.197-8. Entretanto, o registro dos processos do Senado para 22 jul. 1840, feito por seus secretários, declarava que Antônio Carlos relatou a visita da delegação a São Cristóvão. Quando questionado pelo regente quanto ao momento oportuno da maioridade, "Sua Majestade respondeu que queria já"; ver cópia oficial do processo em ANRJ CI Caixa 11 Pac. 1 Doc. 33. Todas as fontes contemporâneas são unânimes de que D. Pedro II proferiu essas palavras.

Juro manter a religião católica apostólica romana, a integridade e indivisibilidade do Império; e observar e fazer observar a Constituição política da nação brasileira, e mais leis do Império, e prover ao bem geral do Brasil, quanto em mim couber.[193]

Tinha início o reinado de D. Pedro II.

---

193 *Fallas do throno*, p.334, 338.

3
Salvador de seu país, 1840-1845

A declaração da maioridade de D. Pedro II provocou euforia geral. Um sentimento de libertação e renovação uniu os brasileiros. Pela primeira vez, desde meados da década de 1820, o governo nacional no Rio de Janeiro contava com aceitação geral. Essa aceitação, no entanto, não significava uma retomada imediata da paz ou uma subordinação voluntária às ordens emitidas do Rio. Em particular, os rebeldes no Rio Grande do Sul não demonstravam a menor disposição em baixar as armas. Apesar desses problemas, a posição do governo nacional era imensamente fortalecida pela extinção do regime de regência. Em seu lugar, existia uma autoridade única, dotada de uma legitimidade herdada, exaltada por seus deveres cerimoniais, posicionada acima de interesses partidários e pessoais e detentora de poderes constitucionais suficientes para solucionar conflitos políticos.

Essa visão do monarca e de seu papel eram plenamente compartilhados pelo próprio imperador. O rapaz de 14 anos aceitara sem questionar a missão a ele conferida e assumira com entusiasmo suas novas obrigações. "Ele está muito envolvido na parte do governo pela qual é responsável", relatou o enviado austríaco em 12 de agosto de 1840.

> Ele vem a cavalo quase todos os dias para a cidade para conhecer os diferentes ramos da administração, os quais ele inspeciona bem criteriosamente. Ele está empregando muito mais energia e até força física do que se esperava.[1]

---

1 BNRJ TM Arm. 32 Pac. 145-4, Leopold von Daiser-Silbach ao príncipe von Metternich, n.12, Rio de Janeiro, 12 ago. 1840.

Diplomatas estrangeiros ficaram bastante impressionados com a auto-confiança que o imperador exibia desde o início em público.[2] Esse rígido autocontrole e um senso de convicção manifestaram-se nas duas reuniões privadas que ele teve com o barão Daiser sobre a escolha de um cônjuge para si próprio e para a princesa Januária, sua irmã mais velha.

> Na primeira reunião, o jovem monarca estava muito tímido e constrangido; ele ruborizava toda vez que o tópico de seu casamento era mencionado; mas na segunda fui surpreendido pela firmeza de seus modos e a clareza com a qual ele falou sobre sua conversa com a irmã.[3]

A única queixa quanto ao comportamento de D. Pedro II como monarca era sua falta de desenvoltura social e, em particular, sua taciturnidade. Como ele raramente pronunciava mais do que uma ou duas palavras, manter uma conversa direta era quase impossível.[4] Embora exasperante, era um hábito que protegia o imperador de comentários desconsiderados e compromissos indesejados.

A cautela de D. Pedro II era mais desejável ainda porque a declaração de sua maioridade o colocara no centro dos negócios da nação. Seu futuro como monarca entrelaçava-se com o do Brasil. Nos cinco anos que se seguiram, três questões fundamentais dominariam sua vida: seu casamento e o de suas duas irmãs e o nascimento de um herdeiro para o trono; a criação, ou melhor, o restabelecimento de uma corte apropriada; e o controle sobre os assuntos governamentais.

Mesmo antes da maioridade, seu casamento e o de suas irmãs haviam sido discutidos, se não ativamente vislumbrados. Várias cortes europeias haviam feito propostas veladas de possíveis pretendentes. Após a maioridade, a questão tornou-se urgente. A família imperial era composta por apenas três indivíduos, D. Pedro II e suas irmãs, D. Januária e D. Francisca, com idades de 18 e 16, respectivamente.[5] A necessidade de que se casassem e assegurassem a sucessão era iminente. Acima de tudo, o imperador devia gerar um filho e herdeiro –

---

2 PRO FO 13 v.161 William G. Ouseley, *chargé d'affaires*, para lorde Palmerston, secretário de Relações Externas, n.61 e 75, Rio de Janeiro, 12 ago. e 17 set. 1840.

3 BNRJ TM Arm. 32 Env. 145-4, Leopold von Daiser-Silbach ao príncipe von Metternich, n.13a, Rio de Janeiro, 22 set. 1840.

4 Mais tarde, em abr. 1832, o enviado português comentou sobre as dificuldades de manter uma conversa com D. Pedro II; ver ANTT Caixa 539 Ildefonso Leopoldo Bayard ao duque de Terceira, n.17, Rio de Janeiro, 12 abr. 1842.

5 A irmã mais velha do imperador, rainha Maria II de Portugal, estava viva em 1840, mas a Lei n.91 de 30 out. 1835 a havia privado de qualquer direito ao trono brasileiro e, portanto, cessava sua filiação à família imperial como tal; ver *Coleção das leis, 1835*, p.9.

preferencialmente, vários filhos. Muito embora a Constituição declarasse que uma mulher poderia herdar o trono, os preconceitos de gênero da época esperavam que os monarcas fossem homens, com a coroa passada de pai para filho. O casamento com um membro de uma família real europeia serviria para demonstrar a legitimidade do Império Brasileiro e sua igualdade com as monarquias do Velho Mundo. Finalmente, como o barão Daiser observou de modo apropriado ao discutir sobre as qualidades pessoais de D. Pedro II,

> sua única deficiência é a orientação por influências de uma categoria elevada, e acima de tudo por uma esposa que busque merecer sua afeição e sua confiança, por meio da atratividade de sua pessoa, a superioridade de sua educação e o prestígio sempre associado a um nascimento louvado.[6]

No início de agosto de 1840, o ministro de Relações Exteriores deu início à busca por cônjuges para o imperador e suas irmãs.

Só essa procura teve mais importância que o restabelecimento da Corte e Casa como um meio de garantir a defesa futura do regime imperial. Os monarcas não deviam nem podiam desempenhar suas funções por si próprios. A corte proporcionava o cenário indispensável para que o imperador desempenhasse seus dois principais papéis na vida pública. No primeiro, D. Pedro II incorporava a nação e representava um poder que transcendia o tempo e o espaço. No segundo, ele exercia autoridade e supervisão da vida política. O primeiro papel era principalmente expresso por uma série de celebrações e cerimônias, geralmente religiosas, enquanto o segundo, que possuía alguns aspectos cerimoniais, envolvia sobretudo o contato com os políticos em exercício. Na primeira função, a corte proporcionava o elenco de suporte e, às vezes, o cenário propriamente dito das cerimônias. Na segunda, a corte atuava como uma fonte de aconselhamento e apoio ao regente e como um canal para o mundo político. A ausência de uma corte acabaria por privar qualquer monarca da capacidade de se incumbir de ambos os papéis.

A corte também desempenhava um papel essencial na esfera pessoal. Ela protegia o imperador, resguardando-o do escrutínio externo e proporcionando-lhe oportunidades de relaxamento. Seu apoio e cooperação tornavam suportáveis os pesados deveres das duas funções públicas impostas ao governante. Por fim, a corte servia para conter, controlar e encobrir as falhas e fraquezas

---

6 BNRJ TM Arm. 32 Env. 145-4, Leopold von Daiser-Silbach ao príncipe von Metternich, n.13a, Rio de Janeiro, 22 set. 1840.

do monarca. Como seus empregados, em todos os níveis, costumavam ser recrutados de famílias há muito tempo estabelecidas no serviço doméstico, a corte atuava como uma guardiã dos interesses maiores da monarquia como instituição. Dada a juventude de D. Pedro II em 1840, uma corte renovada poderia ser de grande influência para colocar seu reino sobre uma base sólida.

O terceiro imperativo enfrentado pelo monarca – o efetivo governo do Brasil – era, em 1840, o mais urgente e importante. O fim da regência provocara uma profunda mudança na distribuição do poder político. A maior parte dos atributos do poder moderador havia sido negada à regência em 1831 – acima de tudo, o poder de dissolver a Câmara dos Deputados – e esses atributos agora renasciam nas mãos do imperador. Como chefe do poder moderador, D. Pedro II não devia explicações no exercício desse poder que constituía, nos dizeres da Constituição de 1824, "a chave de toda a organização política". Em particular, a posição dos ministros do Gabinete que conduziam o dia a dia do governo mudou. Eles deixaram de prestar contas unicamente ao Legislativo. Nomeados e destituídos pelo monarca, eles derivavam sua autoridade dele e deviam conquistar sua confiança. Como o imperador podia a qualquer momento dissolver a Câmara dos Deputados, os ministros não estavam em posição de contestar sua subordinação ao monarca.

A imaturidade e a inexperiência de D. Pedro II deram ao primeiro corpo de ministros por ele nomeados a prerrogativa de usar o controle que detinham sobre os assuntos rotineiros para se arraigarem no poder. A escolha pelo imperador de seu primeiro Gabinete em julho de 1840 foi, portanto, significativa para a estrutura da política durante seu reinado. Na verdade, como o imperador observou posteriormente: "nem começando então a governar com menos de 15 anos fazia questão de ministros. Saíram dentre os que me fizeram maior".[7]

Se os relatos dos diplomatas são confiáveis, o papel do imperador na seleção do Gabinete não foi inteiramente passiva. Ele queria que o marquês de Paranaguá, o presidente do Senado que o declarara emancipado, aceitasse uma pasta. Embora Paranaguá recusasse um posto em virtude da idade avançada, ele efetivamente fez recomendações sobre a escolha de ministros.[8]

---

7 Anotação (parte da nota 13) de D. Pedro II em seu exemplar de Franco de Almeida, *Conselheiro Furtado*, e reimpressa na segunda edição dessa obra, p.27.

8 ANTT Caixa 553 Joaquim Cesar de Figaniere e Morão ao conde de Vila Real, n.24, Rio de Janeiro, 24 jul. 1840; e BNRJ TM Arm. 32 Pac. 145-4, Leopold von Daiser-Silbach ao príncipe von Metternich, n.10, Rio de Janeiro, 29 jul. 1840.

Figura 12. Aureliano de Sousa e Oliveira Coutinho, visconde de Sepetiba, senador e ministro, vestindo o uniforme de um camareiro da corte, com as grandes cruzes de três diferentes ordens.

Esse primeiro gabinete foi formado pelos dois irmãos Andrada sobreviventes; Holanda Cavalcanti e seu irmão Francisco de Paula Cavalcanti de Albuquerque, líderes de seu poderoso clã pernambucano; Antônio Limpo de Abreu, representando o grupo Nativista; e Aureliano de Souza e Oliveira Coutinho, amigo tanto de D. Mariana de Verna Magalhães quanto de Paulo Barbosa da Silva. Aureliano Coutinho, que ocupou a pasta de Relações Exteriores, era o único do círculo íntimo do imperador. Como D. Pedro II explicou mais tarde: "Dava-me com Aureliano, estimava-o por suas qualidades; porém, não o impus como ministro".[9] Essa afeição por Aureliano Coutinho atesta um dos traços mais admiráveis de D. Pedro II – sua falta de preconceito racial. Como seu retrato deixa claro, o ministro era fruto da miscigenação racial, sobretudo europeia e ameríndia, mas também com alguma ascendência africana.[10]

---

9 Anotação (parte da nota 13) de D. Pedro II em seu exemplar de Franco de Almeida, *Conselheiro Furtado*, p.27. Esse trecho precede ao citado na nota de rodapé 7.

10 Thomas Ewbank, um norte-americano que visitou o Rio de Janeiro de fev. a ago. 1846, comentou em 25 abr. que "o primeiro médico na cidade é um homem de cor, assim como

Os ministros recém-empossados eram veteranos do jogo político, homens habilidosos em manipulação. Tendo assegurado seus postos por meio de uma manobra política ousada e inescrupulosa, eles não tinham a menor intenção em deixar o poder escapar de suas mãos. Entretanto, como o enviado português observou,

> os novos ministros irão necessariamente contar com pouco apoio na atual Câmara [dos Deputados] e, além da rivalidade existente entre eles, tanto os Andradas quanto os Cavalcantis têm muitos inimigos que os acusam de possuir índole vingativa, orgulho e impetuosidade. A crença geral é a de que esse ministério terá vida curta.[11]

Apesar da falta de vocação dos ministros para ficar em segundo plano, eles não tinham outra escolha senão cortejar e conciliar-se com o jovem monarca para fortalecer sua posição.

Consequentemente, os ministros nada faziam para contestar a primazia de D. Pedro II. A conduta em relação a ele era de respeito e obediência. Quando manifestou o desejo de que sua coroação ocorresse em 2 de dezembro de 1840, seu aniversário de 15 anos, inicialmente os ministros concordaram e somente depois, usando o argumento de que a cerimônia deveria ocorrer quando o Legislativo estivesse em sessão, persuadiram-no a postergá-la até pelo menos maio de 1841.[12] A lista civil anual (a subvenção recebida pela coroa para suas despesas pessoais e com a corte), originalmente estipulada em 400 contos de réis, aumentou para 600 e finalmente foi fixada em 800 contos.[13] Todo esforço era feito para exaltar a posição do monarca e aumentar seu prestígio junto à população.

Fundamental para atingir esses propósitos era a criação de uma corte impressionante, nos moldes da tradição de D. Pedro I. O primeiro passo tomado foi preencher os cargos de cerimonial vagos desde a abdicação dele. O marquês de São João da Palma, um membro da antiga nobreza portuguesa,

---

o presidente da província", que, nesse ano, era Aurelino de Sousa e Oliveira Coutinho; ver Ewbank, *Life in Brazil*, p.267.

11 ANTT Caixa 538 Ildefonso Leopoldo Bayard ao duque de Terceira, n.1, Rio de Janeiro, 28 jul. 1840.

12 PRO FO 13 v.161 William G. Ouseley para lorde Palmerston, *Private and Confidential*, Rio de Janeiro, 13 ago. 1840.

13 Ibid., William G. Ouseley para lorde Palmerston, n.54, e Memorando confidencial, Rio de Janeiro, 30 jul. 1840. Em 1840, 800 contos de réis valiam cerca de US$ 405 mil ou £ 90 mil.

foi confirmado como mordomo-mor, e Paulo Barbosa da Silva continuou encarregado da residência imperial e suas finanças, como mordomo e porteiro da Câmara Imperial. O marquês de Itanhaém, que servira como tutor de D. Pedro II, foi nomeado estribeiro-mor; D. Mariana de Verna Magalhães, sua antiga governanta, como camareira-mor e frei Pedro de Santa Mariana, que havia sido aio do imperador, como esmoler-mor. Em 2 de agosto, aniversário da segunda irmã de D. Pedro II, D. Francisca, muito mais promoções e nomeações foram feitas na corte e no quadro de empregados domésticos, particularmente a nomeação dos gentis-homens da Câmara Imperial, entre os quais se incluíam os ministros do Gabinete.[14] Como os ministros vestiam nas cerimônias oficiais o uniforme de um camareiro da corte (veja Figura 44), a nomeação dos membros do Gabinete também não causou nenhuma surpresa.

O restabelecimento da corte exigia muito mais do que a nomeação de pessoal. Embora Paulo Barbosa da Silva, com recursos limitados, houvesse feito muito desde 1834 para redecorar os dois palácios e adquirir alguns dos móveis de uma corte, muito mais precisava ser feito para que o lado material da vida na corte exibisse a riqueza e o esplendor dignos de reverência e respeito. Com a renda do imperador quadruplicada, o mordomo embarcou em um programa de aquisições tanto no Brasil quanto no exterior. Em 1841, um aparelho de jantar para o imperador foi comprado em Londres e no ano seguinte, "três muito elegantes coches" e "dois elegantes caleches" com seus acessórios.[15]

O terceiro aspecto da corte sobre o qual uma atitude deveria ser tomada referia-se à organização da residência imperial, em particular a suas normas de etiqueta e cerimonial. Ao final de julho de 1840, o barão Daiser pediu ao governo austríaco que lhe providenciasse "um resumo de toda a etiqueta de nossa corte", a qual, embora não pudesse ser aplicada sem modificações, serviria "como uma base, como um guia", visto que "há aqui muita confusão e uma arbitrariedade caprichosa que por vezes causa embaraço e causará ainda mais no futuro".[16] Essa necessidade de ação era compartilhada pelo imperador, como foi revelado em uma carta que ele enviou no início de agosto ao mordomo real:

---

14 BNRJ TM Arm. 32 Pac. 145-4, Leopold von Daiser-Silbach ao príncipe von Metternich, n.10 e 11a, Rio de Janeiro, 29 jul. e 12 ago. 1840.

15 ANRJ CI Caixa 11 Pac. 1 Docs. 43, 58s. Relatos de John e James Houlditch, 93 Longe Acre, Londres, 1º jun. 1842, e relato de T. March, 10 jul. 1841.

16 BNRJ TM Arm. 32 Pac. 145-4, Leopold von Daiser-Silbach ao príncipe von Metternich, n.10, Rio de Janeiro, 29 jul. 1840.

Esqueci-lhe de lhe dizer que muito necessário era fazer um Regulamento para a Casa Imperial; pretendo escolher o senhor e o marquês estribeiro-mor, a fim de juntos o fazerem e depois m'o mostrarem; ainda primeiro hei de falar ao meu ministério do meu desígnio e escolha.[17]

O desejo do imperador não foi cumprido, provavelmente porque um grave acidente sofrido pouco tempo depois pelo mordomo real o tenha forçado a se retirar da corte até sua morte, em março de 1843.[18]

Embora um código para a residência imperial não tenha se concretizado, uma ação foi tomada sobre pontos específicos de etiqueta e cerimonial. Uma ordem emitida por Paulo Barbosa em 17 de agosto de 1840 regulamentou o direito de acesso à corte e aos aposentos pessoais do imperador (que em francês se denominava *entrée*), o qual se baseava em parte na linhagem individual e em parte na distinção do posto ocupado. Essa ordem também anunciou que toda semana o imperador manteria duas reuniões de trabalho (despachos) com seus ministros e duas audiências públicas.[19] Uma circular enviada no dia seguinte pelo ministro de Relações Exteriores aos diplomatas residentes definiu a primeira sexta-feira de cada mês "entre sete e oito horas da noite" como o momento em que o imperador receberia aqueles "que desejassem a honra de cumprimentar o dito senhor Augusto".[20] Uma norma à parte especificou os uniformes da corte a serem usados em cerimônias formais durante o ano, quando o imperador oferecesse o beija-mão e recebesse os cumprimentos. Seguindo as mudanças na moda, a norma substituiu as calças curtas na altura dos joelhos da época de D. Pedro I por calças de *cashmere* branca com uma faixa dourada lateral.[21]

Toda essa atividade era considerada por alguns, incluindo o enviado português, como dispêndio de um bocado de tempo e energia com algo pouco substancial. Os assuntos do governo, ele relatou ao final de agosto de 1840, estavam sendo abafados pela

---

17 Vianna, *Pedro I e Pedro II*, p.285, transcrevendo a carta original (sem data) em AHMI POB Cat. B Maço 31 Doc. 1.050.

18 Ver ANTT Caixa 538 Ildefonso Leopoldo Bayard ao duque de Terceira, n.6, Rio de Janeiro, 20 ago. 1840.

19 ANRJ CI Caixa 11 Pac. 1 Doc. 40.

20 PRO FO 13 v.162 William G. Ouseley para lorde Palmerston, n.64, Rio de Janeiro, 20 ago. 1840, com anexos.

21 BNRJ TM Arm. 32 Pac. 145-4, Leopold von Daiser-Silbach ao príncipe von Metternich, n.13c, Rio de Janeiro, 22 set. 1840.

renovação de uma corte cujas antigas cerimônias, costumes e hierarquias se tratam não só de restabelecer, mas até de exagerar, depois que se declarou a maioridade de Sua Majestade, o Imperador, apesar do obstáculo que se encontra em desuso de dez anos, que fez esquecer tradições ainda pouco inveteradas.

Além disso,

o efeito ordinário destas causas é aumentado além disto pela categoria de camaristas, em que todos os ministros foram colocados, e pela precisão, em que se acham, de acompanharem Sua Majestade Imperial por motivo da sua pouca idade em todos os atos públicos.[22]

O enviado português atribuía a presença constante dos ministros junto com D. Pedro II à ausência de alguém entre as autoridades e os empregados seniores da corte que desfrutasse de alguma autoridade e influência.[23] A verdadeira razão para tal devoção ao monarca era muito mais sinistra. Estando sempre na companhia do imperador durante compromissos públicos, os ministros podiam impedi-lo de conhecer alguém que fosse real ou potencialmente um rival e evitar que ele ouvisse opiniões que contestassem o domínio deles. O acesso à corte também era controlado por Paulo Barbosa da Silva em sua capacidade de porteiro da Câmara Imperial. O Dr. João Fernandes Tavares, um médico da Câmara Imperial que havia servido a D. Pedro I tanto no Brasil quanto em Portugal, foi proibido de entrar no paço no final de 1840. Membros da corte, cujos vínculos próximos com os inimigos dos ministros faziam deles um possível canal de acesso hostil ao imperador, perderam seus postos ou receberam atribuições longe do Rio de Janeiro. João Damby, que ensinara D. Pedro II a cavalgar, foi demitido do serviço imperial, enquanto João Carlos Pardal, um guarda-roupa, foi nomeado como chefe da fábrica de pólvora em Estrela, fora do Rio de Janeiro.[24]

---

22 ANTT Caixa 538 Ildefonso Leopoldo Bayard ao duque de Terceira, n.6, Rio de Janeiro, 20 ago 1840. O enviado britânico levantou exatamente a mesma questão, queixando-se em relação ao imperador de que "processos e atividades desde Sua Maioridade têm sido um triste obstáculo aos negócios"; ver PRO FO 13 v. 161 William G. Ouseley para lorde Palmerston, *Private and Confidential*, Rio de Janeiro, 13 ago. 1840.

23 O marquês de São João da Palma, mordomo real, detinha realmente tal autoridade, mas ele deixou de participar da corte, por causa de um grave acidente, e permaneceu ausente até a morte, em 1843.

24 ANTT Caixa 538 Ildefonso Leopoldo Bayard ao duque de Terceira, n.1, Rio de Janeiro, 16 jan. 1841; O Brasil, 11 abr. 1844; e BNRJ TM Arm. 32 Pac. 116. Nota de pesquisa não datada escrita por Tobias Monteiro, começando com "P. Barbosa tinha escrito...".

A eliminação de rivais, fossem reais ou potenciais, e o controle de acesso ao monarca criaram um *cordon sanitaire* [cordão sanitário] em torno de D. Pedro II. Para evitar que o jovem imperador refletisse sobre esse estado de coisas, ele era mantido continuamente ocupado com reuniões públicas, a rotina do negócio governamental e estudo continuado. Uma carta escrita por Paulo Barbosa da Silva ao ministro de Relações Exteriores é reveladora a esse respeito.

> O imperador veio para o palácio [da cidade], sem visitar a igreja da Glória. Eu disse a ele aquilo que você me falou sobre hoje a audiência [com os ministros] poder ser realizada somente após a recepção pública, porque o ministério teve de manter uma longa reunião de gabinete, e que você havia me encarregado de contar isso a ele. Ele concordou com isso, mas, como ele não tem nada com que se ocupar antes do almoço, seria melhor que suas excelências fizessem suas reuniões de gabinete às sextas-feiras, para que a audiência possa ser realizada nas manhãs de sábado, pois ele não pode ser deixado ocioso, e para ele vir até a cidade ao anoitecer não é recomendável por causa do risco de temporais.[25]

A intensa agenda de atividades, orquestrada pelos ministros e por Paulo Barbosa, efetivamente atingia o objetivo de manter o imperador isolado e sem saber que estava sendo manipulado. Dois benefícios involuntários resultaram desse plano. Até julho de 1840, o imperador raramente se aventurava para fora de seus palácios. Com as constantes visitas que passou a realizar, D. Pedro II começou a adquirir familiaridade com as reais instituições do poder. Em segundo lugar, a programação intensa representava um admirável treinamento para a administração da rotina de governo. D. Pedro II revelou-se complacente em face das pesadas demandas sobre seu tempo e sua energia. Sua constituição era, na verdade, bem adequada à missão que herdara por nascimento. Sua personalidade adaptava-se naturalmente a uma rotina preestabelecida.

Em um despacho de 20 de novembro de 1840, o barão Daiser descreveu como o imperador passava seus dias. Como antes da maioridade, D. Pedro II vivia em São Cristóvão. Levantava-se entre 5 e 6h da manhã, vestia-se e fazia suas orações. Lia petições e jornais até as 9h, quando começavam suas aulas,

---

25 Carta não datada no arquivo do finado Américo J. Lacombe, impresso em Vianna, *Estudos*, p.71. Infelizmente para os historiadores, Paulo Barbosa raramente datava sua correspondência, mas, considerando-se a rotina diária do imperador no final de 1840, esta carta deve ter sido escrita nesse período; ver a próxima nota de rodapé.

que prosseguiam até as 14h. Então almoçava em seus aposentos, na companhia das irmãs. A seguir ele se exercitava, às vezes a pé ou em uma carruagem, mas na maioria das vezes a cavalo. O início da noite era ocupado com reuniões e recepções que duravam até o jantar, que ele fazia com as irmãs nos aposentos delas. Nas noites de quinta-feira, D. Pedro II ia para o Rio para assistir a um espetáculo no teatro de língua portuguesa. Nas manhãs de sábado, ele e as irmãs visitavam a igreja da Glória no centro do Rio de Janeiro, onde às 7h30 participavam da missa. Ele então realizava no Paço da Cidade o segundo de seus despachos semanais com os ministros, visitava repartições públicas e à noite comparecia ao teatro de língua francesa. Nos despachos, o imperador era informado sobre os assuntos discutidos pelo Gabinete, mas, de acordo com o barão Daiser, não interferia na tomada de decisões, exceto em algumas questões de patronagem.[26]

Nos meses que se seguiram a sua maioridade, o imperador amadureceu fisicamente, ganhando pelo menos cinco centímetros em altura. "Dom Pedro é um jovem bonito e de aparência saudável", um escriturário de um navio de guerra norte-americano comentou, "tão grande e robusto que parece bem mais velho do que realmente é".[27] Quando atingiu sua altura plena, de aproximadamente 1,88 metro, o imperador elevava-se acima de seus camaradas brasileiros, aumentando a impressão tanto de distinção quanto de superioridade.[28] Seu desenvolvimento emocional continuou, porém, defasado, como atestam os dois breves diários que ele mantinha nesse período. O primeiro diário – do qual não mais do que um único registro subsistiu – é tão revelador que merece ser mencionado na íntegra:

27 de agosto de 1840
Acordei-me às seis horas e meia; às sete e quase meia chegou o deputado [Antônio] Navarro [de Abreu] e me requereu uma audiência particular, na qual me pediu que o nomeasse meu Oficial do Gabinete.

---

26 BNRJ TM Arm. 32 Pac. 145-4, Leopold von Daiser-Silbach ao príncipe von Metternich, n.15a, Rio de Janeiro, 22 nov. 1840.

27 Petersons, *Journals*, p.40. D. Pedro II visitou o navio do clérigo em jan. 1842, mas a descrição é válida para o período anterior. No final de 1840, o enviado austríaco, notando que D. Pedro II havia crescido cerca de cinco centímetros, declarou que "ele tem a aparência de um jovem de 18 anos em nosso hemisfério"; veja BNRJ TM Arm. 32 Pac. 145-4, Leopold von Daiser-Silbach ao príncipe von Metternich, n.13a, Rio de Janeiro, 22 set. 1840.

28 Essa estimativa da altura de D. Pedro II é dada por um norte-americano que testemunhou a chegada do imperador no Rio de Janeiro em 26 abr. 1846; ver Ewbank, *Life in Brazil*, p.270.

Às oito, almocei: acabado o almoço, fui ao quarto das manas, à casa de lições, a ver as manas.[29]

Aconteceu que estando a mana sem prestar atenção, eu lhe advertisse e ela me apresentasse as costas, eu lhe desse um soco, sem ser de propósito, e ela se banhasse em lágrimas.

Retirei-me. Daí a pouco veio ter comigo Dona Mariana [de Verna Magalhães], dizendo-me que a Mana estava em choroso, que eu devia fazer as pazes com ela; não quis.

Acabado isto, vociferou Dona Intrigante contra os semanários, chamando ao Doutor – "Fárçola", e aos mais, "tolos", intrigando-os, dizendo que me querem indispor contas as manas. Que Mentira!!![30]

A petulância e a arrogância evidentes na conduta do imperador poderiam ser esperadas em qualquer jovem de 14 anos, mas igualmente significativos eram seu egocentrismo e seu sentimento de superioridade tanto em relação às irmãs quanto a todos os outros mortais. Essa sensação de ser o centro do mundo é evidente na abertura de seu segundo diário: "Às 5 da manhã já os tiros ribombavam pelos montes de São Cristóvão e as bandeiras hasteadas tremulavam no azulado céu; eram estes os indícios do dia do meu nascimento, 2 de dezembro, dia memorável nas páginas da História do Brasil".[31] O apontamento contém um relato detalhado das celebrações do aniversário realizadas na cidade: uma missa na capela imperial, um desfile das unidades da Guarda Nacional, uma cerimônia de beija-mão e à noite um espetáculo teatral. "Acabada a peça, dormindo fui para casa, dormindo me despi e dormindo me deitei; agora, façam-me o favor de me deixarem dormir, estou muito cansado, não é pequena a maçada."[32]

Como esse trecho sugere, um traço de ironia permeia os registros nesse diário, que cobre de 2 a 5 de dezembro de 1840. O humor é mais evidente nos trechos sobre os deveres mais entediantes do imperador. Ao mesmo tempo que D. Pedro II se via como o centro do mundo, ele também reconhecia quão transitório, tolo e irreal era esse mundo. Ele era ao mesmo tempo comprometido

---

29 Em seu apontamento no diário para 2 dez. (ver nota 31), o imperador escreveu: "Comi meu almoço habitual: ovos e café com leite, uma bebida gostosa", de modo que a refeição era, na verdade, um café da manhã (ou "pequeno almoço").

30 Lacombe, *Mordomo*, p.300-1, transcrevendo o original nos papéis de Paulo Barbosa da Silva.

31 Vianna, *Pedro I e Pedro II*, p.114-21, transcrevendo o original em AHMI POB Maço 102 Doc. 5.020.

32 Ibid., p.118.

e cético em relação ao papel a ele designado pela vida. Fazer apontamentos em um diário permitia a D. Pedro II comentar e refletir sobre suas atividades diárias, expressar suas observações sobre pessoas e acontecimentos a seu redor e dar vazão a seus sentimentos. Por conseguinte, ele manteve um diário intermitente por toda a vida. A discrição fez que ele destruísse alguns deles, mas pelo menos 45 diários restaram, o mais antigo datado de 1862. Eles fornecem os vislumbres mais íntimos que temos das características do homem que governaria o Brasil por quase meio século.[33]

Não obstante a veia de observação cética evidente no diário de 1842, o texto não indica nenhuma conscientização da parte de D. Pedro II sobre ele ser manipulado e mantido isolado por seus ministros e mordomo. O jovem imperador não podia ser classificado como fraco ou passivo. Em 2 de dezembro, ele se deu ao trabalho de "meditar sobre as mercês, a fim de ver se eram ou não justas". "Pela fidelidade e amor com que me têm servido [Bento Antônio] Vahia e [Pedro Caldeira] Brant, nomeei o primeiro conde, com grandeza, de Sarapuí, ao segundo de Iguaçu."[34] D. Pedro II insistiu que seus ministros buscassem do papado, com a máxima confidencialidade, a nomeação de frei Pedro de Mariana, seu antigo aio, como bispo *in partibus*.[35] Não obstante, nada em seu diário indicava que ele tivesse conhecimento das questões maiores debatidas e decididas em sua presença ou das intrigas que o cercavam.

D. Pedro II acompanhava o fluxo dos acontecimentos. Ele consentiu com os planos, desenvolvidos em concordância com o barão Daiser, de arranjar um casamento para ele com uma arquiduquesa de Habsburgo e um marido da mesma família para sua irmã mais velha, D. Januária. Em caráter sigiloso (embora qualquer um pudesse imaginar o que estava por vir), o subsecretário de Relações Exteriores partiu para Viena nessa missão, no início de dezembro de 1840.[36] Seu eventual sucesso dependia da boa vontade do príncipe de Metternich, que governava o Império Austríaco.

---

33 O destino dos escritos anteriores foi deixado claro pelo parágrafo de abertura de seu diário de 1862: "Tinha apontamentos dos anos passados; mas julguei acertado queimá-los"; ver Vianna, "Diário de 1862", p.15. Uma lista de diários remanescentes é fornecida em Vianna, "Diários, cadernetas".

34 Vianna, *Pedro I e Pedro II*, p.114, 117.

35 Item em *Jornal do Commercio*, 6 jul. 1841 apud "Traços biográficos", p.634.

36 BNRJ TM Arm. 32 Pac. 145-4, Leopold von Daiser-Silbach ao príncipe von Metternich, n.15, Rio de Janeiro, 12 dez. 1840; ANTT Caixa 538 Ildefonso Leopoldo Bayard ao duque de Terceira, n.1, Rio de Janeiro, 14 jan. 1841; e Calmon, *Pedro II*, v.I, p.199, n.26.

Os ministros eram notadamente menos bem-sucedidos em administrar os assuntos do país do que em manobrar o imperador. Em particular, os ministros fracassaram completamente em pacificar a província do Rio Grande do Sul. Nem por negociação nem por combate os rebeldes puderam ser levados a depor armas. Esse fracasso custou ao Gabinete muito prestígio. Ainda mais desastroso foi o uso que os dois irmãos Andrada fizeram dos poderes governamentais para eleger seus próprios apoiadores para a nova Câmara dos Deputados. Tão cruéis e tão violentos foram os meios empregados que muitos interesses, embora não hostis ao governo, foram alienados.[37]

Esses fracassos expuseram as latentes divisões existentes dentro do Gabinete. Aureliano de Sousa e Oliveira Coutinho tomava o devido cuidado para manter-se distante dos irmãos Andrada e de seu modo de conduzir as coisas. De sua parte, os irmãos Andrada não tinham intenção de permitir que Aureliano Coutinho e seu aliado na corte, Paulo Barbosa da Silva, o mordomo, os subjugassem. Após isolar o imperador com a ajuda do mordomo, os irmãos passaram a se dedicar a destruir a influência de Barbosa da Silva na corte e, dessa forma, minar a posição de Aureliano Coutinho. Citando precedentes de Portugal, Antônio Carlos argumentava que ele, como ministro do Império (Interior), em vez de Paulo Barbosa, como mordomo, deveria exercer as funções de mordomo-mor sempre que ele se ausentasse da corte. Os Andrada alegaram também que, como veador, a posição de Barbosa da Silva na corte tornava-o sênior demais para servir no posto humilde, embora importante, de porteiro da Câmara Imperial, que controlava o acesso ao imperador.[38]

Não poderia haver uma estratégia mais fadada ao fracasso. Os Andrada mantinham um posto inteiramente pela boa vontade do monarca. Essa boa vontade lhes havia sido concedida em decorrência da confiança do jovem imperador em Aureliano Coutinho e em Paulo Barbosa. Os Andrada não haviam conquistado a confiança exclusiva de D. Pedro II ou rompido seus vínculos com o ministro e o mordomo da casa. Ao tornar o imperador ciente da natureza das intrigas dos Andrada, os dois favoritos podiam privar os irmãos da boa vontade do monarca. Em janeiro de 1841, esse processo estava em franco andamento. O barão Daiser relatou a Viena: "O imperador Dom Pedro deixou uma tutela apenas para cair em outra; disseram-me até que Sua

---

37 Barman, *Brazil*, p.211-12.

38 PRO FO 13 v.161 William G. Ouseley para lorde Palmerston, *Private and Confidential*, Rio de Janeiro, 14 dez. 1840; BNRJ TM Arm. 32 Pac. 116. Nota de pesquisa não datada de Tobias Monteiro, começando com "P. Barbosa tinha escrito..."; e AHMI POB Maço 109 Doc. 5.367 Paulo Barbosa da Silva para Pedro II, Rio de Janeiro, 4 jan. 1846.

Majestade comentou que em lugar de *um* tutor ele agora possui vários". "Os Andradas são detestados", o enviado austríaco prosseguiu, acrescentando que "o ministério está em estado de completa anarquia".[39]

Em março de 1841, a situação de deterioração no Rio Grande do Sul proporcionou os meios para a substituição do Gabinete. Aureliano Coutinho habilmente manobrou os irmãos Andrada para que apresentassem sua renúncia ao imperador. Em vez de rejeitar esse pedido e dessa forma confirmar os Andrada no poder, D. Pedro II confiou a formação de um novo ministério ao marquês de Paranaguá, em cooperação com Aureliano Coutinho. Eles não tiveram nenhuma dificuldade em fazê-lo. Coutinho continuou a servir como ministro de Relações Exteriores e Paranaguá tornou-se ministro da Marinha. As outras três pastas foram preenchidas por um político veterano do primeiro reinado (1822-1831) e por dois apoiadores do Regresso, a reação conservadora de 1835-1839.[40]

O imperador sentia-se bem mais à vontade com o novo Gabinete do que com o anterior. Cândido José de Araújo Viana, o novo ministro do Império, era desde 1839 supervisor de seus estudos literários. Os ministros de Finanças e de Justiça eram homens cultos, urbanos, com um conhecimento pessoal da França, qualidades que o imperador valorizava. O marquês de Paranaguá e José Clemente Pereira, que haviam desempenhado um papel proeminente na luta do Brasil por independência, contavam com o respeito de D. Pedro II pelo próprio fato de terem servido ao pai dele. O Gabinete estava entre os mais aptos para atuar durante o reinado do imperador, e as medidas que ele tomou durante seus quase dois anos de atuação modelaram a máquina política que controlaria o Brasil pelo meio século seguinte.

A maturidade crescente de D. Pedro II era evidente em sua determinação de exercer um papel mais ativo na condução das coisas do que com o Gabinete predecessor. Perante a insistência do imperador, os ministros forneceram-lhe um resumo das questões discutidas em suas conferências, de modo que ele pudesse saber antecipadamente o que devia ser decidido nos dois despachos semanais.[41] D. Pedro II mantinha-se plenamente ocupado com os assuntos de

---

39 BNRJ TM Arm. 32 Pac. 145-4, Leopold von Daiser-Silbach ao príncipe von Metternich, n.1, Rio de Janeiro, 11 jan. 1841.

40 Ibid., Leopold von Daiser-Silbach ao príncipe von Metternich, n.4b, Rio de Janeiro, 14 abr. 1841; e ANTT Caixa 538 Ildefonso Leopoldo Bayard para Rodrigo Fonseca de Magalhães, n.13, Rio de Janeiro, 27 mar. 1841.

41 BNRJ TM Arm. 32 Pac. 116 Cópia de Tobias Monteiro de uma carta não datada de D. Pedro II ao "sr. Paulino" (Paulino José Soares de Sousa), provavelmente escrita em 1841.

Estado. Ao escrever uma breve carta para sua irmã, D. Maria II de Portugal, em setembro de 1841, ele finalizou: "Quem tem reino não tem tempo".[42]

A reputação do imperador foi enaltecida por sua coroação, que, programada para maio, foi finalmente realizada em 18 de julho de 1841. As festividades públicas duraram uma semana e foram descritas pelo barão Daiser como de uma magnificência inigualável na história do Brasil. Ele destacou com um elogio especial a conduta de D. Pedro II durante a longa cerimônia de coroação e a aclamação pública que se seguiu: "O jovem soberano parecia extremamente bem em suas vestes, antes e após a coroação, e ele conduziu maravilhosamente bem as obrigações desse dia 18, ao ponto de conversar frequentemente com os membros de seu cortejo".[43] Para celebrar sua coroação, D. Pedro II concedeu um grande número de títulos e honrarias e autorizou diversos atos de beneficência. Ele libertou vinte escravos (dezoito instrumentistas e dois cantores) que se apresentavam nas cerimônias e autorizou a criação de um hospital com seu nome (Hospício D. Pedro II) para o tratamento de doentes mentais.[44] Tais atos de caridade, que prosseguiram durante todo seu reinado, explicam por que ele é com frequência louvado como "o Magnânimo".

No final de 1841, Aureliano Coutinho informou ao enviado austríaco: "O temperamento do imperador auxiliou notavelmente o curso que o presente ministério tomou. Esse jovem príncipe possui realmente todas as qualidades desejáveis a alguém que ocupe sua alta posição".[45] Essas observações não podem ser consideradas desinteressadas, e pode ser questionado quanto benefício o Gabinete extraiu da sabedoria de um menino de 15 anos. Contudo, o comentário indica que D. Pedro II estava contribuindo mais com a vida pública do que com a mera realização conscienciosa de seus deveres. Aureliano Coutinho provavelmente se referia a vários traços emergentes que vieram a tipificar D. Pedro II como regente. Ele era capaz de lidar simultaneamente com uma vasta gama de assuntos, dando a cada um sua cuidadosa atenção.

---

42 AGP Copiador Rascunho de D. Pedro II para D. Maria II. A carta refere-se a uma doação de caridade que Paulo Barbosa da Silva ordenou que fosse feita em 20 set. 1841; ver ANRJ CI Caixa 12 Pac. 1 Doc. 31B.

43 BNRJ TM Arm. 32 Pac. 145-4, Leopold von Daiser-Silbach ao príncipe von Metternich, n.9a, Rio de Janeiro, 7 ago. 1841. Um estudo exaustivo das festividades da coroação pode ser encontrado em Marques dos Santos, "Dom Pedro II", p.40-140.

44 ANRJ CI Caixa 12 Pac. 1 Ordem para Paulo Barbosa da Silva, 30 jul. 1841; e Marques dos Santos, "Dom Pedro II", p.140.

45 BNRJ TM Arm. 32 Pac. 145-4, Leopold von Daiser-Silbach ao príncipe von Metternich, n.13b, Rio de Janeiro, 20 out. 1841.

Ele conseguia ouvir e avaliar argumentos contrários. Ele era igualmente tenaz em manter um curso de ação escolhido, uma vez tomada a decisão.

Essa inflexível perseverança era fundamental para manter o Gabinete unido e garantir sua sobrevivência. Os ministros careciam de homogeneidade de opiniões e de qualquer senso de lealdade mútua. Em particular, a maioria do Gabinete desconfiava de Aureliano Coutinho, que insistira que seu irmão, Saturnino de Sousa e Oliveira, fosse nomeado presidente do Rio Grande do Sul. O novo presidente não obteve mais êxito do que seu antecessor em reprimir a rebelião nessa província. Outra causa de desavença dentro do Gabinete era o programa legislativo extremamente pesado e ambicioso que os ministros tentavam impingir às câmaras. As medidas do governo encontravam feroz oposição dos dois irmãos Andrada e dos políticos nativistas recentemente expulsos do poder. Essa oposição era "pequena em número, é verdade", o enviado francês relatou, "mas temível por sua atividade, ousadia e – não se pode negar – pelos talentos e a capacidade de seus líderes".[46] Os inimigos do Gabinete revelaram-se competentes em explorar pontos de discordância e inflamar conflitos pessoais em seu interior. A longa e ressentida disputa no Legislativo com frequência colocava a continuidade do ministério em questão. Entretanto, as medidas que o governo defendia foram, no final das contas, promulgadas.[47]

A primeira lei reinstituiu o Conselho de Estado, abolido pela emenda constitucional de 1834, e dotou-o de considerável poder. O conselho restabelecido desempenhava um importante papel nos assuntos nacionais. O imperador consultava-o na maioria das questões que envolviam seu uso do poder moderador. O Conselho de Estado também emitia opiniões sobre quase todas as questões referentes à formação de políticas e interpretação da Constituição. Embora essas opiniões tivessem caráter consultivo, eram aceitas como compulsórias. Composto por doze membros ordinários e até doze extraordinários nomeados pelo imperador por prazo indeterminado, o Conselho de Estado restaurado, cujos membros eram principalmente antigos estadistas do período da regência, foi desde o princípio o santuário interno do regime.[48]

---

46 Ibid., Pac. 146 Achille, barão de Fort Rouen, ao ministro francês de Relações Exteriores, Rio de Janeiro, 28 ago. 1841.

47 Ibid., Pac. 145-4 Leopold von Daiser-Silbach ao príncipe von Metternich, n.14a, Rio de Janeiro, 29 nov. 1841.

48 Oliveira Tôrres, *Democracia coroada*, p.161-81. Sob a constituição imperial, o Supremo Tribunal de Justiça detinha poderes extremamente limitados.

Uma segunda lei foi mais arrebatadora em seu impacto sobre a ordem social e política. Uma série de medidas promulgadas a partir de 1828 havia colocado poder de policiamento nas mãos dos juízes de paz eleitos e das assembleias provinciais. As desordens do período da regência eram cada vez mais atribuídas a esse sistema de policiamento e, em maio de 1840, pouco antes da crise da maioridade, uma lei "interpretando" as disposições do Ato Adicional havia restituído a autoridade sobre a justiça e a polícia ao governo imperial. A segunda lei, promulgada em 3 de dezembro de 1841, voltou a centralizar o sistema judiciário. Ela privou os juízes de paz da maioria de seus poderes e substituiu-os por agentes policiais (delegados e subdelegados) nomeados e supervisionados pelos presidentes das províncias, que eram agentes nomeados do governo nacional.[49] A finalidade da lei era destituir tanto os municípios quanto as províncias do controle sobre suas questões. O ressentimento contra o governo no Rio provocado por essas e outras medidas não afetou, contudo, a popularidade do imperador. "O apoio à manutenção da monarquia está, portanto, mais forte do que nunca", o barão Daiser relatou em outubro de 1841; "todos a veem como a única garantia de ordem, de prosperidade tanto geral quanto individual e de um futuro".[50]

A única área em que o sucesso escapava ao Gabinete era em encontrar cônjuges para o imperador e suas irmãs. O enviado especial nomeado para negociar com Metternich chegou a Viena em março de 1841 para descobrir que sua missão incitava nenhuma prioridade e pouco interesse. Em uma entrevista em maio, Metternich advertiu-o de que, embora razões de Estado não representassem nenhum problema, havia restrições pessoais.[51] O número de mulheres disponíveis no clã Habsburgo era pequeno, e os candidatos eram muitos. Somente em dezembro o enviado pôde discutir o assunto com Metternich. A juventude do imperador era o principal obstáculo. Ele realmente poderia aparentar ter 19 ou 20, mas nenhuma das princesas elegíveis acreditava nisso. Metternich obviamente não exercia nenhuma pressão a favor de qualquer casamento com D. Pedro II, muito menos com as irmãs do imperador.[52]

---

49 Flory, *Judge and Jury*, p.171-4.

50 BNRJ TM Arm. 32 Pac. 145-4, Leopold von Daiser-Silbach ao príncipe von Metternich, n.13, Rio de Janeiro, 20 out. 1841.

51 Ibid., Cópia de uma *note verbale* para Bento da Silva Lisboa, Viena, 26 maio 1841.

52 Ibid., Pac. 65 (A) Resumo e extratos dos despachos confidenciais de Bento da Silva Lisboa, 1841-42; e Calmon, *Pedro II*, v.I, p.202-3.

Tabela 3. Seleção de d escendentes de Fernando IV, rei de Nápoles (Duas Sicílias)

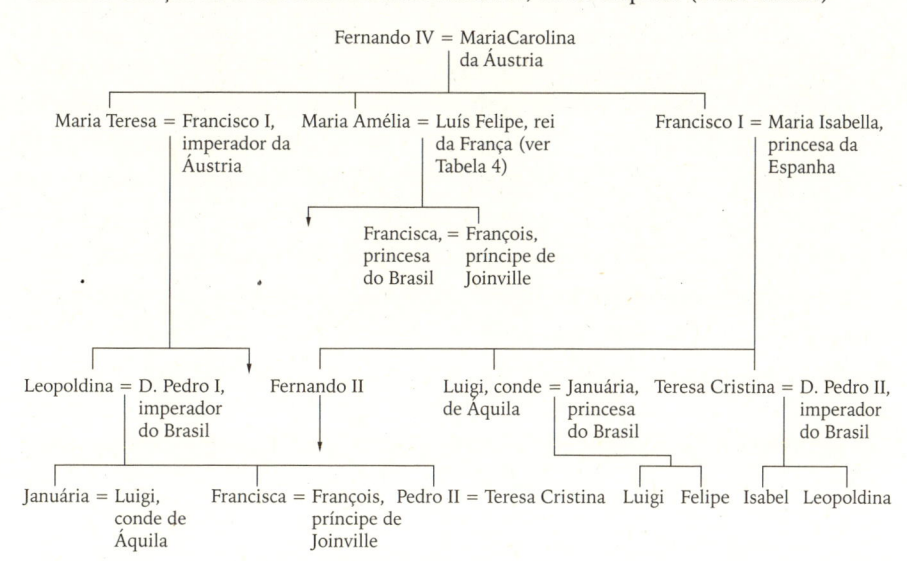

Esse impasse continuou até o início de 1842, quando o representante em Viena do reino de Nápoles informou ao agente brasileiro que ele detinha plenos poderes para oferecer a D. Pedro II uma princesa da família Bourbon de Nápoles para ser sua esposa. Após conversações com Metternich, que não fez nenhuma contraproposta, o agente brasileiro prosseguiu com as negociações. A noiva proposta era a princesa Teresa Cristina Maria, irmã mais nova do rei Fernando II de Nápoles. Três anos mais velha do que seu primo D. Pedro II, de acordo com o agente brasileiro, "a princesa está na idade própria a casar, é bem parecida e educada, de um clima temperado, e de sangue o mais ilustre". O acordo nupcial foi concluído e enviado a Nápoles para aprovação.[53] Escolher uma esposa para um monarca sem que ela fosse submetida a uma inspeção pessoal era uma prática comum. "Felizmente para a maioria das princesas a questão de suas aparências não costuma ser de vital importância", comentou a sobrinha-neta da princesa Teresa Cristina muitos anos depois. "Religiao e saúde básica para a futura maternidade eram os principais fatores de um casamento arranjado."[54] A sugestão do enviado foi aprovada pelo Gabinete no Rio de Janeiro, e adicionalmente o projeto para uma união entre D. Januária e

---

53 BNRJ TM Arm. 32 Pac. 65 (A) Bento da Silva Lisboa para Aureliano de Oliveira e Sousa Coutinho, Viena, 29 mar. 1842.
54 Louisa da Toscana, *Story*, p.55.

um irmão da princesa Teresa Cristina foi colocado em andamento.[55] O acordo nupcial, depois de ratificado pelo rei de Nápoles, foi imediatamente enviado, com um retrato da princesa, para o Rio de Janeiro.[56]

Enquanto as negociações do casamento prosseguiam, acontecimentos de muito maior importância desdobravam-se no Brasil. A lei que restituía o controle da justiça e da polícia ao governo imperial havia sido promulgada contra a forte oposição daqueles que valorizavam a autonomia local. A execução da lei, que extinguia as estruturas de poder estabelecidas no nível municipal, provocou ainda mais agitação. Rivalidades entre províncias intensificaram o conflito. Os crescentes interesses dos produtores de café na província do Rio de Janeiro tendiam à defesa da nova lei, enquanto os interesses dominantes nas províncias ricas, porém economicamente estagnadas de São Paulo e Minas Gerais, de modo geral, opunham-se a ela. As assembleias dessas províncias protestaram contra a lei. A oposição começou uma campanha de resistência que pretendia forçar o governo imperial a suspender a execução da lei.[57]

O que deu força adicional a essa campanha foi a expectativa entre os inimigos do Gabinete de que eles controlariam a recém-eleita Câmara dos Deputados, que se reuniria no início de maio de 1842. Nas reuniões preliminares da Câmara, a oposição, liderada pelos irmãos Andrada, buscou empossar o máximo possível de apoiadores. O plano era que, uma vez aberta a sessão, a Câmara Baixa declararia sua falta de confiança no ministério em exercício e assim forçaria sua destituição.[58] A falha do plano – que a oposição deveria ter avaliado – era que o poder moderador concedia ao imperador o direito irrestrito de dissolver a Câmara dos Deputados. Aureliano Coutinho havia cogitado empregar essa contraofensiva com o enviado austríaco no final de março de 1842. O ministério agarrou a iniciativa, e em 1º de maio o imperador, após consultar o Conselho de Estado, simplesmente dissolveu a nova câmara na véspera de sua abertura formal.[59] Esse movimento privou a oposição de todos os meios legais de destituir o Gabinete e de bloquear a execução da lei que centralizava a polícia.

---

55 BNRJ TM Arm. 32 Pac. 145-4, Leopold von Daiser-Silbach ao príncipe von Metternich, n.5, 12,14b, Rio de Janeiro, 25 abr., 17 jun. e 13 jul. 1842.

56 Ibid., Pac. 65 (A) Bento da Silva Lisboa para Aureliano de Oliveira e Sousa Coutinho, Viena, 29 maio 1842.

57 Barman, *Brazil*, p.212-4.

58 ANTT Caixa 539 Ildefonso Leopoldo Bayard para Rodrigo Fonseca de Magalhães, n.7, Rio de Janeiro, 19 fev. 1842.

59 BNRJ TM Arm. 32 Pac. 145-4, Leopold von Daiser-Silbach ao príncipe von Metternich, n.2b e 7, Rio de Janeiro, 22 mar. e 10 maio 1842; e *Organizações*, p.84-5.

A consequência foi a eclosão de três rebeliões descoordenadas, quase espontâneas, nas províncias de São Paulo, Rio de Janeiro e Minas Gerais, entre os meses de maio e junho. Os rebeldes alegavam estar agindo contra medidas tirânicas do governo imperial, que, segundo eles, mantinham o monarca cativo. Os rebeldes provavelmente esperavam que tais atos públicos de resistência armada fossem suficientes para alcançar seus fins. O Gabinete, apoiado pelo imperador, reagiu com determinação e vigor incomuns. Vários políticos proeminentes da oposição foram deportados para o exterior ou mantidos sob custódia administrativa. O comando das forças governamentais foi dado a Luís Alves de Lima, barão de Caxias, descendente de uma distinta família militar. Seu pai havia servido como um dos três regentes de 1831 a 1835, e o próprio Caxias provara sua capacidade e lealdade ao derrotar revoltas contra o regime. Em 1840, ele rapidamente reprimiu a revolta da Balaiada ao sul do Maranhão, por cujo êxito recebeu o título de barão. Em 1842, Caxias repetiu seu triunfo. Ele primeiramente dispersou os rebeldes em São Paulo sem derramamento de sangue e depois, após uma batalha apertada porém decisiva, no final de agosto, subjugou os rebeldes em Minas Gerais.[60]

Foi em 23 de julho de 1842, no segundo aniversário da maioridade de D. Pedro II, e no meio dessa guerra civil, que o acordo nupcial com o retrato da futura esposa chegou ao Rio de Janeiro. Um diário mantido pelo imperador desse dia sobreviveu. O documento merece ser reproduzido pelas percepções que fornece tanto sobre as atitudes quanto sobre o estilo de vida desse jovem, então com 16 anos e meio de idade.

> Antes das 8 horas da manhã, estando a almoçar, recebo uma carta de José Clemente [Pereira], abro-a e leio, com alguma admiração, parte da chegada de Luís Alves de Lima, de Aguiar e outros, dada pelo comandante da Fortaleza de Villegagnon.
>
> Depois de me levantar da mesa, descansei para poder, com proveito, ouvir por Mr. [José Francisco] Sigaud algumas páginas da agradável obra de Victor Hugo intitulada *Le Rhin* [O Reno], que deixei para ir conversar com Paulo Barbosa da Silva.[61]
>
> Entrando pela porta da secretaria da minha casa, perguntei ao mordomo:

---

60 Barman, *Brazil*, p.214-6.

61 Joseph François Sigaud nasceu em Marselha. Com doutorado pela faculdade de medicina de Estrasburgo, ele veio ao Brasil no final de 1826 e foi nomeado médico da câmara imperial, falecendo em 1856; ver sua biografia em Sacramento Blake, *Diccionario*, v.4, p.434.

Quantos pés tem de fundo o Colégio de Anjo Custódio?[62]

Mordomo – Não sei, meu senhor.

Eu – Assente-se.

E eu me assentei. Vai começar a conversa, que, para maior clareza, ponho em diálogo:

Mordomo – Vossa Majestade é admirado por sua perseverança.

Eu – Sem a qual nada se faz.

Mordomo – O seu segredismo...

Eu – Alguns, quando me viram triste, há tempo, ficaram pesarosos.

Mordomo – Fiquei muito abatido.

Eu – Pensaram que eu tinha desanimado; não desanimei, nem tinha motivo para melancolia; era como um ataque de hipocondria.

Mordomo – Em certa idade até chorava, nada havia de agrado no mundo.

Eu – Julgo que todos os soberanos deveram ser em algum tempo melancólicos, porque quase sempre são chamados a meditar.

Mordomo – O que eu não acho bom em Vossa Majestade é sua nímia bondade; o castigo é, às vezes, indispensável.

Eu – Chamo-o para o... [ilegível]

Olhei para o relógio, e, vendo que as onze vinham, levantei-me, andei, subi ao quarto de minha cama, vesti-me, desci pela volta das onze, fui aos quartos das manas, conduzi-as à escada, embarcaram-se no seu coche com a camareira-mor e o Estado partiu.

A ida moeu-me, pois iam os cavalos a passo, e eu sentindo, sem perder um, todos os balanços, ainda que não muito ásperos, da rica estufa, que veio de Inglaterra.

Graças a Deus chegou o Estado ao Paço da Cidade, em que a corte me esperava e, depois de breve intervalo, com a corte adiante, baixei à Capela, onde assisti a um "Te Deum" entoado pelo Vagarosíssimo, em lugar de Reverendíssimo, Bispo-Capelão-Mor. "Oremus", diz o do monte [Manuel do Monte Rodrigues de Araújo], reza, ajoelho-me, canta-se "Tantum ergo", apresenta o príncipe da Igreja o adorado Corpo de Cristo e eu, atrás do Capelão-Mor me retiro.

---

62 Essa instituição de ensino para duzentas órfãs, "filhas de valorosos criados do Estado", situada no terreno do palácio de São Cristóvão, havia sido criada cinco dias antes, em 18 jul. 1842; ver os documentos em Lacombe, *Mordomo*, p.314-5. No final de 1845, o mordomo relatou que, para concluir as melhorias no próprio palácio, ele suspendera a construção do prédio do colégio; ver AHMI POB Maço 108 Doc. 5.324 Paulo Barbosa da Silva para Pedro II, Rio de Janeiro, 24 out. 1845.

Ao fazer-me encontradiço com minhas irmãs, aparece-me o Barão de Caxias, que, depois de beijar a minha mão e as das manas, mete-se na Corte, onde encontra apertos de mão e outros sinais de prazer em [ilegível] ver.

"Que velho é aquele que secamente trata o Pacificador de São Paulo?"

"O Marquês de Paranaguá, que muito se sentia de ter o Barão de Caxias vindo ao Rio de Janeiro."

José Clemente, com seus passos curtos, aproximou-se e me diz:

"Será bom que Vossa Majestade convide Caxias a jantar" – ao que respondi que "sim"; [ilegível] a Sala do Trono [ilegível] a José Clemente, a que chamo Paulo, a quem ordenei que convidasse a jantar o Caxias, o qual antes tinha nomeado meu Ajudante de Ordens [Campo]. Agradecimento de Caxias, os ministros começam a falar com ele, apareço à janela, 1.8 mil guardas-nacionais me apresentam as armas, o que agradeço com o chapéu.

O clarim soa, e o Corpo de Artilharia põe-se em movimento e dão-se 21 tiros de canhão, os quais são seguidos por descarga de espingardas e o Hino Nacional foram as músicas [sic]. Depois de outras duas descargas, o Comandante da Guarda Nacional manda tirar as barretinas e dá vivas a mim, às manas, à constituição do Império, os quais, acabados, passa a Guarda Nacional em continência, subo com as manas ao trono, a Corte toma seu lugar, e [o conde] de S. Martinho, misantropo, apresenta-se, falando tão baixo que não percebi palavra, os oficiais de um navio sardo.

Chega o tempo de fazer vir o corpo diplomático, apronto-me, e aparece [Ildefonso Leopoldo] Bayard à frente, ora, e eu lhe respondo: *Est ce jour tout nationel* [sic]. *Je remercie beaucoup au Corps Diplomatique les expressions de ses sentiments*.[63] Quanto me não custa um cortejo, como *moi*, mas ele é sinal da gratidão de meus amados súditos; devo recebê-lo com boa cara.

Começa um, dois, três ... [ilegível], parece que não tem cauda, sim, tem, já veio, é a deputação do Instituto [Histórico e Geográfico Brasileiro], cujo orador, o cônego Januário [da Cunha Barbosa], que no seu longo exprime um pensamento que me agrada, este: "Escavando a base do trono de Vossa Majestade vem a solidez sua"; alude aos maus súditos. Respondi: "Agradáveis me são os sentimentos do Instituto. Amigo dos livros protegê-lo-ei sempre".

Mal podendo comigo, de cansado, depois de dar a mão a beijar à Corte, fui me assentar na Sala dos Despachos, onde, conversando eu com meus ministros, veio dizer Paulo que aí estava [José] Ribeiro [da Silva], dissemos: "O Tratado

---

63 Trad.: "Hoje é tudo nacional. Agradeço muito ao corpo diplomático pela manifestação de seus sentimentos." (CN. E.)

Figura 13. Retrato oficial da princesa Teresa Cristina de Nápoles, pintada para D. Pedro II antes de seu casamento, provavelmente por um artista enviado do Brasil.

de Casamento, que boa nova, que feliz coincidência!" O ministro dos Negócios Estrangeiros [Aureliano de Sousa e Olveira Coutinho] saiu, e daí a pouco voltou, com ofícios de Bento da Silva Lisboa e o retrato da minha futura esposa, que é mui bela e, dizem alguns diários da Europa, mui ponderada e instruída. Abriram--se, deu-me Aureliano o Tratado de Casamento meu com a irmã do rei das Duas Sicílias, Teresa Maria Cristina. Todos nós, eu e meu ministro, fomos alegres jantar, findo o qual subi ao meu quarto a largar o enorme peso que trazia.

Sinto algum subir a escada, é o Cândido [José de Araújo Viana], que me pede licença para publicar tão fausto acontecimento, a qual, depois de alguma hesitação, dou.

Os semanários beijam-me a mão e vêm depois felicitar-me os criados que tinham ficado, menos o Barão de Caxias.

Das mãos de Aureliano tomo o retrato e corro ao quarto da mana Januária; elas já sabiam, mostrei-lhes o retrato, de que gostaram muito.

O Barão de Caxias beija-me a mão, pelos dois motivos.

Passado o resto da tarde com os semanários, às oito e tanto da noite apareci na tribuna do Teatro Grande ao povo, e o Juiz Municipal deu vivas, que foram acompanhadas. O hino rompeu, levantou-se o pano, iam os atores começar a representação, quando de um camarote se ouviram palmas e um moço recitou mal uma poesia, que talvez não fosse má.

A comédia ou drama intitulava-se *Os incendiários*, e a dança, que chamaram baile anacreôntico, talvez por ser amoroso, "Amor protege amor", foi tempo perdido.[64]

Os apontamentos no diário revelam muito sobre o jovem monarca. Sua vida incorporava muitos paradoxos. O mundo que ele conhecia girava em torno dele e a ele era subordinado; entretanto, sob muitos aspectos, D. Pedro II estava separado dele, era um observador de fora. Ele se entregou plenamente ao papel que lhe fora designado, embora isso não o fascinasse nem o fizesse curvar-se totalmente a seus desígnios. A religião fazia parte integral de sua vida, mas claramente ele não era um fanático. Encontrava tanto estímulo quanto escape na ciência e na literatura europeias, sobretudo francesa, que compartilhava com os membros de sua corte que fossem nascidos ou criados na Europa e com os membros do Instituto Histórico, a única instituição no Rio dedicada a todos os ramos do conhecimento. Cercado por rostos familiares, ele era em grande medida um solitário. Suas irmãs não se qualificavam como amigas íntimas. A perspectiva de uma esposa que pudesse ser uma companheira intelectual era, portanto, extremamente bem-vinda.

Como atestam os apontamentos no diário, a redação do imperador não era nem leve nem estimulante. Apesar dos toques de ironia, a abordagem era pesada e prosaica. Seu relato sobre os acontecimentos do dia arrastava-se de maneira determinada e ordenada, por todas as atividades, fossem elas grandes ou pequenas. Por fim, o diário revela pouca percepção dos eventos políticos, atribuindo-lhes pouco peso. Não fosse pelo aparecimento do barão de Caxias, o leitor não saberia que grande parte da província de Minas Gerais ainda estava nas mãos dos rebeldes. Um relato sobre o imperador enviado à terra natal pelo *chargé d'affaires* da França, três semanas antes, em 1º de julho, resumia bem esse assunto.

Ele aceita os fatos como eles lhe são apresentados por seu ministério, que considera essa revolta o mais auspicioso possível dos desdobramentos a fim de distinguir seus súditos fiéis dos republicanos dissimulados. Convicto dessa crença, ele deixa a cargo deles a punição aos inimigos e dedica-se a sua rotina diária

---

64 Vianna, *Pedro I e Pedro II*, p.121-6, transcrevendo o original em AHMI POB Maço 105 Doc. 5.096.

[...] Neste momento, ler a tradução de Platão por M. [Victor] Cousin, que ele recebeu recentemente, é uma de suas ocupações preferidas. Em suma, ele ainda é um verdadeiro adolescente, um simples pupilo, apesar de seus 17 anos, e um pupilo sem um tutor, que não tem opinião formada sobre qualquer das principais questões da política interna e externa [...] Ao mesmo tempo, é impossível conhecer suas opiniões pessoais. Os terrores que perseguiram sua infância tornaram a dissimulação um instinto natural e deram-lhe uma perspectiva de suspeita que é confirmada por sua postura desajeitada, sua dificuldade em manter uma conversa, com frequência respondendo por monossílabos, tanto em suas aparições públicas quanto em particular, ao lidar com pessoas fora de seu círculo íntimo. Apesar de seu olhar inquisitivo e sua circunspeção taciturna, incomuns em alguém tão jovem, aliados a sua precoce aptidão pelos estudos, ele, no entanto é pouco desenvolvido em termos físicos. Já corpulento e frágil por natureza, ele não gosta de cavalgar, viajar ou fazer exercício físico, que são geralmente necessários nesta fase da vida. Em um clima no qual os sentimentos desenvolvem-se precocemente, nada indica nele o primeiro despertar das paixões; e ele até demonstra uma frieza e um marcante desprezo pelas mulheres, declarando-as incapazes de administrar negócios e necessitadas de orientação masculina para tudo.[65]

Como sugere essa avaliação de D. Pedro II aos 17 anos, sua fraqueza mais crucial pode ter sido a imaturidade emocional, um fator que explica a ansiedade tanto de ministros quanto de cortesões em casá-lo. Em 13 de agosto, o governo enviou sua própria ratificação do acordo nupcial, acompanhado de três retratos do imperador. Os ministros iniciaram, então, os preparativos do transporte da imperatriz de Nápoles ao Rio de Janeiro.[66]

Somente em 3 de março de 1843, cerca de sete meses depois, uma esquadra de três navios deixou o Rio rumo a Nápoles. O atraso deveu-se em parte à pródiga decoração e mobiliário dos navios e em parte às dificuldades de selecionar a comitiva da nova imperatriz. Um fator que contribuiu foi o curso tomado pelos eventos políticos, particularmente a crescente divergência dentro do Gabinete. A derrota imposta pelo governo, no final de agosto de 1842, às revoltas em São Paulo e Minas Gerais havia rendido-lhe uma posição muito poderosa. Os inimigos do ministério ou foram presos, acusados de traição e mantidos sob custódia administrativa, ou foram deportados. Seus apoiadores haviam sido nomeados de acordo com o novo sistema político e o Judiciário

---

65 BNRJ TM Arm. 32 Pac. 146 Chevalier Léonce de Saint Georges para o ministro francês de Relações Externas, Rio de Janeiro, 1º jul. 1842.

66 Ibid., Pac. 145-4, Leopold von Daiser-Silbach ao príncipe von Metternich, n.15b, Rio de Janeiro, 15 ago. 1842.

reorganizado. O ministério organizou sistematicamente as eleições realizadas no final de 1842, de modo a garantir a vitória dos candidatos de sua preferência.

Em todas essas realizações, Aureliano Coutinho via-se cada vez mais no ostracismo e banido pelos ministros. Diferentemente de seus colegas de Gabinete, ele se opusera ao movimento do Regresso (1835-1839), e dera apoio discreto à campanha pela antecipação da maioridade de D. Pedro II. Suas ligações próximas com Paulo Barbosa da Silva – e, portanto, sua influência superior sobre o imperador – tornaram-no suspeito. Acima de tudo, suas tentativas de criar uma base política para si mesmo e seu irmão Saturnino de Sousa e Oliveira em sua província natal, o Rio de Janeiro, foram ferozmente repelidas pelos interesses lá dominantes, que consideravam os irmãos como novos-ricos. Uma campanha conjunta foi lançada contra ambos. Em outubro de 1842, Saturnino foi forçado a deixar a presidência do Rio Grande do Sul, que ocupava desde abril de 1841.[67] Após a abertura da recém-eleita legislatura em 1º de janeiro de 1843, Aureliano foi alvo de constantes ataques e pressões para renunciar ao Gabinete.

A permanência de Aureliano no cargo até esse momento pode ser atribuída em grande parte à boa vontade do imperador. Em setembro de 1842, D. Pedro II havia selecionado-o de uma lista de três candidatos eleitos para ser senador da província de Alagoas, um assento vitalício. O imperador firmemente se recusou a aceitar sua proferida renúncia como ministro até se tornar evidente, no final de janeiro de 1843, que sua continuidade no cargo não era mais possível. D. Pedro II aproveitou a ocasião de uma briga aberta entre os ministros durante um despacho para substituir todo o Gabinete em 20 de janeiro. O humor do imperador evidencia-se em uma carta escrita a Aureliano Coutinho:

> Se a malevolência de um o obrigar a pedir-me demissão do Alto Emprego que ocupa, e as circunstâncias e principalmente o seu pundonor me levarem a conceder-lha, também a Justiça me impõe o dever de não ouvir mais a quem rebaixou um ministro de minha coroa.
>
> Venha mais cedo amanhã.
>
> D. Pedro 2º[68]

---

67 Ibid., Leopold von Daiser-Silbach ao príncipe von Metternich, n.17, Rio de Janeiro, 12 out. 1842. Em novembro, o barão Daiser sofreu um derrame cerebral e foi obrigado a deixar o Brasil no final do ano. Sua partida priva a história de uma janela inigualável à vida de D. Pedro II e aos círculos governantes do Brasil.

68 Ibid., Pac. 29 D. Pedro II para Aureliano de Oliveira e Sousa Coutinho, sem data; e transcrito em Lacombe, *Mordomo*, p.317. O indivíduo anônimo mencionado pode ser o marquês de Paranaguá, que, conforme o ministro português observou em um pós-escrito datado de 20

Como a legislatura estava em sessão quando os ministros renunciaram, um novo Gabinete teve de ser formado às pressas, e seus membros deviam contar com o apoio das câmaras. O imperador confiou a tarefa a Honório Hermeto Carneiro Leão, posteriormente marquês de Paraná, que reuniu um Gabinete em 23 de janeiro. Carneiro Leão provara sua frieza e coragem em maio de 1840, ao organizar e liderar a oposição na Câmara dos Deputados contra a maioridade imediata de D. Pedro II. O apelido "El Rei Honório" era indicativo do caráter de Carneiro Leão. Nas palavras do ministro da França: "Sem ter o título ou a função de um primeiro-ministro, ele é considerado chefe de seus colegas e exerce real autoridade nas câmaras por causa de seus dons de oratória".[69] Muitos anos depois, D. Pedro II escreveu sobre a oratória de Carneiro Leão: "A sua exposição era incorreta, e gaguejava; mas tornava-se fluente quando excitado e em todas as circunstâncias sempre os seus argumentos eram cerrados, e alguém dizia, com espírito, que o marquês de Paraná, quando gaguejava, gaguejava argumentos."[70]

Os membros do novo Gabinete compartilhavam objetivos semelhantes: apoio a uma sociedade hierárquica, insistência no desenvolvimento econômico do Brasil, recusa em interferir no comércio ilícito de escravos com a África e rejeição a qualquer anistia para os envolvidos nas rebeliões de 1842. Na verdade, esse Gabinete representava um novo desdobramento para o Brasil. Com um programa político claro, uma maioria disciplinada na Câmara Baixa (embora não no Senado), um líder reconhecido e uma organização incipiente nas províncias, um partido político – inicialmente denominado "o Partido da Ordem" – detinha o poder.[71]

Se o Gabinete chefiado por Carneiro Leão fosse capaz de consolidar sua manutenção no cargo e controlar a condução dos assuntos, um sistema parlamentar de governo semelhante ao existente na Inglaterra no final da era vitoriana poderia emergir. Com isso, as prerrogativas do jovem monarca cairiam em desuso e a corte se tornaria apenas um participante menor na política. O principal

---

jan., foi a causa do colapso do Gabinete; ver ANTT Caixa 539 Ildefonso Leopoldo Bayard para José Joaquim Gomes de Castro, n.3, Rio de Janeiro, 18 jan. 1843. A carta do imperador pode ter sido escrita em alguma ocasião anterior, quando a renúncia de Aureliano estava em discussão. Qualquer que tenha sido o incidente exato ao qual se refere, a carta é indicativa do caráter do imperador e de sua simpatia por Aureliano Coutinho.

69 BNRJ TM Arm. 32 Pac. 146 Barão de Langsdorff para o ministro francês de Relações Externas, Rio de Janeiro, 18 mar. 1843.

70 ANTT Caixa 7324 Capilha 184 Doc. 13 D. Pedro II para Fernando, rei de Portugal, Rio de Janeiro, 13 set. 1856.

71 Barman, *Brazil*, p.220-1, 224.

fator a definir se o Império do Brasil tomaria esse rumo residia na disposição de D. Pedro II em aceitar ou evitar um papel de comando no sistema político.

Por vários meses, o novo ministério pareceu dotado de boa sina. O barão de Caxias, que substituíra Saturnino de Sousa e Oliveira como presidente do Rio Grande do Sul, rapidamente obteve vantagem sobre as forças rebeldes. A partir dessa posição de força militar, Caxias abriu negociações secretas para persuadir os rebeldes a uma submissão honrada. Em suas relações internacionais, o governo conseguiu resistir à pressão da Grã-Bretanha por um novo acordo comercial, que substituiria o assinado em 1827 e estava prestes a expirar. Em 27 de março de 1843, o príncipe de Joinville, o filho mais novo do rei Luís Felipe da França, chegou ao Rio. Ele já havia visitado a cidade uma vez, em 1838. Sua missão em 1843 era muito mais pessoal. Seus pais queriam que Joinville, então com 24 anos e um homem do mundo, se casasse e sossegasse. D. Francisca, sua prima de 18 anos (ver Figura 15), foi escolhida como uma noiva adequada. Joinville, relutante em perder sua liberdade, concordou apenas em viajar para o Brasil e avaliar a princesa.[72] Em setembro de 1842, um novo enviado francês havia sido enviado ao Brasil para preparar o terreno para o encontro. Em janeiro de 1843, Aureliano Coutinho informara ao diplomata francês que "a mão da princesa Francisca seria concedida a nós assim que iniciássemos as abordagens a respeito".[73] O enviado naturalmente recusou-se, em virtude da atitude de Joinville, a tomar qualquer atitude antes que conhecessem a princesa. O noivo em potencial, sem a menor disposição para mudar seu estilo de vida, passou muito tempo visitando a costa da África a caminho do Rio.

Os acontecimentos que se seguiram à chegada de Joinville, finalmente, em 27 de março de 1843, tiveram os componentes de um romance. Embora o primeiro encontro do casal fosse formal e até frio no tom, os ânimos logo se alteraram. A jovialidade e o senso de humor de Joinville colocaram até o imperador à vontade e tornaram-no, como o enviado português notou com surpresa, falante. D. Francisca desabrochou e ganhou autoconfiança nessa nova atmosfera. Em um piquenique realizado no Jardim Botânico em 2 de abril, o interesse mútuo do casal evidenciou-se. Dois dias depois, em um baile na corte, "vendo eu o príncipe por quatro vezes tirar a princesa para a contradança, quando

---

72 A rainha Marie-Amélie de França e a avó materna de D. Francisca eram irmãs (ver Tabela 3). Sobre o pano de fundo da visita de Joinville, veja RH VIC/Y 69/20 Rei Leopoldo I (tio de Joinville por casamento) para rainha Vitória, Laken, 12 nov. 1842; e também Guillon, *Joinville*, p.114-39.

73 BNRJ TM Arm. 32 Pac. 146 Rascunho de instruções e do despacho do ministro de Relações Externas para o barão de Langsdorff, Paris, 14 set. 1842; e o barão de Langsdorff para o ministro de Relações Externas, Rio de Janeiro, 17 jan. 1843.

me constava ser aliás pouco propenso a tal divertimento, e mostrando-se muito enlevado no seu par", o enviado português sondou seu colega francês quanto à possibilidade de um casamento. O matrimônio foi combinado pouco tempo depois e publicamente anunciado em 12 de abril.[74] A cerimônia foi celebrada em caráter privado no início de maio, e no dia 13 desse mês os recém-casados, visivelmente apaixonados, viajaram para a França.[75]

Para D. Pedro II, o casamento da irmã teve considerável importância. Em primeiro lugar, o turbilhão romântico elevou suas expectativas sobre o romance e a felicidade que seu próprio casamento lhe poderia trazer. Em segundo, a partida de D. Francisca reduziu a família a uma única irmã, D. Januária, e tornou-o mais solitário do que nunca. Por fim, pelo relacionamento com Joinville, o imperador estabeleceu contato direto com as famílias reais da Europa. Nos anos seguintes, cartas do príncipe de Joinville forneceram a D. Pedro II informações regulares e inteligentes sobre a situação no Velho Mundo. Joinville também passou a atuar como agente de confiança do imperador em assuntos familiares.[76]

Embora a partida de D. Francisca entristecesse D. Pedro II, a chegada próxima da futura imperatriz ocupava cada vez mais seu tempo e atenção. Ele supervisionou pessoalmente as reformas e a decoração do palácio de São Cristóvão. A mobília de seus aposentos e de D. Teresa Cristina havia sido feita por encomenda em Paris.[77] No tocante a fatores materiais, tudo fora feito para agradar o novo casal. Em termos pessoais, contudo, nada se fizera. Cada um havia visto somente retratos oficiais do outro. O enviado brasileiro que negociara o acordo nupcial viajou para Nápoles em agosto de 1842, onde encontrou a princesa Teresa Cristina pela primeira vez. "A princesa é gentil, e na sua fisionomia apresenta a maior candura e amabilidade, parecendo-se alguma

---

74 ANTT Caixa 539 Ildefonso Leopoldo Bayard para José Joaquim Gomes de Castro, n.7, Rio de Janeiro, 19 fev. 1842; e Calmon, *Pedro II*, v.I, p.224-9. A relutância de Joinville em dançar provavelmente se devia a sua surdez, um defeito hereditário na família Orléans.

75 D. Francisca residiu na França e na Inglaterra até sua morte em 1898; seu marido morreu em 1900. Suas primeiras cartas ao irmão são fascinantes, recordando suas reações ao estilo de vida europeu entre a realeza europeia: "Quem diria que eu brasileira viria com familiaridade com a rainha d'Inglaterra e com sua mãe", ela escreveu de Paris em 9 maio 1844; ver AGP XXVIII-I.

76 Sobre o uso de Joinville por D. Pedro II como agente da família na Europa, ver as páginas finais do Capítulo 5.

77 D. Francisca observou que, em sua primeira carta escrita após sua partida, D. Pedro II havia demonstrado o quanto ele gostava dela; veja AGP XXVIII-I D. Francisca para D. Pedro II, 4 ago. 1843; Chevalier Léonce de Saint Georges para o ministro francês de Relações Externas, Rio de Janeiro, 12 jul. 1843, citado em Calmon, *Pedro II*, v.I, p.238; e ANRJ CI Caixa 11 Pac. 1 Doc. 43a Contas submetidas pela Maison Charre e por Chabert et Meurice, Paris, 1843.

coisa com a princesa imperial D. Januária."[78] Ao receber em julho de 1842 o acordo nupcial ratificado, o imperador havia escrito para sua futura esposa em português. D. Teresa Cristina respondeu em francês, agradecendo as intenções dele de garantir sua felicidade e acrescentando:

> Esteja certo de que eu também farei tudo que estiver a meu alcance para contribuir para a de Vossa Majestade; meu único desejo será agradá-lo e merecer, graças aos conselhos que o senhor possa gentilmente desejar passar-me, a afeição de seus súditos.

Nenhuma outra correspondência parece ter sido trocada. Somente após a imperatriz, já casada com D. Pedro II por procuração em 30 de maio de 1843, ter embarcado em sua viagem ao Brasil, ela lhe escreveu novamente, apenas para informar que seu irmão mais novo, o conde de Áquila, estava acompanhando-a.[79]

Quando a esquadra entrou no porto do Rio de Janeiro em 3 de setembro de 1843, os cônjuges ignoravam a aparência e a personalidade um do outro a tal ponto que eram completos estranhos. Ao anoitecer, o imperador, acompanhado pela princesa D. Januária, seus cortesões e ministros, subiu a bordo para cumprimentar D. Teresa Cristina. O que eles viram? Nem D. Pedro II nem sua esposa escreveram qualquer relato sobre seu primeiro encontro, mas ele pode ser reconstruído com alguma certeza:

"O encontro entre os cônjuges Augustos foi bastante constrangedor", o *chargé d'affaires* francês relatou em 9 de setembro, "o que se poderia esperar tendo em vista a bem conhecida personalidade do jovem monarca de reserva e timidez, da qual não se desviou nessa ocasião".[80] O constrangimento foi quase certamente apenas da parte de D. Pedro II. D. Teresa crescera em uma época na qual o papel de uma mulher era casar-se e ter filhos. Sendo uma princesa, o número de homens aceitáveis que poderiam escolhê-la como esposa era muito pequeno. Ela era extremamente afortunada em desposar um imperador. O fato de seu primeiro olhar revelar um jovem alto e bem constituído, de cabelos louros e olhos azuis e bastante atraente, apesar do

---

78 BNRJ TM Arm. 32 Pac. 65 (A) Bento da Silva Lisboa para Aureliano de Oliveira e Sousa Coutinho, Nápoles, 16 set. 1842.

79 AGP XXXIX-1 D. Teresa Cristina para D. Pedro II, Nápoles, 2 dez. 1842, e a bordo do *Constituição*, 17 ago. 1843.

80 BNRJ TM Arm. 32 Pac. 146 Chevalier Léonce de Saint Georges para o ministro francês de Relações Externas, Rio de Janeiro, 9 set. 1843.

queixo protuberante, simplesmente confirmava sua boa sorte. Ele se tornou e para sempre seria "meu querido e sempre amado Pedro".[81]

O que Pedro viu? Não a encantadora princesa que imaginara. Sua noiva era "baixa e atarracada" e, apesar da doçura de sua expressão, comum. Nas palavras de um observador, ela "não é feia, porém tampouco bonita".[82] Quando ela deu uns passos à frente para ser apresentada a ele, ficou evidente que era manca.[83] Nesse instante, as esperanças e os sonhos dele morreram. Sua reação foi de visível desgosto e rejeição. De acordo com um dos relatos, ele deu as costas à esposa, enquanto outro afirmou que ele ficou tão transtornado que teve de sentar-se. "Sua emoção, seu espanto, em uma palavra, a reação que ele sentiu foi tamanha que seus joelhos cederam e ele teve de sentar-se, e essa emoção não era de natureza afável." Ele pode ter tido as duas atitudes.[84] A corte reunida esforçou-se para tranquilizar a situação e disfarçar o incidente. Uma hora depois de embarcar, o imperador partiu em sua barcaça e a princesa retornou à cabine.

D. Teresa Cristina ao menos não tinha nenhuma ilusão quanto aos sentimentos de D. Pedro II. Em lágrimas, ela abraçou a dama de companhia e disse-lhe: "Elisa, o imperador não gostou de mim". A brutal rejeição levou-a a pensar em se atirar ao mar, e o momento traumático ficou gravado em sua memória.[85] Por instrução e por temperamento, ela estava disposta a sujeitar-se àquilo que o destino lhe reservava e conformou-se com a perspectiva de uma união sem amor da qual somente a morte poderia livrá-la.

---

81 A frase é a abertura de uma carta escrita quase 32 anos após o primeiro encontro; ver AGP XLI-22. D. Teresa Cristina para D. Pedro II, Bad Gastein, 12 ago. 1876.

82 Amélia Calado para Francisco Juanicó, Rio de Janeiro, 27 dez. 1843, citado em Melo Franco, *Soldado*, p.139. O conteúdo da carta deixa claro que ela deve ser datada de 27 set.

83 A coxeadura parece ter sido causada por uma condição natural, não por um acidente. Às vezes a imperatriz viajava em uma liteira, quando as condições para caminhada eram ruins.

84 "D. Francisca Jacobina ouviu D. Francisca mulher de P. Barbosa referir o drama da chegada da Imperatriz. Quando PII viu a Imp. aproxima-lhe pela mão de Cayru voltou-lhe as costas"; ver BNRJ TM Arm. 32 Pac. 65 (B) Nota de pesquisa não datada escrita a lápis por Tobias Monteiro, começando com "D. Francisca Jacobina..." Ver também ibid., Pac. 146 Edouard Ney, conde Ney, para o ministro francês de Relações Externas, Rio de Janeiro, 26 maio 1843.

85 Sobre o comentário da imperatriz em relação a sua dama de companhia, D. Elisa Leopoldina Carneiro Leão, viscondessa de São Salvador dos Campos, conforme registrado em uma nota de pesquisa (agora em BNRJ TM) escrita por Tobias Monteiro em sua entrevista em 4 set. 1920 com D. Isabel, filha mais velha de D. Pedro II; veja os dois artigos de H. Vianna, *Jornal do Commercio*, 6 e 12 out. 1967. O desejo da imperatriz de atirar-se ao mar após o primeiro encontro pode ser deduzido do relato de sua viagem de Nápoles e do primeiro encontro com D. Pedro II fornecido por ela (provavelmente em Baden-Baden, em ago. 1887) a sua sobrinha-neta Louisa da Toscana (posteriormente princesa da Saxônia) e recontada por esta a Walpurga, lady Paget. Ver Paget, *Linings*, p.502-3; e Louisa da Toscana, *Story*, p.57.

Figura 14. D. Pedro II e D. Teresa Cristina à época de seu casamento.

Para o imperador, a decisão não era tão fácil assim. Ele chorou no ombro de Paulo Barbosa. "Enganaram-me, Dadama", lamentou-se naquela noite para D. Mariana Verna Magalhães. Foram necessárias longas horas de persuasão para convencê-lo de que ele não poderia repudiar a noiva escolhida para ele e que deveria cumprir seu dever. O casamento foi marcado para o dia seguinte, 4 de setembro, e, fosse qual fosse seu tormento interior, o jovem imperador tinha de exibir um bom semblante ao mundo.[86]

Um jovem escriturário que servia a bordo da escuna norte-americana *Enterprise*, então estacionada no Rio de Janeiro, estava de licença do navio naquele dia e, entrando na capela imperial, deixou um registro da cerimônia:

> A Capela estava lotada, quase asfixiante, quando eles [o casal imperial] tomaram seus lugares diante do altar, mas eu tive a sorte de assegurar um lugar em pé contra um pilar próximo ao imponente altar, que me permitiu uma visão completa das partes e procedimentos [...]

---

86 Calmon, *Pedro II*, v.I, p.239, citando várias tradições familiares.

O imperador estava, ou ao menos parecia estar, em bom estado de ânimo. Vestia-se sem ostentação, com um uniforme de coronel do Exército [...] O único ornamento de qualquer tipo que ele usava na ocasião era uma única ordem militar composta de brilhantes, em seu peito esquerdo. A princesa estava vestida de modo notavelmente simples, com um vestido de renda branca sobre cetim branco e uma única tiara de diamantes brasileiros para prender seu cabelo negro [...] No todo, a aparência da princesa era bastante atraente. Ela é comum, modesta, de aparência inteligente e extraordinariamente saudável – embora não seja o que se possa chamar de uma bela mulher.[87]

O imperador e a imperatriz estavam acompanhados pelo irmão dela, o conde de Áquila, "um jovem bonito de aparência imponente e vinte e dois ou três anos [...] elegantemente vestido em seu adequado uniforme naval azul, vermelho e branco" e pela irmã do imperador, D. Januária, "que estava vestida do mesmo modo que a noiva, exceto por mais ornamentos sobre sua pessoa, que em minha modesta opinião não acrescentavam nada a sua bela aparência".[88]

O vínculo do casamento foi atado pelo chefe da Igreja Católica no Brasil [...].[89] Ele realizou a cerimônia nupcial de uma maneira bem solene e impressionante; pelo menos, devia supor isso dos movimentos, por causa do inevitável ruído ocasionado por uma afluência tão imensa de pessoas eu não conseguia ouvir uma palavra do serviço [...] Ao final da função, o casal real levantou-se e retirou-se pela mesma passagem pela qual entrara, para a privacidade do palácio.[90]

Se o escriturário da marinha norte-americana não pôde seguir os recém-casados até o palácio da cidade, o *chargé d'affaires* português pôde.

Nós nos dirigimos para as salas, onde deveria acontecer a recepção, para que havíamos sido convidados. Pouco tempo depois veio ter conosco o sr. ministro dos Negócios Estrangeiros e disse-nos que, em consequência de achar-se mui fatigado, Sua Majestade o Imperador, não poderíamos ter a honra de ser-lhe apresentados n'aquela ocasião.[91]

---

87 Petersons, *Journals*, p.184-5.
88 O conde de Áquila tinha, na realidade, somente 19 anos, tendo nascido em 19 jul. 1824; ver *Almanak administrativo... para 1853*, p.28.
89 O padre era, na verdade, o bispo do Rio de Janeiro, e o arcebispo da Bahia era, na época, chefe da Igreja Católica no Brasil.
90 Petersons, *Journals*, p.185.
91 ANTT Caixa 539 José de Vasconcelos e Sousa para José Joaquim Gomes de Castro, n.13, Rio de Janeiro, 16 set. 1843.

O imperador compareceu ao banquete formal "de 60 talheres" realizado naquela noite no palácio de São Cristóvão, mas a tensão de manter as aparências imposta a ele era visivelmente considerável. A cerimônia de benção ao leito nupcial havia precedido o banquete, mas o que aconteceu após o jantar ter terminado e o jovem casal finalmente ficar a sós era outra questão.[92]

Uma das finalidades principais do casamento era produzir herdeiros ao trono. A imperatriz só engravidou em junho de 1844, dez meses após a data do casamento. Poderia haver muitas razões para essa longa demora. Um diário mantido por um membro da Câmara dos Deputados registrou em 3 de outubro de 1843: "Diz-se que o P. é impotente. Não se tem achado nos lençóis o vestígio de cópula".[93] De acordo com uma tradição oral recuperada pelo historiador Tobias Monteiro:

> O imperador resistiu longos dias a iniciar a vida conjugal. A imperatriz chorava e pedia que a fizessem regressar a seus pais. Por fim isso tocou o coração do imperador que, por fim, acedeu em cumprir os deveres de esposo. A vida, porém, continuou amarga. Pedro II fazia-lhe picuinhas de toda ordem. Se à mesa ela achava um prato mal feito, ele pedia para repetir.

A imperatriz suportava esse tratamento com infindável paciência e bom humor.[94] Ela acabou sendo recompensada.

D. Januária havia se adoentado gravemente por todo o mês de outubro. Em meados de novembro, para acelerar sua recuperação, a corte mudou-se do palácio de São Cristóvão a uma casa de campo fora do Rio. O novo ambiente e a diversidade de recreação ao ar livre lentamente provocaram uma mudança de hábito e humor no imperador.[95] Forçado a deixar a esposa durante uma breve visita a São Cristóvão em 20 de dezembro, D. Pedro II escreveu: "Cara Theresa, muito me tem custado esta separação, ainda que custa, pois amanhã de tarde, o mais cedo possível, pretendo estar em tua doce companhia [...].

---

92 Sobre o jantar e a benção do leito nupcial, ver PRO FO 13 v.197 Hamilton Hamilton, ministro, para lorde Aberdeen, secretário de Relações Exteriores, n.70, Rio de Janeiro, 16 set. 1843.

93 AHI RSP Lata 294 Maço 1 Pasta 3 Registro no diário por Rodrigo de Sousa Pontes para 3 out. 1843.

94 BNRJ TM Arm. 32 Pac. 65 (B) Nota de pesquisa não datada escrita a lápis por Tobias Monteiro, começando com "D. Francisca Jacobina..."; e Calmon, *Pedro II*, v.I, p.247.

95 ANTT Caixa 539 José de Vasconcelos e Sousa para José Joaquim Gomes de Castro, nos. 23 e 38, Rio de Janeiro, 10 out. e 20 nov. 1843; e AHI RSP Lata 290 Maço 1 Pasta 3 Diário de Rodrigo de Sousa Pontes, registro para 4 dez. 1843.

Teu esposo que te abraça ternamente". Essa carta cruzou com outra (em francês) da imperatriz:

> Querido Pedro, seis horas já se passaram desde que me separei de ti e não consigo me consolar; e a ideia de que não o verei até amanhã me entristece ainda mais [...] Rogo-lhe que não se esqueça da amiga sincera que está sempre pensando em ti; eu o abraço afetuosamente e eu serei por toda a vida, sua afetuosa esposa.[96]

O que uniu o casal deve ter sido a intimidade física, uma crescente reserva de experiências compartilhadas e alguns interesses em comum. Com D. Teresa Cristina o imperador aprendeu italiano e adquiriu um gosto por música e ópera. "Fiquei bem contente quando soube que tinham uma companhia italiana e que diverte bem o mano", escreveu D. Francisca, respondendo a uma carta que o imperador lhe enviou em 14 de março de 1844. "O que me espanta, o mano que sempre se aborrecia da música."[97] O interesse despertado nele pela esposa manteve-o como um amante da música pelo resto da vida, comparecendo a concertos e óperas sempre que podia.

Se a vida do imperador assim se acomodou em um estado de contentamento, o mesmo não se podia dizer dos assuntos públicos. O Gabinete que Carneiro Leão havia formado em 23 de janeiro de 1843 firmemente se recusava a conceder anistia aos envolvidos nas revoltas de 1842, embora muitos estivessem na prisão há quase um ano e as chances de persuadir qualquer júri à condenação se tornassem cada vez mais improváveis. O ministério também insistia em manter processos contra cinco senadores envolvidos nas revoltas, para que a Câmara Superior pudesse julgá-los. O tempo e as energias do Senado eram consumidos por discussões sobre o assunto. Por conseguinte, o programa legislativo do governo foi paralisado, não obstante uma sessão de dez meses. A intransigência do Gabinete fez que perdessem a boa vontade de muitos que, até então, eram simpatizantes do Ministério.[98]

96 Ver AGP XLI-02 D. Teresa Cristina para D. Pedro II, Taquará, 20 dez. 1843, e XXXIX-3(01) D. Pedro II para D. Teresa Cristina, São Cristóvão, 20 dez. 1843.

97 "Mando-te a peça *Des Huguenots* só, hei de-lhe mandar as outras mais tarde. Fez bem de me pedir porque ela é muito bonita mais *deficollosissima*"; ver AGP XXVIII-I D. Francisca, princesa de Joinville, para D. Pedro II, Neuilly, 27 maio 1844.

98 ANTT Caixa 539 José de Vasconcelos e Sousa para José Joaquim Gomes de Castro, n.24, Rio de Janeiro, 11 out. 1843; e PRO FO 13 v. 197 Hamilton Hamilton para lorde Aberdeen, n.85, Rio de Janeiro, 16 set. 1843.

Essas condições tornaram o Gabinete muito suscetível a ataques, que eram tanto mais ameaçadores quando se originavam das fileiras da própria administração. Ao ser destituído como presidente do Rio Grande do Sul em outubro de 1842, Saturnino de Sousa e Oliveira, irmão de Aureliano Coutinho, havia reassumido seu cargo anterior como inspetor da Alfândega do Rio de Janeiro, através da qual passava metade do comércio do Brasil e da qual o governo imperial extraía o grosso de suas rendas.

Figura 15. Honório Hermeto Carneiro Leão, marquês de Paraná, líder do Partido Conservador, senador e presidente do Conselho de Ministros.

O fracasso de Saturnino em se eleger deputado da província do Rio, seguido pela queda de seu irmão do posto que ocupava em janeiro de 1843, tornaram-no antagonista em relação ao novo Gabinete. Provavelmente encorajado por Aureliano Coutinho e Paulo Barbosa, que sentiam a posição enfraquecida do ministério, Saturnino de Sousa e Oliveira iniciou uma campanha aberta de hostilidades. Em janeiro de 1844, quando um assento no Senado da província do Rio de Janeiro vagou e eleições foram realizadas para escolher uma lista de três candidatos, Saturnino concorreu como um independente contra os indicados do governo chefiados pelo Ministério da Marinha. Esse desafio manifesto ao Gabinete, não esperado do ocupante de um cargo administrativo de confiança, determinou que o ministério pedisse ao imperador a demissão imediata de Saturnino.[99]

Esse pedido foi negado pelo imperador. O ministro chefe, Carneiro Leão, apresentou-o pela segunda vez no final de janeiro de 1844 como uma questão de confiança. D. Pedro II persistiu em sua recusa. Honório Hermeto falou então o que pensava em termos arrogantes, não deixando outra opção aos ministros senão apresentar sua renúncia. D. Pedro II aceitou-a de imediato. Um quarto de século depois, ele explicou sua posição:

> Entendi que a demissão era injusta, e pelo modo por que o Carneiro Leão insistiu entendi que se cedesse me reputariam fraco. Ninguém influiu no meu espírito para assim proceder, e depois que meu caráter foi conhecido eu teria acedido, mesmo porque a experiência me tem provado que os vaivéns políticos reparam em mais ou menos tempo os atos injustos que originam. [100]

O retrospecto do imperador sobre a crise é acurado em si mesmo. Entretanto, ele subestima a influência que a corte exercia nesse ponto, tanto sobre a conduta de D. Pedro II quanto sobre o cenário político. Em fevereiro de 1842, o ministro português – um homem de habilidade, familiarizado com o Rio de Janeiro e falando a mesma língua – havia relatado que a longa demora em nomear membros do recém-reavivado Conselho de Estado devia-se a disputas entre os ministros quanto à nomeação proposta de Paulo Barbosa da Silva. A capacidade administrativa do mordomo, que controlava a residência imperial e organizava a coroação e outras cerimônias públicas, havia rendido-lhe o apelido de *factótum de Joana*, "o faz-tudo de Joana", em uma alusão ao nome de sua casa de campo próxima a São Cristóvão.

---

99 ANTT Caixa 540 José de Vasconcelos e Sousa para José Joaquim Gomes de Castro, n.24, Rio de Janeiro, 19 fev. 1844
100 Anotação (parte da nota 21) feita por D. Pedro II em seu exemplar de Franco de Almeida, *Conselheiro Furtado*, p.33.

E se as razões não bastassem para despertar um grande ressentimento contra ele, com frequência ele discutia assuntos púbicos de Estado e não disfarçava sua preferência categórica por alguns membros do ministério em detrimento de outros.[101]

Como mordomo, Paulo Barbosa estava estrategicamente posicionado. Ele desfrutava de acesso irrestrito a D. Pedro II, com quem claramente sabia lidar. Sua extraordinária capacidade de administração e intriga significava que valia a pena cultivar sua amizade. Políticos em conflito com ele constatavam que suas carreiras não prosperavam. Se Paulo Barbosa fracassou em ser escolhido como membro do restabelecido Conselho de Estado, obteve êxito em se tornar deputado na legislatura eleita no final daquele ano. Após a demissão de Aureliano Coutinho do cargo em janeiro de 1843, a residência de Paulo Barbosa servia como ponto de conferências para todos aqueles descontentes com o novo Gabinete. Dessa forma o mordomo estabeleceu conexões com um grupo bem diversificado de interesses políticos.

Embora o imperador negasse em retrospecto que havia sido influenciado na decisão contra a demissão de Saturnino de Sousa e Oliveira, inimigos de Paulo Barbosa não tinham dúvida sobre de quem era a mão oculta no caso. "O sr. Saturnino é filho da Joana", um jornal observou ao discutir a proposta de sua demissão.[102] A incapacidade do Gabinete destituído de assegurar a saída de um subordinado desleal foi tomada como prova do domínio de Paulo Barbosa sobre o jovem imperador. O curso dos acontecimentos após a queda do ministério liderado por Carneiro Leão fortaleceu a posição política do mordomo. O novo Gabinete, nomeado em 2 de fevereiro de 1844, foi um acontecimento extremamente pouco convincente, criado e mantido por influência da corte. Pastas foram duplicadas, de modo que o Gabinete contivesse somente quatro em vez dos usuais seis ministros, e dos quatro apenas um tinha envergadura política. O programa declarado do Gabinete, de "justiça e tolerância", prometia oferecer tudo a todos. Os ministros inspiravam pouca confiança, observou o *chargé d'affaires* português, "não somente por não terem um partido considerável na Câmara, por sua política não ser

---

101 ANTT Caixa 539 Ildefonso Leopoldo Bayard para Rodrigo Fonseca de Magalhães, n.7, Rio de Janeiro, 19 fev. 1842. A indiscrição de Paulo Barbosa era notória; veja Ottoni, *D. Pedro*, p.10. Notavelmente, esse traço associava-se a uma formidável habilidade de manipulação e rivalidades internas.

102 "O pharol e a demissão de sr. Saturnino", *O Brasil*, 30 jan. 1844.

conhecida, mas também porque eles são pouco experientes em negócios públicos".[103]

Carente de credibilidade e autonomia, o Gabinete era peculiarmente dependente da boa vontade de Paulo Barbosa e seu círculo. Na lista de promoções e honrarias que foi emitida em 14 de março de 1844, em comemoração aos 22 anos da imperatriz, o mordomo foi um dos beneficiários do ato de generosidade do novo Gabinete.[104] No mesmo dia, uma anistia coletiva foi concedida, abrangendo todos os envolvidos nas rebeliões de 1824, um ato que aplacava os ânimos dos políticos nativistas, destituídos do poder em março de 1841. No início de abril, Aureliano Coutinho foi nomeado presidente da província do Rio de Janeiro, e outras mudanças de pessoal ocorreram. Essas movimentações simplesmente confirmaram as suspeitas da oposição sobre a "existência desse partido palaciano a que se denominou a Joana". "Existe ou não existe uma potência oculta, superior a todas as potências parlamentares, e que é designada pelo nome de Joana?"[105]

A exoneração em janeiro de 1844 do "Partido da Ordem" não havia minado sua força como organização política ou diminuído sua fé em seus direitos e sua capacidade de governar. Quando a sessão legislativa foi aberta em maio, o novo Gabinete viu-se diante de uma oposição bem organizada e implacável. Por mais que tentassem, os ministros não conseguiam obter maioria na Câmara Baixa. Com isso, a Câmara dos Deputados foi dissolvida em 24 de maio e as eleições, marcadas para o mês de setembro.[106] O Gabinete começou a usar seus poderes para assegurar o apoio dos interesses políticos hostis ao "Partido da Ordem", ou dele desvinculados. Inseguros e sob ataque, os ministros temiam que seus oponentes recorressem a qualquer estratagema para reconquistar o poder.

Esses desdobramentos políticos fornecem o pano de fundo indispensável para compreender um drama que, de abril a outubro de 1844, desestruturou a família imperial. Na vinda ao Brasil, D. Teresa Cristina havia sido escoltada pelo irmão mais novo, Luigi, conde de Áquila. A escolha dele como

---

103 ANTT Caixa 540 José de Vasconcelos e Sousa para José Joaquim Gomes de Castro, n.10, Rio de Janeiro, 19 fev. 1844.

104 Ibid., José de Vasconcelos e Sousa para José Joaquim Gomes de Castro, n.21, Rio de Janeiro, 16 mar. 1844. Na juventude, Paulo Barbosa tornara-se oficial do Exército e coronel no corpo de engenharia. Ele agora estava aposentado como brigadeiro.

105 *O Brasil*, 6 e 16 abr. 1844.

106 ANTT Caixa 540 José de Vasconcelos e Sousa para José Joaquim Gomes de Castro, n.40, Rio de Janeiro, 24 maio 1844.

acompanhante da imperatriz não foi de modo algum fortuita. D. Januária, como herdeira presumível ao trono e, portanto, proibida pela Constituição de deixar o país até o nascimento de um filho de D. Pedro II, necessitava casar-se e gerar filhos tanto quanto o imperador. O príncipe, com 19 anos de idade, causou boa impressão nos círculos oficiais, e D. Januária achou-o bastante atraente. A união agradava a D. Pedro II, visto que isso lhe proporcionaria uma companhia masculina, um substituto para o irmão que ele nunca tivera. A imperatriz, a quem o Brasil ainda era um mundo estranho e não muito amistoso, só poderia receber bem a perspectiva de ter seu irmão residindo no país. Quando o conde de Áquila deixou o Rio em 1º de outubro de 1843, a união estava mais ou menos acordada, e esperava-se que o príncipe retornasse nos primeiros meses do ano seguinte.[107] Restava apenas o consentimento do rei de Nápoles para que um acordo nupcial fosse rapidamente arranjado.

Na manhã de 8 de abril de 1844, o conde de Áquila desembarcou novamente no Rio e foi levado ao palácio da cidade. Naquela tarde o imperador fez-lhe uma visita e levou-o a São Cristóvão, onde ele passou o restante do dia com a família imperial. Tudo parecia bem encaminhado para o futuro. Nenhum problema aparente perturbava o jovem casal. Entretanto, as relações de Luigi com o imperador e sua corte foram, desde o início, inquietantes. O matrimônio em si foi postergado por quase uma semana por causa de controvérsias inesperadas sobre o acordo nupcial. As honrarias concedidas em comemoração ao casamento deixaram de incluir D. Joaquina de Verna e Bilstein, a dama de companhia de longa data de D. Januária, e sua exclusão representou um virtual insulto aos recém-casados.[108]

As relações pessoais de D. Pedro II com o conde de Áquila rapidamente se deterioraram. Nos primeiros dias após a chegada do conde, os dois jovens haviam saído para cavalgar juntos, mas essa prática logo terminou. Ao final de maio, o enviado francês notou um afastamento entre os cunhados.[109] Em meados de julho, os dois não mais se falavam. A imperatriz teve de implorar ao marido para que, como um favor especial a ela, ele visitasse o irmão dela, apertasse-lhe a mão e cumprimentasse-o pelo aniversário

---

107 PRO FO 13 v.197 Hamilton Hamilton para lorde Aberdeen, n.79, Rio de Janeiro, 19 out. 1843.

108 ANTT Caixa 540 José de Vasconcelos e Sousa para José Joaquim Gomes de Castro, n.33, 35 e 38, Rio de Janeiro, 20 e 29 abr. e 10 maio 1844; ver informações fornecidas em Ramirez, *Relações*, p.99-100.

109 BNRJ TM Arm. 32 Pac. 146 Edouard Ney, conde Ney, para o ministro francês de Relações Externas, Rio de Janeiro, 26 maio 1843.

de 20 anos.[110] A atitude do imperador não passou despercebida. Em cerimô-nias oficiais o conde de Áquila era evitado pelos ministros e cortesões. Esse ostracismo atingiu o ápice em 4 de setembro, quando D. Januária e seu marido deixaram deliberadamente de ser convidados para as celebrações de gala do primeiro aniversário do casamento imperial.[111] Quando a causa da ausência do conde de Áquila e D. Januária tornou-se de conhecimento público, a rixa tornou-se virtualmente impossível de contornar.[112]

A principal responsabilidade por essa contenda foi de modo geral atri-buída ao conde de Áquila. Sua vida posterior, na maior parte exilada de sua Nápoles natal como resultado da unificação da Itália em 1859-1860, não lhe trouxe muita honra ou crédito. Ele se tornou esbanjador e consumista.[113] No entanto, qualidades condenáveis na maturidade são desculpáveis na juventude. Criado em uma corte de porte e sofisticada, Áquila esperava deferência e era autoconfiante demais. Extrovertido e charmoso, ele preferia o entretenimento ao estudo e o prazer ao dever.[114] Uma personalidade que não poderia ser mais contrária e incompatível em relação à do imperador.

Dada a personalidade exuberante de Áquila, a dinâmica das relações entre os dois casais praticamente garantia o conflito. Tomada pelo primeiro resplandecer do amor, D. Januária estava ansiosa por agradar ao marido e também, ao menos em seu subconsciente, provavelmente satisfeita por escapar dos modos ditatoriais de seu irmão. A imperatriz era uma esposa dedicada, mas os primeiros meses de seu casamento haviam sido difíceis, e ela compartilhava poucos interesses com o marido. Com seu irmão, por outro lado, D. Teresa Cristina desfrutava de longa familiaridade e ficava à vontade. D. Pedro II era, portanto, a pessoa que destoava em meio aos quatro. Cada vez mais o comportamento de Áquila revelava o imperador como alguém inseguro, imaturo e carente de desenvoltura social. Significativo a esse respeito é o comentário de Áquila, quando D. Pedro II

---

110 AGP XXXVIII-3 D. Pedro II para D. Teresa Cristina, 19 jul. 1844; e XXXIX-1 D. Teresa Cristina para D. Pedro II, "4 horas", Santa Cruz, 19 jul. 1844.

111 BNRJ TM Arm. 32 Pac. 146 Edouard Ney, conde Ney, para o ministro francês de Relações Externas, Rio de Janeiro, 14 ago. e 14 set. 1844.

112 *O Brasil*, 10 e 17 set. 1844.

113 Forçados ao exílio de Nápoles em 1860, o conde e sua esposa passaram o restante da vida na França e na Inglaterra. Áquila revelou-se incorrigivelmente esbanjador, e o casal acabou separando-se. Áquila possuía algum talento como pintor, exibindo paisagens marítimas nos salões de Paris na década de 1870; ver "Borbone, Luigi di".

114 A elite inglesa teria classificado Áquila como *a bounder* [um salafrário], alguém que não se comportava como um cavalheiro, "uma pessoa alegre ou ruidosamente mal-educada", como o *Concise Oxford Dictionary* define a palavra.

recusou-se a acompanhar ele e sua esposa a um baile: "Bem, nós vamos dançar e o deixamos em seu convento".[115] Essa conduta intensificava o isolamento do imperador e seu senso de insegurança. Ele passou a ver o cunhado como uma ameaça a sua posição.

Facções em disputa na corte estavam mais do que ávidas por explorar esses conflitos familiares. D. Joaquina de Verna e Bilstein, dama de companhia da princesa Januária, havia apoiado José Bonifácio como tutor e consequentemente era inimiga de sua tia, D. Mariana de Verna Magalhães, e de Paulo Barbosa da Silva. Este último pode ter sido o responsável pela exclusão de D. Joaquina da lista de honrarias emitida para celebrar o casamento da princesa, em que D. Mariana recebeu o título de condessa de Belmonte. O enviado português relatou em 10 de maio de 1844, "não sei a propósito de que, pois pareceria muito mais razoável que este ou outro despacho recaísse na dama camarista da sra. princesa D. Januária".[116] D. Joaquina tinha todos os motivos para estar magoada e buscar aliados. É claro que a comitiva que Áquila trouxera consigo de Nápoles incluía indivíduos que não tinham nenhuma intenção de desempenhar um papel passivo e subserviente na vida palaciana. Em particular, o capelão e confessor do conde era considerado um incentivador para que Áquila assegurasse seus direitos e formasse seguidores na corte.[117] Dada a posição dominante de Paulo Barbosa no palácio, esse objetivo seria atingido somente com a demissão do mordomo. Ao final de maio, havia rumores "que o sr. Paulo Barbosa terá em breve de ir para a Europa, que o ministério assentou com ele que convinha ficar por algum tempo fora do Brasil, em uma missão de honra".[118] Nada na personalidade do mordomo sugeria que ele se submeteria humildemente a tal tratamento ou toleraria a existência na corte de uma autoridade que rivalizasse com a sua própria.

---

115 BNRJ TM Arm. 32 Pac. 146 Edouard Ney, conde Ney, para o ministro francês de Relações Externas, Rio de Janeiro, 14 ago. e 14 set. 1844.

116 ANTT Caixa 540 José de Vasconcelos e Sousa para José Joaquim Gomes de Castro, n.38, Rio de Janeiro, 10 maio 1844. Sobre a hostilidade de D. Joaquina para com a tia e Paulo Barbosa, ver Raffard, "Pessoas", p.343; e BNRJ TM Arm. 32 Pac. 146 Edouard Ney, conde Ney, para o ministro francês de Relações Externas, Rio de Janeiro, 30 maio 1844.

117 ANTT Caixa 540 José de Vasconcelos e Sousa para José Joaquim Gomes de Castro, Pessoal, Rio de Janeiro, 21 out. 1843; e AGP XXIX-1 François, príncipe de Joinville, para D. Pedro II, St. Cloud, 7 out. 1844.

118 "Ver para crer", O Brasil, 30 maio 1844. O jornal astutamente questionou a validade desse rumor, prevendo que o mordomo seria eleito deputado de Minas Gerais no novo Gabinete.

A luta entre as facções na corte foi inevitavelmente vinculada aos conflitos políticos. O Gabinete que assumira o poder em fevereiro de 1844 estava intimamente associado a Paulo Barbosa e seus camaradas. Se o mordomo fosse forçado a retirar-se da corte, as perspectivas de sobrevivência dos ministros não seria boa. Em acentuado contraste, o "Partido da Ordem" tratava Paulo Barbosa com implacável animosidade. O conde de Áquila era, por conseguinte, tratado com respeito por líderes de oposição, como Carneiro Leão, que detinham acesso à corte.[119]

Esses contatos entre Áquila e a oposição ao Gabinete no poder foram revertidos em benefício do mordomo e seus amigos. Manipulando a insegurança do imperador e seus temores, eles convenceram D. Pedro II de que o conde, sua facção nascente e os inimigos do Gabinete haviam se reunido em uma trama para tomar o poder e forçar o imperador a renunciar ao trono. Áquila via-se cada vez mais marginalizado das cerimônias do palácio e tratado sem as cortesias das quais se julgava merecedor. Seu ressentimento declarado a esse tratamento e sua crescente insatisfação com a vida no Rio de Janeiro, que ele repudiava como entediante e incivilizada, aumentaram as tensões entre os cunhados. Áquila repetidamente solicitou a permissão do imperador por um período de licença na Europa. Em outubro, após discutir com D. Pedro II em um banquete formal, Áquila resolveu partir, com ou sem autorização. Auxiliado pelo enviado francês, ele obteve abrigo no *Reine Blanche* [Rainha Branca], uma fragata francesa prestes a zarpar para Brest. Apesar da proibição legal de D. Januária deixar o Brasil e dos pedidos do imperador, de D. Teresa Cristina e dos ministros, Áquila não se deixou demover de sua resolução. Diante da certeza de um escândalo público, caso recusassem tal licença, D. Pedro II e os ministros apressadamente concederam-na a D. Januária e seu marido e tentaram persuadir o conde a postergar a partida até que um navio de guerra brasileiro pudesse ser preparado para levar o casal à Europa. Tudo foi em vão. Áquila repeliu qualquer tentativa de conciliação e, como insulto final, rejeitou os dois cortesões designados a acompanhar D. Januária e a ele próprio até a Europa. Em 23 de outubro de 1844, o casal zarpou do Rio de Janeiro.[120] O imperador foi deixado completamente só, na companhia apenas de sua esposa.

---

119 Conde Bernard von Rechberg-Rothenlowen, enviado austríaco, para o príncipe von Metternich, Rio de Janeiro, 22 out. 1844, citado em tradução em Lyra, *Pedro II*, v.I, p.27; e ver também Ramirez, *Relações*, p.100.

120 BNRJ TM Arm. 32 Pac. 146 Edouard Ney, conde Ney, para o ministro francês de Relações Externas, Rio de Janeiro, 19 e 20 out. 1844; *O Brasil*, 15 e 21 out.; Ramirez, *Relações*, p.101; Calmon, *Pedro II*, v.I, p.254-6.

4
Assumindo o poder, 1845-1853

Ao completar 19 anos em 2 de dezembro de 1844, D. Pedro II atingiu o ponto mais crítico de seu reinado. "Desde a partida de sua alteza imperial, a princesa D. Januária, o imperador tem estado completamente isolado", relatou o enviado austríaco.[1] Nenhum dos envolvidos na contenda de seis meses com o conde de Áquila saiu ileso, mas D. Pedro II certamente sofreu mais. Os efeitos sobre sua reputação e sua personalidade foram igualmente negativos. Sua conduta em relação à irmã e ao marido dela revelaram-no alienado, presunçoso e imaturo. Ao lidar com essa situação, ele não demonstrara nenhuma das habilidades políticas necessárias a um governante auspicioso. No tocante à garantia de futuro para a monarquia no Brasil, a partida de D. Januária e do conde de Áquila foi considerada imprudente. Em uma carta enviada da França no início de outubro, o outro cunhado do imperador expressou muito bem a questão:

> Creio que, quaisquer que sejam os problemas que a presença do conde de Áquila no Rio possa causar a Vossa Majestade, o mais vantajoso em um país constitucional como o Brasil é o senhor manter junto de si uma família imperial tão numerosa quanto possível [...] Quanto mais príncipes houver acerca do trono, príncipes que se façam notar e conhecer e que ocupem a chefia de um ramo da

---

1 Conde Bernard von Rechberg-Rothenlowen, enviado austríaco, para o príncipe von Metternich, Rio de Janeiro, 25 nov. 1844, citado em tradução em Ramirez, *Relações*, p.101.

administração ou da sociedade, mais o trono ganhará força, especialmente em uma nação como o Brasil, onde os esforços de príncipes para conquistar popularidade serão vistos, provavelmente, com condescendência.[2]

A eficácia do conselho do príncipe de Joinville é questionável, visto que seu pai, Luís Felipe, apesar de ter cinco filhos ativos na vida pública, perderia o trono francês em 1848. A recomendação, no entanto, revela quão solitário estava D. Pedro II no Brasil. Uma doença ou um infortúnio poderia atingir o imperador inesperadamente. De quatro a seis meses se passariam antes que a notícia de sua morte chegasse à Europa e sua sucessora, a irmã mais velha D. Januária, pudesse retornar ao Brasil. O nascimento da primeira filha de D. Francisca, em agosto de 1844, proveu uma herdeira ao trono da próxima geração, mas, por não ser do sexo masculino nem ter nascido no Brasil, o bebê pouco contribuiu para melhorar as perspectivas de sobrevivência da monarquia.[3] Ao final de 1846, cada irmã do imperador teve dois filhos. A Revolução de 1848 exilou D. Francisca e Joinville da França; e em 1860, D. Januária e Áquila tiveram de fugir de Nápoles em decorrência da conquista por Garibaldi do Sul da Itália, que foi incorporado ao reino italiano. D. Pedro II não fez nenhuma tentativa de encorajar qualquer dos casais ou suas proles a se mudar para o Brasil e, dessa forma, tomar parte da família imperial.[4] O fato é que nem os Áquila nem os Joinville jamais voltaram ao Brasil, e três sobrinhos de D. Pedro II fizeram apenas rápidas visitas ao país de suas mães.

O imperador manteve uma correspondência constante e bastante íntima com suas duas irmãs e seus maridos após a partida deles do Brasil. O rompimento com os Áquila foi superado e relações cordiais foram mantidas. O dano, porém, havia sido causado. Escrever cartas era para D. Pedro II a forma ideal de relacionamento com outros seres humanos, um meio pelo qual ele podia estabelecer a natureza e o grau de intimidade desejada. Uma constante interação face a face era uma questão bem diferente. Em janeiro de 1832, o enviado austríaco comentou sobre o grave "semblante que o jovem príncipe assume quando dele se aproxima alguém a quem ele não conhece".[5] Dois anos depois,

---

2 AGP XXIX-1 François, príncipe de Joinville, para D. Pedro II, St. Cloud, 7 out. 1844.

3 Fleiuss, "D. Pedro II", p.31.

4 Comentários no diário do imperador para 1862 deixam claro que a chegada de Áquila e D. Januária ao Rio de Janeiro era a última coisa que ele desejava; ver apontamentos para 5 e 23 fev., 1º maio e 9 jul. 1862, em Vianna, "Diário de 1862", p.45, 54, 96, 159.

5 BNTJ TM Arm. 31 Env. 145-1 Leopold von Daiser-Sillbach ao príncipe Metternich, n.1, Rio de Janeiro, 10 jan. 1832.

quando José Bonifácio foi destituído à força como tutor do imperador, D. Pedro II "não demonstrou a menor emoção", de acordo com relato do enviado francês. "Ele, no entanto, se mostrou satisfeito ao rever sua antiga governanta Dona Mariana."[6] As intrigas e rivalidades na corte intensificaram esse distanciamento emocional. Em maio de 1840, pouco antes da maioridade de D. Pedro II, o barão Daiser comentou com certa hipérbole, porém com essencial exatidão: "O imperador conhece muito bem o caráter e as qualidades das pessoas que o cercam; ele detesta alguns e despreza o restante; todos eles o entediam, e ele prefere isolar-se em seu estúdio ou na biblioteca para evitar a companhia deles".[7] Em suma, D. Pedro II abstinha-se de intimidade pessoal por esta representar uma ameaça tanto a sua estabilidade emocional quanto a sua autonomia.

Os membros da própria família do imperador, sobretudo os homens relacionados a ele por sangue ou casamento, poderiam ter rompido essa barreira emocional, mas a briga com o conde de Áquila também os tornaram suspeitos. O imperador confiava em si mesmo e somente em si mesmo. Em uma carta datada de 1887, quarenta anos após o incidente com Áquila, o genro mais velho de D. Pedro queixou-se de o "imperador jamais ter apreciado qualquer intimidade com sua família".[8] Não que "a mola mestra de sua vida afetiva tivesse se rompido", como certa vez observou um historiador norte-americano, pois D. Pedro II cultivou um romance ao final da meia-idade.[9] Sempre presente nessas questões do coração estava, contudo, um elemento de cálculo, um distanciamento e uma discrição que lhe roubava a espontaneidade. Se D. Pedro II doava-se sem reservas a algo, era ao seu amor pela cultura europeia e à sua devoção a sua terra natal. Como inclinava-se cada vez mais a identificar o Brasil com sua própria pessoa, essa devoção não envolvia nenhuma perda de controle. Nem seu amor pela Europa incorporava qualquer risco, uma vez que se situava do outro lado do Atlântico.

No contexto de 1844, a desconfiança de D. Pedro II em relação a seus parentes era motivo de alarme, em parte porque isso reforçava seu isolamento, mas também porque indicava falta de discernimento e insegurança, que comprometiam sua capacidade de governar. O imperador não hesitava em dar ouvido a fofocas, acreditava em supostas tramas contra ele e deixava

---

6 Ibid., Env. 146 Alexis Guignard, conde de Saint Priest, para o ministro francês de Relações Externas, Rio de Janeiro, 31 dez. 1833.

7 Ibid., Env. 145-4 Leopold von Daiser-Sillbach ao príncipe Metternich, n.5b, Rio de Janeiro, 8 maio 1840.

8 AGP XLI-5 conde d'Eu para condessa de Barral, Rio de Janeiro, 22 nov. 1887.

9 Morse, "Themes", p.178.

sua conduta ser manipulada pelos que o cercavam. Em particular, ele parecia incapaz de enfrentar Paulo Barbosa da Silva, o mordomo. O enviado austríaco receava que o imperador se tornasse pouco mais do que um fantoche nas mãos do mordomo e seus aliados.[10] O sarcasmo popular, "Quem governa? D. Paulo I ou D. Pedro II?", relatado pelo enviado francês, era significativo.[11] O imperador não detinha o controle e tudo indicava que era incapaz de tomar as rédeas dos assuntos do país. Ao final de 1844, o futuro não era promissor. Os brasileiros pareciam estar diante de um reino repleto de animosidades, problemas mal administrados e submissão a protegidos.

O que se seguiu na década seguinte foi exatamente o oposto disso. A idade adulta realçou os traços mais estimáveis da personalidade de D. Pedro II e amenizou suas fraquezas. O imperador apurou seus modos, tornando-se cortês, afável e imparcial. Tomou pleno controle de sua vida e do governo. Desenvolveu habilidades notáveis no trato tanto de pessoas quanto de negócios. Dedicou-se ao estudo das artes e ciências e estabeleceu uma reputação na Europa como um amigo do saber e um intelectual autodidata. Em suma, D. Pedro II tornou-se um monarca altamente respeitado, e até amado, cujo domínio sobre as questões nacionais era tão bem-vindo quanto inquestionável. A transformação ocorreu de modo tão completo e súbito que justifica um exame detalhado. As causas podem ser resumidas ao surgimento da idade adulta, à conquista da autoconfiança, à dispensa de protegidos, à identificação com a modernidade e finalmente ao domínio da política.

Parte da transformação pode ser atribuída ao fim de uma adolescência muito conturbada e infeliz e ao ingresso na vida adulta. A mudança foi marcada pela decisão de D. Pedro II, aos 20 anos e meio de idade, de cultivar uma barba, talvez esperando com isso disfarçar o queixo protuberante, um legado de seus antepassados de Habsburgo. Inicialmente, como mostra a Figura 16, a barba contornava seu maxilar inferior, deixando o lábio inferior e as maçãs do rosto barbeadas.[12] No final de 1849, o imperador havia deixado a barba cobrir-lhe o

---

10 Conde Bernard von Rechberg-Rothenlowen, enviado austríaco, ao príncipe von Metternich, Rio de Janeiro, 22 out. 1844, citado em tradução em Ramirez, *Relações*, p.100.

11 BNRJ TM Arm. 32 Pac. 146 Edouard Ney, conde Ney, para o ministro francês de Relações Externas, Rio de Janeiro, 26 maio 1844.

12 Em meados do século XIX, a barba era comum entre os homens, em parte por modismo e em parte pelo tempo que fazer a barba tomava. Não há comentário escrito que eu tenha encontrado sobre quando D. Pedro II passou a cultivar uma barba, mas isso pode ser datado a partir da estátua esculpida em 1846 por Ferdinand Pettrich e reproduzida em Prado Valladares, *Tempo e lembrança*, como ilustração n.14; e também em Calmon, *Pedro II*, v.I, p.I.

rosto, e esse estilo foi mantido pelo restante de sua vida.[13] A barba cheia dava-lhe um ar de dignidade e uma presença que mascaravam sua juventude. D. Pedro II, porém, nada podia fazer para mudar a voz, que um visitante norte-americano ao Rio de Janeiro em 1846 caracterizou como "um tanto feminina".[14] Um político, ao escrever após a morte do imperador, teve muito menos tato em abordar o assunto: "instintivamente estremecemos ao ouvir aquela voz fina, aflautada, desarmoniosa, que não parecia sair de corpo tão volumoso e opulento".[15]

Figura 16. D. Pedro II com 21 ou 22 anos de idade.

13 A barba cheia pode ser vista no retrato pintado em 1849 por Ferdinand Krumholz e enviado por D. Pedro II a seu primo, o imperador Francisco José. "Estou certo que [a pintura] lhe causará um vivíssimo prazer, assim como surpresa, por estar muito mudado", escreveu D. Pedro II para Paulo Barbosa da Silva, então na Europa; ver sua carta, Rio de Janeiro, 17 dez. 1849, em Lacombe, *Mordomo*, p.322. Em 1851, o imperador da Áustria respondeu, agradecendo a D. Pedro II pelo presente e enviando-lhe seu próprio retrato; ver AGP CLVI Francisco José para D. Pedro II, Viena, 13 jul. 1851.

14 Ewbank, *Life in Brazil*, p.279.

15 Ver o comentário sobre a abertura da legislatura em maio de 1868 em João M. de Carvalho, *Reminiscências*, p.69-70. Uma dama de companhia da rainha Vitória descreveu D. Pedro II como "um velho homem de aparência extraordinária com voz guinchante, aguda e dissonante"; ver Marie Adeane para lady Elizabeth Biddulph, Grasse, 8 abr. 1891 apud Mallet, *Letters*, p.43.

A passagem dos anos e a adoção de uma barba não eram por si suficientes para instalar a maturidade. A causa mais poderosa para as mudanças foi provavelmente a experiência da paternidade. D. Teresa Cristina deu à luz um filho, batizado D. Afonso, no final de fevereiro de 1845. De acordo com a prática da monarquia portuguesa, o parto ocorreu na presença do imperador, de membros da corte e de autoridades públicas.

> Assim que a imperatriz deu à luz, o imperador, que não saíra de seu lado por um instante, tomou o jovem príncipe nos braços e, exibindo-o às pessoas a sua volta, disse com emoção: "Senhores, trata-se de um príncipe a quem Deus..." Neste ponto, sua voz embargou.[16]

D. Pedro II experimentava o que um estudo denominou "absorção". Pais presentes ao nascimento de seu primeiro filho "desenvolvem um senso de preocupação, dedicação e interesse pelo recém-nascido. O pai fica fascinado e dominado por esse sentimento em particular e tem vontade de olhar, segurar e tocar o bebê". "Além disso, [...] ele experimenta um crescente senso de autoestima e valor enquanto se dedica à criança." Outro estudo endossa essa conclusão.

> Ser cuidadoso, afetuoso e amoroso pode ser bom tanto para os pais quanto para os bebês. As oportunidades de expressar essas emoções às crianças podem permitir aos homens tornarem-se mais expressivos e gentis em suas relações com outras pessoas também.[17]

No caso de D. Pedro II, o nascimento de um filho rompeu seu isolamento emocional com outras pessoas, deu-lhe um senso de enraizamento e desenvolveu um sentimento de autovalorização. Mais três crianças – D. Isabel, D. Leopoldina e D. Pedro – vieram a seguir, em 1846, 1847 e 1848, respectivamente. A prole uniu D. Pedro II e D. Teresa Cristina em um relacionamento afetuoso da parte dele e de adoração da dela. A paternidade proporcionou ao imperador a segurança emocional e a autoconfiança que tão visivelmente lhe faltaram durante a infância e a adolescência, qualidades essas que eram essenciais ao cumprimento de seus deveres como monarca.

---

16 BNRJ TM Arm. 32 Pac. 146 Edouard Ney, conde Ney, para o ministro francês de Relações Externas, Rio de Janeiro, 27 fev. 1845.
17 Greenberg; Morris, "Engrossment", p.526, 529; e Parke, *Fathers*, p.28.

A mudança na personalidade provocada pela paternidade foi acelerada e reforçada pelo êxito de uma visita oficial às províncias do sul do Brasil, realizada oito meses após o nascimento de D. Afonso. Por meio de uma combinação de vitórias em batalhas e generosas concessões, o barão de Caxias havia colocado, em março de 1845, um fim na revolta separatista que por uma década assolara a província do Rio Grande do Sul.[18] O Gabinete persuadiu o imperador a realizar, acompanhado por sua esposa, uma viagem pela província visando divulgar sua reintegração ao Império, consolidar a pacificação e promover a reconciliação. Deixando o bebê no Rio, o casal viajou para o sul em outubro de 1845.

A viagem, que foi estendida várias vezes, durou seis meses, até março de 1846. No Rio Grande do Sul, o imperador viajou pela região central da rebelião e foi calorosamente recebido em toda parte. As visitas às províncias vizinhas de Santa Catarina e São Paulo despertaram grande entusiasmo público. O sucesso deveu-se em grande parte a uma acentuada mudança na conduta de D. Pedro II. Pela primeira vez em seus 20 anos de vida, esse jovem estava livre da vida na corte e do mundo oficial no Rio de Janeiro. Sua comitiva era pequena em número e de modo algum capaz de mantê-lo isolado de seus camaradas brasileiros. Subitamente ele podia ser ele mesmo, ter o controle de seus próprios movimentos. A boa vontade de seus súditos era patente e o prazer deles em vê-lo não menos evidente. Foi um período de felicidade e autoconfiança. "Ele já dançou seis cotilhões em uma noite e participou de um baile fora de sua residência e da corte, sem fadiga e tédio, até a uma hora da manhã", relatou o ministro do Império que acompanhava D. Pedro II. "O Imperador ganhou. E ganhou muito nesta viagem, e a vantagem que tem adquirido na opinião e amor dos povos que o têm visto é incalculável."[19] A imperatriz compartilhava da maior autoconfiança de seu marido e concebeu seu segundo filho um mês após a viagem começar. Foi um período memorável e feliz para ela. "Me lembro muito bem da sala de docel e do nosso quarto onde estivemos há 20 anos", ela escreveu mais tarde sobre a casa que ocuparam em Porto Alegre.[20] As cartas de D. Pedro II à esposa escritas durante os momentos de separação durante a viagem eram joviais e até jocosas. Em sua visita às usinas de ferro em Ipanema, na província de São Paulo, ele gracejou: "Não

---

18 Barman, *Brazil*, p.223.
19 José Carlos Pereira de Almeida Torres, ministro do Império (Interior), para Paulo Barbosa da Silva, Porto Alegre, 15 dez. 1845, em Lacombe, *Mordomo*, p.196.
20 AGP XLI-18 D. Teresa Cristina para D. Pedro II, São Cristóvão, 17 jul. 1865.

houve coisa digna de exame que eu não examinasse com minuciosidade".[21] O adolescente moroso, desajeitado e desconfiado havia sido substituído por um homem que podia, quando assim o desejava, ser encantador e capaz de deixar as pessoas à vontade.

Ao visitar a cidade de São Paulo em março de 1846, no caminho de volta ao Rio de Janeiro, o casal imperial inspecionou a Escola de Direito, uma das duas existentes no Brasil. Um jovem estudante ficou fascinado com o encontro com D. Pedro II, que ele descreveu em uma carta para casa:

> É afável com todos, dirige-se a qualquer, faz-lhe perguntas e procura informar--se das menores particularidades. Tem andado a pé como simples cidadão, só acompanhado daquelas pessoas que o querem acompanhar sem aparato nenhum; enfim, desaparece a distância que na corte o separa do povo e isto sem a menor quebra de sua dignidade, pois que sua circunspeção, suas belas maneiras fazem que todos o estimem e respeitem. O entusiasmo é muito grande e ele está muito contente [...] É moço, muito vivo, e segundo dizem todos, tem instrução superior à sua idade.[22]

Esse relato perceptivo indica quão rápida e facilmente D. Pedro II assimilou novas experiências e beneficiou-se delas, um traço que contrabalançava seu conservadorismo inato. A carta também revela que, em março de 1846, quando o monarca tinha apenas 20 anos de idade, o conceito de imperador cidadão já existia. Sua conduta, cultura e preocupação com o bem público tornaram D. Pedro II tudo aquilo que um "cidadão comum" deveria ser. O comportamento exemplar de D. Pedro II, sua sabedoria e dignidade pessoal realmente "fizeram que todos o estimassem e respeitassem" como seu governante.

A viagem ao sul deixou para D. Pedro II muito mais benefícios do que um aprimoramento de sua autoconfiança e suas habilidades. Paulo Barbosa da Silva não o acompanhou, permanecendo no Rio de Janeiro encarregado de cuidar do infante D. Afonso e da administração da corte. Para o imperador, a viagem significou que, pela primeira vez em doze anos, Paulo Barbosa da Silva não mais pairava sobre sua sombra. D. Pedro II podia agir sem supervisão ou censura e com independência. Acontecimentos no Rio de Janeiro também contribuíram para pôr um fim ao reinado de "D. Paulo I". O mordomo logo

---

21 AGP XXXIX-3 D. Pedro II para D. Teresa Cristina, Itu, 24 mar. [1846].

22 José Antônio Saraiva para Henrique Garcez Pinto de Madureira, São Paulo, 4 mar. 1846, citado em Wanderley Pinho, *Política e políticos*, p.25-6.

viu seu tempo e sua atenção ocupados por questões bem mais sérias do que a necessidade de contratar uma nova ama de leite para o jovem príncipe, que "não fazia objeção" à mudança, e a impossibilidade de reduzir despesas na corte durante a ausência do imperador.[23] A proximidade com D. Pedro II havia até aquele momento protegido Paulo Barbosa de seus muitos inimigos, impedindo-os de qualquer ação radical. Com a ausência do imperador, essa barreira emocional desapareceu. No final de novembro de 1845, a informação sobre uma trama para assassinar o mordomo em uma viagem para fora da capital foi comunicada às autoridades e aos jornais. As luzes da ribalta na esfera pública passaram a focar Paulo Barbosa da Silva; cada movimento seu era relatado e sua coragem e sua conduta, contestadas. Protegido pela polícia militar, ele e sua esposa tornaram-se virtuais prisioneiros em sua própria casa.[24]

Ao perceber que seu papel na corte e nas questões políticas estava em risco e que a intransigência estava prestes a acarretar um desastre, o mordomo decidiu-se por uma retirada estratégica como o rumo mais sábio a tomar. Em uma longa carta ao imperador, ele relatou as ameaças que sofria, explicou o efeito disso sobre ele e sua esposa, sugeriu a conveniência de se ausentar do Brasil por algum tempo e solicitou ser nomeado para o posto vago de enviado em São Petersburgo. "Com esta nomeação, cessarão os ódios contra o maior domo." Ansioso para evitar sua exclusão permanente da corte, Paulo Barbosa também pediu que o imperador o mantivesse como mordomo, designando apenas um substituto interino, "por não mostrar que cedia terreno a terror".[25] O imperador não enviou nenhuma resposta pessoal, mas, por meio do ministro do Império que o acompanhava, imediatamente aquiesceu ao pedido de Barbosa da Silva tanto por uma licença quanto para a nomeação como ministro do Brasil na Rússia. Essa nomeação, divulgada em 25 de dezembro de 1845, foi considerada à época como o marco do fim de uma era tanto nas questões políticas quanto na vida do imperador.[26] Embora o mordomo só

---

23 AHMI POB Maço 108 Doc. 5.324 Paulo Barbosa da Silva para D. Pedro II, Rio de Janeiro, 27 out. e 27 nov. 1845.

24 O enviado francês enviou a seu país um relato perceptivo desse caso; ver BNRJ TM Arm. 32 Pac. 146 Chevalier Léonce de Saint Georges para o ministro francês de Relações Externas, Rio de Janeiro, 28 nov. 1845.

25 AHMI POB Maço 108 Doc. 5.324 Paulo Barbosa da Silva para D. Pedro II, Rio de Janeiro, 27 nov. 1845.

26 O enviado francês descreveu a reação à nomeação de Barbosa da Silva e avaliou seu caráter e função; ver BNRJ TM Arm. 32 Pac. 146 Chevalier Léonce de Saint Georges para o ministro francês de Relações Externas, Rio de Janeiro, 6 jan. 1846.

partisse para a Europa em meados de 1846, já havia perdido sua influência sobre o imperador e junto aos políticos. D. Pedro II, em seu retorno ao Rio, tratou Barbosa da Silva com grande consideração, mas deliberadamente optou por não escolher ninguém que ele recomendou para servir como mordomo interino durante sua ausência.[27]

A partida de Paulo Barbosa para a Europa, onde ele permaneceu por oito anos, não cessou de imediato sua influência política tão significativa até aquele momento no âmbito da corte. O aliado e amigo do ex-mordomo, Aureliano de Sousa e Oliveira Coutinho, havia, em 1º de abril de 1844, ocupado a presidência da província do Rio de Janeiro, cuja expansão no cultivo do café havia tornado a porção mais importante do Império.[28] Durante seu longo mandato, ele conseguiu transformar a província em seu feudo político pessoal, em grande parte porque gabinetes sucessivos, receosos de correr o risco de desagradar o imperador, não ousavam desafiar a autonomia de Aureliano. A partida do mordomo do Brasil, ao privar Aureliano Coutinho de seu principal defensor junto a D. Pedro II, enfraqueceu consideravelmente sua posição. Cada vez mais Aureliano Coutinho viu-se incapaz de contar com o apoio inquestionável do imperador. Em abril de 1848, após um confronto com o recém-nomeado Gabinete, Coutinho foi obrigado a renunciar à presidência da província do Rio de Janeiro.[29] Embora continuasse a participar do Senado, Aureliano deixou, desde o momento de sua renúncia, de exercer qualquer influência política, resultado de um banimento implícito, se não proferido, imposto por D. Pedro II.

A retirada de Paulo Barbosa para a Europa e a saída de Aureliano Coutinho da presidência da província do Rio de Janeiro fortaleceram imensamente a posição do imperador no governo do Brasil. D. Pedro II demonstrara que não estava preso a ninguém e que era possível contar com sua imparcialidade e independência. A mudança havia ocorrido sem um confronto declarado ou uma ruptura nos assuntos públicos, como se fosse a ordem natural das coisas. Na realidade, é difícil dizer se o resultado foi decorrência de um planejamento de longo prazo do imperador ou se ele tirara habilidoso proveito das oportunidades que lhe foram dadas. O mais notável de tudo foi que D. Pedro II

---

27 Ibid., Chevalier Léonce de Saint Georges para o ministro francês de Relações Externas, Rio de Janeiro, 20 jun. 1846.

28 Sobre a presidência de Aureliano, ver Vianna, *Estudos*, p.109-16.

29 Sobre as circunstâncias de sua renúncia como presidente, ver Calmon, *Pedro II*, v.I, p.355.

manteve boas relações com os dois homens. Ele permitiu que Barbosa da Silva retornasse ao Rio no final de 1854 e reassumisse o posto de mordomo. O efetivo banimento de Aureliano de qualquer papel ativo na política não significou uma privação da boa vontade do imperador. Como camareiro da corte, Aureliano, no período de 1º de julho de 1853 a 30 de junho de 1854, prestava três turnos de serviço semanal ao imperador. "Quando entro da semana converso literatura, geografia, magnetismo etc. e deixo que Deus governe o seu mundo como julgar melhor."[30] O comentário atesta tanto a autoconfiança que D. Pedro II desenvolvera no curso de dez anos quanto sua habilidade de compartimentalizar sua vida, confinando aqueles a quem conhecia a papéis específicos em sua existência.

O fato de o imperador manter relações amistosas com Aureliano Coutinho e Barbosa da Silva advinha em parte da cautela e da aversão a mudanças que lhe eram inatas. Ele os conhecia desde a infância e raramente descartava tais vínculos. Tão importante quanto isso, os dois homens haviam sido os primeiros mentores de um empreendimento – a fundação da cidade de Petrópolis – que propiciou concreta expressão e localização física aos objetivos intelectuais do imperador e a seus ideais para o Brasil. Na infância, D. Pedro II adquirira, graças a seu professor de francês e artes, Félix Emílio Taunay, uma crença no "belo, uma glorificação da inteligência humana pelas artes, as ciências e as grandes virtudes".[31] D. Pedro II seguiu Taunay na equiparação do "belo" com a Europa em geral, e a França em particular. A terra natal do imperador, e acima de tudo a capital do Rio de Janeiro, carecia visivelmente dos atributos da Europa e, portanto, do belo. A partir de 1843, Paulo Barbosa da Silva, habilmente assistido por Aureliano Coutinho como presidente da província do Rio de Janeiro, trabalhou arduamente para remediar essa carência, fundando uma cidade nas montanhas ao norte da cidade do Rio de Janeiro. O clima temperado do local e sua povoação por imigrantes alemães tornaram plausível esse pequeno pedaço da Europa recriado no Brasil.[32]

---

30 Carta não datada (provavelmente do período inicial de 1853), transcrito em Vianna, *Estudos*, p.136. Aureliano Coutinho, que se tornou visconde de Sepetiba em 14 mar. 1855, faleceu em 25 set. 1855.

31 Ver a declaração de Félix Emílio Taunay, transcrita em Taunay, *Trechos*, p.115; e sobre a vida e o ponto de vista de Taunay, ver capítulo 2.

32 Sobre a fundação do povoado, ver as várias contribuições ao *Centenário de Petrópolis*, v.II.

Figura 17. O palácio imperial em Petrópolis.

D. Pedro II participou do empreendimento desde o início. A nova cidade localizava-se na Fazenda do Córrego Seco, a propriedade comprada por seu pai em 1830. Penhorada, havia sido resgatada com fundos liberados pelo Legislativo. O plano para o assentamento, elaborado em 1843, reservava um espaço para o palácio. Em maio de 1845, o imperador visitou e pessoalmente escolheu o local de sua futura residência. Dois meses depois, os primeiros colonizadores, principalmente alemães da região do Reno, chegaram. Os diversos vales montanhosos que os colonizadores ocuparam receberam nomes familiares: Coblenz, Bingen e Nassau. Em outubro de 1845, a colônia estava ativa: "Já tenho mais de 400 famílias arranjadas", Paulo Barbosa escreveu em 5 de novembro a D. Pedro II, então no Rio Grande do Sul. "O que era há quatros meses matas virgens, é hoje uma povoação branca, industriosa, alegre e bendizente de Vossa Majestade Imperial."[33]

A identificação do novo povoado com o imperador estendeu-se ao seu nome. "Lembrando-me de Petersburgo, cidade de Pedro, recorri ao grego e achei uma cidade com este nome no Arcipelago, e sendo o imperador Pedro

---

[33] AHMI POB Maço 108 Doc. 5.324 Paulo Barbosa da Silva para D. Pedro II, Rio de Janeiro, 27 nov. 1845.

julguei que lhe caberia bem este nome", Paulo Barbosa relembrou mais tarde.[34] O nome escolhido – Petrópolis – reafirmou desse modo a identificação da cidade com a civilização europeia. Barbosa da Silva, como contou a D. Pedro II em novembro de 1845, ansiava para que o imperador fosse "ver esta minha querida Petrópolis, que será um monumento de eterna gloria para o seu reinado". Essa profecia comprovou-se. O imperador manteve um vínculo permanente com Petrópolis por toda a vida. A partir de 1847, todo ano ele e a família passavam os meses do verão sulino, de dezembro a abril, na cidade. Em março de 1891, pouco antes de sua morte, ele implorou a um correspondente "fale-me de Petrópolis".[35] Atualmente uma importante cidade, Petrópolis permanece como o local no Brasil mais identificado com D. Pedro II. Seu palácio tornou-se o Museu Imperial. Tanto seus documentos pessoais quanto os oficiais estão guardados na cidade; sua estátua ergue-se na praça central e seu corpo jaz na catedral.

A criação de Petrópolis, um processo iniciado pelo mordomo, favorecido por Aureliano Coutinho e consumado por D. Pedro II, era uma demonstração concreta da identificação do monarca com o civilizado e o moderno. Muito embora o Brasil em si não fosse "branca, industriosa, alegre" (para usar as palavras de Paulo Barbosa), o imperador era considerado, no final da década de 1840, imbuído dessas qualidades. D. Pedro II sempre demonstrara uma predisposição ao estudo. Desde cedo a leitura permitia-lhe evitar o lado desagradável da vida cotidiana. Livros e resenhas proporcionavam acesso contínuo à cultura da Europa. O saber também bania o desconhecido e dava--lhe uma sensação de segurança. No início da década de 1840, o imperador iniciara aquilo que se tornaria a busca de uma vida inteira por adquirir materiais impressos, sobretudo da França, como o mordomo era frequentemente lembrado:

Sr. Paulo:
Veio-me aqui um francês dizendo que os meus livros, por ter de aportar em Pernambuco o navio, se tinham demorado, mas que já estavam na alfândega, e como hoje está aberta indague se com efeito aí estão, se estiverem veja se os pode tirar.
D. Pedro 2º

---

34 Ver o relato de Paulo Barbosa da Silva, transcrito em Lacombe, "Barbosa e a fundação", p.39. Um fac-símile da mensagem original aparece em ibid., espelhando a p.40.
35 D. Pedro II para o visconde de Taunay, Cannes, 21 mar. 1891, em "Cartas do exílio", p.164-5.

Sr. Paulo:

Mande dizer ao [François] Picot, basta amanhã, que me mande vir de França toda a coleção do *Moniteur* que já há e que me vá remetendo os que vierem, enviando-me já os que por este paquete acabam de chegar.

D. Pedro 2º[36]

Em dezembro de 1843, quando o imperador tinha apenas 18 anos, a intensidade de sua sede de conhecimento fez que um político nacional comentasse em seu diário:

> O amor dos livros é a única paixão que se lhe conhece, e muitos receiam que chegou a um extremo prejudicial ao bom senso, e ao regime dos negócios. Na leitura diária do *Jornal do Commercio* dizente [?] a parte relativa aos negócios de outros Estados, mas nunca diz coisa alguma a respeito dos negócios do Brasil.[37]

Essa crítica, embora compreensível, exagerava a situação. D. Pedro II sempre lia com certa inteligência, e sua memória prodigiosa permitia-lhe reter e relembrar o que lera. No início da década de 1840, ele desenvolveu um extraordinário acervo de informações sobre o mundo fora do Brasil, o que por muito tempo o separou de seus compatriotas.

Os interesses intelectuais de D. Pedro II não se restringiam, deve-se salientar, ao mundo impresso. Seu professor de arte, Félix Taunay, diretor da Academia Nacional de Belas Artes, inspirou nele um gosto duradouro por pintura e escultura. Sob a orientação de Taunay, o imperador fez em dezembro de 1836 sua primeira visita à Academia de Belas Artes. Uma exposição de pintura e escultura primeiramente realizada em 1840 e repetida anualmente até 1850 foi invariavelmente honrada com uma visita de D. Pedro II, cujas aquisições formaram a base de sua considerável coleção de arte.[38]

Senhor Paulo,

Desejando que as belas artes cresçam no meu império, mando-lhe que se entenda com Taunay para a compra dos seguintes quadros que apareceram na

---

36 Duas cartas não datadas de D. Pedro II para Paulo Barbosa da Silva, em A. J. Lacombe, *Mordomo*, p.285, 303. François Picot foi editor de longa data e no final das contas sócio do *Jornal do Commercio*.

37 AHI RSP Lata 294 Maço 1 Pasta 3 Diário de Rodrigo de Sousa Pontes, registro para 10 dez. 1843.

38 Mello Junior, "D. Pedro II", p.12-4, 21; e ibid., "A criação", p.24-5, 27-8.

exposição: a cabeça de oficial de fortuna de Walter Scott pintada pelo Moreau Junior, um muito bem acabado desenho do Lente de Arquitetura, representando o interior de um suntuosíssimo edifício, e o quadro dos caboclos feito pelo [Claude Joseph] Barandier.

D. Pedro 2º[39]

O imperador nutria ainda intenso prazer pelo teatro. Em 1840 ele concedeu entusiasmado apoio a uma companhia dramática francesa em dificuldade, chegando ao ponto de indicar peças (uma de Racine e duas de Casimir Delavigne) que ele considerava adequadas para apresentação diante de um imperador.[40] O casamento com D. Teresa Cristina despertara um gosto por música. D. Pedro II permaneceu pelo resto da vida um devoto da ópera e do que atualmente se denomina música clássica.

Assim como o entusiasmo do imperador pelas belas artes e pela dramaturgia não se restringia à página impressa, também seu interesse por todo ramo das ciências extrapolava o abstrato e passivo. Já em 1839, "um Laboratório de Química e Física" havia sido montado em São Cristóvão. Um pioneiro em fotografia amadora, D. Pedro II usou seu laboratório para produzir chapas de cobre para daguerreótipo e mais tarde revelar fotografias tiradas pelo processo de calotipia. Posteriormente, em 1842, um observatório astronômico foi instalado em uma das torres de São Cristóvão.[41]

Senhor Paulo:

Junto lhe mando um requerimento de Soulié de Sauve. Desejo favorecê-lo porque me parece ser um homem proveitoso à ciência. Ele por ora só pede 3 contos, e está pronto a receber o mais da maneira que eu quiser.

D.Pedro 2º[42]

---

39 D. Pedro II para Paulo Barbosa da Silva, não datado, em Lacombe, *Mordomo*, p.295. Barandier mostrou pela primeira vez uma pintura, "A morte de Camões", na Exposição de 1840, portanto a carta é de 1841 ou depois; veja Mello Junior, "A criação", p.30.

40 Ver seus cincos bilhetes sem data ao mordomo em Lacombe, *Mordomo*, p.288-91.

41 ANRJ CI Caixa 11 Pac. 1 Marquês de Itanhaém para Cândido Batista de Oliveira, ministro das Finanças, Boa Vista, 22 jun. 1839; D. Pedro II para Paulo Barbosa da Silva, sem data [1842], em Lacombe, *Mordomo*, p.319; e Ferrez; Naef, *Pioneer Photographers*, p.16. Um autorretrato em calótipo tirado por D. Pedro II por volta de 1855 é reproduzido em ibid., p.10.

42 D. Pedro II para Paulo Barbosa da Silva [ambos sem data, mas de 1842], em Lacombe, *Mordomo*, p.318-9; e ANRJ CI Caixa 12 Pac. 2 Observatório de Boa Vista, 25 ago. 1842. Eugênio Fernando Saulié de Sauve ensinou na Escola Militar do Rio de Janeiro e morreu em 1850.

Figura 18. Palácio de São Cristóvão em meados do século XIX.

O imperador passou toda sua vida fascinado pela Astronomia. Chegou a escrever um pequeno livro para seus filhos sobre o assunto e relembrou com orgulho em 1891, quatro meses antes de sua morte: "Esmerei na exatidão e nas informações na época em que o escrevi".[43]

D. Pedro II atingiu a vida adulta em um período em que o polímata e o sábio amador e autodidata floresciam. A experiência em uma série de campos era tão plausível quanto disseminada. A abrangência e a diversidade dos interesses literários, artísticos e científicos do imperador despertavam a admiração geral, uma vez que os monarcas da Europa se destacavam mais por seu interesse na arte da guerra, na caça e nos flertes do que na busca pelo conhecimento. No final da década de 1840, D. Pedro II havia encontrado sua missão na vida. O conhecimento que conquistara e continuava a adquirir ele aplicaria para o benefício e o progresso de seu país. Ele se tornaria o agente da disseminação da "civilização" (cultura europeia) no Brasil. Seria seu cidadão modelo.

O desempenho de tal papel por D. Pedro II era perfeitamente compatível com o fato de ele ser também imperador. Os brasileiros buscavam liderança em seu monarca e esperavam que ele fosse um exemplo. Os políticos do país, geralmente educados na Europa, continuavam a buscar lá sua inspiração e

---

43 Ver AHMI POB Cat. B Maço 37 Doc. 1.057. Apontamento no diário de D. Pedro II para 8 ago. 1891.

orientação.[44] Eles só poderiam ser receptivos às atividades de D. Pedro II. O imperador era pela própria posição que ocupava o único capaz de realizar a tarefa autodesignada. Sua alta renda permitia-lhe adquirir todo material de leitura que desejasse na Europa. Os diplomatas brasileiros atuavam como agentes no envio dos materiais adquiridos.[45] Sua crescente reputação como um amante do conhecimento e como um regente sagaz e iluminado fizeram que intelectuais do calibre do poeta e romancista italiano Alessandro Manzoni e do viajante e naturalista alemão Alexander von Humboldt se dispusessem a se corresponder com ele.[46] Tais intercâmbios eram mutuamente vantajosos. Os homens de letras conquistavam posição social por meio da correspondência com um imperador, enquanto a credibilidade de D. Pedro II como um sábio era intensificada. Como consequência dessas vantagens, D. Pedro II tornou-se cada vez mais um exemplo perfeito da nação tanto local quanto internacionalmente. Ele assegurava que o Brasil acabaria se tornando o que ele, seu cidadão modelo, incorporava. Como o orador do Instituto Histórico observou em 1854, D. Pedro II estava na vanguarda "dos elementos civilizadores que se disseminavam e se intensificavam para formar nessa nova terra uma era em concordância com o grande século em que vivemos; o país em que o soberano é receptivo à inteligência e à virtude não pode ser chamado de inculto".[47]

D. Pedro II desempenhava bem o papel que escolhera porque acreditava plenamente no que buscava atingir. Tomando como algo incontestável a necessidade de incutir "civilização" no Brasil, ele se contentava em buscar seus meios de modo lento e indireto. Ele atuava por meio do *status quo*, persuadindo pelo exemplo e pelo encorajamento. Aqueles que colaboravam com ele viam suas carreiras prosperarem. Por outro lado, ele nunca repudiava aqueles que não cooperassem. Ele simplesmente perseverava, confiando que acabaria conseguindo que aderissem a seu ponto de vista. Foi essa implacável determinação, essa tenacidade tranquila, essa constante disposição de perdoar e esquecer e essa abrangente generosidade que tornaram D. Pedro II tão digno de crédito como o cidadão modelo do Brasil. Essas mesmas qualidades também explicavam por que era tão fácil subestimar suas realizações.

44 Somente após 1865 os Estados Unidos tornaram-se um modelo viável para o Brasil. Na década de 1840 os Estados Unidos ainda eram dependentes da imigração e da cultura europeias. Até a década de 1860, os brasileiros viram os Estados Unidos sob as lentes da França.
45 D. Pedro II para Paulo Barbosa da Silva, 18 abr. 1866, em Lacombe, *Mordomo*, p.366.
46 Gordon, "Cartas"; e Calmon, *Pedro II*, v.2, p.402.
47 Discurso de Manuel de Araújo Pôrto-Alegre para D. Pedro II, 25 mar. 1854, divulgado no *Jornal do Commercio*, 4 abr. 1854.

Sempre pensando no longo prazo, D. Pedro II considerava a próxima geração como essencial para atingir seus objetivos. Considerando a educação a base mais sólida da civilização de um país, como registrou em julho de 1842, procurou fortalecer e influenciar as instituições que treinavam os jovens.[48] No final da década de 1840, iniciou a prática de comparecer tanto às cerimônias que marcavam o início e o fim do semestre quanto aos exames orais na Escola de Medicina, na Escola Militar (que se transformou na Escola Central e, depois, em Politécnica) e no Colégio D. Pedro II, todos na cidade do Rio de Janeiro. Com sua presença, o imperador estabelecia uma identificação entre educação e cidadania e também proporcionava aos jovens a quem conhecia um modelo vivo do que deveriam e poderiam vir a ser. D. Pedro II não limitava seu apoio à escolarização e a visitas. Além disso, ele provia algum suporte financeiro para possibilitar que jovens talentosos estudassem na Europa, não apenas nas universidades, mas também nas escolas de arte e nos conservatórios de música. Desse modo, o imperador fortalecia a equiparação da cultura brasileira com a civilização europeia.[49]

O elemento final na transformação de D. Pedro II entre 1845 e 1853 envolveu seu aprendizado da arte da administração política. Como demonstrou o apoio popular à antecipação da maioridade em 1840, a vasta maioria dos brasileiros esperava e desejava que o monarca fosse o árbitro do processo político. A partida do Brasil de Paulo Barbosa da Silva em 1846 seguida pela destituição de Aureliano Coutinho como presidente da província do Rio em 1848 sinalizaram o fim da corte como o principal fórum de intrigas políticas. O desaparecimento de favoritismos e a patente imparcialidade e independência de D. Pedro II em grande medida realçaram sua posição.

Essa posição foi adicionalmente fortalecida pela evolução da estrutura política. Antes da maioridade do imperador em 1840, não existia nenhum partido político digno desse nome, sendo os agrupamentos, em vez disso, uma série de facções, baseadas em regiões e reunidas em torno de líderes específicos. A maioridade antecipada de D. Pedro II havia sido obtida por uma dessas alianças frouxas de facções regionais e personalistas. O sucesso dessa campanha serviu como catalisador para uma polarização política crescente e para uma organização eleitoral sistemática. Das eleições realizadas no final

---

48 Rascunho manuscrito por D. Pedro II do decreto de 18 jul. 1842, estabelecendo o Colégio do Anjo Custódio, em Lacombe, *Mordomo*, p.314-5.

49 Ver Auler, *Bolsistas*. Embora ele financiasse pessoalmente alguns jovens, como o pintor Pedro Américo de Figueiredo, era mais comum o imperador providenciar que o governo nacional oferecesse bolsas de estudo; ver ibid., p.54-5, 62, 65-7.

de 1842 emergira o "partido da ordem" que se tornaria o Partido Conservador, enquanto as eleições no final de 1844 testemunharam a criação do Partido Liberal, de oposição. Esses dois partidos nunca se tornaram organizações monolíticas, e cada qual possuía, sobretudo os liberais, facções internas que lutavam pelo domínio. Entretanto, de 1845 em diante, o cenário político exibiu uma simetria até então inexistente. Entre os dois partidos havia uma profunda cisão, e essa rivalidade simplificava a tarefa do imperador como governante.[50]

Tradicionalmente, D. Pedro II convocava um renomado líder de um partido para formar um Gabinete. O outro partido formava a oposição, que impunha certa disciplina ao partido que assumia o poder. Quando um Gabinete desejava renunciar ou demonstrava indícios de colapso, o imperador podia formar um ministério a partir dos elementos do partido no poder ou convocar o partido oposicionista para assumir o poder. Esse sistema, basicamente uma rotatividade no poder entre os dois partidos, exigia uma administração muito hábil e moderada do imperador. Ao lidar com ambos os partidos, precisava manter uma reputação de imparcialidade, agir em consonância com o desejo popular e evitar qualquer imposição flagrante de sua vontade no cenário político.

A segunda metade da década de 1840 viu D. Pedro II desenvolver sua habilidade de administrar o sistema político dessa maneira. De particular importância foi a criação, por um decreto datado de 23 de julho de 1847, do posto de presidente do Conselho de Ministros.[51] A posição em si não implicou nenhum novo processo. Desde janeiro de 1843, quando o imperador havia confiado a Carneiro Leão a tarefa de formar um Gabinete representando "o partido da ordem", a maioria dos gabinetes contava com um líder reconhecido, ainda que extraoficial. A relevância do novo cargo residia no fato de constituir o reconhecimento pelo imperador tanto da autonomia do Legislativo quanto da legitimidade do sistema de partidos. Doravante, o chefe de qualquer gabinete devia ser um renomado líder de seu partido que contasse com o apoio de ambas as câmaras. Os poderes do presidente do Conselho nunca foram oficialmente definidos, mas ele tinha a tarefa de selecionar seus colegas, anunciar o programa do Gabinete ao Legislativo e manter a solidariedade entre seus companheiros ministros. Ao empreender todas essas atividades, era essencial que ele mantivesse a aprovação e o apoio do imperador. O grau de poder que o posto assumiria dependia da capacidade pessoal dos presidentes

---

50 Sobre o surgimento de dois partidos e a natureza da política, ver Barman, *Brazil*, p.223-7.
51 Decreto n.523, 20 jul. 1847 apud *Organizações*, p.99.

do conselho, de sua habilidade no trato com o imperador e de sua perícia em angariar apoio dos políticos eleitos.[52]

A crescente estabilidade emocional e a autoconfiança do imperador ficaram demonstradas por sua disposição no início de 1847 e novamente no início de 1848 em deixar a capital e fazer extensas viagens pela província do Rio de Janeiro. Em nenhuma delas foi acompanhado da imperatriz, que em ambas as ocasiões estava grávida de alguns meses. Em março e abril de 1847, durante a primeira visita, viajou pela região canavieira ao redor de Campos dos Goytacazes no leste da província. Além de inspecionar absolutamente tudo de seu interesse – repartições públicas, escolas, igrejas, plantações, canais e belezas naturais –, D. Pedro II demonstrou uma nova e inesperada inclinação para o prazer. Em Campos, no dia 11 de abril, dançou em um baile até as 3h da manhã, muito embora tivesse de acordar às 6h. Ele mantinha, contudo, D. Teresa Cristina, que zelosamente cuidava das crianças, em Petrópolis, plenamente informada de suas atividades em um constante fluxo de cartas.[53] Se ele deleitava sua visão com as mulheres atraentes que conhecia, não mencionava o fato, mas o imperador era hábil em separar as diferentes facetas de sua vida.

No início de 1848 D. Pedro II, acompanhado pelos quatro cortesões que habitualmente lhe serviam, visitou a zona cafeeira na região central da província do Rio, indo de uma plantação a outra e apreciando a hospitalidade oferecida. Durante a visita ele novamente escreveu com frequência à esposa, que permaneceu em Petrópolis com os filhos. A carta que ele enviou em 17 de fevereiro, durante sua estada na fazenda do visconde de Baependi, um camareiro da corte, revela tanto sobre seu caráter quanto sobre o incidente descrito:

> Excelentemente recebido tenho sido por toda parte, e muito me tem interessado esta digressão por tão importantes municípios, de sorte que seria completo em todos os partos este meu passeio se não ocorressem certos fatos que bastante me magoaram, e de que te não dei parte, porque repugno me falar mal, se assim se pode chamar o dizer a verdade, de qualquer pessoa, que não mais de quem ainda estimo por algumas qualidades boas, que lhe reconheço, porém a proximidade de minha volta a Petrópolis e a necessidade de evitar sucessos desagradáveis no futuro me obrigam a quebrar um silêncio que, se por mais tempo guardasse, iria contra minha consciência.

---

52 Traduzir "o presidente do Conselho de Ministros" como "o primeiro-ministro" seria conveniente, mas essencialmente equivocado, pois o presidente do conselho não era tão poderoso quanto o primeiro-ministro da Grã-Bretanha.

53 "Itinerário da viagem", p.341; e ver suas dez cartas a D. Teresa Cristina, em AGP XXXVIII-3.

O D. José ainda que várias vezes prometeu ter juízo nesta viagem, requinta na loucura comprometendo com suas indiscrições e falatórios até as pessoas a quem mostra mais dedicação e indispondo-se com toda a gente pelas suas maneiras estamoudas [?], trazendo-me assim contínua inquietação não prevendo o que ele dirá nem fará sendo-me impossível [...][54]

Essa carta excepcionalmente franca demonstra o domínio que D. Pedro II mantinha sobre suas ações, bem como sua prudência. Ele era invariavelmente cortês, gentil e paciente. Mantinha as emoções sob uma disciplina férrea. Jamais era rude e nunca perdia a calma. Era extraordinariamente discreto com as palavras e cauteloso nas ações. Igualmente notável era sua lealdade ao *status quo*, tanto com respeito às pessoas quanto às instituições. O ofensor, D. José de Assis, a quem D. Pedro II conhecia desde a infância, não sofreu nenhuma desonra pública em virtude de sua conduta. Ele permaneceu no posto de gentil-homem da Imperial Câmara, mas dali em diante o imperador discretamente o excluiu de seu círculo de cortesões de confiança.[55]

Em meados de 1848, então com 23 anos e meio, o imperador havia desenvolvido plenamente as qualidades que o caracterizariam dali em diante. Sua capacidade de governar foi colocada à prova em três terríveis crises que eclodiram entre 1848 e 1852 – um confronto com a Grã-Bretanha sobre a manutenção do comércio ilegal de escravos da África, uma grande revolta interna na região Nordeste e uma guerra no Rio da Prata. A saída triunfal do regime nessas três crises, com seu prestígio reafirmado, seus poderes intensificados e sua legitimidade inquestionável, deveu-se sobretudo à habilidade do Gabinete conservador que D. Pedro II nomeara em 29 de setembro de 1848. Uma parcela considerável do crédito também deve ser atribuída ao imperador, cuja cabeça fria, tenacidade de propósito e senso de plausibilidade provaram-se indispensáveis.

A primeira crise a emergir referiu-se à continuidade da importação de escravos da África, um comércio que havia sido declarado ilegal por um tratado com a Grã-Bretanha assinado em novembro de 1826. O tratado classificava o

---

54 AGP XXXVIII-3 D. Pedro II para D. Teresa Cristina, 5h da manhã [Fazenda] Santa Mônica, 17 fev. [1848].

55 Em 1853-1854, por exemplo, ele não foi chamado nem uma vez para cumprir o turno de uma semana com o imperador. D. José era filho legitimado de uma ligação entre o marquês de São João da Palma e uma mulher de descendência africana (possivelmente uma ex-escrava). Ele se formara em Direito em Coimbra, estava atuando como deputado em 1848 e encerraria sua carreira como juiz do Supremo Tribunal de Justiça; ver Lago, *Supremo Tribunal*, p.90-1.

comércio de escravos como um ato de pirataria e por um período de vinte anos dava aos navios de guerra britânicos o direito de fazer buscas nas embarcações de bandeira brasileira por escravos contrabandeados. Apesar da promulgação em 1831 de uma lei impondo penalidades ao envolvimento nesse tipo de comércio, ele continuou sem inspeção, na verdade com proteção e participação oficiais. Uma forte aliança entre agricultores, mercadores e políticos (dentre os quais Bernardo Pereira de Vasconcelos era o mais eloquente) apoiava o comércio. Perto de 700 mil escravos foram ilegalmente importados entre 1831 e o final da década de 1840.[56] No início de 1845, as disposições do tratado de 1826 expiraram, cessando qualquer direito de busca dos britânicos. O poderoso movimento antiescravagista na Grã-Bretanha, assustado com o crescente número de escravos importados por Brasil e Cuba, exigiu ação imediata e radical contra o Brasil. Em resposta, o governo britânico aprovou em agosto de 1845 o assim chamado Ato de Aberdeen que, unilateralmente, dava o direito a seus navios de guerra de fazer buscas e capturar embarcações brasileiras envolvidas no comércio de escravos, bem como os tribunais da marinha poderiam condená-las por envolvimento em pirataria. Apesar dos insistentes protestos do governo brasileiro, a esquadra britânica antiescravagista continuou a empregar seus poderes em alto-mar.

A incapacidade do Brasil de evitar a ação britânica dava mostras de uma ineficácia governamental não somente em questões externas, mas também nas internas. Entre fevereiro de 1844 e maio de 1848, quatro gabinetes formados por membros do Partido Liberal seguiram-se no poder. Todos eram fragmentados por facções e todos se mostraram estéreis em realizações, incapazes de introduzir no Brasil novas tecnologias, tais como uma rede de escolas primárias, que na época transformavam a Europa e a América do Norte. Em abril de 1848, chegaram notícias da queda da monarquia dos Orléans na França e da proclamação de uma República. O continente europeu estava mergulhado em revoluções nacionalistas, igualitárias. No final de maio, essas circunstâncias levaram D. Pedro II a nomear como presidente do Conselho de Ministros Francisco de Paula Sousa e Melo, o mais antigo e mais prestigioso dos líderes do Partido Liberal. O imperador efetivamente deu aos liberais uma última oportunidade de promulgar as reformas que defendiam e de trazer os benefícios do "progresso" ao Brasil. Como deixa claro um comentário em retrospectiva, D. Pedro II mantinha rigorosa supervisão sobre o Gabinete de Paula Sousa e suas ações:

---

56 Bethel, *Abolition*, p.60-1, 69; Eltis, *Economic Growth*, tabela 1A, p.244.

Alguns ministros, sei eu, que se queixavam de falta de confiança minha por eu me opor a algumas medidas propostas pelo Ministério; mas por que não insistiam? Se não tivesse confiança no Ministério e entendesse que não podia continuar, eu lhe diria isto mesmo.[57]

O Gabinete de Paula Sousa decidiu atribuir alta prioridade ao fim do confronto com a Grã-Bretanha, com a supressão do comércio ilegal de escravos. Para esse fim, o ministério primeiramente adotou um projeto de lei, que passara no Senado em 1837, concedendo ao governo poderes novos e efetivos. Entretanto, um artigo do projeto revogava a lei de 1831 que declarava ilegal o comércio de escravos. Essa proposta que, com efeito, dava sanção retroativa à escravidão daqueles ilegalmente importados ao Brasil desde 1831, causou feroz controvérsia. O clima de confronto foi intensificado pelo aumento do radicalismo popular, inspirado pelas Revoluções de 1848 na Europa, que tomou a forma de rebeliões disseminadas contra a grande comunidade de imigrantes portugueses. O fracasso do ministério de Paula Sousa em manter a ordem pública no Rio de Janeiro minou decisivamente o prestígio de seu gabinete. A Câmara dos Deputados votou em 26 de setembro de 1848 o adiamento até a próxima sessão da discussão sobre o projeto de lei do governo para a extinção do comércio escravagista. Em seguida, o Gabinete de Paula Sousa renunciou.[58] O imperador voltou-se para o Partido Conservador, afastado do poder desde 1844, e formou um forte Gabinete, composto de homens extremamente capazes.

A perda de poder enfureceu a ala radical do Partido Liberal. Na esfera provinciana, as facções que haviam desfrutado de virtual autonomia na administração das questões locais desde que o partido assumira o poder em 1844 agora se viam à mercê de seus oponentes conservadores. Em 6 de novembro de 1848, a facção Praieira da província de Pernambuco pegou em armas contra o governo central, exigindo a eleição de uma Assembleia Constituinte para introduzir o federalismo. A Revolta Praieira obteve sucesso inicial, mas nem o Gabinete nem o imperador deixaram-se abater. Os rebeldes atacaram Recife, a capital de Pernambuco, em 2 de fevereiro de 1849, mas foram decisivamente derrotados. Em março, o levante estava em grande parte reprimido.[59]

---

57 Anotação (parte da nota 25) de D. Pedro II em seu exemplar de Franco de Almeida, *Conselheiro Furtado*, p.39.
58 Bethel, *Abolition*, p.294.
59 Barman, *Brazil*, p.232.

A recusa dos liberais em aceitar a perda de poder, sua predisposição em usar a força para reconquistá-lo e a gravidade da crise que se seguiu decididamente afastaram a opinião pública do radicalismo político. O republicanismo e o federalismo eram ambos associados à anarquia. A monarquia era aceita como essencial à manutenção da lei e da ordem no Brasil. Essa consolidação do regime monárquico e sua inquestionável legitimidade permitiram ao Gabinete conservador concentrar-se na resolução de duas crises externas que subitamente se agravaram no início de 1850.[60]

Sob o Ato de Aberdeen, aprovado em agosto de 1845, a Marinha britânica havia inicialmente restringido sua ação à captura de embarcações de escravos encontrados em alto-mar. Essas capturas pouco contribuíram para o desmantelamento do comércio ilícito. Em junho de 1850, o governo britânico autorizou sua Marinha a enviar seus navios a vapor às águas costeiras e aos portos brasileiros para inspecionar e confiscar navios negreiros. Ao insulto somaram-se danos quando o enviado britânico apresentou protestos aos tiros desferidos pelas fortalezas em defesa dos portos contra frotas inglesas que adentravam para capturar e destruir navios suspeitos.[61]

A emergência era tão grande e a ameaça à soberania brasileira tão forte que os conservadores, apesar de suas relações de longa data com os interesses mercantis que administravam o negócio ilegal, decidiram que ele deveria ser imediatamente extinto e pelos próprios esforços do Brasil. A morte em maio de Bernardo Pereira de Vasconcelos, o defensor mais aguerrido desse comércio, facilitou essa reversão de opinião. Um projeto de lei concedendo ao governo amplos poderes, sem revogar a lei de 1831 que proibia a importação de escravos, foi encaminhado às pressas ao recém-empossado Legislativo e promulgado em 4 de setembro de 1850. O governo usou seus novos poderes tão eficazmente que, no início de 1852, até os ingleses tiveram de admitir que o comércio escravagista havia sido completamente destruído.[62]

Na resolução bem-sucedida dessa crise, D. Pedro II desempenhou um papel central. Ele incentivou o Gabinete conservador a comprometer-se com a imediata extinção desse comércio e resistiu a todas as pressões para destituir o Gabinete do poder. Em julho de 1850, ele permitiu que seu apoio ao projeto de lei do governo fosse publicamente conhecido, ao informar D. José

60 O governo britânico travou uma batalha com Rosas por alguns anos, mas em 1848 aquiesceu às condições impostas por ele; ver Ferns, *Britain and Argentina*, p.277-80.
61 Bethel, *Abolition*, p.242-6, 282-7, 327-31.
62 Ibid., p.331-59.

de Assis Mascarenhas, seu indiscreto camareiro, sobre seu ponto de vista.[63] Acima de tudo, ele deu apoio indispensável à efetiva supressão do comércio ilegal. Ninguém que estivesse envolvido direta ou passivamente no contrabando de escravos poderia a partir daquele momento contar com qualquer honraria governamental ou cargo oficial. Mais de dez anos depois, em 1862, ele continuava a impor essa política de exclusão.[64]

O imperador desempenhou um papel igualmente importante na terceira crise, que envolveu uma batalha entre o Brasil e a Confederação Argentina (antiga Províncias Unidas do Rio da Prata) pela supremacia na Bacia do Prata. O conflito girava em torno da República do Uruguai, criada em 1828 a partir do território em disputa entre os dois países. O governo uruguaio carecia de qualquer autoridade, e a disputa civil era endêmica. Políticos polarizavam-se entre os Blancos e os Colorados, partidos políticos originários de facções pré-independência que respectivamente favoreciam o domínio argentino e brasileiro. Uma manipulação deliberada de políticos uruguaios por vantagem externa começou no ano de 1835, quando Juan Manuel de Rosas tornou-se presidente da Confederação Argentina e a rebelião dos Farrapos, um levante popular contra o domínio do Rio de Janeiro, irrompeu na província do Rio Grande do Sul, contígua ao Uruguai. Em 1836, os Colorados rebelaram-se contra o governo controlado pelos Blancos, que eles depuseram dois anos mais tarde. Os Blancos recorreram ao presidente Rosas em busca de apoio, que os atendeu de bom grado. Em 1839, o novo governo controlado pelos Colorados declarou guerra à Argentina, iniciando um conflito que durou doze anos. Rosas não só permitiu aos Blancos dominar o interior do Uruguai, mas também os encorajou a prestar auxílio e dar asilo político aos rebeldes do movimento dos Farrapos, do outro lado da fronteira no Rio Grande do Sul. Com essas políticas, Rosas frustrou o Brasil e passou a dominar as questões do Rio da Prata. A melhor resposta que o Brasil pôde prover foi ajudar os Colorados a manter o controle de Montevidéu, capital e principal porto do Uruguai. O governo imperial também buscou reduzir a influência de Rosas suprimindo a revolta na província do Rio Grande do Sul. Esse objetivo só foi atingido em 1845, tanto por meio de concessões aos rebeldes dos Farrapos quanto por vitória militar.

---

63 Ibid., p.340.

64 D. Pedro II informou a um candidato a um cargo na Escola de Direito de Olinda que o fracasso dele em 1855 na recaptura de escravos aportados em Serinhaém, Pernambuco, poderia embaraçar sua escolha, pois Drummond pareceu sair algum tanto desconcertado. Ver o apontamento para 29 dez. 1862, em Vianna, "Diário de 1862", p.303.

Quando o novo Gabinete conservador assumiu o poder em 29 de setembro de 1848, seus membros estavam divididos quanto à política que o Brasil deveria adotar na região do Rio da Prata – se o governo imperial devia buscar um acordo com Juan Manuel de Rosas ou se devia tentar desafiar seu poder. O presidente do Conselho, o antigo regente Pedro de Araújo Lima, visconde de Olinda desde julho de 1841, era a favor da conciliação. Foi o imperador que forçou a renúncia de Olinda do Gabinete em outubro de 1849 e sua substituição por um defensor do desafio à supremacia de Rosas. O novo ministro de Relações Exteriores agiu para forjar uma aliança contra Rosas entre Brasil, os Colorados do Uruguai e o caudilho que controlava a província de Entre Rios, na Argentina. Rosas procurou neutralizar essa política utilizando seu enviado ao Rio para minar a posição do Gabinete. Quando as tensões elevaram-se, em 1850, D. Pedro II tornou-se um participante-chave da disputa. Mais tarde, naquele ano, ele conduziu pessoalmente as negociações com o enviado argentino no Rio, manobrando de modo que Rosas rompesse relações com o Brasil. A determinação e o apoio incondicional do imperador deram ao Gabinete a confiança de adotar, em 1851, hostilidades declaradas contra a Confederação Argentina. Na guerra que se seguiu, o Brasil ofereceu crucial apoio naval e militar aos oponentes argentinos e uruguaios a Rosas, uma luta que culminou com sua queda na Batalha de Monte Caseros em fevereiro de 1852.[65]

Opiniões contemporâneas, tanto brasileiras quanto estrangeiras, concordam em atribuir a D. Pedro II um papel preponderante em assegurar um bom resultado em cada uma dessas três crises que afetou o Brasil. Em 1852, um ministro do Gabinete declarou:

> O Imperador constitui uma das principais vantagens do nosso país; sua moralidade, sua instrução superior, seu juízo reto e suas intenções admiráveis, tudo unido ao prestígio e ao lugar podem ainda livrar-nos de muitos males, sem ele inevitáveis, e com ele prováveis. Se eu gostasse dele por interesse próprio, e via-o como a esperança de nossa salvação, hoje sou forçado a gostar dele por afeição e gratidão, assim como alguém ama a virtude e a um benfeitor.[66]

Admitindo-se um componente de hipérbole, a admiração do autor dessas palavras por D. Pedro II ecoava na imprensa estrangeira. O *Illustrated London*

---

65 Barman, *Brazil*, p.234.

66 IHGB Coleção Saraiva Lata 273 Pasta 29 Francisco Gonçalves Martins, ministro do Império (Interior), para José Antônio Saraiva, Rio de Janeiro, 10 out. 1852.

News em sua edição de 30 de outubro de 1852 publicou um perfil elogioso que relatava o seguinte:

> Para formar um julgamento correto do jovem Imperador, admirar seu bom senso, prudência, sagacidade e firmeza, deve-se estudar a História do Brasil nos últimos dez anos. Ninguém, nem mesmo seus mais eminentes conselheiros, está tão plenamente informado de todos os segredos da política em questões internacionais, bem como nas questões do partido criado pelo mecanismo constitucional [...]
>
> Reis raramente escrevem para o público; e é difícil formar uma opinião a respeito deles por sua produção literária; entretanto, os brasileiros de qualquer classe falam de seu soberano com o entusiasmo do legítimo orgulho.[67]

Se a vida pública do imperador no final da década de 1840 foi marcada por sucessos e realizações, sua vida particular desandava. O casamento de D. Pedro II com D. Teresa Cristina não começara bem. O ganho de maturidade por parte dele, a paciência e a devoção inabaláveis dela, mais o nascimento de um filho acabaram por trazer felicidade e compatibilidade conjugal. O casal encontrou interesses em comum, tal como a ópera, e o imperador desenvolveu o gosto pela dança, participando pela primeira vez dos bailes realizados na corte.[68] Acima de tudo, eles compartilhavam o interesse por seus filhos. D. Pedro II nunca fora um pai indulgente, nem demonstrava muito suas afeições, mas seu amor e preocupação por sua prole eram profundos e duradouros. Mesmo em idade avançada, esses sentimentos permaneceram fortes, como uma correspondente feminina lembrou-o em uma carta escrita em 1888: "Lembro-me tão claramente da expressão e do tom de voz com que me disseste em Nápoles: 'Eu! Adoro minha filha!'"[69] A morte de D. Afonso por convulsões quando tinha 2 anos e meio de idade em junho de 1847 causaram-lhe "a mais pungente dor", como ele registrou para sua madrasta D. Amélia.[70]

---

67 *Illustrated London News*, 30 out. 1852, p.349-50. O artigo parece ter sido "plantado" (provavelmente pela missão brasileira em Londres), o equivalente a um *press release* moderno. Qualquer que seja sua origem, o artigo realmente ilustra a impressão predominante de D. Pedro II.

68 No baile da corte realizado em 24 jul. 1841, em comemoração à coroação de D. Pedro II, o enviado austríaco observou, "como Sua Majestade não dança, o baile foi aberto pelas madames princesas". Ver BNRJ TM Arm. 32 Pac. 145-4 Leopold von Daiser-Silbach para príncipe Metternich, n.12, Rio de Janeiro, 7 ago. 1841.

69 AHMI POB Maço 198 Doc 9.001 Matilde-Marie Ruinart de Brimont, condessa Vallier de La Tour, para D. Pedro II, Paris, 12 out. 1888.

70 AGP XXXVIII-10 D. Pedro II para D. Amélia, Petrópolis, 11 jul. 1847.

Figura 19. D. Teresa Cristina em vestido de gala, provavelmente com 30 anos.

O espaçamento regular das gestações da imperatriz sinalizava uma vida sexual ativa. D. Teresa Cristina concebeu seu segundo, terceiro e quarto filhos em novembro de 1845, 1846 e 1847, dando à luz a cada um em julho seguinte. Até que o padrão mudou. D. Teresa Cristina não ficou grávida em novembro de 1848, nem no decorrer de 1849. Dado o nascimento de quatro filhos em quatro anos, uma pausa era justificável. Entretanto, a morte por convulsões em janeiro de 1850 do único filho homem sobrevivente do casal, D. Pedro, fundamentalmente mudou a situação. Restaram as duas filhas. Fosse o que fosse que a Constituição de 1824 permitisse, as premissas da época tornavam um herdeiro ao trono uma virtual necessidade. Outras gestações até o nascimento de um filho eram uma obrigação da parte da imperatriz. Por temperamento e criação, D. Teresa Cristina jamais fugia de seu dever. Em 1850 ela tinha apenas 28 anos de idade, e sua saúde geral era boa. Ela, no entanto, jamais voltou a engravidar.

Essa evidência sugere que as relações sexuais entre o casal podem ter cessado em algum momento após julho de 1848, para não mais serem retomadas. A causa imediata para essa pausa – problemas ginecológicos, desejo de evitar outra gravidez, perda de atração física – não é evidente. Claro é que a ruptura fazia parte de uma crise maior no casamento. O imperador era um homem de grande energia física, e o nascimento de quatro filhos em rápida sucessão atesta seu ímpeto sexual. Nada sugere que o interesse de D. Pedro II se desviasse nos primeiros quatro anos da união. Suas cartas a D. Teresa Cristina revelam um marido que estava bastante satisfeito com o relacionamento, sendo tão conscencioso quanto atencioso em relação à esposa e aos filhos. Por outro lado, as cartas não sugerem um relacionamento movido por uma necessidade premente ou uma forte paixão.

É provável que a partir do momento que D. Pedro II atingiu seus 20 anos e assim a maturidade, ele foi deixando de encontrar realização intelectual ou física somente com sua esposa, por mais amorosa e atenciosa que ela fosse. Cada vez mais outras mulheres atraíam sua atenção, especialmente as de boa aparência, com uma mente inteligente, culta e vivacidade na fala e nos modos – qualidades que a imperatriz não possuía. Durante as duas visitas prolongadas do imperador ao interior da província do Rio de Janeiro, no início de 1847, e novamente no início de 1848, D. Teresa Cristina não o acompanhou, de modo que ele teve ampla oportunidade para distrair-se com mulheres de sua própria escolha. Suas cartas indicam o quanto ele apreciava a experiência da liberdade pessoal.[71] Quando o imperador retornou a Petrópolis em março de 1848, sua esposa estava grávida de vários meses de seu quarto bebê. As circunstâncias eram propícias. O olhar de D. Pedro II divagava. Iniciou um flerte que foi, nas palavras de um político irlandês da época, "levado a suas consequências práticas".[72]

"Fala-se nos salões de relações íntimas do imperador com a viúva Navarro", assim um jovem da cidade escreveu a um amigo próximo em 30 de agosto de 1848.[73] A senhora em questão, Maria Leopoldina Navarro de Andrade, também pode ser ligada a D. Pedro II por outra evidência. Como se poderia esperar nessas circunstâncias, a família do pai dela era proeminente na corte e na vida pública, e sua mãe descendia de um clã fazendeiro na província da Bahia. Dois de seus tios paternos lecionavam Medicina na Universidade de Coimbra; dois chegaram a ser juízes da corte de apelação, um no Porto e outro no Rio de Janeiro; dois eram padres, um abade e um cânone em Portugal; e um servira a D. Pedro I como seu médico pessoal tanto no Brasil quanto em

---

71 As cartas relevantes de D. Pedro II para D. Teresa Cristina, de 1847 a 1848, estão arquivadas em AGP XXXVIII-3.

72 Comentário de Richard Lalor Shiel em uma carta a Chichester Fortescue, que o registrou em seu diário no dia 23 mar. 1851, em Hewett, *"... and Mr. Fortescue"*, p.11.

73 IHGB Coleção Ourém Lata 143 Doc. 19 Francisco Otaviano de Almeida Rosa para João de Almeida Areias, futuro visconde de Ourém [Rio de Janeiro], 30 ago. 1848.

Figura 20. D. Pedro II com 24 anos de idade, vestindo a farda imperial de seu próprio reinado, em um retrato enviado por ele a Francis Joseph da Áustria no final de 1849.

Portugal.[74] A seriedade ou a duração do caso amoroso entre D. Pedro II e D. Leopoldina não é conhecida. Alguma infidelidade, sem dúvida, realmente ocorreu; e o resultado foi, provavelmente, uma desavença conjugal. Em dezembro de 1848, D. Francisca, então vivendo na Inglaterra, soube por um informante em São Cristóvão que "as coisas vão sempre muito violentas no *ménage*".[75] Certamente, a imperatriz não mais confiava no marido. Em fevereiro de 1849, D. Pedro II encerrou duas cartas a ela com uma nova frase:

74 Condessa de Barral para D. Isabel, Roma, 19 out. 1879, em Calmon, *D. Pedro II*, v.II, p.449, citando a partir da carta original em AGP. Era quase certo que Maria Leopoldina era filha do Dr. Sebastião Navarro de Andrade, um nativo de Portugal, um entre nove irmãos, enquanto a mãe era provavelmente Maria Pires de Carvalho e Albuquerque. Nascida entre 1816 e 1819, Maria Leopoldina casou-se com um primo em primeiro grau, João Carlos Viana Navarro de Andrade, filho de Vicente Navarro de Andrade, barão de Inhomerim, com quem ela se uniu e teve uma filha, Maria de Loreto Navarro de Andrade. Ver Silveira Pinto, *Resenha*, v.II, p.509-10; Bulcão Sobrinho, *Famílias*, v.I, p.68 e v.III, p.110; e "Barão de Inhomerim", p.30.
75 D. Francisca, princesa de Joinville, para Paulo Barbosa da Silva, Claremont, 12 dez. 1848; transcrição em BNRJ TM Arm. 32 Pac. 65 de uma mensagem original provavelmente pertencente ao finado Américo J. Lacombe.

"teu afeiçoado e fiel".[76] Se dúvidas a respeito não existissem, tal garantia não teria sido necessária. Em julho de 1849, um cortesão relatou os temores da imperatriz "que o seu esposo faça em Santa Cruz as mesmas galanterias que fazia o sr. Dom Pedro I".[77]

Nenhuma ruptura declarada ocorreu entre o casal. A conclusão de que as relações íntimas entre eles cessaram não passa de uma especulação. A única certeza é a de que a imperatriz parou de ter filhos após julho de 1848. As consequências disso foram nefastas. D. Pedro II foi profundamente afetado, tanto emocional quanto intelectualmente, pela morte de seu segundo filho, D. Pedro, em 10 de janeiro de 1850. "Quando esta receberes, já hás de saber da perda dolorosa que experimentei", ele escreveu ao cunhado, rei Fernando de Portugal, três semanas após o falecimento. "Deus, que me faz passar por tão dura provação, me dará em sua misericórdia, motivos de consolação para meus desgostos."[78] D. Pedro II extravasou sua infelicidade em um poema que diz em um trecho:

> Mas dizer o que sente a alma partida
> Do pai, a quem, ó Deus, tua espada corta
> A flor de seu futuro, o filho amado;[79]

Para D. Pedro II a morte de seus dois filhos e a crescente probabilidade de que não seria pai de mais nenhum outro parecia ser uma manifestação da Providência. Por mais que apreciasse a companhia de mulheres e por mais afetuosamente que amasse as duas filhas, enxergava o mundo em termos masculinos. A jovem princesa Isabel poderia ser sua herdeira legal, mas isso contava pouco. Para ser viável, seu sucessor deveria ser um homem. Parecia que a espada de Deus havia realmente ceifado "a flor de seu futuro". Era como se o Todo-Poderoso houvesse anunciado que o regime imperial estava fadado a se encerrar com D. Pedro II.

---

76 AGP XXXVIII-3 D. Pedro II para D Teresa Cristina, "Fábrica, 3 e meia da manhã", 10 fev., e "11 e meia da manhã", 18 fev. O conteúdo dessas cartas revela que elas foram escritas, respectivamente, em um sábado e em um domingo, o que as remete a 1849.

77 Conrado Jacó de Niemeyer para Paulo Barbosa da Silva, 20 jul. 1849, citado em Lacombe, "Fundação de Petrópolis", p.221.

78 ANTT Caixa 7324 Capilha 184 Doc. 17 D. Pedro II para Fernando, rei consorte de Portugal, Rio de Janeiro, 27 jan. 1850.

79 Soneto intitulado "À morte do príncipe D. Pedro", transcrito em Medeiros; Albuquerque, *Poesias completas*, p.25. Esse poema apareceu no volume dos poemas de D. Pedro II impressos por seus netos em 1889, cuja página de rosto está reproduzida em ibid., p.23.

Como mais tarde o próprio D. Pedro II refletiu, a partir da década de 1850, ele concentrou "todas as minhas forças e toda a minha devoção em assegurar o progresso e a prosperidade de meu povo".[80] Por ocasião de sua maioridade em 1840, o imperador havia sido exaltado como o salvador do Brasil. Após algum tropeço inicial, ele amadurecera para se tornar um governante capaz, que tirou o país de três crises perigosas. Em 1853, o Brasil passava por um período de paz, estabilidade e prosperidade. A morte de seu segundo filho e o provável fim das relações sexuais com a esposa fizeram D. Pedro II considerar a missão que lhe fora designada sob uma nova perspectiva. A monarquia como uma abstração, a ser passada adiante a um herdeiro, deu lugar à percepção do regime imperial como uma emanação de si e somente de si. Ele passou a se ver cada vez mais como não mais que o chefe de Estado de seu país por toda a vida, ou melhor, como o cidadão por excelência do Brasil. Pelo restante de seus dias, ou até que o destino decretasse de outra forma, ele atuaria como o guardião da Constituição e guiaria o destino do Brasil unicamente de acordo com o que considerasse ser de melhor interesse ao país. Em 1853, para o bem ou para o mal, estabelecia-se o padrão para o restante de sua existência e para o Brasil como um Estado-nação.

---

80 "Au jour le jour", assinado por Gaston Calmette, *Le Figaro*, 7 nov. 1891.

5
A rotina diária, 1853-1864

No início da década de 1850, D. Pedro II havia atingido a maturidade física e intelectual. Nenhuma mudança significativa em sua conduta ou crença ocorreu a partir daí. Ele era constante em seu modo de pensar e agir, embora não inflexível. Ainda era capaz de render-se a novas ideias e interesses, tirar proveito de novas oportunidades e assumir novos desafios. Sua sede de conhecimento era prodigiosa e seu desejo por novas visões e experiências, ilimitado. Não obstante, o passar dos anos cobrou seu preço. Ao final da década de 1850, certa previsibilidade de pensamento e comportamento evidenciava-se. A estabilidade que caracterizou sua existência por mais de uma década, até 1865, estimulou a acomodação em perspectiva e estilo de vida.

Todos os anos tomavam um curso muito semelhante, pontuado por uma série fixa de festivais e deveres, a começar pelo aniversário do imperador em 2 de dezembro. "O faustíssimo dia natalício", na fraseologia da época, era celebrado com considerável pompa. Ao meio-dia o imperador participava de uma cerimônia religiosa na capela imperial e depois realizava uma solenidade no palácio da cidade com a cerimônia do beija-mão. Uma parada militar seguia-se. Os jornais do dia vinham repletos de artigos respeitosos e poemas laudatórios. Até os diplomatas brasileiros faziam questão de comemorar a data. Em 1863, o enviado em Washington D. C. escreveu para casa:

> Um brasileiro amante de sua pátria e grato aos imensos benefícios que ela constantemente recebe de um monarca sábio e liberal, que a faz marchar na via

do progresso no interior, e dignamente sustenta sua dignidade no exterior, não pode deixar passar desaparecido o dia 2 de dezembro.[1]

Em meados de dezembro, após o término dessas festividades, o imperador e sua família deixavam São Cristóvão rumo ao novo palácio em Petrópolis, nas montanhas atrás da capital nacional. Dessa forma, a família imperial escapava não só do calor úmido do verão, mas também da febre amarela, uma doença que invadiu a costa brasileira em 1850 e provocava muitas mortes nos meses de verão.

O palácio imperial, que foi concluído no final da década de 1850, situava-se na região central de Petrópolis. Cercado por um parque majestoso, possuía certo charme solene. A julgar pelos padrões europeus, tratava-se de uma construção extremamente modesta, de modo algum digno de um imperador. O príncipe Alexandre de Württemberg, que o conheceu em 1853, considerou-o "um triste edifício que satisfaça talvez às exigências de um comerciante abastado, mas não corresponde aos deveres de representação de um grande monarca".[2] Entretanto, sua simplicidade e conveniência agradavam o imperador, e a construção, que sobrevive virtualmente inalterada, refletia de modo admirável sua personalidade.

D. Pedro II e sua família costumavam ficar no palácio de verão até o final de abril. A permanência do imperador lá não significava, contudo, sua ausência do Rio de Janeiro. Todo sábado ele tomava a carruagem e uma barca para São Cristóvão, onde realizava pela manhã uma reunião de trabalho (despacho) com os ministros e à tarde uma audiência, aberta a qualquer um que quisesse aparecer. Ele também descia ao Rio nos dias em que uma reunião formal era realizada ou um grande festival religioso celebrado. Nessas ocasiões, D. Teresa Cristina geralmente o acompanhava. A conclusão ao final de 1856 da primeira ferrovia do Brasil, uma linha curta que ia do topo da Baía de Guanabara no Rio até o pé das montanhas costeiras, facilitou muito a viagem entre a capital e Petrópolis. A construção de um telégrafo elétrico entre Rio de Janeiro e Petrópolis em 1856 possibilitou ao governo comunicação imediata com o imperador.[3]

Nos primeiros meses do ano, realizavam-se cinco solenidades formais. Esses dias de gala eram a comemoração do Ano-Novo em 1º de janeiro, o

---

1 AHI Lata 233 Maço 3 Pasta 13 Miguel Maria Lisboa ao marquês de Abrantes, n.13, Washington, D. C., 2 dez. 1863.

2 Registro no diário para 9 maio 1853, transcrito em Hirsh, "Viagem", p.24.

3 Ver Galvão, *Notícia*, p.444; e *Empire of Brazil*, p.293.

aniversário do Fico (a decisão de D. Pedro I de permanecer no Brasil) em 9 de janeiro, o aniversário da imperatriz em 15 de março, o aniversário da proclamação da Constituição em 25 de março e o aniversário da ascensão de D. Pedro II em 7 de abril.[4] As cerimônias religiosas das quais o imperador participava durante o verão eram a véspera do Ano-Novo, Dia de Reis, Candelária, Quarta-Feira de Cinzas, Domingo de Ramos, Quinta-Feira Santa, Sexta-Feira da Paixão e Domingo de Páscoa.[5] Em particular nas cerimônias realizadas na Quinta-Feira Santa, D. Pedro II desempenhava um papel proeminente. Após uma cerimônia na capela imperial, ele lavava os pés de doze mendigos cegos e depois lhes dava comida e um presente. "Nessa mesma noite, suas majestades visitaram a pé sete igrejas, o imperador em uniforme completo, a imperatriz de preto com diamantes; a corte os seguia", o enviado francês informou à esposa. "Os guardas em verde e dourado, com seus chapéus militares e alabarda nas mãos, cigarros atrás da orelha, cercavam seus soberanos."[6] Um fazendeiro da província de São Paulo, em visita ao Rio de Janeiro em abril de 1854, foi menos cínico sobre as cerimônias da Semana Santa. "A riqueza, o bom gosto, o concurso são tais que um provinciano não pode fazer ideia."[7]

O imperador e sua família retornavam ao Rio pouco antes do início da sessão legislativa anual no início de maio. A chegada do outono colocava um fim à devastação da febre amarela, e o ritmo de vida no Rio acelerava. A abertura da Assembleia Geral, composta pelo Senado e a Câmara dos Deputados, era conduzida com notável pompa.[8] O imperador dirigia-se cerimoniosamente até as instalações do Senado. Vestindo seu manto cerimonial com coroa e cetro, D. Pedro II proferia a Fala do Trono, que relatava a condição do país e expunha o programa legislativo do governo para a sessão vindoura.

Os meses que se seguiam a partir de então até o aniversário do imperador, em 2 de dezembro, eram tomados por uma pesada rotina de deveres. Seis

---

4 Além disso, solenidades menos formais, dias de pequena gala, realizavam-se em 11 de março (aniversário da princesa D. Januária) e, até a morte de D. Maria II em 1854, no dia 4 de abril (aniversário da rainha de Portugal). Ver *Almanak administrativo... para 1853*, p.15; e *Almanak administrativo... para 1865*, p.18-9.

5 Essas festividades ocorriam em 31 dez., 6 jan. e 2 fev. A Quarta-Feira de Cinzas e as festividades da Semana Santa diferiam em data a cada ano. Ver ibid.; e *Jornal do Commercio*, 16 abr. 1854.

6 Conde de Gobineau para a condessa de Gobineau, Rio de Janeiro, 28 mar. 1869, em Gobineau, *Lettres*, p.15.

7 Registro no diário para 14 abr. 1854 por Manuel Elpídio Pereira de Queiroz, transcrito em Pereira de Queiroz, *Fazendeiro*, p.100.

8 Ver a vívida descrição do evento no relato do conde de Gobineau para a condessa de Gobineau, Rio de Janeiro, 15 maio 1869, em Gobineau, *Lettres*, p.59-60.

solenidades formais eram realizadas. Esses dias de gala consistiam na data de ascensão do imperador em 23 de julho, o aniversário de sua herdeira, D. Isabel, em 29 de julho, o aniversário do casamento imperial em 4 de setembro, o dia da Independência do Brasil em 7 de setembro e os dias dos nomes do imperador e da imperatriz (as festividades de São Pedro e Santa Teresa) em 15 e 19 de outubro, respectivamente.[9] Os despachos com os ministros e as audiências públicas, cada qual mantida duas vezes por semana, eram mais atarefadas e exigentes do que durante o verão. O imperador comparecia a todos os exames públicos e cerimônias de graduação da Faculdade de Medicina, da Escola Militar e do Colégio D. Pedro II. E fazia incansáveis visitas de inspeção a repartições governamentais, além de comparecer a exames públicos e inspecionar instituições educacionais de todo tipo. Durante o inverno, ele participava de reuniões, realizadas em sextas-feiras alternadas, do Instituto Histórico e Geográfico Brasileiro, do qual era patrono. As idas do casal imperial ao teatro, sobretudo à ópera, eram bastante assíduas. No início de setembro, a sessão legislativa encerrava-se, embora a necessidade de finalizar assuntos urgentes pudesse mantê-la aberta por mais duas ou três semanas. As cerimônias de graduação nas várias instituições educacionais no Rio ocorriam com a presença do imperador no início de dezembro.

Durante sua rotina diária, o imperador costumava vestir casaca e calças pretas com colete preto (branco à noite) e gravata. Preso à lapela ficava uma pequena barra decorada com quatro pequenos diamantes, da qual pendia a insígnia da Ordem do Tosão de Ouro, concedido a ele pela Coroa Espanhola em 1835.[10] A roupa preta era conveniente e inevitável, visto que ele passava quase todo o tempo em luto pela morte de um de seus numerosos parentes nas famílias reais da Europa. Quando a ocasião exigia um traje oficial, como nas cerimônias da Quinta-Feira Santa, ele geralmente vestia uniforme.[11] Somente duas vezes ao ano, na abertura e no encerramento da Assembleia Geral, ele usava o manto cerimonial – uma túnica branca de cetim e calças curtas com um manto de penas alaranjadas de tucano. Esse traje, embora favorecesse sua

---

9 Além disso, dias de pequena gala foram comemorados em 13 jul. (aniversário de D. Leopoldina), 18 jul. (coroação de D. Pedro II), 19 jul. (aniversário do conde de Áquila), 31 jul. (aniversário da imperatriz Amélia), 2 ago. (aniversário da princesa D. Francisca) e 1º dez. (aniversário da criação da Ordem do Cruzeiro). O único festival religioso realizado no verão era o de Corpus Christi, mas o imperador assistia à missa na capela imperial em 7 set. e 1º dez. Ver *Almanak administrativo... para 1853*, p.15; e *Almanak administrativo... para 1865*, p.18-9.

10 Ver BNRJ TM Arm. 32 Pac. 145-2 Leopold von Daiser-Silbach, enviado austríaco, para príncipe Metternich, n.12c e 13, Rio de Janeiro, 28 out. e 11 nov. 1835.

11 Até 1856, não havia diferença entre a farda imperial e a de um marechal ou um almirante; ver J. W. Rodrigues, "Fardas", p.25.

alta figura e finas pernas, era tão diferente de sua vestimenta habitual que sua incongruência saltava aos olhos.[12]

A rotina diária do imperador era, sob qualquer critério, cheia e pesada. Como ele explicou ao cunhado em fevereiro de 1855:

> São perto de 10h, vou almoçar. Costumo acordar às 7h; porque começo às vezes a dormir depois de 2h da madrugada, e até o almoço faço muito bom trabalho; depois converso e em Petrópolis também jogo bilhar até 11h ou meio-dia, retirando-me em São Cristóvão pouco depois do almoço para o meu gabinete de trabalho; torno a trabalhar às 4h30, 5h, ou 5h30 quando janto, e finda esta comida converso, leio alguma coisa que demanda pouca atenção, ou jogo bilhar, e isto somente aqui [em Petrópolis], e à noite, se não há teatro, ou não tenho despacho, ou negócios que examinar, emprego as horas até dormir no que mais me agrada.[13]

Ao almoçar às 9h30 e jantar às 16h, D. Pedro II seguia os hábitos alimentares da Europa do século XVIII, um testemunho da tenacidade da etiqueta da corte. O costume em relação ao horário das refeições mudara, mas D. Pedro II não se adaptava. Em 1865, o novo genro do imperador relatou, com a intenção de surpreender sua família na Europa, que o jantar era servido às 16h. Uma década mais tarde, ele comentou:

> às 16h, um horário inalterável, havia o jantar, como sempre fora; jantar para quatro, sem conversa, *hurried over* [apressado]; a comida clássica de São Cristóvão: sua pastosa sopa de macarrão, arroz duro, bife seco [...] Ele vestia seu colete branco bem como sua insígnia [do Tosão de Ouro] com quatro pequenos diamantes. Que singular imutabilidade da existência! Eu até a chamaria de admirável, não fosse tão *horrivelmente entediante* e *uncomfortable* [desconfortável].[14]

Todos que comiam à mesa imperial comentavam sobre a terrível qualidade da comida e a pressa em que era consumida. Um almirante russo contou à esposa em 1872 sobre um banquete em São Cristóvão:

---

12 Ver comentário sobre a abertura da legislatura em maio de 1868, em João M. de Carvalho, *Reminiscências*, p.69-70.

13 ANTT Caixa 7324 Capilha 184 Doc. 2 D. Pedro II para Fernando, rei regente de Portugal, Rio de Janeiro, 25 fev. 1855. Essa carta é provavelmente o documento mais introspectivo e revelador que o imperador escreveu. A rotina diária de D. Pedro II, que pouco variava, pode ser reconstruída a partir de uma carta à condessa de Barral, composta por anotações (feitas aproximadamente a cada duas horas) sobre suas atividades dia a dia, de 6 a 22 nov. 1872, em AHMI POB Cat. B Maço 37 Doc. 1.057.

14 AGP XLI-1 Gastão, conde d'Eu, para Louis, duque de Nemours, Laranjeiras, Rio de Janeiro, 22 mar. 1866; XLI-5 conde d'Eu para condessa de Barral, palácio de São Cristóvão, 29 set. 1877.

Todo o jantar foi posto sobre a mesa, e servido desordenadamente, por criados mal vestidos; a metade do menu não existia, e a comida era má; sorvetes, geleia, sopa, presunto servido ao acaso, como também os vinhos. Felizmente que tudo logo terminou, porque no fim de vinte minutos estava findo o jantar.[15]

D. Pedro II não era de modo algum um *gourmet* nem conhecedor de vinho. Ele não consumia álcool quando comia fora do palácio, como um visitante norte-americano descobriu em 1865.

Quando o vinho foi servido, o imperador declinou, dizendo que era uma regra dele nunca tomar vinho, e uma regra que ele só quebrava em ocasiões extraordinárias. "Entretanto", ele acrescentou generosamente, "esta é uma ocasião extraordinária. Tomarei uma taça de champanhe".[16]

Pouca, se alguma, referência à comida e à bebida pode ser encontrada nos diários e cartas de D. Pedro II. Sua indiferença em relação a ambas e a velocidade em que as consumia não significava que comia pouco. Gostava de doces que a cozinha brasileira, com seus suspiros, mães-bentas e compotas de frutas como a goiabada, permitia que ele se deliciasse à vontade. Gostava até de seu pão com manteiga salpicado com açúcar.[17] Visto que o imperador herdara da mãe uma tendência a engordar com facilidade, as consequências eram bem visíveis. Ao se encontrar com D. Pedro II em julho de 1871, a rainha Vitória delicadamente o descreveu como "muito alto, espadaúdo e corpulento", mas um mês depois a própria filha dele referiu-se com franqueza a "uma barriga muito grande".[18]

---

15 A carta continuava: "O Imperador propôs um brinde à saúde do Grão-Duque [Alexis], e se levanta tão depressa da mesa que não deu tempo de responder ao brinde, nem de esvaziar o único e magro copo de champagne". Ver trecho da carta do almirante Kraemer apud Lyra, *D. Pedro II*, v.II, p.90-1. A carta diária de D. Pedro II à condessa de Barral, no período de 6 a 22 nov. 1872, confirma que ele tomava suas refeições em cerca de 15 a 20 minutos; ver AHMI POB Cat. B Maço 37 Doc. 1.057.

16 Elizabeth Agassiz para sra. Thomas G. Carey, Rio de Janeiro, 1º maio 1865, transcrito em Paton, *Elizabeth Agassiz*, p.74.

17 "[...] S.M. tem sido amigo de doces"; ver condessa de Barral para D. Pedro II [Petrópolis], 13 set. 1874, em Barral, "Cartas", p.86. "Já encomendei as suas goiabas recheadas e a goiaba de tijolos de papai em folha de banana; mas agora não é tempo de muita goiaba. A Baroneza já me prometeu mandar fazer: a goiabada de papai já passou de moda, mas se fará." Ver AGP XL-3 D. Isabel para D. Teresa Cristina, Campos, 22 mar. 1868. Sobre pão com manteiga e açúcar (quase certamente mascavo, não refinado), ver XL-2 Idem para D. Pedro II, Paço Isabel, Rio de Janeiro, 19 jan. 1869.

18 Periódico da rainha Vitória (transcrição da princesa Beatriz), apontamento para 4 jul. 1871; e AGP XL-2 D. Isabel para D. Pedro II, Laranjeiras, Rio de Janeiro, 4 jun. 1871.

Figura 21. D. Pedro II em 1858, usando a Ordem do Tosão
de Ouro e a Grande Cruz da Ordem do Cruzeiro.

Não era somente uma dieta desequilibrada, com açúcar em demasia, que produzia o estômago protuberante de D. Pedro II. Como ele explicou em 1855 a seu cunhado:

> Não gosto de passear, porque não me convém andar só pensamenteando – em tudo reparam –; não gosto de caçar, matando entes, cuja carne, pouco saborosa para mim, nem me serviria de desculpa; além de que este divertimento – assim o chamam alguns – nos tira muito tempo; não gosto de bailes, a que só irei agora para não ser estranhada a minha ausência, enfim, estou muito reduzido em meus prazeres – mas segundo a opinião do vulgo –; pois que para mim não se pode gozar uma vida mais completa do que a que se nutre dos sentimentos do coração, e das lucubrações do espírito.[19]

---

19 ANTT Caixa 7324 Capilha 184 Doc. 2 D. Pedro II para Fernando, rei regente de Portugal, Rio de Janeiro, 25 fev. 1855.

Em janeiro de 1866, após uma longa excursão a cavalo, ele relatou com certa surpresa que "o exercício fez-me muito bem".[20]

A recreação que D. Pedro II realmente adotava era sedentária. Ele e a esposa costumavam comparecer à noite de gala da ópera quando uma solenidade oficial ocorria. Em 1853, por exemplo, ele assistiu a *Linda de Chamonix*, de Gaetano Donizetti, em 29 de julho, data de aniversário de D. Isabel, e a *Nabucodonosor*, de Giuseppe Verdi, em 2 de dezembro, seu próprio aniversário.[21] Seu gosto musical era bem formado. "Penso da mesma maneira a respeito da ópera *Martha* e quanto sinto não ouvir a música de Weber, Mozart e Beethoven interpretada por verdadeiros artistas!", ele escreveu em fevereiro de 1866 a um conhecido que vivia em Paris. Seis meses depois, acrescentou: "Já ouviu o *D. João* de Mozart que se canta aí n'uns poucos teatros? Aqui raras vezes ouço boa música, o que muitíssimo sinto".[22] A vida do imperador era por escolha própria tão sedentária quanto, em sua essência, solitária. Como deixa claro uma descrição do enviado francês ao Brasil em 1869, D. Pedro II ganhava vida em seu estúdio e sua biblioteca em São Cristóvão.

> Minhas reuniões ocorrem em um pequeno estúdio, o imperador diante de sua mesa, abarrotada de livros, e eu ao lado dele, sentado em uma cadeira e me reclinando sobre a mesa; diante de nós, uma lamparina de querosene que provavelmente custa cerca de 15 francos e que nunca funciona. Sua majestade monta-a e desmonta-a com admirável paciência, a todo instante, enquanto continua nossa conversa.
>
> Tomo uma cadeira ao lado dele, ligeiramente enviesada, e começamos a conversar sobre tudo o mais. Ele estava muito alegre e vivaz, bem informado, tendo lido tudo e tendo realmente lido.[23]

Em setembro de 1865, quando uma emergência afastou-o da capital nacional, D. Pedro II observou: "Quem me dera estar no meu quarto de

---

20 D. Pedro II para condessa de Barral, Rio de Janeiro, 23 jan. 1866, em Magalhães Jr., *D. Pedro II*, p.67 (com a data conforme dada em Sodré, *Abrindo*, p.99). Sobre essas duas edições, ver capítulo 7, nota de rodapé 23.

21 *Jornal do Commercio*, 30 jul. e 3 dez. 1853.

22 D. Pedro II para a condessa de Barral, 23 fev. e 9 jul. 1866, em Magalhães Jr., *D. Pedro II*, p.69-77.

23 Conde de Gobineau para condessa de Gobineau, Rio de Janeiro, 7 abr. e 24 maio 1869, em Gobineau, *Lettres*, p.23, 66.

S. Cristóvão".[24] Com o passar dos anos, sua biblioteca expandiu-se, com a incorporação de livros, panfletos, gravuras, mapas e fotografias, até ocupar três quartos que tomavam a maior parte do terceiro piso da fachada frontal do palácio de São Cristóvão. Também havia o estúdio particular do imperador, igualmente repleto de livros.[25]

Por inclinação e intenção, D. Pedro II seguia o modelo do que o mundo do século XIX admiravelmente denominou *un homme de lettres*, isto é, um mestre da alta cultura, geralmente autodidata, que usava seu conhecimento e sua escrita para ganhar tanto reputação quanto a vida. A maior parte do dia era dedicada a assuntos de Estado, mas D. Pedro II aproveitava o restante do tempo, em sua maioria, para ler livros, jornais, documentos e cartas, com seu lápis em punho. Preenchia as margens do que quer que estivesse lendo com comentários e correções, alguns profundos e perceptivos, mas também não raro leves e superficiais.[26] Ele até corrigia os erros tipográficos que encontrava. A extraordinária memória do imperador permitia-lhe reter e fazer uso do conhecimento que assimilava durante sua leitura voraz.

D. Pedro II estava sempre buscando novos campos do conhecimento. No início da década de 1860, ele começou a estudar hebraico com o Dr. Leonard Aklebom, um judeu sueco residente em Petrópolis, "com o fito de melhor conhecer a história e a literatura dos judeus, sobretudo a poesia e os profetas, como também as origens do cristianismo".[27] Quando aprendeu a ler e escrever hebraico, ele se pôs a aprender árabe, sânscrito e tupi-guarani. Empregou sucessivamente três linguistas alemães – Philip Ferdinand Koch, Karl Henning e Christian Friedrich Seybold – para assisti-lo nesses estudos.[28] O interesse de D. Pedro II em línguas e suas escritas derivava de seu inesgotável fascínio

---

24 D. Pedro II para a condessa de Barral, acampamento em frente a Uruguaiana, 3 out. 1865, em Magalhães Jr., *D. Pedro II*, p.54.

25 Ver Taunay, *Homens*, p.131; e "Relatório dos trabalhos", p.446-50.

26 As anotações marginais que D. Pedro II fez no final de 1867 em Tito Franco de Almeida, *O Conselheiro Francisco José Furtado: biografia e estudo de história política contemporânea*, em 1884 em Edmond de Pressensé, *Les origines: le problème de la connaissance, le problème cosmologique, le problème anthropologique, l'origine de la morale et de la religion*, 2.ed., e em 1889 em Pierre Loti, *Japonneries d'automne*, foram respectivamente impressas em Franco de Almeida, *Conselheiro Furtado*, 2.ed., em "Memória apresentada" e em Taunay, *Homens*, p.138-40.

27 Ver o prefácio de D. Pedro II, *Poesias*, p.v-vi; e sobre Aklebom, ver Calmon, *Pedro II*, v.II, p.470.

28 Ver Calmon, *Pedro II*, v.II, p.471-2, 474-5; e Garcia, "Dom Pedro". "A principal notícia de Petrópolis é a chegada do professor de hebraico e sânscrito, por quem o imperador procurou por tanto tempo", o genro de D. Pedro II observou, no final de 1875. "Ele se chama Dr. Henning e é natural de Darmstadt." Ver AGP XLI-1 Gastão, conde d'Eu, para Louis, duque de Nemours, Petrópolis, 12 dez. 1866.

Figura 22. O estúdio de D. Pedro II no palácio de São Cristóvão.

tanto por poesia (escrita ocasionalmente "para me entreter", como explicou), quanto por ciências de todos os tipos.[29]

O imperador não se limitava a estudar. Escrevia incessantemente – principalmente notas e cartas, mas também diários, poemas (de pouco mérito), comentários, transcrições e traduções. Uma carta de 1855 para seu cunhado, o rei Fernando de Portugal, ocupou ambos os lados de nove folhas grandes de papel em escrita cerrada. Como ele comentou no final da página nove:

> Talvez te admira esta forma de diário, mas eu estou acostumado a escrever todos os dias o que se passa relativamente à minha vida íntima e o que sinto é não ter principiado há mais de três anos.[30]

29 ANTT Caixa 7324 Capilha 184 Doc. 2 D. Pedro II para Fernando, rei regente de Portugal, Rio de Janeiro, 25 fev. 1855. Evidência de seu fascínio por ciências pode ser encontrada em suas anotações no diário de 22 mar. e 4 jul. 1862, em Vianna, "Diário de 1862", p.67, 157.

30 ANTT Caixa 7324 Capilha 184 Doc. 2 D. Pedro II para Fernando, rei regente de Portugal, Rio de Janeiro, 25 fev. 1855. Mais tarde, esses escritos foram queimados pelo imperador; ver apontamento para 31 dez. 1861, em Vianna, "Diário de 1862", p.15.

O número de correspondentes do imperador cresceu muito, em parte porque a maior parte dos membros de sua família vivia na Europa, assim como os intelectuais com os quais ele queria manter contato.[31] Na escrita, D. Pedro II encontrou um substituto aceitável para a conversa: "é tão agradável conversar com um amigo a respeito de questões de que pode depender a nossa felicidade!"[32]

O empecilho tanto para seus contemporâneos quanto para a posteridade em relação a essa efusão de texto era a má caligrafia de D. Pedro II, bem como o caráter trivial de grande parte de sua prosa. A carta dele ao cunhado começou com uma promessa: "Tenho tempo para te escrever sem hieróglifos", mas na quarta página a caligrafia já resvalava em sua habitual letra miúda e ilegível. Até seus familiares tinham problema com sua caligrafia. Em novembro de 1877 uma recepção de boas-vindas ao imperador em retorno a Petrópolis teve de ser adiada porque "o imperador acreditava ter instruído sua filha a providenciar algumas carruagens, e nós não havíamos entendido seu hieróglifo nesse sentido".[33] Felizmente para D. Pedro II, seu *status* de monarca obrigava a maioria das pessoas não só a decifrar sua escrita, mas também a enviar-lhe respostas imediatas e apreciativas. Somente seu cunhado podia, e realmente o fez, queixar-se sobre o fluxo de cartas, e Fernando respondia sucintamente, quando respondia. D. Pedro II escreveu em seu diário em 5 de abril de 1862:

> Muito me entristeceu que meu cunhado Fernando, diante de diversas pessoas mostrara enfado ao receber uma carta minha, dizendo que eu o incomodava, querendo sempre resposta e longa, o que não é exato; porque só me queixo de ter carta dele de meses em meses.[34]

A imagem de D. Pedro II sentado sozinho em seu estúdio, imerso em leitura e escrita, captura a essência do homem. Por todo o seu reinado, ele

---

31 A correspondência com a família não era de cunho unicamente pessoal. Com frequência, o príncipe de Joinville escrevia cartas extremamente interessantes sobre a situação corrente na Europa; ver AGP XXIX-1. A correspondência de D. Pedro II com o cunhado, Fernando de Portugal, restringia-se a assuntos relativos a Brasil e Portugal.

32 ANTT Caixa 7324 Capilha 184 Doc. 2 D. Pedro II para Fernando, rei regente de Portugal, Rio de Janeiro, 25 fev. 1855.

33 AGP XLI-5 conde d'Eu para a condessa de Barral, Petrópolis, 29 nov. 1877. Um contato de 25 anos com a escrita do imperador ainda não me capacita a lê-la com facilidade.

34 Fernando também declarou, como D. Pedro II foi posteriormente informado, que "ele não gostava de se escravizar a coisa nenhuma e que, portanto, eu não conseguiria obrigá-lo a escrever-me quando eu quisesse". Ver Vianna, "Diário de 1862", p.77-8.

nunca dependeu de um secretário pessoal, muito menos fez uso de um secretariado. Ninguém a seu serviço estava autorizado a se designar "secretário particular" do imperador. Karl Henning, com quem D. Pedro II estudou hebraico e outras línguas, ousou assumir o título assim que foi contratado em 1874, mas foi rapidamente reduzido a "encarregado dos trabalhos literários do Imperador".[35] D. Pedro II lidava com todos os assuntos governamentais sem auxílio, rascunhando e fazendo boas cópias de documentos, mantendo notas sobre as reuniões das quais participava, correspondendo-se de próprio punho com ministros e autoridades menos graduadas. Ele até tentava organizar seus papéis sozinho, nem sempre com bons resultados, e relatou a seu cunhado Fernando em 1855:

> A busca foi frutuosa, achei duas poesias, e alguns apontamentos que há muito procurava; – eu é quem faço tudo no meu gabinete, e portanto não repararás em que tudo não esteja na melhor ordem, o tempo é muito pouco para tanta coisa.[36]

Quando tinha de lidar com questões importantes envolvendo seus familiares mais próximos, D. Pedro II ocasionalmente recorria à esposa para copiar documentos, mas essa era a única exceção a sua prática habitual.[37]

A natureza solitária do imperador e sua recusa em compartilhar com quem quer que fosse a tarefa de governar o Brasil não significava que ele evitava companhia humana, fosse em ambientes formais, fosse em encontros casuais. Os próprios escritos de D. Pedro II, em particular seu diário de 1862, deixam claro que sua rotina diária envolvia infindáveis interações com seus súditos. Dois grupos mantinham relações mais constantes e próximas com ele. O primeiro era composto dos membros de sua corte durante seus turnos semanais de serviço, e o segundo dos criados domésticos que prestavam atendimento pessoal ao imperador.

A Corte e os criados da Casa Imperial, que formavam o círculo íntimo do imperador, haviam sido transferidos de Lisboa por seu avô, o rei João VI, e mantidos após a Independência por seu pai, D. Pedro I. A Corte e Casa existia apartada do restante da sociedade e era a cúpula de um sistema de privilégios

---

35 Ver Calmon, *Pedro II*, v.2, p.475.

36 ANTT Caixa 7324 Capilha 184 Doc. 2 D. Pedro II para Fernando, rei regente de Portugal, Rio de Janeiro, 25 fev. 1855.

37 Para exemplos de documentos manuscritos pela imperatriz, ver notas de rodapé 94 e 102 adiante.

hierárquicos e herdados. Como um adepto do aprimoramento por si próprio, do trabalho árduo e do valor do conhecimento, D. Pedro II era indiferente aos tradicionais símbolos de poder e privilégio. A corte havia atrofiado durante a regência. Um conservadorismo instintivo e uma relutância à mudança refrearam o imperador de envolver-se na descomunal tarefa de reformular a elaborada etiqueta da corte e extirpar interesses arraigados da estrutura doméstica. O desinteresse de D. Pedro II pelas condições da Corte e Casa também pode ter refletido a perda de fé no futuro do regime imperial que a morte de seu segundo filho e herdeiro induziu no imperador. Após 1852, ele não organizou nenhum baile solene, e o palácio deixou de ser um centro de atividade social. A conservação de seus palácios e a manutenção de uma corte resplandecente exigia despesa constante que teria consumido uma parte considerável de sua anuidade. D. Pedro II preferia dar prioridade a outros gastos. Significativa foi uma observação que apareceu em seu diário de 1862.

> Conversei com o [Antônio de Araújo Ferreira] Jacobina [adjunto de Paulo Barbosa como mordomo] a respeito das economias da Casa a fim de eu poder dar pelo menos 100 contos [um oitavo de sua anuidade] a bem da agricultura.[38]

Em meados do século XIX, os componentes do sistema que sustentava a Corte e Casa enfraqueciam visivelmente. As grandes famílias aristocratas, como os clãs Saldanha da Gama e Mascarenhas, haviam dominado em Portugal tanto a corte quanto a vida pública, mas no Brasil eles não desempenhavam tal papel. Títulos de nobreza, que não eram herdados, eram cada vez mais conferidos a indivíduos em recompensa por serviços prestados ao Estado ou à caridade, não em reconhecimento a uma estirpe ilustre. Títulos e honrarias nas cinco ordens da cavalaria ainda eram avidamente perseguidos, mas cada vez mais valorizados pelo prestígio social que conferiam e não por qualquer nível hierárquico ou privilégio que concedessem. "Sou muito somenos no que é relativo aos dotes da imaginação", como ele se assumiu na idade madura; o imperador não conseguiu perceber que o sistema exigia uma reforma considerável para subsistir.[39] Sua indiferença e negligência serviram para minar o que Walter Bagehot chamou "as partes honradas" da monarquia – "aquelas que apelam ao bom senso, que se declaram incorporações das grandes ideias humanas,

---

38 Apontamento no diário para 26 abr. 1862, em Vianna, "Diário de 1862", p.88.
39 A frase vem da Fé d'Ofício (declaração de serviços) do imperador escrita em abr. 1891 e transcrita em Taunay, *Pedro II*, p.209.

que se vangloriam em alguns casos de transcenderem a origem humana".[40] Quando os grandes oficiais do Estado morreram, ele não preencheu os cargos vagos na corte. Nem fez qualquer esforço para expandir o tamanho da corte ou recrutar membros de um círculo social familiar mais amplo. Em 1853, a corte não aumentara em relação a 1827, durante o reinado de seu pai.[41] Continha apenas 32 gentis-homens da Imperial Câmara, ou camaristas, e 28 veadores. Além disso, havia 11 guarda-roupas e 13 médicos da Imperial Câmara que pertenciam à Casa Imperial e não à Corte em si.[42]

Toda semana, um membro de cada uma dessas quatro categorias entrava em serviço, passando sete dias em atendimento pessoal ao imperador. Pela manhã, os quatro semanários, como eram conhecidos, cumprimentavam o imperador e recebiam as ordens do dia. Eles acompanhavam D. Pedro II em suas visitas formais e proporcionavam-lhe conversa quando ele assim desejava. Pelo *Jornal do Commercio*, é possível identificar os semanários que serviam em todas as 54 semanas, exceto duas, entre 1º de julho de 1853 e 30 de junho de 1854. Dez dos 32 camareiros, 11 dos 28 veadores, 7 dos 11 guarda-roupas e 9 dos 13 médicos eram convocados por turno. Mas esses números são enganosos. Em cada uma das quatro categorias, três indivíduos dominavam os turnos de serviço, juntos servindo respectivamente 29, 25, 39 e 26 semanas do total de 52.[43]

Em outras palavras, esses doze homens formavam um círculo interno ao redor do imperador.[44] D. Pedro II conhecia muitos deles desde a infância, ou, com o passar do tempo, eram filhos de conhecidos da infância. Ao saber

---

40 Bagehot, *Constitution*, p.4, 7.

41 Os números correspondentes para a corte em 1827 eram 25, 27, 14 e 10; ver "Almanak para 1827".

42 Em 1853, a corte também continha um camareiro honorário, 10 veadores e 28 roupeiros honorários. Também existiam 129 moços fidalgos com exercício. Além dos 13 médicos, o domicílio continha 3 médicos honorários, 48 moços da Imperial Câmara, 16 pajens, 4 cirurgiões da Imperial Câmara e 3 cirurgiões da família. Ver *Almanak administrativo... para 1853*, p.34-44.

43 Informações sobre os semanários para a semana de 2 a 8 out. e para a de 11 a 17 dez. 1853 não foram publicadas no *Jornal do Commercio*.

44 Esses nove eram Ernesto Frederico de Verna Magalhães (filho de D. Mariana de Verna Magalhães, condessa de Belmonte, dama de companhia), Francisco Xavier Calmon da Silva Cabral (filho da condessa de Itapagipe, dama de companhia) e Manuel Higínio de Figueiredo (sobrinho de frei Pedro de Mariana, o aio ou supervisor do imperador), camareiros; José Manuel Carlos de Gusmão (genro da condessa de Belmonte), Nicolau Antônio Nogueira Vale da Gama (genro da condessa de Itapagipe) e João Carlos Pardal (que servira na corte desde 1827), veadores; Francisco de Queirós Coutinho Matoso da Câmara, Cândido Rodrigues

em 1862 da morte de um veador, D. Pedro II lamentou em seu diário: "Mais uma pessoa de meu antigo conhecimento morta".[45] Uma minoria substancial desses homens havia sido educada ou passado algum tempo na Europa, sobretudo na França, e era, portanto, versada na alta cultura da época.[46] Eles supriam o imperador com o ambiente intelectual pelo qual ele ansiava, ao compartilhar sua visão de mundo e seu conjunto de valores. Era hábito de D. Pedro II fazer uma breve caminhada com seus semanários, os quatro homens que o atendiam, ao cair da noite, pouco antes de retirar-se ao estúdio para ler até tarde da noite.[47]

Na companhia dos doze privilegiados cortesãos, o imperador sentia-se à vontade, e em sua discrição ele podia confiar inteiramente. Em uma carta datada de 22 de fevereiro de 1853, a seu cunhado Fernando, ele descreveu um dos doze, que estava prestes a visitar Portugal:

> Nicolau Antônio Nogueira Vale da Gama é veador da imperatriz há alguns anos, e tem-me servido com tanta dedicação que seria uma injustiça revoltante não me lembrar dele para camarista devendo haver despachos da casa. Não é só como bom criado que o considero, tenho-o também na conta de amigo, e merece-me toda a confiança; para ele não está sempre presente a majestade, e há muito tempo que me conhece perfeitamente como homem também. Sua senhora D. Maria Francisca Calmon da Silva Cabral foi companheira d'infância da mana rainha, tua esposa, e acompanhou-a juntamente com a Condessa d'Itagipe à Inglaterra, é além disto irmã do meu camarista Francisco Xavier Calmon da Silva Cabral, Marechal de Campo, meu ajudante de ordens e meu afeiçoado do coração como o cunhado; [...] Podes conversar com toda a franqueza a meu respeito com o Nicolau, que sempre encontraras nele a mesma circunspeção e critério.[48]

Ferreira e João José Teixeira, roupeiros; e Lourenço de Assis Pereira da Cunha, Joaquim Vicente Tôrres Homem e Tomás Gomes dos Santos, médicos.

45 O falecido era Brás Carneiro Belens, que servira duas vezes durante 1853 e 1854; ver apontamento no diário para 23 jan. 1862, em Vianna, "Diário de 1862", p.33.

46 Dos treze médicos da imperial câmara em 1853, sete eram formados pelas faculdades de medicina de Paris ou Montpellier e dois pela Universidade de Coimbra, em Portugal. Dos três médicos que mais frequentemente serviam como semanários, dois tinham graduação francesa e um de Coimbra.

47 Nos dezesseis dias cobertos por sua carta diária à condessa de Barral, 6 a 22 nov. 1872, D. Pedro II comentou que ele conversava com os semanários em onze das doze noites em que não ia a um teatro ou concerto; ver AHMI POB Cat. B Maço 37 Doc. 1.057.

48 ANTT Caixa 7324 Capilha 184 Doc. 2 D. Pedro II para Fernando, rei regente de Portugal, Rio de Janeiro, 25 fev. 1855.

Um sinal da confiança de D. Pedro II em Nogueira da Gama é o fato de que ele espontaneamente permitiu-lhe copiar o trecho anteriormente mencionado da carta que ele devia entregar ao rei Fernando ao chegar a Lisboa.[49]

Nem todos os doze cortesãos do círculo interno eram honrados com a intimidade concedida a Nogueira da Gama. Em agosto de 1854, Ernesto Frederico de Verna Magalhães, um camareiro que era filho de D. Mariana de Verna Magalhães, escreveu a Paulo Barbosa da Silva sobre a questão, então discutida na corte, se o mordomo retornaria da Europa após uma ausência de oito anos e reassumiria seu posto:

> Mas poderá continuar este estado de incerteza muito tempo? Eis o que convém que muito medites. Consta-me que nosso Amo mesmo já se queixa disso, isto é, consta-me pelo círculo dos seus íntimos, a que não tenho a honra de pertencer, bem longe disso, a mim nem palavra ele tem dado a esse respeito, o que não admiro, pois com poucas me honra. Mas há dias me disse Tomás Gomes [dos Santos, médico frequentemente semanário] (é este o fim principal por que ora te escrevo) que o Imperador lhe perguntara *ex abrupto*, quando vem Paulo? "Não sei, senhor, Paulo nunca me escreveu e por isso nada posso saber por que nunca nos carteamos, mas creio que se Vossa Majestade tivesse o menor desejo de sua vinda e lho manifestasse, ele não tardaria em cumpri-lo."[50]

Como essa carta revela, a proximidade dos cortesãos com o imperador proporcionava-lhes certas vantagens. Sua familiaridade com as visões dele sobre assuntos correntes significava que possuíam certa influência, contanto que eles não a usassem para promover interesses próprios ou de familiares. Eles podiam apresentar informalmente a D. Pedro II o caso de indivíduos buscando favores. O imperador era mais inclinado a responder positivamente a um pedido feito indiretamente (por exemplo, uma carta escrita a alguém de seu círculo próximo) do que a outro feito em uma audiência pessoal.[51]

---

49 Em 1893, após a morte de D. Pedro II, Nogueira da Gama publicou suas *Memórias*, em que reproduziu o trecho que ele copiou, mas com uma série de variações pequenas, porém reveladoras, cortando, por exemplo, a descrição de D. Pedro II dele como seu "criado"; ver a biografia reimpressa em Calmon, *História de Minas*, p.110-12.

50 Ernesto Frederico de Verna Magalhães para Paulo Barbosa da Silva, 12 ago. 1854, em Lacombe, *Mordomo*, p.242. D. Pedro II acrescentou de modo característico: "não tendo ido por mandado seu, mas sim por lhe pedires licença, não era necessário que ele te mandasse chamar".

51 Um exemplo é a carta (São Paulo, 14 maio 1854) declarando as razões por que ele deveria ser escolhido senador da província de São Paulo, enviada por José Manuel da Fonseca para

Os cortesãos podiam escolher o momento mais oportuno para discutir um assunto ou levá-lo adiante até o ponto de decisão. Da mesma forma, o círculo interno podia fornecer informações preciosas sobre o estado de espírito do imperador e fazer um relato rápido sobre as decisões tomadas.[52] D. Pedro II não ignorava que isso ocorria.[53] Às vezes ele tirava proveito disso. Ao deliberadamente revelar sua opinião sobre um assunto a um ou mais de seu círculo íntimo, ele garantia que essa informação seria rapidamente repassada fora da corte. Desse modo ele usou D. José de Assis Mascarenhas, um notório língua solta, para tornar conhecida sua determinação, em 1851, de reprimir o comércio ilegal de escravos africanos.[54]

A proximidade com o imperador não assegurava, contudo, intimidade e influência. Paulo Barbosa da Silva descobriu essa verdade para seu pesar quando, no final de 1854, retornou ao Brasil e reassumiu seu posto como mordomo da Casa Imperial. Como administrador das anuidades do imperador e da imperatriz, isto é, a renda anual a eles concedida pelo Legislativo, o mordomo desempenhava necessariamente um papel central nos assuntos domésticos. D. Pedro II continuou a usar Barbosa da Silva, como fizera desde o final da década de 1830, como seu "preposto".

José Martins da Cruz Jobim, um médico da corte, que obviamente entregou-a a D. Pedro II, visto que agora está entre os papéis do imperador; ver AHMI POB Maço 120 Doc. 5.967, transcrita em Sodré, "A acção política", p.19-21.

52 "Em 1859", Cristiano Ottoni lembrou em 1870, com respeito às dúvidas sobre a viabilidade de se construir uma ferrovia subindo pela Serra do Mar, "um cortesão, querendo mostrar-me quanto S.M.I. confiava em mim, referiu-me o seguinte incidente. Em palestras com os seminários, observou um destes que era pena deixarem-me enterrar tão grandes capitais, para depois confessar a inexequibilidade da construção: 'Deixem-n'o[']', respondeu o Imperador, ['si não fizer a estrada é homem perdido.'"'. Ver Ottoni, *Autobiographia*, p.149.

53 Referindo-se a ataques políticos que dois cortesões haviam feito no final da década de 1840 contra o Gabinete em exercício, D. Pedro II observou: "O camarista e o medico são conhecidos. Que fatos se deram depois desse gênero, e qual o ministro que eu tenha maltrado? Felizmente os que me prestam serviços nessas categorias poderem ser castigados eficazmente, sem que eu deixe de manter a independência da minha casa". Ver a nota 26 sobre as anotações que D. Pedro II fez ao texto de Franco de Almeida, *Conselheiro Furtado*, p.38. Cristiano Ottoni referiu-se aos "atos de descortesia praticados em São Cristóvão pelo Dr. [José Martins da Cruz] Jobim, médico da Casa, contra os ministros", em 1848; ver Ottoni, *Autobiographia*, p.79.

54 Bethel, *Abolition*, p.340. Ver também o comentário relatado pelo enviado britânico em maio 1863: "Contaram-me na mais estrita confiança que o Imperador mais de uma vez recentemente disse a amigos íntimos que ele estaria bem mais feliz em qualquer outro país do que está aqui e que os brasileiros querem um Imperador muito mais do que ele quer um Império"; ver PRO FO 13 v.414 Hon. William G. C. Eliot para lorde John Russell, n.35, Confidential, Rio de Janeiro, 29 maio 1863.

Sr. Paulo,

Partimos amanhã às 7 da manhã; dê as ordens precisas para a barca, trem da estrada de ferro e estrada. Estimo que vá melhor.

D. Pedro 2º

4 de maio de 1858.[55]

No entanto, o imperador estava determinado a impedir a volta dos dias de "Paulo I, Pedro II". Ele sistematicamente mantinha Barbosa da Silva excluído de qualquer assunto de importância. Embora tratado com cortesia e jamais sob risco de perder seu posto, Barbosa da Silva deixou de ser considerado íntimo. O diário de D. Pedro II para 1862, por exemplo, contém apenas três referências a "Paulo". Sobre a morte do mordomo no início de 1868, o imperador escreveu simplesmente: "Morreu há dias Paulo Barbosa; senti-o sinceramente. O camarista [José Joaquim de] Sequeira substituiu-o".[56]

A recusa do imperador de conferir a Paulo Barbosa qualquer influência tinha uma dimensão financeira. Antes de sua partida para a Europa em 1846, o mordomo mantinha um rígido controle sobre as finanças do palácio e, por extensão, sobre os próprios gastos de D. Pedro II. Na ausência de Barbosa da Silva, o imperador começou a gastar dinheiro sem se ater ao orçamento ou fazer provisão para contingências e custos de capital.[57] Ele não hesitava em tomar emprestadas altas somas, contando com renda futura. Em julho de 1854, quando ele comprometeu um grande montante com o combate a uma grave epidemia de cólera, D. Pedro II pediu empréstimo de 150 contos. Ele afiançou empréstimos comerciais feitos a seu companheiro de infância, Guilherme Schüch de Capanema, e, quando em 1860 o negócio de Capanema faliu e as garantias foram acionadas, o imperador teve de tomar emprestados 200 contos para honrar a obrigação.[58] Tanto D. Teresa Cristina, quanto ele eram generosos

---

55 Nota transcrita em Lacombe, *Mordomo*, p.337.

56 Registros no diário para 18 e 20 jun. e 10 jul. 1862, em Vianna, "Diário de 1862", p.142, 143, 160; e D. Pedro II para a condessa de Barral, Rio de Janeiro, 7 fev. 1868, em Magalhães Jr., *D. Pedro II*, p.131.

57 As duas melhores fontes das finanças imperiais nesse período são Auler, *Bolsistas*, p.13-8; e BNRJ TM Arm. 32 Pac. 56. O último contém vários documentos originais da década de 1850 (principalmente escritos por Paulo Barbosa da Silva).

58 Auler, *Bolsistas*, p.13, 16; e BNRJ TM Arm. 32 Pac. 56 Relatos atribuídos a José Velho da Silva para Paulo Barbosa da Silva, Rio de Janeiro, 5 mar. 1855; e "Relatório da mordomia da Casa Imperial de 1858", Petrópolis, 21 fev. 1859. Ver também Paulo Barbosa da Silva para D. Pedro II, 17 dez. 1859, e D. Pedro II para Paulo Barbosa da Silva, sem data, em Lacombe, *Mordomo*, p.342, 348.

com esmolas, bolsas de estudo e donativos. "Louvam minha liberalidade", ele comentou, "mas não sei por que com pouco me contento, e tenho oitocentos contos por ano."[59] Não surpreende que Paulo Barbosa, na função de mordomo responsável legal pela anuidade imperial, se sentisse impotente e desprezado. Relata-se que ele disse ao imperador, quando este comentou que a anuidade de 800 contos não rendia tanto quanto na década de 1840, que "nesse tempo governava o mordomo, hoje governa vossa majestade".[60]

Se por um lado não é fácil compreender o papel desempenhado na vida do imperador por cortesãos como Nicolau Nogueira da Gama e Paulo Barbosa da Silva, por outro, são ainda mais escassas as informações sobre o segundo escalão do círculo íntimo: os criados de confiança de D. Pedro II. O almanaque de 1853 listava oito "criados particulares" e mais três homens que detinham o título de "criado particular honorário".[61] Evidências disponíveis sugerem que esses indivíduos compartilhavam várias características. Eram geralmente nascidos em Portugal, filhos de criados palacianos e ocasionalmente casados com outros criados palacianos.[62] Sobre a notícia da morte em julho de 1876 de José Maria Esposel, um dos criados particulares que começara como tocador de tambor na guarda palaciana, D. Pedro II comentou: "Muito senti a morte do Esposel que conservou como excelente criado desde minha infância".[63] É evidente que servir no palácio oferecia muitos pré-requisitos e chances de enriquecimento, tanto legal quanto ilegal. Na década de 1850, o imperador pagara a educação dos filhos de Esposel e de pelo menos outros dois criados particulares.[64]

Após os primeiros anos de seu reinado, D. Pedro II parecia não ter feito nenhuma tentativa de alterar a organização vigente no palácio, acabando com sua rigidez, suas ineficiências e seus desconfortos. "É coisa admirável!",

---

59 Registro para 31 dez. 1861, em Vianna, "Diário de 1862", p.15.

60 BNRJ TM Arm. 32 Pac. 116 Nota manuscrita por Tobias Monteiro. Ver também ibid., Arm. 32 Pac. 65 Cópia do rascunho de uma carta de Paulo Barbosa para D. Francisca, princesa de Joinville, Rio de Janeiro, 14 jul. 1857.

61 Ver *Almanak administrativo... para 1853*, p.44-7. Lamentavelmente, nenhum comentário de pessoas internas foi identificado nos criados da corte, tal como existe para o reinado da rainha Vitória; ver Stoney; Weltzien, *My Mistress*.

62 Ver carta de Antônio Borges da Fonseca para José Tobias Nabuco de Araújo, Rio de Janeiro, 3 mar. 1854, impressa em Nabuco, *Estadista*, v.I, p.273-4.

63 AGP XXXIX-3 D. Pedro II para D. Teresa Cristina, Lago Samia [Finlândia], ago. 1876.

64 Auler, *Bolsistas*, p.23, 31, 33.

diz-se que um dos íntimos do imperador comentou: "eu às vezes não posso conter-me diante de faltas cometidas no paço; e o imperador nunca se zanga! A que ponto isto chega, fora muita ver para crer".[65] Os criados particulares e os empregados do palácio provavelmente exerciam pouca influência direta sobre o imperador, entretanto eles efetivamente serviam para fazer sua vida pessoal ajustar-se a um padrão fixo. Esse conservadorismo ele não considerava censurável. Ele valorizava a estabilidade em sua vida e preferia cursos familiares, estabelecidos. Quando assim desejava, ele podia dispensar as formalidades dos estatutos do palácio e das restrições da etiqueta da corte, que de maneira nenhuma restringiam sua liberdade de ação.

As mulheres eram totalmente ausentes da comitiva da corte de D. Pedro II e de seu corpo de criados. Dentro do palácio, as únicas mulheres de posição eram as damas de companhia de D. Teresa Cristina e suas açafatas (damas de honra). A imperatriz era parte integrante da existência diária de D. Pedro II, mas ela própria desempenhava um papel pouco significativo em sua vida emocional e intelectual. D. Teresa Cristina continuava passionalmente dedicada a "Meu querido e sempre amado, Pedro", e seu principal temor era a possibilidade de perdê-lo. "Que triste coisa ser viúva. Não acho posição mais triste que ser viúva", escreveu a ele em 1866.[66] Ela, portanto, procurava ficar o mais próxima possível dele, o quanto D. Pedro II permitisse, mas proximidade não significava intimidade. Embora fosse sempre atencioso e cortês com a imperatriz em público, na verdade ele havia se apartado dela. Não que ele tratasse a esposa com deliberada indelicadeza nem ativamente a rejeitasse. "Respeito e estimo sinceramente minha mulher", ele escreveu na primeira anotação de seu diário de 1862, "cujas qualidades constitutivas do caráter individual são excelentes".[67] Quando D. Teresa Cristina sofreu um grave surto de sarampo em julho daquele ano, ele observou que "a ideia de perdê-la fez-me reconhecer ainda mais quanto a estimo, e ela mostrou-se tão minha amante!". No dia seguinte, ele escreveu:

---

65 "Um alto servidor de S. M. I.", relatou em Pinto de Campos, "Pedro II", p.208. O informante era provavelmente o marquês de Sapucaí, de quem D. Pedro II por duas vezes advertiu que Pinto de Campos obtivesse informações para sua biografia proposta do imperador; ver registros para 6 jul. e 22 ago. 1862, em Vianna, "Diário de 1862", p.158, 196.

66 AGP XXXIX-1 D. Teresa Cristina para D. Pedro II, Bad Gastein, 12 ago. 1876 e São Cristóvão, 9 out. 1865.

67 Registro para 31 dez. 1861, em Vianna, "Diário de 1862", p.17.

A imperatriz vai melhor; porém, ainda tenho receios e quando eles me assaltam custa-me conter as lágrimas. Creio que minhas palavras de animação e os testemunhos de minha amizade têm auxiliado muito as melhoras da imperatriz.[68]

Tais expressões de afeto e preocupação eram excepcionais. No curso ordinário da vida, D. Pedro II não levava em consideração as opiniões e as necessidades de D. Teresa Cristina e com base no princípio "o marido é quem deve mandar em casa", ele não lhe concedia nenhuma independência.[69] Após as filhas se casarem e estabelecerem suas próprias residências, ele nem sequer permitia a ela visitá-las, a menos que ele a acompanhasse.[70]

A imperatriz não desafiava sua sina. Ela vivia por meio de seu marido e por ele, mesmo que nem sempre com ele. "Bem duro é para mim esta tua separação de vinte dias", ela lhe escreveu em certa ocasião. "Mas como é para o teu divertimento me resigno, e peço a Deus que te proteja e te dê boa viagem."[71] D. Teresa Cristina passava os dias tricotando, lendo e escrevendo cartas. Dedicava muito tempo a compromissos religiosos e à caridade. Ela não se interessava nem um pouco por política e não mantinha um círculo de amizades além de seu pequeno grupo de damas de companhia. Sua principal companhia era D. Josefina da Fonseca Costa, cerca de dez anos mais velha que ela, que assumira o posto em 1846 após a morte de seu noivo. Embora não fosse altamente culta nem intelectual, D. Teresa Cristina era hábil em julgar caráter, tanto daqueles presentes constantemente na corte quanto dos visitantes ocasionais. A imperatriz não tinha um mínimo de vaidade, usando joias apenas em ocasiões formais. "Era mão-aberta. Toda a gente do paço adorava-a", observou o historiador Tobias Monteiro. "Carinhosa no trato, mas [com] certo fundo de tristeza no caráter." A afeição que ela não podia despender com o marido dedicou às filhas e, mais tarde, aos netos.[72]

---

68 Registros para 7 e 8 jul. 1862, em ibid., p.158-9.

69 Registro para 12 jun. 1862, em ibid., p.133.

70 Comentando sobre a primeira visita de seu pai à Europa em 1871, D. Isabel escreveu: "E não continuará a andar por cá com mais liberdade?!, deixando mamãe vir só a minha casa, quando papai não a possa acompanhar etc. etc."; ver AGP XXXIX-1 D. Isabel para D. Pedro II, Laranjeiras, 4 ago. 1871.

71 AGP XXXIX-1 D. Teresa Cristina para D. Pedro II, Nova York, 18 abr. 1876.

72 BNRJ TM Arm. 32 Pac. 99 Este parágrafo baseia-se no conteúdo de uma nota de pesquisa manuscrita por Tobias Monteiro, começando com "Depoimento mme. Fonseca Neves, sobrinha viscondessa Fonseca Costa".

Figura 23. D. Isabel e D. Leopoldina por volta de 1856.

Dentro da família imperial, as únicas mulheres de importância para D. Pedro II eram as duas filhas, "que amo extremosamente".[73] Era um pai rígido que exigia obediência, mas, como as cartas que as duas lhe escreveram na infância demonstram, D. Isabel, nascida em 1846, e D. Leopoldina, um ano depois, amavam e admiravam o pai.[74] Em meados da década de 1850, era evidente a todos que o casal imperial não teria mais filhos e, portanto, nenhum filho e herdeiro. A herança pertencia a suas duas filhas, uma condição que o pai delas admitia, embora com relutância. D. Pedro II escreveu em 1857:

> Quanto à educação só direi que o caráter de quaisquer das princesas deve ser formado tal qual convém a senhoras que poderão ter de dirigir o governo constitucional de um Império como o do Brasil. A instrução não deve diferir da que se dá aos homens, combinada com [o que convém] a do outro sexo; mas de modo que não sofra a primeira.[75]

---

73 Registro para 31 dez. 1861, em Vianna, "Diário de 1862", p.17.

74 Suas cartas estão contidas em AGP XL-2 e XLVII-I.

75 Rascunho de documento não datado, manuscrito por D. Teresa Cristina, intitulado "Atribuições da aia", reproduzido em Lacombe, "Educação", p.250. O conteúdo remete o documento para aproximadamente abr. 1857.

Em 29 de julho de 1860, em seu aniversário de 14 anos, D. Isabel, como herdeira legítima ao trono, fez o juramento prescrito pelo artigo 106 da Constituição, em uma cerimônia realizada na Câmara do Senado.[76]

À criação e educação de suas filhas, D. Pedro II dedicava considerável tempo e atenção, embora não muita imaginação. Tratadas igualmente pelo pai, D. Isabel e D. Leopoldina receberam a educação que ele próprio gostaria de ter recebido. D. Pedro II não exagerou quando escreveu que, além de "aprender e ler", "sendo o estudo, a leitura e a educação de minhas filhas, que amo extremosamente, meus principais divertimentos".[77] Ele mesmo elaborava e monitorava seu programa semanal de aulas, que ocupavam nove horas e meia por dia, seis dias por semana. Às 19h, D. Pedro II pessoalmente dava às filhas uma aula de meia hora de latim ou lia para elas trechos dos quatro volumes de *Décadas da Ásia*, de João de Barros, um clássico da literatura portuguesa. Às 11h de terças, quintas e sábados, lia *Os lusíadas*, de Camões, a preeminente obra do poeta português. As princesas também estudavam os idiomas francês, inglês e alemão; história portuguesa, francesa e inglesa; geografia e geologia; astronomia; química; física; geometria e aritmética; piano; e dança. Entre seus instrutores estavam dois professores do próprio imperador, três dos intelectuais favoritos de D. Pedro II e vários professores contratados.[78]

Pelas tradições da monarquia portuguesa, o herdeiro ao trono devia ser colocado ao final da infância sob os cuidados de um aio, ou supervisor. Como D. Isabel era mulher, os costumes da época ditavam que essa função fosse ocupada por alguém também do sexo feminino. Encontrar uma mulher de apropriada posição, cultura e educação para servir como aia não era tarefa fácil. D. Pedro II primeiramente ofereceu o posto a sua madrasta viúva, que então vivia em Lisboa. Foi provavelmente a irmã dele, D. Francisca, princesa de Joinville, quem sugeriu a indicação de sua antiga dama de companhia, a condessa de Barral.[79]

Nascida na Bahia em 1816, Luísa Margarida Portugal de Barros era filha do visconde de Pedra Branca, que havia sido o primeiro enviado brasileiro à

---

76 Lacombe, *Isabel*, p.20. O juramento dizia: "Juro manter a religião católica apostólica romana, observar a constituição política da nação brasileira, e ser obediente às leis e ao imperador". Ver Pimenta Bueno, *Direito público*, p.494.

77 Registro para 31 dez. 1861, em Vianna, "Diário de 1862", p.15.

78 A educação dada às princesas (matérias, professores, horário de aulas) pode ser reconstruída a partir do diário de D. Pedro II para 5 jan. 1862, em ibid., p.23; Lacombe, "Educação", p.251-3, 255-7; e id., *Isabel*, p.35-42.

79 Ver Lacombe, *Isabel*, p.22-7.

França e se tornara senador em 1826. Criada na França, em 1837 ela se casara com Jean Joseph Horace Eugène, conde de Barral. Na década de 1840, ela havia servido como dama de companhia a D. Francisca, princesa de Joinville, na corte do rei Luís Felipe. Após a queda da dinastia Orléans em 1848, os Barrals haviam deixado a França rumo às plantações do pai dela na província da Bahia. Foi nessas propriedades que em março de 1856 a condessa de Barral recebeu o convite do mordomo. Após alguma negociação a respeito de sua posição e poderes, ela aceitou a nomeação e com seu marido e filho pequeno chegou ao Rio no final de agosto daquele ano.[80]

Figura 24. D. Pedro II, com D. Teresa Cristina, ensinando às filhas em 1860. À direita, D. Isabel, em pé.

A condessa de Barral ocupou o posto de aia por oito anos, servindo até que suas protegidas se casassem no final de 1864. Ela rapidamente estabeleceu sua autoridade tanto na sala de aula quanto sobre os criados da corte, que se ressentiam da intromissão de uma estranha, e proveu às duas princesas uma criação sistemática e bastante eficaz, embora fosse altamente tradicional em perspectiva. "Deus assinou aos homens seu quinhão de trabalho e às mulheres, outro", ela informou a D. Isabel. "Cada um que fique na sua

---

80 Sobre a anotação da condessa, ver Lacombe, "Barral", p.8-30; e id., *Mordomo*, p.256-62; e sobre seus pais, criação e vida, ver Calmon, *Pedro II*, v.I, p.324-36.

Figura 25. Luísa Margarida Portugal de Barros, condessa de Barral, aia de D. Isabel e D. Leopoldina.

esfera, a não ser uma Joana D'Arc inspirada por Deus."[81] Para D. Isabel em particular, a condessa servia como um modelo de conduta e se aproximava de ser uma mãe substituta. As duas mulheres permaneceram amigas constantes por toda a vida.[82]

A condessa de Barral possuía todas as qualidades necessárias para ter êxito como supervisora da prole do imperador. Era atraente, vivaz, inteligente, hábil nas graças sociais, afeita ao mundo da cultura e parte integrante da aristocracia francesa. Essas eram precisamente as qualidades que D. Pedro II desejava em uma mulher. Não é de surpreender que ele também se deixasse encantar pela condessa desde o primeiro instante em que ela assumiu seu

81 AGP sem número. Condessa de Barral para D. Isabel, 88 Boulevard Hausmann [Paris], 19 out. 1865.

82 O afeto do relacionamento é evidente nas cartas trocadas entre D. Isabel e a condessa de Barral, mantidas em AGP XL-6 e sem número, e nos comentários sobre a condessa nas cartas de D. Isabel a seu pai.

posto no início de setembro de 1856. Ele a cortejava com toda perseverança e habilidade que podia reunir. Ela era, porém, uma boa católica, esposa fiel e mãe dedicada. Nela, a razão comandava, não o coração. Ela pode não ter escapado dos abraços de D. Pedro II, mas certamente evitou sua cama. Ela logo aprendeu como lidar com ele e sua paixão, tratando-o com um misto de franqueza e respeito.[83] O relacionamento não passou daquilo que os franceses chamam de *amitié amoureuse* [amizade colorida], que durou até a morte dela em janeiro de 1891, cerca de 35 anos mais tarde. "Na Notre Dame des Roses ouvi missa pela Barral que jamais esquecerei."[84]

Para a condessa de Barral, a amizade com o imperador trouxe-lhe proximidade com os poderosos e certa influência em questões de favorecimento. Ela sabiamente mantinha seus pedidos em prol de familiares e amigos bastante modestos. Para a imperatriz, o surgimento dentro de seu próprio lar de uma rival – pois este logo se tornou o papel da condessa – era um tormento. Sendo por natureza e criação insegura e submissa, D. Teresa Cristina aquiesceu à sua sorte, fingindo não perceber o que na verdade via. Ela se ressentia da intimidade da condessa com D. Pedro II, de sua habilidade em agradar e manipular e de sua determinação em obter o que desejava. Em janeiro de 1864, após uma discussão sobre como lidar com o comportamento de D. Leopoldina, a condessa de Barral *"voleva per forza che si dicessi che io non l'amavo"* [quis me fazer dizer-lhe que eu não gostava dela], D. Teresa Cristina escreveu em seu diário, *"ma io non gli dissi ne si ne nò"* [mas eu não disse nem sim nem não]. Tobias Monteiro, que coletou muitas evidências sobre as ligações amorosas de D. Pedro II, observou simplesmente: "A imperatriz não pôde dissimular que destestava Barral".[85]

A condessa estava longe de ser a única causa de mágoa de D. Teresa Cristina. Suscetível a um rosto atraente e uma mente culta, D. Pedro II mantinha

---

83 As cartas da condessa para o imperador, publicadas em Barral, *Cartas*, e para D. Isabel e o conde d'Eu, no AGP, são as melhores fontes sobre sua personalidade. As cartas do imperador para ela, publicadas em Magalhães Jr., *D. Pedro II*, e em Sodré, *Abrindo*, fornecem uma percepção enganosa tanto do relacionamento quanto do caráter dela.

84 AHMI POB Cat. B Maço 37 Doc 1.057 Registro no diário para 15 jan. 1891. A caracterização do relacionamento entre D. Pedro II e a condessa como uma "amizade colorida" é de Alcindo Sodré, *Abrindo*, p.69.

85 Ver AHMI Coleção POB Cat. B Maço 38 Doc 1.058 Registro no diário para 31 jan. 1864; e BNRJ TM Arm. 32 Pac. 6 Nota de pesquisa escrita por Tobias Monteiro. Os sentimentos da imperatriz sobre a condessa estão expressos em suas cartas a D. Pedro II, Bad Gastein, 12, 14 e 28 ago. 1876, em AGP XXXIX-1.

a persistente fantasia de que um dia encontraria a alma gêmea que até então lhe fora negada.[86] Em busca de seu ideal, D. Pedro II envolveu-se nas décadas de 1850 e 1860 com pelo menos duas mulheres. A primeira, Maria Eugênia Lopes de Paiva, era um ano mais jovem do que o imperador e filha do visconde de Maranguape, senador e ex-ministro. Ela se casou duas vezes e ficou sucessivamente conhecida como Mariquinhas Guedes, por causa do primeiro marido, falecido em 1855, e Madame Jones, por causa do segundo, com quem se casou em 1861.[87] "Era formosíssima. A fisionomia de uma meiguice encantadora", o historiador Tobias Monteiro contou. "A Corte do Imperador junto a ela era insistente." O segundo envolvimento conhecido de D. Pedro II foi com Carolina Bregaro, também nascida em 1826 e sobrinha de um criado de confiança de D. Pedro I. Em Lisboa, no ano de 1851, ela se casou com um diplomata brasileiro, Rodrigo Delfim Pereira, que era meio-irmão ilegítimo e não reconhecido de D. Pedro II por parte de pai.[88] O casal retornou da Europa para o Rio no início da década de 1860, e o caso amoroso com D. Pedro II provavelmente começou nessa época, durando por quase uma década. Esse relacionamento chegou perto de causar um escândalo público. Certa noite, uma patrulha policial, suspeitando de uma invasão à casa de Carolina Pereira, encontrou D. Pedro II e um companheiro tentando em vão entrar. Ao saber a identidade dos suspeitos, a patrulha apressadamente se retirou.[89] D. Pedro II confessou com toda razão em seu diário em 31 de dezembro de 1862, logo após seu aniversário de 37 anos: "Viveria inteiramente tranquilo em minha consciência se meu coração fosse um pouco mais velho do que eu".[90]

---

86 Essa fantasia é expressa na carta a Fernando de Portugal, 25 fev. 1855, em ANTT Caixa 7324 Capilha 184 Doc. 2.

87 Os maridos eram, respectivamente, José Guedes Pinto e Guilherme Francisco Jones Júnior. Ela morreu em 1888. Ver as fontes citadas em Calmon, *Pedro II*, v.II, p.447-8; e veja BNRJ TM Arm. 32 Pac. 99 Nota de pesquisa escrita por Tobias Monteiro, intitulada "Amores do Imperador". Em seu diário de 1862, D. Pedro II referiu-se duas vezes a ela como "sra. Jones"; ver apontamentos para 17 dez. 1862 e 2 jan. 1863, em Vianna, "Diário", p.291, 311.

88 Quando Rodrigo Delfim Pereira faleceu em 1891, D. Pedro II observou: "era o que se chama bom rapaz e meu irmão embora meu pai não o declarasse em ato público"; ver AHMI POB Cat. B Maço 37 Doc 1.057 Registro no diário para 5 jun. 1891. Carolina Pereira viveu até 1917.

89 Ver as fontes citadas em Calmon, *Pedro II*, v.II, p.449-50; e BNRJ TM Arm. 32 Pac. 99 Nota de pesquisa escrita por Tobias Monteiro, começando "Um dia em conferência", relatando o episódio em que, certa noite, um policial encontrou D. Pedro II tentando em vão ter acesso à casa de Carolina Pereira, no final de 1870 ou início de 1871. Esta história também é recontada em Suetonio, *Antigo Regime*, p.168.

90 Registro para 31 dez. 1861, em Vianna, "Diário de 1862", p.17.

Figura 26. Maria Eugênia Lopes de Paiva, sra.
Guedes e posteriormente sra. Jones.

Esses encontros não eram nem podiam ser mantidos em total segredo, mas, como um observador britânico anônimo comentou em 1859, o imperador era "ostensivamente correto na vida, e da mesma forma ao conduzir suas aventuras, de modo a poupar a Imperatriz e sua família da dor, evitar escândalo público e manter-se perfeitamente livre da influência de protegidos".[91] D. Pedro II concordava integralmente com a importância desse último ponto. "Não tenho tido, nem tenho validos", ele escreveu em seu diário em 1862, "caprichando mesmo em evitar qualquer acusação a tal respeito, sobretudo quanto a validas".[92]

Essa questão merece ênfase. Não importa o que acontecesse em sua vida privada, o imperador não admitia nenhuma Madame de Pompadour, nenhu-

---

91 PRO FO 13 v.378 Memorando anônimo, sem data (dez. 1858 a ago. 1859, com base em evidência interna). Em sua biografia do imperador, Cristiano Ottoni declarou que "D. Pedro II soube salvar as aparências; apresenta sempre perfil correto de chefe de família", de modo que "não era casto, era cauto"; ver Ottoni, *D. Pedro*, p.34. As identidades das amizades femininas de D. Pedro II eram bem conhecidas na época e posteriormente. Wanderley Pinho, *Salões*, contém retratos de todas elas, embora não sejam discutidas no texto.

92 Registro para 31 dez. 1861, em Vianna, "Diário de 1862", p.16.

ma Lola Montez. Igualmente, não havia nenhum Cardeal de Richelieu ou príncipe de Metternich em seu reinado. Ele admitia intimidade somente com aqueles, mulheres e homens, que provassem com sua conduta que não tentariam influenciá-lo ou usar sua proximidade visando lucro ou autopromoção. Mesmo com aqueles que provavam sua integridade de caráter, D. Pedro II mantinha áreas de reserva, refreando-se de uma completa franqueza que pudesse acarretar uma perda de controle. No início da década de 1850, seus companheiros mais íntimos eram, conforme uma carta do imperador a seu cunhado Fernando de Portugal, Nicolau Antônio Nogueira Vale da Gama, seu mordomo, e Francisco Xavier Calmon da Silva Cabral, um ajudante de ordens. No final dessa década, D. Pedro II aproximou-se cada vez mais de seu amigo de infância Luís Pedreira do Couto Ferraz, futuro visconde de Bom Retiro, que havia sido companheiro do imperador em 1835 e que servira como ministro do Império (Interior) de 1853 a 1857. "O Imperador e Pedreira eram feitos para se entenderem, tinham a mesma moderação, a mesma prudência", observou Joaquim Nabuco de Araújo, um político bem relacionado que conhecera ambos, "as mesmas simpatias e deferências, quase que os mesmos gostos e apreço pelas mesmas pessoas".[93] Bom Retiro era suficientemente perspicaz e abnegado para saber que a intimidade com D. Pedro II impunha não voltar a se tornar ministro e servir ao imperador antes de sua própria conveniência. "Fique[i] admirada que o Bom Retiro não tivesse descido às minas de Bannemora contigo, os outros não", a imperatriz comentou certa ocasião.[94] A intimidade com D. Pedro II era rara e concedida sob condições unicamente determinadas por ele.

Monarcas sempre se isolam em termos de *status*, e no início da década de 1860 o imperador havia se assegurado de que não enfrentava rivais pelo poder. Havia, no entanto, um desafiante em potencial que ele não podia eliminar: D. Isabel, sua filha e herdeira. A história das monarquias europeias está repleta de tensões, que geralmente irrompem em conflito aberto, entre um governante estabelecido em seus hábitos e sua prole que amadurece. Todo monarca desejava criar um herdeiro digno de si e, no entanto, temia fazer isso porque tal herdeiro poderia rivalizar com ele e suplantá-lo. Por outro lado, os herdeiros irritavam-se com a subordinação e a obediência deles exigida e ressentiam-se com a falta de reconhecimento de seus talentos. Em tais disputas, as comunidades políticas dividiam-se em suas lealdades. Ofender o governante vigente significava correr o risco de um ostracismo imediato,

---

93 Ver Nabuco, *Estadista*, v.I, p.123.
94 AGP XXXIX-A D. Teresa Cristina para D. Pedro II, Gmuden (Áustria), 6 set. 1876.

entretanto, o herdeiro, um dia, talvez em um futuro muito próximo, assumiria o poder e, portanto, também devia ser agradado.

No caso do Brasil, o fato de o herdeiro ser uma mulher alterava mas não eliminava o potencial de rivalidade. Muito dependia da personalidade de D. Isabel e do relacionamento que ela estabelecesse com o pai. Desde cedo na vida, ficou claro que ela tinha vontade e interesses próprios. "Meus queridos pais", dizia um bilhete precoce de D. Isabel, "mil perdões lhes peço de lhes ter ofendido tantas vezes. Hoje a minha confissão durou uma hora."[95] Como o pai dela observou quando a menina completou 17 anos, "a Isabel parece que há de ser imperiosa, e o contrário a irmã".[96] A educação que D. Isabel recebeu, de uma qualidade extraordinária para mulheres daquela época, deu-lhe tanto a inspiração quanto os meios para estabelecer, quando adulta, uma posição na vida que fosse independente da de seu pai.

Uma série de fatores evidentes durante a infância de D. Isabel tornava tal desdobramento improvável. D. Isabel não era desprovida de poder de observação e certa perspicácia, mas aceitava bem a vida como ela era e certamente não era dada a questionar a justificativa da ordem estabelecida. A herdeira ao trono podia ter adquirido "conhecimentos mais próprios do outro sexo", mas durante essa criação ela também assimilou de seus professores a obediência às regras tradicionais. Ela aceitava que as mulheres fossem dependentes e obedientes, e de fato o comportamento de sua mãe e de sua governanta não indicavam o contrário. Em seu relacionamento com os pais, D. Isabel deu pouca ou nenhuma atenção à mãe. Seu mundo girava em torno de seu pai, e se tratava de um relacionamento que não pressagiava nenhum conflito sério entre eles. "Papai não deixe de ver a luz acinzentada que está linda e Vênus", dizia uma de suas primeiras cartas a ele. "Papai não deixe de ver antes a lua e se deite. Isabel C."[97] Como esse bilhete revela, ela era capaz de uma observação independente, mas o fazia dentro dos parâmetros definidos pelo pai, que era um ser superior e árbitro supremo. Dois memorandos não datados de D. Isabel a D. Pedro II e as respostas dele deixam claro esse ponto.

> Recorrer ao Supremo Tribunal
> Quando eu acabar de estudar e que a mana ainda esteja não posso descansar até que ela acabe? Falo só d'esta hora.

---

95 AGP XL-2 D. Isabel para D. Pedro II, não datado.

96 AGP Pasta de documentos transcritos D. Pedro II para François, príncipe de Joinville, Rio de Janeiro, 21 set. 1863, cópia manuscrita de D. Teresa Cristina.

97 AGP XXXVII Cópia escrita por D. Teresa Cristina de D. Pedro II para o príncipe de Joinville, Rio de Janeiro, 13 set. 1863.

IC

Sempre é que estuda no tempo marcado para estudo.

A química pede ao físico que lhe dê um dovir de estilo. Quais são os filhos de Abele? IC

Creio que um dos filhos é Phine. É bom ter memória, porém melhor exercer o raciocínio, e V. pouco pensa. Não s'esqueça do Quatrefages. Enquanto não criar gosto pela leitura sem ser feita por outrem o físico há de queixar-se de que seus conselhos de exemplo não sejam aproveitados, apesar de a física ser tão amiga da química.[98]

D. Isabel estava em fundamental desvantagem em relação ao pai. Ela tinha forte personalidade, mas não podia tirar proveito disso. Quando criança, ela não compartilhava a seriedade de D. Pedro II, sua perseverança ou seu interesse pelo mundo. O advento da adolescência não melhorou a situação. No início da década de 1860, a caligrafia de D. Isabel, jamais notável pela clareza, tornou-se mais relaxada que nunca. A condessa de Barral escreveu em reprimenda, em junho de 1863:

Lembre-se minha querida princesa que vossa senhoria vai breve ter 17 anos e que não deve mais perder um só dia para corrigir o que por demasiado amor e indulgência temos todos mais ou menos [permitido] até aqui![99]

Ao passar da adolescência para a maturidade, D. Isabel recebeu pouco apoio do pai. Embora tivesse esbanjado cuidado e atenção à educação das filhas, D. Pedro II não fazia nenhum esforço para preparar D. Isabel para a efetiva tarefa de governar o Brasil. Ele deliberadamente segregava suas filhas adolescentes de toda e qualquer participação na vida pública. Até se casarem, não tinham permissão de frequentar o teatro ou ir a um baile. Não há evidência de que ele mostrasse à jovem D. Isabel papéis oficiais, que a instruísse na arte de governar ou que a envolvesse em sua forma de administrar situações.[100]

O tratamento que D. Pedro II dava às filhas refletia a visão sobre as mulheres que predominava na época. Ele mantinha as filhas adolescentes estritamente no âmbito das esferas isoladas e privadas às quais as mulheres eram então relegadas. Até as mulheres adultas eram consideradas incapazes de tratar de assuntos corriqueiros, o que dizer então de questões de Estado. Para sobre-

---

98 Carta em ibid.

99 AGP sem número Condessa de Barral para D. Isabel, Dia de S. Pedro [29 jun. 1863].

100 AGP XLI-4 Gastão, conde d'Eu, para Marguerite, princesa de Orléans, Rio de Janeiro, 20 set. 1864.

viver, elas necessitavam de um homem – um pai e depois um marido – para guiá-las e protegê-las. De acordo com a Constituição brasileira, D. Isabel seria capaz de reinar por conta própria, sem uma regência, quando completasse 18 anos, em 29 de julho de 1864. Dez meses antes dessa data, o imperador pôs-se a procurar maridos para D. Isabel e sua irmã, então com 16 anos. A busca não era tarefa fácil por diversas razões.

Era impossível que qualquer uma das princesas se casasse com um brasileiro. Nenhum homem solteiro de estirpe suficientemente distinta vivia no país, e sem linhagem real nenhum marido imporia respeito. Além disso, a escolha de um brasileiro daria à família do marido um precedente e uma vantagem sobre todas as demais famílias de posição no país, o que despertaria intensa hostilidade. Os maridos tinham de ser estrangeiros. Encontrar esposos das casas reais da Europa não era menos difícil do que havia sido no próprio casamento de D. Pedro II. O artigo 120 da Constituição de 1824 concedia ao imperador reinante o poder de selecionar o marido de uma herdeira ao trono.[101] Como D. Pedro II estava determinado a preservar essa prerrogativa, ele não podia empregar o corpo diplomático brasileiro para investigar candidatos adequados para suas filhas ou conduzir negociações. Ele estava determinado a realizar a busca e concluir os acordos nupciais por conta própria.

As opções do imperador eram extremamente limitadas. Ele possuía poucos contatos com as famílias reais da Europa e também tinha opinião forte sobre quais casas reais eram apropriadas. Considerando-se tanto as disposições da Constituição brasileira quanto os preconceitos do povo, qualquer marido tinha de ser de religião católica. Essa restrição eliminava pelo menos a metade dos príncipes qualificados das famílias reais europeias. Mesmo dentro das dinastias da fé católica, o imperador tinha suas preferências.

A primeira providência do imperador foi escrever, em 21 de setembro de 1863, a seu cunhado, o príncipe de Joinville. A carta reflete o caráter de D. Pedro II e suas atitudes.

> Cumpre-me tratar do casamento de minhas filhas, e de ti espero tudo o que me afiança nossa amizade de tantos anos.
>
> Para marido da Isabel prefiro a todos o teu filho, e para o da Leopoldina o conde de Flandres. Do Pedro [filho de Joinville] tenho tido as melhores informações, é teu filho e da Mana Chica [D. Francisca], o conde de Flandres não posso julgar com igual segurança, mas estou certo de que me não deixarás errar, procedendo como se se tratasse de filha tua.

---

101 Pimenta Bueno, *Direito público*, p.495.

A seguir, D. Pedro II discutiu várias questões, incluindo a necessidade de absoluto sigilo e também a de qualquer marido ter de renunciar a seus direitos de sucessão a outro trono. A carta continuou:

> A Isabel muitas vezes me tem dito que não quer casar senão com teu filho Pedro; mas só lhe respondo que há de casar com quem eu escolher, no que ela concorda por ser muito boa filha. Por esta razão, como deves prevê-lo, não hei de querer o casamento de Leopoldina com o Pedro, mas no caso d'este não casar com a Isabel prefiro para marido d'esta o conde de Flandres. [...]
>
> Se não se pode fazer o casamento da Isabel com o Pedro ou com o conde de Flandres, peço-te desde já que te ocupes somente com o da tua afilhada, fazendo-te apenas as seguintes recomendações: o marido dever ser católico, de sentimentos liberais, e não ser português, espanhol ou italiano, desejando que não seja austríaco [...].
>
> Nada se fará que comprometa a palavra sem que minhas filhas sejam ouvidas, e anuirão, sendo então preciso que eu use das informações que para isso dizeis, e me envias fotografias não favorecidas dos noivos, e mesmo outros retratos pelos quais se possa fazer ideia exata de sua fisionomia.
>
> Muito desejaria que minhas filhas se casassem quando a Isabel fizesse 18 anos ou pouco depois.[102]

A esse extenso conjunto de solicitações e instruções, o príncipe de Joinville enviou, em 6 de novembro de 1863, uma resposta contemporizadora, destinada a preparar o imperador para o desapontamento. "Não há nada mais difícil do que casar uma jovem princesa, como a rainha Vitória me disse há muito tempo. Tenho algum conhecimento próprio disso", Joinville comentou. "O encargo é ainda maior quando essa princesa é herdeira de um trono."[103] Ele teria de consultar seu filho quanto à proposta, mas duvidava que ele a aceitaria. Com respeito ao conde de Flandres, ele faria averiguações. Como Joinville salientou, o número de candidatos adequados era restrito, dada a lista de exclusões do imperador, e dentre eles Joinville acrescentou "todos os meus sobrinhos, filhos de meus irmãos, tanto Nemours quanto Aumale, e de minha irmã Clementina".

---

102 AGP Pasta de documentos transcritos D. Pedro II para François, príncipe de Joinville, Rio de Janeiro, 21 set. 1863, cópia manuscrita de D. Teresa Cristina. Esses materiais não parecem ter sido usados anteriormente por historiadores.
103 AGP XXIX-I François, príncipe de Joinville, para D. Pedro II, Claremont, 6 nov. 1863.

Tabela 4. Seleção de descendentes de Luís Felipe, rei da França

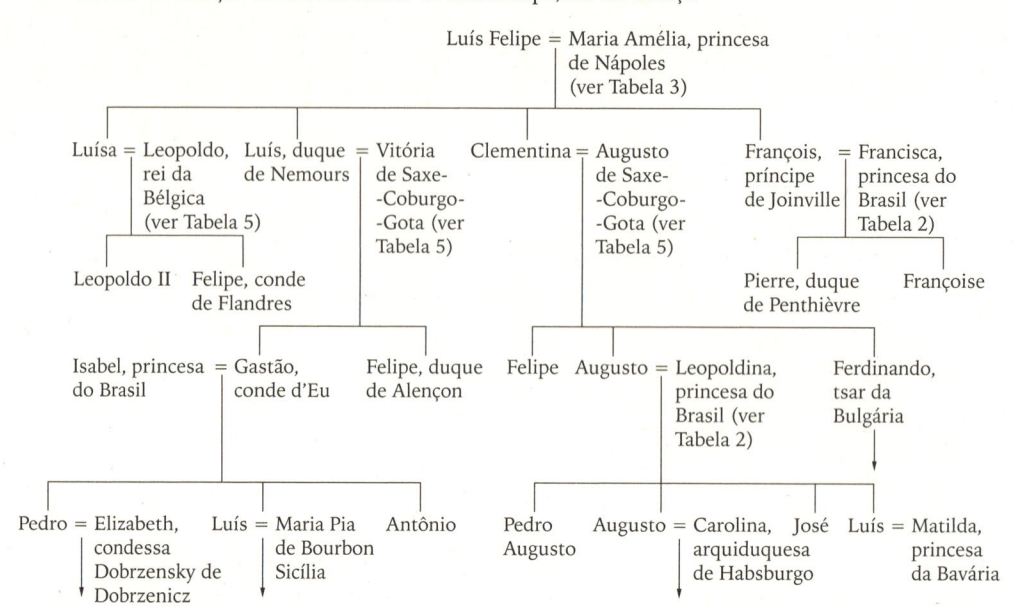

Como Joinville antecipara, seu filho recusou a proposta de casamento (e na realidade jamais se casaria), enquanto o conde de Flandres revelou-se indisponível.[104] Em lugar de seu filho, Joinville escreveu em 6 de dezembro de 1863 recomendando Augusto de Saxe-Coburgo-Gota. Segundo filho da irmã de Joinville, Clementina, e do duque Augusto de Saxe-Coburgo-Gota da Alemanha, o jovem tinha ligações próximas com a rainha Vitória da Inglaterra, Leopoldo I da Bélgica e o rei Fernando de Portugal. Bem apessoado, saudável, muito inteligente e um bom linguista, Augusto tinha 18 anos e servia como oficial da Marinha austríaca. "Ele é ativo, impetuoso e vigoroso, mas um bom rapaz", Joinville observou. A carta também mencionava "dois filhos de meu irmão [o duque de] Nemours, o primeiro com idade de 21, o outro, com 18".

---

104 Quando o filho de Joinville visitou o Rio em julho de 1865, um observador descreveu-o como "um longo aspargo de seis pés de altura pelo menos com uma cabecinha de pássaro", "sempre a olhar vagamente com uma expressão tola, e sem saber o que fazer com os braços e as pernas". "Que sorte para a princesa imperial a surdez tê-lo impedido de tornar-se seu marido!" Ver João Batista Calógeras para Lucille Calógeras e Pandiá George Calógeras, Rio de Janeiro, 21 jul. 1865, em A. G. de Carvalho, *Ministério*, p.216. O conde de Flandres casou-se com uma princesa alemã e foi pai do futuro rei Albert da Bélgica.

O mais velho [conde d'Eu] é alto e forte, muito bem educado e deveras distinto, embora um tanto surdo. Ele acabou de participar brilhantemente da guerra com Marrocos. O segundo é o mais belo jovem do mundo, cheio de entusiasmo e vitalidade, mas um tanto indolente.

Em um pós-escrito, Joinville recomendou insistentemente ao imperador:

Pense em meu sobrinho Augusto. Há muitas vantagens e garantias da parte dele. Ele para sua mais velha e um dos filhos de Nemours para sua mais jovem. Isso seria para mim o arranjo mais ideal. Estou enviando-lhe alguns retratos que lhe darão uma noção dos indivíduos.[105]

A resposta de D. Pedro II a essa proposta foi o que se poderia esperar dele. Ele recebeu com cautela o favorito de Joinville e solicitou mais informações, "porque o Augusto é muito moço, e com o gênio que ele parece ter procederá aqui de modo a ferir as conveniências públicas". "Sobre os filhos do Nemours não te falarei agora senão para dizer-te que não me agrada o preguiçoso." [106]

Em resposta, Joinville enalteceu as qualidades de seus candidatos:

Estou enviando-lhe o retrato mais recente que pude encontrar do conde d'Eu, filho mais velho de meu irmão Nemours. Se pudesses escolhê-lo para uma de suas filhas, seria perfeito. Ele é alto, forte, atraente, bom, gentil, muito amistoso, muito educado, amante dos estudos e, além disso, já possui certa reputação militar. Ele tem a audição um pouco deficiente, mas não chega a ser um defeito.

Augusto de Saxe-Coburgo-Gota é mais jovem. Reputo que ele seja bom e inteligente. Ele foi muito bem criado, mas não tem o talento do conde d'Eu para os estudos. Tem boa aparência e boa constituição. É muito vigoroso, e talvez seja um pouco briguento. Creio que esse serviço militar na Marinha austríaca lhe fará bem.[107]

---

105 AGP XXIX-1 François, príncipe de Joinville, para D. Pedro II, Claremont, 6 nov. 1863. Em uma carta de 20 dez., Joinville confirmou a recusa do conde de Flandres de casar-se com D. Leopoldina. Augusto era sobrinho do rei Fernando de Portugal, sobrinho-neto de Leopoldo I da Bélgica e primo em primeiro grau da rainha Vitória. Sua tia paterna, que morreu em 1857, casara-se com o duque de Nemours, cujos filhos eram, portanto, primos em primeiro grau de Augusto (ver tabelas 4 e 5).

106 AGP Pasta de documentos transcritos D. Pedro II para François, príncipe de Joinville, Rio de Janeiro, 21 set. 1863, cópia manuscrita de D. Teresa Cristina.

107 AGP XXIX-1 François, príncipe de Joinville, para D. Pedro II, Claremont, 7 fev. 1864.

Tabela 5. As principais ramificações da Casa dos Saxe-Coburgo-Gota

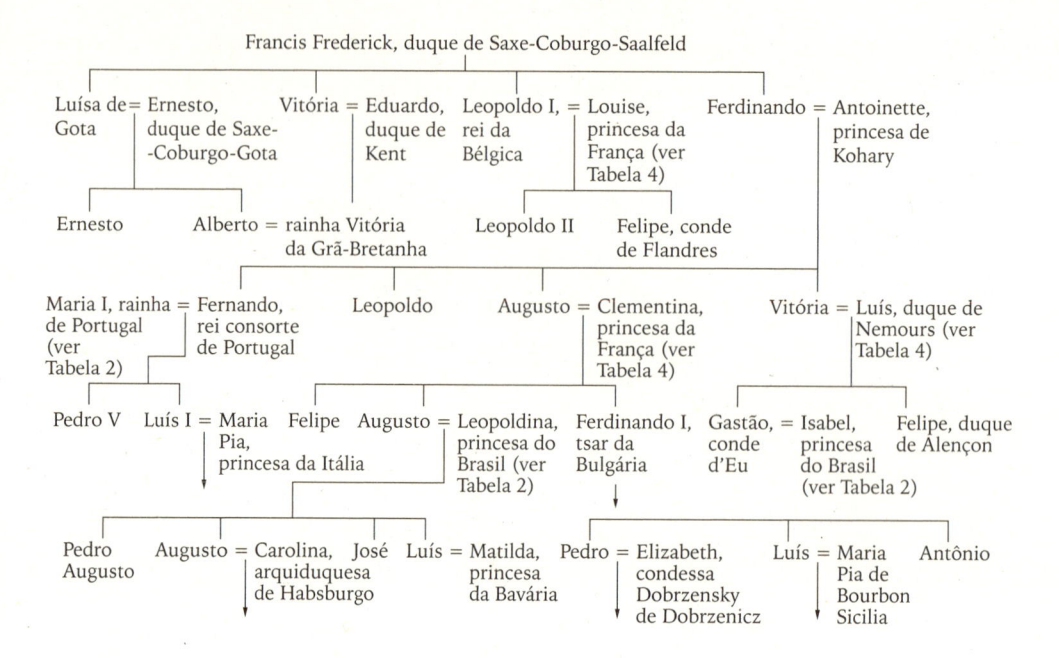

Embora de modo algum o príncipe de Joinville pretendesse que sua carta influenciasse a decisão de D. Pedro II, foi exatamente isso que ocorreu. Sujeito ao consentimento de suas filhas, o imperador escolheu Gastão, conde d'Eu, para D. Isabel e Augusto de Saxe-Coburgo-Gota para D. Leopoldina. Ele assim informou a Joinville em 6 de abril. O imperador consentiu que os dois jovens viessem ao Brasil sem nenhum compromisso prévio de suas partes, para que pudessem ver e decidir por si mesmos.[108]

Somente essa concessão manteve os casamentos pretendidos em vigor, porque, como Joinville repetidas vezes deixou claro, os pais de Augusto ansiavam por nada menos do que a união de seu filho com D. Isabel. "A [filha] mais velha havia sido sugerida a Augusto e a perspectiva da posição, de um trono a ocupar virou a cabeça de todos os Coburgos."[109] Mais precisamente, a união entre Augusto e D. Isabel contava com o apoio da mãe de Augusto, a princesa Clementina de Saxe-Coburgo-Gota, duquesa da Saxônia, uma

---

108 AGP Pasta de documentos transcritos D. Pedro II para François, príncipe de Joinville, Rio de Janeiro, 21 set. 1863, cópia manuscrita de D. Teresa Cristina.

109 AGP XXIX-1 François, príncipe de Joinville, para D. Pedro II, Claremont, 25 abr. e 4 maio 1864.

Figura 27. D. Isabel e seu marido, Gastão d'Orléans,
conde d'Eu, na ocasião de seu casamento.

mulher de extraordinário caráter e ambição. Filha do rei Luís Felipe da França e, portanto, tia do conde d'Eu, Clementina dominava seu marido e seus
filhos mimados. Tendo ela própria se casado com um príncipe rico porém
sem distinção, buscava tronos para seus filhos. Foi seu terceiro e mais novo,
Ferdinando, que acabou realizando essa ambição, estabelecendo-se como
tsar da Bulgária.[110]

No caso de seu segundo filho, as expectativas da princesa Clementina
foram frustradas. Após prolongadas negociações e alguma demora, os dois
jovens primos deixaram Lisboa em agosto de 1864 no navio a vapor mensal
para o Rio. Enquanto isso, no Brasil, uma lei que estabelecia as condições
financeiras para o casamento das princesas foi aprovada pelo Legislativo, e em

---

110 Um retrato vívido do caráter de Clementina pode ser encontrado nas cartas da rainha Maria II
de Portugal para a rainha Vitória; ver Andersen Leitão, *Novos documentos*, p.162, 173-4, 279-
80, 284, 289-90, 300-1; e também Constant, *Foxy Ferdinand*, p.41-7, 57.

meados de agosto um breve anúncio oficial tornou pública a visita próxima dos príncipes ao Rio.[111]

Cartas remanescentes que Gastão, o conde d'Eu, escreveu ao pai em casa e à irmã na Inglaterra revelam suas primeiras impressões do Brasil, de D. Pedro II e de sua família, bem como das negociações relativas a seu casamento.[112] Além do clima tropical e da vegetação, o que mais impressionou o príncipe no Brasil foi a presença em todas as classes sociais de pessoas de descendência africana parcial ou total. De modo geral, ele estava satisfeito. "O país que nos cerca é magnífico e muito mais avançado em civilização do que eu esperava, e o povo é muito cordial", ele relatou à irmã em 6 de setembro, quatro dias após chegar ao Rio.[113]

O primeiro encontro com a família imperial ocorreu no dia da chegada dos príncipes. O conde d'Eu descreveu o imperador e a imperatriz como "extremamente cordiais e bons, embora ele tenha um ar muito sério e quase austero". As princesas são "feias, mas a segunda é *decididamente* menos atraente do que a outra, menor, mais forte e, em suma, menos simpática". Durante as duas primeiras entrevistas, conduzidas em francês, as duas jovens falaram apenas por monossílabos. Suas filhas consentindo com as escolhas feitas para elas, em 4 de setembro, D. Pedro II comunicou ao conde d'Eu uma proposta de casamento com D. Isabel. "Em princípio, isso me perturbou, mas acredito cada vez menos que eu deva recusar o importante posto que Deus colocou em meu caminho."[114] Para Augusto de Saxe-Coburgo-Gota foi oferecida a mão de D. Leopoldina.

Os jovens tiveram duas semanas para tomar suas decisões. "Gusty", como a família dele o chamava, não demonstrou desapontamento ao perder a herdeira ao trono.

---

111 AGP Pasta de documentos transcritos. D. Pedro II para François, príncipe de Joinville, Rio de Janeiro, 21 set. 1863, cópia manuscrita de D. Teresa Cristina.

112 AGP XLIX-1 e 4. Muito desse material é citado em Rangel, *Gastão d'Orléans*, que será preferível para a conveniência do leitor.

113 Rangel, *Gastão d'Orléans*, p.97.

114 Ibid., p.96-7. Os documentos citados estabelecem que, desde abril, o imperador havia determinado essas duas uniões, enquanto os pais tanto de Augusto quanto do conde d'Eu esperavam que Augusto se casasse com D. Isabel. Não há fundamento para crer, como Lourenço Lacombe e Pedro Calmon sugerem, que somente após sua chegada ao Brasil (em decorrência dos desejos de D. Isabel ou de D. Leopoldina, ou das intrigas da condessa de Barral) os futuros maridos tenham sido trocados; veja Lacombe, *Isabel*, p.75-6; e Calmon, *Pedro II*, v.2, p.705-6. É evidente, contudo, que a escolha do imperador coincidiu com as preferências dos dois príncipes.

Figura 28. D. Leopoldina e seu marido, Augusto de
Saxe-Coburgo-Gota, na ocasião de seu casamento.

Diferentemente de sua mãe, ele não era movido a ambição, mas um homem para quem o prazer vinha em primeiro lugar.[115] O conde d'Eu era de
natureza mais rigorosa. "Anteontem, 18 de setembro, decidi aceitar a mão
da princesa Imperial. Creio que ela seja mais capaz do que a irmã mais nova
de garantir minha felicidade doméstica", ele escreveu à irmã.

> Entretanto, para que não fiques chocada ao ver minha Isabel, quero alertá-la
> de que seu rosto não è de modo algum bonito; acima de tudo ela possui uma ca-
> racterística que não pude deixar de notar. É que ela é completamente desprovida
> de sobrancelha. Mas sua aparência e sua figura são graciosas.[116]

---

115 Ver informações detalhadas fornecidas em RA VIC/Y 51/64 e 51/66 duque de Nemours
   para rainha Vitória, Claremont, 15 e 19 out. 1864.
116 Rangel, *Gastão d'Orléans*, p.98, omitindo as observações sobre a falta de sobrancelhas de
   Isabel. Essa ausência é evidente na fotografia do casamento aqui reproduzida.

A união entre D. Isabel e Gastão foi então arranjada, e logo depois D. Leopoldina ficou noiva de Augusto. O casamento entre a herdeira ao trono e o conde d'Eu ocorreu em 15 de outubro de 1864, com tanta pompa e magnificência quanto a corte brasileira podia reunir. Na mesma tarde, os recém-casados deixaram o Rio para passar sua lua de mel em Petrópolis.[117] Na manhã seguinte, D. Pedro II escreveu à filha:

> Acabo de levantar-me, são 6 horas, e meu primeiro pensamento não pode deixar de pertencer-lhes. Estimo que tenham gozado de saúde e que o defluxo de Gastão haja desaparecido.
> Passamos o resto do dia de ontem muito saudosos; mas, ao mesmo tempo intimamente satisfeitos por vê-los ligados indissoluvelmente para sua felicidade.[118]

O casamento de D. Leopoldina e Augusto de Saxe-Coburgo-Gota seguiu-se em 15 de dezembro de 1864. As uniões marcaram o fim de uma era distinta na vida de D. Pedro II.

---

117 Ibid., p.81-4. D. Leopoldina e Augusto casaram-se em 15 dez. 1864; ver Calmon, *Pedro II*, v.2, p.708.

118 AGP XXXVIII-A D. Pedro II para D. Isabel, Rio de Janeiro, 16 out. 1864.

6
Usos do poder, 1853-1864

"Daqui não tenho a mandar-te, felizmente, senão boas notícias", D. Pedro II escreveu à irmã mais velha, rainha Maria II de Portugal, em setembro de 1852.

> O país está sossegado e prosperando, e a atenção pública dirige-se para os melhoramentos materiais; a 29 do [mês] passado comecei os trabalhos da estrada de ferro para a Serra da Estrela e espero vê-los terminados no fim do ano que vem; princípios de 54.[1]

A carta relatava a verdade. No início da década de 1850, tivera início um período de tranquilidade na vida pública do imperador, uma tranquilidade que se equiparava à estabilidade e prosperidade que o próprio Brasil vivia, e até certo ponto delas resultavam. A extinção do comércio de escravos africanos e a deposição de Juan Manuel de Rosas deram prova da força e capacidade do país tanto nas questões internas quanto nas externas. O capital liberado do comércio escravagista foi canalizado para investimentos internos, enquanto a economia se beneficiava da crescente demanda estrangeira por café. As províncias do Rio de Janeiro e de São Paulo passavam por um *boom* econômico. Novos meios de comunicação – ferrovia, navio a vapor e telégrafo elétrico – proporcionavam uma perspectiva de integração entre as províncias brasileiras, enfim reunidas de forma eficiente e coesa. Um clima de otimismo

---

1 ANTT Caixa 7341 Capilha 136 Doc. 1 D. Pedro II para D. Maria II, rainha de Portugal, Rio de Janeiro, 13 set. 1852.

e boa vontade prevalecia. Entre as nações latino-americanas, somente o Chile se igualava ao Brasil em estabilidade política e pujança econômica.

A situação invejável do Brasil devia-se, de acordo com opiniões no país e no exterior, a dois fatores: sua governança como monarquia e a personalidade de D. Pedro II. "Em meio a todas as instituições republicanas da América do Sul, somente a brasileira floresceu grande e livre", o *Illustrated London News* observou em outubro de 1852. "As outras sucumbiram a tiranos ou se desmoronaram a partir dos elementos defeituosos que as compunham."[2] Um modelo do que um soberano deveria ser, D. Pedro II igualava-se a qualquer monarca reinante na Europa, proclamava a imprensa contemporânea.

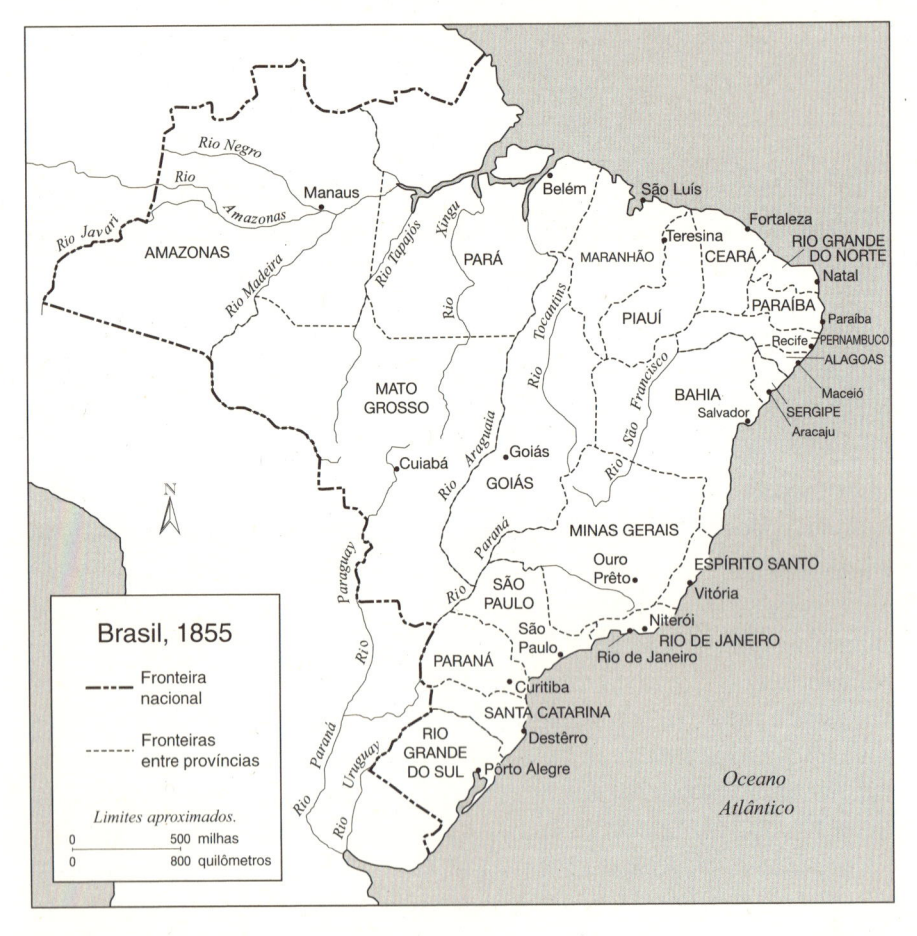

Mapa 2. Brasil em 1885.

2 *Illustrated London News*, 30 out. 1852, p.349.

"Feliz o monarca que reina em tal país! Feliz o país que tem a felicidade de possuir tal monarca!", o *L'Illustration* de Paris entusiasmou-se em 1852.[3] "Ele tem grandes olhos azuis, cabelo e barba claros e abundantes", o *Illustrated London News* informou a seus leitores, "um tipo nórdico que parece ter vindo da clara Alemanha em vez de das latitudes quentes do moreno Rio". Em sua condução do governo, D. Pedro II exibia "bom senso, prudência, sagacidade e firmeza". "Ele se dedica ao fomento de todos os empreendimentos industriais incentivando obras públicas e aperfeiçoando a navegação dos rios."[4]

O governante do Brasil também era um modelo de cidadão. Ele possuía "a cortesia de um cavalheiro", o *Illustrated London* observou. "Em todo ramo do conhecimento que se considerou necessário ensinar-lhe, ele fez notável progresso." Ele era "fortemente ligado à literatura" e devorava "obras históricas ou literárias referentes à fundação de seu Império". "Sua biblioteca particular, enriquecida por mais de 20 mil volumes, foi selecionada com primoroso bom gosto e discernimento."[5] No final da década de 1850, um observador britânico que vivia no Rio de Janeiro repercutiu esse julgamento: "O Imperador é um príncipe talentoso, culto e instruído; bastante competente para discutir questões sérias com homens da Ciência Europeia; atentamente observador das formas Constitucionais; econômico e moderado nos gastos; um cavalheiro em seus modos e conduta".[6] A mais arrebatadora dessas apologias veio em 1857 da caneta de um clérigo norte-americano:

> É muito raro, na história das nações, encontrar um monarca que combine tudo o que o mais meticuloso legitimista exigiria, que seja limitado por todas as verificações que um constitucionalista requereria e, no entanto, tenha o maior direito ao respeito de seus súditos e à admiração do mundo, em seu talento nato e em seu conhecimento adquirido em ciência e literatura. Essas raras combinações são encontradas em Dom Pedro II.[7]

A opinião pública do Brasil endossava entusiasticamente tal avaliação de seu governante. O jovem imperador oferecia aquilo que *O Chronista* havia declarado, em junho de 1838, quando as guerras civis e a inquietação social estavam no auge: "esse querem todos os brasileiros". Em D. Pedro II eles

---

3 *L'Illustration*, 31 jan. 1852.

4 *Illustrated London News*, 30 out. 1852, p.349.

5 Ibid.

6 PRO FO 13 v. 378 Memorando anônimo, sem data (dez. 1858 a ago. 1859, com base em evidência interna).

7 De autoria de James Fletcher, o verdadeiro autor de Kidder; Fletcher, *Brazil*, p.231.

haviam encontrado "um monarca forte capaz de refrear as ambições dos descontentes e suprimir o fanatismo das massas, um monarca hábil que concilia liberdade com ordem, com paz interna, com o desenvolvimento do país, com sua glória artística e literária".[8] As qualidades de D. Pedro II como cidadão e como imperador fizeram-no parecer indispensável ao sucesso contínuo do Brasil como um Estado-nação. Um brinde oferecido em um banquete oficial, na capital da província do Paraná, no início de 1856, caracterizou D. Pedro II como os "símbolos de paz, e de instituições pias, literárias, artísticas e industriosas, que fazem o orgulho das nações cultas existentes no século XIX".[9] Ele se tornara, por assim dizer, parte da ordem natural, e somente os imprudentes ou os tolos tentariam substituí-lo por alguma outra forma de governo ou desafiariam a direção que ele buscava dar ao país.

Como monarca, D. Pedro II influenciava as estruturas políticas e sociais que formavam o Brasil e era por elas influenciado. Ele não governava no mais absoluto isolamento nem era um mero espectador cujo conselho os políticos seguiam somente quando convinha a seus interesses. O imperador governava, mas para isso ele devia garantir a cooperação e o suporte dos políticos da nação, um bloco unido durante a década de 1850. Ele também tinha de lhes estender a mão, atraindo a lealdade dos interesses socioeconômicos dominantes no país. O sucesso do reinado de D. Pedro II resultava dessa interação entre o monarca e os indivíduos e interesses que o cercavam.

Como o direcionamento do governo cabia ao imperador, ele podia moldar os assuntos públicos do modo que julgasse melhor. Era exatamente isso que ocorria. Em 19 de setembro de 1853, D. Pedro II escreveu a Fernando de Portugal, seu cunhado:

> A notícia mais importante é a mudança do Ministério [...] A política continua a mesma e todos os ministros são meus conhecidos e alguns até quase de minha intimidade têm talento são oradores e espero que desempenhem com habilidade o meu programa.[10]

O imperador estava descrevendo a formação do Ministério da Conciliação chefiado por Honório Hermeto Carneiro Leão, marquês de Paraná. Líder do Movimento Regresso (1835-1838) e fundador do Partido Conservador, Paraná

8 *O Chronista*, 21 jun. 1838.
9 *O Dezenove de Dezembro*, 26 mar. 1856.
10 ANTT Caixa 7324 Capilha 184 Doc. 4 D. Pedro II para Fernando, rei consorte de Portugal, Rio de Janeiro, 13 set. 1853.

era um homem de opiniões fortes, determinação ainda maior e língua afiada. Em julho de 1840, ele incitara o bloco de Coimbra contra a maioridade imediata. Em janeiro de 1843, quando D. Pedro II recusara-se a demitir o inspetor da casa alfandegária no Rio, Paraná, tomando isso como ofensa pessoal, havia renunciado como ministro. A partir daí, ele continuou como o homem forte do "Partido da Ordem". Suas credenciais conservadoras eram impecáveis e, como o imperador mais tarde observou, "Paraná não se *curvava*".[11] Contudo, em setembro de 1853, ele consentiu em chefiar um ministério, o que proclamou o fim da época das fidelidades partidárias, e abraçou os objetivos de "conciliação e melhoramentos". Essa frase incorporava a essência daquilo que D. Pedro II, em carta a seu cunhado, chamou de "meu programa".

O segundo dos dois objetivos, "melhoramentos", equivalia grosso modo aos conceitos de desenvolvimento e modernização. Como Estado-nação, o Brasil espelhava-se no original europeu, sobretudo na França. Da Europa provinha a cultura oficial e também o projeto e o guia para o futuro do Brasil. No pensamento oficial, o Brasil era um país "latino", destinado a ser a França da América do Sul. Evidentemente, a realidade brasileira era muito diferente. O país carecia da maioria dos atributos considerada essencial em uma sociedade civilizada. Grande parte da população era analfabeta, pobre e, em sua maioria, descendente de índios ou africanos. Como governante e cidadão-modelo do Brasil, D. Pedro II incorporava a garantia e a promessa não do que a jovem nação era, mas do que poderia e deveria ser. Por abraçar a cultura europeia e a nova tecnologia, ele representava o futuro. O imperador desejava então converter o sonho em realidade, lançar o Brasil aos benefícios do progresso. Planejava-se construir ferrovias, telégrafos elétricos e estradas. Imigrantes, como o povo do Reno que colonizou Petrópolis, deviam ser atraídos da Europa. Como o príncipe de Joinville escreveu a Paulo Barbosa da Silva no início de 1855: "Se a colonização europeia fluir nessa direção, o futuro do Brasil estará garantido. As circunstâncias são favoráveis".[12] Brasileiros de classe inferior deviam ser educados e tornar-se cidadãos alfabetizados, ordeiros e trabalhadores. Desse modo, o país seria a França da América do Sul. Tudo isso

---

11 Nota 32 das anotadas por D. Pedro II no texto de Franco de Almeida, *Conselheiro Furtado*, p.74.

12 Joinville buscava apoio governamental para seus esforços contínuos de introduzir colonos nas terras da província de Santa Catarina dadas a ele e D. Francisca em seu casamento em 1843. "O futuro de minhas propriedades é, em miniatura, o futuro de todo o Brasil." Ver François, príncipe de Joinville, para D. Pedro II, Claremont, Inglaterra, 8 fev. 1855, em Lacombe, *Mordomo*, p.332.

devia ser alcançado sem qualquer ruptura da ordem social vigente, exceto pelo fato de que a introdução dessas melhorias baniria a escravatura.

O termo "conciliação", o outro objetivo do Gabinete de Paraná, é mais difícil de traduzir. Significava imparcialidade, compromisso e meios conciliatórios. Acima de tudo, pretendia-se colocar um fim a partidos e políticos partidários, acabando com o partidarismo e a exclusividade. As questões políticas seriam debatidas com calma e racionalidade. O bem público, e não a vantagem partidária, motivaria a tomada de decisões, para o benefício da sociedade brasileira como um todo. Os cargos governamentais seriam preenchidos de acordo com o mérito individual dos candidatos, não em resposta a afiliação partidária ou a pressões de favorecimento. Tal concepção de assuntos públicos e o modo de conduzi-los era influente nessa época. Em 1853, na Grã-Bretanha, um gabinete de coalizão tomou posse, composto, nas palavras de seu líder, "por homens capazes e distintos, diferentes uns dos outros em alguns aspectos, mas unidos, como quero crer, por um sincero desejo de promover o bem-estar e a prosperidade de seu próprio país, bem como os interesses da humanidade". Foi o Gabinete de Aberdeen que encomendou o relatório de Northcote-Trevelyan, notável por recomendar que todos os cargos do serviço civil fossem preenchidos por meio de um concurso.[13]

Em 1853 e por muito tempo depois, D. Pedro II adotou sinceramente os ideais subjacentes à conciliação, ideais que norteavam, ele acreditava, sua própria condução dos assuntos de Estado. "Tenho espírito justiceiro", afirmava a anotação de abertura de seu diário de 1862. "Não posso admitir favor diferente de justiça." "A minha polítícia sempre foi a da justiça em toda a latitude da palavra, isto é, da razão livre de paixões, tanto quanto os homens a podem alcançar."[14] Esse princípio ele buscou seguir, ao máximo, ao governar o país. O diário de 1862 – o primeiro de alguma extensão a subsistir – proporciona ampla evidência de seus incansáveis esforços nesse sentido. D. Pedro II dedicou muito tempo e energia tentando assegurar que somente os candidatos mais qualificados ocupassem postos governamentais. Ele procurou bloquear gastos com indício de clientelismo e compensação. Por isso, o imperador fazia objeção a que os ministros utilizassem fundos públicos para plantar artigos na imprensa ou até subsidiar um jornal inteiro. Por essa razão, ele há muito defendia a criação de um diário oficial dedicado a explicar as políticas governamentais vigentes.[15]

---

13 Conacher, *Coalition*, p.49, 312-32.

14 Registro para 31 dez. 1861, em Vianna, "Diário de 1862", p.15-7.

15 Registros para 16 e 25 jan. 1862, em ibid., p.27, 35-6.

Durante todo o reinado, o imperador encontrou considerável e sustentada resistência aos seus objetivos. "Minhas ideias de justiça tem poucos sectários de tanta consciência como é preciso para que os negócios marchem como eu desejo", ele se queixou. Após ler um livro que analisava o papel do clientelismo na administração do Brasil, o imperador admitiu que o acesso a essa prática poderia ser considerado essencial a "todos os ministros que sendo muitas vezes pessoas novas carecem de criar clientela. Não posso aceitar essa pretendida necessidade do sistema".[16] Não sendo um autocrata, D. Pedro II não podia ditar submissão a seus ideais, e por outro lado a censura e a recriminação diretas colocariam em risco a cooperação de que ele precisava para fazer o sistema político funcionar.

> Mas eu não desanimo apesar de tão longa experiência, e irei sempre pregando as doutrinas, que, no meu entender, só podem regenerar a atualidade que é às vezes certamente um martírio para quem vê de perto todas as suas chagas e a cura tão difícil.[17]

Esse trecho ilustra admiravelmente a paciência e a indulgência do imperador para lidar tanto com os políticos quanto com as situações. Crítica, obstrução e incompetência ele tratava com notável tolerância e prudência. Na prática, D. Pedro II custava a se ofender e mais ainda a julgar os outros. "Muitas e muitas vezes o que a gente que me rodeia reputa falta digna de censura não o é para mim."[18] Quando ele decidia empregar seus poderes contra algum indivíduo, era fruto de longa reflexão e devida investigação. Esse cuidado e cautela tornavam tais decisões, quando ele efetivamente as tomava, ainda mais eficazes. O que tornava D. Pedro II tão capaz como governante era sua tenacidade de propósito e sua tranquilidade, quase uma persistência secreta em se ater aos seus objetivos, o que lhe permitia aguardar pelo momento oportuno para colocá-los em ação.

Em setembro de 1853, D. Pedro II vislumbrou e agarrou a oportunidade de realizar o que descreveu a seu cunhado como "o meu programa". O Gabinete prestes a assumir possuía habilidade, dedicação e capital político necessários a um novo começo para os assuntos do país. Em um conjunto de instruções

---

16 Comentário sobre *Ensaio sobre o direito administrativo*, do visconde de Uruguai; apontamento para 31 jan. 1862, em ibid., p.40

17 Registro para 18 jan. 1862, em ibid., p.30.

18 Registro para 16 dez. 1862, em ibid., p.290.

escritas ao marquês de Paraná, o imperador especificou como os conceitos de conciliação e melhoramentos deviam ser postos em prática e estabeleceu como deveria ser o relacionamento dos ministros com ele. Após detalhar as medidas a serem tomadas por cada ministério, as instruções declaravam, sob a rubrica "Ideias gerais":

> O ministro que se desculpar com o meu nome será demitido.
>
> Nada se revelará de que se passar em despacho, nem se lavrarão os decretos antes da decisão em Conselho, salvo se no primeiro caso se tiver nisto mesmo assentado e, em segundo, o negócio não admitir demora.
>
> Todas as decisões que não forem d'expediente serão tomadas em despacho; contudo, o presidente do Conselho ou os ministros respectivos poderão tratar comigo, individualmente, de qualquer negócio.
>
> As nomeações dos lugares políticos, ou que possam influir na política, re-cairão em homens do partido, podendo eu rejeitá-los ou lembrá-las unicamente. As outras, só poderão esses mesmos obtê-las em igualdade de circunstâncias.[19]

O parágrafo final revela a atitude ambivalente de D. Pedro II em relação aos partidos políticos. Ele sempre sustentava que não era hostil a eles como tal. "Não sou de nenhum dos partidos para que todos apoiem nossas insti-tuições", ele escreveu no final de 1861. "Apenas os modero, como permitem as circunstâncias, julgando-se até indispensáveis para o regular andamento do sistema constitucional, quando como verdadeiros partidos e não facções, respeitem o que é justo." "A justiça deve ser a norma dos verdadeiros partidos", ele observou em outra ocasião, "sem os quais não pode existir realmente o sistema de govêrno que temos".[20] Na prática, contudo, a atitude de D. Pedro II em relação aos partidos políticos, como virtualmente toda referência em seu diário de 1862 revela, era crítica e declaradamente hostil. Ele chegou a escrever: "a minha política – a justiça – não é a dos partidos".[21] Em termos de ideologia

---

19 BNRJ SM I-35, 33, 24, transcrito em Vianna, *Pedro I e Pedro II*, p.136-43. O texto está no roteiro de D. Pedro II, com o título "Instruções do punho do imperador dadas ao ministério organizado pelo Marquês de Paraná em 6 de 7bro de 1853" acrescentado em outra caligrafia. O estilo do documento, com suas entrelinhas e emendas, sugere que é um rascunho mais do que o texto final.

20 Registros para 31 dez. 1861 e 23 ago. 1862, em Vianna, "Diário de 1862", p.16, 198.

21 Ver, por exemplo, registros para 16, 17, 30 jan., 27 fev., 9, 13 abr., 20, 24, 30 maio, 6 jun., 9 set., 7 out. (citados no texto) 1862, em ibid., p.27, 29, 40, 57, 80, 82, 105, 111, 125, 210, 225.

e políticas, muito pouco realmente distinguia o Partido Conservador do Liberal. Qualquer compromisso com princípios tendia a desaparecer assim que qualquer um deles assumia o poder. Sendo basicamente alianças frouxas de facções provincianas ávidas pelas recompensas do poder, os dois partidos davam pouca atenção à boa administração ou ao desenvolvimento do país. O compromisso do Gabinete de Paraná em expurgar os políticos brasileiros de seus aspectos mais partidários e sórdidos era uma das razões do forte apoio do imperador à experiência da conciliação.

Os objetivos políticos de D. Pedro II podem ter sido louváveis e nobres, mas sua aversão a partidos organizados estava longe de ser altruísta. Os partidos serviam como o principal canal entre os políticos nacionais e os interesses socioeconômicos dominantes nas diferentes regiões do Brasil. O clientelismo e a concessão de favores permitiam aos políticos – como D. Pedro II admitiu – formar seguidores, consolidar apoios e promover suas carreiras. Interesses locais e provincianos, por sua vez, recebiam recompensas tangíveis por seu apoio aos políticos nacionais. A abolição dos partidos organizados destruiria a troca de duas vias e privaria os políticos de uma base de poder autônoma. Eles ficariam bem menos aptos, por conseguinte, a obter cooperação e suporte do imperador. "A falta de partidos organizados me era favorável", D. Pedro II ouviu em 1862 do marquês de Caxias.[22]

Poucas dúvidas sobre a conveniência de por em prática a conciliação perturbavam os brasileiros em 1853. O marquês de Paraná havia, dez anos antes, provado sua disposição e capacidade de enfrentar o imperador. O desejo de D. Pedro II de reparar a conduta dele em 1843 tornou-o muito respeitoso em relação à autonomia de Paraná.[23] De qualquer maneira, não era hora para dúvidas, mas sim para intenso otimismo. A economia brasileira expandia-se rapidamente, com a venda maciça de produtos agrícolas no exterior e grande quantidade de capital esperando para ser investido. Uma predisposição, até certa avidez, por romper com o modo de agir do passado disseminava-se. Paraná possuía tanto a personalidade quanto a autoridade para fazer isso e dar início ao processo de conciliação e melhoramento. As

---

22 "Repliquei", o imperador anotou em seu diário, "enganar-se muito porque as acusações recairiam assim sobre mim porque geralmente sempre se procura alguém sobre quem descarregar a própria responsabilidade sobretudo quando a falta de juízo é muita". Registro para 9 setembro de 1862, em ibid., p.210.

23 "O marquês de Paraná perdoou-me por qualquer deslize que eu tenha cometido em relação a Carneiro Leão"; ver nota 21 das que D. Pedro II fez no texto de Franco de Almeida, *Conselheiro Furtado*, p.33.

receitas em crescimento encorajavam o governo em seus planos de construir linhas férreas, desenvolver linhas de telégrafo elétrico, patrocinar novas rotas de navegação, subsidiar imigrantes europeus, expandir a educação e tornar a administração mais eficiente. Na esfera política, Paraná pretendia acabar com o partidarismo. A imprensa partidária seria neutralizada. Os cargos seriam ocupados por aqueles que apoiassem o Gabinete, independentemente de seu alegado passado político. Os recursos abundantes sob o comando do ministério significavam que as causas de conflito e descontentamento poderiam ser eliminadas de forma sistemática.[24]

O Gabinete de Paraná logo descobriu que os ideais de conciliação e melhoramentos eram mais fáceis de proclamar do que de atingir. O programa de "melhorias materiais" exigia insumos de capital, mão de obra e tecnologia sem precedentes. A construção de ferrovias revelou-se mais complexa e onerosa do que se presumia. Os imigrantes europeus não eram facilmente persuadidos a optar pelo Brasil em detrimento da América do Norte. A burocracia governamental não possuía o tamanho, o treinamento nem o zelo necessários para empreender um programa tão vasto de mudanças. A solução, no fim das contas, foi criar um novo ministério, de Agricultura, Comércio e Obras Públicas, para conduzir essa esfera de ação governamental.[25] Em termos de política e administração, o Gabinete da Conciliação constatou que suas propostas de reforma perturbavam práticas estabelecidas e conflitavam com interesses tradicionais. Elementos do Partido Conservador que se beneficiaram com a política de facções resistiam à mudança e provaram-se difíceis de desalojar. Incapaz de desenvolver uma forte justificativa ideológica para seu modo de administrar os políticos, o Gabinete incitou acusações de que a única política do partido era comprar apoio com cargos e compensações.[26]

O marquês de Paraná possuía a flexibilidade e a desenvoltura para superar dificuldades e sobreviver a derrotas. Em junho de 1855, ele reformulou o Gabinete, trazendo o marquês de Caxias como ministro da Guerra. A seguir, Paraná tomou a ofensiva política. Ele assegurou a aprovação de uma lei eleitoral que estabelecia distritos eleitorais com um único membro em vez de eleições de toda a província. A medida minou seus oponentes políticos

---

24 Sobre o programa e a vida do Ministério da Conciliação, ver Nabuco, *Estadista*, v.I, p.119-292.

25 O Ministério da Agricultura, Comércio e Obras Públicas foi autorizado por uma lei de 28 jul. 1860, e criado em 11 mar. 1861; ver *Organizações*, p.122, 126.

26 D. Pedro II provavelmente se referia a essas acusações quando escreveu: "Eu nunca interpretei a Conciliação como se a tivessem mal representado"; ver registro para 31 dez. 1861 e também as de 18 e 27 fev. 1862, em Vianna, "Diário de 1862", p.16, 52-7.

entrincheirados no nível nacional e possibilitou uma aliança entre o ministério e os interesses políticos nas localidades. Na véspera das primeiras eleições a serem realizadas sob o novo sistema, o presidente do Conselho de Ministros adoeceu, falecendo em 3 de setembro de 1856. "A notícia mais importante é a morte do Paraná", D. Pedro informou a seu cunhado.

> A política que julgo a mais útil por ora ao país perdeu o seu principal sustentáculo, e talvez tenho de intervir mais imediatamente nos negócios públicos, pois que não vejo outro que tenha a energia do que era dotado o defunto Marquês reunindo a esta talentos pouco comuns ainda que mal cultivados: como dialético ninguém o excedera facilmente.[27]

Ficou evidente o quanto D. Pedro II apoiava a experiência da Conciliação quando ele admitiu que a morte de Paraná poderia forçá-lo a "intervir mais imediatamente nos negócios públicos". Até aquele momento, ele se esquivara de assumir um papel visível na condução do governo. Em suas instruções ao Ministério da Conciliação, ele escrevera: "O ministro que se desculpar com o meu nome será demitido". A discrição do imperador levou os políticos a se referirem a ele como "Alguém", uma figura anônima, porém onipresente. O nome era adequado, uma vez que as aparências e as armadilhas do poder nada significavam para D. Pedro II. Ele não tinha nenhum apego a pompa ou circunstância nem era escravo do salário de seu cargo. Não buscava nem valorizava a riqueza, seu estilo de vida era simples ao ponto da austeridade. Em seu diário de 1862, D. Pedro II registrou que pouco se importava com o que não parecia verdadeiramente útil, como a etiqueta e outras comodidades, que para ele era coisa de luxo.[28]

Na verdade, o que D. Pedro II desejava era a essência, não a aparência, do poder. Acima de tudo, ele buscava o controle. O profundo trauma de sua triste infância e conturbada adolescência levou-o a temer ficar sob tutela, ser subordinado ou dependente de outros. Por experiência própria, perda de controle significava ser manipulado e explorado. A intensidade do desejo de D. Pedro II por controle era mascarada por sua aversão à notoriedade, sua autodisciplina e discrição infalíveis e seus modos cordiais. Essas qualidades, combinadas com o conservadorismo inato do imperador, seu formalismo e sua propensão ao detalhe, tornavam fácil subestimar o homem, a extensão

---

27 ANTT Caixa 7324 Capilha 184 Doc. 13 D. Pedro II para Fernando, rei consorte de Portugal, Rio de Janeiro, 13 set. 1856.
28 Registro para 16 dez. 1862, em Vianna, "Diário de 1862", p.290.

de sua autoridade e o escopo de suas realizações. Durante todo seu reinado, D. Pedro II mostrou-se inclinado a equiparar tanto o regime imperial quanto o país consigo mesmo. D. Pedro II, na opinião de Nabuco, "não reconhecia, senão forçado, posições de sua criação ou, pelo menos, do seu *placet*".[29]

Segundo Nabuco, D. Pedro II usava o controle que tinha sobre as coisas para o propósito de "conservar e melhorar" a sociedade, não reformulá-la. Ele possuía notável "arte de deixar as dificuldades resolverem-se por si mesmas evitando somente agravá-las".[30] Em outras palavras, a preocupação de D. Pedro II recaía menos sobre promover políticas de sua preferência do que impedir políticos de seguirem políticas que ele considerava indesejáveis. Os políticos propunham, o imperador descartava. Isso refreado, uma abordagem cautelosa para governar o Brasil estava em concordância com a determinação de D. Pedro II em não ultrapassar ou usar mal as prerrogativas que detinha como monarca. "Jurei a Constituição; mas ainda que a não jurasse seria ela para mim uma segunda religião",[31] o imperador observou em seu diário de 1862. As estruturas de poder estabelecidas pela Constituição de 1824 atuavam em favor de D. Pedro II no que tange a seu anseio por controlar e dispor. O imperador era o chefe dos poderes Moderador, Executivo e Legislativo. O quarto poder, o Judiciário, desempenhava um papel secundário nas questões públicas. O Supremo Tribunal de Justiça não agia nem como guardião nem como intérprete da Constituição.[32] Dos três poderes que chefiava, as prerrogativas do imperador eram limitadas somente com respeito ao Legislativo. Os artigos 63 a 67 da Constituição outorgavam-lhe o direito de vetar leis. D. Pedro II, que evitava o confronto e a controvérsia, nunca via razão para usar esse poder, e é questionável se na prática ele poderia ter feito isso durante seu reinado.[33]

---

29 Nabuco, *Estadista*, v.II, p.177.

30 Ibid., v.I, p.123.

31 Registro para 31 dez. 1861, em Vianna, "Diário de 1862", p.15. "[O] que distingue o seu governo é o sacramento da forma", Joaquim Nabuco observou. "Desde o dia em que é declarado maior, até o dia em que lhe é intimada a sua deposição, ele não sai do seu papel de rei constitucional"; ver Nabuco, *Estadista*, v.II, p.379.

32 Sobre o Judiciário, ver artigos 163 e 164. Era o imperador, como chefe do poder Moderador, que, sob o artigo 98, "incessantemente vele sobre a manutenção da independência, equilíbro, e harmonia dos demais poderes políticos". Sob o artigo 173, o Legislativo, no início de cada sessão "examinará se a Constituição política do Estado tem sido exatamente observada". Ver Pimenta Bueno, *Direito público*, p.492, 500-1.

33 Ver a discussão dos direitos do imperador em relação à aprovação e o veto às medidas legislativas em ibid., p.138-43, 488, 492-3.

Como chefe do poder Moderador, D. Pedro II podia selecionar senadores de uma lista de três candidatos escolhidos por voto popular, convocar o Legislativo para uma sessão especial, sancionar leis, dissolver a Câmara dos Deputados, nomear e demitir ministros, suspender juízes, conceder perdão, reduzir penas e emitir anistias. A Constituição eximia o imperador de toda responsabilidade com respeito a seu uso do poder Moderador. Decretos emitidos sob este poder tinham de ser rubricados por um ministro do Gabinete, mas nenhum ministro podia bloquear um decreto que não aprovasse, recusando-se a assinar. "Os atos do Poder Moderador não admitem responsibilidade legal", o imperador comentou em dezembro de 1861. "Mas, carecendo às vezes de defesa, os ministros que entenderem não poder fazê-lo têm direto de retirar-se."[34] D. Pedro II não estava, e assim se via, sob nenhuma obrigação constitucional de seguir a recomendação ou as preferências do Gabinete ao usar o poder Moderador. Ele não reconhecia nenhum direito de obstruir seu uso do poder. Em um confronto, o ministro ou vários deles teriam de renunciar, e não o imperador ceder.

Tal confronto era improvável porque era o imperador que, como chefe do poder Moderador, nomeava e demitia os ministros. Esse poder não foi reduzido pelo decreto de 23 de julho de 1847, que criou a presidência do Conselho de Ministros. D. Pedro II adaptou seu modo de tratar o sistema político para acomodar o novo cargo. Quando um Gabinete no poder renunciava, o presidente do conselho que estava de saída geralmente sugeria ao imperador um ou mais nomes para sucedê-lo, mas este que não tinha a obrigação de aceitar a indicação.[35] D. Pedro II podia convocar qualquer político que quisesse para formar um gabinete, contanto que seu escolhido possuísse suficiente prestígio e experiência para compor um ministério que, quando apresentado ao Legislativo, seria capaz de obter um voto de confiança tanto do Senado quanto da Câmara dos Deputados. O político incumbido com a tarefa de formar um gabinete apresentava ao imperador uma lista de ministros. Usando seus direitos como chefe do poder Moderador, D. Pedro II podia vetar, e efetivamente o

---

34 Registro para 31 dez. 1861, em Vianna, "Diário de 1862", p.16-7; e ver também a instrução que o imperador escreveu para sua filha em abr. 1871, impressa em Pedro II, *Conselhos à regente*, p.51-2. Essas instruções estão seis anos fora da estrutura temporal deste capítulo, mas elas apresentam a filosofia do imperador e as práticas de governo que ele havia consistentemente seguido desde o início da década de 1850.

35 Ver os registros no diário para 21 a 31 maio 1862, sobre a queda do segundo Gabinete de Caxias, nomeação e queda do primeiro Gabinete de Zacarias e nomeação do terceiro Gabinete de Olinda, em Vianna, "Diário de 1862", p.105-14.

fazia, os nomes da lista que julgasse inadequados.[36] Ele podia também sugerir nomes de possíveis ministros, mas tomava o cuidado de não impor ninguém.

O gabinete que perdesse a confiança do imperador não sobreviveria por muito tempo. "Meu único anelo é que se executem a Constituição e as leis", D. Pedro II escreveu em 24 de maio de 1862, "Não havendo para mim senão duas classes de homens, a dos que querem concorrer comigo de consciência para o bem do país, e dos que não procedem assim".[37] O imperador era infinitamente paciente e tolerante, mas em última instância não estava disposto a ceder naquilo que considerava que deveria ser seu relacionamento com os políticos. Ele estava determinado a governar, sob os termos da Constituição, como julgasse melhor. Se sua insistência por seus direitos fosse colocar seu trono em risco, ele aceitaria essa consequência. Indiretamente, mas de um modo muito decisivo, ele estava informando a comunidade política de que o que pretendia era "fazer do meu jeito" ou não fazer nada. Em outubro de 1862, ao comentar sobre uma biografia dele que indiretamente manifestava "uma censura delicada por eu não atender aos conservadores por deles nada recear", protestou com veemência:

> Que medo poderia ter? De que me tirassem o governo? Muito melhores reis do que eu o têm perdido, e eu não lhe acho senão o peso duma cruz que carrego por dever. Tenho ambição de servir a meu país; mas quem sabe se não o serviria melhor noutra posição? Em todo o caso, jamais deixarei de cumprir meus deveres de cidadão brasileiro.[38]

Existia pouca probabilidade de que o imperador fosse forçado, como seu pai havia sido, de escolher entre abdicar ou sujeitar-se aos políticos. D. Pedro II era hábil em evitar confrontos, os quais repudiava. Em último caso, se fosse forçado a isso, ele poderia recorrer aos direitos que detinha sob o poder Moderador e demitir o gabinete que fizesse demandas intoleráveis, nomear um ministério novo e mais aceitável e conceder a dissolução da Câmara dos Deputados. Para seguir esse curso, D. Pedro II precisava encontrar um presidente e um Conselho de Ministros que possuísse reputação política e a disposição de utilizar todos os meios existentes para vencer as eleições que

---

36 Por exemplo, D. Pedro II vetou a proposta de Zacarias de Góis e Vasconcelos para Bernardo Sousa Franco ser ministro das Finanças em maio 1862; ver registro no diário para 22 maio 1862, em ibid., p.107-8.

37 Registro para 24 maio 1862, em ibid., p.111.

38 Registro para 17 out. 1862, em ibid., p.233.

se seguiriam. Desde a época da maioridade do imperador em 1840, qualquer gabinete que presidisse as eleições para a Câmara dos Deputados teria de ser extremamente incompetente para não assegurar uma ampla maioria de assentos. D. Pedro II percebia com clareza essa falha do sistema político.

> A nossa principal necessidade política é a liberade de eleição; sem esta e a de imprensa não há sistema constitucional na realidade, e o ministério que transgride ou consente na transgressão deste princípio é o maior inimigo do Estado e da monarquia.[39]

Os meios empregados – força, fraude, suborno – eram tão deploráveis quanto eficazes.

Pela própria natureza do sistema político, em que políticos aspirantes formavam redes de apoio distribuindo benesses governamentais, manipular eleições era uma tentação virtualmente impossível de se resistir para qualquer político, por mais nobre que fosse. Sua fraqueza coletiva colocava os políticos em fatal desvantagem em suas relações com o imperador. Eles não podiam em sã consciência alegar que expressavam a legítima vontade do povo brasileiro e que contavam com o apoio da opinião pública. Faltava-lhes uma base de autoridade para confrontar o monarca. D. Pedro II sinceramente deplorava a falsidade do processo eleitoral e incitava sua reforma. No entanto, a própria corrupção inerente a esse processo servia para garantir seu domínio, como admitiu em 1867: "o fundamento principal da acusação de Imperialismo provem do modo por que se fazem as eleições, para o qual tem concorrido a maior parte dos ministros das épocas eleitorais".[40] Ele assim justificava sua própria posição como sendo superior à dos políticos e sua própria interpretação daquilo que o povo desejava como sendo preferencial a deles. As instruções passadas em 1871 a sua filha, D. Isabel, para orientá-la como regente durante sua ausência no exterior, declarava:

> O sistema político do Brasil funda-se na opinião nacional, que, muitas vezes, nao é manifestada pela opiniao que se apregoa como pública. Cumpre ao imperador estudar constantemente aquela para obedecer-lhe. Dificílimo estudo, com efeito, por causa do modo por que se fazem as eleições.[41]

---

39 Registro para 31 dez. 1862, em ibid., p.17.
40 Nota 48 daquelas feitas por D. Pedro II ao texto de Franco de Almeida, *Conselheiro Furtado*, p.100.
41 Pedro II, *Conselhos à regente*, p.27.

Em meados do século, os políticos não somente careciam da autoridade para desafiar a supremacia do imperador como também não ansiavam por isso. Dos nove homens que serviram como presidente do Conselho entre outubro de 1849 e setembro de 1864, dois eram ex-regentes, o·marquês de Olinda e o marquês de Mont'Alegre. O marquês de Paraná, o visconde de Abaeté e José Joaquim Rodrigues Torres (posteriormente visconde de Itaboraí) eram políticos veteranos que haviam servido mais de uma vez como ministro na década de 1830. A experiência ensinara a esses cinco homens a considerar o imperador indispensável à continuidade da paz e da prosperidade do Brasil. Quanto ao marquês de Caxias, que fizera carreira reprimindo revoltas contra o regime, o comentário de D. Pedro II em dezembro de 1862 fala por si mesmo: "Creio que o Caxias é leal e meu amigo mesmo por ser pouco homem político".[42]

Os três últimos homens que serviram como presidente do Conselho entre 1849 e 1864 pertenciam a uma nova geração de políticos, treinados nas faculdades de Direito e Medicina do Brasil. O mais experiente era Zacarias de Góis e Vasconcelos, que servira brevemente como ministro em 1852-1853 e era senador quando formou o Gabinete em 1862. Ângelo Moniz da Silva Ferraz e Francisco José Furtado eram ambos deputados sem experiência prévia de Gabinete quando D. Pedro II os nomeou em 1859 e 1864, respectivamente. O último desejo desses três, ao compor um gabinete, era alienar o imperador e colocar em risco a autoridade que o apoio dele dava ao ministério. Joaquim Nabuco, ele mesmo um político veterano, expressou essa realidade com brutal clareza:

> Opor-se a ele, aos seus planos, à sua política, era renunciar ao poder. Algum ministro podia estar pronto a deixar o governo, apenas empossado; o gabinete, porém, tinha tenacidade, e o partido lhe impunha complacência à vontade imperial por amor dos lugares, do patronato.[43]

Vários outros fatores fortaleciam D. Pedro II em seu relacionamento com os políticos. Além de selecionar novos membros do Senado a partir de uma sucinta lista de três indicações e de nomear os ministros, ele também indicava os membros do Conselho de Estado, criado pela lei de 23 novembro de 1841.

---

42 Registro para 4 dez. 1862, em Vianna, "Diário de 1862", p.280.
43 Nabuco, *Estadista*, v.II, p.374.

Figura 29. Luís Alves de Lima, duque de Caxias, general, senador e três vezes presidente do Conselho de Ministros.

A finalidade do Conselho, que atuava principalmente por meio de seus quatro comitês, era prover aconselhamento "sobre conflitos de jurisdição entre as autoridades administrativas, e entre estas e as judiciárias" e "sobre decretos, regulamentos e instruções para a boa execução das leis, e sobre as propostas que o poder Executivo tenha de apresentar à Assembleia Geral".[44] D. Pedro II aconselhou sua filha em 1871 de que "o Conselho de Estado deve compor-se das pessoas de ambos os partidos constitucionais, isto é, que respeitem o nosso sistema do governo, e que sejam honestas, de maior capacidade inteletual e conhecimento dos negócios públicos".[45] Em outras palavras, os homens indicados compartilhavam as perspectivas e as visões do imperador.

---

44 Ver artigo 7. O imperador podia nomear, sob o artigo 3, até doze membros ordinários e doze extraordinários. Ver Pimenta Bueno, *Direito público*, p.514-5. Sobre o funcionamento e a perspectiva do Conselho, ver Carvalho, *Teatro*, p.107-38.

45 Pedro II, *Conselhos à regente*, p.33; e ver nota 71 daquelas feitas por D. Pedro II ao texto de Franco de Almeida, *Conselheiro Furtado*, p.71.

Embora existisse considerável sobreposição entre os membros do Gabinete, Senado e Conselho de Estado, estes dois últimos órgãos possuíam um forte senso de independência e de identidade própria. Em contraste com o Conselho de Ministros, as nomeações para esses órgãos eram vitalícias. Nem o Conselho de Estado nem o Senado eram rápidos em seus procedimentos, e eles se ressentiam fortemente com as tentativas de forçá-los à ação. Se o Gabinete tentasse adotar uma política ou medida que o imperador não aprovasse, ele podia impedir a ação requisitando que a questão fosse encaminhada ao Conselho de Estado, que, quando viesse a emitir sua opinião, tenderia a concordar com ele e não com o Gabinete. Do mesmo modo, qualquer projeto de lei em discussão no Senado que o imperador não favorecesse tinha pouca chance de aprovação, em parte porque os senadores respeitavam muito seu julgamento e em parte porque as atitudes deles de modo geral se assemelhavam às do próprio imperador. Ambição e interesse próprio também desempenhavam seu papel, como Joaquim Nabuco observou: "Romper com ele foi por muito tempo impossível em política. O Senado, o Conselho de Estado, viviam do seu favor, da sua graça. Nenhum chefe quizera ser *incompatível*".[46]

A única instituição sobre a qual D. Pedro II não exercia controle direto ou indireto era a Câmara dos Deputados. Seu tamanho – mais de cem em número –, sua proximidade com os interesses provincianos e locais que a elegeram e a brevidade de seu mandato de quatro anos tornavam-na independente e intratável. Grande parte da legislação iniciava-se na Câmara Baixa, e raro era o Gabinete que contasse com uma maioria suficientemente disciplinada e confiável ali para assegurar a aprovação de seu programa legislativo. A relutância em enfrentar um Legislativo hostil provocou a renúncia de vários gabinetes durante o reinado de D. Pedro II. Alguns outros caíram em decorrência de derrotas na Câmara dos Deputados. Esta constituía a verdadeira avaliação da administração do sistema político por D. Pedro II, mas, dado o poder unilateral do imperador outorgado pelo poder Moderador de dissolvê-la, a Câmara Baixa não podia desafiar sua autoridade ou tomar a iniciativa de governar o Brasil.

Somente o Gabinete, o menos independente dos quatro órgãos, compartilhava com o imperador a tarefa de governar. D. Pedro II considerava que o Gabinete devia ter credibilidade. "Acho muito prejudicial ao serviço da Nação a mudança repetida de ministros", ele observou em dezembro de 1861. Um mês depois, ele acrescentou que "O lugar de ministro é de sacrifício; mas a glória adquire quem serviu com zêlo!".[47] O imperador aceitava o princípio de

---

46 Nabuco, *Estadista*, v.II, p.374.
47 Registros para 31 dez. 1861 e 15 jan. 1862, em Vianna, "Diário de 1862", p.16, 25.

responsabilidade coletiva do Gabinete. Como chefe do poder Executivo, ele buscava garantir que os ministros realmente apresentassem e cumprissem um programa divulgado. Quando um gabinete se formava, o imperador discutia com o presidente do Conselho as políticas a serem adotadas. Uma vez atingido o consenso, D. Pedro II redigia um conjunto de "instruções", delineando o programa acordado e suas observações sobre ele, o qual ele então enviava ao novo presidente do Conselho. A prática, iniciada no mínimo em setembro de 1853 com o ministério de Paraná, delimitava aquilo que o novo gabinete podia fazer no tocante à política.[48] Transgredir esses limites colocava os ministros sob o risco de perder a confiança do imperador. Reciprocamente, D. Pedro II não via sua declaração escrita como restritiva a seu próprio direito de recomendar com veemência outras medidas ao Gabinete.

Como chefe do poder Executivo, o imperador poderia ter deixado o Gabinete agir por sua própria conta, intervindo somente em questões cruciais ou para garantir o cumprimento do programa acordado. D. Pedro II percebia seu papel sob uma perspectiva bastante diferente.

> Julgo que o chefe do Poder Executivo, para dirigir o exercício desse poder, tem direito de velar *ativamente* sobre a marcha do ministério, mesmo que para que se realize o pensamento político que aconselhou ao representante do poder Moderador a nomeação dos ministros.[49]

Quando "o chefe do Poder Executivo" e os ministros discordavam sobre a condução de assuntos governamentais, o primeiro poderia bem "ceder este por convicção ou justa conveniência". Por outro lado, o imperador enfatizou, "a honra dos ministros impõe-lhes a obrigação de se oporem a opiniões do Chefe do Poder Executivo, e de se retirarem do Ministério, sempre que a

---

48 O rascunho de nove dessas "instruções", no período de 1853 a 1864, está transcrito em Vianna, *Pedro I e Pedro II*, p.134-81. As instruções nas páginas 155 a 160 foram erroneamente identificadas por Vianna e são, na verdade, as instruções dadas ao segundo Gabinete de Caxias, de mar. 1861. Nabuco, *Estadista*, v.I, p.250, denomina o relacionamento como um "um certo compromisso ou tácito ou expresso", mas o novo presidente do Conselho nunca rubricou o documento do imperador, como ocorreu na Bélgica sob os reis Leopoldo I e Leopoldo II; ver Stengers, *L'Action*, p.47-50.

49 AHMI POB Cat. B Maço 32 Doc. 1.052 Memorando não datado, transcrito em Vianna, *Pedro I e Pedro II*, p.153-5. "Sobre os atos do Poder Executivo tem o imperador, como chefe desse poder, inteira inspeção"; ver registro no diário para 31 dez. 1861, em Vianna, "Diário de 1862", p.16.

consciência não lhes permitir ceder".[50] D. Pedro II podia impor seu direito de exercer rigorosa vigilância sobre os ministros, porque virtualmente todo ato do governo nacional, por mais insignificante que fosse, devia ser assinado pelo imperador para ter vigor. A assinatura real era uma prática sacramentada pela tradição, um remanescente da monarquia portuguesa.

De acordo com os costumes estabelecidos, D. Pedro II conduzia o governo por meio de reuniões presenciais com ministros, políticos e o público em geral – e também, em muito menor grau, por meio de notas e memorandos. A chave de seu sistema era o despacho (reuniões de trabalho), realizado duas vezes por semana, nas noites de quarta-feira e sábado. Durante o despacho, que podia durar quatro horas ou mais, os ministros discutiam com o imperador todas as questões que necessitavam de resolução no momento e apresentavam-lhe para aprovação final e assinatura os assuntos já discutidos e decididos. Geralmente um dia ou dois antes de cada despacho os ministros realizavam uma reunião separada, restrita ao Gabinete. Entretanto, essas reuniões não se realizavam mais do que duas vezes por semana, nas quais discutiam-se apenas as questões mais importantes.[51] Como cada membro do Gabinete preocupava-se em estabelecer e expandir sua própria base de poder, cada qual tentava impedir que seus colegas interferissem nos assuntos de seu ministério.

Nos dois despachos semanais os assuntos de cada ministério eram apresentados por vez. O imperador prestava muita atenção às apresentações, com frequência desenhando padrões de folhagem em um papel enquanto escutava (Figura 30).[52] Nenhuma proposta, por mais periférica que fosse, escapava-lhe à atenção. Sua notável memória permitia que ele se lembrasse com facilidade da maior parte do que lera, não importando há quanto tempo. Ele tinha igual dom de lembrar-se de nomes, rostos e conversas. Por conseguinte, D. Pedro II costumava estar bem mais informado e abalizado do que qualquer membro do Gabinete. Às vezes os ministros chegavam a recorrer a ele por informações sobre decisões que eles próprios haviam tomado.[53]

---

50 AHMI POB Cat. B Maço 32 Doc. 1.052 Memorando não datado, transcrito em Vianna, *Pedro I e Pedro II*, p.153-5.

51 AHMI POB Cat. B Maço 128 Doc. 6.329 Relatos do visconde de Abaeté sobre as conferências realizadas entre 4 jan. e 7 jun. 1859.

52 Três desses esboços, um deles com a anotação "desenhos de S. M. quando ouve a exposição dos Mos. em Despacho", estão coladas nas costas do volume intitulado "Cartas do Imperador ao seu ministro V. do Rio Branco", em AHI VRB.

53 Nota 108 daquelas feitas por D. Pedro II ao texto de Franco de Almeida, *Conselheiro Furtado*, p.331; e ver, em particular, o registro para 27 ago. 1862, em Vianna, "Diário de 1862", p.202.

Nos despachos, D. Pedro II preocupava-se particularmente com nomeações a cargos governamentais. "A respeito do conceito, que forme o monarca dos indivíduos, todo o escrúpulo é pouco."[54] "[A administração] depende sobretudo da nomeação de empregados honestos e aptos para os empregos", D. Pedro II aconselhou a filha em 1871. "Cumpre procurar conhecer os indivíduos, o que é muito difícil, e não precipitar a anuência."[55] O diário de 1862 de D. Pedro II atesta a cautela que ele dedicava a seu consentimento e revela seu senso de justificativa quando uma indicação ministerial devia ser revogada, após sua assinatura, por causa da constatação tardia de informação desfavorável sobre o indicado.[56] "Ninguém deve propor indivíduos a cargos ou honrarias de ministro, exceto em circunstâncias muito especiais que envolvam grande benefício público", D. Pedro II recomendou à filha em 1871. "Entretanto, deve-se, quando o bem público assim o exigir, opor-se, mas do modo como já aconselhei, à proposta de qualquer pessoa a ministros, fazendo uma apresentação franca das razões contra ele."[57]

Sob o artigo 102 da Constituição de 1824, "conceder títulos, honras, ordens militares e distincões" pertencia ao poder Executivo. D. Pedro II não era muito favorável ao sistema de cargos honoríficos estabelecido por seu pai, suspenso durante a regência e restaurado em sua própria ascensão.[58] Para ele, a concessão de títulos e honrarias era simplesmente outro aspecto de um sistema de favorecimento no qual ele não acreditava. "Ainda ultimamente se inutilizaram [tais títulos e honrarias] porque depois de assinados tive más informações a respeito dos já despachados e o ministro concordou comigo", o imperador observou em janeiro de 1862.[59] D. Pedro II não apreciava o sistema tradicional de emitir uma longa lista de honrarias na data de seu aniversário, 2 de dezembro, e no da imperatriz, 15 de março. Escrevendo ao cunhado, D. Fernando de Portugal, em 11 de março de 1855, ele se queixou:

---

54 Registro para 31 dez. 1861, em ibid., p.16.

55 Pedro II, *Conselhos à regente*, p.33.

56 "O ministro da Justiça propôs a anulação de um decreto que nomeava juiz municipal fulano de tal Piauilino; porque depois de assinado o decreto – felizmente não se publicou – achou na secretaria as mais desfavoráveis informações a respeito desse bacharel. Quando o propus para o juiz municipal eu disse que era bom informar-se, e o ministro no despacho seguinte trouxe o decreto. Lembrei a conveniência de indagar sempre na secretaría quais as notas que haja a respeito dos pretendentes a lugares de justiça." Ver registro para 16 jan. 1862, em Vianna, "Diário de 1862", p.28.

57 Pedro II, *Conselhos à regente*, p.33.

58 Ver Barman, "Role of Titles", e também Pang, *Pursuit*, para uma discussão mais geral sobre o assunto.

59 Registro para 20 jan. 1862, em Vianna, "Diário de 1862", p.32.

Fui tratar dos despachos do dia 14, aniversário da Imperatriz, e como não me chegaria o dia de ontem para o serviço ordinário dos sábados, e esse extraordinário desci na véspera da tarde e tive logo minhas 3 horas de trabalho *ingrato* de apurar e lembrar nomes de agraciados, origem de milhares de descontamentos alheios e próprios.[60]

Desde o início de seu reinado, o imperador preferia que os títulos honoríficos fossem concedidos em uma ou duas ocasiões no decorrer do ano, recompensando aqueles cujos serviços ou doações para fins públicos merecessem reconhecimento.[61] "Haja rigor da parte do ministro e não vejo motivo para reprovar as graças feitas a quem dá para fins de utilidade pública parte do seu cabedal fruto de trabalho, que deve ter sido honesto."[62] Nesse respeito, como em outros, D. Pedro II carecia de imaginação e interesse próprio para usar seus poderes de modo a fortalecer a monarquia no Brasil.

O veto rigoroso de D. Pedro II nos despachos às propostas de nomeações e honrarias poderia justificar-se com base no fato de que suas ações evitavam, até certo ponto, o mau uso do sistema de patronato e restringiam a criação de clientelas ministeriais. Bem mais controverso era o tratamento que dava nos despachos às questões de formação política e minutas de propostas de legislação. Como indica o diário do imperador de 1862, ele não permitia que os ministros debatessem e resolvessem as questões entre si nas conferências para depois apresentar sua decisão coletiva à aprovação do imperador no próximo despacho. "Sempre tenho insistido pelas conferências ministeriais", ele observou em 1867, mas também insistia que qualquer assunto discutido nas reuniões de Gabinete deveria ser apreciado novamente em sua presença e solucionado com sua plena participação no debate.[63]

---

60 ANTT Caixa 7324 Capilha 184 Doc. 2 D. Pedro II para Fernando, rei consorte de Portugal, Rio de Janeiro, 25 fev. 1855.

61 Em set. 1840, o enviado austríaco relatou: "Parece que o atual imperador não deseja seguir o precedente concedido e estabelecido pela Corte de Lisboa e continuado aqui por D. Pedro I de oferecer em tais dias uma longa série de promoções, títulos e decorações; o que é muito prudente. Ele declarou que deseja conceder tais favores somente quando a necessidade exigir ou o serviço individual merecer uma recompensa"; ver BN TM Arm. 32 Pac. 145-4 Leopold von Daiser-Sillbach, ministro, ao príncipe von Metternich, n.13c, Rio de Janeiro, 22 set. 1840.

62 Registro para 20 jan. 1862, em Vianna, "Diário de 1862", p.32.

63 Nota 108 daquelas feitas por D. Pedro II ao texto de Franco de Almeida, *Conselheiro Furtado*, p.331; e ver, em particular, o registro para 22 nov. 1862, em Vianna, "Diário de 1862", p.270-1.

Figura 30. Desenho a lápis feito por D. Pedro II
enquanto ouvia as exposições dos ministros no
despacho semanal.

D. Pedro II defendia sua prática com base em diversos fundamentos. Abrir
mão disso, ele escreveu em seu diário de fevereiro de 1862, respondendo à
crítica de um jornal, seria "abandonar minha suprema inspeção como chefe
do Poder Executivo, e sujeitar-me ao papel de mero ocupador dum lugar,
como não poder ser o rei constitucional, como bem diz [François] Guizot nas
suas memórias".[64] A prática que exigia que todo assunto deveria ser debatido
novamente e decidido com sua participação tinha suas desvantagens, como
D. Pedro II admitia. Discutir os assuntos duas vezes consumia muito tempo,
e o imperador tendia a se enredar nos detalhes: "Hei de cada vez limitar-me
mais a dizer somente o indispensável para que jamais tenham nem mesmo
pretexto para se queixarem de que lhe tomo o tempo".[65] Em última análise,
o imperador acreditava que quaisquer problemas originavam-se não de sua
própria conduta, mas daquela de seus ministros.

---

64 Registro para 11 fev. 1862, em ibid., p.47.
65 Registro para 22 nov. 1862, em ibid., p.271.

Desejaria poder perguntar aos que de ambos os partidos têm servido de ministros se procuro impor a minha opinião ou apenas expressado com a convicção de quem obra conscientemente. Vejo que muitos têm me cedido por fraqueza; mas que culpa tenho nisto, e mesmo, para evitar isso, não me esforço eu cada vez mais por lhes deixar toda a liberdade? [66]

Ao se encontrar quatro dias mais tarde com o marquês de Caxias, então presidente do Conselho, D. Pedro II comentou: "falei-lhe sobre o meu procedimento para com os ministros e ele confessou que às vezes eles receavam contrariar-me ainda que depois se queixassem de minha oposição".[67] Não foi preciso muito contato com o imperador para que os ministros aprendessem a reconhecer as preferências dele a partir de sua linguagem corporal. Em maio de 1869, o enviado francês, que mantinha reuniões semanais com D. Pedro II, comentou:

> Descobri, sobretudo quando o imperador não compartilha minha opinião, que ele me lança certo olhar de esguelha, que é de um orgulho e uma frieza verdadeiramente castelhanos e que lembra a Casa da Áustria da qual ele descende. Nesses momentos, ele guarda uma semelhança assombrosa com Felipe III conforme pintado por Velásquez.[68]

Os ministros estavam em essencial desvantagem no despacho. Poucos deles eram capazes de se equiparar à longa experiência do imperador de governar, a suas fontes superiores de conhecimento e a sua tenacidade de propósito. Ao apresentar seus pontos de vista todos se inibiam diante da deferência que a distinção do imperador inspirava. Um ministro "não refutará os maus argumentos do rei assim como refutaria os de outra pessoa", Walter Bagehot observou com perspicácia em *English Constitution*. "Em uma discussão praticamente equilibrada, o rei devia sempre levar a melhor, e em política muitas das mais importantes discussões são praticamente equilibradas."[69] Quando discutia assuntos no despacho, D. Pedro II geralmente preferia não tomar a iniciativa nem deixar claras suas preferências. Em vez disso, ele apresentava razões irrefutáveis contra os cursos de ação ou os candidatos que não lhe

---

66 Registro para 11 fev. 1862, em ibid., p.47.
67 Registro para 15 fev. 1862, em ibid., p.49.
68 Conde de Gobineau para a condessa de Gobineau, Rio de Janeiro, 24 maio 1869, em Gobineau, *Lettres*, p.74.
69 Bagehot, *English Constitution*, p.70-1.

agradavam. O resultado final era com frequência assegurar que a solução que ele preferia fosse proposta pelo ministro responsável. Em assuntos que considerava prioritários, ele impunha sua vontade. Nas ocasiões comparativamente raras em que D. Pedro II descobria que os ministros concordavam com uma medida ou indicação que ele não apreciava, ele cedia, mas declarava: "Bem; a responsibilidade é dos senhores; já cumpri o meu dever". O desejo dos ministros de preservar a boa vontade do imperador, seu senso de autodefesa e sua dependência dele às vezes os persuadia a não persistir em suas decisões. Na realidade, eles se submetiam ao que só pode ser chamado de uma forma polida de chantagem.[70]

Ainda que derrotado em uma primeira discussão sobre uma questão, a força de vontade do imperador – que pode ser chamada de obstinação – significava que ele realmente persistia calmamente, esperando a oportunidade de garantir a decisão de sua escolha. Não existe exemplo melhor do que a criação de um jornal oficial do governo. "Os artigos de fundo do [*Correio*] *Mercantil* e do *Diário* [*do Rio de Janeiro*] suscitaram-me as seguintes declarações", D. Pedro II escreveu em seu diário na data de 1º de janeiro de 1862:

> Sempre procuro que os negócios se resolvam pela maioria dos ministros, cujos votos desenvolvidos provoco, quando é preciso para sua maior clareza, e ainda há dias se venceu por maioria de 4 contra meu parecer e do [marquês de] Caxias, [José Ildefonso de Sousa] Ramos e [Francisco de Paula de Negreiros] Saião Lobato que não se criasse uma folha oficial, suprimida nas circunstâncias atuais qualquer outra despesa com a imprensa do governo.[71]

Ao escrever, D. Pedro II era indubitavelmente sincero em acreditar que sua derrota nessa questão demonstrava que ele não dominava os assuntos governamentais. Ele não contava, porém, com sua própria tenacidade de propósito. Entre fevereiro e maio, ele abordou a questão de fundar um jornal oficial com o ministério em várias ocasiões diferentes. Em 14 de junho, com um novo Gabinete instalado no poder, o imperador observou em seu diário: "Creio que a folha oficial cria-se desta vez". Ele teve de contornar alguns atrasos e dificuldades, mas o primeiro número do *Diário Oficial* finalmente

---

70 A citação é de Suetonio, *Antigo regime*, p.200-1, provavelmente baseada em informações fornecidas por Antônio Ferreira Viana, ministro em 1888-1889. A exatidão das informações é atestada pelos registros no diário de D. Pedro II para 8 mar., 26 jul., 16, 17 e 30 ago., 9 e 17 set. 1862, em Vianna, "Diário de 1862", p.62, 174, 192, 193, 203, 209, 214.

71 Registro para 1º jan. 1862, em Vianna, "Diário de 1862", p.19.

surgiu em 1º de outubro de 1862.[72] O jornal tornou-se parte permanente, apesar de não muito lido, da vida oficial.

O sistema de lidar com assuntos governamentais por meio dos despachos havia sido herdado por D. Pedro II e, considerando-se seu conservadorismo inato e seu desejo de manter o controle, não era um sistema que ele estivesse disposto a mudar. De sua parte, os ministros tinham bons motivos para considerar os despachos um prolongado suplício, sobretudo se o presidente do Conselho não tivesse nenhuma capacidade de lidar com o imperador. Os ministros constantemente tentavam limitar a uma por semana as reuniões de trabalho com todo o Gabinete. No segundo despacho, somente um único ministro aparecia para tratar de todos os assuntos correntes com o imperador. Ao longo dos anos, D. Pedro II teve de ceder e consentir com essa prática.[73] O repúdio ao despacho também tornava os ministros parcimoniosos em propor qualquer iniciativa ou elaborar qualquer legislação que pudesse provocar a oposição do imperador.[74] Suas anotações no diário de 1862 não revelam a menor noção de que a responsabilidade pela falta de ação do Gabinete fosse em parte sua.

A mais grave falha de D. Pedro II ao lidar com o sistema de despacho de governar residia na erosão da solidariedade do Gabinete e do senso de responsabilidade coletiva dos ministros. Ele se tornou hábil em descobrir pontos de discórdia entre os ministros e então explorar essas divergências para manter seu controle sobre as coisas. Em julho de 1862, por exemplo, ele usou um conflito sobre uma questão menor entre o presidente do Conselho e o ministro das Finanças para enfatizar esse ponto. "Recomendei que sempre que houvesse destas questões não se prolongassem; mas trouxessem-nas à minha presença; que eu na maior parte dos casos talvez as terminasse."[75]

---

72 Registros para 1º, 5, 15 fev., 26 mar., 9 abr., 2 maio, 14 jun., 23 e 29 jul., 13, 20 e 23 ago. e 3, 13, 15, 20 e 30 set. 1862, em ibid., p.44-5, 49, 69, 79, 94, 135, 171, 176, 189, 193, 198, 206, 211, 213, 216-7, 222.

73 Registro para 1º jan. 1863, em ibid., p.270-1. Em 1872, o despacho semanal era realizado às 11h30 das quartas-feiras e durava de quatro a cinco horas. Em 1879-1880, era realizado nas noites de sábado, indo até altas horas da madrugada. Ver AHMI POB Cat. B Maço 32 Doc. 1.052 Carta diária de D. Pedro II à condessa de Barral, 4 a 22 nov. 1872; e Magalhães Jr., *D. Pedro II*, p.259-407.

74 Entre 11 jan. e 19 mar. 1862, D. Pedro II registrou em seis diferentes ocasiões o fracasso do Gabinete em preparar em conferência as medidas legislativas que desejava apresentar à próxima sessão do parlamento. Registros para 11 e 15 jan., 19 fev. e 5, 12 e 19 mar. 1862, em Vianna, "Diário de 1862", p.24-5, 52, 62-3, 66.

75 Registro para 5 jul. 1862, em ibid., p.157-8.

Em uma biografia de Francisco José Furtado, publicada logo após ele ter servido como presidente do Conselho de Ministros em 1864-1865, o autor explicitou as desvantagens da situação:

O gabinete, reunido para despacho imperial, quase nunca expressa o seu pensamento coletivo. Expostos os negócios pelos ministros das respectivas pastas, o chefe do poder Executivo, posto que saiba que nenhum ministro faltaria à lealdade aos seus colegas, apresentando a assinatura imperial [nos] despachos, sem que previamente neles concordasse em conferência pelos menos a maioria dos ministros, oferece dúvidas e provoca discussão, às vezes sobre objetos muito secundários, o que concorre para que os gabinetes nunca apresentem unidade e completa homogeneidade de pensamento na augusta presença do monarca.[76]

A resposta indignada que D. Pedro II rabiscou, ao ler esse trecho, na margem de seu exemplar da biografia revela uma dificuldade em compreender a natureza dessa queixa:

Pois eu não hei de dizer o que penso?! Os ministros que não discutam comigo senão até o ponto que quiserem, e se minhas reflexões versam sobre pontos muito secundários, que importância têm neste caso as divergências entre os ministros? Haja da parte dos ministros a mesma sinceridade com que eu procedo, e nenhum mal provirá de tais discussões.[77]

O relacionamento desigual entre os ministros e o imperador e a falta de autonomia que eles desfrutavam realmente despertavam ressentimento em alguns políticos. Comentários tais como "Um homem de bem não pode ser duas vezes ministro com o imperador!" já circulavam no final da década de 1850.[78] Tais ressentimentos estavam, contudo, longe de ser universais, tampouco eram duradouros. O passar do tempo e os atrativos do cargo exerciam seu efeito suavizador. O imperador era singularmente compreensivo e

---

76 Franco de Almeida, *Conselheiro Furtado*, p.331. É provável que o autor se baseasse na própria avaliação de Francisco José Furtado sobre sua experiência no despacho.

77 Nota 109 daquelas feitas por D. Pedro II ao texto, ibid., p.331

78 O comentário, relatado de várias formas, é como o mencionado em Suetonio, *Antigo regime*, p.86, o qual o atribui a Eusébio de Queirós Coutinho Matoso da Câmara, ministro da Justiça entre 1848 e 1852. Em seu registro no diário para 19 fev. 1862, D. Pedro II referiu-se aos "ditos iguais do Eusébio e [do visconde de] Itaboraí", que provavelmente incluíam a observação em questão; ver Vianna, "Diário de 1862", p.52.

clemente sobre essas queixas, "que aliás não me ofendiam por eu conhecer como é o coração humano e sobretudo dos políticos".[79] A recusa de D. Pedro II em ofender-se e sua cortesia, consideração e prudência tornavam-no difícil de ressentir-se ou resistir.

Os políticos como um grupo estavam dispostos a deixar a suprema direção dos assuntos a cargo do imperador. Como Joaquim Nabuco comentou: "O governo era feito por todos desse modo: que é que o Imperador quer, que é que ele não quer? Os que faziam política fora dessas condições estavam condenados a não ter nenhum êxito".[80] Direção suprema não significava o mando de um só. A falta de ativismo do imperador, seu respeito pela Constituição e sua aversão ao confronto impediam tal papel, assim como sua apreciação da necessidade de assegurar a cooperação dos políticos, sem a qual governar não era possível. Os políticos não eram nulidades. Eles realmente tomavam a iniciativa ao propor medidas e nomeações. Eles podiam e efetivamente manipulavam, resistiam e postergavam. D. Pedro II não podia ter certeza de atingir o que queria. Ele às vezes tinha de ceder em nomeações e políticas. Um trecho escrito em seu diário em 10 de janeiro de 1862 declara a posição do imperador com precisão e verdade:

> Muitas coisas me desgostam; mas não posso logo remediá-las e isso aflige-me profoundamente. Se ao menos pudesse fazer constar geralmente como penso! Mas para que, se tão poucos acreditariam nos embaraços que encontro para que eu faça o que julgo acertado! Há falta de zêlo e o amor da pátria só é uma palavra para a maior parte! Ver onde está bem, e não poder concorrer para ele senão lentamente burlando-se muitas vezes os próprios esforços é um verdadeiro tormento de Tântalo para o soberano que tem consciência; mas a resignação é indispensável para que a influência do soberano vá produzindo sem abalos, sempre maus, seus efeitos desinteressados do que não seja bem público, alvo necessário do monarca constitucional.[81]

D. Pedro II pode não ter realizado reformas radicais, nem reestruturações fundamentais da sociedade brasileira, mas sua influência, exercida calmamente ao longo do tempo sobre a cultura política do país com respeito a ideias e práticas, foi considerável, como o caso da pena de morte demonstra. A pena

---

79 Registro para 19 fev. 1862, em Vianna, "Diário de 1862", p.52.
80 Nabuco, *Estadista*, v.II, p.177.
81 Registro para 10 jan. 1862, em Vianna, "Diário de 1862", p.24.

capital fazia parte integral do sistema penal português, e a Constituição de 1824 preservava-a. Execuções públicas por enforcamento eram parte da estrutura da vida. Em 1º de janeiro de 1862, D. Pedro II escreveu em seu diário:

> Não sou partidário da pena capital, mas o estado de nossa sociedade ainda a não dispensa, e ela existe na lei; contudo, usando de uma das atribuições do poder moderador, comuto-a, sempre que há circunstâncias que o permitam, e, para melhor realização deste pensamento, é sempre ouvida a Seção de Justiça do Conselho de Estado sobre os recursos de graça, consultando ela nesse sentido. A ideia da consulta da Seção para esse fim foi minha.[82]

Como era característico de D. Pedro II, essa observação era tão ilusória quanto reveladora. Uma segunda anotação no diário, escrita em 15 de junho de 1890, mostra qual havia sido o objetivo do imperador. "Isto me recorda o que tenho feito para a abolição *legal* da pena de morte, não de fato, como realizava eu pela comutação, há quase trinta anos."[83]

Dessa forma a pena capital foi desaparecendo no curso do reinado de D. Pedro II. Por sua ação furtiva e persistente, ele obteve êxito em tornar a pena de morte inaceitável como arma de política de Estado. Trata-se de uma realização que perdura até os dias de hoje.

Se por um lado o sistema de governo de D. Pedro II repousou em grande parte sobre sua tenacidade e habilidade de deter o controle da política, por outro também dependeu do cuidado que ele tomou em manter-se em contato com a opinião pública no Brasil. O imperador atingiu esses objetivos por vários meios. O primeiro era realizar no final da tarde das terças-feiras e sábados uma audiência pública com duração de duas horas. "Terça é toda de audiência em que me procura mais gente", D. Pedro II explicou em 1857.[84] A audiência pública era um costume há muito estabelecido dos monarcas europeus segundo o qual se considerava apropriado que homens e mulheres de posição social participassem de importantes festividades na corte, tais como o Ano-Novo e o aniversário real, para cumprimentar o monarca e, em outras ocasiões, simplesmente para assegurar seu *status*. Na expressiva frase de John Beattie, um especialista sobre a corte do rei George I, "a participação

---

82 Registro para 1º jan. 1862, em ibid., p.20.
83 AHMI POB Cat. B Maço 35 Doc. 1.057 Registro no diário para 15 jun. 1890.
84 Ver Lacombe, "Educação", p.252-3.

ali ajudava a distinguir os 'de dentro' dos 'de fora' do círculo social e também político".[85]

Na década de 1850 as audiências públicas ainda preservavam algo de seu papel original no Brasil, mas elas haviam passado a servir a um propósito mais amplo. Qualquer pessoa, homem ou mulher, que estivesse decentemente vestida poderia obter acesso. "Às seis da tarde cheguei a [o palácio de] São Cristóvão", um diarista escreveu sobre um sábado em maio de 1865. "Quando entrei o Imperador ouvia um sem número de mulheres pobres que o cercavam. Tinha a mão esquerda carregada de petições. Acenou-me para que me aproximasse. Perguntou o que eu queria."[86] Como esse trecho sugere, nas audiências D. Pedro II passava muito tempo ouvindo a pedidos de ajuda, tanto por doações de caridade quanto por sua intervenção em prol do solicitante. De sua anuidade, D. Pedro II fazia doações generosas em dinheiro e com pouca discriminação. Uma alta parcela de pessoas nessas audiências, duas vezes por semana, buscava reparação de injustiças, pedia favores ou tentava obter vantagem em troca de informações. A todos esses que dele se aproximavam, D. Pedro II ouvia com atenção e cortesia. Sua técnica de lidar com queixas e mágoas pode ser deduzida de um relato escrito por um juiz que foi protestar da decisão do governo de removê-lo de seu cargo na Corte do Comércio do Rio de Janeiro:

A 22 do dito Março fui ao Paço. O Imperador vendo-me disse: "Sr. Barbosa, eu esperava esta sua visita. Vi os seus papéis e trouxe-os".

Respondi: "V. M. me anima a fazer uma respeitosa pergunta".

O Imperador: "O quê?"

Eu: – "V. M. que achou?"

Ele, *afagando a barba*: "Achei que os seus documentos provam bons serviços, mormente políticos."

Eu: "Mas, senhor, que juízo merece o indivíduo que apresenta tais documentos? Até ontem, bem entendido, porque d'ontem para cá seria coveniente que o ministro da Justiça formulasse a acusação para eu saber de que me devo defender."

Ele: "A esse respeito nada posso dizer."

Eu: "Então não consegui nada. Eu queria só a opinião de V. M., porque a dos homens de bem eu a tenho e da dos seus ministros não faço caso. Assim, abertas as câmaras, terei de recorrer à imprensa."

---

85 Beattie, *English Court*, p.6-7, 11.
86 Registro para 20 maio 1865, em Rebouças, *Diário*, p.67.

Ele: "Faz bem."

Eu: "Mas veja V. M. que hei de ser acerbo, porque a injúria foi atroz."

Ele: "Está no seu direito."

E despedindo-me para retirar-me disse Sua Majestade: "Espere um pouco que vou mandar-lhe os seus papéis".[87]

Nesse caso, o imperador usou a audiência para entender a natureza de uma queixa, moderar a raiva do prejudicado e direcionar seu protesto para a arena pública, onde poderia ser debatida.

Para o imperador, as audiências públicas possuíam consideráveis vantagens. Como aqueles que delas participavam deviam apresentar seu caso a D. Pedro II na presença de outros, eles eram forçados a ser tanto discretos quanto moderados na fala. O grande número de solicitantes que geralmente se apresentava incitava à brevidade e dava ao imperador uma excelente justificativa para terminar qualquer entrevista. Como um requerente relatou em 1868, "sendo já tarde e grande o número de pessoas, incluindo deputados, senadores etc., ainda querendo falar com ele, e observando que ele desejava evitar qualquer discussão adicional, eu ofereci meus respeitos e me retirei".[88]

D. Pedro II não restringia seu contato com o público às audiências formais realizadas às terças-feiras e aos sábados. Ele recomendou a D. Isabel em 1871: "Se for possível, deve minha filha ouvir os pretendentes ou quem venha falar sobre os negócios públicos, a qualquer hora que não for inconveniente ou destinada a outro serviço público mais urgente".[89] Uma carta no diário de novembro de 1873 registra a prática do imperador de falar mais dias da semana com requerentes reunidos na varanda interna do palácio de São Cristóvão.[90] D. Pedro II concedia a esses homens e mulheres a mesma atenção cuidadosa que dedicava nas audiências mais formais. Não há melhor testemunho do que o relato escrito em idade avançada pelo homem que na década de 1880 serviria como tutor dos netos do imperador:

---

87 Barbosa de Oliveira, *Memórias*, p.268-9. No diário de D. Pedro II para 22 mar. 1862 não há nenhuma menção a essa reunião.

88 UFP JA Henrique Pereira de Lucena para João Alfredo Correia de Oliveira, Rio de Janeiro, 9 jun. 1868.

89 Pedro II, *Conselhos à regente*, p.64.

90 AHMI POB Cat. B Maço 37 Doc. 1.057 Carta diária enviada à condessa de Barral, 6 a 22 nov. 1872. Ele "falou às pessoas da varanda" todos os dias, de 7 a 15 nov. e de 20 a 22 nov. 1872.

Vi o imperador pela primeira vez em princípios de 1855, quando eu contava oito anos e meio de idade. Minha boa avó conduziu-me então à Quinta de São Cristóvão para pedir a D. Pedro II a minha admissão como aluno gratuito no Colégio Pedro II, atenta a nossa situação de pobreza.

O imperador que a todos sem excepção recebia diariamente, com lhaneza e cordura, na varanda interna do Palácio, ouviu o pedido e só replicou:

"Mas este menino já fez a sua instrução primária?"

"Já está pronto, meu Senhor", respondeu minha avó. "Ele já recebeu o diploma do Colégio Amante da Instrução onde estudou."

"Mas, deveras pronto?"

"Não posso duvidar, porque o professor, o sr. Inocêncio Drumond, começou até a ensinar-lhe particularmente entendimentos de francês e latim."

"Está bem, está bem", concluiu o imperador. "Traga -me os papéis, e eu os passarei ao ministro."

E fez-me afagos, que nunca esqueci.

O imperador obteve o local desejado para o menino. Treze anos depois, quando o jovem foi orador da turma de formandos da Escola de Medicina do Rio, D. Pedro II, que presidia a formatura, reconheceu-o e perguntou:

"E sua avó já não vive?"

"É falecida, senhor."

"Que prazer seria o dela, se presenciasse este ato!"

Tais palavras foram-me ao coração, excusado é dizer, e por isso também não as esqueci jamais.[91]

O imperador não dependia unicamente de as pessoas virem a São Cristóvão para sondar a opinião pública e remediar injustiças. Suas frequentes saídas do palácio para inspecionar instituições públicas de todos os tipos facilitavam o encontro com pessoas que contavam suas histórias. Durante essas saídas, "o imperador se interessava por tudo e sabia indagar e ver", lembrou-se um antigo ministro que acompanhou D. Pedro II em uma visita oficial à província de Minas Gerais em 1883.[92] O imperador compreendia plenamente a impor-

---

91 Ramiz Galvão, "Gratas reminiscências", p.859-60. Esse testemunho é o mais convincente, já que Ramiz Galvão era um republicano em suas crenças políticas.

92 BNRJ TM Arm. 32 Pac. 99 Nota manuscrita de Tobias Monteiro, começando com "Na viagem a Minas", relembrando informações verbais de Cândido Luís Maria de Oliveira.

tância de obter múltiplas fontes de informação sobre qualquer assunto no qual ele, como governante, pudesse estar envolvido.

D. Pedro II raramente, talvez jamais, fazia discursos em cerimônias públicas, e certamente nunca sobre qualquer assunto controverso. Ao receber delegações, realizar audiências públicas e conversar com requerentes individualmente, D. Pedro II era cauteloso com suas palavras e reservado em suas opiniões. "Não diga nada que indique sua opinião, ou prometa apoio além daquele de inquestionável justiça", ele aconselhou à filha.[93] Às vezes, ele até professava ignorância sobre um assunto do qual estava informado, mas que não queria discutir.[94] Nem sempre era fácil para o imperador manter a reticência e a solenidade que ele apreciava, como revela um relato anônimo datado de 1861.

> Discurso proferido por Francisco Gomes de Campos, quando ele veio a expressar seus agradecimentos [ao imperador] por seu baronato:
>
> "Majestade, eu estava longe de ser merecedor de receber a grande honra que Vossa Majestade teve a satisfação de me conceder: quanto a meus humildes serviços, é verdade que os tenho, mas para que a eles devesse ser atribuído tanto valor não posso encontrar outro motivo além da magnanimidade do coração magnânimo do melhor dos monarcas."
>
> Nesse ponto o imperador crispou os lábios com o fantasma de um sorriso e o introdutor João Paulo observou: "'a magnanimidade do magnanismo', que terrível redundância".[95]

O imperador poderia ter-se beneficiado se tivesse se permitido um sorriso nessa ocasião. Sua habilidade em ser cordial sem se comprometer com nada geralmente suscitava esperanças que, quando não cumpridas, deixava os requerentes sentindo-se injustiçados e levava a acusações de dissimulação. "Não sou dissimulado e apenas esforço-me por não dizer senão o que é preciso e se se enganam comigo algumas vezes não é porque eu procure enganar; mas porque examinam mal minhas ações."[96]

---

93 Pedro II, *Conselhos à regente*, p.64.

94 Ver registros para 14 abr. e 17 nov. 1862, em Vianna, "Diário de 1862", p.82, 266.

95 IHGB MO Lata 208, pasta 62. Folha não assinada e não datada, com carimbo "J.P.F.N.A" (escrita no início de 1861, com base em evidência interna).

96 Vianna, "Diário de 1862", p.290. Esse registro foi escrito em 16 de dezembro de 1862 após a leitura da biografia de Joaquim Pinto de Campos, em que a acusação foi reportada, mas em seguida refutada; ver Pinto de Campos, "Pedro II", p.214.

Na realidade, o imperador desenvolvera certos padrões de comportamento que, para os conhecedores, forneciam um claro sinal de qual era sua verdadeira opinião sobre um assunto. Se ele dissesse a um requerente que levasse seu pedido ou reclamação ao ministro pertinente, isso geralmente indicava que D. Pedro II não estava convencido de que a Justiça estava do lado do requerente.[97] No caso das vagas no Senado, se o imperador discutisse com um candidato sobre suas chances de eleição para a lista de três indicados, do qual D. Pedro II selecionava o novo senador, então era provável que esse candidato fosse escolhido, se eleito para a lista de indicações. Se tal conversa não ocorresse, o político sabia que sua candidatura não era bem vista por D. Pedro II.[98] Eram hábitos como esses que davam aos membros do círculo íntimo do imperador a medida de sua importância, visto que eles podiam com frequência adivinhar em qual direção sua mente se movia e passar adiante essas informações aos de fora, recebendo favores em troca.

O imperador não dependia somente de entrevistas e encontros para suas informações. Seu voraz apetite por leitura consumia não só textos científicos e literários, mas também assuntos corriqueiros. "Leio constantemente todos os periódicos da corte e das províncias os que, pelos extratos que deles se fazem, me parecem mais interessantes. A tribuna e a imprensa são os melhores informantes do monarca." [99] Era essencial, ele aconselhou a D. Isabel, "informar-se cabalmente de tudo o que se dizer na imprensa de todo o Brasil, e nas Câmaras legislativas d'Assembleia – geral e provinciais".[100] Em sua leitura, o imperador preocupava-se em informar-se sobre as questões políticas, mas se interessava igualmente em saber sobre abusos de poder, corrupção e falhas na execução da justiça. Os jornais traziam regularmente colunas chamadas "a pedidos", essencialmente anúncios particulares pagos. Costumava-se publicar um "a pedido" tanto para se divulgar um caso particular quanto para atrair a atenção do imperador. Em 1862, D. Pedro II recomendou que "se tivessem queixas as expusessem pela imprensa que elas chegariam a meu conhecimento".[101]

---

97 Uma leitura sistemática do diário para 1862 deixa bem claro esse hábito da parte de D. Pedro II; ver registros para 25 jan., 5 mar., 9 abr., 24 jul. e 29 set. 1862, em Vianna, "Diário de 1862", p.34-5, 66, 78, 173, 221-2.

98 Taunay, *Memórias*, p.438-40. Esse trecho, recontando a conversa entre D. Pedro II e o visconde de Taunay em 1887, mostra quão inalterado era o comportamento do imperador e quão ciente os círculos governantes eram dos hábitos dele.

99 Registro para 31 dez. 1861, em Vianna, "Diário de 1862", p.16.

100 Pedro II, *Conselhos à regente*, p.27-8.

101 Registro para 7 out. 1862, em Vianna, "Diário de 1862", p.225.

D. Pedro II prestava igual atenção a sua correspondência, até mesmo cartas anônimas, que ele preservava com cuidado.

O imperador fez da reparação das injustiças que se deparou durante seu reinado um dos objetivos principais de seu sistema de governo.[102] Ministros deviam estremecer quando recebiam bilhetes do seguinte tipo:

> Sr Wanderley
>
> Por que foi demitido o Varginha da G. da Alfândega? É provável que merecesse a demissão; mas a ocasião talvez não fosse oportuna.
>
> 20 nov. 1856, D. Pedro 2º[103]

Ignorar tais questionamentos, por mais periférico o assunto, era simplesmente inviável para qualquer ministro. A memória do imperador raramente, se não jamais, permitia que questões não resolvidas escapassem a sua atenção, e ele polidamente perseverava até receber uma resposta com algum tipo de explicação.

Uma importante dimensão do sistema de governo do imperador, a qual contribuía muito em estabelecer seu domínio sobre a vida pública, era sua prática de visitar repartições públicas e empresas privadas na cidade do Rio de Janeiro e também, embora com muito menos frequência, no interior. Em 1862 o diário de D. Pedro II registra cerca de 80 visitas a 57 instituições, incluindo ministérios e órgãos governamentais, fortalezas e quartéis, escolas e faculdades, prisões e cemitérios, exposições, sociedades culturais e fábricas, tanto estatais quanto privadas.[104] Não havia nenhuma formalidade nessas incursões. Acompanhado por seus quatro semanários (os cortesãos que o atendiam na semana), o imperador aparecia repentinamente, na maioria dos casos, com pouco ou nenhum aviso prévio a uma instituição e submetia-a a uma inspeção rigorosa. Ele era particularmente hábil em fazer perguntas polidas que forçavam respostas reveladoras. Embora evitasse o confronto nessas visitas, ele não hesitava posteriormente em buscar soluções para os abusos

---

102 Em 16 jan. 1862, por exemplo, ele escreveu ao ministro da Justiça a respeito de um artigo de jornal e uma carta particular que lhe foram mostrados, e em 20 ago. 1862, ele chamou a atenção do ministro para queixas divulgadas nos jornais contra três juízes; ver ibid., p.25-6, 194.

103 D. Pedro II para João Maurício Wanderley, posteriormente barão de Cotegipe, em Wanderley Pinho, *Cartas*, p.17.

104 Vários registros em Vianna, "Diário de 1862".

e a incompetência que constatasse.[105] Essas inspeções contribuíram muito para criar a imagem popular de D. Pedro II como uma figura benevolente e certamente paternal. Dessas visitas, talvez a mais celebrada e certamente a mais corajosa foi a de inspeção e encorajamento de um dia inteiro a hospitais de cólera no Rio em 27 de setembro de 1855, quando a epidemia atingia o auge da mortalidade.[106]

Particularmente importante era a prática do imperador de acompanhar os exames realizados na Escola de Medicina do Rio, na Escola Central (a futura Escola Politécnica), na Escola da Marinha e no Colégio D. Pedro II. Nesta instituição, em 1858, "não perdia o Imperador um só exame, desde às 11 horas da manhã até às 5 da tarde, sem se levantar nem tomar repouso, acompanhando de livro na mão, e com o maior cuidado, todas as provas".[107] Não só ele dessa forma fazia uma verificação cuidadosa da qualidade do ensino nessas instituições, mas também podia identificar alunos com potencial superior. Dada sua memória prodigiosa, o imperador podia fomentar e proteger as carreiras dos jovens que os impressionara como alunos. Com isso, D. Pedro II passou a ter a partir de meados da década de 1840 familiaridade com muitos da geração ascendente na política, administração e artes. "Julgo que o portador desta será o [João de Almeida] Areias", D. Pedro II escreveu em abril de 1868 à condessa de Barral, então em Paris. "Areias é digno de sua missão em Londres. Conheço-o desde o colégio Pedro 2° como um dos primeiros premiados, e é excelente pessoa."[108]

As circunstâncias do primeiro encontro dos indivíduos com o imperador colocavam-nos psicologicamente em uma relação de subordinação a ele, que se assemelhava àquela entre pais e filhos. Conscientemente ou não, eles aceitavam D. Pedro II como o exemplo do que um cidadão brasileiro devia ser. Alfredo Taunay, que acabou se tornando senador, descreveu sua formatura na presença do casal imperial em 24 de dezembro de 1864, do Colégio D. Pedro II: "Difícil é me, até em toda a carreira, encontrar outra mais cheia de intense

---

105 Ver o episódio de jan. 1864 recontado pelo visconde de Taunay, então aluno da Escola Central, em Taunay, *Memórias*, p.83-4.

106 Sobre a visita, ver item no *Jornal do Commercio*, 28 set. 1855, transcrito em "Traços biográficos", p.635-6. A visita foi registrada em uma pintura bem conhecida, reproduzida em Prado Valladares, *Tempo e lembrança*, ilustração n.36; e também em Calmon, *Pedro II*, v.3, p.vi-vii.

107 Taunay, *Memórias*, p.58.

108 D. Pedro II para condessa de Barral, Rio de Janeiro, 23 abr. 1868, em Magalhães Jr., *D. Pedro II*, p.134.

alegria e legítimo orgulho". Ele lembrou-se de que "ao chegar defronte do Imperador e da Imperatriz deles recebi olhar tão bom, tão suave, tão enternecedor, tão de família a partilhar a alegria de um filho".[109]

Nem todas as visitas do imperador eram uma questão de dever e serviço. Ele costumava participar das reuniões do Instituto Histórico e Geográfico Brasileiro, realizadas em sextas-feiras alternadas nos meses de inverno. Apesar de sua denominação, o Instituto não se restringia a história e geografia. Seus sócios (membros que eram eleitos) incluíam importantes homens das letras do Brasil, muitos deles proeminentes na vida pública, tal como Cândido Batista de Oliveira, um respeitado matemático que era senador e ex-ministro. Embora a maioria dos membros tivesse formação acadêmica, um bom número deles eram homens que subiram na vida por esforço próprio, de origem social bastante humilde e, por conseguinte, muito provavelmente de descendência racial miscigenada. O Instituto proporcionava um meio no qual o imperador se sentia muito à vontade, tanto emocional quanto intelectualmente. Esse contentamento era talvez inevitável. Protetor do Instituto desde 1839, em 1840 ele havia oferecido uma sala no palácio da cidade para suas reuniões. O marquês de Sapucaí, nomeado em 1839 como "diretor de estudos literários" de D. Pedro II, atuava como seu presidente desde 1847. A abordagem de aprendizado do Instituto – inclusiva e inquiridora, embora não profunda e sistemática – comparava-se à do próprio D. Pedro II. Tratava-se de uma instituição formada à imagem dele.[110]

O apoio do imperador à cultura e às ciências não se restringia ao patronato do Instituto Histórico, como atestam dois casos – o do poema "A Confederação dos Tamoios", de 1856, e o da Comissão Científica de 1859-1861. A redação do poema usando – e assim consagrando – as imagens do Brasil foi tida pelos círculos governantes como uma chave para a formação de uma cultura nacional distinta e viável. Em 1856, um membro do corpo diplomático, Domingos José Gonçalves de Magalhães, enviou ao imperador seu poema épico sobre um tema extraído da era colonial, a luta entre os povos Tamoios nativos e os colonizadores portugueses. D. Pedro II instruiu o mordomo:

> Tendo-me parecido o poema, que o Magalhães me dedica, uma obra que honra as nossas letras, e querendo não só dar-lhe um testemunho pessoal de

---

109 Ver Taunay, *Memórias*, p.59-60.
110 Sobre a fundação e o desenvolvimento do Instituto, ver Corrêa Filho, "Como se fundou". O imperador participou pela primeira vez das reuniões do Instituto em 15 dez. 1849; ver Fleiuss, *Páginas*, p.361.

meu apreço como evitar a impressão do poema fora do país, atendendo a grande despesa, que o autor teria de fazer aqui, para conseguir de um modo decente, resolvi que ela se fizesse à minha custa.[111]

Em vez dos esperados louvores de aprovação, o épico de Magalhães foi ferozmente atacado pela imprensa. O imperador apressou-se em defesa do poema, chegando a escrever artigos anônimos rebatendo as críticas. Ele teve de conceder: "o poema tem merecimento, apesar de seus defeitos, que reconheço serem bastantes".[112] O caso pouco contribuiu para estabelecer sua reputação como um conhecedor de literatura.

Igualmente malfadado foi o apoio de D. Pedro II à Comissão Científica, que foi criada em 1856 por sugestão do Instituto Histórico.[113] Em meados do século XIX, as expedições de exploração científica eram uma tradição bem estabelecida na Europa e na América do Norte. Destinadas a tornar o mundo inteiro "conhecido" em termos científicos e culturais, elas tiveram ao mesmo tempo o efeito de inserir tanto as terras quanto os povos na estrutura do que foi denominado "civilização". "E não vos parece, senhores, que era já tempo de entrarmos, sem auxílio estranho, no exame e investigação este solo virgem, onde tudo é marvilhoso?", o marquês de Sapucaí exortou o Instituto Histórico em seu discurso anual em 15 de dezembro de 1856. "De desmentirmos esses viajantes de má-fé ou levianos que nos tem ludibriado? De mostrarmos finalmente ao mundo que não nos faltam talentos e as habilitações necessárias para as pesquisas científicas?"[114] A Comissão Científica foi criada tanto para assegurar a legitimidade do Brasil como parte do mundo civilizado quanto para tornar conhecida em termos científicos e culturais uma região do país a respeito da qual o regime no Rio de Janeiro era largamente ignorante. A comissão conduziu uma série de estudos na remota província nordestina do Ceará, de fevereiro de 1859 a julho de 1861.

O imperador desempenhou amplo papel na formação da comissão, assegurando fundos governamentais e redigindo suas normas.[115] Livros e ins-

---

111 D. Pedro II para Paulo Barbosa da Silva, não datado [1856], transcrito em Lacombe, *Mordomo*, p.335. O imperador recebeu as primeiras quatro cópias, ver o *Jornal do Commercio*, 21 maio 1856, transcrito em "Traços biográficos", p.641.

112 Menezes, *José de Alencar*, p.102-10; ANTT Caixa 7324 Capilha 184 Doc. 13 D. Pedro II para Fernando, rei consorte de Portugal, Rio de Janeiro, 13 set. 1856.

113 Ver Braga, *Comissão científica*.

114 Discurso do presidente do IHGB, em *RIHGB*, t.19 (1856), suplemento, p.90-1.

115 Ver Braga, *Comissão científica*, p.18-9; e carta de D. Pedro II ao marquês de Sapucaí, não datada, em Vianna, *Letras imperiais*, p.50.

trumentos foram adquiridos na Alemanha. Os seis membros da expedição vieram principalmente do círculo de conhecimento de D. Pedro II dentro do Instituto Histórico. O chefe da comissão era um dos médicos da corte, e seu geólogo, Guilherme Schüch de Capanema, havia sido companheiro de juventude do imperador e seu professor de alemão. O etnógrafo encarregado de escrever o relatório final era um poeta de renome e ele próprio um nativo da província do Ceará.[116]

A expedição não contou com muito apoio popular, sendo apelidada de "comissão da borboleta". Uma vez no Ceará, seus membros nada fizeram para redimir sua reputação. Suas pesquisas eram superficiais, assistemáticas e apáticas. Alguns dos membros da comissão pareciam mais interessados em gratificação pessoal do que em exploração científica, e seu comportamento, em particular seus flertes sexuais, foi alvo de ampla condenação e desprezo. Toda a expedição não teria produzido nada de valor, não fosse pela determinação do imperador. Somente ele mantinha a fé. "Se nos afastarmos no movimento científico que se manifesta em todo o mundo civilizado", ele incitou os ministros em junho de 1862, "muito perderemos, não conseguindo tão facilmente que estrangeiros mais habilitados nos diversos ramos científicos do que por ora podem ser os brasileiros os venham coadjuvar a bem do desenvolvimento de nossa pátria".[117] O diário de D. Pedro II para 1862 mostra-o repetidamente lutando para assegurar fundos de modo que as descobertas da comissão pudessem ser escritas e publicadas.[118] D. Pedro II obteve êxito em sua tarefa, mas o resultado final não trouxe muita honra nem para a comissão nem para seu principal patrocinador.

O apoio de D. Pedro II à Comissão Científica não se deveu inteiramente a seu desejo de que o Brasil fosse visto como "civilizado". Ele tinha genuíno interesse em conhecer as diversas partes do país, demonstrado por suas visitas às províncias do Rio Grande do Sul e São Paulo em 1845-1846 e ao interior da província do Rio de Janeiro em 1848 e 1849. Entretanto, durante a década de 1850 e início da década de 1860, suas viagens para fora da capital

---

116 O chefe da comissão era Dr. Francisco Freire Alemão, o geólogo Dr. Roque Schüch de Capanema, o naturalista Manuel Ferreira Lagos, o etnógrafo (encarregado de redigir o relatório final) Francisco Gonçalves Dias, o astrônomo Giacomo Raja Gabaglia e o artista plástico José dos Reis Carvalho; ver Braga, *Comissão científica*, p.23-34.

117 Registro para 11 jun. 1862, em Vianna, "Diário de 1862", p.130-1.

118 Registros para 29 mar., 11, 13, 14 e 27 jul., 9 ago., 10 set. e 14 e 22 out. 1862, em ibid., p.69, 130-1, 133, 135, 149, 174, 185, 210, 231, 242, 254.

e de Petrópolis foram, com uma exceção, muito limitadas. Suas obrigações com as filhas, as demandas da vida oficial e seu íntimo envolvimento na administração do governo impediam qualquer ausência prolongada do Rio de Janeiro.

O imperador realizou várias viagens curtas para fora da capital. Ele deixou relatos de uma visita oficial à cidade de Niterói, atravessando a Baía de Guanabara, do outro lado da cidade do Rio, em setembro de 1855, e de uma viagem ao longo da recém-aberta estrada para carruagens que ia de Petrópolis, a capital de verão, até Juiz de Fora ao sul de Minas Gerais, em junho de 1861. Sobre a primeira ele escreveu a seu cunhado, Fernando de Portugal:

> Eu e a imperatriz estivemos no dias 8 e 9 na Praia Grande – deves saber onde é; mas se não sabes não perdes muito – por ocasião dos festejos que aí se fizeram em memoria da Independência. Maçaram-me sofrivelmente com Te Deum – já lhes não sei a conta – e baile – não gosto d'eles com *tanta* gente ou antes não gosto d'eles *como fim* – no primeiro dia, e no 2º visita do asilio dos orfãos de S. Leopoldina, exame d'uma fábrica bem montada por um brasileiro para a refinação do açúcar pelos métodos mais aperfeiçoados, colocação da primeira pedra do novo edifício para o mesmo asilio, e de noite fogo: – excepto o fogo, que ainda mais aborrece do que semelhantes bailes, quando é de *artifício*, tudo o mais me agrada. Enfim fugi no dia 9 de manhã, e eis-me outra vez no meu S. Cristóvão com os meus livros, e em relação mais íntima com tudo o que me é caro.[119]

Um breve relato no diário sobre a viagem de carruagem de Petrópolis à cidade de Juiz de Fora, a estada de três dias lá e a volta para casa exibe o mesmo humor pesado.

> Em Pedro do Rio, comecei a proferir banalidades – visto que eles dizem que sou amistoso quando viajo – e, após aquecer meu estômago com a saborosa infusão do [chá] Império Celestial, prossegui viagem às 7h20 da manhã, já que eu tinha de viajar sob a luz do sol.

Durante a noite de sua chegada a Juiz de Fora, ele foi recepcionado com a inevitável exibição de fogos de artifício "que eram um real insulto à luz do

---

119 ANTT Caixa 7324 Capilha 184 Doc. 14 D. Pedro II para Fernando, rei consorte de Portugal, Rio de Janeiro, 13 set. 1855.

luar". A maior parte de seu tempo e do diário foi tomada, como era de se esperar, por visitas de inspeção na cidade, uma colônia agrícola próxima de imigrantes austríacos e alemães e o novo sistema de estradas. Não fosse por duas referências às "pequenas" e uma única a "Alguém" [isto é, a imperatriz], nada no texto revelava o fato de que a família acompanhara o imperador.[120]

A viagem mais importante desses anos foi a seis províncias do Nordeste, de 1º de outubro de 1859 a 11 de fevereiro de 1860.[121] Destinada a que o imperador pudesse "conhecer as províncias do meu Império, cujos melhoramentos morais e materiais são o alvo de meus constantes desejos e dos esforços do meu governo", a visita foi um inquestionável sucesso. A viagem mostrou o melhor e mais eficaz de D. Pedro II.[122] Sua receptividade e cordialidade, sua infindável energia e genuíno interesse pelas pessoas que conhecia e os lugares que visitava, sua preocupação com a eficiência e o progresso e a prodigalidade de seus dons combinaram-se para impressionar os habitantes do Nordeste. Além disso, D. Pedro II parecia e desempenhava o papel de um monarca, enquanto a bondade e cordialidade de D. Teresa Cristina conquistaram universal respeito e afeição.[123] Uma empreitada muito eficaz que dissipou qualquer sentimento republicano latente e consolidou o apoio do Nordeste ao regime, a visita pode ser considerada como um ponto alto do reinado.

A visita ocorreu no momento em que a era da Conciliação chegava ao fim e a dinâmica do desenvolvimento político do Brasil começava a mudar. D. Pedro II havia sido capaz de evitar a renúncia do Ministério da Conciliação em setembro de 1856 em decorrência da morte do marquês de Paraná, mas o Gabinete não sobrevivera além de alguns meses. Para substituí-lo, D. Pedro II conseguiu formar um novo ministério, liderado pelo marquês de Olinda, que estava disposto a seguir as mesmas políticas. Vários fatores combinaram-se para condenar a experiência da "conciliação e melhoramentos".

---

120 AHMI POB Cat. B Maço 37 Doc. 1.057 Diário de 23-27 jun. 1861.

121 As melhores fontes sobre a visita são Pedro II, *Diário da viagem*, que não só inclui uma transcrição do diário do imperador (exceto pela seção sobre o Espírito Santo) mas também reimprime *Viagem imperial* impresso em 1859, uma narrativa semioficial da visita à província da Bahia. A parte do diário relativa ao Espírito Santo foi publicada em Rocha, "Viagem".

122 Essa frase apareceu no discurso do imperador que encerrou a sessão legislativa em 11 set. 1859, *Fallas do trono*, p.545.

123 A imperatriz acompanhou o imperador na viagem, mas não em sua excursão à cachoeira de Paulo Afonso no Rio São Francisco.

Figura 31. Teófilo Benedito Ottoni, radical, deputado nacio-
nalista e senador, que inspirou o renascimento do Partido
Liberal no início da década de 1860.

A lentidão com que as ferrovias e outras melhorias foram construídas e
a concentração de melhorias na capital nacional e seu interior reavivaram as
demandas por autonomia regional. A política de crédito fácil inaugurada pelo
Gabinete de Olinda exacerbou uma rápida inflação decorrente da competição
por fatores de produção escassos. Uma década de paz e prosperidade havia
removido temores de rebelião social e de conflitos ideológicos. O resultado
foi o ressurgimento do liberalismo político. Diversos veteranos desse partido
retomaram a atividade política, e a eles se uniram membros de uma nova
geração, recém-formados em direito, medicina e engenharia que tinham nos
Estados Unidos o modelo do futuro do Brasil.[124]

---

124 Sobre esse grupo, ver PRO FO 13 v.378 Memorando anônimo, não datado (dez. 1858 a ago.
    1859, com base em evidência interna).

O principal porta-voz e, na verdade, a incorporação desse liberalismo renovado foi Teófilo Benedito Ottoni. Um feroz orador, Ottoni iniciara sua vida política como nativista no início da década de 1830. Em 1840, como deputado, desempenhou um papel importante na campanha pela antecipação da maioridade de D. Pedro II. Ele liderara a revolta de 1842 em Minas Gerais, sua província natal. Durante a década de 1850, Ottoni dedicou seu tempo ao comércio e a projetos de colonização. Agora ele retornava à política, oferecendo aos brasileiros um programa de nacionalismo, federalismo e liberdades individuais que angariavam apoio. Na eleição dos deputados da cidade do Rio de Janeiro realizada no final de 1860, um bloco de oposição liderado por Ottoni derrotou os candidatos apresentados pelo Gabinete então no poder.[125] Essa derrota sem precedentes na capital nacional minou seriamente a credibilidade e a eficácia do governo. D. Pedro II viu-se na defensiva: sua posição pela primeira vez estava sob grave ameaça. Em abril de 1862, a inauguração de uma estátua de seu pai, retratado como fundador da independência do Brasil e outorgante de sua Constituição, levou a ataques da imprensa contra D. Pedro I e também contra a monarquia em si.[126]

Os políticos viram-se dominados pela luta entre o imperador e os liberais restaurados, que formaram uma aliança livre com uma facção dos conservadores, composta principalmente pelos descontentes entre a geração mais jovem de políticos.[127] Como as anotações em seu diário de 1862 deixam claro, D. Pedro II não via Teófilo Ottoni com bons olhos e desconfiava dos radicais e suas demandas por reforma constitucional.[128] O ponto crucial do conflito residia na questão do controle. D. Pedro II, que jamais dependera ou se subordinara a ninguém, não estava disposto a abrir mão de seu domínio sobre o sistema político.

Ele usou todas as suas prerrogativas e habilidades para impedir que os radicais formassem um gabinete e, acima de tudo, para impedir que Teófilo Ottoni fosse nomeado presidente do Conselho de Ministros.[129]

---

125 Sobre a carreira de Ottoni, ver Pinheiro Chagas, *Teófilo Ottoni*.

126 Registros para 22, 25 e 30 mar. 1862 em Vianna, "Diário de 1862", p.67-9, 71.

127 Ver o relato desse período, escrito em 1870-1871 por Cristiano Ottoni, eleito deputado liberal em 1861, em sua *Autobiographia*, p.152-7.

128 Registros para 29 jan., 1º, 5, 15, 19 e 23 fev., 22, 25 e 30 mar., 9, 14, 20, e 30 abr., 6 maio, 3 jun., 27 jul., 13 ago. e 18 out. 1862, em Vianna, "Diário de 1862", p.40, 44-5, 49, 52, 55, 67-9, 71, 79, 82, 85, 91, 95, 120, 175, 187, 234.

129 Ver Ottoni, *Autobiographia*, p.160-4. Em 1864, D. Pedro II escolheu Teófilo Ottoni para ser senador de Minas Gerais. Teófilo Ottoni faleceu em 17 out. 1869.

Figura 32. Estátua de D. Pedro I, inaugurada em abril de 1862, na Praça da Constituição (hoje Praça Tiradentes), no Rio de Janeiro.

Figura 33. D. Pedro II no início da década de 1860, vestido com sua habitual casaca e colete branco como traje noturno.

Quando, no início de 1863, os navios de guerra britânicos ao largo do porto do Rio capturaram alguns navios mercantes brasileiros em retaliação à demora do Brasil em solucionar queixas pendentes dos ingleses, o imperador usou a Questão Christie, como o incidente ficou conhecido, para apresentar-se como defensor da honra nacional. Como o agente britânico relatou em maio de 1863, D. Pedro II "colocou-se como o chefe do movimento popular e, até certo ponto, distanciou-se de seus concorrentes, os liberais radicais, na corrida por popularidade". "Foi-me dito em estrita confidência", o enviado continuou, "que o Imperador mais de uma vez recentemente disse a seus amigos íntimos que ele estaria bem mais feliz em qualquer outro país do que é aqui e que os brasileiros querem um Imperador muito mais do que ele quer um Império".[130] A motivação de D. Pedro II em assim desobrigar-se não é óbvia. Embora as palavras expressassem seus reais sentimentos, a declaração foi provavelmente uma indiscrição calculada. Ela implicava que, se pressionado demais, D. Pedro II abdicaria do trono, deixando a nação ser governada por uma adolescente. Rumores sobre o estado de espírito do imperador circularam entre os políticos. Sua ameaça foi suficientemente alarmante para fazer que eles aplacassem seus descontentamentos e moderassem suas demandas.

O imperador resistiu ao ressurgimento da força liberal com tamanha habilidade que somente ao final de agosto de 1864 ele não teve escolha senão nomear um gabinete liberal radical. Entretanto, o ministério não incluiu Teófilo Ottoni ou qualquer outra figura proeminente entre os radicais. Francisco José Furtado, o novo presidente do Conselho, nunca servira como ministro, e o Gabinete que ele liderava não contava com uma firme maioria em nenhuma das casas do Legislativo. O programa do Gabinete prometia muitas reformas, mas eventos externos tornaram-nos todos malogrados. No início de setembro de 1864, uma grave crise atingiu o mercado financeiro do Rio, levando à falência muitas empresas comerciais e bancos.[131] No mesmo momento, a situação no Rio da Prata agravou-se. Recusando-se a se sujeitar às demandas feitas pelo governo brasileiro, o Uruguai rompeu relações diplomáticas. Por causa disso, tropas brasileiras invadiram o país. Em um gesto de apoio ao país

---

130 PRO FO 13 v.414 Hon. William G. C. Eliot, *chargé d'affaires* britânico, para lorde John Russell, ministro de Relações Exteriores, n.35, Confidencial, 29 maio 1863. Como a declaração relatada repercute o registro no diário de D. Pedro II para 17 out. 1862 ("Tenho ambição de servir a meu país; mas quem sabe se não o serviria melhor noutra posição?") citado na p.169, ela é provavelmente acurada. Ver Vianna, "Diário de 1862", p.233.
131 Ver uma descrição vívida dessa crise em João Batista Calógeras para Lucille Calógeras, Rio de Janeiro, 19 set. 1864 apud Carvalho, *Ministério*, p.68-70.

invadido, em novembro de 1864 o governo paraguaio capturou um navio a vapor brasileiro que passava por Assunção. Conter a crise comercial e lidar com a emergência que se aprofundava no Rio da Prata deixaram o Gabinete sem tempo nem energia para qualquer outro assunto.

Os anos decorridos entre 1853 e 1865 haviam marcado um tempo de paz e prosperidade para o Brasil. Durante esse período, D. Pedro II demonstrou considerável habilidade na arte de governar. O passo inicial havia sido dado para a introdução no Brasil de ferrovias, do telégrafo elétrico e das linhas de navegação. O país não estava mais atribulado pelas disputas e conflitos que o assolaram em seus primeiros trinta anos. A geração mais antiga no Brasil atribuía esses avanços e benefícios ao imperador, a quem eles viam como a incorporação daquilo que o país deveria ser. Entre a geração mais jovem, contudo, um número crescente pensava muito diferente. Eles não consideravam o imperador tão indispensável ou exemplar e, como o observador britânico comentou no final da década de 1850, eles "murmuram queixas reprimidas de que Dom Pedro II governa assim como reina".[132]

---

132 PRO FO 13 v.378 Memorando anônimo, não datado (dez. 1858 a ago. 1859, com base em evidência interna).

7
Triunfos da vontade, 1864-1871

A vida nunca fora fácil nem complacente para D. Pedro II. Seu papel como imperador era tal que, para uma pessoa consciente de seus deveres e das necessidades de seu país, exigia longas horas de trabalho. Os anos em meados daquele século, com a Revolta Praieira, o confronto com a Grã-Bretanha sobre o comércio ilegal de escravos e a guerra com Juan Manuel de Rosas no Rio da Prata, foram um período de provação. Entretanto, na época o imperador era jovem e a tríplice crise, embora muito desafiadora, não se prolongou. Seguiu-se então uma década de paz e prosperidade durante a qual D. Pedro II como governante não se defrontou com nenhum problema insuperável, e os brasileiros começaram a concretizar a visão de civilização que associavam ao Estado-nação.

Em 1864, quando o imperador se aproximava de seu aniversário de 40 anos e do início da meia-idade, ele se viu diante de dois desafios importantes, espinhosos e, por isso mesmo, prolongados. Por sete anos, de 1864 a 1871, ele se viu no limite de suas forças, dedicando toda sua energia, talentos e determinação às tarefas prementes. No final da vida, D. Pedro II considerou que, durante esses anos, "vivi quase o dobro".[1] As emergências evocaram o melhor e o pior de sua personalidade. Ele atingia seus objetivos, mas a um custo considerável para si mesmo e para o regime imperial que incorporava. Os dois desafios – escravidão e guerra no Rio da Prata – vinham se desenrolando

---

1 AHMI POB Cat. B Maço 37 Doc. 1.057 Registro no diário de D. Pedro II para 11 jun. 1891.

há algum tempo antes de se tornarem críticos, quase no mesmo momento, em 1864, mas eram de natureza totalmente diferente. A primeira era interna do Brasil com implicações internacionais, a segunda era uma questão internacional com implicações internas.

A escravidão, submetendo primeiro os ameríndios e depois os africanos ao trabalho forçado, caracterizava a América portuguesa desde o início da colonização europeia. A escravidão permeava cada faceta da economia e da vida ao ponto de, paradoxalmente, até escravos possuírem escravos. Não obstante, essa dependência da escravidão e em contraste com a América do Sul do pré-guerra, os círculos governantes do Brasil não consideravam a escravidão como parte integrante da cultura nacional nem a julgavam benéfica aos escravos. No máximo, os brasileiros justificavam a escravidão como um mal necessário para a prosperidade da agricultura, o motor da economia. Os prejuízos da dependência do trabalho escravo ficaram evidentes aos brasileiros ao final da década de 1840, quando o governo britânico chegou à iminência de uma guerra para impor o fim do comércio ilegal de escravos entre África e Brasil. Para evitar a humilhação sob o jugo dos britânicos, o governo brasileiro reprimiu o comércio em 1850-1851.[2]

O fim da importação de escravos da África levou a um estancamento no mercado de trabalho evidente no final da década de 1850. A escassez de mão de obra foi atendida por uma considerável venda de escravos do norte para a região em franca expansão do centro-sul, mas foi apenas uma solução de curto prazo. À medida que a crença na superioridade da liberdade de comércio e da mão de obra ganhava força, os membros dos círculos governantes do Brasil passaram a perceber que a escravidão não poderia continuar indefinidamente. Eles julgavam que sua continuidade maculava a reputação do país aos olhos do que consideravam o mundo civilizado. Por outro lado, eles não pretendiam interferir em uma instituição tão fundamental à ordem socioeconômica e depositaram suas esperanças em um fluxo de imigrantes da Europa, idealmente camponeses loiros, católicos e trabalhadores, cujo afluxo faria que a escravidão definhasse. Enquanto a escravidão continuasse a existir em outras partes do Novo Mundo, e particularmente nos Estados Unidos, o Brasil não enfrentaria nenhum risco de sanções internacionais ou ação direta para forçar a abolição da escravatura dentro de suas fronteiras.

Como imperador do Brasil, D. Pedro II compartilhava plenamente as opiniões dos grupos reinantes a respeito da escravidão. Na verdade, ele

---

2 Sobre a situação da escravidão na década de 1850, ver Conrad, *Destruction*; e Viotti da Costa, *Da senzala*; e sobre a abolição do comércio ilegal de escravos com a África, ver Bethell, *Abolition*.

havia desempenhado, assim como ocorria em tantos outros tópicos, um importante papel na formação dessas atitudes. Seu resoluto apoio ao Gabinete em 1850-1851 havia sido um fator crucial para a efetiva extinção do comércio de escravos. Foram suas opiniões, discretamente divulgadas ao círculo de sua corte, que fortaleceram o desejo dos grupos reinantes pela imigração de europeus e sua aceitação da superioridade da mão de obra livre.[3] Embora D. Pedro II cuidadosamente evitasse qualquer menção pública à escravidão, ele não fazia segredo, em particular, de que não a aprovava.[4] Ele pessoalmente não possuía nenhum escravo, embora sua abstenção de posse não significasse muito. Os palácios e propriedades imperiais estavam repletos de escravos que tecnicamente eram propriedade da nação, mas, na verdade, eram controlados pelo imperador e sua família.[5] Em homenagem a seu casamento, D. Isabel pediu ao pai que libertasse não menos que nove escravos, abrangendo desde "Martha (negrinha do quarto)", até "José Luís (preto que tocou todo o tempo de nossa dança e que toca ainda nos dias de divertimento)".[6]

A eclosão da Guerra Civil Norte-Americana levantou a questão da situação da escravidão no Novo Mundo. A Proclamação da Emancipação do presidente Abraham Lincoln, emitida em 1º de janeiro de 1863, não libertou um único escravo, mas seu surgimento tornou pela primeira vez a abolição da escravatura o principal objetivo da guerra. A batalha de Gettysburg e a queda de Vicksburg condenaram o Sul. A campanha por abolição total por meio da promulgação de uma emenda formal à Constituição dos Estados Unidos ganhou força.[7] O enviado brasileiro em Washington D. C. mantinha o governo plenamente informado desses desdobramentos. Foi D. Pedro II que compreendeu o que o desenrolar da situação implicava para seu país. Uma vez que a escravidão fosse varrida dos Estados Unidos – e no final de 1864 sua abolição era apenas uma questão de tempo –, o Brasil seria a

---

3 Ver, por exemplo, registros no diário para 2 jan. e 17 maio 1862, em Vianna, "Diário de 1862", p.20, 140.

4 O enviado norte-americano ao Brasil nomeado em 1861 era um abolicionista que desejava incluir em seu discurso ao imperador, em sua apresentação formal, uma condenação à escravidão. O governo brasileiro insistiu na omissão do tópico, mas o enviado teve permissão de fazer a declaração em uma reunião privada com o imperador; ver Hill, *Relations*, p.147-9.

5 Sobre esse assunto, ver Nabuco, *Estadista*, v.I, p.183-4; e também Calmon, *Pedro II*, v.II, p.760-1. Já em 2 dez. 1840, D. Pedro II alforriou dezessete escravos "que por seus bons serviços se têm tornado dignos da geral estima das pessoas encarregadas da administração da minha imperial munificência"; ver documento transcrito em Lacombe, *Mordomo*, p.296.

6 AGP XL-2 D. Isabel a D. Pedro II, sem data (mas do início de out. 1865).

7 Sobre a abolição da escravatura nos Estados Unidos, ver Foner, *Reconstruction*, p.66-7.

única nação independente no Hemisfério Ocidental a continuar a manter o regime escravagista. Na verdade, existia escravidão em Cuba e Porto Rico, mas eram colônias espanholas. Como uma pequena nação da Europa e com suas colônias contíguas aos Estados Unidos, a Espanha não estava em posição de resistir a pressões para o fim da escravidão em suas possessões.[8]

Prevendo a crise iminente, o imperador agiu para informar os círculos reinantes de que uma ação referente à escravidão tinha de ser tomada antes que complicações internacionais surgissem. Essas recomendações, contidas nas costumeiras "instruções" entregues a Zacarias de Góis e Vasconcelos, como chefe de um recém-formado Gabinete em 14 de janeiro de 1864, começavam com:

> O sucessos da União Americana exigem que pensemos no futuro da escravidão no Brasil, para que não nos suceda o mesmo que a respeito do tráfico de africanos.
>
> A medida que me tem parecido profícua é a da liberdade dos filhos dos escravos, que nascerem daqui a um certo número de anos.
>
> Tenho refletido sobre o modo de executar a medida; porém é da ordem das que cumpre realizar com firmeza, remediando os males que ela necessariamente originará, conforme as circunstâncias permitem.
>
> Recomendo diversos despachos do nosso ministro em Washington, onde se fazem mais avisadas considerações sobre este assunto.[9]

Uma coisa era o imperador tornar suas opiniões sobre o futuro da escravidão conhecidas do futuro Gabinete, e dessa forma dos políticos em geral. Outra coisa era forçar os políticos a tomar uma ação a respeito. D. Pedro II compreendia perfeitamente quão limitada era sua capacidade de iniciar a mudança. Assegurar um fim à escravidão, mesmo que lento, exigiria todas as artes de administração e persuasão que D. Pedro II desenvolvera em 25 anos de governo. Ele estava certo de enfrentar uma resistência polida, porém inflexível, a qualquer projeto em prol da emancipação dos escravos. A opinião pública seguia, era verdade, na direção que o imperador desejava. Em setembro de 1863, o presidente do Instituto dos Advogados do Rio de Janeiro havia proferido um discurso intitulado "Ilegitimidade da propriedade constituída sobre o escravo".[10]

---

8 Corwin, *Spain and Abolition*, p.153-62.

9 Rascunho de recomendações de 14 jan. 1864, de AHMI POB Maço 134 Doc. 6.553 em Vianna, *Pedro I e Pedro II*, p.176-7.

10 O título do discurso é dado e seu texto transcrito em Perdigão Malheiros, *Escravidão*, v.I, p.22 e v.II, p.257-65.

Figura 34. Zacarias de Góis e Vasconcelos, líder do Partido Liberal, senador e três vezes presidente do Conselho de Ministros.

O que complicou a posição do imperador foi que, ao mesmo tempo que identificava e agia para neutralizar a crise iminente sobre a escravidão, o segundo desafio surgiu com toda força. Na ocasião do aniversário de D. Pedro II em 1825, o Brasil possuía toda a área do atual Uruguai. Uma revolta contra o domínio do Brasil havia terminado em 1828 com o estabelecimento da independência desse país.[11] O novo Estado carecia de estabilidade e o terço ao norte de seus territórios foram amplamente ocupados por imigrantes da província brasileira vizinha do Rio Grande do Sul. A rebelião contra o governo nacional que eclodiu no Rio Grande do Sul em 1835 dependia em grande parte de suprimentos e apoio do Uruguai. A rebelião foi conduzida a um desfecho negociado em 1845, e a visita de D. Pedro II ao Rio Grande do Sul no mesmo ano era um passo essencial na reconciliação dos rebeldes com seu reinado.[12] Vinte anos depois, os grupos reinantes do Brasil continuavam incertos quanto à lealdade do Rio Grande do Sul e tentavam não dar motivo para qualquer ofensa.

---

11 Barman, *Brazil*, p.54-5, 106-7, 127-8, 146-51.
12 Ibid., p.182-3, 227; e ver capítulo 4.

Embora o Brasil tivesse renunciado a seus direitos sobre o Uruguai em 1828, não deixou de interferir nos assuntos internos daquela república. Em 1851-1852, quando o Brasil tentou depor Juan Manuel de Rosas, governante da Argentina, as forças brasileiras estacionadas no Rio Grande do Sul haviam atacado primeiramente os aliados de Rosas no Uruguai e depois atravessado para a Argentina, onde auxiliaram os oponentes de Rosas na derrota do ditador. Em 1854, o Exército brasileiro havia ocupado novamente o Uruguai a pedido do presidente em exercício. No início da década de 1860, o governo nacional do Uruguai tentou estabelecer sua autoridade sobre o terço ao norte do país e dessa forma controlar os caudilhos, que eram em sua maioria de descendência brasileira e possuíam vínculos do outro lado da fronteira.

Os caudilhos resistiram a essas tentativas com violência. Eles também buscaram ajuda de seus parentes no Rio Grande do Sul que, por sua vez, exerceram pressão sobre os círculos de poder no Rio de Janeiro. Ali eles encontraram aliados receptivos entre os liberais radicais, liderados por Teófilo Ottoni, que eram nacionalistas entusiastas e mais do que simpáticos à expansão da influência do Brasil na região do Rio da Prata. Após as eleições de 1860, a manobra do imperador para manter os radicais fora do poder resultou em uma série de gabinetes fracos, aos quais faltava uma maioria parlamentar garantida. Essa falta de uma liderança firme tornou os políticos do Rio de Janeiro particularmente suscetíveis à pressão exercida pelo Rio Grande do Sul.

D. Pedro II se via em meio a essa conjuntura de acontecimentos. Por um lado, ele era sem dúvida um homem de paz, não favorável a uma política expansionista. "Depois da guerra contra Rosas sempre fui partidário da abstenção do Brasil nos negócios do Prata, sem prejuízo da honra nacional e dos interesses brasileiros", ele escreveu em seu diário no dia 1º de janeiro de 1862. "Bem me opus à ocupação de Montevidéu pelas tropas do Brasil [1854-1856], ainda que houvesse pedido do governo oriental."[13] Por outro lado, o desejo de controle do imperador, que o levava a equiparar o regime imperial a si próprio, também fazia que ele identificasse o Brasil consigo mesmo. Como a citação anterior demonstra, D. Pedro II era extremamente zeloso da honra do país, que ele comparava à sua própria. Além disso, ele não nutria respeito pelos uruguaios. Em uma carta a seu cunhado Fernando de Portugal, ele comentou:

O Estado Oriental [Uruguai] divide-se em Porto de Montevidéu e Campanha; na primeira há a maioria da inteligência, e na segunda a semerica [rudeza], e em

---

13 Vianna, "Diário de 1862", p.19.

ambos, pouco ou nenhum juízo. Assim qualquer dos elementos que seja representado no governo pouco pode durar sem guerra civil principalmente o da Campanha que logo lança mão contra seus adversários de meios violentos e anticonstitucionais.[14]

Dadas as pressões políticas que ele enfrentava no início da década de 1860, o imperador não estava inclinado a resistir à demanda popular por medidas duras contra o Uruguai, particularmente porque o presidente no poder em Montevidéu em 1863 não era querido nem pelos brasileiros nem pelos argentinos.[15]

Em maio de 1864, o ministério chefiado por Zacarias de Góis e Vasconcelos enviou um político proeminente em uma missão especial a Montevidéu com uma longa lista de reivindicações brasileiras a serem atendidas. O regime uruguaio respondeu a essas demandas com uma série de contrarreivindicações. Indo além de seu mandato, José Antônio Saraiva, o enviado especial, tentou mediar um acordo entre as facções oponentes dentro do Uruguai, mas seus esforços foram em vão. A disputa civil foi retomada. Em 4 de agosto, o enviado apresentou um ultimato brasileiro em que ou se acatava imediatamente as demandas de seu país ou haveria uma guerra. O governo uruguaio, apesar de acossado por inimigos, recusou-se a ceder. Em 14 de setembro, unidades do Exército brasileiro cruzaram a fronteira e marcharam para Montevidéu. Em outubro, a Marinha brasileira bloqueou os portos de Paysandu e Salto no Rio Uruguai. Em dezembro, Paysandu foi cercada pelas forças brasileiras. A Argentina não resistiu nem apresentou protestos a essas ações drásticas por seu rival tradicional, o Brasil. Em 15 de fevereiro de 1865, o presidente do Uruguai fugiu da capital nacional, e cinco dias depois uma convenção negociada por um enviado brasileiro provocou a rendição pacífica de Montevidéu às forças de sítio. Um novo regime uruguaio, apoiado pelo Brasil, foi então instalado.[16]

A queda de Montevidéu não acabou com a crise no Rio da Prata. Na realidade, ela logo começou a escalar. Se por um lado o regime deposto sofrera oposição do Brasil e da Argentina, por outro, contava com forte apoio do Paraguai, um país sem saída para o mar e isolado, que, como o Uruguai,

---

14 ANTT Caixa 7324 Capilha 184 Doc. 14 D. Pedro II para Fernando, rei consorte de Portugal, Rio de Janeiro, 13 set. 1855.

15 Em geral, D. Pedro II era indiferente a ideias e demandas que, nas palavras de Joaquim Nabuco, "não despertavam o interesse do imperador e não moviam a sua simpatia"; ver Nabuco, *Estadista*, v.II, p.377.

16 Williams, *Rise and Fall*, p.199-200.

estava espremido entre o Brasil e a Argentina. Francisco Solano López havia sucedido ao pai como presidente do Paraguai em setembro de 1862. Diferentemente do pai, que conduzira as relações externas com cautela, Francisco López caracterizava-se pela energia e inquietação. Ele considerava o Brasil e suas ambições com grande suspeita. A principal causa da suspeita era a província brasileira do Mato Grosso, que se localizava na fronteira oeste do Brasil e era virtualmente inacessível por terra. O Mato Grosso dependia do Rio Uruguai para suas comunicações e comércio com o restante do Brasil; o rio corria através do país com seu nome e passava pela capital Assunção antes de entrar na Argentina e desembocar no golfo do Oceano Atlântico conhecido como Rio da Prata. O Paraguai mantinha rígido controle sobre o tráfego pelo trecho do rio que passava por seu território nacional. Há muito tempo, o Brasil tentava forçar o Paraguai a conceder livre acesso ao Mato Grosso, não só para fins de comércio, mas também para todos os tipos de embarcação. Em 1855, uma missão naval brasileira havia fracassado na tentativa de forçar a concessão de livre acesso. As relações entre os dois países ficaram ainda mais complicadas por reivindicações não atendidas sobre as fronteiras do Mato Grosso.[17]

O presidente Francisco Solano López, que negociara pelo Paraguai com o enviado brasileiro durante o confronto de 1855, considerava a tática de uso da força adotada pelo Brasil em relação ao Uruguai em 1864 como parte de um plano brasileiro de longa data para tomar seus dois pequenos vizinhos. O regime sitiado de Montevidéu fez tudo o que podia para alimentar esses temores. López estava determinado a apoiar a continuidade da independência do Uruguai até o limite de sua capacidade. Por isso, em 30 de agosto de 1864, o Paraguai respondeu ao ultimato brasileiro ao Uruguai emitindo seu próprio ultimato, que demandava que o Brasil não violasse a soberania uruguaia.[18] O Brasil invadiu o Uruguai antes de o governo imperial ter conhecimento desse ultimato, mas é quase certo que não teria dado atenção a ele. Nem D. Pedro II nem os brasileiros em geral viam os paraguaios com qualquer respeito. "Blasonam de milhares de homens", o imperador havia assegurado a seu cunhado durante o confronto de 1855, "mas quase sem instrução militar e com a pouca ou nenhuma energia da raça guarani".[19] Incapaz de deter o go-

---

17 Ibid., p.157-9, 195-6.
18 Ibid., p.200-2.
19 ANTT Caixa 7324 Capilha 184 Doc. 2 D. Pedro II para Fernando, rei consorte de Portugal, Rio de Janeiro, 24 fev. 1855.

verno brasileiro ou auxiliar seus aliados em Montevidéu a repelir o Exército brasileiro, o presidente López determinou o contra-ataque.

Em 11 de novembro de 1864, o navio brasileiro *Marquês de Olinda*, transportando o novo presidente do Mato Grosso e sua equipe, passou por Assunção e seguiu seu curso rumo ao norte para terras brasileiras. López enviou seus navios de guerra atrás da embarcação, que foi capturada em 13 de novembro e levada, com seus passageiros, de volta a Assunção. Um mês depois, sem se dar ao trabalho de emitir uma declaração formal de guerra, López ordenou a suas tropas ao norte que invadissem a província do Mato Grosso. A divisão devia tomar posse dos territórios de fronteira em disputa entre as duas nações.[20]

Levou algum tempo para as notícias sobre esses acontecimentos chegarem ao Rio de Janeiro, mas, quando chegaram, a situação política na cidade garantia que a guerra ocorreria. Em 31 de agosto de 1864, após longa resistência, D. Pedro II havia finalmente sido obrigado a nomear um Gabinete composto de liberais radicais, nacionalistas fervorosos e expansionistas. O novo ministério, chefiado por Francisco José Furtado, tomava a ação de López como um insulto à honra nacional, um insulto que só poderia ser combatido com sangue. O governo emitiu uma declaração formal de guerra contra o Paraguai em 27 de janeiro de 1865. Ele havia convocado a mobilização nacional, tendo criado em 7 de janeiro os Voluntários da Pátria, novas unidades do Exército a serem compostas por aqueles que se voluntariassem a expulsar os invasores do solo brasileiro. As medidas do Gabinete receberam forte apoio de D. Pedro II. A invasão paraguaia ofendia tanto sua honra pessoal quanto seu controle dos acontecimentos. Para concentrar suas energias no conflito com o Paraguai, o governo liberal tinha de suspender seus planos de reformas internas radicais, planos nos quais o imperador, em todo caso, não confiava.

Como o único acesso prático ao Paraguai era através de território argentino, subindo o Rio Paraná, era extremamente difícil para o Brasil lançar uma ofensiva eficaz contra seu inimigo. Se López estivesse disposto a consolidar o que já conquistara ao longo da fronteira do Mato Grosso e evitar uma expansão da guerra, provavelmente teria obtido considerável sucesso. Mas ele não era um homem cauteloso. Em janeiro de 1865, López decidiu também libertar o Uruguai do controle do Brasil. Seu exército não podia, porém, atingir esse objetivo sem primeiro cruzar o território argentino que separava o Paraguai do Uruguai, e ele requisitou direito de trânsito ao governo de Buenos Aires para

---

20 Williams, *Rise and Fall*, p.202, 206; e Sousa Júnior, "Guerra do Paraguai", p.301-2.

suas tropas passarem pela província de Corrientes. Como era de se esperar, os argentinos recusaram-se a permitir tal violação de sua neutralidade. Em resposta a essa recusa, o Congresso Paraguaio adotou em 15 de março uma declaração formal de guerra contra a Argentina.[21]

No início de abril de 1865, uma força expedicionária paraguaia avançou para o Sul em direção à província de Corrientes e, sem encontrar nenhuma efetiva resistência, ocupou a área. O súbito ataque do presidente López à Argentina surtiu o efeito de unir seus inimigos. Em 1º de maio de 1865, o tratado da Tríplice Aliança foi assinado em Buenos Aires pelos governos argentino e brasileiro e também pelo novo regime uruguaio. Pelo acordo, os três países uniam-se para lutar contra López até expulsá-lo do território paraguaio. O tratado garantia, pelo artigo 8, a independência do Paraguai e o direito de seu povo de escolher seu próprio governo. Entretanto, um protocolo secreto reconhecia as reivindicações de fronteira limítrofe que Brasil e Argentina haviam cada qual avançado contra o Paraguai. Os três aliados começaram a organizar um contra-ataque que primeiramente faria o Paraguai recuar para os limites de suas fronteiras e depois invadiriam o país. A capacidade dos aliados de atingir seus objetivos foi consideravelmente favorecida pela batalha naval de Riachuelo, no Rio Paraná, na província de Corrientes em 11 de junho. A Marinha paraguaia atacou a esquadra brasileira e, após uma longa ação, sofreu uma derrota decisiva. Com a virtual eliminação de sua Marinha, o presidente López perdeu a capacidade de ação efetiva no Rio da Prata.

A guerra teve uma segunda frente de batalha. Em maio de 1865, uma segunda divisão das tropas paraguaias marchou ao sul até o Rio Uruguai, na fronteira entre Paraguai e Brasil. Ao chegar lá em 10 de junho, os paraguaios invadiram o território brasileiro. As forças locais, principalmente unidades da Guarda Nacional, a milícia local criada em 1831, provaram ser incapazes de oporem-se a esse ataque. Os invasores inicialmente tomaram e saquearam a cidade de São Borja, na região oeste do Rio Grande do Sul, e a seguir moveram-se para o sul pelo Rio Uruguai, ocupando a cidade fronteiriça de Uruguaiana em 5 de agosto. Os paraguaios tinham, nessa ocasião, quase alcançado o território uruguaio, que seu governante desejava libertar.[22]

Em todos esses desdobramentos, o imperador envolveu-se de modo direto e entusiasta. De abril de 1865 a maio de 1868, houve uma fonte sem igual para compreender suas atitudes e atividades, à medida que se desenvolviam

---

21 Williams, *Rise and Fall*, p.205.
22 Sousa Júnior, "Guerra do Paraguai", p.302-10.

mês a mês em reposta à ameaça paraguaia.[23] A condessa de Barral, que havia cuidado das duas princesas de 1865 até seus casamentos e que desfrutava a afeição do imperador, decidiu retornar para a França com o marido. Após tomar as devidas providências no Rio, o casal Barral partiu para a Europa no final de março de 1865.[24] A partir de então, D. Pedro II escrevia duas vezes por mês a ela, enviando-lhe notícias sobre sua própria vida e tentando manter a amizade viva e íntima. Embora o imperador costumasse evitar assuntos políticos, suas observações revelam seu modo de pensar e de conduzir o conflito com o Paraguai.

As cartas evidenciam o distanciamento do Rio de Janeiro em relação ao local da guerra, mas também o espírito incansável com que o imperador agia para garantir o rápido despacho das tropas ao Rio da Prata e para acelerar a construção de navios de guerra. Em 23 de abril de 1865, ele escreveu: "A maior novidade é a provável declaração de Guerra de López à Confederação Argentina", uma declaração feita em 15 de março, um mês antes. Da mesma forma, somente em 8 de julho, três semanas após a ação, o imperador relatou "o combate do *Riachuelo* que cobriu de glória a Marinha brasileira".[25] No início de julho, chegaram notícias sobre a incursão paraguaia ao Brasil. A resposta de D. Pedro II foi rápida e decisiva: "O Rio Grande [do Sul] foi invadido. Meu lugar é lá, e para lá irei depois d'amanhã às 8 da manhã. Creio que tudo irá bem e os Paraguaios se não tiveram já sido repelidos do Rio Grande se-lo-ão."[26] O desejo do imperador de ir pessoalmente ao *front* naturalmente encontrou considerável resistência. O Ministério liberal radical, no poder desde o final de agosto de 1864, havia sido derrotado no início da sessão parlamentar em maio. O imperador obtivera êxito em substituí-lo por um Gabinete bem mais

23 Essas cartas foram publicadas em duas edições, Magalhães Jr., *D. Pedro II*, e Sodré, *Abrindo*. Uma comparação das duas obras deixa claro que o texto de nenhuma delas é inteiramente fidedigna, de modo que devem ser consultadas em conjunto. Como Magalhães Jr., *D. Pedro II*, é o mais acessível, e o texto é comentado, essa edição é citada com emendas extraídas (quando necessário) de Sodré, *Abrindo*.

24 O imperador concedeu à condessa em 14 dez. 1865 uma pensão anual de 6 mil francos por ano e o título de condessa de Pedra Branca. A condessa aceitou o título, mas recusou a pensão com agradecimentos. Para efeito de brevidade, ela continuará a ser referida simplesmente como condessa de Barral. Ver *Lacombe*, "Condêssa", p.22-4.

25 Cartas de 23 abr., 23 maio, 23 jun. e 8 jul. 1865, em Magalhães Jr., *D. Pedro II*, p.34, 37, 40, 47.

26 Ibid., p.47 (corrigido para ser lido como "para lá irei", como em Sodré, *Abrindo*, p.88). A carta continua: "Meu genro Augusto vai comigo, e convido meu genro Gastão a fazer o mesmo logo que chegar". D. Isabel e seu marido, o conde d'Eu (cujo primeiro nome era usado tanto em francês quanto em português – Gaston e Gastão), estava em viagem à Europa desde jan. 1865. Ver Magalhães Jr., *D. Pedro II*, p.47; e Lacombe, *Isabel*, p.91.

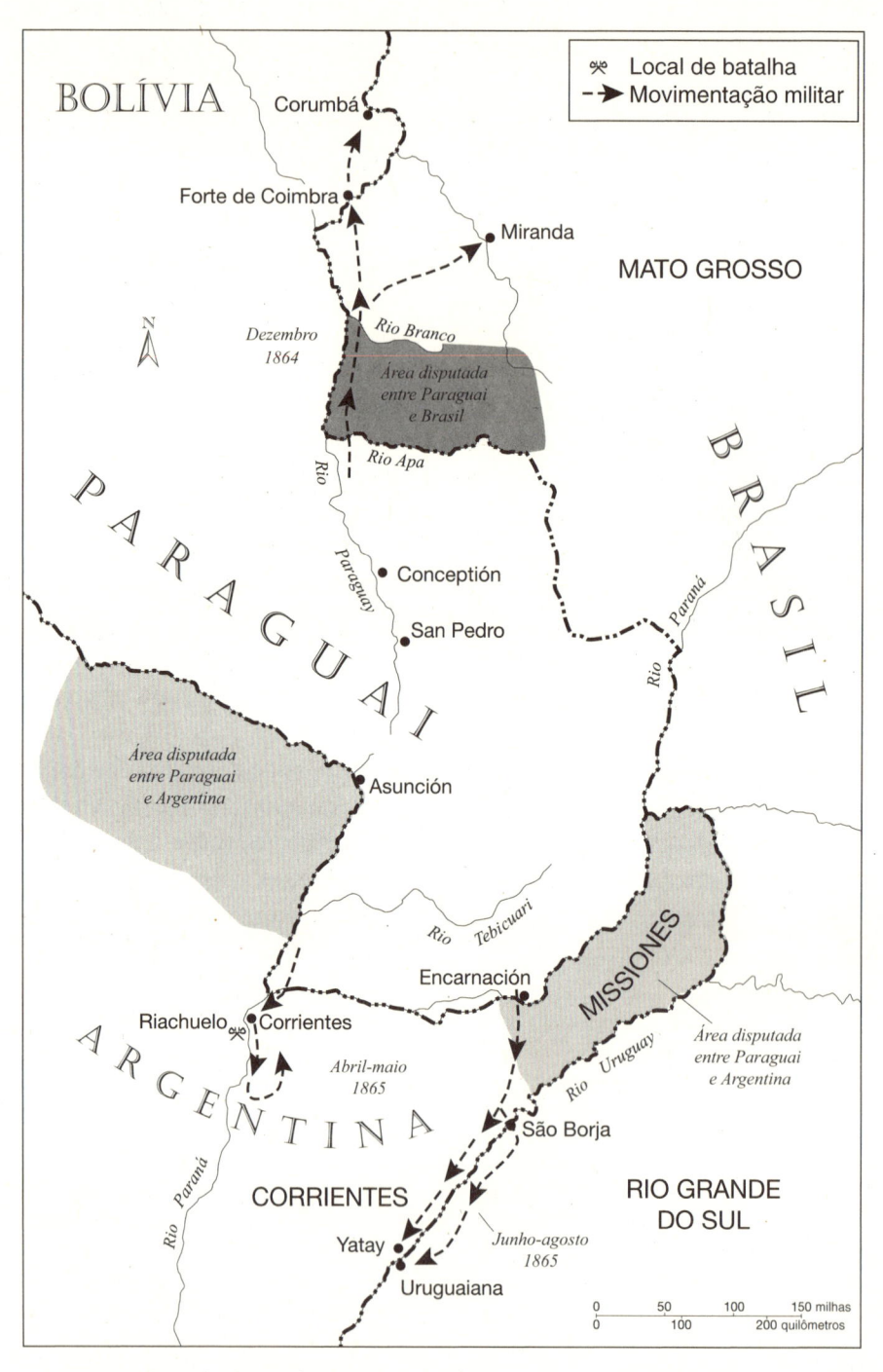

Mapa 3. Guerra do Paraguai – as ofensivas paraguaias, 1864-1865

moderado, liderado pelo marquês de Olinda. Os ministros só podiam concordar com a necessidade de lutar e vencer a guerra. O apoio e a orientação do imperador eram, portanto, cruciais para a sobrevivência do Gabinete, que ficou temeroso com a perspectiva de sua ausência do Rio.[27]

D. Pedro II obteve o consentimento de seus ministros por meio de um simples estratagema. Se tivesse seu desejo negado, ele abdicaria do trono e se alistaria como Voluntário da Pátria para ir à linha de frente da guerra como um cidadão comum.[28] Em troca do consentimento forçado do Gabinete, ele concordou em postergar, com base na emergência criada pela guerra, a sessão legislativa por oito meses. Dessa forma, os ministros puderam dedicar-se de corpo e alma à guerra e acabaram protegidos de ter de enfrentar seus inúmeros inimigos no Parlamento.[29]

Partindo do Rio de Janeiro em 10 de julho de 1865, o imperador foi acompanhado por seu jovem genro Augusto de Saxe-Coburgo-Gota, pelo ministro da Guerra, Ângelo Moniz da Silva Ferraz, que se fazia necessário para assinar decretos e ordens e manter a ordem constitucional, e por seu ajudante de ordens militar, o marquês de Caxias, o soldado mais distinto do país. Os últimos dois homens não se davam bem e logo estavam se desentendendo. Era característico de D. Pedro II não dar atenção a esse tipo de briga, que de modo algum ele permitia que afetasse sua vida.[30]

O imperador ausentou-se da capital nacional por quatro meses, retornando apenas em 9 de novembro. Suas cartas à esposa, bem como à condessa de Barral, fornecem um retrato vívido de suas atividades. Como sempre, ele ficava mais relaxado e humano quando estava longe do Rio. Demonstrou suas costumeiras paciência e persistência ao tentar, quando em Porto Alegre, capital do Rio Grande do Sul, mobilizar recursos locais para a guerra. Após passar uma semana em Porto Alegre, ele se deslocou lentamente para o oeste, até chegar a Caçapava, uma pequena cidade no centro da província, em 11 de agosto. Lá o conde d'Eu, recém-chegado ao Rio de volta de uma viagem à Europa com D. Isabel, finalmente alcançou o imperador e seu cunhado. "No momento, estamos aqui verdadeiramente nas longínquas extensões da barbárie", o conde escreveu a seu antigo tutor. "Você procu-

27 Nabuco, *Estadista*, v.I, p.465-77.
28 Informação do capitão Amaral, registro no diário para 11 set. 1865, em Rebouças, *Diário*, p.92.
29 Nabuco, *Estadista*, v.I, p.477-8.
30 Ibid., v.I, p.482; e Rangel, *Gastão d'Orléans*, p.117.

Figura 35. D. Pedro II com o uniforme de
um Voluntário da Pátria, fotografado em
Porto Alegre, no final de julho de 1865.

raria em vão pela vegetação exuberante e o clima quente do Rio de Janeiro.
Aqui o vento glacial sopra sob um sol implacável sobre pradarias sem fim:
é desalentador."[31]

O cortejo imperial passou quase duas semanas em Caçapava, porque o
ministro da Guerra não autorizaria nenhum movimento até que as notícias da
linha de frente fossem mais favoráveis. D. Pedro II admitia que "a estada aqui
tem me aborrecido horrivelmente", mas ele mantinha seu habitual autocontrole. Nesse período, ele e seus dois genros tiveram ampla oportunidade de
se conhecerem. Com sua costumeira discrição, o imperador escreveu à esposa
em 2 de setembro: "Gastão [conde d'Eu] e Augusto têm ido perfeitamente
e estou contentíssimo com eles". Sobre seu segundo genro, ele comentou:

---

31 Carta de 17 ago. 1865, em Rangel, *Gastão d'Orléans*, p.116.

"Augusto escreve a Leopoldina em ótimo sentido, e parece moço de muito juízo".[32] Um relatório escrito nessa época em Caçapava também elogiava Augusto de Saxe-Coburgo-Gota, "cuja distinta afabilidade encanta, e modos atenciosos cativam".[33] D. Pedro II provavelmente compartilhava essa percepção, mas o contato íntimo logo fez que ele notasse pouca substância sob o charme.

A correspondência do imperador não continha nenhum comentário sobre o conde d'Eu. O relacionamento entre os dois pode ser inferido por evidências indiretas. O conde d'Eu desejava que seu sogro lhe concedesse tanto intimidade quanto emprego – duas coisas que D. Pedro II, desde sua briga em 1844 com seu cunhado, o conde de Áquila, considerava difícil senão impossível de oferecer a qualquer membro de sua família. Chegando da Europa em julho de 1865, o conde d'Eu queixou-se de que o imperador não deixara nenhuma instrução específica a ele.[34] Como soldado de carreira que havia participado das guerras espanholas contra o Marrocos, o conde d'Eu desejava acima de tudo combater os paraguaios. "Quanto a mim, assim que o veja, pretendo mover céus e terras para que ele me deixe ir a [o forte] Humaitá ou a Assunção: veremos o que resulta disso."[35] Na realidade, dois dias antes de D. Pedro II partir para o Sul, ele escreveu ao genro uma longa carta explicativa que, por seus padrões, era tão sincera quanto conveniente. Ele se recusaria a deixá-lo juntar-se ao combate, se isso significasse entrar em território estrangeiro. "Sua saída do território do Império não me parece conveniente como lhe explicarei vocalmente por falta de tempo, dentro do Império muito prazer terei em que vocês deem novas provas de seu valor."[36] A Constituição de 1824 proibia o imperador de deixar o Brasil sem prévia aprovação do Legislativo, e D. Pedro II, provavelmente sem intenção de arriscar qualquer possível complicação política, estendeu essa proibição a seus dois genros.

Ao chegar a Caçapava, o conde d'Eu conseguiu inicialmente refrear seu entusiasmo belicoso. "É muito necessário ser paciente, esperar por coisas

---

32 AGP XXXVIII-3 D. Pedro II para D. Teresa Cristina, São Gabriel, 2 set.1865, e Porto Alegre, 27 jul. 1865.

33 "A viagem do imperador", datado Caçapava, 15 ago. 1865, em *Jornal do Commercio*, 9 set. 1865.

34 "Talvez você possa descobrir lá o que ele planeja fazer consigo mesmo e conosco. Quanto a mim, não descobri nada; e ninguém aqui foi capaz de informar-me do assunto. Ministros, a imperatriz, Leopoldina, Seitz, ninguém sabe nada além de que o imperador partiu para a província de Rio Grande do Sul." Ver carta ao duque de Nemours, Rio de Janeiro, 22 jul. 1865 apud Rangel, *Gastão d'Orléans*, p.113.

35 Ibid.

36 AGP XXXVIII-2 D. Pedro II ao conde d'Eu, Rio de Janeiro, 8 jul. 1865.

melhores. Também encontrei o imperador não direi mais amável (pois ele sempre age assim), porém mais receptivo do que anteriormente." D. Pedro II não fez a menor reclamação sobre qualquer ação tomada por seu genro, "nem mesmo sobre a lista de honrarias para as cortes da Europa que eu [o conde d'Eu] assumi elaborar com o marquês de Olinda [o presidente do Conselho] no Rio".[37] Entretanto, D. Pedro II foi irredutível em sua recusa de deixar o conde servir com o Exército fora do Brasil, por mais que ele reiterasse seu pedido. Essa batalha de interesses persistiu enquanto o imperador e sua comitiva retomavam seu deslocamento para Oeste, após a derrota de um destacamento da divisão invasora paraguaia em Yatay na Argentina, em 17 de agosto, e o cerco à divisão em si na cidade de Uruguaiana.

Em 11 de setembro de 1865, D. Pedro II e sua comitiva finalmente alcançaram as tropas que sitiavam as forças paraguaias alojadas em Uruguaiana, onde os presidentes Bartolomé Mitre, da Argentina, e Venancio Flores, do Uruguai, comandavam suas forças nacionais. "O primeiro é o mais ilustrado, o segundo é um caboclo velho e muito feio, mas esperto", D. Pedro II escreveu a sua esposa, enquanto o conde d'Eu contou ao pai: "Não poderiam existir dois tipos mais diferentes, Mitre sendo um homem letrado e Flores mais ou menos um bandoleiro".[38] Para André Rebouças, um jovem membro da corporação de engenharia que observou o encontro, foi D. Pedro II quem dominou a reunião. "O Imperador, com a sua grande figura, dirigindo-se aos seus súditos, a Mitre, a Flores [...] a todos que o cercavam, parecia dizer: Confessai que sou realmente o primeiro cidadão da América do Sul."[39]

Durante o cerco, as intermináveis tempestades e o frio cortante representavam o único perigo que os três chefes de Estado enfrentavam. Os paraguaios estavam privados de comida, munição e dos números necessários a um contra-ataque. Ameaçados por uma luta corpo a corpo, a guarnição rendeu-se em 18 de setembro. Os paraguaios tiveram de marchar, ao deixar a cidade, passando pelos três governantes, D. Pedro II ao centro, ladeado por Mitre e Flores.[40] "O inimigo era mesmo indigno de ser batido. Que gente!", o imperador escreveu com escárnio à condessa de Barral.[41] A vitória foi seguida,

---

37 AGP XLI-I conde d'Eu ao duque de Nemours, Caçapava, 16 ago. 1865 (parcialmente citado em Rangel, *Gastão d'Orléans*, p.116).

38 AGP XXXVIII-3 D. Pedro II para D. Teresa Cristina, fora de Uruguaiana, 12 set. 1865; e carta do conde d'Eu, 11 set. 1865, em Rangel, *Gastão d'Orléans*, p.118.

39 Registro no diário para 11 set. 1865, em Rebouças, *Diário*, p.92.

40 Registro no diário para 12 a 18 set. 1865, em ibid., p.95-8.

41 Carta de 19 set. 1865, em Magalhães Jr., *D. Pedro II*, p.53.

cinco dias depois, por outro êxito do imperador. Um diplomata britânico, enviado em missão especial, veio oferecer um pedido de desculpas cuidadosamente redigido em relação a Questão Christie, de 1863, quando navios de guerra britânicos haviam capturado embarcações mercantis brasileiras, e requisitava que as relações diplomáticas entre os dois países fossem reatadas. D. Pedro II, que desejara insistir em uma compensação financeira, mas havia desistido da ideia, aceitou as desculpas e a proposta em uma resposta breve e formal.[42]

A rendição de Uruguaiana e o pedido de desculpas britânico marcaram um ponto alto no reinado de D. Pedro II. Diante de uma séria crise, ele reagira com energia e decisão. Com seu exemplo e suas ações, contribuíra decisivamente para a expulsão dos invasores paraguaios de solo brasileiro. Da mesma forma, sua insistência em defender a honra nacional na Questão Christie havia ajudado a obter da nação mais poderosa da Europa, e uma segurança de sua própria superioridade, desculpas formais. Em setembro de 1865, D. Pedro II era de fato o primeiro cidadão do Brasil e talvez da América do Sul.

A primeira visita do imperador ao Rio Grande do Sul em 1845 havia lhe dado a autoconfiança e a altivez de que ele necessitava para ser um efetivo monarca. Agora, vinte anos depois, sua segunda visita à província e acima de tudo o triunfo em Uruguaiana acarretaram uma nova mudança ao comportamento de D. Pedro II. Até então, os políticos propunham e ele dispunha. A invasão paraguaia incitou-o a tomar a iniciativa, a desempenhar um papel visível nos assuntos públicos. O imperador apreciava o novo sistema e pretendia persistir nele. Ele tivera de ceder na questão de uma indenização financeira ao governo britânico, mas estava determinado a não abrir mão de sua resolução de apagar a mancha que a invasão paraguaia havia impingido à honra da nação e de sua própria. O presidente do Paraguai ousara conturbar o mundo ordenado sobre o qual D. Pedro II presidia e ameaçar seu controle sobre os acontecimentos. O imperador não descansaria até que o infame fosse totalmente degradado. O combate continuaria até que Francisco Solano López fosse deposto como presidente e/ou morto ou expulso do Paraguai. D. Pedro II não vacilava diante do que seu objetivo poderia acarretar – vidas sacrificadas,

---

42 Registro no diário para 23 set. 1865, em Rebouças, *Diário*, p.101; nota 24 das anotadas por D. Pedro II no texto de Franco de Almeida, *Conselheiro Furtado*, p.348; Rangel, *Gastão d'Orléans*, p.120; PRO FO 13 v.426 sir Edward Thornton para lorde Clarendon, Rio Uruguai, n.2, 25 set. 1865.

recursos materiais desperdiçados e gasto de dinheiro. Encorajado por seus recentes sucessos, o imperador estava igualmente determinado a seguir adiante com seus planos para a promulgação de uma medida concreta para o fim da escravidão no Brasil. Tendo em vista esses dois objetivos, ele partiu de Uruguaiana em 4 de outubro para retornar à capital nacional.

Era característico de D. Pedro II que os desafios e triunfos dos últimos três meses em nada afetassem sua conduta diária. No trajeto de volta para casa, ele passou pelas cidades fronteiriças do Rio Grande do Sul, as quais inspecionava cuidadosamente. Ele permaneceu acordado uma noite inteira para observar um eclipse lunar. Como contou à condessa de Barral, "a minha saúde tem sido excelente e lucrei muito com a viagem", provavelmente porque ele havia feito bem mais exercícios do que de costume.[43]

O bem-estar de D. Pedro II contrastava com o do conde d'Eu. Em Uruguaiana, ele finalmente perdera toda esperança de que o imperador o permitisse se juntar ao Exército aliado que se preparava para invadir o Paraguai. "Eu não tenho [a perspectiva de] mais nada a fazer a não ser confinar-me em Laranjeiras [onde ele residia no Rio]", ele escreveu ao pai, "e restringir-me aos livros".[44] Atividades constantes, estresse e adversidade geralmente faziam que o conde adoecesse, por problemas respiratórios ou gástricos. Ele agora estava acamado com um mal-estar estomacal. "Não há novidade além de um incômodo de Gastão de que está quase restabelecido de todo", D. Pedro II laconicamente informou a D. Teresa Cristina. "Não vai comigo até Porto Alegre para descansar mais. Não é coisa de cuidado."[45] Esse episódio revelou uma diferença fundamental entre os dois homens. D. Pedro II era persistente, egocêntrico e fisicamente resistente, enquanto o conde d'Eu era tenso, hesitante e propenso a doenças. Suas personalidades não combinavam e, embora ambos fossem homens de bem, tinham propósitos conflitantes.

Ao retornar ao Rio de Janeiro em 9 de novembro de 1865, o imperador mergulhou de volta na rotina do governo. Uma boa parte de seu tempo e de suas energias era dedicada a enviar homens e suprimentos às forças destinadas a invadir o Paraguai. "A guerra vai bem e espero que pouco durará. Internamente é que há muito que fazer; mas trabalhar-se-á."

---

43 "Viagem de S. M. o Imperador", em *Jornal do Commercio*, 11 nov. 1865; e D. Pedro II para a condessa de Barral, Pelotas, 26 out. 1865, em Magalhães Jr., *D. Pedro II*, p.55.

44 AGP XLI-I conde d'Eu ao duque de Nemours, Caçapava, 25 set. 1865 (citado em Rangel, *Gastão d'Orléans*, p.119).

45 "Viagem de S. M. o Imperador", em *Jornal do Commercio*, 12 nov. 1865; e AGP XXXVIII-3 D. Pedro II para D. Teresa Cristina, Pelotas, 26 out. 1865.

Figura 36. Gastão, conde d'Eu, de uniforme e usando as condecorações recebidas na Guerra do Paraguai.

O primeiro entre os problemas internos era o desafio da escravidão. A
invasão paraguaia ao território brasileiro havia colocado a questão em segundo plano, mas, agora que o inimigo estava repelido, tratar da escravidão
não podia ser evitado. Muito acontecera desde as instruções do imperador ao
novo presidente do Conselho de Ministros no início de 1864. O Congresso
dos Estados Unidos havia aprovado a Décima Terceira Emenda, abolindo a
escravatura em janeiro de 1865. Os Confederados foram derrotados em abril.
Ao final daquele ano, a Décima Terceira Emenda foi ratificada. Na Espanha, o
governo agiu para extirpar o comércio ilegal de escravos africanos e em novembro de 1865 formou a Junta de Informação de Ultramar, um primeiro passo
para modificar o *status quo*, incluindo a escravidão, em Cuba e Porto Rico.[46]

Dessa forma, o Brasil estava exposto como o único Estado-nação no Hemisfério Ocidental que não havia se comprometido a tratar o problema da
escravidão. As razões para tomar uma ação eram fortes, mas, por outro lado,
a guerra contra o Paraguai e as pressões que isso exercia sobre a ordem social
ofereciam argumentos igualmente válidos para adiar a ação. O ministro de

46 Corwin, *Spain and Abolition*, p.177-8.

Relações Exteriores seguiu exatamente essa linha de raciocínio com o novo enviado britânico, em dezembro de 1865.

> O Senhor [José Antônio] Saraiva garantiu-me que seu governo está por demais ansioso em apresentar alguma medida ao Legislativo a favor da abolição da escravatura, mas que isso não pode ser feito neste momento, não até que a guerra com o Paraguai seja concluída.

O enviado britânico, embora simpático à causa da abolição, não contestou a decisão do governo.

> É agora de vital importância que não haja nenhuma causa de agitação ou divisão dentro do país, em suma, nenhuma justificativa para impedir todos os partidos de apoiarem e auxiliarem o governo de corpo e alma no prosseguimento da guerra.[47]

Se essa era realmente a atitude do Gabinete, seus membros não se coadunavam com o imperador. D. Pedro II recorreu à ajuda de José Antônio Pimenta Bueno, marquês de São Vicente, um camarada de longa data e de confiança. Nativo da província de São Paulo e um homem que se fizera sozinho, São Vicente havia prosperado graças a sua destreza intelectual e seu conhecimento da cultura europeia. Ele era senador e ex-ministro, a quem o imperador havia pedido em 1852 que organizasse um Gabinete. Em 1857, São Vicente publicou o *Direito público brasileiro*, que se tornou o comentário padrão da Constituição brasileira. A obra pouco mencionava os escravos e sua condição, mas é evidente que as visões do autor sobre esse assunto, assim como na maioria dos demais, coincidiam com as de D. Pedro II. São Vicente rascunhou um conjunto de cinco projetos de lei que levariam ao fim da escravidão até o final de 1899 e que continha cláusulas para a proteção dos escravos e a melhoria de suas condições.[48]

O imperador, que recebeu esses projetos no início de 1866, encaminhou-os ao marquês de Olinda com a sugestão de que fossem submetidos ao Conselho de Estado. A petição provocou considerável debate dentro do Gabinete. Um dos ministros chegou ao ponto de elaborar um projeto de lei declarando livres os

---

47 PRO FO 84 v.1.244 sir Edward Thornton, ministro britânico, para lorde Clarendon, secretário de Relações Exteriores, n.3, Rio de Janeiro, 6 dez. 1865.

48 Nabuco, *Estadista*, v.I, p.565-7 e v.II, p.15-24. Não é claro exatamente quando Pimenta Bueno iniciou o trabalho de rascunhar esses projetos.

filhos de mães escravas nascidos a partir de 1º de janeiro de 1867. O enviado britânico, em um despacho enviado em 22 de fevereiro de 1866, após uma conversa muito confidencial com o ministro de Relações Exteriores, relatou que todos os ministros exceto Olinda, o presidente do Conselho, haviam sido a favor de apresentar um projeto de lei de emancipação ao Legislativo, a abrir em março. Olinda receava que, dada a ausência das forças militares no Paraguai, tal proposta encorajaria os donos de escravos a adotar resistência armada. O presidente do Conselho recusou-se de modo inflexível a consentir qualquer ação a respeito.[49]

D. Pedro II era experiente e perspicaz demais como estrategista para tentar forçar o assunto naquele momento. Vencer a Guerra do Paraguai devia ser a prioridade. Durante 1866, a abolição da escravatura realmente se tornou um assunto legítimo de debate público, e o sentimento do povo tendia a favor da ação.[50] O imperador simplesmente aguardou o momento mais oportuno.

Figura 37. Pedro de Araújo Lima, marquês de Olinda, senador, regente (1837-1840) e quatro vezes presidente do Conselho de Ministros.

---

49 Nabuco, *Estadista*, v.I, p.568; PRO FO 13 v.436 sir Edward Thornton para lorde Clarendon, Confidencial, Rio de Janeiro, 22 fev. 1866, e n.38, Rio de Janeiro, 4 abr. 1866.
50 Nabuco, *Estadista*, v.II, p.19; e Rangel, *Gastão d'Orléans*, p.129.

Ele concentrou seus esforços na guerra, lidando com os problemas financeiros gerados pelos crescentes gastos militares e tentando evitar que disputas entre os ministros derrubassem o Gabinete.[51]

Essas dificuldades e distrações de modo algum desencorajaram D. Pedro II. Ele passou os meses de verão, de dezembro de 1865 a abril de 1866, não em Petrópolis, desfrutando o frescor das montanhas, mas no forte calor do Rio de Janeiro, para que pudesse responder imediatamente a qualquer emergência e também manter cerrada vigilância sobre os assuntos públicos. Seu único consolo era: "Estou avô. Leopoldina teve no dia 19 – antes fosse a 11 – às 4h10 da tarde um belo rapaz".[52] O nascimento de Pedro Augusto no Rio em março de 1865 garantia a sucessão ao trono na geração seguinte e trazia um momento de felicidade à vida de D. Pedro II. Como ele contou à condessa de Barral, "gostando eu de crianças, como me entreterei com meu netinho". Infelizmente para ele, o bebê e seus pais partiram para uma viagem de seis meses à Europa no início de maio, deixando-o sozinho para enfrentar os problemas da guerra e da escravidão.[53]

Por algum tempo, ambos os desafios tomaram um rumo favorável. Após prolongada demora, as forças aliadas finalmente cruzaram o Rio Paraná, que separava o Paraguai da Argentina, e estabeleceram-se em solo paraguaio. Em 24 de maio de 1866, um inesperado ataque do Exército do Paraguai em Tuyutí foi cabalmente derrotado, mas a vitória não foi explorada por Bartolomé Mitre, presidente da Argentina, que atuava como o comandante supremo das forças aliadas. O Gabinete de Olinda acabou ruindo no início de agosto. Para substituí-lo, o imperador nomeou um ministério liderado por Zacarias de Góis e Vasconcelos, que já servira duas vezes como presidente do Conselho, e a quem D. Pedro II havia em janeiro de 1864 encaminhado suas recomendações sobre a escravidão.[54] O novo Gabinete deu ao imperador a oportunidade de comprometer o regime de modo aberto e irrevogável com uma gradual eliminação da escravidão.

Em julho de 1866, havia chegado ao Rio uma petição imperiosamente enunciada dirigida ao imperador pelo Comitê Francês para a Abolição da

---

51 Nabuco, *Estadista*, v.I, p.524-49.

52 D. Pedro II para a condessa de Barral, Rio de Janeiro, 23 mar. 1866, em Magalhães Jr., *D. Pedro II*, p.69.

53 Ibid., 7 abr. e 8 maio 1866, e 8 jan. 1867, em Magalhães Jr., *D. Pedro II*, p.70, 74, 97.

54 Pedro de Araújo Lima, marquês de Olinda, cuja carreira política teve início em 1821, antes da Independência do Brasil, e que atuou como regente eleito e quatro vezes como presidente do Conselho de Ministros, morreu em 7 jun. 1870.

Escravidão. Assinada por alguns dos mais eminentes políticos, escritores e pensadores da França, a petição requisitava que D. Pedro II tomasse ação urgente em relação aos escravos brasileiros. Sob as cláusulas da Constituição de 1824, D. Pedro II não tinha poderes para responder diretamente. Não obstante, ele persuadiu o Gabinete a responder tanto por ele quanto por si mesmo. Assinado pelo ministro das Relações Exteriores, a resposta dizia em parte: "A emancipação dos escravos, o necessário corolário da abolição do comércio escravagista, é, portanto, não mais uma questão de meios e oportunidade".[55] A resposta, enviada em 22 de agosto de 1866, foi uma manobra extremamente hábil. Ela comprometeu os círculos regentes do Brasil à emancipação por meio de uma promessa pública aos intelectuais franceses, o grupo que eles admiravam acima de qualquer outro e ao qual eles não ousavam ofender. A resposta tornava a ação sobre a questão da escravidão inevitável e iminente. Além disso, o episódio fortalecia significativamente a autoridade do imperador, visto que era a ele que a opinião pública fora do Brasil atribuía responsabilidade pela resposta. Nos Estados Unidos, o poeta John Greenleaf Whittier escreveu um poema muito citado, "Freedom in Brazil" [Liberdade no Brasil], do qual o segundo verso começa:

> E tu, regente de grande coração, por essa boca pela qual
> A palavra de Deus é dita,
> Uma vez mais, "Haja luz!" –
> Filho do Sul,
> Erga sua honrada cabeça,
> Use sem constrangimento uma coroa por teu merecimento
> Mais do que por nascimento sua própria [...][56]

Esse sucesso notável sobre a questão da escravatura foi mais do que contrabalançado pelos desdobramentos adversos na guerra com o Paraguai. As forças aliadas viram-se enfrentando uma rede de fortificações em Humaitá no Rio Paraguai, que formava a fronteira sul paraguaia. O avanço foi bloqueado tanto pelo rio quanto por terra. Um primeiro ataque capturou o remoto forte

---

55 AHMI POB Maço 138 Doc. 6.794 Minuta (com emendas manuscritas de D. Pedro II) e cópia passada a limpo, ambas em francês, da carta. Ver também Nabuco, *Estadista*, v.I, p.569-70.

56 Esse poema é datado "1867" na edição coletada de 1889 das obras de Whittier; ver Whittier, *Anti-Slavery Poems*, p.361-3. A resposta conseguiu convencer a opinião estrangeira de que a escravidão estava fadada ao fim no Brasil. Em abr. 1867, Francisco Serrano lamentou que somente a Espanha mantivesse a escravidão, já que o Brasil "havia dado sua palavra de que resolveria prontamente o problema"; ver Corwin, *Spain and Abolition*, p.209.

de Curuzú, mas a investida contra o forte principal de Curupaití, lançada em 22 de setembro de 1866, foi um fracasso total e sangrento.[57]

Nessa época, a guerra já durava quase dois anos e consumia grande quantidade de homens, materiais e dinheiro. O entusiasmo patriótico não era mais evidente. Um intenso sentimento surgia a favor de uma paz negociada. O imperador não concordava. Ao relatar a derrota à condessa de Barral, ele escreveu:

> Fala-se de paz no Rio da Prata, mas eu não faço paz com López, e a opinião pública me acompanha; portanto, não tenho receio do êxito honroso da campanha para o Brasil. O governo talvez mesmo hoje tome medidas importantes para o prosseguimento ativo das operações. Temo alguma oficiosidade europeia, sabermos ser polidos, mas enérgicos. Que algazarra hão de fazer certos jornais por lá; mas não se atordoem os amigos de lá, que por cá há muita fé na vitória de uma causa tão justa.[58]

Foi o imperador que forçou o Gabinete a aprovar a nomeação do marquês de Caxias como comandante em chefe das forças brasileiras no Paraguai. Ele era o soldado mais exitoso do país, mas, na política, um líder do Partido Conservador. A nomeação provocou a imediata renúncia do ministro da Guerra, oponente de longa data de Caxias, que havia sido mantido do Gabinete de Olinda.[59] Sob o incentivo de D. Pedro II, o governo empenhou-se em arregimentar mais 10 mil soldados para enviar à frente de batalha. Em 7 de novembro, o imperador escreveu à condessa de Barral:

> De aqui não há novidade, e o Caxias havia de ter chegado quinta-feira passada ao Rio da Prata. Está se cuidando de mandar mais tropa, e todos sentem que se deve acabar a guerra como a honra o exige, custe o que custar, embora se tenham exagerado um pouco as dificuldades. O pior é a demora; pois nossos patrícios são mais de entusiasmo que de perseverança.[60]

---

57 Sousa Júnior, "Guerra do Paraguai", p.306.

58 Carta de 8 out. 1866, em Magalhães Jr., *D. Pedro II*, p.87, incluindo a frase "mas não se atoem os amigos de lá", em Sodré, *Abrindo*, p.113.

59 PRO FO 13 v.437 sir Edward Thornton para lorde Stanley, secretário de Relações Exteriores, n.40, Rio de Janeiro, 23 out. 1866. O ministro destituído foi Ângelo Moniz da Silva Ferraz, um antigo presidente do Conselho.

60 D. Pedro II para a condessa de Barral, Rio de Janeiro, 7 nov. 1866, e, para o número de tropas e a libertação dos escravos da nação para servirem como recrutas, ver D. Pedro II para a condessa de Barral, Rio de Janeiro, 23 nov. 1866, em Magalhães Jr., *D. Pedro II*, p.88-9.

A necessidade de tropas proporcionou uma oportunidade de promover a causa da emancipação dos escravos. Aqueles do sexo masculino que pertencessem à nação seriam libertados sob a condição de se tornarem recrutas. Membros das unidades da Guarda Nacional convocados para servir na guerra receberam permissão para enviar substitutos. Cada vez mais, eles eram encorajados a comprar e libertar escravos para servir em seu lugar. Para os escravos antigos, a liberdade adquirida dessa forma possuía valor limitado, mas no que se refere à política foi a primeira vez que qualquer governo brasileiro tomava medidas que não sustentavam a escravidão no país.[61] No tocante a buscar recrutas para a guerra, as medidas funcionaram. Em abril de 1867, o enviado britânico observou que "poucas pessoas teriam acreditado, no início da guerra, que o Brasil poderia ter suprido uma força tão grande".[62]

A vida do imperador nesses meses de crise foi complicada por duas causas de irritação, uma familiar e outra política. Em seu retorno ao Rio em novembro de 1866, D. Pedro II havia tentado manter o conde d'Eu tranquilo e ocupado nomeando-o como comandante geral da Artilharia e presidente de uma comissão para melhorias no Exército. Ao conde d'Eu não foi dada nenhuma chance de recusar tais nomeações. O genro do imperador, que não era desprovido de inteligência, percebeu que estava sendo manipulado, mas esperava tirar vantagem da situação. "Quem sabe se essas posições como comandante geral e nessa comissão de melhoramentos (óbvias sinecuras no Rio de Janeiro nas presentes circunstâncias) não produzam o direito de ir a Humaitá?"[63]

Os postos concedidos ao conde d'Eu envolviam, como ele mesmo previra, nada mais que um faz de conta de pouca realização. Como soldado, ele só podia desejar estar no local da ação, e em julho de 1866 ele renovou suas demandas ao imperador por permissão para ir à linha de frente. Ao ter seu pedido bloqueado, apelou ao Gabinete e sua insistência tornou-se mais urgente após chegarem notícias no início de outubro da indignação dos aliados ante Curupaití. O conde d'Eu falou com o marquês de Caxias e com o ministro da Guerra, mas o esforço foi em vão. O melhor que ele obteve foi ter seu pedido submetido ao Conselho de Estado para seu aconselhamento.

---

61 PRO FO 13 v.437 sir Edward Thornton para lorde Stanley, n.42, Rio de Janeiro, 3 nov. 1866, e n.55, 7 dez. 1866.

62 PRO FO 13 v.445 sir Edward Thornton para lorde Stanley, n.24, Rio de Janeiro, 6 abr. 1867.

63 AGP XLI-1 conde d'Eu para o duque de Nemours, Laranjeiras, 22 nov. e 7 dez. 1865 (ambos citados em Rangel, *Gastão d'Orléans*, p.120-1).

Em todo esse caso, o imperador agiu de um modo que não me dá nenhum motivo para queixa contra ele; mas é impossível não ver sua mão por trás de tudo. Com efeito, desde o primeiro momento em que o assunto foi submetido ao Conselho de Estado, havia pouca dúvida sobre o resultado. Todos eles sendo homens de certa idade e quase todos pertencentes ao Partido Conservador, a preocupação constante dos conselheiros é evitar tudo que escape à rotina ordinária.[64]

O conde d'Eu estava ciente de sua derrota e de sua pouca significância, enquanto para o imperador seu genro havia feito de si mesmo um estorvo sem razão. O distanciamento entre os dois homens ampliou-se, e a confiança entre eles não floresceu.

A segunda irritação do imperador veio da cena política. D. Pedro II acreditava sinceramente que os brasileiros deveriam colocar as diferenças de lado até a guerra ser vencida e, em todo caso, sua preferência era por gabinetes que transcendessem os partidos políticos. Foi provavelmente por essas razões que ele se esforçou tanto para manter o Gabinete de Olinda no poder durante 1865 e 1866, apesar das incompatibilidades entre os ministros.[65] Além disso, ao manter o Gabinete no poder, ele evitava ter de escolher um novo presidente do Conselho de Ministros de uma das duas facções – os progressistas (antigos conservadores) e os radicais liberais – em que a Câmara dos Deputados estava então dividida.

Quando o ministério de Olinda caiu no início de agosto de 1866, D. Pedro II escolhera Zacarias de Góis e Vasconcelos para organizar um novo Gabinete. Tendo em vista a capacidade de Zacarias e seu registro de serviço, a escolha era justificável, mas ele se identificava com os progressistas. Os liberais radicais tinham razão de concluir que o imperador estava deliberadamente excluindo-os do poder. Na Câmara dos Deputados, eles moveram uma moção de desconfiança de que o novo Gabinete sobreviveria pela estreita margem de três votos (51 a 48).[66] A vitória era suficiente, dada a existência da guerra, para garantir o ministério pelo restante da sessão, que era a última antes da eleição de fevereiro de 1867 para uma nova Câmara de Deputados. O governo possuía amplos meios de assegurar o retorno de seus apoiadores ao Legislativo, e Zacarias não era homem de ter escrúpulos em usá-los.

---

64 AGP XLI-1 conde d'Eu para o duque de Nemours, Laranjeiras, 17 out. 1866. Rangel, *Gastão d'Orléans*, p.132-49, discute o episódio em detalhes.

65 Nabuco, *Estadista*, v.I, p.583.

66 *Organizações*, p.147.

A consequência foi uma extrema frustração e alienação entre os liberais radicais dirigidas contra Zacarias, mas ainda mais contra o imperador. Eles começaram a denunciar o que chamaram de imperialismo: a habilidade de D. Pedro II em dominar o sistema político e manipulá-lo como desejava. Essa habilidade vinha, acusavam eles, de sua capacidade de cooptar e corromper políticos a quem ele permitia, quando no poder, manipular as eleições como lhes conviesse. Essas acusações foram expressas com intensidade em *O conselheiro Francisco José Furtado*, de Tito Franco de Almeida, publicado no final de 1867. Pretensamente um estudo da vida do ministro liberal radical no poder de agosto de 1864 a maio de 1865, o livro era na verdade um levantamento do desenvolvimento político do Brasil desde 1840. Ele buscava demonstrar como, em cada fase, o imperialismo havia subvertido e corrompido o processo político. O autor tomou o cuidado de evitar ataques pessoais ao imperador e a seu caráter, e essa reserva tornou a obra ainda mais eficaz. D. Pedro II leu o livro de cabo a rabo e fez extensas anotações no texto, refutando e comentando as críticas a seu sistema de governo.[67]

O imperador compreendeu a seriedade dessas acusações e, embora não se defendesse em público, ele tomou o devido cuidado de refutá-las aos membros do círculo da corte. Em 5 de agosto de 1866, dois dias após o Gabinete de Zacarias tomar posse, D. Pedro II escreveu a um de seus médicos na corte:

> A impaciência de alguns leva-os a atribuir-me o desejo de aniquilar os partidos e seus homens mais importantes; mas como poderia eu sem eles dirigir o governo? A minha ação sempre a tenho procurado conservar nos limites de simplesmente moderadora e não é ela assim útil aos partidos? Talvez que não careçam dela e muito estimarei que tal suceda e o partido no poder respeite sempre os direitos da oposição e este só procure derrubar o outro combatendo conscienciosamente seus erros perante a opinião pública. Meu amor à Constituição e caráter não ambicioso assim como 26 anos de experiência creio que não me terão deixado iludir no que digo.[68]

Em março de 1867, após as eleições para uma nova Câmara dos Deputados, D. Pedro II fez excepcionalmente uma referência à política em uma carta à condessa de Barral:

---

67 Essas notas, 126 no total, foram acrescentadas à segunda edição, publicada em 1944, de Franco de Almeida, *Conselheiro Furtado*.

68 D. Pedro II para Cândido Borges Monteiro, futuro visconde de Itaúna, Rio de Janeiro, 5 ago. 1866, transcrito em Nabuco, *Estadista*, v.I, p.129, 583.

As eleições fizeram-se melhor do que eu esperava. Tomara que a futura Câmara deixe governar ministério seja de que partido for; porque eu sou de todos, isto é, da Nação, e portanto o que dizem do partido *imperialista* é intriga somente.[69]

Apesar desses protestos, o imperador tinha pouca, se é que tinha alguma, simpatia pelos liberais radicais e seu programa. Eles não lhe dariam motivo para preocupação enquanto a guerra perdurasse. A escolha de Zacarias de Góis e Vasconcelos como presidente do conselho baseou-se, em parte, em sua determinação em promover avanços em relação à escravidão. O imperador sabia que Zacarias seria cooperativo nesse assunto, e ele acreditava que o tempo para ação havia chegado. Como um burocrata veterano escreveu em março de 1867:

Desde algum tempo dão-se títulos e condecorações em troca de escravos que se libertam para arrolá-los no Exército. Viu-se nessas medidas a intenção do imperador de aproveitar o ensejo da guerra para começar a abolir a escravidão. O que confirma essa opinião é que, desde alguns dias, se fala num decreto que ordena a expropriação de 10 mil escravos. A palavra abolicionista foi pronunciada, junto com a de abdicação.[70]

Esse rumor, embora exagere as intenções do Gabinete e provavelmente também a determinação do imperador em vencer a guerra ou abdicar, realmente refletia o primeiro passo dado pelo governo contra a escravidão. Em 1º de fevereiro de 1867, o presidente do Conselho escreveu ao membros do Conselho de Estado, observando que a escravidão, "hoje condenada sem reserva", aproximava-se em toda parte de seu fim e declarando que o governo deveria tomar precauções para evitar problemas. Os conselheiros de Estado foram solicitados a manifestar sua opinião sobre três questões: "(1) Convém abolir diretamente a escravidão? No caso afirmativo, (2) Quando sairá a abolição? (3) Como, com que cautelas e providências cumpre realizar essa medida?" Inclusos estavam cinco projetos para o fim da escravidão elaborados pelo marquês de São Vicente no início do ano anterior.[71]

---

69 Carta de 11 mar. 1867, em Magalhães Jr., *D. Pedro II*, p.101.

70 João Batista Calógeras para Michel Calógeras, Rio de Janeiro, 21 mar. 1867, em Carvalho, *Ministério*, p.234. Calógeras, nascido na Grécia e educado na França, era um burocrata bem relacionado no Ministério do Império (Interior).

71 A carta oficial de Zacarias de Góis e Vasconcelos é reproduzida em *Contribuições*, p.406-7.

A importância do assunto justificava sua submissão ao Conselho de Estado em si, em vez de a um ou mais comitês. Entretanto, como o imperador presidia as reuniões do Conselho pleno e como suas visões sobre o assunto eram conhecidas, os conselheiros expressavam suas opiniões sob certo constrangimento. A redação da carta e a suposição de que a resposta à primeira pergunta seria afirmativa indicavam o modo como se esperava que os conselheiros respondessem. Entretanto, quando o Conselho de Estado reuniu-se em 3 de abril de 1867, somente uma maioria apertada de conselheiros apoiou, com muita hesitação e reserva, a ideia da ação governamental para erradicar a escravidão.[72]

Essa aquiescência relutante justificou a convocação de uma segunda reunião do Conselho em 9 de abril, na qual o imperador anunciou a intenção do Gabinete de elaborar um projeto de acordo com as recomendações do Conselho, que favorecia a libertação das crianças nascidas de mães escravas após uma determinada data. Novamente, apesar de uma considerável oposição, o Conselho de Estado deu seu tépido consentimento aos planos do governo. Dois dias depois, uma comissão composta de três conselheiros foi nomeada com o mandato de elaborar uma minuta, baseada nos cinco projetos do marquês de São Vicente.[73] O passo final e mais importante foi o trecho no Discurso do Trono que D. Pedro II leu à recém-eleita Câmara dos Deputados em sua sessão de abertura em 22 de maio de 1867:

> O elemento servil no Império não pode deixar de merecer oportunamente vossa consideração, provendo-se de modo que, respeitada a propriedade atual, e sem abalo profundo em nossa primeira indústria – a agricultura –, sejam atendidos os altos interesses que se ligam à emancipação.[74]

A linguagem pode ter sido ao mesmo tempo convoluta e reservada, mas o ponto central era que o imperador, que lia o discurso, comprometia a si mesmo e ao regime, e portanto a todo político aspirante, com a ação sobre a escravidão. O trecho no discurso certamente teve a aprovação do imperador, e, tendo em vista seus hábitos, ele havia provavelmente corrigido as palavras, como era sua prática, quando os ministros apresentaram a minuta do discurso em um despacho. Na Câmara dos Deputados, o Voto de Agradecimento pro-

---

72 Nabuco, *Estadista*, v.II, p.24-35.
73 Ibid., v.II, p.35-9.
74 *Fallas do throno*, p.627.

posto em resposta ao Discurso do Trono continha um trecho que "vincula" a Câmara dos Deputados à ideia de tomar medidas para erradicar a escravidão. Um deputado da província de São Paulo apresentou uma emenda que teria feito a Câmara Baixa "associar-se" à menção da escravatura no Discurso do Trono. Essa emenda claramente atraiu pouco apoio. O deputado substituiu-a por outra que prometia que a Câmara Baixa examinaria o assunto "em ocasião oportuna". Essa emenda foi derrotada em 17 de junho, e o Voto de Agradecimento passou inalterado pela Câmara dos Deputados. Assegurado o apoio à ação, o Gabinete estava livre para proceder à próxima fase. O comitê de três homens do Conselho de Estado nomeado em abril pôde dedicar-se ao trabalho de produzir uma minuta de lei para submissão ao Legislativo.[75]

O mesmo Discurso do Trono, que introduzira o assunto da escravidão, observou que "A Guerra provocada pelo presidente do Paraguai não tocou ainda o desejado termo; mas o Brasil e as repúblicas Argentina e Oriental, fiéis à aliança contraída, hão de breve consegui-lo". Essas palavras foram cuidadosamente escolhidas para mascarar o fato de que, desde a derrota em Curupaití, em setembro, as forças aliadas haviam mantido o cerco a Humaitá, mas não fizeram progresso para derrotar o inimigo. Nos meses a partir de setembro de 1866, o imperador manteve uma firmeza e um otimismo exemplares. Ele trabalhou arduamente para garantir que novas tropas e abundantes suprimentos fossem enviados à frente de batalha. "O exército é muito aumentado, e tem ido mais soldados de aqui onde chegam frequentemente novos contingentes", ele informou à condessa de Barral em 8 de janeiro de 1867. "Fique tranquila; que quando menos espere terá alguma boa notícia." No início de fevereiro de 1867, Bartolomé Mitre teve de retornar à Argentina para combater uma revolta interna, e Caxias substituiu-o como comandante supremo de todas as forças aliadas. "Até meados de março começam as operações decisivas do Exército aliado ou antes brasileiro", D. Pedro II contou à condessa de Barral em tom esperançoso em 23 de fevereiro, mas tal ofensiva não se materializou.[76]

Nesse momento, quando o imperador estava ocupado com a guerra, com as eleições da Câmara dos Deputados e com a submissão da questão da emancipação dos escravos ao Conselho de Estado, a prudência de ele assumir qualquer novo projeto era questionável. D. Pedro II revelou-se incapaz de resistir a um projeto que falava a seu coração. Uma Exposição Universal, seguindo-se às de Londres em 1851 e 1862, seria inaugurada em Paris

---

75 Ibid., p.630-3; e Nabuco, *Estadista*, v.II, p.39-40.
76 Cartas de 8 jan. e 23 fev. 1867, em Magalhães Jr., *D. Pedro II*, p.97, 100.

em 1º de abril de 1867. Como Paris era para D. Pedro II o próprio centro da civilização, ele desejava que o Brasil tivesse a melhor apresentação possível lá. Uma exposição nacional contendo os objetos a serem enviados a Paris foi realizada no Rio e, como D. Pedro II contou à condessa de Barral, "é muito mais importante do que aquela de 1861", que precedera à de 1862 em Londres. "Os objetos que vão para lá não nos desonram."[77]

Para garantir que a honra nacional seria preservada, o imperador assumiu em conjunto com membros de seu círculo mais íntimo a composição do guia, impresso em três línguas, que seria entregue no pavilhão do Brasil. Durante o mês de fevereiro de 1867, D. Pedro II bombardeou seus colaboradores com bilhetes de pareceres e sugestões quanto ao conteúdo: "E a respeito da escravidão não conviria dizer alguma coisa a propósito e com toda a prudência?" Ele estava determinado a ter o panfleto enviado pelo navio de 24 de fevereiro, a tempo de chegar a Paris para a abertura da exposição. "O trabalho não pode ser obra-prima, mas há de ser curioso, e verídico ao menos pela intenção."[78] D. Pedro II pressionou seu genro mais velho a ajudar na correção das provas. O conde d'Eu sentiu que não poderia recusar. "Mas é um tédio de primeira ordem e uma tarefa árdua, o imperador tendo enfiado na cabeça que esse catálogo deve seguir no próximo paquebote", ele informou ao pai em 11 de março. "Eu acrescentaria que esse catálogo é muito malfeito sob todos os aspectos."[79]

O aborrecimento do conde d'Eu em ser sujeitado a essa tarefa indesejada pode ter sido uma razão para ele nesse momento renovar seu pedido de permissão para ir à guerra. Como antes, o pedido foi encaminhado à avaliação do Conselho de Estado, e novamente sua recomendação foi negativa. O conde d'Eu sugeriu que o marquês de Caxias fosse consultado sobre a proposta, mas "o ministro da Guerra declarou a mim que o governo rejeitara a ideia, porque Caxias a teria tomado como uma sugestão de que ele apresentasse sua renúncia". O conde d'Eu comentou com perspicácia: "Que estado de mútua confiança essa declaração revela entre ministro e general!".[80]

---

77 Cartas de 23 out. 1866, e 8 jan. 1867, em ibid., p.89, 97.

78 BNRJ SM D. Pedro II para Luís Pedreira do Couto Ferraz, futuro visconde de Bom Retiro, Rio de Janeiro, 8 e 14 fev. 1867. As dez cartas enviadas a Pedreira sobre esse assunto sintetizam a mente, as atividades e as expectativas do imperador.

79 AGP XLI-1 conde d'Eu para o duque de Nemours, Laranjeiras, 11 mar. 1867 (citado em Rangel, *Gastão d'Orléans*, p.160).

80 AGP XLI-1 conde d'Eu para o duque de Nemours, Laranjeiras, 22 mar. 1867 (citado em ibid., p.166).

As cartas do conde d'Eu ao pai na primeira metade de 1867 observavam repetidamente a falta de ação na frente de batalha. Em 20 de maio, ele escreveu: "Os jornais lhe informarão sobre a singular inércia em que o comandante em chefe brasileiro permanece no Paraguai".[81] Somente no final de julho de 1867, Caxias finalmente embarcou em uma manobra coordenada que tentou derrotar o inimigo nas fortificações de Humaitá. Esse avanço, que realmente restaurou a iniciativa aos aliados, não foi conduzido com qualquer vigor; tampouco a retomada de Bartolomé Mitre do comando supremo, em 1º de agosto, melhorou a situação. Entretanto, os aliados fizeram apreciável progresso em prender os paraguaios atrás de suas fortificações. À medida que o laço apertava em Humaitá, Francisco Solano López lançou um súbito contra-ataque em 3 de novembro. Nessa segunda batalha, a de Tuyutí, os paraguaios mostraram-se incapazes de sustentar sua vantagem inicial e foram fragorosamente derrotados.[82]

Notícias desses acontecimentos deram ao imperador no Rio um grande prazer, e com seu costumeiro otimismo ele escreveu à condessa de Barral em 9 de dezembro de 1867: "A guerra não pode prolongar-se, e o Brasil carece descanso com honra e glória". Ele estava disposto a qualquer sacrifício para atingir esse fim. Em setembro, o governo havia anunciado que o casal imperial iria, a partir de 1º de março de 1868, abrir mão de um quarto de sua anuidade enquanto durasse a guerra, um sacrifício que muito impressionou o enviado britânico. "Sua Majestade é muito pobre, talvez o soberano mais pobre do mundo."[83] Da mesma forma, quando D. Leopoldina estava esperando seu segundo filho em Petrópolis, D. Pedro II não deixava o Rio de Janeiro nem, em geral, permitia que sua esposa subisse a Petrópolis sem ele. Com isso, "a imperatriz amargou a tristeza de não ter chegado a tempo para o nascimento", comentou o conde d'Eu em 8 de dezembro, "e deixou escapar violentas queixas contra o imperador".[84] Quando D. Isabel e o marido foram a Petrópolis em 21 de dezembro, o imperador não os acompanhou: "Eu aqui fico quase só", ele contou à condessa de Barral dois dias depois. "Porque assim devo fazê-lo, por causa de qualquer resolução urgente que se torne necessário. Faz muitíssimo calor; mas a Condessa sabe que sempre trabalhei apesar d'ele."[85]

---

81 Rangel, *Gastão d'Orléans*, p.167.

82 Sousa Júnior, "Guerra do Paraguai", p.306-8.

83 PRO FO 13 v.446 sir Edward Thornton para lorde Stanley, n.64, Rio de Janeiro, 4 set. 1867.

84 AGP XLI-1 conde d'Eu para o duque de Nemours, Laranjeiras, 8 dez. 1867.

85 Carta de 23 dez. 1867, em Magalhães Jr., *D. Pedro II*, p.120.

A crença inquebrantável do imperador na vitória estava prestes a ser recompensada. A morte do vice-presidente argentino forçou Bartolomé Mitre a retirar-se para Buenos Aires, entregando o comando das forças aliadas ao marquês de Caxias em meados de janeiro de 1868. Um mês depois, em 19 de fevereiro, uma esquadra de navios de guerra brasileiros forçou sua ascensão pelo Rio Paraguai, passando pelo forte de Humaitá, e, no mesmo dia, o Exército brasileiro capturou um reduto-chave no Rio Paraguai, bem ao norte de Humaitá. O cerco à fortaleza estava finalmente completo.[86]

Foi precisamente nesse momento que uma crise militar e política interveio.

Em janeiro, a opinião pública, cansada da guerra, havia se tornado acentuadamente pessimista. Como D. Pedro II escreveu à condessa de Barral em 7 de fevereiro:

> O câmbio tem baixado muito, e nos barômetros isto anuncia tempestade. Não a receio: mas *casa onde não há pão todos falam e ninguém tem razão*, e a falta de juízo tem aparecido em grande escala. Eu já não me aturdo; mas às vezes é de incomodar os mais fleugmáticos.[87]

Como o conde d'Eu observou, havia rumores públicos sobre desentendimentos entre ele e o imperador a respeito de seus apelos para ir à frente de batalha. A condução da guerra pelo marquês de Caxias era francamente atacada pelos jornais aliados ao Gabinete no poder. A falta de qualquer ação na guerra e os resultantes problemas financeiros e monetários, o conde informou ao pai em 4 de fevereiro de 1867, "produziram no Brasil uma irritação geral e uma predisposição que não pode ser ocultada de nos atirarmos cegamente ao desconhecido a fim de escaparmos do presente estado de coisas e aceitarmos os rumores mais improváveis".[88]

No mesmo dia que o conde d'Eu escreveu seu relato, 4 de fevereiro, o marquês de Caxias enviou duas cartas ao ministro da Guerra. O despacho oficial requisitava permissão para renunciar, atribuindo a causa a problemas de saúde. A segunda carta era de caráter pessoal e explicava que o verdadeiro motivo de seu pedido eram os recentes ataques a ele e sua condução

---

86 Sousa Júnior, "Guerra do Paraguai", p.308.
87 Carta de 7 fev. 1868, em Magalhães Jr., *D. Pedro II*, p.130, conforme corrigido por Sodré, *Abrindo*, p.142. A frase em itálico é obviamente um antigo ditado português.
88 Rangel, *Gastão d'Orléans*, p.179-80. Ver também PRO FO 13 v.454 George B. Mathew, ministro britânico, para lorde Stanley, n.6 Confidencial, Rio de Janeiro, 6 fev. 1868.

Mapa 4. Guerra do Paraguai – o curso da guerra, 1865-1870

da guerra pelos jornais em associação ao governo e a falta de confiança nele recentemente demonstrada pelo Gabinete.[89] Quando as cartas chegaram ao Rio em 19 de fevereiro, elas colocaram o imperador e os ministros em uma situação extremamente perigosa.

Caxias não era apenas um general. Ele servira duas vezes como presidente do Conselho de Ministros. Ocupava assento no Senado e era extremamente poderoso no Partido Conservador. Além disso, era o soldado mais distinto do país, que não poderia ser facilmente substituído e cuja renúncia causaria temível dano ao Ministério. Por outro lado, o preço implícito de Caxias para não renunciar era a substituição do Gabinete por um ministério oriundo do Partido Conservador. Essa solução não era aceitável ao imperador, que não toleraria nenhuma ordem dos militares (ou de qualquer outro, a bem da verdade) e não permitiria nenhuma mudança política que colocasse em risco o esforço de guerra.

Ao receber as cartas de Caxias, Zacarias de Góis e Vasconcelos submeteu a renúncia do Gabinete ao imperador e encaminhou toda a questão ao pleno Conselho de Estado. Os conselheiros, que se encontraram em 20 de fevereiro, foram solicitados a opinar sobre qual das renúncias deveria ser aceita – a do general ou a do Ministério. A resposta unânime foi que nenhuma das duas deveria ocorrer, e sim que o Gabinete deveria tentar reafirmar sua confiança em Caixas, eliminando qualquer mal-entendido. O imperador interveio nesse ponto para insistir que os conselheiros respondessem à pergunta. O Conselho dividiu-se quase igualmente, não seguindo as linhas do partido, e com isso deram ao imperador as bases para agir da forma como ele julgasse melhor.[90]

Se a informação fornecida pelo enviado britânico for confiável, o imperador havia, antes da reunião do Conselho de Estado, consultado o marquês de São Vicente, seu confidente entre os líderes conservadores, e eles concordaram que, se os conservadores atingissem o poder como resultado das demandas de Caxias, sua posição jamais seria forte ou segura. Era muito melhor que o Gabinete vigente permanecesse no poder até que uma vantagem decisiva fosse obtida na guerra.[91] Por conseguinte, os líderes do Partido Conservador

---

89 Pinho, *Política e políticos*, p.65-8. Essa análise da crise minimiza tanto sua seriedade quanto seu impacto.

90 Nabuco, *Estadista*, v.II, p.70-3.

91 PRO FO 13 v.454 George B. Mathew, ministro britânico, para lorde Stanley, Rio de Janeiro, 9 mar. 1868. Mathew relatou, incorretamente, que foi o ministro quem primeiro demandou a demissão de Caxias e, quando ela foi recusada, "havia ameaçado renunciar". Por outro lado,

escreveram uma carta conjunta a Caixas, assegurando-lhe da confiança do Gabinete e de seu desejo de colaborar e pedindo-lhe que permanecesse no posto. O presidente do Conselho de Ministros engoliu seu orgulho e escreveu cartas cheias de louvor e promessas de cooperação. O general, cujos recentes êxitos tornavam impossível sua demissão, consentiu em permanecer.[92]

O imperador fez apenas uma menção indireta a essa assunto quando escreveu para a condessa de Barral em 23 de fevereiro.[93] Não há evidência direta sobre sua opinião, mas ele quase certamente concordou que o ministério deveria ter-se esforçado muito mais para manter o marquês de Caxias satisfeito e sem o menor motivo para ameaçar renunciar.[94] O Gabinete, já na defensiva desde o início de 1868, foi seriamente enfraquecido pela crise. A perspectiva de poder deu aos conservadores, fora do poder desde 1862, tanto confiança quanto força. Seus líderes eram homens de comprovada capacidade, que mantinham relações próximas com o imperador. Sua admissão ao poder apaziguaria Caxias e asseguraria esforços intensificados para o fim da guerra.

O partido Conservador tinha uma desvantagem palpável. Seus líderes, como grupo, não nutriam nenhum desejo de embarcar em uma ação sobre a questão da escravatura. O Gabinete vigente estava comprometido com isso. Em outubro de 1867, o enviado britânico informou a seu governo:

> O ministro de Relações Exteriores havia, contudo, frequentemente me assegurado durante a Sessão das Câmaras, que incontinenti notícias deveriam chegar tão favoráveis a ponto de permitir uma perspectiva da conclusão da guerra, e o Governo pretendia propor ao Legislativo uma lei para a abolição gradual da escravidão. É de se esperar que a intenção deva concretizar-se durante a próxima Sessão.[95]

---

a informação de Mathew sobre a conversa entre D. Pedro II e São Vicente soa verdadeira e fornece a chave para compreender a reação dos líderes conservadores à crise.

92 Pinho, *Política e políticos*, p.71-2, 78-80, 85-8; e carta de Caxias para o ministério, Tuyú-Cuê, 12 mar. 1868, citado em Calmon, *Pedro II*, v.2, p.780.

93 Na carta de 23 fev. 1868, arquivada em AHMI I-DBM-6.1.868.-P II.B.c.1-12, o texto original diz: "Tem havido *boatos* como terra [ou con ster-na]; mas fique tranquila, e verá a boa notícia da guerra!". Nenhuma das variantes faz sentido. "Tem havido rumores [...]; mas fique calma, e boas notícias sobre a guerra virão" (Ver Magalhães Jr., *D. Pedro II*, p.131, conforme corrigido por Sodré, *Abrindo*, p.144). Os boatos certamente se referem a rumores publicados sobre a proferida renúncia de Caxias; ver Rangel, *Gastão d'Orléans*, p.182.

94 Ver seus comentários sobre a necessidade de aplacar Caxias e remover toda causa de queixa feita em sua carta a João Lustosa da Cunha Paranaguá, ministro da Guerra, 1º mar. 1868, em *Contribuições*, p.398.

95 PRO FO 13 v.446 sir Edward Thornton para lorde Stanley, n.70, Rio de Janeiro, 5 out. 1867.

A sessão estava planejada para abrir no início de maio de 1868. Fiel à promessa ao enviado britânico, o presidente do Conselho dos Ministros pressionou a comissão de três homens criada em abril de 1867 a completar sua tarefa. O projeto concluído foi apresentado ao Conselho de Estado, que discutiu a medida, artigo por artigo, em quatro reuniões entre 16 de abril e 17 de maio. Quando o marquês de Olinda tentou opor-se à ideia de emancipação, D. Pedro II interveio para restringir a discussão aos termos da lei proposta. Ao final das quatro reuniões, o senador José Tomás Nabuco de Araújo, um líder do Partido Liberal, foi instruído a revisar a minuta à luz das emendas adotadas e a reapresentar a medida ao Conselho de Estado para consideração final.[96] A apresentação do projeto de lei para o Legislativo durante a sessão de 1869 seria então possível, desde que o senador Nabuco completasse sua tarefa prontamente.

O Discurso do Trono em 9 de maio efetivamente prometeu que um projeto de lei para a extinção da escravidão seria apresentado no momento apropriado, mas o Gabinete logo descobriu que lhe faltava a autoridade necessária para obter a sanção de tal medida.[97] O Ministério ficou na defensiva com uma tênue manutenção no poder. No Paraguai, o cerco de Humaitá arrastava-se. No início de março, o presidente López havia se retirado com boa parte de suas forças do forte e começado a preparar novas posições defensivas rio acima. Caxias provou-se incapaz de impedir o recuo de López ou de subjugar a guarnição remanescente. O Gabinete no Rio, sem condições de arriscar um segundo confronto com Caxias, não teve outra escolha senão defender seus atos e assim compartilhar o descontentamento popular com o lento passo da guerra. Os conservadores ressurgentes detinham a maioria no Senado, e eles passaram a usar isso para fustigar e minar o Ministério sem provocar sua derrota. Na Câmara dos Deputados, os liberais radicais lideravam uma agressiva oposição que atraía cada deputado insatisfeito. O Gabinete carecia de meios para resistir.[98] A continuidade de sua existência dependia da boa vontade do imperador, que, por sua vez, estava condicionada às boas relações com Caxias. Faltam evidências sobre seu estado de ânimo e suas preocupações nesse momento crucial, porque a morte do conde de Barral, em 21 de março de 1868, e a decisão de sua viúva de voltar para

---

96 Nabuco, *Estadista*, v.II, p.70-3.
97 *Fallas do throno*, p.640.
98 Pinho, *Política e políticos*, p.98-121; e PRO FO 13 v.454 George B. Mathew para lorde Stanley, n.32, Rio de Janeiro, 8 maio 1868.

o Rio, significava que D. Pedro II escreveria sua última carta a ela em 23 de maio.[99]

Em julho, uma disputa pela escolha de um senador para a província do Rio Grande do Norte abruptamente resolveu o impasse político. Quando surgiam vagas no Senado, uma eleição popular produzia uma lista de três candidatos dentre os quais o imperador, usando o poder Moderador, selecionava o futuro senador. No caso da vaga do Rio Grande do Norte, dois dos três candidatos eram políticos locais, mas o terceiro, que recebera a maioria dos votos, era Francisco de Sales Tôrres Homem, um político nacional veterano. Seu pai era padre e sua mãe vendedora ambulante, uma ex-escrava provavelmente nascida na África. Por sua própria capacidade, Tôrres Homem havia obtido treinamento médico e depois uma graduação em Direito em Paris. Ele havia se distinguido em jornalismo, administração e política. Originalmente um radical, tornara-se um forte conservador que atuara como ministro das Finanças no final da década de 1850.[100]

Dos três candidatos, Tôrres Homem possuía, na avaliação do imperador, as qualidades requeridas em um senador, e ele o selecionou em 11 de julho. Zacarias de Góis e Vasconcelos, presidente do Conselho de Ministros, objetou fortemente, alegando que a nomeação revelava falta de confiança em seu governo e insistindo na seleção de outro candidato. D. Pedro II recusou-se a ceder. Sob a Constituição de 1824 ele não era responsável por seu uso do poder Moderador, e, além disso, Zacarias de Góis e Vasconcelos havia indicado Tôrres Homem a ser tanto um conselheiro de Estado quanto presidente do Banco do Brasil. Diante da recusa de D. Pedro II, o presidente do Conselho de Ministros ofereceu sua renúncia, a qual foi aceita pelo imperador. "Pedi respeitosamente que me dispensasse de indicar nomes e depois de longo silêncio ordenou-me que chamasse ao Paço de São Cristóvão o Sr. Visconde de Itaboraí para incumbi-lo da organização do novo ministério."[101] Como Itaboraí, presidente do Conselho de Ministros em 1852-1853, era chefe dos conservadores, a convocação significava o afastamento dos liberais do poder.

Muitos anos depois, D. Pedro II explicou o motivo por trás de sua recusa em manter o Gabinete no poder:

---

99 Magalhães Jr., *D. Pedro II*, p.120. O conde de Barral faleceu em Paris, em 21 mar. 1868, e sua viúva veio ao Brasil para cuidar do espólio, em junho daquele ano; ver AGP sem número condessa de Barral a D. Isabel e D. Leopoldina, 6 abr. 1868; e Calmon, *Pedro II*, v.2, p.789-90.

100 Ver Magalhães Jr., *Três panfletários*, p.3-43; e Taunay, *Reminiscências*, p.33-80.

101 Nota de Zacarias de Góis e Vasconcelos, datada de 14 jul. 1868, em AHMI, citada em Calmon, *Pedro II*, v.2, p.782; e *Organizações*, p.151.

Foi pelo desejo de terminar a guerra com a maior honra e proveito (em relação às nossas relações externas) para o Brasil que não cedi na escolha do senador. O ministério liberal não podia continuar com a permanência de Caxias à testa do Exército, e eu não pensei em meu genro senão em último caso.[102]

O conde d'Eu, ao escrever para o pai em 23 de julho, conjeturou que "no fundo, tratava-se da questão do comandante em chefe do Exército no Paraguai".[103] O imperador, em outras palavras, via a manutenção de Caxias como comandante em chefe como a chave para vencer a guerra, um objetivo que para ele tinha precedência sobre tudo o mais. Foi essa decisão que explicou a mudança política causada pela ação decisiva de D. Pedro II. Como o conde d'Eu sagazmente observou: "O imperador agiu de um modo contrário tanto a seu próprio caráter quanto à prática parlamentar".[104]

Como as duas facções do Partido Liberal – os progressistas, sob o comando de Zacarias de Góis e Vasconcelos, e os radicais, entre os quais Teófilo Ottoni era o mais eminente – controlavam juntas a Câmara dos Deputados, teria sido mais político, e na verdade mais constitucional, se o imperador tivesse procurado formar um Gabinete baseado nesses elementos. Certamente os liberais radicais eram ávidos por poder.[105] A dificuldade era que não havia nenhum líder alternativo óbvio a Zacarias de Góis e Vasconcelos entre as facções liberais. Qualquer novo Gabinete dessa cor política teria despertado oposição feroz de Zacarias e seus apoiadores, enquanto Caxias provavelmente teria renunciado de imediato como comandante em chefe. A inabilidade da maioria liberal proporcionou a D. Pedro II ampla justificativa para recorrer aos conservadores.

O imperador havia claramente perdido a fé na capacidade dos liberais de travar a guerra com eficácia. Nem ele podia ter acreditado que qualquer Gabinete liberal possuía a habilidade de conduzir uma medida contra a escravidão pelo Legislativo. O projeto que o Conselho de Estado discutira e aprovara amplamente em abril estava disponível como o plano a ser sancionado assim

---

102 Nabuco, *Estadista*, v.II, p.76, citando uma nota marginal escrita por D. Pedro II em um panfleto publicado por Nabuco em 1886.

103 Rangel, *Gastão d'Orléans*, p.195; e ver PRO FO 13 v. 454 George B. Mathew para lorde Stanley, n.53 Confidencial, Rio de Janeiro, 23 jul. 1868.

104 Conde d'Eu para o duque de Nemours, 23 jul. 1868, em Rangel, *Gastão d'Orléans*, p.195.

105 Ver Lafaiete Rodrigues Pereira para Washington Rodrigues Pereira, Rio de Janeiro, 28 abr. 1868, em Rodrigues Pereira, *Cartas*, p.62-3; e o testemunho nesse ponto, escrito entre jul. 1870 e nov. 1871, por Cristiano Ottoni em sua *Autobiographia*, p.165-6.

que uma mudança no cenário político tornasse a ação possível. "Não desisto do projeto do elemento servil para ser apresentado no tempo oportuno", o imperador escreveu. "Segundo a opinião manifestada pelo Visconde de Itaboraí no Conselho de Estado, já se não pode recuar. Entendo que se deve concluir a discussão do projeto no Conselho de Estado. Depende desta última discussão geral."[106] Admitir os conservadores no poder não postergava, portanto, na opinião do imperador, a causa da abolição de modo significativo.

O ministério formado pelo visconde de Itaboraí era uma entidade bem mais capacitada do que o Gabinete que ele substituíra. Dos sete ministros, cinco já haviam servido em outros gabinetes, e dois deles no Ministério da Conciliação. José Maria da Silva Paranhos, visconde de Rio Branco, e João Maurício Wanderley, barão de Cotegipe, reassumiram as pastas que mantinham sob o comando de Paraná. Os modos agradáveis de Rio Branco, seus interesses intelectuais e seu sucesso como ministro e diplomata causaram boa impressão em D. Pedro II. Como lhe faltava tanto a riqueza quanto as conexões sociais, Rio Branco dependia crucialmente em sua carreira da boa vontade do imperador. Não menos capaz do que seu colega, Cotegipe era mais complexo e independente em caráter e perspectiva. Um grande latifundiário na província da Bahia graças a um casamento vantajoso, Cotegipe cada vez mais se identificava com os tradicionais interesses agrícolas do Nordeste.[107]

As perspectivas do novo Gabinete foram bastante melhoradas pelas notícias que chegaram da frente de batalha no Paraguai. A fortaleza interna de Humaitá caiu em 25 de julho de 1868, e Caxias começou de imediato a preparar um ataque à nova linha de defesas do presidente López em Pikysyry, ao sul da capital paraguaia, Assunção. As tropas aliadas alcançaram essa linha no final de setembro. Caixas, então, empreendeu um movimento vasto e decisivo por uma rota que cortava a região de florestas e pântanos do Chaco paraguaio. No início de dezembro essa travessia foi completada, e o Exército brasileiro surgiu na retaguarda dos paraguaios. Em três batalhas

---

106 "Instruções manuscritas pelo imperador datadas de 14 jul. 1868 [evidentemente dadas por Itaboraí] ms. AMI", em Calmon, *Pedro II*, v.2, p.784, n.2. Como nenhum número de catálogo é fornecido por Calmon, e como os arquivos da AHMI POB são vastos, tentar localizar o documento assemelha-se a procurar uma agulha no palheiro. Como Calmon também falhou em citar o documento na íntegra, sua alegação de que eram as instruções dadas ao novo primeiro ministro, o visconde de Itaboraí, não pode ser verificada.

107 Não há nenhuma biografia completa do visconde de Rio Branco; mas ver Needell, "Rio Branco". A vida de Cotegipe é coberta em Pinho, *Cotegipe e Cartas*.

sucessivas, Caxias derrotou de forma decisiva López, que se retirou com suas forças remanescentes para o leste do interior do país. A capital paraguaia foi ocupada em 5 de janeiro de 1869.[108]

Esses triunfos no Paraguai foram obtidos a um alto custo político dentro do Brasil. O afastamento do poder teve um efeito unificador entre as facções liberais concorrentes. O Senado aprovou uma moção de confiança no novo ministério conservador, mas na Câmara Baixa os liberais reunidos derrotaram-na por uma votação de noventa a oito. A votação não forçou o Gabinete a renunciar. Em vez disso, em 18 de julho, o imperador assinou um decreto dissolvendo a Câmara dos Deputados e ordenando eleições para uma nova Casa.[109] Quanto ao resultado dessas eleições, ninguém poderia ter dúvida: o governo ganharia facilmente. Um discurso proferido pelo senador liberal Nabuco de Araújo na Câmara Alta em 17 de julho destacou essa falha fundamental no sistema político:

> Ora dizei-me: não é isso uma farsa? Não é isto um verdadeiro absolutismo, no estado em que se acham as eleições no nosso país? Vede este *sorites* fatal, este *sorites* que acaba com a existência do sistema representativo; – o Poder Moderador pode chamar a quem quiser para organisar ministérios; esta pessoa faz a eleição, porque há de fazê-la; esta eleição faz a maioria. Eis aí está o sistema representativo do nosso país![110]

O que contribuía para a gravidade da situação era que o Legislativo não havia, antes de sua dissolução, votado a provisão – as leis que autorizavam tanto os gastos quanto as receitas para o novo ano fiscal a começar em 1º de julho de 1868. Com isso, o governo coletaria impostos e incorreria em despesas sem uma sombra de direito legal até que o novo Legislativo se reunisse em 3 de maio de 1869, cerca de dez meses depois.[111]

A crise tinha a aparência, e até certo ponto a realidade, de revelar o sistema político do Brasil como nada mais do que um *show* de fantoches manipulados pelo imperador. Como o enviado britânico observou, os amigos da monarquia

---

108 Sousa Júnior, "Guerra do Paraguai", p.308-12.
109 PRO FO 13 v.454 George B. Mathew para lorde Stanley, n.52, Rio de Janeiro, 22 jul. 1868; e *Organizações*, p.153.
110 Nabuco, *Estadista*, v.II, p.81.
111 PRO FO 13 v.454 George B. Mathew para lorde Stanley, n.53 Confidencial, Rio de Janeiro, 23 jul. 1868.

no Brasil "encaram com verdadeiro pesar" esses desdobramentos "que podem tender a emprestar força ao Partido Republicano, que já se forma no Império, fomentado de toda maneira possível pela imprensa dos Estados Unidos".[112] Os descontentamentos que os acontecimentos de julho de 1868 produziram, incluindo um incipiente Partido Republicano, foram intensificados pelas políticas internas do novo governo, que realizou um sistemático expurgo de seus oponentes de posições de autoridade e usou todos os seus meios, da força à fraude, para vencer as eleições legislativas. A oposição liberal, lutando para organizar-se e elaborar um programa coerente, decidiu recomendar a seus apoiadores que se abstivessem de votar. Ao agir assim, os liberais espe-ravam tanto mostrar a legitimidade do processo eleitoral quanto conservar suas forças para um momento mais favorável. Devido a essa abstenção e a suas medidas coercitivas, os conservadores obtiveram êxito em janeiro de 1869 ao eleger uma câmara composta inteiramente de seus apoiadores.[113]

D. Pedro II sem dúvida deplorava, como sempre deplorara, a violência e a fraude que maculavam as eleições. A culpa por tais fenômenos ele não podia imputar, como era seu costume, à falta de educação entre os brasileiros. Ele devia arcar com a maior parte da responsabilidade.[114] Em certo sentido, D. Pedro II fizera em julho de 1868 uma barganha faustiana. Ele havia assegurado a perspectiva de vitória total na guerra com o Paraguai, mas ao custo de permitir que sua autoridade fosse publicamente usada para favorecer uma das facções políticas concorrentes. Por consequência, a imparcialidade da monarquia foi gravemente comprometida, e sua estabilidade acabou minada como nunca. Se D. Pedro II tinha consciência dessas consequências, a perspectiva de per-der o trono não lhe provocava temores. Os deveres do imperador como um cidadão brasileiro fizeram que ele, em julho de 1868, colocasse os interesses do país (como ele, na qualidade de governante do Brasil, os percebia) à frente da perpetuação da monarquia. Ele parece não ter sentido nenhum escrúpulo quanto a suas ações e, uma década depois, escreveu nostalgicamente: "Que bom tempo o da tomada de Humaitá. Nunca fui tão feliz como então".[115] Seu estado de espírito alegre e até esperançoso, em julho de 1868, devia-se

---

112 Ibid.

113 Nabuco, *Estadista*, v.II, p.85-92, 100.

114 Ver, por exemplo, seus comentários sobre o assunto nas instruções que ele deu à filha D. Isabel em abr. 1871, em *Conselhos à regente*, p.30-1.

115 D. Pedro II para condessa de Barral, Rio de Janeiro, 2 dez. 1879, em Magalhães Jr., *D. Pedro II*, p.290.

em grande parte à presença da condessa de Barral no Rio de Janeiro, onde ela tratava dos bens do marido. A viuvez tornava a condessa ainda mais desejável, e D. Pedro II não precisava mais conter a expressão de seu ardor. "Eu seria mais feliz em minha *amitié* [amizade] por ti se pudesse fazê-la a mais feliz das mulheres." Como sempre, ele simplesmente ignorava as pretensões de D. Teresa Cristina às suas emoções.[116]

Tudo o que é bom dura pouco. A carta à condessa foi enviada a ela na véspera de sua partida do Rio. "Eu não posso conformar-me com a ideia de mais uma vez – por quanto tempo? – ficar longe de ti." Mas a condessa de Barral, tendo resolvido as pendências do marido, não pôde ser dissuadida a retornar à Europa.[117] O imperador sofreu uma segunda decepção logo após a ocupação de Assunção em 5 de janeiro de 1869. O marquês de Caxias, idoso, doente e exausto, desanimou diante da – nas palavras do conde d'Eu ao pai – "abominável tarefa de perseguir López Deus sabe onde". Quando seu pedido de permissão para retirar-se de seu posto ou ao menos obter uma licença de três meses não foi concedido, ele simplesmente entregou o comando das forças brasileiras ao oficial mais veterano presente e em 19 de janeiro partiu de Assunção.[118]

A ofensa de Caxias foi agravada aos olhos do imperador por ele emitir uma Ordem do Dia que declarava que a guerra havia terminado. Por suas palavras e seu exemplo, Caxias encorajou tanto oficiais quanto homens a fazer as malas e ir para casa, não obstante o fato de que López ainda estava ao largo e restabelecia suas forças ao leste do Paraguai. Como as batalhas de dezembro de 1868 haviam deixado muitos dos melhores generais brasileiros mortos ou feridos, formou-se um vácuo perigoso no comando em Assunção. Em suma, todo o esforço de guerra ameaçava paralisar-se às vésperas da vitória. O problema imediato era como tratar Caxias em sua chegada ao Rio e como encontrar um substituto competente para ele.

O retorno de Caxias ao Rio foi tratado como se ele fosse um indivíduo qualquer, sem nenhuma recepção oficial nem qualquer expressão pública de gratidão. Caxias não prestou nenhuma visita ao imperador, nem o imperador a ele. Essa reação revela a profundidade do pesar e da decepção do imperador. Ele e o ministério envolveram-se em um feroz confronto direto sobre o

---

116 Rascunho de uma carta escrita em francês, 26 ago. 1865, existente em AHMI POB e transcrito em Calmon, *Pedro II*, v.2, p.790-1.

117 Ibid.

118 Rangel, *Gastão d'Orléans*, p.206.

tratamento dado ao general retornado.[119] No final das contas, o bom senso inato do imperador prevaleceu sobre seu ressentimento. Em 21 de fevereiro, Caxias finalmente foi ao palácio, e o diário de D. Teresa Cristina registrou o resultado. "Nesta noite o marquês e a marquesa de Caxias visitaram-nos. Após passar um longo tempo com o imperador, o marquês veio apresentar seus respeitos a mim, eu estando com a marquesa e D. Josefina [da Fonseca Costa, a dama de companhia]. Em minha presença, o imperador entregou a ele a medalha da Campanha e pediu-me para prendê-la no peito do marquês."[120] Logo depois, os atos de Caxias como comandante em chefe foram confirmados, e ele teve o título promovido de marquês a duque.

A rixa estava apaziguada, mas a segunda parte do problema – encontrar um novo comandante em chefe – continuava pendente de resolução. O genro de D. Pedro II possuía o *status* e o prestígio, além de suficiente experiência militar, para executar a tarefa. Pedir-lhe que aceitasse a posição exigia humildade da parte do imperador. Desde que o conde d'Eu fizera em agosto de 1865 seu primeiro pedido para servir com as forças armadas contra o Paraguai, todos os seus cinco requerimentos haviam sido rejeitados.[121] Essas recusas haviam abalado as relações entre o imperador e o conde. Os liberais radicais haviam persistentemente tentado dar a esses visíveis desentendimentos uma cor política e, ao apoiar a causa do conde d'Eu, usar a disputa para promover seus próprios interesses.[122]

Havia outra razão, e bem diferente, para a tensão entre os dois homens. Enquanto D. Leopoldina havia até 1868 gerado dois filhos, D. Isabel não dava sinais de concepção. Uma atmosfera de desapontamento e reprovação era evidente. "A Isabel e o Gastão pretendem dar brevemente um bom giro indo por Nova Friburgo, e voltando por Campos", D. Pedro II contou à condessa de

---

119 D. Pedro II até tentou, se o relato do enviado britânico é confiável, substituir o Gabinete em exercício por outro extraído das fileiras conservadoras; ver PRO FO 13 v. 454 George B. Mathew para lorde Clarendon, secretário das Relações Exteriores, n.8 Confidencial, Rio de Janeiro, 25 fev. 1869. Ver também conde d'Eu para o duque de Nemours, Petrópolis, 20 fev. 1869, em Rangel, *Gastão d'Orléans*, p.208.

120 AHMI Coleção POB Cat. B Maço 38 Doc 1.058 Registro no diário de D. Teresa Cristina para 21 fev. 1869.

121 Ele havia aplicado em julho e novamente em outubro 1866 (como mencionado no texto), em mar. 1867 e em jul. 1868.

122 Rangel, *Gastão d'Orléans*, p.189. O conde mantinha constante correspondência com Joaquim Manuel de Macedo, um deputado da província do Rio de Janeiro e uma figura proeminente entre os liberais radicais, e com Manuel Buarque de Macedo, um deputado da província de Pernambuco; ver IHGB Lata 276 Docs. 23, 26, 28, 30; e AHMI POB Maço 142 Docs. 6.993, 7.263, Maço 146 Doc. 7.120 e Maço 154 Docs 7.238, 7.250.

Barral em maio de 1868. "Deus queira que produza útil abalo no organismo de minha filha."[123] Em agosto, o casal viajou para o balneário de Lambari em Minas Gerais, onde se dizia que as águas eram eficazes nos casos de esterilidade. "E que tal vão provando as aguas virtuosas?", indagou a condessa de Barral em setembro. "Eu quero lhe mandar de Paris uma receita com que me dei muito bem e de que V.A.I. poderá usar consultando seu médico se padece de enco-menda porque eu a tomei e que me privava de ter filhos."[124] Nem as águas nem o medicamento, se é que foram tomados, fizeram que D. Isabel engravidasse, fosse de imediato, fosse após seu retorno ao Rio de Janeiro no início de 1869.

O imperador não podia esperar que seu genro, após repetidas recusas e a exclusão da condução dos assuntos públicos, fosse receptivo a um pedido urgente de que ele assumisse imediatamente o comando das forças brasileiras no Paraguai. Era um dos pontos fortes de D. Pedro II, porém, o fato de que ele não se esquivava de tarefas espinhosas. Sua carta de 20 de fevereiro de 1869 revela muito sobre a visão e os métodos do imperador:

> Caro Filho,
> Caxias pediu demissão do comando do Exército, e reconheceu-se há poucos dias que Gilherme Xavier de Sousa não poderá substituí-lo convenientemente. Em tais circunstâncias propus você para esse cargo: porque confio em seu patriotismo e iniciativa. O governo, que pensa como eu a respeito de você que é preciso de livrar, quando antes, o Paraguai da presença de López, julgou que deve-se conceder a demissão a Caxias e nomear a Você.

A carta prosseguiu para assegurar ao conde d'Eu de que ele teria os mes-mos poderes de Caxias. Ele devia deixar as questões diplomáticas nas mãos do ministro das Relações Exteriores, que servia em missão especial à linha de frente desde o início do ano. O conde poderia levar consigo quaisquer oficiais que escolhesse. "Urge sua partida, e há vapor à primeira ordem. Não duvido, nem por um momento, de que você se preste a serviço tão revelante." Com o intuito de trazer seu genro rapidamente de Petrópolis para o Rio, D. Pedro II ofereceu-lhe o uso da chata imperial para cruzar a Baía de Guanabara. A carta concluía: "Quando você me pedir a condução, que é sinal de que está resolvido a satisfazer os desejos que tanto sinto não ter podido nutrir, logo que você quis ir para o teatro da guerra".[125]

---

123 Carta de 23 maio 1868, em Magalhães Jr., *D. Pedro II*, p.138.
124 AGP sem número, condessa de Barral para D. Isabel e D. Leopoldina, 26 set. 1868.
125 Rangel, *Gastão d'Orléans*, p.209.

Como o conde d'Eu escreveu ao pai sobre a carta recebida de D. Pedro II:

> Podes imaginar meu espanto que não se misturava nem um pouco com rebeldia. Também notarás na última sentença a astúcia pela qual o imperador afirmou que tomaria como uma declaração de aceite de minha parte um pedido telegrafado que eu deveria enviar-lhe para usar sua barca para atravessar a baía![126]

No dia seguinte, usando transporte público, o conde d'Eu desceu a São Cristóvão. Lá ele passou três horas discutindo com o imperador. Embora estivesse disposto a aceitar em princípio, o conde não foi demovido de sua recusa em ser apressado em dar seu consentimento. Ele argumentou que havia sido excluído de todas as informações sobre os acontecimentos no Paraguai. O visconde de Rio Branco, na época em missão especial em Assunção, havia objetado veementemente no Conselho de Estado às petições do conde para ir à frente de batalha. Se sua nomeação fosse feita sem o ministro ser consultado, o conde d'Eu ressaltou que ele poderia ofender-se e renunciar. "Finalmente, chegou a hora do jantar e eu sustentei meu ponto de vista, não sem o imperador manter uma vaga esperança de me fazer reconsiderar o que ele chamou de minha falta de fé."[127]

Nas negociações envolventes que se seguiram, o conde d'Eu forçou seu sogro, relutante, a referir-se à questão de sua indicação ao Conselho de Estado. O conde também insistiu em obter o consentimento do ministro das Relações Exteriores para sua nomeação. Não antes de 20 de março uma resposta favorável foi recebida de Rio Branco. O conde d'Eu então aquiesceu. Sua nomeação e a renúncia de Caxias foram publicadas em 22 de março de 1869. Escrevendo ao pai, o novo comandante em chefe relatou: "Quando ontem fui a São Cristóvão, algumas horas após ter entregado minha decisão por escrito ao imperador, ele me cumprimentou com extrema satisfação. Eu *nunca* o vi em igual estado de felicidade".[128] Não era para menos, pois o imperador mais uma vez impunha sua vontade.

No início de seu comando, a nomeação do conde d'Eu funcionou bem. Chegando a Assunção em 15 de abril, ele começou a tarefa de reorganizar e reequipar as forças brasileiras para uma campanha final contra o presidente paraguaio. López havia feito o melhor uso possível dos longos meses de

---

126 Pós-escrito, datado 22 fev., para uma carta de 20 fev. 1869, apud ibid., p.210.
127 Ibid.
128 Ibid., p.218-9.

inatividade das forças brasileiras. Ele havia criado no leste paraguaio um novo exército a partir dos poucos homens e recursos que lhe restaram após as derrotas de dezembro de 1868. López estabeleceu-se atrás da cordilheira, localizada a leste de Assunção, e pretendia deter a passagem por aquela cadeia montanhosa.[129]

Nos primeiros dias de agosto de 1869, três meses e meio após sua chegada, o conde d'Eu colocou as forças brasileiras em ação e empreendeu um movimento radical no lado sul da linha de frente de López. As tropas abriram caminho através das passagens mal defendidas na cordilheira e avançaram sobre as posições do Exército paraguaio. Após uma derrota em Piribebuy, López recuou suas tropas para o Norte, mas foi apanhado em marcha e sofreu uma grave derrota com pesadas perdas em Campo Grande a leste do Paraguai em 16 de agosto. Os brasileiros fracassaram, contudo, em seus planos de cercar as forças paraguaias e capturar o próprio López.[130]

Com poucos homens e menos armamentos, López não tinha mais os meios de travar uma guerra convencional. Ele não conseguia manter nem mesmo a pretensão de um governo. Sua determinação de continuar a lutar era, porém, inabalável e sua conduta tornou-se ainda mais implacável e sangrenta. Acossado pelas forças brasileiras, ele firmemente retirou suas tropas de poucas centenas de homens restantes para a selva ao norte do Paraguai. O conflito tornou-se pouco mais do que a caça ao homem que ainda se dizia presidente do Paraguai.[131] Ao executar sua missão, que durou sete meses, o Exército brasileiro passou por dificuldades extremas. Em setembro de 1869, ela havia ultrapassado suas linhas de provisão no mesmo momento em que o abastecimento de gêneros alimentícios, confiado a fornecedores privados, não funcionava bem. Em setembro e outubro, as unidades brasileiras realmente passaram fome. Além disso, as forças brasileiras não estavam organizadas ou treinadas para a tarefa que agora enfrentavam. Levou algum tempo para que fosse criado um sistema de inteligência eficaz e fossem organizadas colunas móveis que poderiam rapidamente explorar as informações que o novo sistema de inteligência reunia sobre a movimentação de López.[132]

---

129 Sousa Júnior, "Guerra do Paraguai", p.312. Para um relato pessoal e vívido desse período por um membro da equipe do conde d'Eu, ver Taunay, *Memórias*, p.308-42.

130 Sousa Júnior, "Guerra do Paraguai", p.313; e ver a narrativa da campanha em Taunay, *Memórias*, p.342-67.

131 Sobre a crueldade de López e a condição deplorável do Paraguai nessa época, ver Williams, *Rise and Fall*, p.211-25.

132 Ver Rangel, *Gastão d'Orléans*, p.263-4, 267-70, 273-4; e Taunay, *Memórias*, p.367-8.

Figura 38. Gastão, conde d'Eu, comandante em chefe das forças brasileiras no Paraguai, ao centro, cercado por sua equipe. Imediatamente à direita do conde estão Alfredo d'Escragnolle Taunay, futuro senador e visconde de Taunay, e depois, de calças claras, José Maria da Silva Paranhos, visconde de Rio Branco, senador e ministro de Relações Exteriores.

Esses problemas e a natureza da tarefa exigiam um comandante em chefe dotado de frieza de nervos, jogo de cintura em face da adversidade e capacidade de tranquilizar e inspirar seus subordinados. Tais características não estavam entre as tantas boas qualidades que o conde d'Eu possuía. Tendo demonstrado energia e ímpeto exemplares ao preparar e executar a campanha da cordilheira, o comandante em chefe agora demonstrava desânimo diante de sua nova tarefa. "Em Caacupê foi que se mostrou essa tendência do príncipe à irritabilidade", lembrou um membro de sua equipe, "transformada logo depois em melancolia e acessos de apatia quase completa, que o seu médico, dr. Ribeiro de Almeida, combatia quanto podia".[133] Como Caxias antes dele, o conde d'Eu desejava que a guerra fosse declarada finda e seu retorno para casa fosse autorizado. Ele expressou essas ideias com insistência a seu sogro, ao ministro da Guerra e ao ministro das Relações Exteriores, que estava aquartelado em Assunção, orientando a Junta de Governo ali instalada e supervisionando a condução da guerra.[134]

D. Pedro II demonstrava infinita paciência com as demandas e as queixas de seu genro, lançando mão de toda astúcia e persuasão para mantê-lo no co-

---

133 Taunay, *Memórias*, p.366, 378.
134 Rangel, *Gastão d'Orléans*, p.270-5, 277-83, 289-95.

mando das forças brasileiras até que López fosse capturado. Persuadido pelo imperador, os dois ministros dedicavam-se ao mesmo propósito, embora com menos tolerância e compreensão do que seu soberano.[135] Semanas se passaram enquanto a perseguição ao presidente fugitivo continuava. Finalmente, em 1º de março de 1870, uma coluna móvel capturou López desprevenido em seu acampamento em Cerro Corá, e no combate que se seguiu o até então presidente convenientemente faleceu.[136]

Cinco anos e cinco meses haviam transcorrido desde que o presidente Francisco Solano López do Paraguai capturara o navio brasileiro Marquês de Olinda, colocando os dois países em rota de colisão. Desde o início, D. Pedro II acreditava, como contou à condessa de Barral em novembro de 1866, que "se deve acabar a guerra como a honra o exige, custe o que custar".[137] Dificuldades, contratempos e a fadiga da guerra não exerceram nenhum impacto sobre sua calma resolução. O crescente número de mortos e feridos não o detinha de modo algum. Sua causa, que era a causa do Brasil, era justa, e pelo triunfo dessa causa ele estava disposto a sacrificar tudo, até seu trono. Contudo, encontrar cerca de 80 mil soldados necessários para lutar na guerra havia arruinado seriamente o regime imperial. Os custos financeiros haviam sido muito altos, embora a guerra certamente estimulasse a economia e promovesse o desenvolvimento. Sem o imperador, o Brasil não teria perseverado e assegurado a eliminação de López. Os brasileiros, cujo senso de identidade nacional havia sido intensificado pela luta longa e sangrenta, reconheciam esse fato. Em abril de 1870, o enviado britânico comentou que "o sentimento geral de que a persistência do Brasil em conduzir a guerra até seu fim devia-se à determinação do imperador".[138] Uma grande soma foi levantada por subscrição popular para o erguimento de uma estátua em homenagem ao imperador. D. Pedro II deixou claro que preferia que o dinheiro fosse usado para construir escolas, e seu desejo foi atendido.[139] A guerra não deixou qualquer dúvida sobre a supremacia de D. Pedro II den-

---

135 AHMI POB Maço 157 Doc 7.342 D. Pedro II para conde d'Eu, Rio de Janeiro, 30 jan., 15 fev. e 10 mar. 1870; José Maria da Silva Paranhos, futuro visconde de Rio Branco, para o barão de Cotegipe, Assunção, 29 nov., 3, 13 e 14 dez. 1869, 20 e 29 jan. e 14 fev. 1870, em Pinho, *Cartas*, p.171-7, 190-5, 208-14; e Taunay, *Memórias*, p.379.

136 Sousa Júnior, "Guerra do Paraguai", p.313.

137 D. Pedro II para a condessa de Barral, Rio de Janeiro, 7 nov. 1866, em Magalhães Jr., *D. Pedro II*, p.89.

138 PRO FO 13 v.469 George B. Mathew para o conde de Clarendon, n.19, Confidencial, Rio de Janeiro, 9 abr. 1870.

139 Carta de D. Pedro II para Paulino José Soares de Sousa Jr., datada 19 mar. 1870, foi impressa no *Jornal do Commercio*, 20 mar. 1868, transcrita em "Traços biográficos", p.644. Um fac-símile da carta original está impresso em *Álbum imperial*, v.1, n.3 (1906), p.3.

tro do sistema. Seu genro agora reconhecia essa supremacia. Em 4 de março, no mesmo dia em que soube da morte de López, o conde d'Eu escreveu a D. Pedro II: "Nesse momento porém de tanta e tão inesperada emoção não posso deixar de me lembrar logo de V. M. e de beijar a mão pedindo-lhe desculpas por minhas descrenças e outras criançadas como filho estrenuo e reverente".[140]

Na manhã de 29 de abril de 1870, o conde d'Eu chegou ao Rio de Janeiro.

> O desembarque teve lugar às 10 horas no Arsenal da Marinha. Foi indescritível. – Não foi entusiasmo; foi delírio. Lutava-se para conquistar onde assentar o pé. Foi assim rompendo a massa compacta e confusa de guarda nacional, arqueiros, corte, até a Capela Imperial, onde rezou-se o "Te Deum".

Assim escreveu André Rebouças em seu diário, e o conde d'Eu concordou:

> Foi realmente um belo dia. Não é possível imaginar a *excitação* que se espalhava por toda a cidade do Rio. Por quatro noites consecutivas, não havia uma única casa que não estivesse iluminada. Finalmente o entusiasmo passou e temos conseguido ficar tranquilos em casa, onde não pensamos em nada além de descansar.[141]

O conde d'Eu havia conquistado o direito ao descanso e à recuperação, e pode-se pensar que o mesmo se aplicava ao imperador. A realidade era bem diferente. Tendo solucionado com êxito uma das duas crises que o Brasil enfrentava desde 1864, ele já estava a postos, tentando atingir seu segundo objetivo. Dois dias após o retorno de seu genro, enquanto as comemorações continuavam com toda força, D. Pedro II escreveu ao presidente do Conselho de Ministros:

> Sr. Itaboraí,
> Não sei quando se abrirão as Câmaras: porém é necessário que eu possa a tempo examinar o projeto da fala do trono.
> Pelos motivos que lhe tenho exposto, e entre os quais o senhor bem sabe que não tem senão menor importância o meu modo de pensar, entendo que seria um grande erro o não dizer o governo alguma coisa sobre a questão da emancipação na fala do trono.

---

140 Ver Rangel, *Gastão d'Orléans*, p.298.
141 Registro no diário para 29 abr. 1870, em Rebouças, *Diário*, p.120; e conde d'Eu para Margaret d'Orléans, Laranjeiras, 4 jun. 1870, em Rangel, *Gastão d'Orléans*, p.302.

As minhas ideias capitais são que voluntariamente pôs em prática o barão de São João do Príncipe [fazendeiro da província do Rio de Janeiro]. [...]

Escuso dizer que tudo o que lhe acabo de escrever será sabido unicamente do ministério, que muito estimarei concorde comigo na necessidade que sempre lhe tenho exposto de alguma coisa fizer-se na fala do Trono a respeito desse assunto, de que todos parecem ocupar-se menos o governo.[142]

Subliminar, polida, porém firme, a carta do imperador era nada menos que uma advertência lançada através do arco do gabinete conservador. Os ministros não lhe deram atenção. A minuta do Discurso do Trono apresentada ao imperador não continha nenhuma referência à questão da escravatura. Sobre essa minuta o imperador e o Gabinete discutiram em dois despachos extraordinários na quarta e na quinta-feira, dias 4 e 5 de maio. Na manhã de 6 de maio, o barão de Cotegipe, o ministro da Marinha e o ministro interino de Relações Exteriores redigiram um relato do que se passara. Era um documento revelador.[143] De acordo com o relato de Cotegipe, o imperador abriu a discussão afirmando que, embora achasse a minuta em linhas gerais boa, ela omitia qualquer menção à escravidão. Ele havia concordado na sessão anterior de 1869 que nenhuma alusão ao assunto devia ser feita por causa da guerra, mas agora a questão precisava ser tratada a fim de tranquilizar os proprietários de terras. Recomendou as propostas discutidas no Conselho de Estado em 1867 e 1868. "Conhecendo a opinião coletiva do Gabinete, ele desejava ouvir a opinião dos ministros." Essas opiniões foram então apresentadas. Os ministros declararam coincidentemente que não havia nenhum acordo entre eles sobre as medidas a serem tomadas e, portanto,

aqueles que possuíam tais planos deviam empreender a reforma proposta e não nós. Nesse ponto, S. M. observou (e em alguns momentos ele interrompeu quem quer que estivesse falando com outras observações) que uma solução apresentada pelos conservadores seria mais aceitável aos latifundiários. A isso foi respondido que, para tal, os Conservadores tinham de ter um plano, e era o que lhes faltava.

---

142 Pinho, *Política e políticos*, p.132-3, transcrevendo uma carta nos arquivos do Instituto Geográfico e Histórico da Bahia. Deve-se notar que Conrad, *Destruction*, não cita esse artigo, que é crucial para compreender o papel do imperador na luta pela emancipação dos escravos.

143 Pinho, *Política e políticos*, p.135-45, transcrevendo um documento escrito pelo barão de Cotegipe, agora arquivado no IHGB BC Lata 82, Pasta 37.

No final das contas, o imperador obteve de dois ministros declarações a favor da inclusão no Discurso do Trono de uma menção ao tópico da escravidão, ao passo que quatro deles se opuseram.[144]

O memorando do barão de Cotegipe resumia suas próprias razões para opor-se à sugestão de D. Pedro II, começando pela observação de "que havíamos aceito o ministério com condição de não agitarmos esta questão" e terminando com o comentário de que ele mesmo acreditava que a situação tornara-se séria.

> Porque todos creem que o impulso vem de S. M. que, tendo e devendo ter grande força na opinião, acarretava os dúbios e todos quantos julgavam assim agradá-lo; que eu sempre me opus a que o governo se mostrasse decidido a levar a cabo a questão [...]
>
> N.B.: Quando eu disse que me havia oposto, S. M. atalhou-me com as seguintes expressões: "e até demais declarando que se oporia até pegando na espingarda".

O barão de Cotegipe respondeu a D. Pedro II negando que ele jamais houvesse feito tal comentário. Ele também negou opor-se à emancipação em si. Ideais humanitários deviam ceder a realidades econômicas.[145]

Obstruído em sua proposta por uma menção direta sobre a escravidão, a seguir o imperador sugeriu aos ministros que o trecho na minuta do discurso, que se referia a "suprimento de braços para a agricultura, a principal fonte de nossa riqueza" fosse retificada para "braços livres". Com essa alteração, os ministros (insensatamente, eles descobririam) concordaram. Com isso a reunião foi adiada para o dia seguinte. O barão de Cotegipe comentou:

> N.B.: 1º, que uma peça ministerial fosse tão discutida pela Coroa; 2º, a audiência de opiniões individuais, quando o Gabinete só as tem coletivas em tais casos e assim as apresenta.
>
> (Escrito na noite de 5 de maio).
>
> P. S.: Quando nesta conferência se disse que a questão era semelhante à pedra que rolava da montanha e que nós não a devíamos precipitar, porque seríamos

---

144 Ibid., p.136.

145 Ibid., p.136-7. O barão de Cotegipe foi, a partir daí, zombado por seus oponentes sobre sua "espingarda enferrujada", um indício do quanto os comentários do imperador disseminaram-se; ver Taunay, *Reminiscências*, p.86.

esmagados, S. M. respondeu que não duvidava expor-se à queda da pedra, ainda que fosse "esmagado"!

E o Brasil? Esta é a questão...[146]

No dia seguinte, 6 de maio, quando a discussão sobre a minuta foi retomada, o imperador tentou atingir seu objetivo de forma indireta, sugerindo que, como os ministros haviam concordado em falar de "braços livres", a frase devia ser alterada ainda mais para "o desenvolvimento moral e material do Império [...] depende do trabalho livre aplicado à lavoura, principal fonte de nossa riqueza". A mão de obra livre era almejada por todos, o imperador argumentava, e incluir a ideia no discurso não comprometia o governo. Os ministros objetaram à noção de que a emenda proposta implicitamente condenava a escravidão e, portanto, eles não poderiam aceitá-la.[147]

A resistência do Gabinete postergou a causa da emancipação. Os ministros recusavam-se a honrar o compromisso de ação publicamente declarado ao Comitê Francês para a Abolição da Escravidão em agosto de 1866 e confirmado pelos debates no Conselho de Estado em agosto de 1867 e 1868. O revés não desconcertou D. Pedro II. Ele deixou claro aos ministros que mantinha seus ideais sobre o assunto e que pretendia colocá-los em prática aplicando publicamente o princípio do livre nascimento aos escravos em seu domicílio. Essa declaração causou considerável alarme entre os ministros. "O barão de Muritiba representou muito respeitosamente que S. M. em nosso sistema não podia practicar aquilo a que estava resolvido." O barão de Cotegipe concordou com essa opinião e foi além, observando: "Que S. M. não tinha o direito que suponha ter (e neste ponto foram acordes os ministros)". A única concessão que o Gabinete faria a respeito era que D. Pedro II poderia libertar a prole de seus escravos domésticos ao nascerem, mas somente em bases individuais. "S. M. acudiu – que enquanto 'julgava dever, conservar os ministros', sempre cedia à opinião destes, e o mostrava – nesta ocasião", mas que ele não se absteria de libertar os filhos que nascessem de seus escravos domésticos.[148] Os ministros não tiveram escolha a não ser consentir com o curso de ação

---

146 Pinho, *Política e políticos*, p.141-3.

147 Ibid., p.143. O barão de Cotegipe estava tão zangado com o comportamento de D. Pedro II que em 8 de maio ele recontou todo o incidente em detalhes para Aureliano Cândido Tavares Bastos, um membro da oposição liberal, que registrou a informação em seu caderno. Ver BNRJ SM 13.1.24 Caderno endossado na capa "Política Administra Cad. VI 1869", p.75-6.

148 Como os escravos da casa não pertenciam, na realidade, ao imperador, mas eram propriedade da nação, mudar sua condição legal envolvia o governo nacional.

proposto por D. Pedro II, insistindo, contudo, que isso não fosse apresentado como uma declaração de política pelo imperador.[149]

O Gabinete sustentou seu ponto de vista. O Discurso do Trono lido pelo imperador em 6 de maio de 1870 não continha nenhuma referência à emancipação. Essa vitória pouco contribuiu para manter a escravidão, que foi rapidamente se tornando indefensável. O Ministério havia ele próprio minado o *status quo* ao facilitar em 1869 a aprovação na Câmara Baixa de uma medida (originalmente votada pelo Senado em 1862) que proibia a venda pública de escravos e a separação de suas famílias.[150] Além disso, os ministros não haviam tomado nenhuma ação para repudiar a atitude do conde d'Eu quando, em setembro de 1869, ele havia virtualmente ordenado ao governo provisório do Paraguai, formado pelos Aliados em Assunção, que concedesse liberdade imediata aos escravos existentes naquele país e abolisse essa instituição.[151] Por fim, a recusa dos ministros em agir foi desacreditada por desdobramentos na Espanha. Em maio de 1870, o governo espanhol introduziu um projeto de lei que declarava livres todas as crianças escravas nascidas em suas colônias a partir de 18 de setembro de 1868 e alforriou todos os escravos com mais de 60 anos. Os nascidos livres deviam permanecer sob tutela (e, portanto, obrigados ao trabalho não remunerado) até a idade de 22 anos. Apresentado nas cortes em 28 de maio, o projeto de lei foi aprovado em 4 de julho. O Brasil viu-se sozinho em manter a escravatura intacta.[152]

Mais do que depressa, os ministros perceberam que sua vitória sobre o Discurso do Trono era uma vitória de Pirro. Sua recusa em cooperar fizera que perdessem a confiança do imperador. D. Pedro II não tentara manter segredo da divergência, encorajando os oponentes do Gabinete a agirem contra ele. Em 14 de maio, um deputado bem relacionado, o sobrinho e genro do marquês de Paraná, submeteu uma questão parlamentar ao presidente do Conselho sobre a política do Gabinete em relação à escravatura e sua emancipação. O visconde de Itaboraí respondeu que, tendo em vista a natureza arriscada

---

149 Pinho, *Política e políticos*, p.143-5. Sem informar o Gabinete, D. Pedro II havia elaborado um decreto da casa imperial, concedendo liberdade aos filhos dos escravos domésticos. Ele assinou esse decreto em 20 maio, apresentando aos ministros um fato consumado. Ver os comentários feitos pelo barão de Cotegipe em 9 out. 1870 para Aureliano Cândido Tavares Bastos, que os registrou em seu caderno; BNRJ SM 13.1.24 Caderno endossado com capa "Política Administra Cad. VI 1869", p.90.

150 Conrad, *Destruction*, p.86.

151 Rangel, *Gastão d'Orléans*, p.264; e Nabuco, *Estadista*, v.II, p.107-8.

152 Corwin, *Spain and Abolition*, p.245-51.

da questão, toda ação devia ser deixada à iniciativa privada. A futilidade da resposta e a maneira pouco convincente e confusa com que ela foi dada encorajaram mais ataques. Em 23 de maio, o mesmo deputado apresentou uma moção para a nomeação de um comitê especial para estudar a questão escravagista. O Gabinete não teve escolha senão deixar a moção passar. O comitê foi devidamente nomeado.[153]

O Gabinete perdeu prestígio com o revés no Legislativo. D. Pedro II ainda minou a posição do Ministério ao se recusar a escolher um antigo membro do Gabinete a ocupar uma vaga no Senado. Somente ao ameaçar renunciar foi que o Gabinete forçou o imperador a mudar sua escolha. Nesse momento, o visconde de Itaboraí, presidente do Conselho, provavelmente por iniciativa própria e evitando oferecer mais resistência a D. Pedro II sobre o assunto da escravidão, abordou o marquês de São Vicente, um membro veterano do Partido Conservador. Ele sugeriu a São Vicente que se preparasse para, em uma data futura, substituí-lo como primeiro-ministro. Itaboraí pertencia à geração política que assumira o poder em 1831, mas que deliberadamente cedera a condução dos assuntos governamentais a D. Pedro II em 1840. Ele aceitava a supremacia do imperador e se sujeitaria às vontades do monarca quando assim exigido. O marquês de São Vicente, que pertencia à mesma geração, não questionou o papel que lhe foi atribuído. Ele consultou o imperador e sondou possíveis membros de um novo gabinete.[154]

Uma vez seguro de sua capacidade de substituir o Gabinete no poder, o imperador deixou absolutamente claro aos ministros que eles não mais contavam com seu apoio. Ele lhes sonegava informações sobre seus próprios planos, em particular sua intenção de visitar a Europa em 1871. Tal ausência do Brasil exigia consentimento prévio do Legislativo; ao deixar de consultar o Gabinete sobre o apoio ao projeto de lei necessário, o imperador manifestava sua crença de que o Ministério não estaria mais no poder quando a próxima sessão legislativa abrisse.[155] Enquanto isso, o comitê especial de investigação sobre a escravidão criado em maio divulgou seu relatório em 16 de agosto. Ele defendia a emancipação aos filhos de escravos ao nascerem e apresentou uma

153 Ver *Elemento servil*, p.1-4; Taunay, *Reminiscências*, p.194-8; e a informação, baseada em documentos do barão de Cotegipe, agora em IHGB BC Lata 82 Pasta 37, transcrita em Pinho, *Política e políticos*, p.149, 151-2, 157-61.

154 Memorando do barão de Cotegipe sobre sua conversa com São Vicente em 4 out. 1870, em Pinho, *Política e políticos*, p.153-5.

155 Ver memorando sem data circulado entre seus colegas por Cotegipe, transcrito em ibid., p.161-3.

proposta de lei incorporando suas recomendações.[156] Esses eventos acabaram por disseminar uma suposição de que o Gabinete seria substituído, o que de fato se concretizou. A confiança e a coerência dos ministros diminuíram e, mais importante ainda, eles perderam o controle do processo legislativo. Em 23 de setembro, pouco antes do fechamento da sessão, chegaram à decisão unânime de renunciar.[157]

O imperador viu-se obrigado a recorrer ao marquês de São Vicente antes do que pretendia, e o novo presidente do Conselho enfrentou alguma dificuldade em completar seu Gabinete. O habitual conjunto de instruções, que D. Pedro II passou ao novo presidente do Conselho em 29 de setembro, recomendava dentre várias medidas a reforma do sistema policial e judicial. "Outra medida legislativa de urgência igual [...] é a que se refere ao elemento servil."[158] No discurso de encerramento da sessão legislativa em 1º de outubro de 1870, D. Pedro II pôde fazer menção à sanção na próxima sessão de medidas então sob avaliação "e de preferencia aqueles que a nação mais instantaneamente reclama, e que, tranquilizando todos os justos interesses, satisfarão vitais necessidades de nossa ordem social".[159] A emancipação dos escravos era mais uma vez, como o imperador pretendia, um objetivo primordial do governo.

A concretização desse objetivo provou não ser tão fácil quanto D. Pedro II desejava. O marquês de São Vicente não possuía nem a reputação nem as conexões políticas necessárias a um chefe de Gabinete, especialmente um comprometido com a promulgação de uma reforma controversa. Ele não conseguia manter o comando sob seus colegas ou administrar a condução dos assuntos governamentais. Por causa de sua falta de prestígio, coerência e experiência de governo, o novo Gabinete logo se envolveu em problemas. Ao final de 1870, São Vicente perdera o ânimo e pediu para ser substituído. O imperador, determinado a seguir adiante com as reformas planejadas, sobretudo aquela sobre a escravidão, primeiramente tentou manter o ministério no poder, mas no início de 1871 concordou em tentar uma solução alternativa.

---

156 A minuta da lei é dada em *Elemento servil*, p.60-70. Dos cinco membros do comitê, três votaram a favor de suas descobertas, um as rejeitou totalmente e um expressou suas reservas em detalhes; ver ibid., p.73-107.

157 Sobre as circunstâncias que efetivamente acarretaram a renúncia do Gabinete, ver Pinho, *Política e políticos*, p.164-70.

158 Documento datado de 29 set. 1870, transcrito em Nabuco, *Estadista*, v.II, p.439-40.

159 *Fallas do throno*, p.665.

O visconde de Rio Branco, ministro das Relações Exteriores no Gabinete de Itaboraí, havia ido, no início de 1869, à frente de batalha com o propósito de neutralizar os problemas diplomáticos decorrentes da ocupação de Assunção. Em 26 de dezembro de 1870, São Vicente escreveu a ele que o imperador desejava seu retorno imediato ao Rio de Janeiro, visto que ele havia sido designado a compor um gabinete. Rio Branco acabou aquiescendo e chegou em 20 de fevereiro.[160] Como D. Pedro II escreveu a seu genro, Rio Branco estava tentando "organizar novo ministério e de acordo perfeito comigo quanto as ideias capitais das reformas, uma das quais é a do elemento servil".[161] Apesar de ter sido contra os projetos de emancipação de escravos apresentados em 1867 ao Conselho de Estado, Rio Branco tornava-se agora um defensor ferrenho da proposta. Seu Gabinete, formado em 10 de março de 1871, foi principalmente composto de políticos jovens e capazes.

D. Pedro II não hesitou, uma vez formado o Gabinete, em perseguir seus planos de longa data para uma visita de dez meses à Europa. Ao se retirar do país durante a discussão da proposta de lei que dava liberdade aos filhos nascidos de escravos, ele impediu que os oponentes da medida alegassem que sua presença impedia uma franca discussão no Legislativo. Sua ausência também servia para desencorajar a oposição. Foi amplamente propalado que, se o projeto não fosse aprovado, o imperador abdicaria e não retornaria ao Brasil, dessa forma deixando o país nas mãos de uma mulher inexperiente que ainda não completara 25 anos.[162]

A essas razões políticas para a ausência do imperador podiam ser acrescentados fatores pessoais. Em 1871, D. Pedro II completava mais de trinta anos a cargo dos assuntos do Brasil, sem qualquer folga além de duas visitas ao Rio Grande do Sul em 1845 e 1865 e outra ao Nordeste em 1859-60. A Guerra do Paraguai deixara-o fragilizado e exausto. Então veio a súbita morte de sua filha mais jovem. Em março de 1871, ele recebeu a notícia de que em 7 de fevereiro, D. Leopoldina, com apenas 23 anos de idade, havia sucumbido em Viena à febre tifoide. Ela deixara quatro filhos pequenos, o

---

160 AHMI POB Maço 157 Doc 7.365 Cópia do marquês de São Vicente para o visconde de Rio Branco, Rio de Janeiro, 26 dez. 1870, e do marquês de São Vicente para D. Pedro II, Rio de Janeiro, 20 fev. 1871; e ver notas escritas por Francisco de Paula Oliveira Borges, genro do marquês de São Vicente, para Joaquim Nabuco e citadas em Nabuco, *Estadista*, v.II, p.131-2.

161 AGP XXXVIII-2 D. Pedro II para o conde d'Eu, Rio de Janeiro, 5 mar. 1871.

162 "Disse-se então, e geralmente se acreditou, que era propósito imperial não voltar ao Brasil se a lei não fosse votada pela Câmara"; trecho escrito em jul. 1872 por Cristiano Ottoni em sua *Autobiographia*, p.194.

mais jovem com menos de seis meses de idade. "Persisto na viagem", D. Pedro II escreveu ao conde d'Eu em 23 de março, "sobretudo por causa de sua mãe [sogra], que felizmente tenho podido animar, mormente, com a ideia dessa viagem".[163]

Em 1º de maio de 1871, D. Isabel e seu marido, estando eles próprios em viagem à Europa, chegaram ao Rio. A sessão legislativa foi aberta três dias depois, com o Discurso do Trono proclamando com respeito à escravidão que "é tempo de resolver esta questão".[164] No mesmo dia, D. Pedro II transmitiu à filha suas impressões sobre a tarefa de governar em sua ausência. "O sentimento inteligente do dever é nosso melhor guia", o texto começava, "porém os conselhos de seu pai poderão aproveitar-lhe". Dividido em oito partes – "Eleições", "Administração", "Educação Pública", "Rotas de Comunicação e Emancipação da Colonização", "Exército e Marinha", "Relações Externas", "Relações com o Ministério" e "Poder Moderador e Poder Executivo" – o documento encerrava-se com uma série de reflexões de última hora sob o título "Lembretes".[165] Um projeto de lei autorizando o imperador a deixar o Brasil e reconhecendo D. Isabel como regente com todos os poderes de seu pai foi rapidamente aprovado pelo Legislativo e promulgado em 17 de maio. No dia 25 desse mês, D. Pedro II, D. Teresa Cristina e uma comitiva de quinze pessoas, incluindo dois dos amigos mais íntimos de D. Pedro II, Nicolau Antônio Nogueira Vale da Gama e o visconde de Bom Retiro, embarcaram no vapor rumo a Lisboa.[166]

Os dez meses de D. Pedro II na Europa foram, acima de tudo, um tempo de desobrigação e liberdade.[167] Ele viajou estritamente incógnito, intitulando-se "D. Pedro d'Alcântara" e insistia em ser tratado com informalidade, recusando-se a hospedar-se em outro lugar que não em hotéis. Por outro lado, ele se comportava como um indivíduo comum na Europa exatamente do mesmo modo que agia como imperador no Brasil. Ele fazia o que queria, sem dar a

---

163 AGP XXXVIII-2 D. Pedro II para o conde d'Eu, Petrópolis, 23 mar. 1871. O conde d'Eu, alegando a falta de segurança causada pela guerra entre França e Prússia, vinha instigando D. Pedro II a adiar sua visita, de modo que sua filha e genro pudessem permanecer por mais tempo na Europa.

164 *Fallas do throno*, p.669.

165 Ver o texto em D. Pedro II, *Conselhos à regente*.

166 *Organizações*, p.162; e Calmon, *Pedro II*, v.3, p.889.

167 As melhores fontes sobre a viagem de 1871-1872 à Europa e ao Egito são Lacombe, *Primeira visita*; "Viagem de SS.MM.II.", em Barral, *Cartas*, p.367-91; e AGP sem número, cartas da condessa Barral para D. Isabel, várias datas em 1871.

menor atenção a gastos ou à inconveniência alheia. Seus dias eram passados em infindáveis e exaustivas visitas a pontos turísticos e em encontros com qualquer pessoa de reputação intelectual. Ele teve a felicidade de encontrar, pela primeira vez desde abril de 1831, sua madrasta, D. Amélia. Ao desembarcar em Lisboa, "fui imediatamente ao Palácio das Janelas Verdes. Chorei de felicidade e também de tristeza ao ver minha mãe tão afetuosa comigo, mas tão idosa e doente".[168] Eles passaram uma hora juntos. Outro prazer para D. Pedro II foi seu encontro com a condessa de Barral, que se juntou à comitiva imperial na fronteira francesa em 26 de junho. Três dias depois, os viajantes chegaram a Londres. Em 4 de julho, o casal imperial foi ao Castelo de Windsor, onde foram recebidos pela rainha Vitória.

Figura 39. D. Isabel à época de sua primeira regência, 1871-1872.

---

168 Lacombe, *Primeira visita*, [p.13]. D. Amélia não sobreviveu muito após essa reunião, falecendo em 26 jan. 1873.

"Ele é muito alto, espadaúdo e corpulento, um homem de boa aparência, mas muito grisalho, embora com apenas 44", escreveu a rainha em seu periódico. "A Imperatriz (uma princesa de Nápoles) é muito amável e agradável, tão simples e despretensiosa. Ela é baixa e manca." No dia seguinte, a rainha Vitória foi para Londres e prestou-lhes uma visita de retribuição no Hotel Claridges.

> O imperador vai a toda parte e vê de tudo, mas não frequenta a sociedade. Ele se levanta às 5 e já está fora às 6! Ele falou com muita gentileza e sabedoria, com a maior apreciação por nossas instituições, que ele disse que a Inglaterra lutara para conquistar nos últimos séculos. Ele é muito simples em suas preferências e gosta de *la vie de famille* [a vida caseira]. Ele pretende visitar a Escócia por conta de Walter Scott a quem ele tanto admira e depois ir a Viena e Coburgo para visitar o túmulo de sua pobre filha & depois à Itália.[169]

Após a Inglaterra, foram à Bélgica, à região do Reno, Hamburgo, Berlim, Dresden, Coburgo, onde D. Leopoldina estava enterrada, e finalmente Calrsbad, o balneário da Boêmia, onde os viajantes passaram três semanas para que a imperatriz pudesse tomar as águas.[170] A comitiva prosseguiu para Munique e depois Viena, onde D. Pedro II encontrou-se com seu primo, o imperador Francisco José. O encontro não foi bem-sucedido. D. Pedro II "despachou meu imperador depois de cinco minutos, dizendo que como turista estava muito atarefado para dispor de mais tempo para ele", um diplomata austríaco relatou. "O imperador Francisco José contou-me essa história, acrescentando que seu primo do Brasil era o maior *flegel* [malcriado] que havia encontrado na vida."[171] De Viena, o imperador e sua comitiva seguiram para a Itália e navegaram para o Egito em 24 de outubro.

Enquanto D. Pedro II divertia-se dessa forma na Europa, o visconde de Rio Branco e seus colegas ministros viam-se diante de uma luta amarga e exaustiva para sancionar o que era na realidade uma medida muito cautelosa de emancipação. Crianças nascidas de mães escravas eram legalmente tornadas seres livres ("ingênuos") e os donos de suas mães eram obrigados a criar a prole até a idade de 8 anos. Então os donos podiam renunciar aos serviços dos

---

169 Periódico da rainha Vitória (transcrição da princesa Beatrice), registros para 4 e 5 jul. 1871.

170 "Viagem de SS.MM.II.", em Barral, *Cartas*, p.378-87.

171 Registro no diário do barão von Hübner para 27 jul. 1882, em Mendes Gonçalves, *Diplomata*, p.38.

"ingênuos", recebendo uma indenização, ou manter o uso de seus serviços até que completassem 21 anos. A medida incluía algumas cláusulas para a libertação compulsória de algumas categorias de escravos, criava um fundo de emancipação para futura compra anual e libertação de escravos e ordenava um registro nacional de todos eles.[172]

O projeto de lei do governo, apresentado na Câmara dos Deputados em 12 de maio, encontrou uma oposição determinada, que contava com o apoio de cerca de um terço dos deputados e que pretendia organizar a opinião pública contra a medida. O governo conseguiu forçar o projeto pela Câmara Baixa somente com o uso recorrente de moções de fechamento. Apenas em agosto a medida recebeu sua leitura final e subiu para o Senado. Escrevendo ao sogro em 6 de setembro, o conde d'Eu observou que "os senadores (com excepção de Itaboraí, Muritiba e um ou dois outros) parecem impaciente de aprová-la nos dez dias que restam da sessão".[173] Na verdade, o debate durou mais tempo do que isso, mas em 27 de setembro de 1871 o Senado sancionou a lei, que foi assinada pela princesa Isabel no dia seguinte.

Um mês depois, D. Pedro II recebia a notícia em sua chegada a Alexandria. O visconde de Itaúna, um membro de longa data do círculo íntimo do imperador na corte, descreveu a cena ao visconde de Rio Branco:

> Logo ao desembarcar recebeu o imperador 2 telegramas, um de Florença, e outro de Milão anunciando-lhe que a lei acerca do elemento servil havia passado no Senado, e se achava já sancionada. Apenas foi lido esse telegrama, S. M. correu para mim, deu-mo para ler, abraçou-me, e em verdadeira explosão de prazer, me disse o seguinte: "Escreva de novo, e já, ao Rio branco, enviando-lhe este abraço que lhe dou, e diga-lhe na linguagem a mais postiva que estou penhorado, e desejaria abraçá-lo agora pessoalmente, o que farei logo que o avisto em minha volta. Diga-lhe mais que o considero como o *meu homen*, em que deposito *toda a confiança e esperança que posso ter*, nutrindo a creança que ele me não abandonará no muito que temos a fazer; diga-lhe mais que conte comigo como me apraz contar com ele.[174]

---

172 Ver o texto da lei em Conrad, *Destruction*, p.305-9.

173 AGP XLI-1' Conde d'Eu para D. Pedro II, Laranjeiras, 6 set. 1871. As cartas escritas pelo conde d'Eu sobre o trecho da Lei do Ventre Livre são uma fonte de primeira linha de informações sobre o tópico. Joaquim José Rodrigues Torres, visconde de Itaboraí, que havia servido duas vezes como presidente do Conselho, morreu em 8 jan. 1872.

174 AHI VRB Volume encadernado intitulado "Visconde do Rio Branco, alguns documentos. 1853-1872" Visconde de Itaúna para o visconde de Rio Branco, Alexandria, 28 out. 1871.

Figura 40. D. Pedro II nas pirâmides do Egito, em novembro de 1871. Na extrema direita estão D. Josefina da Fonseca Costa; Luís Pedreira do Couto Ferraz, visconde de Bom Retiro; e D. Teresa Cristina.

Ele podia ter perdido alguma parte dessas instruções, o visconde de Itaúna continuou, "nunca tendo visto o imperador entregue a tão violenta expansão". A intensidade da reação de D. Pedro II era justificada. Ele acabava de atingir ambos os objetivos que, desde 1864, perseguia tão incansavelmente, apesar de todos os desalentos e contratempos. Naquele momento, ele desfrutava a supremacia dos assuntos de seu país.[175]

---

175 "Era notório", escreveu Cristiano Ottoni em jul. 1872, "que o imperador tinha a peito especialmente duas ideias: o extermínio de López ao Paraguai, e a libertação dos escravos no Brasil"; ver Ottoni, *Autobiographia*, p.184.

8
Herdeiros e inimigos, 1871-1876

Quando D. Pedro II partiu do Rio de Janeiro em 25 de maio de 1871, para desfrutar dez meses de liberdade na Europa, pôde fazê-lo com um sentimento de dever cumprido. Ele proporcionara ao Brasil trinta anos de um governo consciencioso, conduzira o país incólume por cinco anos de guerra e levara ao ponto de sanção uma lei que garantiria o eventual fim da escravidão. Em 31 de março de 1872, o imperador voltou ao Brasil coroado de louros. Seus meses na Europa haviam sido triunfais. Sua conduta modesta, seu conhecimento e seu interesse entusiástico por tudo que encontrava atraíam respeito e atenção por onde quer que passasse. A aprovação da Lei do Ventre Livre, promulgada durante sua estada na Europa, havia melhorado ainda mais tanto sua reputação pessoal quanto a reputação internacional do país que ele governava. O início da década de 1870 trouxe prosperidade para o Brasil. Sua economia expandia-se, e planos de desenvolvimento interno – ferrovias, rotas marítimas e colônias de imigrantes – proliferavam. Com a escravatura fadada à extinção e outras reformas projetadas, as perspectivas de "avanços morais e materiais" pareciam vastas.[1] Durante a ausência do imperador, o presidente do Conselho de Ministros havia mais do que provado sua competência e mantido o governo nacional em um curso estável. O visconde de Rio Branco era o segundo no comando, em quem D. Pedro II podia confiar, enquanto

---

1 Extraído do Discurso do Trono, 3 maio 1872, em *Fallas do throno*, p.682.

o imperador retomava a rotina de trabalho e voltava sua atenção ao "muito que temos de empreender".[2] Tudo parecia estar bem assentado para o futuro.

Porém, uma pequena nuvem surgiu no horizonte político. No Rio de Janeiro, em 3 de dezembro de 1870, um *Manifesto Republicano* foi publicado, contendo 56 assinaturas. Suas sentenças finais diziam:

> Fortalecidos, pois, pelo nosso direito e pela nossa consequência, apresentamo-nos perante nossos concidadãos, arvorando resolutamente a bandeira do Partido Republicano Federativo. Somos da América e queremos ser americanos. A nossa forma de governo é, em sua essência e em sua prática, antinômica e hostil ao direito e aos interesses dos Estados Americanos. A permanência dessa forma tem de ser forçosamente, além de origem de opressão no interior, a fonte perpétua da hostilidade e das guerras com os povos que nos rodeiam. Perante a Europa passam-nos por ser uma democracia monárquica que não inspira simpatia nem provoca adesão. Perante a América passamos por ser uma democracia monarquizada, aonde o instinto e a força dos povos não podem preponderar ante o arbítrio e a onipotência do soberano. Em tais condições pode o Brasil considerar-se um país isolado, não só no seio da América, mas no seio do mundo. O nosso esforço dirige-se a suprimir este estado de coisas, pondo-se em contato fraternal com todos os povos, e em solidariedade democrática com o continente de que fazemos parte.[3]

O republicanismo não era novo no Brasil. Ele havia florescido no início da década de 1830, mas desde então se tornara uma questão de crença pessoal, não propagada de forma sistemática ou mesmo publicamente expressa. Os signatários do *Manifesto* de 1870 eram díspares – alguns seguidores de longa data, como Cristiano Ottoni, mas em sua maioria políticos, recém-formados das academias e homens de variadas motivações, alienados do *status quo*. Os signatários não impressionavam nem em número nem em reputação. O *Manifesto* em si não era expressivo em conteúdo ou em estilo. O jornal do qual o *Manifesto* compôs o primeiro número chegou a prosperar por um período. Porém, *A República* não conseguiu manter seus leitores e, no final de fevereiro de 1874, deixou de ser publicada.[4]

---

2 Ver comentários de D. Pedro II feitos em Alexandria, em out. 1871 e citados no capítulo 7, nota de rodapé 174.

3 O Manifesto Republicano, com seus signatários, está reproduzido em *Contribuições*, p.554-63.

4 Boeher, *Da monarquia*, p.31-8, 47.

O *Manifesto Republicano* podia ser visto como nada mais do que uma expressão de descontentamento, um protesto contra as falhas na ordem política e administrativa de conhecimento comum. D. Pedro II e os gabinetes chefiados por São Vicente e Rio Branco procuraram neutralizar e desqualificar esse protesto com a sanção de leis que tratavam sobre as queixas mais urgentes – a emancipação dos escravos, a reforma da polícia, a desmobilização da Guarda Nacional, um fim ao recrutamento forçado às forças armadas e a reforma do sistema eleitoral. Expandindo o tamanho do judiciário e da burocracia e proliferando a concessão de honrarias e premiações, o Ministério de Rio Branco deu emprego e reconhecimento aos descontentes. Essa resposta ao *Manifesto Republicano* revelou-se eficaz no curto prazo. O republicanismo não desapareceu, mas, graças às medidas defensivas do regime, seu apelo foi enfraquecido e ele não se desenvolveu em um movimento político viável com uma presença nos assuntos nacionais. Os republicanos não representavam nenhuma ameaça à monarquia no futuro previsível.

Figura 41. Cristiano Benedito Ottoni, político radical, signatário do *Manifesto Republicano* de 1870, e senador.

O imperador reagiu ao surgimento do movimento republicano com uma indiferença benevolente. Isso não lhe causava nenhum alarme. Logo após a publicação do *Manifesto Republicano*, o presidente do Conselho, o marquês de São Vicente, havia sugerido a D. Pedro II que "uma das medidas que o

Governo Imperial deve adotar, como norma invariável, é de não prover nos empregos públicos quem tiver opiniões republicanas". São Vicente observou que tal banimento era aplicado na Inglaterra contra republicanos confessos e nos Estados Unidos contra monarquistas.

> O Imperador argel: - "Sr. S. Vicente, o país que se governe como entender e dê razão a quem tiver". "Senhor", respondeu-lhe o Marquês, "V. M. não tem direito de pensar por este modo. A monarquia é um dogma da Constituição, que V. M. jurou manter; ela não é encarnada na pessoa de V. M". "Ora", disse-lhe, rindo-se, o Imperador, "se os brasileiros não me quiserem para seu imperador, irei ser professor."[5]

A resposta de D. Pedro II é significativa sob dois aspectos – sua atitude em relação ao poder e sua percepção sobre os republicanos. Ele não considerava a forma monárquica de governo como intrinsecamente superior à republicana. Como ele observou em dezembro de 1861, "a ocupar posição política, prefe-riria a de presidente de República ou ministro à de imperador".[6] Ao visitar Paris uma década atrás ele não hesitara em fazer uma visita a Adolphe Thiers, chefe da recém-criada república francesa. Ademais, D. Pedro II acreditava na liberdade de expressão, que considerava essencial a um regime constitucional. Aqueles que se recusavam a sujeitar suas crenças republicanas à promoção de suas carreiras contavam com seu respeito.[7] Talvez, mais importante que isso, o imperador simplesmente não levasse o movimento republicano no Brasil a sério. Para ele, seus defensores mais pareciam crianças brincando de adultos, uma fantasia a ser permitida e tolerada, mas não para ser confundida com as realidades da vida.[8] Se os brasileiros desejavam que ele os governasse, ele o

---

5 Ver notas escritas por Francisco de Paula Oliveira Borges, genro do marquês de São Vicente, para Joaquim Nabuco e transcritas em Nabuco, *Estadista*, v.1, p.125.

6 Apontamento no diário para 31 dez. 1861, em Vianna, "Diário de 1862", p.17.

7 Ver BNRJ TM Arm. 32 Pac. 95 Nota manuscrita por Tobias Monteiro: "Além T[orres]. Homem, há os casos de Salvador [de Mendonça], [Ubaldino do Amaral?] Fontura, e as nomeações de lentes Erico [Marinho da Gama Coelho], [Antônio José] Ennes, [José Isidoro] Martins Jr. Ennes diretor da Moeda por Ouro Preto. [Joaquim] Murtinho contou-me que o Imp. o distinguia especialmente quando ia à Politécnica". A esses nomes, deve-se acrescentar o de Benjamin Constant Botelho de Magalhães, um professor da Escola Militar.

8 Essa atitude é explicitada por um comentário feito por D. Pedro II, ao visitar Lisboa em 1887. "Quando chegou a vez de Emídio de Navarro [de ser apresentado], ele [D. Pedro II] pôs o dedo no queixo para fazer esforço de memória, repetiu o nome, e depois disse: 'O sr. foi republicano [...]' E acrescentou: 'Não faz mal, eu lá também os tenho, e dou-me bem com eles.'" Ver a nota de pesquisa escrita por Tobias Monteiro, que começa com "Quando o I. foi ao Rio..." em BNRJ TM Arm. 32 Pac. 95.

faria, mas em seus próprios termos. Se não, ele iria ser "um professor". Seus súditos podiam escolher. Em certo sentido, ele estava se lançando a um jogo com riscos elevados, apostando alto, com traços de blefe ou de até chantagem. Ou ele tirava do pote com a concha ou com a mão dobrada.

Dada a inabilidade dos republicanos em estabelecer-se como um movimento nacional após 1870, a atitude do imperador tinha certa justificativa. O que D. Pedro II não compreendeu foi que a fundação do Partido Republicano era significativa não em si mesma, mas sim pelas mudanças estruturais no Brasil que isso simbolizava. Em primeiro lugar, tratava-se de uma alteração na natureza da esfera pública. A Guerra do Paraguai havia trazido considerável expansão econômica ao Brasil, estimulando as novas formas de produção e a resultante diversificação da estrutura social, especialmente nas cidades grandes. A partir da segunda metade da década de 1860, surgiu nessas cidades algo parecido com política de massa, que atraía um crescente eleitorado urbano alfabetizado, que participava da economia de mercado e era politicamente consciente. A população urbana desejava inclusão e aceitação e não receava novos meios, como a participação em reuniões públicas. Para esse segmento, *A República* agradava tanto em estilo quanto em formato. O jornal adotou a nova prática de usar jornaleiros para vender cópias avulsas nas ruas do Rio de Janeiro. O *Manifesto Republicano* com suas declarações de que a autoridade derivava unicamente das pessoas ecoava os sentimentos desse novo eleitorado urbano.[9] Outra expressão desse descontentamento foi o aparecimento em periódicos semanais, tais como *O Mosquito* e *O Mequetrefe*, de caricaturas irreverentes e zombeteiras sobre os assuntos públicos, incluindo o próprio imperador.[10]

A segunda mudança envolveu a chegada à maioridade de uma nova geração, nascida no final da década de 1840, em que a prole dos círculos reinantes figurava com destaque. Os homens que se formavam das escolas de Direito de São Paulo e Recife, das faculdades de Medicina no Rio de Janeiro e Salvador e da Escola Politécnica (anteriormente Escola Central) no Rio tinham uma visão de mundo radicalmente diferente da de seus pais. Tomando como certa a unidade do Brasil e sua posição como Estado-nação, eles não temiam

---

9 *Contribuições*, p.562. Joaquim Nabuco discute o surgimento dessa nova classe no contexto da ascensão de Gaspar Silveira Martins, que pode ser considerado o primeiro político populista do Brasil; ver Nabuco, *Estadista*, v.II, p.122-3.

10 O primeiro periódico ilustrado com caricaturas, *A Semana Illustrada* (1860-1876), não questionava o *status quo*. *O Mosquito* (1869-1877) e *O Mequetrefe* (1875-1893) eram abertamente republicanos. Ver Távora, *Pedro II*, p.31, 33, 35, 149-51.

o colapso da ordem política e eram bem menos tradicionalistas do que seus pais em suas visões políticas. A queda do imperador Napoleão III em 1870 e a proclamação da república francesa que lutou para derrotar os exércitos alemães apelavam fortemente às suas imaginações e emoções. O exemplo da França, centro da civilização, deu validade perante seus olhos à república como o regime que asseguraria o progresso. A maioria desses jovens não rejeitava nem desafiava abertamente o regime imperial e fez carreira no âmbito dele, mas não lhe dedicava lealdade exclusiva nem receava sua substituição.[11] A linguagem usada pelo *Manifesto Republicano* estava em muita sintonia com a abordagem dessa nova geração.

Como resultado de seu constante comparecimento a exames e cerimônias de formatura, D. Pedro II conhecia pessoalmente um bom número desses jovens. Para ele, eles representavam a esperança para o futuro do Brasil como um Estado-nação. No final de 1870, ao visitar o arsenal naval do Rio, o imperador encontrou um desses jovens que conhecia envolvido em pesado trabalho braçal, limpando a tubulação de uma caldeira. José Carlos de Carvalho mais tarde recordou:

> Apenas saí da caldeira [...] o imperador D. Pedro II, com visível contentamento de me encontrar com a blusa de operário, deu-me a mão [para] beijá-la, e apertando a minha mão, que estava suja de carvão e graxa, disse para as pessoas que o acompanhavam, quando mandavam buscar bacia e toalha para sua majestade limpar as suas mãos: "Não [é] preciso; é a melhor lembrança que posso levar da visita de hoje, onde encontro o tenente Carvalho com a blusa de operário das oficinas deste arsenal".[12]

O contentamento de D. Pedro II foi intensificado por um motivo pessoal. Homens como José Carlos de Carvalho, nascido em 1847, tinham a idade que os dois filhos do imperador teriam se tivessem sobrevivido até a vida adulta. Carvalho, que era declaradamente republicano em suas crenças, exibia todas as qualidades que D. Pedro II desejava em um filho e herdeiro. O imperador prestava constante apoio a Carvalho e a outros jovens de igual caráter. Como em relação a Carvalho, ele frequentemente intervinha em seu favor quando seu orgulho e franqueza faziam que entrassem em conflito com as autoridades.[13]

---

11 Para as cartas recebidas por um membro típico dessa geração, ver Barbosa, *Correspondência*.
12 Ver Carvalho, *Memória*, p.32-3.
13 Ibid., p.25-6, 34-5, 37-8.

A última mudança estrutural foi uma alteração na distribuição do poder socioeconômico no Brasil. A partir da década de 1840, a cidade do Rio de Janeiro e seu interior haviam dominado o país no tocante à exportação da produção, comércio exterior e avanço tecnológico. No final da década de 1860 o interior da província de São Paulo ultrapassava o interior do Rio de Janeiro como produtor de café. A conclusão em 1870 da ferrovia de Santos a Jundiaí proveu à província de São Paulo seu próprio escoadouro para as exportações de café, independente do Rio de Janeiro. A partir de 1870, a visível preferência dada pelo governo nacional à cidade e província do Rio de Janeiro despertou ressentimento e demandas por autonomia provincial em todas as partes do país. Talvez a seção mais eficaz do *Manifesto Republicano* era sua defesa do federalismo como a forma apropriada de governo para o Brasil.

Essas mudanças, embora constituíssem um substancial desafio à monarquia, não eram inadministráveis, se tratadas com presença de espírito. Entretanto, os dez meses de D. Pedro II na Europa em 1871-1872 engendrara uma significativa mudança em seu temperamento e ponto de vista. Dois traços principais e associados da personalidade do imperador sempre foram a necessidade de saber e a de controlar. O conhecimento impedia a incursão do inesperado e do desconhecido, além de facilitar o controle, que ele tinha de exercer sem ajuda, por si só. Autodisciplina ferrenha, aplicação incansável, uma excelente memória e o sacrifício da profundidade permitiram ao imperador até 1870 preencher estes imperativos interligados: a necessidade de conhecimento e a de controle.

Os meses na Europa desconcertaram esse equilíbrio. Pela primeira vez, o imperador esquivava-se do papel que lhe fora atribuído. Como a condessa de Barral escreveu a D. Isabel em 30 de junho de 1871, "Papa está contente e diz vinte vezes por dia '*Vive la liberté*' [viva a liberdade] querendo ficar no seu papel de mr. Alcântara *envers et contre tous* [para e contra todos]. *Il a joliment raison* [ele tem muita razão]".[14] Como o cidadão comum "Pedro de Alcântara", ele podia deixar de usar o fraque, que era seu uniforme há quarenta anos. Ele e sua esposa podiam fazer uma viagem de trem completamente sozinhos. Ele assistiu a uma cerimônia na Sinagoga Central de Londres onde recebeu um assento de honra e leu um texto em hebraico.[15] A Europa libertou o imperador dos rigores da etiqueta e das obrigações que enfrentava

---

14 AGP sem número condessa de Barral para D. Isabel, Claridge's Hotel (Londres), 30 jun. [1871].

15 Ibid., condessa de Barral para D. Isabel, Claridge's Hotel (Londres), 7 jul. 1871; e Calmon, *Pedro II*, v.3, p.913.

no Brasil. Essa vinculação entre a Europa e a liberdade explica em parte a íntima correspondência que D. Pedro II manteve após seu retorno ao Brasil com inúmeras mulheres que conhecera na Europa – Claire Benoist d'Azy, Anna von Baligand e Frederica Planat de la Faye, dentre outras. Por meio de um relacionamento galanteador com essas mulheres de beleza, inteligência e boa família ele estava, de certo modo, cortejando a própria Europa e, com isso, mantendo vivos seus vínculos com ela.[16] Após seu retorno ao Rio em 1872, sua mente não estava mais inteiramente focada na tarefa que seu nascimento lhe dera. O mundo externo tentava-o.

Sua estada de dez meses na Europa e sua experiência de vida lá também o fizeram perceber o quanto o Brasil e até o Rio de Janeiro distanciavam-se do mundo "civilizado". O imperador sempre aceitara incondicionalmente que a Europa, e sobretudo a França, constituía o que o Brasil podia e devia ser. Ele agora avaliava que a lacuna que sua nação enfrentava era tão grande que não poderia ser preenchida em sua existência. Essa nova consciência do atraso do Brasil e das deficiências de suas estruturas políticas e sociais reforçou a cautela natural do imperador e tornou-o menos inclinado, assim que retomou seus deveres no Rio de Janeiro, a agir de forma audaciosa ou assumir riscos.

Os meses de D. Pedro II na Europa trouxeram outro tipo de desilusão. "Nada escapa à inteligente curiosidade de Papa", escreveu a condessa de Barral a D. Isabel, "nem nada as nossas pobres pernas que ele arrasta sem piedades desde manhã até de noite".[17] Durante toda a viagem, o imperador esforçara-se para ver e compreender, mas, por mais que tentasse, sempre havia mais conhecimento (tanto concreto quanto abstrato) do que ele podia encontrar e absorver. O mundo do conhecimento, em que o especialista profissional estava começando a substituir o generalista amador, expandia-se rapidamente e ficava complexo demais para qualquer indivíduo abarcar. D. Pedro II não admitia essa nova realidade. Sua vida depois disso foi marcada por uma busca cada vez mais frenética por saber, independentemente do fato

---

16 Cartas destinadas à viscondessa de Benoist d'Azy, além daquelas escritas por ela, e as da baronesa von Baligand estão arquivadas em BNRJ TM Arm. 32 Pac. 4. As cartas do imperador para Mme. Planat de la Faye estão em BNP NAF 6644. O relacionamento de D. Pedro II com essas mulheres é discutido no capítulo 9.

17 AGP sem número condessa de Barral para D. Isabel, 7 jul. 1871. O ritmo agitado do imperador pesava sobre sua comitiva; ver os comentários nas cartas do visconde de Nogueira da Gama para seu filho José Calmon Nogueira da Gama, Londres, 22 jul., Egito, 15 nov., Roma, 26 nov., Paris, 19 dez. 1871, e Paris, 7 jan. 1872, citadas em Calmon, *Pedro II*, v.3, p.914, 940-1, 953-4.

de que ele assimilava e compreendia cada vez menos. Na verdade, podia ser que o ritmo frenético da busca fosse um meio de evitar confrontar o dilema. A incapacidade do imperador de reagir e adaptar-se era sintomática de uma crescente rigidez em suas visões e ideias gerais.

Não surpreende que o conde d'Eu, comentando sobre o retorno de D. Pedro II ao Brasil, dissesse ao pai: "achei o imperador fisicamente inalterado; mas psicologicamente mais moroso, ao contrário do que eu esperava; ele mesmo reclama que não consegue mais ler sem adormecer".[18] A carta de D. Pedro II datada de 6 de abril ao conde de Gobineau, que servira a ele brevemente como enviado francês no Rio, em 1869-1870, e a quem reencontrara na Europa, evidencia as dificuldades da situação. Ele ainda não retomara seus estudos porque necessitava "descansar meu cérebro de todo o esforço que tive de fazer durante as viagens". Ele desejava escrever sobre suas viagens pela Europa, D. Pedro II contou ao conde, mas duvidava que fosse de suficiente interesse para aqueles que haviam passado mais tempo lá do que ele, "embora seja somente pela escrita que consigo coordenar melhor minhas ideias sobre minhas viagens".

> Eu lhe pediria para dar meus cumprimentos àqueles que conhecemos no mundo das ciências e das artes, como [Pierre] Berthelot [químico orgânico] e [Ernest] Renan [historiador e crítico], e dar-lhes minhas desculpas por não escrever. Tenho tanto a fazer que tenho dificuldade até de manter minha correspondência com meus parentes mais próximos.[19]

Escrevendo a Gobineau sete meses depois, em novembro de 1872, D. Pedro II comentou: "O tempo parece-me fugir mais do que antes, e não me sinto bem desde minha volta".[20] Em março de 1873, o conde d'Eu informou ao pai que o imperador estava sofrendo de uma febre recorrente e de uma infecção (erisipela) na perna que "torna impossível eu usá-la". Além disso, ele estava claramente tendo problemas nos olhos, visto que evitava ler. "Acostumado como ele é de nunca sofrer de nada e não experimentar qualquer restrição a sua incessante atividade, esse percalço muito o tem aborrecido. É um incômodo tanto para ele

---

18 AGP XLI-1 conde d'Eu para duque de Nemours, Laranjeiras, 6 abr. 1872 (citado em Rangel, *Gastão d'Orléans*, p.311).

19 Zivojnovic, "Complément", p.218-9. Esta carta não foi incluída na correspondência publicada em Raeders, *Pedro II e Gobineau*.

20 D. Pedro II para conde de Gobineau, Rio de Janeiro, 5 nov. 1872, em Raeders, *Pedro II e Gobineau*, p.427.

quanto para a condução do governo."[21] Esses problemas continuaram por vários meses, mas o imperador finalmente se recuperou. Em 4 de dezembro de 1873, dois dias após completar 48 anos, ele informou a Gobineau: "Minha saúde é quase como a de outros tempos, mas tenho mais necessidade de repouso que antes, e, não obstante, digo, com sempre, que não há nada como o trabalho".[22]

Parte do problema foi que certamente a tensão da Guerra do Paraguai havia envelhecido D. Pedro II consideravelmente; seus cabelos e barba estavam agora totalmente brancos e sua face, bastante enrugada.[23] Os meses na Europa haviam proporcionado oportunidades de descanso e recuperação. E as constantes referências aos encargos do trabalho em suas cartas a Gobineau também tinham outra causa. Os assuntos governamentais aumentaram substancialmente após 1870. Antes o imperador supervisionava todos os aspectos da administração, uma supervisão que estendia seu controle até sobre as menores questões. Por um lado, esse sistema retardava o processo decisório, mas, por outro, o bom senso e a prudência do imperador significavam que as decisões tomadas eram, via de regra, consistentes e ponderadas.

Após 1870, a situação mudou de forma acentuada. A burocracia governamental cresceu em tamanho, e o processo decisório ganhou complexidade. Governar o país tornou-se vultoso e intrincado demais para um único indivíduo compreender e controlar. A tradição de governo herdada da era portuguesa sempre favorecera a emissão de um grande número de regulamentações sobre qualquer assunto que causasse apreensão. A expansão da economia e a diversificação da sociedade multiplicaram os tópicos possíveis de tal regulamentação. No período de 1851 a 1860, um total de 497 leis e 1.970 decretos do Executivo – cada um deles discutido e assinado pelo imperador – havia sido gerado, e nos anos de 1861 a 1870, mais 494 leis e 1.942 decretos. De 1871 a 1880, o número de leis aprovadas e decretos emitidos cresceu para 741 e 2.937, respectivamente.[24] O número de nomeações e premiações do governo aumentavam em proporcional magnitude.

---

21 AGP XLI-1 conde d'Eu para o duque de Nemours, Petrópolis, 15 mar. 1873 (citado em Rangel, *Gastão d'Orléans*, p.313-4). O imperador reconheceu que sua visão estava causando-lhe problemas; ver D. Pedro II ao conde de Gobineau, Rio de Janeiro, 23 jul. 1873, em Raeders, *Pedro II e Gobineau*, p.448.

22 D. Pedro II ao conde de Gobineau, Rio de Janeiro, 4 dez. 1873, em Raeders, *Pedro II e Gobineau*, p.163.

23 Taunay, *Reminiscências*, p.111-2.

24 Esses dados foram reunidos do volume ou volumes publicados anualmente no período de 1840 a 1881 (geralmente com o título de *Colleção das leis do império do Brasil para...*), contendo o texto das leis aprovadas, decretos emitidos e decisões governamentais tomadas.

Uma complicação adicional foi que, durante a década de 1870, mais e mais províncias do Brasil tornaram-se conectadas à capital nacional pelo telégrafo. O objetivo era reduzir a já restrita autonomia que os presidentes e as assembleias das províncias possuíam para administrar os assuntos públicos. O governo imperial podia intervir imediatamente nas questões mais insignificantes. D. Pedro II recebeu com agrado esse avanço por permitir maior abrangência ao mandato que ele mesmo se impusera de remediar abusos e injustiças. Simbólica foi a carta que ele enviou ao ministro da Justiça em 3 de setembro de 1868:

> Os sucessos da Bahia têm sido muito lamentáveis e cumpre punir os culpados. A linguagem do comandante superior interino de Lençóes é muito exagerada, assim como a do comandante do destacamento Erico, que muito bem demitido foi. Chamo sua atenção para o artigo que cortei dum jornal da Bahia.[25]

Essas circunstâncias em mudança significavam tanto que o governo nacional necessitava repensar seus métodos de tomada de decisão e administração quanto que o próprio imperador necessitava rever seus métodos de governo. Na realidade, nenhuma dessas mudanças ocorreu. O imperador percebeu que estava sobrecarregado. Em 7 de agosto de 1873, ele disse a Gobineau:

> Na verdade, a obrigação de estar ao corrente da política e da administração, ainda que na qualidade de monarca constitutional só tenha que intervir raramente, toma-me muito tempo, e como não sei fazer as coisas pela metade, confesso que me sinto cansado; mas que fazer! Fatigar-me-ia ainda mais por outro lado, a força de querer repousar.[26]

Com supremas força de vontade e dedicação de energia, D. Pedro II tentou continuar a administrar todos os assuntos de governo, assim como tentou manter-se a par de todos os avanços da ciência. O resultado era previsível e talvez predestinado. Ele não conseguia focar sua atenção às questões relevantes e canalizar suas energias para resolvê-las. Em vez disso, refugiava-se no trivial. "Apesar de todo o meu cuidado, deixei passar um erro de ortografia na minuta da *Regulamentação da Escola Politécnica* na seção sobre a matéria de ciências", escreveu o visconde de Rio Branco a um colega ministro, "o qual

---

25 D. Pedro II para José Martiniano de Alencar, ministro da Justiça, Rio de Janeiro, 3 set. 1868, em Menezes, *Cartas de Alencar*, p.107.

26 Ver Raeders, *Pedro II e Gobineau*, p.449.

seria bom corrigir no original, dado que o imperador o notará com sua habitual leitura atenta".[27] Esse comentário sugere que, quando D. Pedro II assegurou a Gobineau que não intervinha na administração e na política "exceto raramente", ele estava se enganando. Ele sempre mantivera uma supervisão rigorosa do estado de coisas, e o ativismo manifesto desde 1865 resultou em um maior envolvimento pessoal nas minúcias do governo, tais como apreciar criticamente as provas dos relatórios anuais dos ministros ao Legislativo.[28]

Em 1875, referindo-se a discursos contendo críticas a ele, proferidos pela oposição na legislatura, D. Pedro II escreveu:

> em todo o caso há inexatidões que reclamam pronto protesto, como a de envolver-me nos menores negócios administrativos? Se eles vêm a meu conhecimento até prejuízo dos importantes, como aliás já tenho por vezes ponderado, não é culpa minha.[29]

Essa admissão, que pretendia transferir a responsabilidade para os ombros dos ministros, confirmava o que o imperador tentava negar. Os poucos homens de seu círculo mais próximo, como o visconde de Bom Retiro, compartilhavam suas atitudes e seu gosto pelo detalhe.[30] Se alguém de seu círculo íntimo tentasse apontar as desvantagens de sua conduta, D. Pedro II ouvia com polidez, mas em nada modificava seu comportamento. O imperador sempre fazia exatamente o que julgava melhor. Essa resistência a se adaptar às circunstâncias em transformação e a afrouxar seu controle era contraproducente. Isso servia para impedir as realizações e as melhorias às quais D. Pedro II aludira em sua mensagem ao visconde de Rio Branco, quando em Alexandria, em outubro de 1871.

---

27 UFP JA visconde de Rio Branco para João Alfredo Correia de Oliveira, 6 abr. [1874]. Os novos estatutos da Escola Politécnica foram emitidos em 23 abr. 1874; ver *Organizações*, p.168.

28 Ver o comentário a esse respeito feito pelo barão de Cotegipe, então ministro da Marinha e atuando como ministro de Relações Exteriores, para Aureliano Cândido Tavares Bastos em 8 maio 1870. "Uma prática nova, essa prévia censura dos relatórios: não se havia até de 1857, então só o ministro da Fazenda enviava-lhe um extrato do relatório sobre o estado das finanças", de quando Cotegipe foi ministro. Ver BNRJ SM 13.1.24 Caderno endossado com capa "Política Administra Cad. VI 1869", p.75-6.

29 Ver UFP JA D. Pedro II para João Alfredo Correia de Oliveira, 5 jun. 1875.

30 Os dez meses que D. Pedro II e Bom Retiro passaram viajando juntos pela Europa em 1871-1872 claramente fortaleceram a proximidade entre os dois homens. A mesma experiência, por outro lado, esfriou o relacionamento entre D. Pedro II e Nicolau Antônio Nogueira da Gama, mordomo desde 1868, que se tornou barão de Nogueira Gama em jul. 1872.

Figura 42. José Maria da Silva Paranhos, visconde de Rio Branco, diplomata, senador e o presidente que por mais tempo serviu como presidente do Conselho de Ministros, 1871-1875.

As reformas haviam sido anunciadas no Discurso do Trono proferido pelo imperador em maio de 1871. O discurso garantia que o novo gabinete, liderado por Rio Branco, resolveria a questão espinhosa da escravatura. Ele também comprometia o Ministério a tomar ação sobre a administração da justiça, do sistema eleitoral e da segurança dos recrutas das forças armadas. Todas essas medidas destinavam-se a remediar deficiências patentes na ordem política e administrativa e a introduzir mudanças que satisfariam e desarmariam os descontentes. O Discurso do Trono também anunciou que o governo usaria seus recursos para acelerar "os melhoramentos de que precisa o Brasil". Especificamente, o Gabinete encorajaria a "a introdução dos braços livres, a facilidade dos meios de transporte e o desenvolvimento das linhas telegráficas".[31]

---

31 *Fallas do throno*, p.668-9.

Essas últimas medidas indicaram que o governo estava retomando, após um hiato de trinta anos, o programa de melhoramentos iniciado pelo Gabinete de Paraná, no qual Rio Branco servira. A maior experiência da burocracia governamental, o maior número de especialistas técnicos e a presença de capital de investimento tornavam as perspectivas de sucesso do programa ainda mais favoráveis em 1871 do que em 1853. A Guerra do Paraguai imbuíra os brasileiros, em particular a geração mais jovem, de um senso de urgência e desejo de mudança. Uma dicotomia sempre existira no Brasil entre o "mundo oficial" – os alfabetizados, abastados e influentes, que eram considerados cidadãos – e o "mundo real" – a massa da população, que era analfabeta, pobre e explorada.[32] Desde 1853, o "mundo oficial" havia crescido um pouco em tamanho e intensificado suas relações com o mundo externo. Entretanto, o "mundo real" aumentara ainda mais drasticamente em número sem nenhuma melhoria evidente em suas condições de vida. O Brasil não estava mais próximo de seu sonho de se tornar a França da América Latina. Até que a massa da população fosse integrada ao "mundo oficial", esse objetivo continuaria sendo ilusório. Atingir tal integração requeria volumosa mobilização de recursos, uma série de reformas radicais, uma disposição em assumir riscos e um sistema muito mais aberto e flexível de governo.

A aversão do imperador a mudanças radicais, sua desconfiança em relação aos centros autônomos de poder e sua resistência a renunciar a seu controle sobre as coisas figuravam de forma proeminente entre os fatores que tornavam improvável que o regime imperial assumisse um curso tão ousado. O visconde de Rio Branco não possuía, como Paraná, o temperamento e a reputação política para agir de modo independente do imperador. Ele era mais como um agente de D. Pedro II. Por mais necessário e louvável que fosse o programa de mudanças adotado por ambos, as reformas realizadas compartilhavam uma deficiência em comum, uma delas evidente nas cláusulas da Lei do Ventre Livre, promulgada em 28 de setembro de 1871.

A lei realmente garantia o eventual fim da escravidão no Brasil. Entretanto, nada fazia de imediato para os escravos existentes. Muito poucos ganharam a liberdade imediatamente, e o fundo de emancipação recebia escassos recursos para seu propósito de comprar a liberdade desses escravos. Embora a lei declarasse os filhos de mães escravas como "ingênuos" (livres ao nascer), suas cláusulas na verdade mantinham-nos em estado de virtual cativeiro até que atingissem a idade de 21 anos. O *status quo* da escravidão estava, portanto,

---

32 Ver Barman, *Brazil*, p.235-7.

garantido por mais duas décadas. Incapaz de se reproduzir, a escravidão acabaria desaparecendo, mas a lei de 28 de setembro de 1871 não estipulava nenhuma data certa para sua abolição. A lei mudou tudo sem mudar nada.

Essa mesma resistência em forçar uma mudança imediata e estrutural era evidente em outras medidas sancionadas ou propostas pelo Gabinete de Rio Branco. A lei aprovada em 1871 de reformulação do sistema político reduzia teoricamente os poderes arbitrários da polícia em prender e também teoricamente aumentava as liberdades civis dos indivíduos brasileiros. Na prática, a situação mudou pouco ou nada, visto que a polícia continuou sendo tão irresponsável e abusiva quanto antes. A mesma deficiência existia na legislação sancionada em 1874 que visava substituir o recrutamento forçado às forças armadas por um sistema de alistamento. Ao permitir aos desafortunados na loteria do alistamento encontrar um substituto para servir em seu lugar, a nova lei favorecia o mundo "oficial" em detrimento do "real". Somente os abastados podiam dar-se ao luxo de comprar um substituto. Tentativas de por em prática as cláusulas da lei provocaram ampla e violenta resistência. A reforma não foi repelida, mas nunca chegou a ser aplicada. Com efeito, as reformas de Rio Branco foram paliativas. Elas não tentaram atingir, nem pretendiam, as mudanças radicais que a situação exigia. Tais reformas teriam colocado em risco a ruptura dos sistemas vigentes de governo e um fim na capacidade daqueles pertencentes ao "mundo oficial" de dirigir e controlar a ordem social. Os governantes do Brasil não podiam pensar em assumir esses riscos nem, em última análise, favoreciam o estranho novo mundo que as reformas radicais produziriam.

O desejo de controle do imperador e seu rechaço a mudanças radicais levaram-no a corroborar essas atitudes. Seu apoio a reformas na teoria era sempre moderado quando chegava o momento de medidas específicas, como se viu no modo como ele tratou a questão da reforma eleitoral. A Constituição de 1824, por seus artigos 90 a 97, criou o direito de voto em duas instâncias. Primeiro os "votantes" reuniam-se no nível de cada paróquia para escolher um número muito menor de eleitores. Estes, reunidos em colégios eleitorais, então elegiam os representantes das províncias para a Câmara dos Deputados e, quando surgiam vagas no Senado, indicavam uma lista de três candidatos da qual o imperador escolhia o novo senador.[33] Como as eleições sistematicamente

---

33 Até 1856, os deputados eram escolhidos em eleições que abrangiam a província. Nas eleições daquele ano, os deputados foram escolhidos por um distrito eleitoral de um único membro. Em 1860, um sistema de distritos eleitorais de três membros foi adotado.

demonstravam, esse sistema oferecia inúmeras chances de manipulação, coerção e fraude, tanto por autoridades públicas quanto por interesses privados. A opinião pública convencia-se cada vez mais de que somente a introdução de eleições abertas e honestas poderia conduzir o Brasil para frente.

A atitude de D. Pedro II em relação à reforma eleitoral era ambivalente. Ele simpatizava com o anseio público por eleições honestas. "[Deixemos que haja] eleições, como elas devem ser, e portanto todas as suas consequências", ele observou em seu diário de 1º de janeiro de 1862. "E o Brasil terá certo o seu futuro e o monarca, dias serenos."[34] Ele tinha consciência dos abusos que o sistema de duas instâncias ensejava. Mas seu apoio à reforma eleitoral era superado por seu temor pelas amplas consequências que dela adviriam. Para ele, era como abrir uma Caixa de Pandora.

Substituir o sistema vigente de duas instâncias por eleições diretas exigia, assim acreditava o imperador, uma emenda ao artigo 90 da Constituição de 1824. Há muito tempo D. Pedro II opunha-se inflexivelmente a qualquer mudança na Constituição. "A respeito da escolha dos ministérios apenas porei estas condições", ele observara em 1862, "que respeitassem a Constituição e as leis; fossem moralizados, e não quisessem a realização de reformas constitucionais".[35] Para que eleições diretas fossem introduzidas por meio de emenda constitucional, o Legislativo teria de primeiramente aprovar uma lei autorizando os eleitores a concederem poderes constituintes à próxima Câmara dos Deputados com respeito a artigos específicos da Constituição. Somente uma vez no passado tais poderes constituintes haviam sido concedidos a uma Câmara dos Deputados e nessa ocasião, em 1834, os novos deputados haviam insistido em que unicamente eles possuíam o direito de debater e sancionar a emenda.[36] Nem o imperador nem o Senado tinham, de acordo com esse precedente, qualquer papel na aprovação de uma emenda constitucional. D. Pedro II desfrutara, por um terço de século, ter a última palavra em todas as questões de governo. Ele não poderia ser receptivo a aquilo que correspondia a sua exclusão do poder.[37] Alguns oponentes da reforma constitucional expressaram temores de que, assim que a Câmara Baixa com poderes constitucionais

---

34 Vianna, "Diário de 1862", p.20.

35 Comentários feitos ao marquês de Caxias; ver registro para 21 maio 1862, em ibid., p.106. Ao se recusar a admitir a possibilidade de emendas, D. Pedro II não estava, na realidade, respeitando a Constituição, que as autorizava.

36 Barman, *Brazil*, p.171.

37 A atitude do imperador talvez tenha sido influenciada pelos distúrbios sociais que se seguiram à aprovação da emenda constitucional de 1834.

estivesse em sessão, ela se tornaria radical e, em contravenção aos termos de seu mandato, decretaria mudanças radicais na Constituição. A Câmara poderia tentar abolir o poder Moderador, talvez até o próprio monarca.

A segunda causa da resistência do imperador contra a reforma eleitoral originava-se de seu receio de que o direito de voto fosse exercido pelo tipo errado de pessoa. A alfabetização era essencial, pois em sua opinião proporcionava a racionalidade e o conhecimento exigido pelo ato de votar. No final de sua vida, D. Pedro II comentou: "sempre fui contrário ao sufrágio universal e favorável ao voto de quem mostre saber ler e escrever mormente pelo efeito produzido sobre a instrução primária".[38] No Brasil da década de 1870, a esmagadora proporção de homens adultos, incluindo muitos "votantes", não sabia ler nem escrever. Comentando com o conde de Gobineau sobre a questão da reforma eleitoral, D. Pedro II declarou: "Eu confio somente na educação das pessoas".[39] Durante uma de suas visitas a uma escola noturna no Rio, o Liceu de Artes e Ofícios, o imperador soube que um escravo alforriado estava matriculado e sabia ler, escrever e fazer contas. "Quando entrava na aula dirigiu-se a ele e batendo-lhe no ombro, em sinal de sua imensa satisfação em ver como um homem do povo procurava aprender para um dia ser útil ao país e à família."[40] A louvável falta de preconceito racial de D. Pedro II significava que ele não percebia a cor da pele como uma barreira à civilização ou à cidadania. Qualquer homem que por esforço próprio se tornasse alfabetizado, assim como Geminiano Monteiro, o escravo alforriado, estava, na visão do imperador, qualificado para exercer a cidadania.

Essas duas preocupações fundamentam a declaração de D. Pedro II em seu memorando a D. Isabel antes de partir para a Europa em 1871:

> Instam alguns pelas diretas, com maior ou menor franqueza; porém, nada há mais grave do que uma reforma constitucional, sem a qual não se poderá fazer essa mudança do sistema das eleições, embora conservem os eleitores indiretos [os votantes] a par dos diretos [eleitores].[41]

O marquês de São Vicente há muito defendia a introdução de eleições diretas por meio de uma emenda constitucional, mas, ao assumir o poder

---

38 AHMI POB Cat. B Maço 35 Doc. 1.057 Registro no diário para 18 abr. 1890.

39 Ver a carta dele datada Petrópolis, 10 jan. 1879, em Raeders, *Pedro II e Gobineau*, p.553.

40 Ver Carvalho, *Memória*, p.107.

41 Pedro II, *Conselhos à regente*, p.29.

em setembro de 1870, ele se curvou à vontade do imperador e, em vez disso, endossou a reforma eleitoral que mantinha o sistema em duas instâncias. Sua concessão nessa questão foi uma das causas da falta de prestígio e curta duração de seu Gabinete.[42]

O visconde de Rio Branco, que substituiu São Vicente em março de 1871, nunca se comprometera com a ideia de eleições diretas e, portanto, sua disposição em aceitar as preferências do imperador sobre o assunto não representava nenhum problema. O projeto do Gabinete para a reforma eleitoral, introduzido em maio de 1874, não alterou a existência do sistema de duas instâncias, e por essa mesma razão a medida carecia de credibilidade. As mudanças propostas não eram mais do que cosméticas. Em uma tentativa de garantir a representação do partido de oposição na Câmara dos Deputados, a reforma estabeleceu um sistema de votação parcial. Cada votante podia votar em apenas dois terços dos assentos a serem preenchidos, e essa prática, alegava-se, impediria qualquer partido de conquistar todos os assentos. Na realidade, se uma maioria distribuísse seus votos de modo que todos os seus candidatos recebessem igual apoio, ela poderia conquistar todos os assentos. O novo sistema era claramente falível, além de um incentivo à manipulação partidária dos votantes.[43]

Não só D. Pedro II barrou a aprovação de uma reforma radical na primeira metade da década de 1870, mas também manteve o Gabinete de Rio Branco em um estado de clara subordinação. A dependência do Ministério em relação ao imperador foi demonstrada em maio de 1872, quando, por um único voto, a Câmara de Deputados aprovou uma moção que implicava uma falta de confiança no Ministério. Em vez de aceitar esse veredito e resignar-se, Rio Branco apelou ao imperador pela dissolução da Câmara. D. Pedro II não hesitou em atender ao pedido, especialmente porque a moção de não confiança havia sido proposta pelos deputados que se opuseram à Lei do Ventre Livre. As eleições realizadas no final de 1872 pelo Ministério não disfarçava o fato de que dali em diante ele existia não por apoio popular, mas por vontade de D. Pedro II.[44]

---

42 Nabuco, *Estadista*, v.II, p.121; e Pimenta Bueno, *Direito público*, p.194. "Dois triunfos do Imperador nestas duas questões", de escravidão e reforma eleitoral, observou Aureliano Cândido Tavares Bastos na época; ver BNRJ SM 13.1.24 Caderno endossado com capa "Política Administura Cad. VI 1869", p.86.

43 Ver explicação sobre "voto parcial" em Buarque de Holanda, "Reformas", p.176-84; e as críticas a suas fraquezas em Ottoni, *Autobriographia*, p.229-30.

44 *Organizações*, p.162.

Essa subordinação ao imperador explica um conflito conhecido como Questão Religiosa, que abalou o Brasil no início da década de 1870.[45] D. Pedro II era um membro consciencioso da Igreja católica, que aceitava seus dogmas tradicionais e cumpria suas obrigações religiosas formalmente. Ele considerava a Igreja católica uma instituição que promovia civilização e garantia boa conduta e obediência nas relações sociais[46] e evitava fazer qualquer coisa que pudesse ser considerada heterodoxa.[47] A religião estabelecida era-lhe importante como o baluarte da ordem social, mas não algo que controlasse sua existência ou ditasse seu modo de pensar e se comportar.[48] Ele tinha pouca ou nenhuma simpatia pelos recentes desdobramentos no Catolicismo, incluindo os dogmas da Imaculada Conceição promulgados em 1854 e da Infalibilidade Papal decretados em 1870. A condessa de Barral compreendia o imperador perfeitamente. *"Que c'est bon de croire* [como é bom crer] – Mas eu não digo isso por pensar que v. não *crê"*, ela lhe disse no Dia de Páscoa em 1882.

Sei que *crê*, mas sua religião não é *obediente*, e é assim que *deve ser*; e não de tarracha como eu *sempre* lhe disse tanto de sua *moral* como de sua religião. – Eu não digo que eu não afastasse da boa vereada oh se me afasta dela, mas sempre foi com a consciência do mal que eu fazia entretanto que v. sempre dizia que na força de um sentimento e na sua sinceridade está a desculpa.[49]

---

45 Ver Thornton, *The Church*. O livro demonstra pouca simpatia pelos oponentes da Igreja católica, sendo D. Pedro II descrito (p.91) como "um católico limitado, que prestava deferência convencional às externalidades da religião, enquanto mantinha liberdade interior".

46 Ver, por exemplo, D. Pedro II, *Conselhos à regente*, p.34-5. Sobre sua crença e conduta religiosa, ver Azzi, "D. Pedro II".

47 Ver, por exemplo, AHMI POB Cat. B Maço 35 Doc. 1.057 Registros de diário para 11 e 12 maio de 1890. Em abr. 1872, Mme. Planat de la Faye enviou a D. Pedro II uma declaração sobre suas crenças religiosas, que eram unitaristas. O imperador agradeceu-lhe pela declaração, mas evitou dar-lhe, como ela havia pedido, um comentário a respeito; ver BNP NAF 6644 Cópia de Frederica Planat de la Faye para D. Pedro II, Paris, 12 abr. 1874, e D. Pedro II para Frederica Planat de la Faye, Rio de Janeiro, 12 jun. 1874.

48 O diário do imperador para 1862 não contém nenhuma referência à religião como parte de sua vida pessoal. "Entendo que o amor deve seguir estes graus de preferência: Deus, humanidade, pátria, família e indivíduo", é a que mais se aproxima. Ver registro para 31 dez. 1861, em Vianna, "Diário de 1862", p.15.

49 Condessa de Barral para D. Pedro II, n.206, Roma, 3 abr. [1882], em Barral, *Cartas*, p.204. Esse trecho é extremamente franco, pois a condessa usa a forma de tratamento íntima "V." ou "você"). Sua franqueza devia-se ao fato de que ela escrevia no Dia de Páscoa (9 abr.), logo após receber a comunhão do próprio papa. Ela interrompeu a carta nesse ponto e reescreveu os trechos de 5 a 9 abr. em uma nova folha. Entretanto, provavelmente de modo inadvertido, enviou ambas as versões a D. Pedro II.

Em relação ao papel da Igreja católica na vida pública do Brasil, D. Pedro II negou-lhe tanto a autoridade quanto a independência. De Portugal, o Império do Brasil herdara, com a aquiescência do papado, virtualmente total controle sobre a Igreja católica, que era a religião do Estado (embora outros credos pudessem ser praticados em particular). O governo pagava o clero, escolhia os padres das paróquias e apresentava nomes de novos bispos à aprovação do Vaticano; controlava os seminários e seu currículo. Ele podia até banir a publicação no Brasil de bulas papais com as quais não concordasse. Em 1856, sem consultar o papado, o governo suspendeu provisoriamente o ingresso de noviços nos monastérios, alegando mal uso de recursos pelas ordens monásticas. A suspensão acabou tornando-se uma proibição permanente.[50] O governo também criou, por um decreto de 28 de março de 1857, o direito de apelação à Coroa na maioria dos assuntos eclesiásticos, direito este que privava a Igreja católica de autoridade sobre seus próprios assuntos.[51]

O que também legitimava a subordinação da Igreja ao Estado era a condição decrépita da Igreja católica no Brasil. O clero paroquial era pequeno em número, precariamente educado, negligente em seus deveres e, com frequência, não celibatário. Ter "esposas" e filhos era bastante comum. Os padres não eram de modo algum uma casta à parte, mas participavam ativamente da política, sendo com bastante frequência eleitos como deputados nacionais ou provinciais. Em suma, a Igreja católica carecia de autoridade moral e respeito popular, e os bispos, que dependiam do governo para ter apoio financeiro e manter seu clero diocesano submisso, não estavam em posição de desafiar a hegemonia governamental.[52]

D. Pedro II e os políticos governantes deploravam as fragilidades da Igreja católica e buscavam remediá-las o quanto podiam. Eles desejavam tornar a Igreja um órgão governamental eficiente e obediente. Para esse fim, procuravam nomear como bispos homens que fossem moralmente irrepreensíveis, bem educados e dedicados à causa da reforma.[53] "Sem dar força moral aos bispos que a mercerem como o do Pará não teremos bom clero", D. Pedro II

---

50 Nabuco, *Estadista*, v.I, p.220-31; e Pedro II, *Conselhos à regente*, p.67-8.

51 Thornton, *The Church*, p.116.

52 Ver ibid., p.45-54, 68-73; e ver também registros no diário de D. Pedro II para 2 jan., 14 jun., 12 e 16 jul. e 23 ago. 1862, em Vianna, "Diário", p.20, 135, 164, 167, 197.

53 Pedro II, *Conselhos à regente*, p.35-6. É simplesmente incorreto afirmar que "D. Pedro II não manifestava interesse nem na regeneração do clero nem na necessidade de sólida instrução religiosa dos laicos", como faz Thornton, *The Church*, p.91.

comentou em 1862.[54] O que o imperador e os políticos não apreciavam era que esses objetivos inevitavelmente diminuiriam a subordinação da Igreja ao Estado, e que os homens nomeados como bispos acabariam, se bem sucedidos, por ressentir-se de sua total falta de autonomia. Ademais, a geração em formação de católicos comprometidos só poderia ser influenciada pela nova visão ultramontana dominante dentro da Igreja católica, visão esta que enfatizava a superioridade da Igreja sobre o Estado civil e que professava a supremacia da obediência ao papa.

Figura 43. D. Vital Maria Gonçalves de Oliveira, bispo de Olinda.

Em 1871, o Gabinete de Rio Branco escolheu como novo bispo de Olinda, cuja diocese abrangia as províncias do Nordeste, um padre nascido no Brasil de 27 anos de idade, que estudara no seminário de Saint Suplice em Paris. Eles não só selecionaram um reformista, mas um que possuía coração e alma ultramontanos e que, além disso, não conhecia o significado de cautela ou

---

54 Registros no diário para 5 abr. 1862, em Vianna, "Diário", p.78; e ver registro no diário para 5 jun. 1862, ibid., p.137.

concessão. Após tomar posse de sua diocese em maio de 1872, D. Vital Maria Gonçalves de Oliveira embarcou em dezembro em uma campanha para expurgar todos os maçons das irmandades ligadas às igrejas paroquiais na cidade de Recife. O ato do bispo foi revolucionário sob dois aspectos.

Várias bulas papais proibiam os católicos romanos a serem maçons e, além disso, nos países da Europa católica o movimento maçônico era ateísta e agressivamente anticlerical. No Brasil, a situação era marcadamente diferente. As bulas papais nunca haviam sido aprovadas pelo governo. A maçonaria servira como importante veículo na luta pela independência, com D. Pedro I servindo por algum tempo como grão-mestre. Embora ninguém de relevância fosse maçom, como o próprio D. Pedro II, a filiação era comum. Rio Branco era grão-mestre da ala mais importante do movimento, e nem o presidente do Conselho nem seus associados poderiam ser acusados de ateísmo ou hostilidade à religião. "Posso assegurar-lhe [ao papa] que a maçonaria, à qual aliás nunca pertenci, no Brasil não se ocupe de religião", D. Pedro II informou a seu genro, que, no final de 1873, estava prestes a visitar o papa Pio IX.[55] A maçonaria era um elemento integrante do *status quo* no Brasil.[56]

As irmandades, agremiações leigas vinculadas às igrejas, não eram unicamente religiosas em constituição ou propósito. Seus estatutos tinham de ser aprovados pelo governo e elas eram encarregadas de atividades beneficentes que hoje em dia seriam providas pelos órgãos de serviços sociais. Ademais, as irmandades serviram muito tempo como instituições que definiam e também conferiam *status* social. Elas atuavam como veículos de socialização entre os grupos reinantes. Faziam parte integral do "mundo oficial" no Brasil imperial.[57]

A ação de Dom Vital, por conseguinte, causou ofensa de múltiplas formas. Mas o pior estava por vir. Quando o conselho da Irmandade do Santíssimo Sacramento de Recife recusou-se a expulsar maçons conhecidos de sua

---

55 Ver AGP XXXVIII-2 D. Pedro II para conde d'Eu, Rio de Janeiro, 3 set. 1873.

56 A situação era, na verdade, mais complexa do que isso. A maioria dos maçons reconhecia a autoridade do Vale do Lavradio, do qual o visconde de Rio Branco era grão-mestre, e que era moderado em suas visões políticas e religiosas. Uma minoria das lojas maçônicas, abertamente republicanas e agressivamente anticatólicas, pertencia ao Vale dos Beneditinos, do qual Joaquim Saldanha Marinho, um dos signatários do *Manifesto Republicano*, era grão-mestre. Ver Buarque de Holanda, "Reformas", p.152-3.

57 Ver Thornton, *The Church*, p.105-7.

congregação, o bispo proibiu a realização de cerimônias religiosas na igreja paroquial à qual a irmandade ofensora era ligada. Dessa forma, o bispo usava seus poderes espirituais para forçar uma profunda mudança não só no modo de vida estabelecido, mas também nas relações entre Igreja e Estado. A gravidade da disputa foi intensificada em março de 1872, quando o bispo do Pará, responsável pelo extremo Norte do Brasil, também emitiu uma carta pastoral ordenando aos membros das irmandades de sua diocese renunciar à maçonaria. Ele se juntou ao colega de Olinda e emitiu interdições contra cinco irmandades na cidade de Belém do Pará que se recusaram a expulsar maçons de suas ordens.[58]

O imperador e o Gabinete foram envolvidos na disputa desde o início. A Irmandade do Santíssimo Sacramento apelou contra sua suspensão ao presidente da província. A questão do direito das irmandades de apelar ao governo foi primeiramente encaminhada a um comitê e depois a todo o Conselho de Estado, e ambos votaram a favor do direito da irmandade. Então o governo ouviu o apelo e concedeu-o, ordenando ao bispo de Olinda que suspendesse as interdições. O Gabinete decidiu-se por um duplo curso de ação. Apresentou acusação criminal contra os dois bispos ofensores e nomeou um enviado especial para negociar com o Vaticano, de modo que o papa ordenasse a suspensão das interdições impostas pelos bispos.[59] O governo não podia fazer concessões nesse caso, o visconde de Rio Branco escreveu em agosto de 1873, já que isso envolvia princípios essenciais à ordem social e à soberania nacional.[60]

Como líder da ala mais importante da ordem maçônica, Rio Branco agiu por convicção e autoproteção. Mas sua firmeza na questão era ainda maior porque o imperador compartilhava plenamente o ponto de vista de Rio Branco.[61] A intervenção de D. Pedro II é visível em cada etapa do caso. Em setembro de 1873, ele escreveu ao conde d'Eu, então na Europa e prestes a visitar Roma, dando-lhe instruções sobre o que dizer ao papa.

Não oculte que o governo tem de proceder contra o Bispo de Olinda, e outros que procedam como ele; porque deve fazer cumprir a Constituição. Nesse

---

58 Ver ibid., p.140-1.

59 Ver ibid., p.177-8, 228-30.

60 APE BL n.265 visconde de Rio Branco para o barão de Lucena, Rio de Janeiro, 12 ago., 1873.

61 UFP JA visconde de Rio Branco para João Alfredo Correia de Oliveira, 14 dez. 1873; e D. Pedro II para João Alfredo Correia de Oliveira, 28 set. 1873.

procedimento não há desejos de proteger a maçonaria; e sim o ver de manter os direitos do poder temporal.

Assegure ao papa que ninguem tem por ele maior estima pessoal do que eu, nem sentimento religioso mais sincero; mas que devo zelar a Constituição e leis do Brasil.[62]

A carta de D. Pedro II justifica plenamente o que Joaquim Nabuco, o filho de um conselheiro de Estado ativo na controvérsia, observou: o imperador tomou a ação do bispo como uma afronta pessoal e estava inflexível em sua determinação de obter retratação e submissão.[63]

A teimosia de D. Pedro II havia garantido seu êxito na Guerra do Paraguai e na aprovação da Lei do Ventre Livre. Na Questão Religiosa, contudo, essa qualidade voltou-se contra ele. A missão diplomática em Roma foi habilmente conduzida e em dezembro de 1873 conseguiu obter do Vaticano uma carta dirigida ao bispo de Olinda reprovando sua conduta e instruindo-o a retirar as interdições contra a irmandade. Essa carta chegou ao Rio de Janeiro em janeiro de 1874, logo após o bispo de Olinda ter sido preso e trazido à capital nacional para julgamento. O enviado papal tentou intermediar um acordo – a retirada das interdições e a desistência do processo contra os bispos –, mas o governo recusou sua sugestão. Como o ministro do Império informou ao presidente de Pernambuco, "Respondeu-se: não, não transigimos".[64] O bispo de Olinda recebeu a carta do Vaticano, mas se recusou a seguir suas instruções até consultar-se diretamente com o papa. O governo prosseguiu com o julgamento. Ao tomar conhecimento da prisão e do julgamento, o papa ordenou a remoção da carta e sua destruição.[65]

O governo obteve a condenação de Olinda em um julgamento ocorrido em fevereiro e do bispo do Pará em julho de 1874. A sentença em ambos os casos foi de quatro anos de prisão com trabalho forçado, que D. Pedro II comutou para uma prisão simples. O imperador e o Gabinete logo descobriram

---

62 AGP XXXVIII-2 D. Pedro II para conde d'Eu, Rio de Janeiro, 3 set. 1873. O conde d'Eu respondeu com uma longa descrição de sua audiência com o papa em 14 dez. Ele admitiu que não havia apresentado bem o caso de D. Pedro II, "por não ter pensado esta questão do mesmo modo que o Governo, eu não podia falar inteiramente *ex corde* [de coração]". Ver AGP XLI-1 conde d'Eu para D. Pedro II, Grand Hôtel de Londres, Paris, 2 jan. 1874.

63 Nabuco, *Estadista*, v.II, p.259.

64 Thornton, *The Church*, p.236-9; e APE BL n.276 João Alfredo Correia de Oliveira para Henrique Pereira de Lucena, barão de Lucena, Private and Confidential, Rio de Janeiro, 15 fev. 1874.

65 Ver Thornton, *The Church*, p.239-40.

que esses sucessos haviam sido em vão. Durante seu julgamento, Dom Vital provou-se hábil em relações públicas, equiparando com êxito sua provação com a de Jesus Cristo. Após sua condenação ambos os bispos persistiram na recusa de se sujeitarem e, além disso, nomearam para governar suas dioceses, durante sua prisão, vigários gerais que eram tão intransigentes quanto eles mesmos, se não mais. Em janeiro de 1875, os vigários gerais também foram presos, mas essa ação simplesmente fortaleceu a recusa do clero diocesano à submissão.[66] O imperador e o Gabinete viram-se presos em uma disputa que não podiam esperar vencer. Como um político veterano escreveu em março de 1874: "A questão do Bispo ainda não terminou, e eu não sei como e quando será possível encerrá-la".[67]

O julgamento, a condenação e a prisão dos dois bispos inquietaram totalmente a opinião pública. A disputa lançou dúvida sobre a capacidade do *status quo* e enfraqueceu a legitimidade do regime. No final de 1874, um movimento de protesto popular eclodiu no interior do Nordeste sobre a decisão governamental de impor o uso do sistema métrico, parte de uma reforma de pesos e medidas. Nos mercados semanais, os camponeses locais esmagaram os novos pesos e medidas e queimaram registros de impostos e terras.[68] Conhecido como Quebra-Quilo esse movimento não constituía uma séria ameaça e logo se exauriu, mas seu surgimento em si abalava o prestígio do Gabinete e tornava suas políticas suspeitas.

O incentivo do imperador à intransigência do Gabinete na Questão Religiosa era de conhecimento geral na época. O papel de D. Pedro II no episódio serviu para confirmar e reforçar uma mudança fundamental na percepção pública a respeito dele. Antes de meados da década de 1860, de modo geral ele era considerado uma influência benéfica e moderada na vida pública, que mantinha os assuntos governamentais em um curso estável. Era tido como alguém que colocava a promoção do bem comum à frente de seus próprios interesses. A partir de 14 de julho de 1868, quando substituiu os liberais pelos conservadores, essa percepção começou a mudar. D. Pedro II era cada

---

66 Ver ibid., p.194-6; e Nabuco, *Estadista*, v.II, p.255-7. Já em out. 1873, o conde d'Eu, então na Europa, ressaltou para D. Pedro II que "dando-lhe andamento e importância, afigura-se-me que se mete em um beco sem saída, porque o poder eclesiástico há de resistir até tomar a atitude de martírio"; ver AGP XLI-1 conde d'Eu para D. Pedro II, Nice, 25 out. 1873.

67 Ver UFP JA visconde de Camaragibe para João Alfredo Correia de Oliveira, Camaragibe, 13 mar. 1874.

68 Ver Barman, "Brazilian Peasantry".

vez mais considerado um mestre na arte da manipulação, que interferia em todos os aspectos dos assuntos públicos, impedindo os brasileiros de controlar seu próprio destino e tomar suas próprias decisões. Ele veio a ser tido como alguém cuja principal preocupação era impedir qualquer avanço que pudesse ameaçar seu controle sobre os assuntos públicos.

Essas percepções sobre o imperador, estimuladas pelo modo como ele lidou com a Questão Religiosa, foram sintetizadas e expressas em duas frases: "o poder pessoal" e "o lápis fatídico". A primeira referia-se às realidades da distribuição de poder dentro do sistema imperial.[69] A segunda referia-se à habilidade do imperador de decidir sobre tudo com um simples rabisco em um pedaço de papel.[70] Ambas as frases, de uso comum entre os políticos fora do poder no início da década de 1870, exemplificavam a atitude em transformação para com D. Pedro II. Antes o imperador permanecia acima da briga política, isento da censura pública. Agora ele era considerado certamente mais habilidoso e mais poderoso do que os outros integrantes do sistema político, mas em essência nada diferente deles.

Era de se esperar que os liberais, após seu súbito afastamento do poder em julho de 1868, acabassem alienados. Suas queixas concentraram-se no imperador e seu sistema de governo, em boa parte por causa das habilidades de oratória de Zacarias de Góis e Vasconcelos, o líder do Gabinete deposto, que sistematicamente mantinha o papel do imperador em contenda. Em 1870, Zacarias recusou-se a aceitar uma nomeação ao Conselho de Estado, alegando que, se fizesse isso, ele limitaria sua independência como senador. No Senado, ele não se abstinha de comentar sobre as ações de D. Pedro II.[71] Em uma reunião do Centro Liberal (o diretório do Partido Liberal) no início de 1876, um membro do partido afirmou que os problemas do país não deviam ser exclusivamente atribuídos ao governo conservador, mas também ao poder "que dirige tudo, resolve tudo e, infelizmente, dispõe do poder necessário para fazer sua vontade prevalecer em tudo". As atas do Centro Liberal assim prosseguiam:

---

69 A frase foi usada, por exemplo, pelo senador Nabuco em um discurso ao Senado em 12 jul. 1870, citado em Nabuco, *Estadista*, v.II, p.112.

70 Um discurso proferido em 20 mar. 1878, para a Assembleia da província de São Paulo, referia-se às "regras e diretrizes escritas pelo lápis fatídico do qual José de Alencar falou"; ver *In memoriam*, p.165. Sobre José Martiniano de Alencar Jr., ver nota 75.

71 Nabuco, *Estadista*, v.2, p.126-7; e UFP JA D. Pedro II para João Alfredo Correia de Oliveira, 5 jun. 1875.

O sr. Zacarias contestou as observações do dr. Fontenelle. Inegavelmente, o imperador não só reina, governa e administra, como a doutrina conservadora sustenta, mas ele [Zacarias] concluiu, como já tivera oportunidade de afirmar, que ele [D. Pedro II] é responsável pelos problemas visíveis no país. E essa intervenção injustificável, que perturba o funcionamento regular do sistema representativo, tornou-se mais evidente e decisivo desde a lei sobre o elemento servil.[72]

A geração mais jovem do Partido Liberal não acreditava que o imperador fosse capaz de mudar seu modo de ser. "O papel de um rei constitucional não tem relação com sua inteligência ou seu egoísmo", Aureliano Tavares Bastos, um capacitado escritor político e ex-deputado, escreveu em 1875. "Não há absolutamente nada a esperar do imperador a não ser sua abdicação."[73]

A insatisfação com o papel político do imperador não se restringia aos liberais, cujos protestos eram em boa parte motivados por seu afastamento do poder. Muitos no Partido Conservador compartilhavam essas opiniões. Logo em fevereiro de 1870, o barão de Cotegipe, então ministro da Marinha e atuando como ministro das Relações Exteriores, comentou em particular com Tavares Bastos que D. Pedro II "não quer reforma, que lhe tire o modo de influir atualmente nas Câmaras e de exercer o seu sistema de governo". Cotegipe também reclamou das "suas [D. Pedro II] impertinentes e inúteis visitas aos arsenais".[74] Por mais severas que fossem as críticas de Cotegipe, ele não as verbalizava ao público em geral. Tal prudência não caracterizava a conduta de José Martiniano de Alencar Jr., um colega conservador que até janeiro de 1870 servira com Cotegipe no Gabinete de Itaboraí. Homem de grande habilidade e proeminente romancista, Alencar possuía um ego tal e tamanha ambição que inevitavelmente o levaram ao conflito com D. Pedro II. Quando o imperador lhe negou o assento no Senado que julgava legitima-mente seu, Alencar declaradamente alienou-se do regime.[75]

---

72 IHGB VOP Lata 425 Pasta 6 Actas do Centro Liberal, minutas da sessão de 26 jan. 1876.

73 Aureliano Cândido Tavares Bastos para José Tavares Bastos, Paris, 20 abr. 1875, em Tavares Bastos, *Correspondência*, p.176.

74 Nota escrita por Aureliano Cândido Tavares Bastos sobre essa conversa em Petrópolis em 25 fev. 1870; ver BNRJ SM 13.1.24 Caderno endossado com capa "Política Administura Cad. VI 1869", p.69.

75 Na década de 1850, Alencar havia discordado de D. Pedro II sobre os méritos literários de "A confederação dos Tamoios". Como figura pública, ele nunca praticara a discrição que o imperador prezava. Ver Menezes, *José de Alencar*, p.99-110, 247-85.

Figura 44. João Maurício Wanderley, barão de Cotegipe, líder do Partido Conservador, senador e presidente
do Conselho de Ministros, vestindo o traje formal de
um ministro (o mesmo de um camareiro da corte)
com a grã-cruz da ordem da Rosa.

Em uma torrente de artigos e discursos afiados e eminentemente citáveis,
ele atacou de modo persistente o sistema de governo de D. Pedro II. "Tal é a
situação do país, como o desenrolar desse drama político em que podemos
ser carregados naturalmente e tranquilamente do prólogo – *eu quero já!* – ao
epílogo – *eu quero tudo*", proclamou um desses artigos. Outro, intitulado *"Ecce
iterum Crispinus"* [Aí vem Crispino novamente], expressou na imprensa o que
muitos políticos falavam em particular:

> Com um pólipo monstruoso, o governo pessoal invade tudo, desde as trans-
> cendentes questões da alta política até as nugas da pequena administração. Ele
> sabe tudo, entende de qualquer dos ramos do serviço, conhece todos os homens
> nascidos e por nascer; tem uma estatística moral de todas as aptidões, com a de-
> signação das virtudes como *dos vícios úteis*; é finalmente uma enciclopédia viva. [...]

O governo pessoal resume em si as sete pastas, e destrinça nelas melhor do que o mais minucioso dos ministérios. Nem um houve que não *levasse o seu quinhão* de vez em quando para ficar respeitando *a sabença do mestre*. [...]

Este sistema tem uma grande vantagem; é a unidade do pensamento, condição essencial do poder executivo. Por isso o governo do Brasil, *quaisquer que sejam os ministros e os partidos dominantes, é sempre o mesmo. Quase que se podia substituir por um mecanismo engenhoso de fazer decretos*.[76]

Quando a aprovação da Lei do Ventre Livre em setembro de 1871 dividiu os conservadores ao meio, uma facção do partido apoiou as reformas do Gabinete de Rio Branco, enquanto a segunda, conhecida como os escravocratas, formou uma inexorável oposição. Essa segunda facção não confiava na imparcialidade do imperador. Sem a influência e a insistência de D. Pedro II a lei de 1871 não teria passado. Após os dissidentes engendrarem a derrota do Gabinete de Rio Branco na Câmara dos Deputados em maio de 1872, o imperador não pedira, como a prática parlamentar requeria, ao líder dos dissidentes, Paulino José Soares de Sousa Jr., que formasse um ministério. Joaquim Nabuco comentou que D. Pedro II "considerava Paulino [Soares] de Sousa demasiado *emperrado* e eivado do espírito hereditário de oligarquia [conservadora]".[77] Como resultado, a ala escravocrata dos conservadores deixara de ser monarquista incondicional, no sentido de que ela não mais recorria instintivamente a D. Pedro II por direção e orientação. Ao final de 1870, um proeminente senador conservador escreveu:

Eu passei algum tempo convencido de que somos inteiramente dependentes do governo ou, antes, daquele que nomeia o governo. Se o imperador persuadir-se de que Joaquim Nabuco, Sousa Franco, Zacarias e Otaviano [os líderes do Partido Liberal] podem formar um governo popular e governar sem dar força e poder aos republicanos, melhor do que os conservadores podem governar, estou certo de que muito em breve esses cavalheiros terão que assumir o encargo de governar o país.[78]

---

76 Dois artigos originalmente publicados em *Dezeseis de Julho*, n.102 e n.114, maio 1870, e incluídos na reimpressão do caderno de Aureliano Cândido Tavares Bastos, com a anotação: "*O governo pessoal* – Maio de 1870: artigos famosos de Alencar". Ver BNRJ SM 13.1.24 Caderno endossado com capa "Política Administura Cad. VI 1869", p.77.

77 Nabuco, *Estadista*, v.II, p.177.

78 Ver UFP JA Pedro Francisco de Paula Cavalcanti de Albuquerque, visconde de Camaragibe, para João Alfredo Correia de Oliveira, Camaragibe, 26 dez. 1870.

Em suma, políticos de ambos os partidos dominantes ecoavam a queixa de Cássio contra Júlio César: "Por que, homem, ele atravessa a passos largos o estreito mundo como um Colosso; e nós homens insignificantes caminhamos sob suas enormes pernas e espreitamos ao redor para nos encontrarmos túmulos desonrados".[79]

Considerando-se que em 1872 D. Pedro II governava por mais de trinta anos, um longo reinado sob qualquer padrão, não surpreende que descontentamentos não só tivessem se acumulado, mas também fossem verbalizados. Na Grã-Bretanha do século XVIII, provavelmente o paralelo mais próximo do Brasil imperial, tais insatisfações acumuladas eram normalmente contidas no âmbito daquilo que denominavam uma oposição dinástica. O filho mais velho do rei, o príncipe de Gales, geralmente em desacordo com o pai, oferecia uma corte e um centro de poder alternativos ao monarca reinante. Ele representava o sol nascente, prometia favores futuros, a serem conferidos assim que sucedesse ao trono, e assim mantinha os alienados e os queixosos leais ao regime.[80]

Para que tal oposição dinástica emergisse no Brasil, dois elementos tinham de estar presentes: um considerável corpo de políticos insatisfeitos e um herdeiro descontente disposto a assumir a liderança e, desse modo, dar coerência e força a uma oposição dinástica. O primeiro fator estava presente na década de 1870, mas a existência do segundo era questionável.

A atitude do imperador em relação a D. Isabel continuou a ser complexa e contraditória. Por um lado, ele a amava profundamente como sua filha e dedicava-lhe a atenção e a preocupação que jamais dera à esposa.[81] Ele claramente apreciava a companhia de D. Isabel e respeitava sua força de caráter.[82] Por outro lado, ele simplesmente não a levava a sério como sua herdeira e, portanto, como sua substituta. Para ele, o poder pertencia naturalmente

79 "Os culpados somos *ele e nós*, mas os prejudicados somos nós somente"; ver Aureliano Cândido Tavares Bastos para José Tavares Bastos, Paris, 20 abr. 1875, em Tavares Bastos, *Correspondência*, p.176. Nem Tavares Bastos nem José de Alencar, outro crítico declarado de D. Pedro II, viveram muito, falecendo respectivamente em 3 dez. 1875 e 12 dez. 1877.

80 A natureza e a significância da "oposição dinástica" na Inglaterra do período de Hanover estão bem expressas em Plumb, *Four Georges*, p.55-6.

81 Escrevendo à condessa de Barral de Caçapava, em 17 ago. 1865, D. Pedro II lamentou estar distante "de ti e de minhas filhas, o trio de minhas mais ardentes afeições"; ver Magalhães Jr., *D. Pedro II*, p.52.

82 AGP Pasta de documentos transcritos de D. Pedro II para François, príncipe de Joinville, Rio de Janeiro, 21 set. 1863, cópia em poder de D. Teresa Cristina. A correspondência entre D. Pedro II e D. Isabel em ibid. XXXVIII-1 e XL-2 contém prova abundante de sua mútua afeição.

aos homens. O destino havia se manifestado na perda de seus dois herdeiros homens e na falta, após a morte deles, de mais filhos.

A atitude de D. Pedro II, que quase certamente permaneceu dissimulada, era reforçada por sua atitude geral em relação às mulheres. Ele procurava mulheres bonitas, inteligentes e bem nascidas, gostava de sua companhia e de certo modo dependia delas, mas nunca aceitara as mulheres como suas iguais. Elas não tinham um lugar natural na esfera pública. Por conseguinte, nenhuma mulher podia ser confiável governando por si mesma, mas devia ser inevitavelmente controlada e guiada por seu marido. O imperador proporcionara a D. Isabel aquilo que ele de modo revelador descreveu como "conhecimentos mais próprios do outro sexo", uma educação que ela certamente não teria recebido se não fosse herdeira do trono.[83] Logo após D. Isabel casar-se com o conde d'Eu, D. Pedro II assegurou-lhe que "cada vez estou mais satisfeito de haver abdicado nele o poder de pai".[84]

Essa atitude era conveniente a D. Pedro II. Aceitar a princesa como sua sucessora teria forçado o imperador a fazer da perpetuação da dinastia sua prioridade, subordinando a esse objetivo a realização de seus próprios interesses e sua liberdade de ação. As relações do imperador com seu cunhado, o conde de Áquila, e posteriormente com seu genro, o conde d'Eu, revelam que D. Pedro II não podia tolerar que sua autonomia pessoal ou seu controle sobre as coisas fossem de algum modo restringidos.[85] Aceitar a realidade da sucessão ao trono por sua filha, com o marido dela a guiá-la, teria tornado D. Pedro II dependente, algo que ele não suportaria emocionalmente.

Seria injusto alegar que o imperador tentou sabotar de forma consciente as perspectivas de D. Isabel de sucedê-lo como monarca. Ele não precisava fazer isso, porque, sob muitos aspectos, D. Isabel não se percebia como a futura monarca do Brasil. Nem ela buscou para si uma função nos assuntos públicos que representasse qualquer ameaça ao domínio do pai. Nada na personalidade dela ou em suas crenças atraíam os descontentes e os alienados entre os políticos.

Em caráter, D. Isabel não era uma nulidade. Ela tinha força de vontade e sabia o que queria. Não se pode dizer que ela não fosse inteligente. Seus

---

83 AGP Pasta de documentos transcritos de D. Pedro II para François, príncipe de Joinville, Rio de Janeiro, 21 set. 1863, cópia em poder de D. Teresa Cristina; e ver também seu comentário sobre "a instrução não deve diferir da que se dá aos homens" em "Atribuições da aia", transcrito em Lacombe, "A educação", p.250.

84 AGP XXXVIII-I D. Pedro II para D. Isabel, Rio de Janeiro, 4 nov. 1864.

85 Ver capítulos 3 e 7, para obter uma análise dessas relações.

comentários sobre o mundo, em particular sua avaliação de personalidades, podiam ser perspicazes. Ela não era, contudo, intelectual. Nem por instinto nem por treinamento o mundo do conhecimento a atraía. Seu interesse por Literatura e Ciências era inconstante.[86] Convencional em suas visões e desprovida de ambição ou curiosidade intelectual, ela aceitava o mundo tal como ele se lhe apresentava. Ela não tinha intenção de deixar a esfera doméstica à qual as mulheres eram destinadas. Ela estava satisfeita com a vida de uma dama aristocrática, dedicada à família, religião, obras de caridade, teatro, ópera, pintura e música. Sua correspondência pessoal não revela nem gosto nem desgosto pela vida pública.[87] D. Isabel não herdara a seriedade de modos do pai, seu autocontrole ferrenho ou sua pontualidade. Ela era jovial, transparente em suas preferências e raramente pontual. Nem ela nem o marido possuíam a personalidade ou o talento para transformar o Paço Isabel, sua residência no distrito de Laranjeiras no Rio de Janeiro, em um centro político ou social.

D. Isabel pode não ter sido uma intelectual, mas não era obtusa. Bastante ciente dos traços de personalidade do pai, ela compreendia seus pontos fortes e suas fraquezas. De tempos em tempos, lhe oferecia sugestões de melhoria, geralmente com respeito à vida pública dele. Sobre as relações dele com os ministros do Gabinete, por exemplo, ela comentou em março de 1872, pouco antes de ele retornar da Europa:

> Não se julgue tão infalível, mostre-se mais confiante neles, não se meta tanto em negócios que são puramente da repartição deles (e eu terei mais do seu tempo), e se algum dia não puder de todo continuar a dar-lhes a sua confiança ou se ver que a opinião pública (verdadeira) é contrária a eles, rua com eles!

Não obstante, toda vez que fazia uma sugestão ou uma crítica, ela se desculpava por isso: "Perdoe-me tanta ousadia, mas é para seu bem e bem

---

86 Após casar-se com o conde d'Eu, D. Isabel leu Walter Scott pela primeira vez, para grande prazer de seu pai. Para sua troca de cartas discutindo sobre *Ivanhoé*, ver AGP XL-2 D. Isabel para D. Pedro II, 17 e 19 out. e 3 e 7 nov. 1864, e XXXVIII-1 D. Pedro II para D. Isabel, Rio de Janeiro, 19 out. 1864. Em jan. 1868, D. Isabel começou a colecionar orquídeas e em abril havia juntado 89 espécies, que pintou em um álbum; seja ibid., XL-2 D. Isabel para D. Pedro II, Petrópolis, 24 jan., 3 fev. e 22 abr. 1868.

87 Minha análise da personalidade de D. Isabel, baseada em uma atenta leitura de sua correspondência com parentes, seu marido e a condessa de Barral está disponível em Barman, *Princesa Isabel do Brasil: gênero e poder no século XIX* (São Paulo: Unesp, 2005). Ver também Lacombe, *Isabel*, que cobre bem a vida dela, mas é muito tradicional sobre os papéis desempenhados por homens e mulheres.

de todos".[88] A realidade era que ela não ia, talvez não podia, abertamente desafiar ou brigar com seu adorado "papaizinho". Ela era incapaz de ver-se como sua substituta ou rival.

Enquanto foi regente, D. Isabel seguiu fielmente a rotina estabelecida por seu pai. Ela não fez inovações nem nada que afirmasse sua independência ou estabelecesse sua própria esfera de influência.[89] Em junho de 1871, ao escrever-lhe sua primeira carta como regente, D. Isabel comentou: "quando papai partiu parece-me coisa tão esquisita ver-me assim do pé para mão uma espécie de imperador sem mudar de pele, sem ter sua barba, sem ter uma barriga muito grande".[90] D. Isabel tratou seus meses como regente, de maio de 1871 a março de 1872, como um favor a seu pai, um encargo que ela queria devolver-lhe o quanto antes. "Apesar da boa vontade dos ministros em me evitarem complicações e do lado interessante e às vezes mesmo divertido da regência, tomará já ver-me livre dele!", D. Isabel disse à mãe em 23 de dezembro de 1871. "Pobre Papai! que esteve tanta e tantos anos amarrado no sepo."[91] Ela não considerava a regência uma parte necessária de sua existência, um treinamento útil para seu eventual reinado. Ela se ressentia de seus deveres porque eles interferiam em suas atividades rotineiras particulares, que para ela constituíam sua própria vida.

Como D. Isabel admitiu em uma carta escrita ao pai enquanto atuava como regente, ela não agiu sozinha ou sem auxílio. "Sobretudo tendo Gaston que me faz grande parte da papinha tenho tempo de sobra, para dormir tanto ou mais que de antes, para passear e até para ler romances."[92] Em seu memorando de recomendação a D. Isabel, D. Pedro II supôs que o conde d'Eu seria ativamente envolvido.

Para que qualquer ministério não tenha o menor ciúme da ingerência de minha filha nos negócios públicos, é indispensável que meu genro, aliás conse-

---

88 AGP XL-2 D. Isabel para D. Pedro II, Petrópolis, 6 mar. 1872. Deve-se acrescentar que a relação de D. Isabel com a mãe era íntima e amistosa, principalmente centrada na troca de favores (fazer compras, cuidar de incumbências e presentear com alimentos, livros e trabalhos manuais), mas estava em segundo plano em relação ao relacionamento dela com o pai e era dependente dele.

89 Ver ibid., D. Isabel para D. Pedro II, Laranjeiras, 4 jun. e 6 e 23 dez. 1871. Sobre as regências de D. Isabel, ver Vianna Lyra, "Isabel".

90 AGP XL-2 D. Isabel para D. Pedro II, Laranjeiras, 4 jun. 1871.

91 AGP XL-3. Ver também XL-2 D. Isabel para D. Pedro II, Laranjeiras, 4 ago. 1871 e Petrópolis, 4 fev. 1872.

92 Ver ibid., D. Isabel para D. Pedro II, Laranjeiras, 4 set. 1871.

lheiro natural de minha filha, procede de modo que se possa ter certeza de que ele influiu mesmo por seus conselhos, nas opiniões da minha filha.

D. Pedro II confiava em seu genro, "[ele] seguirá o exemplo do esposo da rainha Victória, o príncipe Alberto".[93]

Na realidade, o relacionamento do príncipe Albert com a rainha Vitória era o oposto do que D. Pedro II supunha ser. De acordo com um proeminente político britânico, que escreveu no dia em que o príncipe consorte faleceu em 1861, a rainha agia sob "o cuidado conferido, incessantemente, e criteriosa-mente, por seu finado marido: ele escrevia as cartas dela, ele estava presente quando ela recebia ministros, nada de menor ou maior importância era feito sem o aconselhamento dele".[94] Nos primeiros anos de seu casamento, o conde d'Eu certamente aspirava desempenhar tal papel, não sendo inclinado a "confinar-me nas Laranjeiras e confinar-me aos livros".[95] Ele se engajara em uma campanha essa constante para obter um papel ativo no Estado e nos assuntos militares, campanha essa que seu sogro constantemente barrava. Havia pouca empatia e muita rivalidade entre os dois. Por inclinação um liberal na política, o conde d'Eu e os liberais radicais haviam tentado uma aproximação nos anos de 1867 e 1868.[96] A rixa, se é que se podia chamar assim, entre D. Pedro II e o conde d'Eu terminara com o súbito retorno de Caxias da frente de batalha em fevereiro de 1869 e a nomeação do conde como comandante em chefe na Guerra do Paraguai. Por vários meses, o conde d'Eu revelou-se exemplar em sua energia, desenvoltura e poder de decisão. Em termos políticos, sua sugestão ao governo provisório do Paraguai para que abolisse a escravidão no país colocou o conde firmemente do lado das forças progressistas no Brasil. Ele estava bem encaminhado para estabelecer uma base de poder dentro do regime imperial.[97]

No final de 1869, essa situação mudou. O conde d'Eu sofreu um colapso nervoso. Ele ficou desanimado, irritadiço e dilatório. O ônus da responsabili-dade causava-lhe tanta tensão que o fez adoecer. Pior de tudo, ele perdeu toda

---

93 Pedro II, *Conselhos à regente*, p.60.
94 Registro no diário de lorde Stanley para 16 dez. 1861, apud Vincent, *Disraeli, Derby*, p.180.
95 AGP XLI-I conde d'Eu para o duque de Nemours, Caçapava, 25 set. 1865 (apud Rangel, *Gastão d'Orleans*, p.119).
96 Sobre a correspondência do conde com Joaquim Manuel de Macedo, um deputado da pro-víncia do Rio de Janeiro, e com Manuel Buarque de Macedo, um deputado da província de Pernambuco, ver as fontes citadas no capítulo 7, nota 122.
97 Ver capítulo 7.

confiança em sua própria capacidade. A emboscada e a morte de López em 1º de março de 1870 haviam tomado o conde d'Eu inteiramente de surpresa, confirmando seu senso de inutilidade. Em sua carta a D. Pedro II no dia em que recebeu a notícia da morte de López, ele quase explicitamente renunciou a qualquer tentativa futura de desafiar seu sogro.[98] O estado emocional e físico do conde não melhorou após retomar o convívio com a esposa e uma vida tranquila. O conde d'Eu escreveu a André Rebouças em 17 de maio de 1870: "Vim do Paraguai sem outro ânimo que o de descansar acabrunhado em parte por falta de saúde e em parte pela lembrança dos meus erros [...] não me sinto com forças para coisa alguma".[99] Um mês depois, o conde d'Eu contou ao pai, o duque de Nemours:

> Quanto a escrever sobre o Paraguai, estou totalmente incapaz de fazê-lo daqui em diante, por algum tempo. A Guerra do Paraguai me proporcionou algumas boas lembranças; mas me exauriu intelectualmente e criou uma repugnância indômita por qualquer negócio ou trabalho prolongado.[100]

À depressão do conde somou-se uma saúde frágil. Em maio de 1870 Rebouças notara que "o príncipe realmente tem diarreia e dispepsia que ele contraiu no Paraguai e das quais ele sofre intensamente".[101] No início de junho, a bronquite, da qual ele sofrera por muito tempo, voltou. Ao longo da década de 1870 a vida do conde d'Eu foi marcada por crises de depressão e uma sucessão de diversas doenças. Uma coisa estava ligada à outra, visto que ele tendia a cair doente após algum tempo de atividade e tensão, como ocorreu em outubro de 1865, após a rendição de Uruguaiana.[102] Suas doenças eram em grande medida psicossomáticas, como D. Isabel veio a concluir. Em dezembro de 1872, ela escreveu à mãe:

> Gaston vai melhor hoje, mas ainda não está bom, e anda muito asmático. Ele escreve hoje ao Feijó [o médico da família] dizendo-lhe os seus incômodos, mas eu estimaria muito que Feijó viera passar um dia cá para bem examiná-lo e tirar-

---

98 Carta datada de 4 mar. 1870, transcrita em Rangel, *Gastão d'Orléans*, p.298.

99 Esse trecho (com sua elipse) da carta do conde d'Eu de 17 maio para Rebouças foi copiada por este em seu diário; ver registro para 18 maio 1870, em Rebouças, *Diário*, p.285.

100 AGP XLI-I conde d'Eu para o duque de Nemours, Laranjeiras, 22 jun. 1870.

101 Ibid., e Rebouças, *Diário*, p.286.

102 Ver capítulo 7.

-lhe as ideias de doença da cabeça. Queira-lhe dizer isso mesmo de minha parte, minha mamãezinha. Estou certa que ele sofre; mas a imaginação pode muito e fazer assim aumentar os incômodos.[103]

Uma provável consequência física dos descontentamentos do conde d'Eu era a deterioração de sua audição. Em 1864, seu tio, o príncipe de Joinville, descreveu-o como "um pouco surdo, é verdade, mas não o suficiente para ser um defeito".[104] Em julho de 1871, a condição havia se deteriorado a tal ponto que, quando o conde d'Eu participou de sua primeira reunião no Conselho de Estado, "minha surdez não me permitiu acompanhar a discussão: que durou duas horas e meia".[105] A surdez tinha a vantagem de justificar a abstenção do conde dos assuntos públicos e desculpar seu afastamento das atividades sociais.

Se as tensões e preocupações da Guerra do Paraguai foram a causa dos problemas de saúde do conde d'Eu, outros fatores contribuíram para o prolongamento de suas condições. Após a destituição da monarquia de Orléans na França em fevereiro de 1848, o conde d'Eu havia, aos 5 anos de idade, sido banido de sua própria terra. O exílio de seu solo nativo foi um dos fatores que o induziram a casar-se com D. Isabel e estabelecer-se no Brasil. Entretanto, em junho de 1871, a Assembleia Nacional Francesa revogou o banimento e restituiu à família Orléans suas propriedades. O pai do conde d'Eu e outros parentes não só retornaram à França como também assumiram posições de real importância no país.[106] Ele e D. Isabel fizeram duas longas visitas à Europa nesse período, de agosto de 1870 a abril de 1871 e novamente de abril de 1873 a junho de 1874. Durante a segunda visita, o casal passou muito tempo na França, particularmente em sua capital. "Paris é muito formosa, não se parece com qualquer outra cidade e muito estimo tê-la visto", o conde d'Eu escreveu ao sogro. Como era característico de sua parte, ele acrescentou: "mas a vida que aqui se leva é muito fatigante para quem tem tão pouca saúde como eu".[107] Somente ele da família Orléans não

---

103 AGP XL-3 D. Isabel para D. Teresa Cristina, Petrópolis, 13 dez. 1872.

104 AGP XXIX-1 François, príncipe de Joinville, para D. Pedro II, Claremont, 7 fev. 1864.

105 Ibid., François, príncipe de Joinville, para D. Pedro II, Claremont, 7 fev. 1864; e XLI-1 conde d'Eu para o duque de Nemours, Laranjeiras, 22 jun. 1870.

106 Sobre a situação na França, a família Orléans, e os apoiadores da dinastia Orléans que praticamente governou o país no início da década de 1870, ver Chapman, *Third Republic*, p.xvii-xxi, 6-64, 266-8.

107 AGP XLI-1 conde d'Eu para D. Pedro II, Grand Hôtel de Londres, Paris, 6 abr. 1872.

podia viver permanentemente na França, sua terra natal. Com isso, ele passou a sentir-se degredado e exilado no Brasil.

Esse senso de alienação foi alimentado pela falta de simpatia que o conde d'Eu cada vez mais encontrava entre os brasileiros. Embora tivesse liderado o Exército à vitória em 1869 e 1870, ele não contava, como era de se esperar, com a lealdade e a devoção dos oficiais a quem comandou. Pelo contrário, eles não gostavam dele, apesar de reconhecerem sua capacidade como general.[108] A situação não era muito melhor nos círculos políticos. Quando D. Isabel foi ao Senado fazer o juramento de posse como regente, o conde d'Eu foi excluído da cerimônia. Não disposto a ser um simples espectador, assistindo de uma sacada, ele se recusou até a comparecer. Após o Gabinete de Rio Branco ser derrotado na Câmara Baixa, em maio de 1872, o conde d'Eu não foi convidado a participar da reunião do Conselho de Estado que debateu a questão da dissolução da Câmara dos Deputados.[109]

Parte da alienação era motivada pelo próprio comportamento e temperamento do conde d'Eu. Ele tinha a reserva de um aristocrata em uma terra na qual a cordialidade contava muito. Faltava-lhe o tato de D. Pedro II: "Sei quão desajeitado eu sou com as pessoas a quem não conheço bem", ele confessou ao pai em 1875.[110] Sua surdez crescente tornava a comunicação cada vez mais difícil, e por causa disso ele conservava um sotaque francês que ofendia os ouvidos dos brasileiros, apesar do fascínio por qualquer coisa que viesse da França. Ele jamais poderia ser outra coisa que não um estrangeiro, um francês. O conde d'Eu também carecia de uma presença física impactante. Sempre parecia desleixado e desprezível, seus modos desajeitados e indelicados. Na verdade, as virtudes do conde sobressaíam na vida privada, mas em público ele era incapaz de despertar simpatia.[111]

Quando D. Isabel assumiu a regência em maio de 1871, muitos dos fatores que causavam uma falta de sentimento popular pela herdeira ao trono e seu esposo ainda não eram evidentes. Embora fosse óbvio a todos que o

---

108 Ver os comentários do general Deodoro da Fonseca, relatados em Taunay, *Reminiscências*, p.111-2

109 Ver Rangel, *Gastão d'Orléans*, p.308; e o conde d'Eu para o duque de Nemours, 22 maio 1872, em ibid., p.312.

110 Carta para o duque de Nemours, 25 out. 1875, em ibid., p.420.

111 Sobre o caráter do conde d'Eu, ver Taunay, *Memórias*, p.311-4. O visconde de Taunay, que serviu como historiador militar para o conde, enquanto este era comandante em chefe no Paraguai, antipatizava fortemente com ele, mas em suas memórias conseguiu apresentar um retrato equilibrado e acurado do conde e sua personalidade.

governo estava na realidade sendo dirigido pelo visconde de Rio Branco, a regente e seu marido não cometeram falhas e conduziram suas atividades com dignidade. Apesar de não ter sido propriamente um teste de aprendizado, não havia prenúncio de problemas para o futuro.[112]

Durante a regência, ocorreu o primeiro de uma série de acontecimentos que moldariam a vida subsequente de D. Isabel. Nos primeiros seis anos de casamento, ela não tivera filhos e, as evidências indicavam, jamais engravidaria. O temor crescente era o de que ela fosse estéril, diferentemente da irmã, D. Leopoldina, que gerara quatro filhos antes de seu falecimento em 1871. Entretanto, ao retornar ao Brasil da Europa em maio de 1871, D. Isabel deu sinais de estar grávida. Se a gravidez fosse confirmada, seus pais concordaram em suspender as férias na Europa e voltar para casa a tempo do nascimento. Não foi preciso. Em 5 de agosto, o conde d'Eu escreveu: "Infelizmente temos de lhe anunciar desta vez que de nosso lado já não há motivo para o pequeno programa".[113]

A falta de herdeiros da filha mais velha levou D. Pedro II, em sua visita à Europa em 1871, a propor a seu genro viúvo, Augusto de Saxe-Coburgo-Gota, que permitisse que seus dois filhos mais velhos, Pedro Augusto e Augusto, fossem criados no Brasil pelos avós. Os dois meninos viajaram com o pai da Europa ao Brasil como parte da comitiva imperial. Augusto de Saxe-Coburgo-Gota não permaneceu no Brasil; retornou à Europa e a uma vida de prazeres. Se D. Isabel permanecesse sem gerar filhos, Pedro Augusto, com 7 anos de idade, quando chegou em 1872, eventualmente se tornaria imperador.[114]

Em 1872, D. Isabel finalmente concebeu um filho, mas em novembro daquele ano ela sofreu um aborto no final da gravidez. A perda deixou-a predisposta a crises de depressão e temores súbitos. No ano seguinte, ela e o conde d'Eu viajaram à Europa, onde ela novamente engravidou. Em janeiro de 1874, um especialista consultado em Paris estimou que ela estivesse grávida de três meses. Como o conde d'Eu cuidadosamente explicou em uma longa carta ao sogro, o nervosismo de D. Isabel em relação à gravidez, sua aversão a viagens marítimas e seus receios de parir um natimorto levavam-na a desejar permanecer na Europa para o parto.[115] Seguiu-se uma longa

---

112 Os esforços e as tensões da regência parecem, entretanto, ter produzido outra crise na saúde do conde d'Eu; ver AGP XLI-1 conde d'Eu para D. Pedro II, Bad Gastein, 20 jul. 1873.

113 Ibid., conde d'Eu para D. Pedro II, Laranjeiras, 5 ago. 1871.

114 Saxe-Coburgo; Bragança, *Trabalhos*, p.19.

115 Ver AGP XL-2 D. Isabel para D. Pedro II, Grand Hôtel du Louvre, Bagnères de Luchon, 14 set. 1873, e Hôtel Royal Danieli, Veneza, 2 dez. 1873; e XLI-I conde d'Eu para D. Pedro II, Hôtel Royal Danieli, Veneza, 27 nov. 1873, e Paris, 19 jan. 1874.

troca de correspondências, a circulação de opiniões médicas por escrito e, no Brasil, uma consulta do Conselho de Estado. Mas, é claro, tudo dependia da vontade de D. Pedro II, e ele já se decidira. Em 18 de fevereiro de 1874, ele escreveu de Petrópolis: "Profundamente sentiria que meu neto, herdeiro presumptivo, nascesse fora do Brazil".[116] D. Isabel queixou-se e suplicou, mas se manteve como filha e súdita obediente. Apesar de seus receios, ela e o marido fizeram a viagem de volta, chegando ao Rio em 23 de junho. Um mês depois, D. Isabel dava à luz. O desfecho é mais bem expresso na carta de D. Teresa Cristina à rainha Vitória:

> Deus em sua bondade permitiu à minha filha Isabel ser poupada e somente chamou para junto de si sua pobre pequenina filha. Tão bela que parecia um anjo. Seus sofrimentos foram terríveis por cinquenta horas, mas sua convalescença está tomando seu curso natural e tudo nos faz crer que ela se recuperará rapidamente.[117]

Essa tragédia, após o aborto em novembro de 1872, teve um profundo efeito sobre a personalidade de D. Isabel. Ela sempre fora sinceramente religiosa e pontual no cumprimento de seus deveres como católica, mas suas cartas deixavam claro que os prazeres da vida recebiam prioridade de sua atenção. A partir de novembro de 1872, ela se tornou extremamente devota e passava a maior parte do tempo em cultos religiosos e atos de bondade (como ajudar a limpar a igreja paroquial de Petrópolis todo mês). Ela se tornou uma zelosa defensora do ultramontanismo. Em outubro de 1873, após visitar o santuário de Nossa Senhora de Lourdes na França, ela enviou à mãe "um rosário que comprei para Mamãe em Lourdes e que está bento e tocou o rochedo da Virgem, e 9 medalhas de Nossa Senhora que tambem eram bentas e tocarão o rochedo".[118] Essa devoção à religião evidenciou-se ainda mais após o desastre de julho de 1874. Era como se a Igreja católica representasse a única rocha de certeza da vida de D. Isabel, a única esperança de que ela ainda poderia ser mãe.

Após dar à luz a filha morta, o interesse de D. Isabel por política e assuntos públicos, nunca forte, tornou-se mínimo. O único assunto capaz de chamar

---

116 AGP XXXVIII-2 D. Pedro II ao conde d'Eu, Petrópolis, 18 fev. 1874.

117 RA Z105 n.84 D. Teresa Cristina para Rainha Vitória, Rio de Janeiro, 3 ago. 1874. O parto da natimorta ocorreu em 24 jul.

118 Ver AGP XL-3 D. Isabel para D. Teresa Cristina, Grand Hôtel de Londres, Paris, 19 out. 1873.

sua atenção eram os direitos e as reivindicações da Igreja católica, que ela sempre apoiara. No início de 1871, ela repreendera o pai por comparecer à primeira sessão de abertura do parlamento italiano na cidade de Roma, capturado apenas um ano antes do papa. "Duas coisas não aprovo de sua viagem: esta ida ao parlamento italiano e o seguir as rezas na sinagoga que nem se fosse um judeu!" Mas essa censura não se comparou em intensidade ao longo discurso de crítica que ela enviou a D. Pedro II da Europa sobre a Questão Religiosa.[119] Essas desavenças e a insistência do pai para que ela retornasse ao Brasil para o parto de modo algum afetaram a afeição e o respeito de D. Isabel: "Eu sei bem, meu papai, e cada dia mais, o quanto nos ama. Creia que é bem recíproco".[120] Apesar de tudo que ocorrera, ela era incapaz de romper com o pai e, por conseguinte, desafiar sua posição.

Após seu retorno ao Brasil em junho de 1874, D. Isabel tornou-se conhecida entre os brasileiros como uma beata que firmemente defendia o clero enclausurado. Com sua indiferença pelos assuntos públicos, sua falta de altivez e seu restrito círculo de amizades, ela não se adequava a aquilo que se esperava de um governante. Os homens que administravam os assuntos públicos inquietaram-se desde o início ante a ideia de se subordinarem a uma monarca, e a personalidade e as opiniões de D. Isabel em nada contribuíam para superar esse preconceito. Nem seu esposo restabelecia o equilíbrio. Ele parecia um estrangeiro frívolo, avarento e a quem era fácil creditar o pior. Sem a menor sombra de evidência, acreditava-se amplamente, por exemplo, que ele possuía e explorava cortiços na cidade do Rio. Em suma, se no início da década de 1870 D. Pedro II como governante não mais contava com a lealdade e o respeito de que anteriormente desfrutara, os descontentes e alienados não encontraram em sua herdeira e no marido dela o foco ou a liderança de uma oposição dinástica.

A passividade de sua filha e do genro facilitou a determinação de D. Pedro II em manter o controle sobre os assuntos no Brasil. Desde o início de 1875, entretanto, alguns acontecimentos voltaram-se contra ele. Apesar das ordens e ameaças governamentais, o clero recusou-se a suspender a interdição às irmandades. O Nordeste foi assolado pela revolta do Quebra-Quilo. Apesar

---

119 Ver AGP XL-2 D. Isabel para D. Pedro II, Petrópolis, 15 jan. 1871 [*sic* 1872]. Sobre a Questão Religiosa, ver D. Isabel para D. Pedro II, Grand Hôtel du Louvre, Bagnères de Luchon, 31 ago. 1873, e Hôtel Royal Danieli, Veneza, 3 nov. 1873.

120 Ibid., D. Isabel para D. Pedro II, Rue de Berri, 7 mar. 1874

de uma sessão especial do Legislativo convocada em março de 1875 para acelerar a aprovação do projeto de lei da reforma eleitoral do governo, a Câmara Baixa prolongava os debates. Uma queda no preço do café no mercado mundial causou um sério declínio na arrecadação de impostos. Em março a comunidade mercantil do Rio foi apanhada pela crise financeira que envolveu o mundo Atlântico e deu início à Grande Depressão de 1875. A crise forçou vários bancos a fechar as portas. A um deles o ministro das finanças havia emprestado uma soma considerável para que a instituição pudesse honrar seus compromissos com o governo. O escândalo decorrente desse empréstimo maculou a reputação de Rio Branco.[121]

Essa conjuntura de desdobramentos adversos foi suficiente para provocar a renúncia em junho de 1875 do Gabinete de Rio Branco, desunido e exaurido após quatro anos no poder. D. Pedro II esforçou-se por muito tempo e com afinco para persuadir o presidente do conselho a prosseguir na luta, mas não conseguiu contornar sua repugnância pela tarefa.[122] Forçado a desistir de seu político favorito, o imperador teve de recorrer a outra fonte. Ele não pretendia reconvocar os liberais ao poder, nem estava disposto a confiá-lo a Paulino José Soares de Sousa e à facção escravocrata dos conservadores. Ele se voltou, portanto, ao duque de Caxias, que já servira duas vezes como presidente do Conselho, mas que, com quase 72 anos de idade, recém-viúvo e com a saúde fragilizada, não poderia ser mais do que um líder figurativo. Caxias não estava nada disposto a aquiescer. D. Pedro II sabia, contudo, como superar a resistência do duque, como Caxias mais tarde contou à filha:

> Creia que quando me meti na sege para ir a S. Cristóvão, a chamado do imperador, ia firme em não aceitar; mas ele, assim que me viu me abraçou e me disse que não largava sem que eu lhe dissesse que aceitava o cargo de ministro e que se me negasse a fazer-lhe esse serviço, que ele chamava os liberais e que havia de dizer a todos que eu era o responsável pelas consequências que daí resultassem, mas disse tudo isso, tendo-me preso com os seus braços. Ponderei-lhe minhas circunstâncias, a minha idade, e incapacidade, a nada se deu. Para me

---

121 Ver conde d'Eu para o duque de Nemours, 28 jun. 1875, em Rangel, *Gastão d'Orléans*, p.318; e Nabuco, *Estadista*, v.II, p.290.

122 "A mim mesmo, anos depois, o imperador disse que Rio Branco tinha deixado o poder muito contra a vontade dele e apesar de suas instâncias"; ver Nabuco, *Estadista*, v.II, p.132, n.2. Rio Branco não assumiu novamente o poder, falecendo em 1º set. 1880.

poder livrar dele, precisei empurrá-lo, e isso eu não devia fazer; abaixei a cabeça e disse que fizesse o que quisesse, pois eu tinha conciência que ele se havia de arrenpender, porque eu não seria ministro por muito tempo, porque morreria de trabalho e desgostos; mas a nada atendeu, e disse-me que só fizesse o que pudesse, mas que o não abandonesse, porque então ele também abandonaria e se iria embora!![123]

Para que o novo Gabinete possuísse qualquer energia e direção, ele precisava incluir um político veterano de força e reputação. Para suprir essa necessidade, o imperador recorreu ao barão de Cotegipe. Foi Cotegipe que em fevereiro de 1870 havia observado que D. Pedro II "não desejava qualquer reforma que pudesse tirar dele os meios de ter, como no presente, influência nas câmaras e de exercer seu sistema de governo".[124] Em 1871, Cotegipe recusara-se a participar do Gabinete de Rio Branco sob a alegação de que esse gabinete não estava comprometido com a abolição do sistema eleitoral em duas instâncias. Para ser consistente, Cotegipe deveria ter feito da adoção de eleições diretas uma condição para seu ingresso no Ministério. Em vez disso, uniu-se aos colegas e acatou o desejo do imperador para que o novo Gabinete pressionasse pela sanção das propostas vigentes de Rio Branco sobre a reforma eleitoral.[125] Denúncias de corrupção do sistema, feitas por políticos quando na oposição, costumavam ser esquecidas quando eles eram convocados a assumir o poder. Essa falta de princípio causava repugnância a todo o sistema político. Em vez de examinar suas ações, particularmente sua incapacidade de refrear sua sede de poder, a maioria dos políticos preferia culpar o imperador por se desencaminharem.

Se, por um lado, o Gabinete de Caxias e Cotegipe cedeu à oposição de D. Pedro II à introdução de um sistema de eleições diretas, por outro, os ministros enfrentaram-no em uma questão crucial. O Gabinete estava determinado a colocar um fim na Questão Religiosa. Logo após assumir o poder, os ministros apresentaram um memorando conjunto a D. Pedro II solicitando com veemência que uma anistia geral fosse concedida a todos os presos e

---

123 Duque de Caxias para Ana do Loreto Viana de Lima, viscondessa de Ururaí, Rio de Janeiro, 17 jul. 1875, transcrito em Vilhena de Morais, *Gabinete Caxias*, p.121-2.

124 Ver os comentários feitos pelo barão de Cotegipe em 25 fev. 1870 a Aureliano Cândido Tavares Bastos, que os registrou em seu caderno. BNRJ SM 13.1.24 Caderno endossado na capa "Política Administura Cad. VI 1869", p.69.

125 Ver Nabuco, *Estadista*, v.II, p.289-91, 447-8.

acusados na questão. Os ministros estavam confiantes de que, assim que os bispos fossem anistiados e libertados, o Vaticano se apressaria em suspender as interdições contra as irmandades. D. Pedro II lutou com todas as forças contra essa proposta, porque ele desejava que a retratação dos bispos por seus atos fosse uma pré-condição para a anistia. Quando o Gabinete deixou claro que renunciaria, caso não tivesse seu desejo atendido, ele teve de ceder. A anistia foi declarada em 17 de setembro de 1875.[126]

A medida obteve os resultados pretendidos. O Vaticano realmente suspendeu as interdições e deixou clara aos dois bispos sua insatisfação com o excesso de zelo inicial deles. Entretanto, o Vaticano não fez nada para moderar suas pretensões de ter autoridade religiosa no Brasil. D. Pedro II permanecia igualmente convencido da justiça de sua causa.[127] O que mais irritou o imperador à época da anistia foi a crença popular de que a concessão do perdão incondicional devia-se às crenças religiosas de D. Isabel. "A leitura dos periódicos dos dias obrigam-me a insistir na necessidade de declarar o que é verdade que minha filha em nada influiu no meu ânimo nem procurou influir para a anistia."[128] D. Pedro II escreveu ao duque de Caxias dois dias após a declaração da anistia. Como sempre, D. Pedro II não podia tolerar a ideia de que ele agia sob o controle e a direção de alguém, mesmo que fosse sua filha e herdeira.

Se o Gabinete aborreceu o imperador ao insistir na anistia, o agradou ao encaminhar pelo Legislativo a lei de reforma eleitoral estabelecendo o sistema de votação parcial. O discurso de encerramento da sessão, em 10 de outubro de 1875, congratulou os legisladores pelo grande número de leis aprovadas desde 1872, incluindo a reforma da Guarda Nacional, o sistema de alistamento militar, o apoio às ferrovias, o auxilio à educação, a criação de mais cortes de apelação e, finalmente, a reforma eleitoral.[129] As medidas soavam muito bem quando assim mencionadas, mas D. Pedro II tinha consciência do quanto mais poderia ter sido e ainda necessitava ser alcançado. Algumas semanas depois, após ler a prova do catálogo brasileiro para a Feira de Filadélfia de 1876, ele comentou com o visconde de Bom Retiro, seu assessor na produção da obra:

---

126 Vilhena de Morais, *Gabinete Caxias*, p.43-68.
127 Quinze anos depois, ele ainda afirmava a correção de suas ações; ver AHMI POB Cat. B Maço 35 Doc. 1.057 Registro no diário para 12 maio 1890.
128 BNRJ TM Arm. 25 Pac. 25 D. Pedro II para o duque de Caxias, 19 set. 1875.
129 *Fallas do throno*, p.735-6.

Tem havido progresso mas com a nossa política e Administração correspondente é para desesperar a lida em que andam os que querem ver o Brasil caminhar mais depressa.

Eu vejo um remédio; porém é necessário que haja mais de uma andorinha que arrisque-se a ficar dependada.

Adeus! Quando poderemos ter um bom voo![130]

O comentário enigmático sobre "que haja mais de uma andorinha" implicava que, se D. Pedro II tivesse sido um ditador, ou se ele tivesse sido capaz de encontrar políticos com mais ousadia, teria forçado o ritmo da reforma. O comentário era, na verdade, uma admissão de que ele não conseguia mais dominar e dirigir os assuntos públicos como fizera no passado. A queda do Gabinete de Rio Branco marcou o fim do ativismo em sua abordagem ao governo do Brasil que começara dez anos atrás, após seu triunfo em Uruguaiana. A referência a "voo" implica um desejo de rejeitar as restrições e escapar de uma situação que se tornara um peso.

Se as perspectivas políticas do Brasil eram tais que faziam o imperador ansiar por escapar, as condições de sua filha e de sua esposa davam-lhe outro motivo de preocupação. Graças à reconfortante presença da condessa de Barral, que estava em uma longa visita ao Brasil, D. Isabel havia se recuperado bem da perda de sua filha. No início de 1875, aos 28 anos de idade, ela engravidou novamente. Durante essa nova gravidez, ela sofreu crises de depressão e fortes aversões. Com o conde d'Eu, cuja conduta durante esses difíceis meses parece ter sido exemplar, observou em agosto: "Ela continua a lamentar e a dizer que não tem forças para sobreviver a essa gravidez".[131] Compreensivelmente, D. Isabel insistiu para que um especialista fosse trazido da França para cuidar do parto, e ela teve o pedido atendido. Um filho nasceu com êxito em 15 de outubro. Ele recebeu o nome de Pedro e tornou-se, sob a cláusula 105 da constituição, príncipe de Grão Pará. Lamentavelmente, a alegria da família pelo nascimento foi logo frustrada pela constatação de que o bebê possuía pouca força no braço e na mão esquerda. Durante o parto, os músculos de seu ombro haviam sido danificados e, apesar do tratamento médico que durou vários anos, a deficiência de D. Pedro não pôde ser superada.[132]

---

130 BNRJ SM I-35, 8, 89 D. Pedro II para o visconde de Bom Retiro, Rio de Janeiro, 29 nov. 1875.

131 AGP XLI-1 conde d'Eu para o duque de Nemours, São Cristóvão, 12 ago. 1875; e ver suas cartas de 26 jul. e 6 set. 1875.

132 O nascimento em si e a descoberta do defeito físico do recém-nascido são bem descritos em Lacombe, *Isabel*, p.184-5.

Figura 45. D. Isabel com seu primeiro filho, príncipe de Grão Pará.

No mesmo período em que D. Isabel passava pelo tormento da gravidez, sua mãe foi acometida por uma série de doenças, incluindo ataques de nevralgia. Ao visitar São Cristóvão em julho de 1875, o conde d'Eu relatou que D. Teresa Cristina, então com 53 anos de idade, estava "confinada a sua cadeira, pobre mulher, com uma intensa dor nas pernas", acrescentando "estou um pouco preocupado de que possa ser paralisia. Entretanto, disseram-me que ela pode recuperar-se com o uso de banhos frios que ela deve tomar em Nova Friburgo, em um estabelecimento de hidropatia".[133] O estado da imperatriz melhorou o suficiente para ela acompanhar D. Pedro II em uma visita de um mês à província de São Paulo em agosto. No início de 1876, a saúde de D. Teresa Cristina voltou a deteriorar-se a ponto de ela passar dois meses em tratamento de águas em Novo Friburgo, uma estância de verão nas montanhas ao norte da cidade do Rio de Janeiro.[134] "A Imperatriz teve dois dias de dolorosos sofrimentos. A nevralgia apareceu no pescoço e no couro cabeludo.

---

133 AGP XLI-1 conde d'Eu para o duque de Nemours, Campo Grande, 7 jul. 1875.
134 Condessa de Barral para D. Pedro II, Petrópolis, 19 dez. 1875, em Barral, *Cartas*, p.126.

Desparaceu quase instanteamente com o cloral", D. Pedro II escreveu em 23 de fevereiro. "Desde a noite de 20 que não tem as dores."[135]

O peso das preocupações políticas e familiares afetou consideravelmente D. Pedro II. "Se não vos escrevo tantas vezes como quisera", ele informou ao conde de Gobineau em 15 de setembro de 1875, "é porque os afazares parecem augmenter dia a dia e começo a sentir-me cansado".[136] Seria de se esperar que qualquer um em sua posição buscasse um meio de escape, e foi isso que de muitas maneiras D. Pedro II fez. Sua viagem à Europa em 1871-1872 havia sido breve demais para satisfazer sua sede de conhecimento do mundo. As celebrações do centenário dos Estados Unidos a serem realizadas na Filadélfia em julho de 1876 forneceram o motivo perfeito para ir novamente ao exterior, e para visitar a América do Norte pela primeira vez. "Penso em minha viagem aos Estados Unidos e à Europa, mas isto não depende só de mim", ele informou a Gobineau em sua carta. Ele havia pensado em fazer essa viagem no início de dezembro de 1874, e os problemas políticos e familiares que ele enfrentava davam ansiedade e urgência a seu desejo de afastar-se.[137] Para financiar sua primeira visita à Europa, D. Pedro II tomara emprestado 50 mil libras esterlinas, uma soma equivalente à metade de sua anuidade. A considerável dificuldade que ele experimentou em quitar sua dívida e em contratar um novo emprés- timo de modo algum impediu sua determinação de voltar ao exterior.[138] No segundo semestre de 1875, seus planos para uma ausência de dezoito meses estavam traçados. "Vou para os Estados Unidos e daí para a Europa onde espero tornar a ver-vos. Visitarei Estocolmo em agosto do ano próximo", informou D. Pedro II a Gobineau, na época servindo como enviado francês na Suécia. "Passarei em Paris a segunda quinzena de abril e o mês de maio de 1877."[139]

---

135 D. Pedro II para a condessa de Barral, 25 fev. 1876, em Magalhães Jr., *D. Pedro II*, p.159 (retificado quanto a sua data por Sodré, *Abrindo*, p.154).

136 Ele acrescentou: "Recebo tanto coisa da Europa que muitas vezes me vejo em embaraços para tudo examinar.". D. Pedro II para o conde de Gobineau, Rio de Janeiro, 15 set. 1875, em Raeders, *Pedro II e Gobineau*, p.503.

137 AGP XLI-1 conde d'Eu para o duque de Nemours, Petrópolis, 12 dez. 1874 e 27 jan. 1875.

138 Ver Auler, *Bolsistas*, p.16. De acordo com Calmon, *Pedro II*, v.3, p.993, o custo final da viagem de 1871-1872 foi £ 37.345. "Parece que ele está terrivelmente endividado devido a sua viagem à Europa e tem considerável dificuldade em encontrar meios para pagar mais um empréstimo"; ver o conde d'Eu para o duque de Nemours, 27 set. 1875, em Rangel, *Gastão d'Orléans*, p.315.

139 D. Pedro II para o conde de Gobineau, sem data (mas após 15 out. 1875) em Raeders, *Pedro II e Gobineau*, p.503. A lei permitindo sua ausência do Brasil foi aprovada em 20 out. 1875; ver *Fallas do throno*, p.741.

Nada interveio para impedir o imperador de concretizar seus planos. Em 25 de março de 1876, na véspera da partida da comitiva imperial, ele entregou à filha um memorando de aconselhamento, exatamente como fizera em 1871. Em conteúdo, esse documento era bem mais específico do que o primeiro; seu tom, bem menos idealista e otimista. D. Pedro II concentrou sua atenção nas eleições vindouras a se realizarem sob o novo sistema de votação parcial. Revelando pouca fé de que as eleições transcorreriam de modo mais justo do que antes, ele virtualmente admitiu que os liberais teriam de ser admitidos no poder e permitidos a introduzir eleições diretas. "Sem educação generalizada nunca haverá boas eleições", o imperador acrescentou. "Portanto, é preciso atender, o mais possível, a essa importantíssima consideração. As medidas autorizadas pelos poderes competentes, e outras que deles dependem; cumpre ativar sua realização", D. Pedro II continuou a discutir com considerável minúcia as relações Igreja-Estado, terminando com um trecho sobre a seleção de bispos: "Há padres dignos do cargo sem serem eivados de princípios ultramontanos". O documento foi encerrado com um apelo à filha para que não deixasse as reformas e melhorias que estavam em análise viessem a parar. Ele finalizou: "Estimo ter acabado de escrever estas considerações no dia de hoje; porque minha consciência não me acusa de ter deixado de respeitar a Constituição. Terei errado; mas involuntariamente".[140] O imperador havia perdido seu senso de ativismo, até sua feroz dedicação à tarefa que lhe havia sido designada, mas ele se mantinha inabalavelmente convencido de que ainda era indispensável ao Brasil.

---

140 AHMI POB Maço 175 Doc. 7.792 transcrito em Magalhães Jr., *D. Pedro II*, p.161-3, e em Vianna, *Pedro I e Pedro II*, p.240-6.

9
Abrindo mão, 1876-1881

Em 26 de março de 1876, D. Pedro II deixou o Brasil pela segunda vez na vida. Dois fatores diferenciavam essa viagem ao exterior da anterior. Ele pretendia ausentar-se do país por um ano e meio, o dobro do tempo da primeira vez. Durante sua ausência, o Brasil teria um prognóstico do que seria sua existência após o falecimento dele. O imperador, que recentemente completara 50 anos, pediu especificamente à filha para que, durante a regência dela, "me dirija somente os telegramas indispensáveis sobre negócios", acrescentando "Não o faça sem consultar primeiro os ministros." D. Pedro II estava deliberadamente soltando os arreios.[1]

O segundo fator a diferenciar essa ausência do imperador de sua primeira viagem era a inclusão dos Estados Unidos no itinerário. Nenhum chefe de Estado nem – mais importante ainda – nenhum soberano reinante havia realizado uma visita à república da América do Norte.[2] De certa forma, os Estados Unidos permaneciam à margem de uma comunidade internacional dominada pelas monarquias da Europa. O que tornou a decisão de D. Pedro II mais notável era que ele programou sua visita de modo que coincidisse com a abertura do Philadelphia Centennial Exhibition. Esse evento celebrava os

---

1 AHMI POB Maço 175 Doc. 7.792 transcrito em Magalhães Jr., *D. Pedro II*, p.162, e em Vianna, *Pedro I e Pedro II*, p.244. Ele mencionou a questão porque o cabo submarino transatlântico para a Europa havia sido instalado em 1874.

2 Para ser preciso, o rei Kalakaua do Havaí havia visitado os Estados Unidos em 1874-1875, mas para os norte-americanos ele não contava.

cem anos da declaração da independência em 1776, que destronara uma monarquia para criar a primeira república do Novo Mundo. Simbolicamente, a visita indicava que D. Pedro II não considerava a manutenção do regime imperial no Brasil algo de primordial importância. Na realidade, a sede do imperador por novas experiências e novos conhecimentos e sua insistência em fazer exatamente o que queria, independentemente do decoro, era o que o motivava.[3] O fato era que D. Pedro II ia primeiro para os Estados Unidos e depois para a Europa e que ele, como monarca, estava reverenciando o nascimento de uma república.

A perspectiva de comparecimento de um monarca no poder a Centennial Exhibition envaideceu os norte-americanos. O *New York Herald*, farejando uma notícia a explorar, enviou um de seus melhores jornalistas ao Rio de Janeiro, para transmitir por telégrafo colunas informativas sobre o Brasil e depois acompanhar o casal imperial e sua comitiva a Nova York.[4] D. Pedro II, ciente do valor de uma boa publicidade, permitiu que o jornalista o acompanhasse não só durante a viagem, mas também pelas oito semanas que permaneceria nos Estados Unidos. É evidente que o imperador gostava de conversar com James O'Kelly, um homem de grande inteligência e consideráveis realizações.[5]

O imperador procurou aperfeiçoar seu inglês praticando-o nas conversas, mas a maioria das interações com O'Kelly ocorria em francês. D. Pedro II explicou seus planos de viagem ao jornalista. "Quero ver os maiores centros industriais, para aprender alguma coisa que possa aproveitar no meu país quando regressar". Ele continuava impelido, como na década de 1850, pela busca por "melhoramentos". Ao ser informado que uma visita ao Yosemite Valley levaria oito dias, D. Pedro II desistiu da ideia. "Tenho muito em que ocupar-me, muito que fazer, para que possa viajar como simples turista, por

---

3 O imperador também havia estado longamente em contato indireto, por meio de correspondência com o reverendo James Fletcher e com Louis Agassiz, o geólogo, com muitos dos principais intelectuais da Nova Inglaterra, como Longfellow, Emerson e Whittier. D. Pedro II desejava tornar seu relacionamento com eles direto e pessoal; ver James, "O imperador".

4 Ver Williams, *Dom Pedro*, p.187; e Guimarães, *D. Pedro II*, p.13-26. James Gordon Bennett e seu filho, de mesmo nome, que eram donos do *New York Herald*, foram pioneiros em sensacionalismo e criação de notícias, como o envio de H. M. Stanley para "descobrir" Henry Livingstone na África.

5 Nascido em Nova York de pais irlandeses, James J. O'Kelly estudou na Universidade de Dublin e na Sorbonne. Foi oficial do Exército francês durante a guerra de 1870, tornou-se jornalista e serviu com os rebeldes cubanos no início da década de 1870. Em 1880, elegeu-se graças ao eleitorado irlandês para o British House of Commons [o parlamento inglês], onde permaneceu, com um intervalo entre 1892 e 1895, até sua morte em 1916.

puro prazer." Impressionado com tudo o que o imperador pretendia realizar, O'Kelly comentou: "V. M. pretende fazer muita coisa em pouco tempo." "Sim, vou sempre para a frente." "Realmente, V. M. é como um ianque." "Por certo, sou um ianque. Vou sempre para diante."[6] O que também impressionou o jornalista foi a rotina meticulosa de D. Pedro II, com aulas de sânscrito às 11 horas da manhã, "com a regularidade de um relógio", e aulas de inglês à tarde.

Durante as três semanas passadas no vapor Hevelius entre o Rio de Janeiro e Nova York, O'Kelly e o imperador continuaram suas conversas. D. Pedro II evitava discussões sobre política, mas falava livremente sobre artes e ciências. "O teatro, dramático ou lírico, é minha principal distração", ele comentou com O'Kelly. O imperador estava mais do que disposto, ele anunciou, a assistir a espetáculos musicais em Nova York. "Gosto de ir a entretenimentos populares para ver as pessoas. É sempre instrutivo e divertido." D. Pedro II havia lido, O'Kelly soube, os maiores poetas norte-americanos da época – Henry Wadsworth Longfellow, John Greenleaf Whittier, Joaquin Miller e William Cullen Bryant – e estava ansioso para conhecê-los. Quando uma noite estrelada levou a conversa para a probabilidade de vida extraterrestre, D. Pedro II minimizou a possibilidade. "As pessoas estão sempre inclinadas a teorizar e eu tendo a recomendar aos jovens que observem muito, mas teorizem pouco." Sobre os trabalhos de Charles Darwin sobre a evolução das espécies, o imperador observou: "A teoria apresentada é indiscutível, mas não concordo com as deduções de alguns dos seguidores de Darwin". "Sou um defensor da verdade e quanto mais eu leio, mais me convenço de que a verdade é uma só, e que todas as ciências convergem para esse ponto – o da verdade."[7] Ao dizer isso, D. Pedro II confessava sua convicção de longa data de que a ciência é uma manifestação do divino.

O imperador achou o percurso de dez dias entre Belém do Pará e Nova York extremamente isolador. "Tenho a impressão de estar na Lua, por não receber jornais, nem cartas, nem informações do que está ocorrendo."[8] D. Pedro II mais do que compensou esse repouso forçado com atividades frenéticas ao chegar a Nova York em 15 de abril.[9] Na mesma noite, ele assistiu

---

6 *New York Herald*, 16 abr. 1876, citado em Williams, *Dom Pedro*, p.189; e Guimarães, *D. Pedro II*, p.60.

7 *New York Herald*, 16 e 17 abr. 1876, apud Guimarães, *D. Pedro II*, p.98-100, 107-9.

8 *New York Herald*, 16 abr. 1876, apud ibid., p.94.

9 As principais fontes impressas da visita de D. Pedro II aos Estados Unidos são Guimarães, *Pedro II*; Magalhães Jr., *D. Pedro II*; Williams, *Dom Pedro*, p.186-213; e Calmon, *Pedro II*, v.1, p.1072-94.

a uma apresentação da peça *Henrique V*, de Shakespeare. D. Pedro II relatou à condessa de Barral, que aguardava a comitiva imperial na Europa, que ele achara o ator principal "excelente e aplaudi-o muito na fala contra as cerimônias que vexam os reis".[10]

> Carga do rei! Vamos pôr nos ombros do rei as nossas vidas, as nossas almas,
> As nossas dívidas, as nossas esposas exigentes.
> Nós temos de aguentar tudo. [...]
> Que infinita paz de espírito é essa que os reis devem negligenciar e da qual os homens comuns podem desfrutar?
> E o que têm os reis que os homens comuns não têm,
> Salvo o cerimonial e as cerimônias?
> E tu, cerimônia idolatrada, o que vens a ser? [...]
> Tu por acaso és algo além de função pública, título de nobreza, ritual exibicionista,
> Criando temor e reverência nos outros homens, onde tu és menos feliz sendo temido que eles temendo a ti?

Ao aprovar esse trecho da primeira cena do Ato IV, o imperador indicou novamente sua indiferença e recusa em sustentar o papel dignificado da monarquia.

Era característico da energia de D. Pedro II que, após a peça, ele primeiro escutasse uma serenata à meia-noite em sua homenagem no hotel e depois fosse, à 1h da manhã, examinar os escritórios e trabalhos de impressão do *New York Herald*, uma visita que não só satisfez sua curiosidade, mas também rendeu continuada e abundante cobertura de sua visita. No dia seguinte, Domingo de Páscoa, o imperador visitou as obras de tratamento de água da cidade antes de assistir com D. Teresa Cristina à missa na Catedral de St. Patrick, serem fotografados por um fotógrafo brasileiro e passearem pelo Central Park. Após o jantar, D. Pedro II foi sozinho a um reencontro realizado pelos conhecidos pregadores evangélicos Dwight L. Moody e Ira S. Sankey. Ele terminou o dia visitando a Newsboys' House, onde foi recebido pelo jovem Teddy Roosevelt, e depois um distrito policial e o corpo de bombeiros.

Na noite do dia seguinte, que havia sido tão atarefado quanto o anterior, o imperador cruzou o Rio Hudson para tomar um trem para São Francisco.

---

10 D. Pedro II para a condessa de Barral, Nova York, 17 abr. 1876, em Magalhães Jr., *D. Pedro II*, p.175.

Acompanharam-no o visconde de Bom Retiro e James O'Kelly. D. Teresa Cristina ficou com a dama de companhia e o restante da comitiva, com instruções de encontrar-se com o marido na Filadélfia. No terminal ferroviário de Nova Jersey, o trem de D. Pedro II partiu com atraso de 25 minutos, aborrecendo-o profundamente. "Que gente ativa – para fazer dinheiro! Para o mais acho-a preguiçosa", ele reclamou, "e *time is money* [tempo é dinheiro] não serve senão para enriquecerem. Que falta de pontualidade no mais!"[11] Ele também teceu comentários negativos sobre a segregação racial que notou.[12]

Figura 46. D. Pedro II fotografado em Nova York, em abril de 1876. Provavelmente sua fotografia mais divulgada em toda a vida.

A viagem à Costa Oeste levou seis dias, com uma parada dominical em Salt Lake City, onde o imperador, como de hábito, assistiu a uma missa católica e um culto mórmon. D. Pedro II achou São Francisco "uma bela cidade", algo parecida com o Rio de Janeiro quando vista da baía que, ele comentou,

---

11 D. Pedro II para a condessa de Barral, The Arlington [Hotel], Washington D. C., 9 abr. [*sic* maio] 1876, em Magalhães Jr., *D. Pedro II*, p.177.

12 AHMI POB Maço 39 Doc. 1.060 Diário de D. Pedro II de sua visita aos Estados Unidos. Registro para 8 maio 1876 (citado em Guimarães, *D. Pedro II*, p.152, 209).

"não tem a majestade da do Rio".[13] Após cinco prazerosos dias, ele iniciou a viagem de volta. Visitando os campos de petróleo da Pensilvânia no caminho, o imperador chegou a Washington, D. C., em 8 de maio. Sobre o prédio do Capitólio, ele observou: "Depois fui ao Capitólio. Aspecto majestosíssimo. Agrada-me o todo da arquitetura. Tudo o que é escultura é medíocre". D. Pedro II encontrou-se com o presidente Ulysses S. Grant. "Seu aspecto grosseiro. Pouco fala." Sobre o general Sherman, a quem o imperador conheceu mais tarde naquele dia, ele achou "muito simpático e alegre".[14] O restante de seu tempo foi tomado por uma infindável série de visitas, incluindo o Observatório Nacional e o Smithsonian.

O imperador seguiu para a Filadélfia, onde era aguardado por D. Teresa Cristina. Nas cerimônias de abertura da Centennial Exhibition, no dia 10 de maio, seu modo amistoso e seu genuíno interesse pela exposição facilmente fizeram com que D. Pedro II ofuscasse o presidente Grant. O ponto alto das cerimônias ocorreu no Machinery Hall (pavilhão das máquinas), onde os dois chefes de Estado deram partida ao gigantesco motor Corliss, capaz de colocar em funcionamento mais de oito mil máquinas. "A abertura da exposição foi uma bela festa. Tenho andado bastante pelo terreno onde levantaram os edifícios da exposição e ainda não pude nem mesmo percorrê-los todos", D. Pedro II contou à condessa de Barral. "É imenso, como tudo aqui. O gosto contudo quase sempre falta."[15] Como a maioria das exposições ainda não estava instalada, o imperador decidiu voltar em julho para completar a visita.

Acompanhado por D. Teresa Cristina, D. Pedro II viajou a Cincinnati e seguiu a St. Louis, onde em 18 de maio a comitiva embarcou em um barco a vapor com rodas de pás para descer pelo Rio Mississippi até Nova Orleans. O imperador estava então muito impressionado com o que viu da antiga Confederação: "Por ora nada posso dizer, porém o Norte tem me agradado muito mais do que o Sul".[16] Nova Orleans, onde ele encontrou grama crescendo nas ruas, em nada contribuiu para mudar sua opinião, embora como de costume ele tenha visitado todas as salas de uma das novas escolas para

---

13 D. Pedro II para a condessa de Barral, Palace Hotel, São Francisco, 26 abr. 1876, em Magalhães Jr., *D. Pedro II*, p.176.

14 AHMI POB Maço 39 Doc. 1.060 Registro no diário para 8 maio 1876 (apud Guimarães, *D. Pedro II*, p.209, 212).

15 D. Pedro II para a condessa de Barral, Filadélfia, 11 maio 1876, em Magalhães Jr., *D. Pedro II*, p.178.

16 AHMI POB Maço 39 Doc. 1.060 Registro no diário para 24 maio 1876 (apud Guimarães, *D. Pedro II*, p.256).

crianças negras. Ao final da visita, ele refletiu: "Veremos o que [o Sul] será em poucos anos sem a escravidão".[17]

No retorno a Washington, D. C., por trem, o casal imperial teve a companhia de Augusto de Saxe-Coburgo-Gota, seu genro viúvo, recém-chegado da Europa. O grupo viajou rumo ao Norte para conhecer o principal ponto turístico da América do Norte.

> Fomos ver a cascata [de Niágara]. É belíssima, porém a de Paulo Afonso mais sublime, caindo de muito mais altura – Vi-a, comtemplei-a primeira do lugar chamado *Prospect* – lado americano – o parapeito está sobre a queda desse lado e olha para a majestosa queda do Horse-Shoe – lado do Canadá. Todos os da comitiva fotogravam-se junto ao *Prospect*.[18]

A seguir, D. Pedro II atravessou para o Canadá e, vestindo uma capa impermeável amarela, passou sob as cataratas Horseshoe, em Table Rock (que não existe mais).

O grupo fez um rápido passeio pelo Canadá, indo de trem a Toronto, onde o imperador admirou o Lunatic Asylum [hospital psiquiátrico], e prosseguiu para Kingston, de onde embarcou em um vapor para Montreal. Finalmente, em 8 de junho, D. Pedro II chegou a Boston, que seria o ponto alto de sua visita à América do Norte.[19] A cidade não só abrigava todas as instituições científicas e culturais que o imperador tanto desejava visitar, mas também possuía um estilo aristocrático e um bom gosto que ele apreciava. Ele conheceu inúmeros sábios e escritores, incluindo um jovem professor da School for the Deaf [Escola para Surdos] chamado Alexander Graham Bell, com quem D. Pedro II conversou prolongadamente. Ele fez passeios nos arredores da cidade, visitando não só as universidades de Harvard e Yale, mas também as recém-inauguradas faculdades para mulheres de Vassar e Wellesley. Seus momentos mais memoráveis foram o encontro com John Greenleaf Whittier no Radical Club e o jantar na mansão de Henry Wadsworth Longfellow em Brattle Street. Entre os demais convidados, estavam Ralph Waldo Emerson e Oliver Wendell Holmes.

---

17 "Os pretos trabalham bem nas fazendas segundo me informaram os fazendeiros", D. Pedro II para a condessa de Barral, The Arlington [Hotel], Washington D. C., 2 jun. 1876, em Magalhães Jr., *D. Pedro II*, p.183.

18 AHMI POB Maço 39 Doc. 1.060 Registro no diário para 4 jun. 1876 (apud Guimarães, *D. Pedro II*, p.264).

19 Williams, *Dom Pedro*, p.203-7, é o melhor relato da visita do imperador a Boston.

Em 21 de junho, D. Pedro II retornou à Filadélfia, onde, por duas semanas, passou quatro horas por dia, desde as 7 horas da manhã, em uma visita exaustiva a todos os estandes da Centennial Exhibition. No domingo quente de 25 de junho, o acesso do público foi barrado e o painel de jurados, acompanhado por D. Pedro II e outros, pôde examinar as invenções para a concessão de prêmios. Nessa ocasião, ele encontrou o jovem professor de surdos que conhecera em Boston. D. Pedro II chamou a atenção dos jurados, liderados por sir William Thompson, o futuro lorde Kelvin, para Alexander Graham Bell e sua invenção. Após testarem publicamente o telefone, os jurados convenceram-se a conceder um prêmio a Bell. Um aparelho, ainda bem na fase inicial, recebeu a indispensável publicidade e credibilidade.[20]

Em 5 de julho, um dia depois de sua participação nas celebrações oficiais da exposição no Independence Hall [Pavilhão da Independência], o imperador partiu de Filadélfia para Nova York, onde passou a última semana de sua estada no costumeiro turbilhão de atividades. Em um evento de gala na American Geographical Society [Sociedade Americana de Geografia], ele foi eleito membro. Um dos principais oradores do encontro declarou: "Tenho certeza de que nenhum distinto estrangeiro esteve conosco que, ao final de três meses, parecesse tão pouco estrangeiro e tão amigo de todo o povo americano quanto Dom Pedro II do Brasil".[21] Foi o desfecho perfeito para uma visita que havia sido um genuíno triunfo, gerando na imaginação popular uma imagem positiva do Brasil, acentuadamente diferente daquela do restante da América Latina, e proporcionando profunda satisfação ao próprio imperador.

Os meses subsequentes na Europa e no Oriente Médio podem ser apropriadamente chamados de uma odisseia. Deixando sua esposa no balneário de Bad Gastein na Áustria, o imperador foi primeiramente para Beirute. Lá ele participou da apresentação inaugural de *Die Rheingold* e na mesma noite ouviu Franz Liszt tocar ao piano e conversou com Richard Wagner.[22] O imperador viajou pela Dinamarca, Suécia e os lagos finlandeses. Na Rússia, acompanhado pelo conde de Gobineau, D. Pedro II visitou São Petesburgo, Moscou, Nizhny-Novgorod e Odessa. Em 2 de outubro, D. Pedro II chegou à Constantinopla,

---

20 Mackenzie; Bell, p.120-4. Ver também AHMI POB Maço 39 Doc. 1.060 Registro no diário de D. Pedro II para 25 jun. 1876 (citado em Guimarães, *D. Pedro II*, p.264). De modo surpreendente, o apontamento no diário de D. Pedro II diz "O telefone de [espaço em branco] não produziu resultados perfeitos". Bell é identificado apenas com outras duas invenções.

21 Discurso de Bayard Taylor, transcrito em "Notice", p.147

22 Ver AGP XXXIX-3 D. Pedro II para D. Teresa Cristina, Beirute, 13 ago. 1876.

onde sua esposa e a condessa de Barral aguardavam por ele. Após ser levado às ruínas de Troia por Heinrich Schliemann, seu descobridor, o grupo imperial seguiu para Atenas. Uma estada de quatro semanas mal foi suficiente para admirar Acrópoles e outros povoados antigos. Posteriormente, D. Pedro II comentou de sua "estada na Grécia, que me deixou indeléveis recordações".[23]

Em Atenas, tanto a condessa de Barral quanto o conde de Gobineau despediram-se, enquanto a comitiva imperial navegou para Smyrna e depois para Beirute. Então se seguiu uma longa e lenta viagem, o imperador a cavalo e a imperatriz em uma liteira, de Beirute a Damasco, Nazaré e Jerusalém. A Terra Santa despertou em D. Pedro II uma intensidade de sentimento religioso que normalmente não se via em sua escrita. Em seu aniversário de 51 anos, em 2 de dezembro de 1876, ele se confessou e comungou no Santo Sepulcro de Jerusalém.

Figura 47. Luís Pedreira do Couto Ferraz, visconde de Bom Retiro, senador, conselheiro de Estado e o camarada mais próximo de D. Pedro II, que acompanhou o imperador ao exterior em 1871-1872 e em 1876-1877. Fotografia tirada em Viena, mar. 1877.

23 D. Pedro II para a condessa de Barral, navio Áquila Imperiale, 11 nov. 1876, em Magalhães Jr., *D. Pedro II*, p.212.

Da Palestina, o grupo imperial rumou para o Egito, que o imperador já visitara em 1871. Pela primeira vez, ele navegou pelo Nilo e visitou as "ruínas grandiosas" de Karnak, o "belo templo" de Abu-Simmel e as antiguidades de Aswan.[24] Sozinho, ele chegou ao extremo Sul, em Wadi-Haifi e a segunda catarata do Nilo. Foi em Karnak, diante do portão do grande templo, que D. Pedro II adorou "a Deus, criador de tudo quanto é belo, voltando-me para as minhas duas pátrias, o Brasil e França, esta, pátria da minha inteligência, e aquela pátria de meu coração".[25]

Em 17 de janeiro de 1877, o imperador e sua comitiva partiram do Egito, navegando rumo a Messina. Visitas a Siracusa, Nápoles, Roma, Florença e Veneza consumiram seis semanas. Cada país possuía seus próprios encantos, aos quais D. Pedro II reagia com a mesma energia e prazer. Berlim, após duas semanas em Viena, agradou-o intensamente, em parte porque ele desfrutou a companhia da princesa real da Alemanha, filha da rainha Vitória, e de seu marido.[26] Em 19 de abril de 1877, o séquito imperial finalmente chegou a Paris, a capital do que D. Pedro II considerava "pátria da minha inteligência". Seus dois meses na França foram marcados por duas realizações memoráveis, ainda que muito distintas. Em 20 de maio, D. Pedro II foi empossado como um *associé étranger* [associado estrangeiro] da Académie des Sciences, uma das seis academias que compunham o Institut de France, o santuário de conhecimento mundial do século XIX. Dessa forma, sua posição como sábio recebeu sanção oficial. Dois dias depois, em 22 de maio, D. Pedro II deixou seu *status* real de lado e fez uma visita pessoal a Victor Hugo, a encarnação da literatura e do republicanismo na França. O encontro transcorreu bem, os dois homens colaborando para que tal evento fosse um triunfo de relações públicas que ressaltasse a imagem de ambos. Para Victor Hugo, a visita imperial trouxe respeitabilidade e prestígio, ao passo que o encontro confirmava a posição de D. Pedro II como um monarca que também era amigo da literatura. Victor Hugo escreveu na fotografia que deixou com o imperador, após a visita: "À

---

24 Essas paisagens "não me fizeram mudar de opinião sobre a Grecia inigualável. Em vão tento afastar a lembrança da Acrópole para melhor julgar a beleza especial destes monumentos", D. Pedro II para Arthur de Gobineau, sem data [Wadi-Haifi, 31 dez. 1877], em Raeders, *Pedro II e Gobineau*, p.514.

25 Registro no diário para 18 dez. 1876, [D. Pedro II,] "Voyage", p.20.

26 D. Pedro II havia encontrado a princesa Vitória em 1871, e em 1872 ela convidara a ele e a D. Teresa Cristina para serem padrinhos do batismo de sua nova filha, princesa Margarete; ver rainha Vitória para a princesa da Alemanha, Balmoral, 22 maio 1872, em Fulford, *Darling Child*, p.59.

celui qui a pour ancêtre Marc Aurèle" [A aquele que tem Marcus Aurelius como seu antepassado].[27]

Em junho de 1877, D. Pedro II viajou de Paris para a Inglaterra, onde o casal imperial foi almoçar no Castelo de Windsor. "Não se pode dizer *o que* ele não viu & fez!" a rainha Vitória observou com espanto exasperado em seu diário. "Ele inicia o dia às 6 horas da manhã e permanece em pé até tarde da noite em festas!"[28] A rainha havia sido advertida pelos relatos de sua filha mais velha de Berlim: "A visita do Imperador do Brasil mantém nossas pernas consideravelmente ocupadas! Sua capacidade de ver e visitar é algo prodigioso; mas ele é realmente tão gentil e agradável que é um grande prazer estar com ele; a Imperatriz também é amável – e de tão boa índole, sempre satisfeita com tudo e bem-humorada. Como deve ser horrivelmente cansativo viajar assim, quando já não se é tão jovem". Alguns dias depois, a princesa real da Alemanha contou à mãe: "A Imperatriz é verdadeiramente uma das almas mais bondosas que já conheci. Ele [D. Pedro II] confessou a ela *"je suis pourtant un peu fatigué"* [estou realmente um pouco cansado] – mas, apesar disso, nem um item foi retirado do programa".[29] A princesa testemunhara uma das raras ocasiões em que D. Pedro II admitiu publicamente estar cansado.

Para D. Pedro II, os dezoito meses no exterior proporcionaram-lhe tudo o que desejava. Em Boston, ele jantara com dois de seus autores favoritos, em Atenas (na companhia da condessa de Barral) ele vira Acrópoles à luz do luar, em Paris havia sido aceito como um igual por aqueles que representavam os triunfos da beleza e da civilização. Foi um período de puro prazer durante o qual ele se comportou exatamente como queria. A rainha Vitória não achou graça. "Mas vir ao State Ball and Concert [baile e concerto de pompa] vestindo uma sobrecasaca – com uma gravata preta e botas – é realmente bastante incompreensível e chocou muito as pessoas", ela reclamou à filha em Berlim.[30]

---

27 Calmon, *Pedro II*, v.3, p.1138-42.

28 Periódico da rainha Vitória (transcrição da princesa Beatrice), registro para 25 jun. 1877.

29 Princesa Vitória da Alemanha para rainha Vitória, Berlim, 7 e 18 abr. 1877, em Fulford, *Darling Child*, p.246-7.

30 Rainha Vitória para princesa Vitória da Alemanha, Castelo de Windsor, 2 jul. 1877, em ibid., p.254. A princesa real havia ela própria "apreciado (por travessura) o choque" que o traje de D. Pedro II causou nas *soirées* da corte em Berlim, mas ela respondeu em 5 jul.: "É lamentável que ele choque as pessoas com a pequena excentricidade, embora não seja exatamente um crime". Ver ibid., p.247, 255.

Figura 48. D. Teresa Cristina fotografada em Coburgo, em 1876-1877.

Gravata preta e botas foram o menor dos pecadilhos do imperador. Durante
sua primeira viagem à Europa em 1871, ele conhecera algumas mulheres da
aristocracia. Essas relações foram renovadas na segunda vez. Frederica Planat
de la Faye, uma viúva idosa, agradava a ele por sua cultura e visões liberais.
Ela era, conforme escrevera a D. Pedro II em 1872, uma cristã sem dogmas,
"*celle de* [William E.] *Channing* [aquela de Channing]". Quando em Boston, ele
havia arrancado uma folha de louro da árvore que pendia sobre o túmulo do
fundador do Unitarismo Americano e postado a ela.[31] Outro relacionamento
datado de 1871 situava-se no extremo oposto do espectro religioso. Filha de
um renomado sábio francês, o conde Jaubert, Claire, a viscondessa Benoist
d'Azy, casara-se com um membro de uma família aristocrática conhecida por
seu conservadorismo e catolicismo. D. Pedro II admirava particularmente "o
rosto longo e ossudo", "seus belos olhos e olhar penetrante". Sua mente,

---

31 BNP NAF 6644 Rascunho de declaração anexada à cópia de Frederica Planat de la Faye para
D. Pedro II, Paris, 10 abr. 1872, e de D. Pedro II para Frederica Planat de la Faye, Revere
House [Hotel], Boston, 10 jun. 1876. A folha ainda existe, junto à carta.

dominada por sentimentos piedosos, não se destacava do lugar-comum, mas o imperador estava suficientemente enamorado para adaptar-se ao ponto de vista dela.[32]

Uma terceira mulher com quem D. Pedro II reservadamente renovou contato em 1877 foi Anna von Baligand, esposa de um oficial do Exército que também era camareiro na corte da Bavária.[33] O imperador encantou-se com sua aparência loura, sua vivência cosmopolita e, acima de tudo, um interesse comum na "música do futuro". Foram os Baligand que providenciaram assentos para a estreia de *Das Rheingold* de Richard Wagner, a qual ele assistiu na companhia deles.[34] Apesar da posição de Max von Baligan, o casal não era abastado, e D. Pedro II ofereceu-lhes um discreto apoio financeiro.[35]

D. Pedro II também ampliou sua rede de amizades amorosas. Quando na Suécia, no final de agosto de 1876, ele conheceu Alice de Kantzow, cujo bisavô havia sido o primeiro ministro sueco no Rio de Janeiro. O imperador trocou fotografias e manteve correspondência com ela até a morte.[36] D. Pedro II pode ter conhecido Alice de Kantzow por intermédio do conde de Gobineau, na época enviado francês em Estocolmo, que foi certamente responsável por arranjar um encontro do imperador com Mathilde-Marie, condessa de La Tour.[37] Separada do marido, um diplomata italiano, a condessa vivia em Roma e tentava estabelecer-se como pintora profissional. "Eis aqui uma mulher de talento, que gostaria de seguir uma carreira artística e que gostaria de aliviar com seu trabalho as dificuldades que sua posição financeira *absolutamente* não pode contornar", ela comentou com ele em certa ocasião. "Primeira-

---

32 As cartas remanescentes trocadas entre Claire Benoist d'Azy e D. Pedro II estão em BNRJ TM Arm. 32 Pac. 4. Para uma descrição da viscondessa por D. Pedro II, ver AHMI POB Maço 35 Doc. 1.057 Registro no diário para 13 jan. 1890. Sobre a família do marido dela, ver Calmon, *Pedro II*, v.3, p.1151-2; e sobre o pai dela, ver Magalhães Jr., *D. Pedro II*, p.44.

33 Sobre Anna Freiin von Verger, nascida em Berna em 1840, o marido dela, Maximilian von Baligand, e seus quatro filhos, ver *Genealogisches Handbuch*, v.XI, p.475-7, e v.XIX, p.619-21.

34 Ver AGP XXXIX-3 D. Pedro II para D. Teresa Cristina, Bayreuth, 13 ago. 1876.

35 BNRJ TM Arm. 32 Pac. 4 Anne von Baligand para D. Pedro II, Munique, 10 out 1881 A coleção contém duas outras cartas dela, mas nenhuma de D. Pedro II. O Staatsarchiv em Munique mantém alguns papéis de Max von Baligand, mas nada referente a D. Pedro II.

36 Nenhuma carta trocada entre Alice de Kantzow e D. Pedro II foi localizada, mas a fotografia dela, com a inscrição "Alice de Kantzow, Drotningholm, 23 ago. 1876", está em BNRJ TM Arm. 32 Pac. 4. Os dois ainda se correspondiam em 1890-1891; ver AHMI POB Maço 35 Doc. 1.057 Registros no diário para 19 jun., 5 e 6 dez. 1890, 23 fev, 28 e 29 ago. e 29 set. 1891. Sobre a família de Alice de Kantzow, ver Calmon, *Pedro II*, v.3, p.1107.

37 D. Pedro II para Arthur de Gobineau, sem data [Nápoles, 12 fev. 1877], em Raeders, *Pedro II e Gobineau*, p.516-7.

mente porque ela é mulher e, também, porque é uma mulher de estirpe." A condessa possuía tanto um charme quanto uma franqueza que claramente fascinavam "Cato", o apelido que ela deu ao imperador. Em suas cartas a ela, ele era bem mais sincero e revelador em relação a seus sentimentos do que costumava ser.[38]

Nenhuma dessas antigas e novas amigas estava à altura de Anne de Villeneuve, "cujo supremo encanto é lembrado por todos os que a conhecem como uma das coisas mais extraordinárias do mundo", a esposa de um diplomata russo relembrou.

> Seu rosto, com a expressão serena de uma santa, não tem nenhum traço que possa ser criticado, ou então não admirado. Nenhum escultor grego jamais imaginou algo mais perfeito. Quando ela entrava em um recinto, vestida de branco, com estrelas de diamante em seu cabelo escuro, parecia que uma deusa subitamente surgia.[39]

D. Pedro II conheceu-a no final de julho de 1876 em um hotel em Frankfort-am-Main, e sua beleza tanto o encantou quanto o amedrontou. Mais tarde ela relembrou "aquele hotel onde eu o vi e onde meu coração encolheu-se de tristeza diante de sua frieza".[40] A condessa de Barral, ao relatar o encontro a D. Isabel, imaginou: "[Ele] entretanto [é] um admirador do belo: donde [vem] essa raiva".[41]

Dez meses depois em Paris, em 2 de junho de 1877, Anne de Villeneuve obteve uma audiência privada com o imperador para reclamar da hostilidade dele em relação a ela e seu marido.[42] O encontro acendeu em D. Pedro II uma chama de desejo físico que consumia sua habitual reserva e autocontrole.

---

38 Algumas informações sobre Mathilde-Marie Ruinart de Brimont, condessa Vallier de la Tour, que foi amante do conde de Gobineau até a morte dele em 1882, são fornecidas em Duff, *Correspondance*, p.95. Cartas trocadas entre ela e D. Pedro II estão arquivadas em BNRJ TM Arm. 32 Pac. 4. A citação foi extraída de uma carta dela datada Roma, 10 mar. 1881.

39 Radziwill, *Recollections*, p.255-6. O autor conheceu Anne de Villeneuve em Bruxelas, no início da década de 1880. A filha de José Francisco Cavalcanti de Albuquerque, um diplomata brasileiro, e de Mary Okey, Anne ou Ana casou-se com Jules Constancio de Villeneuve, um conde papal, principal proprietário do Jornal do Commercio; ver Calmon, *Pedro II*, v.1, p.198 e v.3, p.1153.

40 BNRJ TM Arm. 32 Pac. 4 Anne, condessa de Villeneuve, para D. Pedro II, 30 mar. [1884]. A coleção contém cinco outras cartas ao imperador.

41 Carta de 29 jul. 1876, no AGP, citado em Calmon, *Pedro II*, v.3, p.1154.

42 Condessa de Barral para D. Isabel, 3-8 jun. 1877, no AGP, citado em ibid., v.3, p.1154.

"Quando chegará o delicioso momento em que poderemos nos jogar um nos braços do outro?", ele lhe escreveu em 1884. "Se eu pudesse, estaria sempre suficientemente próximo de onde vives para fazê-la apreciar ao menos uma vez ao dia minha infinita paixão. Acredite em mim quando digo que sou insaciável por tudo que lhe diz respeito."[43] A condessa correspondia à paixão imperial, "mas eu não posso me deixar levar pelo mesmo prazer dessas fantasias que o consolam e que me pedes".[44]

Considerando-se todas essas atividades lícitas e ilícitas que preenchiam os dias de D. Pedro II na Europa, não surpreende que D. Isabel se queixasse em 10 de junho de 1877:

> Meu papai, por que não me escreve mais? Creia que levei boa parte desta noite a parafessar [?] nisto e digo mesmo a chorar pensando que talvez papai possa estar zangado comigo. Diga-me que não tem nada contra mim, que me ama como outrora que ficarei bem contente, meu querido papaizinho! O que me consta e pensar que a sua falta de cartas é devida provavelmente ao rebuliço em que ande. Escreve-me meu boazinho, mãozinho. De mamãe tenho tido sempre cartas.[45]

A infelicidade e a incerteza expressas nessa carta foram causadas por mais do que uma depressão momentânea. A vida de D. Isabel não transcorria tranquilamente, desde a partida do pai. Em setembro de 1876, ela sofrera um aborto de dois meses e, quando redigiu sua carta de repreensão em junho, estava novamente grávida. Para evitar outro aborto, ela era obrigada a passar muito tempo na cama.[46] Tendo em vista o estado de saúde da princesa e as doenças frequentes do conde d'Eu,

> nós abolimos por completo as visitas a estabelecimentos públicos, palestras e institutos, o que nos deprime muito. Sentimos suficiente dor e sofrimento com as recepções diplomáticas, audiências aos pobres e outros aborrecimentos domésticos que nunca acabam.[47]

---

43 BNRJ TM Arm. 32 Pac. 4 D. Pedro II para Anne de Villeneuve, 7 maio 1884. As outras quatro cartas que fazem parte dessa coleção foram escritas em linguagem semelhante.

44 Ibid., Anne, condessa de Villeneuve, para D. Pedro II, 30 mar. [1881].

45 Ver AGP XL-2 D. Isabel para D. Pedro II, Petrópolis, 10 jun. 1877.

46 Ela não conseguiu presidir a abertura da nova sessão legislativa em 1º jun. 1877; ver AGP XLI-1 conde d'Eu para D. Pedro II, Petrópolis, 2 jun. 1877; e *Fallas do throno*, p.753.

47 AGP XLI-5 conde d'Eu para a condessa de Barral, Petrópolis, 4 out. 1876.

Em suma, a regente e seu esposo pararam de manter os constantes e variados contatos com o povo brasileiro fora do palácio que tanto faziam parte do estilo de governar de D. Pedro II. Percebendo que o zelo religioso de D. Isabel não era popular, o casal usou isso como justificativa para evitar uma vida social ativa. "Eu verdadeiramente creio", escreveu o conde d'Eu à condessa de Barral,

que as pessoas que estão no governo fazem muito bem em eclipsar-se de tempos em tempos, e, quando a princesa não é mais vista todos os dias nas ruas do Rio, ela é esquecida por um lapso e há menos tentação em denunciar cada ato e decisão dela a um público descontente.[48]

No tocante à política, a segunda regência de D. Isabel não trouxe boa fortuna. Ela exercia pouco ou nenhum controle sobre os ministros do Gabinete, que nutriam pouco respeito por ela e seus talentos. A principal preocupação dos ministros era não fazer nada que pudesse provocar uma grande crise política na ausência do imperador, visto que não confiavam na capacidade da regente de encontrar uma solução.[49] As eleições realizadas no final de 1876, sob o novo sistema de voto parcial, foram conduzidas de forma tão desonesta e violenta quanto antes. O Ministério assegurou uma grande maioria, mas não a usou para realizar qualquer coisa de importância. O duque de Caxias estava velho e doente demais para ser um exemplo de liderança e, em agosto de 1877, a oposição acusou o barão de Cotegipe de envolvimento em um escândalo alfandegário. Ele era sócio passivo de uma empresa comercial condenada por evasão de impostos alfandegários ao declarar roupas confeccionadas com

---

48 Ibid., conde d'Eu para a condessa de Barral, Petrópolis, 1º jan. 1877.
49 Um memorando não datado (escrito por volta de 1882) pelo barão de Cotegipe, em IHGB BC Lata 953, Pasta 17, diz em parte: "Ausentando-se S.M. em dias de fevereiro do ano seguinte, e ficando a Princesa Imperial como Regente, a posição do gabinete tornou-se mais delicada, se não difícil. Cumpre-lhe manter a paz no exterior, e a ordem política no interior, e para esse fim não provocar ou aceitar questões, não tentar reformas que agitassem os espíritos, e menos podessem parecer em abuso da condescência ou inexperiência da Regente. Este escrúpulo adquiriu mais força, pela amplidão dos direitos magistráticos, confiados à Regente, quando em todos os países monárquicos constitucionais são eles coartados, no impedimento do Imperante. Para quem não teve minhas palavras ilção contrária a minhas intenções é dever meu declarar que S.A.I. foi no exercício de suas altas funções constitucionais o que se diz ser na Inglaterra a Rainha Victoria. Digo isto para justificar a abstenção do ministério em promover reformas políticas em ausência do Soberano, se reformas tivessemos que propor".

uma popeline dispendiosa por outro tecido de qualidade inferior. Embora Cotegipe não estivesse diretamente envolvido, sua conduta na "questão das *popelines*" revelava uma péssima capacidade de discernimento. Seu prestígio despencou.[50] Um problema mais grave para o Ministério foi a grande seca que atingiu o interior da região Nordeste no início de 1877. A seca desorganizou toda a estrutura da sociedade, e a máquina governamental revelou-se totalmente incapaz de lidar com a emergência.[51]

Por causa desses acontecimentos, o retorno do imperador ao Brasil era ansiosamente aguardado. Governar o país não dava nenhum prazer a D. Isabel, e ela afirmou que "com esta vida nunca Gaston poderá ficar bem".[52] A saúde de Caxias deteriorou-se a ponto de ele cogitar renunciar ao poder. Os problemas políticos e financeiros enfrentados pela nação levavam muitos brasileiros a desejar uma mudança na condução dos assuntos públicos que somente o imperador poderia providenciar.

D. Pedro II retornou ao Brasil em 22 de setembro de 1877, mas era evidente que não de bom grado. Em Odessa, doze meses antes, ele discutira com o conde de Gobineau se suportaria retomar seus deveres. Ele conjeturou que, uma vez de volta à rotina, acharia tudo tolerável. E assim foi, conforme ele informou a Gobineau alguns dias após sua chegada. "Como observarás, ele corajosamente retomou os arreios", o conde d'Eu contou à condessa de Barral, "e tudo voltou a seu curso normal".[53] Entretanto, as circunstâncias do retorno do imperador em 1877 eram muito diferentes daquelas de 1872. Naquela época, ele pôde animar-se com a aprovação da Lei do Ventre Livre, munir-se de um programa de reformas no qual acreditava e assegurar-se da assistência de um presidente do Conselho a quem estimava. Agora ele não tinha nenhuma visão estimulante ou novos planos para o Brasil, nem dispunha de um político em quem confiasse. Ademais, percebeu que não podia mais resistir à demanda pública pela introdução das eleições diretas, uma reforma que, ele acreditava, poderia ser promulgada somente por meio de uma emenda formal à Constituição.

---

50 Ver Silveira Martins, *Silveira Martins*, p.127-37; e Melo Franco, *Estadista*, v.I, p.180 2. Os debates sobre o assunto na Câmara dos Deputados foram reimpressos no *Jornal do Commercio*, 14 jan. 1934.

51 Ver Greenfield, "Drought", p.357-6; e Cunniff, "Great Drought".

52 Ver AGP XL-2 D. Isabel para D. Pedro II, *A bordo da galeota*, 22 mar. 1877. Como o conde d'Eu observou, "É uma vida de cão aquela de um chefe de Estado no Brasil"; ver Rangel, *Gastão d'Orléans*, p.331.

53 D. Pedro II para o conde de Gobineau, Rio de Janeiro, 1º out. 1877, em Raeders, *Pedro II e Gobineau*, p.427; e AGP XLI-5 conde d'Eu para a condessa de Barral, São Cristóvão, 29 set. 1877.

Sobre a atitude dos brasileiros em relação ao imperador após sua longa ausência, o conde d'Eu enviou à condessa de Barral uma avaliação reveladora e bastante perspicaz, três dias após o retorno de D. Pedro II:

> A verdade é que, creia-me, todos estão muitos felizes em ter o imperador de volta, porque se espera que ele continue a fazer muito pelo país; sobretudo as finanças dependem muito de que ele mantenha a estabilidade e, desse modo, evite o temor de uma catástrofe que, desejada por alguns visionários, seria a ruína de tudo. Mas essa admiração que se tornou habitual por seu patriotismo e sua sabedoria foi afetada pelo espetáculo de seus prolongados gastos de tempo e esforço dedicados a coisas em grande parte inúteis ao país e algumas delas até infantis e inadequadas. Até os aplausos dos sábios estrangeiros não soavam inteiramente bem aos ouvidos da nação: parece que ele saiu *em busca* desse apoio estrangeiro, deixando claro que não estava satisfeito com as afeições demonstradas aqui. Em suma, viagens desse tipo têm como resultado um impacto sobre a *veneração* que uma grande parcela da população estaria mais do que disposta a sentir pela monarquia.[54]

O tom amargo do conde d'Eu era oriundo em parte de seu ressentimento pelo tratamento de D. Pedro II à D. Isabel no dia de seu retorno. Não só o imperador deixara de consultar a filha sobre o que havia acontecido durante sua regência, mas também ele imediatamente a excluiu de qualquer participação nos assuntos de Estado.[55] Ele emitiu uma declaração: "Quero que saibam que, durante toda a minha viagem de 18 meses, não enviei a Sua Alteza Regente ou a qualquer dos ministros um único telegrama sobre os assuntos da nação". Embora o conde d'Eu reconhecesse que a declaração era exata, "essa pressa em distanciar-se de qualquer responsabilidade pelo que foi possível fazer nesse período deu margem a inúmeros comentários na imprensa".[56]

O desprezo do imperador à ação política da filha equiparou-se ao modo como ele a tratou com respeito a sua recente gravidez. D. Isabel insistia que o Dr. Jean Marie Depaul, o especialista francês que estivera presente no

---

54 Ibid. Ele acrescentou, como que para provar seu argumento: "Como era de se esperar, publicações insultantes não faltaram; entre elas, o inevitável Ganganelli e dois panfletos publicados ontem: 'epopeia imperial' e 'o régio saltimbanco'".

55 Ibid.; e conde d'Eu para duque de Nemours, Petrópolis, 29 nov. 1877, em Rangel, *Gastão d'Orléans*, p.332

56 AGP XLI-1 Gastão, conde d'Eu para o duque de Nemours, Laranjeiras, 30 ago. 1877; AGP XLI-5 conde d'Eu para condessa de Barral, Petrópolis, 29 nov. 1877.

nascimento de seu filho em 1875, fosse trazido ao Brasil para atendê-la.[57] Do pai, ela não obteve nenhum apoio. Quando abordado sobre o assunto após seu retorno, ele dissera ao conde d'Eu: "Vocês sabem minha opinião a esse respeito. Creio que estão errados", e se recusou a discutir mais sobre a questão.[58] Felizmente para D. Isabel, o nascimento em 26 de janeiro de 1878 de seu segundo filho, D. Luís, foi comparativamente mais fácil.

> O acontecimento não transcorreu sem alguma emoção, e nós nos sentimos genuinamente felizes, *tão gratos e felizes* (como com frequência se lê no livro escrito pela R. Vitória). Ter dois filhos saudáveis, após tantos problemas, supera o que eu poderia ter ousado desejar.[59]

A recusa de D. Pedro II em dar apoio à filha derivava em parte de sua relutância em sentir-se em débito em relação a quem quer que fosse, até mesmo aos de sua própria carne e sangue. Ele não desejava que eles e suas necessidades restringissem sua liberdade de fazer o que quisesse. Sua atitude também refletia sua crescente aversão a qualquer coisa que perturbasse ou ameaçasse seu estilo de vida estabelecido. Ele se apegava obstinadamente a aquilo que era conhecido e ao familiar. Sobre a visita que D. Pedro II fez a Petrópolis no final de novembro, o conde d'Eu escreveu: "O Pai nunca nos pareceu tão sombrio e tão melancólico; até a filha dele ficou chocada com isso". "Ele então se enfurnou na sala de bilhar [...] sem *nenhuma palavra* por pelo menos duas horas, muito embora estivesse sozinho com a filha."[60] Quando uma mudança se fazia necessária, ele tentava restringir seu impacto ao mínimo e a manter o *status quo* tão intacto quanto possível. Foi esse o caso com relação à adoção de um sistema de eleições diretas, um drama político que ocupou a atenção pública desde o início de 1878 até o final de 1880.

Esse drama surgiu com a queda do Gabinete conservador. Por causa da doença do duque de Caxias e a evidente desconfiança do imperador em relação à integridade pessoal do barão de Cotegipe como ministro das Finanças, os

---

57 Lacombe, *Isabel*, p.190.
58 Ver AGP XLI-5 conde d'Eu para condessa de Barral, Petrópolis, 29 nov. 1877.
59 Conde d'Eu para o duque de Nemours, São Cristóvão, 30 jan. 1878, citado em Rangel, *Gastão d'Orléans*, p.335.
60 A elipse está no original (ver nota 58). D. Pedro II passou as duas horas lendo edições do *Journal des Débats* francês que ele trouxera consigo; ver ibid. O Conde d'Eu acrescentou um pós-escrito a essa carta, declarando que D. Isabel achou seu tom por demais hostil e por isso pedia que a condessa de Barral a destruísse.

ministros concordaram em apresentar sua renúncia coletiva. Antes de tomar qualquer atitude definitiva sobre o pedido, o imperador consultou os porta-vozes do Senado e da Câmara dos Deputados.[61] No último dia de 1877, ele escreveu a Caxias:

> Sr. Duque
>
> Acabam de estar aqui o Paulino [Soares de Sousa Jr.] e o [visconde de] Jaguary. Qualquer deles, se fosse presidente do Conselho de Ministros, proveria na próxima sessão das Câmaras a reforma da eleição direita. Consultei-os sobre a opinião do Partido Conservador, e o Paulino respondeu-me que seu partido em geral queria essa reforma. Por tanto ambos os partidos a desejam, e eu não tenho senão que achá-la oportuna, entendo que dever ser o partido Liberal, que primeiro e constantemente tem pugnado por ela, que o faça.
>
> Queira avisar ao [João Lins Vieira] Cansansão [de Sinumbu, líder do Partido Liberal] de que preciso falar-lhe. Se se tiver no Rio poderá vir hoje mesmo até meia-noite a S. Christovão, e se em Nova Friburgo telegrafar-se-á. Eu irei passar a dia de amanhã com minha família em Petrópolis, mas estarei de volta aqui depois de amanhã antes de 9 da manhã.
>
> Estimo que tenha passado melhor.[62]

Entre os papéis de D. Pedro II está o rascunho original dessa carta indiferente e não muito cortês. A redação do rascunho difere em vários pontos importantes da carta que foi enviada, mas uma modificação que D. Pedro II fez ao rascunho é crucial: "Portanto, ambos os partidos a desejam, e eu não tenho senão que achá-la oportuna".[63] O imperador não estava totalmente convencido da necessidade da reforma. Ele ia ceder à demanda popular por ela, mas, como a frase acrescentada demonstrava, ele nada faria para favorecer ou facilitar a medida.

A decisão de D. Pedro II de aceitar a renúncia do Gabinete Caixas-Cotegipe e convocar os liberais ao poder marcou o fim de uma fase distinta de seu reinado. O período de 1840 a 1848 havia sido um duro aprendizado

---

61 Nessa época o barão de Cotegipe escreveu um relato, "A crise ministerial – dezembro de 1877", que ele continuou e expandiu em outro memorando, "Dissolução do ministério de 24 de junho – memorando", com cópias de correspondência relevante; ver IHGB BC Lata 88 Pasta 12.

62 Cópia de carta n.6, em ibid., Paulino José Soares de Sousa Jr. foi porta-voz da Câmara dos Deputados, e o visconde de Jaguari, presidente do Senado.

63 AHMI POB Cat. B Maço 167 Doc. 7.706 transcrito em Vianna, *Pedro I e Pedro II*, p.184-5.

durante o qual, após um início desalentador, D. Pedro II aprendeu a arte da administração. Entre 1848 e 1864, é plausível afirmar que os políticos propunham e ele dispunha. D. Pedro II então tomou a iniciativa nos assuntos de Estado, assegurando plena vitória na guerra contra o Paraguai, forçando a adoção da Lei do Ventre Livre e apoiando um programa moderado de reformas e melhorias internas. Durante essa terceira fase, nas palavras de Joaquim Nabuco, "ele forma a corrente da administração, ora num sentido, ora num outro; só ele sabe o verdadeiro destino da navegação".[64] No final de 1877, o equilíbrio mudou novamente. O imperador ainda supervisionava o aparato formal do governo. Sua assinatura continuava a ser necessária à condução dos assuntos de Estado. Ele mantinha sua habilidade de administração política. No entanto, cada vez mais D. Pedro II mantinha-se na defensiva, não mais o mestre de todos os assuntos da nação. Mais e mais, os brasileiros deixaram de considerá-lo indispensável, de aquiescer às preferências dele. Ele não mais tomava a iniciativa ou definia a pauta. Os acontecimentos no Brasil ocorriam com menos referência a aquilo que era discutido e decidido na sala de despachos de São Cristóvão.

O político a quem D. Pedro II convocou em janeiro de 1878 para assumir o cargo de presidente do Conselho era reconhecido como líder do Partido Liberal.[65] Embora um defensor da reforma constitucional, João Lins Cansanção de Sinimbu não era um radical por origem ou experiência. Seu sobrenome tinha origem na plantação da família em Alagoas, que ele próprio administrava. Ele tinha doutorado em Direito pela Universidade de Iena, na Alemanha, onde se casara. Aos 67 anos de idade, havia servido inicialmente como deputado em 1843 e se tornado ministro pela primeira vez em 1859. Estava, portanto, habituado a lidar com o imperador, a quem ele demonstrava, na opinião dos liberais radicais, demasiado respeito. Uma acusação mais grave contra Sinimbu era a de que lhe faltava o dom da administração, com tendência a ter rompantes de confrontos violentos com seus oponentes.[66]

---

64 Nabuco, *Estadista*, v.II, p.376. O comentário de Nabuco refere-se a todo o reinado e, como tal, exagera seu caso.

65 Zacarias de Góis e Vasconcelos, o presidente do Conselho liberal anterior, havia falecido em 28 dez. 1877. José Tomás Nabuco de Araújo renunciou especificamente a toda reivindicação de liderar o Partido Liberal em 1874; ver IHGB VOP Lata 425 Pasta 6 Actas do Centro Liberal, minutas das sessões de 13 out. e 23 dez. 1874. Apesar da alegação de Joaquim Nabuco de que seu pai deveria ter mas não havia sido consultado sobre a escolha do novo Gabinete em 1878, a evidência indica o oposto; ver Nabuco, *Estadista*, v.II, p.365-6.

66 Ver Craveiro Costa, *Sinimbu*.

Como o Partido Liberal era uma coalizão indisciplinada de elementos disparatados, e como a reforma constitucional tendia a ser controversa, o novo presidente do Conselho precisava exibir excepcional destreza no trato dos assuntos públicos. O Gabinete de Sinimbu não desfrutou um curso tranquilo. Apesar das promessas de moderação e tolerância, o novo Ministério expurgou o aparato governamental do topo à base, instalando liberais onde fosse possível. Em vez de compor com a legislatura vigente, o Gabinete dissolveu a Câmara dos Deputados em abril de 1878. As eleições que se seguiram foram tão aliciadas que a nova Casa não continha um único membro do Partido Conservador. O projeto de lei que autorizava a reforma constitucional que o Ministério introduziu em fevereiro de 1879 era extremamente cauteloso. Primeiramente, buscava especificar os termos exatos das emendas constitucionais que a Câmara com poderes constituintes deveria promulgar, dessa forma privando esse órgão de qualquer autonomia de ação. Em segundo lugar, as propostas restringiam severamente o direito ao voto, negando-o aos analfabetos. Como era de se esperar, o conservadorismo do projeto de lei despertou intensa oposição na Câmara dos Deputados.[67]

O projeto de lei foi aprovado na Câmara Baixa em maio de 1878 e enviado para o Senado, onde foi submetido aos comitês de legislação e de Constituição. A Câmara Alta mostrou-se sem nenhuma pressa em discutir a medida. Os senadores com vínculos próximos com o imperador há muito tempo o sondavam em relação a sua opinião sobre o projeto de lei, e ficou claro para eles que derrotá-lo no Senado não lhe causaria efetivo desgosto.[68] Os oponentes do projeto no Senado discordavam fundamentalmente entre si sobre suas razões para derrotar a medida. O relatório conjunto dos dois comitês no Senado limitou-se a recomendar a rejeição ao projeto. Nenhum debate ocorreu além de um discurso proferido pelo presidente do Conselho, e o projeto de lei sofreu uma derrota retumbante em novembro de 1879. "O Senado rejeitou a reforma eleitoral", o imperador contou à condessa de Barral. "Creio que não procedeu prudentemente; porém tudo se fará sem maior inconveniência."[69]

---

67 Buarque de Holanda, "Lei Saraiva", p.196-8.

68 Ver, por exemplo, visconde de Rio Branco para D. Pedro II, Paris, 9 dez. 1878, em "Cartas do Rio Branco", p.159-66.

69 D. Pedro II para a condessa de Barral, 13 nov. 1879, em Magalhães Jr., *D. Pedro II*, p.283. Cartas remanescentes para a condessa, escritas de jul. 1877 a mar. 1881, têm a estrutura de diário, com registros diários cobrindo o período de cerca de uma semana. Para efeito de precisão, é informada a data do apontamento em vez da data de início da carta inteira.

Sem o apoio ativo do imperador, o Gabinete de Sinimbu contava desde o início com remota perspectiva de sucesso. D. Pedro II lançou o Gabinete à própria sorte para buscar sua salvação. Sem um contragolpe efetivo à ação do Senado, o Ministério experimentou crescente frustração e perda de prestígio. No início de 1880, a posição do Gabinete foi seriamente fragilizada pela Revolta do Vintém, um dia de protesto popular na cidade do Rio de Janeiro contra a cobrança de um imposto sobre os bilhetes de bonde recentemente fixado pelo ministro das Finanças.[70] Com uso da força bruta, o governo sufocou os rebeldes, mas o derramamento de sangue perturbou e alienou o imperador. Em meados de janeiro de 1880, ao escrever para a condessa de Barral, ele desabafou:

> A política da nossa terra cada vez se repugna mais compreendê-la. Ambições e mais ambições do que tão pouco ambicionável é. Até pensam que me desanima o que se tem dito e escrito! Se me veem triste é de tanta falta de patriotismo e de juízo de da necessidade que houve do emprego de força.[71]

Considerando-se o estado de ânimo do imperador, o Ministério tinha pouca chance de persuadi-lo a autorizar a resposta que ele no final das contas propunha à desaprovação pelo Senado do projeto de lei da reforma. Dissolver a Câmara dos Deputados e realizar novas eleições demonstraria, segundo o Gabinete, o apoio popular que a medida governamental desfrutava e forçaria o Senado a ceder. No final de fevereiro, o desdobramento do curso de acontecimentos foi graficamente relatado em uma carta enviada por João Ferreira de Moura, ministro da Marinha, a seu mentor político José Antônio Saraiva, um senador da província da Bahia.

> No dia 21 do comandante, depois de anterior e prevenido a Coroa, o ministério declara-lhe em despacho que é chegada a época da dissolução [da Câmara], mas que, considerando na gravidade da medida, julgava oportuno dizer à Coroa que o ministério [estaria] a retirar-se, quando fosse possível a organização de outro, que sem essa medida pudesse conseguir do Senado a mesma reforma, com esta mesma Câmara.
>
> A Coroa, tendo ouvido essa declaração formal, pareceu ponderar, pareceu argumentar, pareceu vacilar e finalmente, sem proferir qualquer opinião, sem chegar a qualquer conclusão, disse que necessitava consultar o Conselho de Estado.[72]

---

70 Ver Graham, "The Vintém Riot", p.436-7.
71 Pedro II para a condessa de Barral, 16 jan. 1880, em Magalhães Jr., *D. Pedro II*, p.306.
72 IHGB JAS Lata 274 Pasta 31 João Ferreira de Moura para José Antônio Saraiva, 29 fev. 1880.

As cartas do imperador à condessa de Barral oferecem um *insight* em relação à reação dele, quando informado sobre a intenção do Gabinete de requisitar imediata dissolução da Câmara Baixa. Em uma carta de 19 de fevereiro, dois dias antes de reunir-se com o Gabinete, ele disse a ela:

> Com efeito estou em época de combate e não largo a brecha. Sei que cumpro o meu dever e durmo tranquilo. Nada me susta, e sabem que não conseguirão de mim senão o que julgar útil ao Brasil. O ano vai correndo mal. Nunca fui partidário da reforma eleitoral. Os partidos é que a quiseram e talvez muitos indivíduos com arma de derribar ou demoramento dos contrários. O verdadeiro remédio contra as eleições como elas se fazem é o que tenho sempre pregado – a maior moralidade da autoridade. Os que não abusam aparecem-se na maior parte como Pilatos. Deus queira que eu me engane quanto aos resultados da reforma que tem encontrado e encontrará embaraços por não seguirem a minha opinião quanto à intervenção do Senado, que aliás procedeu imprudentemente.[73]

D. Pedro II encerrou a crítica mordaz confessando: "Repito que é dificílimo ser monarca na época atual. Ficar-me-á o consolo de ter trabalhado consciensiosamente para enraizar o sistema de nossa Constituição". As palavras revelam mais do que ele provavelmente pretendia. Novas ideias, novos centros de poder, novas demandas surgiam rapidamente. Agora, bem na meia-idade, aproximando-se dos 55 anos, D. Pedro II não podia ou não iria adaptar a si ou a seu sistema de governo às condições que se desenrolavam. O tipo de reinado que ele havia, por uma geração e meia, oferecido ao Brasil – implantando "o sistema de nossa Constituição" – não mais bastava ou satisfazia. Ao se recusar a aceitar a chegada da política em massa, D. Pedro II estava lentamente abdicando do poder. Ele estava abrindo mão da essência do poder.

Os comentários de D. Pedro II à condessa de Barral em 19 de fevereiro demonstram que o imperador não tinha intenção de atender ao pedido do Gabinete por uma dissolução da Câmara dos Deputados. Sua sugestão de que o pedido fosse encaminhado ao Conselho de Estado era meramente uma tática para ganhar tempo, como julgava João Ferreira de Moura.

> Esse conselho, sempre consultado e nunca atendido, reuniu-se ontem às duas da tarde. O ministério não quis participar do debate e retirou-se para outra sala.
> Terminada a comédia, fomos à sala de reunião para os despachos e sentamo-nos em nossos lugares. O rei anunciou-nos o resultado da consulta, declarando

---

73 D. Pedro II para a condessa de Barral, 19 fev. 1880, em Magalhães Jr., *D. Pedro II*, p.311-2.

que somente três dos onze conselheiros haviam concordado com a dissolução.[74] Ele tentou dar um resumo da discussão e, não sendo capaz disso ou não desejando fazê-lo, ressaltou que os conselheiros contra a dissolução não apresentaram nenhum argumento. Ele terminou dizendo que ainda não tomara uma decisão e que necessitava de mais alguns dias para chegar a uma decisão. O presidente do conselho observou a ele que esse atraso colocava-nos em uma posição fraca e falsa e que disso poderia resultar a renúncia de um ministro (referindo-se e ele mesmo), e diante dessa observação o rei respondeu que ele não prosseguiria com essa discussão. Ele pensou por um instante e então, dirigindo-se diretamente a Sinimbu, disse-lhe: "Vamos conversar a sós em outra sala". Eles se levantaram, e nós, ridículos subsecretários, tivemos que aguardar o conclave secreto de ambos. Houve mais de uns poucos desses humilhantes episódios a compor a história dessas seis subsecretarias vigentes. Esse, porém, sobrepujou a todos e deixou de desanimar somente aqueles que, cegos pela vantagem do uniforme [de ministro], esquecem-se da dignidade pessoal.

Eu, o mais insignificante de todos, tive ímpetos de deixar a pasta sobre a mesa, e voltar para minha casa pedindo minha exoneração. Refleti pouco, e vendo que não me pertenço, e que tendo contas a dar aos que aqui me colocaram, contive-me [...][75]

Após mais alguns comentários sobre seus ressentimentos e desejo de renunciar, João Ferreira de Moura retomou seu relato:

> Quando a discussão secreta entre o imperador e o presidente do Conselho terminou, ambos retornaram e tomaram seus assentos.
>
> Nada mais se disse a respeito da dissolução durante o despacho! Os decretos foram assinados e nenhum outro assunto foi tratado. A reunião terminou, o rei retirou-se e ficamos a sós.
>
> Nesse momento, tentamos saber do presidente do Conselho a solução para a questão, que não tivéramos a honra de discutir.
>
> O presidente do Conselho então nos disse que era seu dever contar-nos tudo com franqueza e verdade.
>
> Bastante atentos, ouvimos a seguinte declaração, que seria considerada inacreditável não fosse pelo fato de que, durante todo o reinado de Sua Majestade D. Pedro II, os assuntos públicos não tivessem sido uma série ininterrupta de *faits accomplis*.

---

74 O significado de usar "o rei" em lugar de "o imperador" é discutido no capítulo 10.
75 IHGB JAS Lata 274 Pasta 31 João Ferreira de Moura para José Antônio Saraiva, 29 fev. 1880.

Ele nos contou que o rei concordara em conceder-lhe a dissolução, mas que primeiramente era necessário consultar o conselheiro Saraiva [o destinatário da carta] confidencialmente, para verificar se ele aceitaria o poder sob a condição de não dissolver a Câmara e de sustentar o projeto de reforma, como havia sido apresentada no ano anterior. O presidente do Conselho relatou-nos também que ele havia imediatamente ressaltado ao rei que S. E. não aceitaria isso, pois tinha outras ideias com respeito à maneira como a reforma deveria ser sancionada. Ele [D. Pedro II] insistiu, dizendo que ao proceder dessa forma nós receberíamos uma resposta negativa e poderíamos melhor justificar a dissolução, sem fazer parecer ao público que existia qualquer interesse pessoal em apoiar o Gabinete a todo custo. Nesse ponto [o marquês de] Paranaguá declarou que, a partir de uma carta particular que S. E. havia escrito alguns dias atrás, ele podia dar imediata garantia de sua recusa. S. E. nos daria total apoio, mas não entraria de modo algum nesse beco sem saída. Todos nós, sem exceção, confirmamos que ele não aceitaria e dissemos que não fazia sentido nos envolvermos nisso.

Prevaleceu para uma consulta como pretexto para uma dissolução, logo que chegasse a resposta.[76]

Após denunciar a consulta proposta como um expediente indigno de qualquer dos envolvidos, o ministro continuou:

O pretexto de hoje – arranjado em segredo – talvez possa ter um grande significado para o futuro, talvez possa igualmente ser um pretexto para um daqueles inesperados desdobramentos tão frequentes no reinado personalista de S. M.

É verdade que, em uma dessas confidências que têm sido tão comuns no caso do atual Gabinete, ouvimos que o rei disse na semana passada que a reforma devia ser conduzida pelo Partido Liberal. Creio nisso, não por causa da declaração imperial, mas porque, se ele se deixar derrotar pelos conservadores no Senado, ele deverá em termos morais abdicar. Voltar-se aos conservadores significaria a vitória do Senado, um órgão com filiação vitalícia e sem nenhuma confiabilidade. A luta está sendo travada entre o poder do Senado e os atributos do poder regulador, que foi, como todos sabem, o autor do presente projeto; e que publicamente declarou na carta a Caxias que derrubou os conservadores para que a reforma fosse feita pelos liberais.

Não devemos, portanto, temer uma mudança política antes da aprovação da reforma.

Os touros estão brigando para a alegria daqueles que assistem das arquibancadas.

---

76 Ibid.

Eu finalmente terminei minha narrativa motivado pelos deveres da lealdade política e pela amizade que lhe tenho.

Nós, os auxiliares de S. M., continuaremos a fingir ser ministros em toda essa farsa. Eu estou, como já disse, aguardando a oportunidade de renunciar; prefiro abrir mão a causar desgosto ao partido que se diz estar no poder.[77]

Essa longa e cáustica carta, ao mesmo tempo reveladora e uma autojustificativa, foi escrita com toda a amargura da derrota. A reação do imperador ao encontro descrito pelo ministro foi desconsiderá-lo. Escrevendo à condessa de Barral sobre suas atividades em 28 de fevereiro, ele afirmou: "tive Conselho d'Estado e despacho. Interrompi a audiência para jantar e agora 9h. vou ler deitado".[78]

Uma semana depois, escrevendo de Petrópolis, D. Pedro II atualizou a condessa sobre o curso dos acontecimentos. O Gabinete havia renunciado, e D. Pedro II tinha, como pretendia, pedido a José Antônio Saraiva para formar um Gabinete e encontrar um meio de sair do impasse existente sobre a questão da reforma eleitoral.

> 6 – Despacho de manhã. Creia que a resolução tomada por mim foi muito refletida. Espero que Saraiva corresponda ao conceito geral. Sinto muito a saída do Sinimbu que é excelente caráter. Muito fez ele contra a minha opinião e que o colocou em posição embaraçosa que creio complicaria com a dissolução da Câmara.[79]

O político designado a formar um Gabinete naquele momento vivia em sua fazenda na província da Bahia. José Antônio Saraiva não se apressou em ir ao Rio de Janeiro. Essa demora era característica de Saraiva, que era habilidoso em construir sua reputação como um homem indispensável na política e igualmente competente em não colocá-la em risco. Ele defendia ferozmente sua independência de ação, sobretudo em relação ao imperador.[80] Saraiva sabia exatamente como lidar com D. Pedro II. Em 1846, quando o jovem imperador visitou a Faculdade de Direito de São Paulo, foi Saraiva, na época um aluno, quem escreveu uma análise extremamente perspicaz do caráter de D. Pedro II, notando que:

---

77 Ibid.

78 D. Pedro II para a condessa de Barral, 28 fev. 1880, em Magalhães Jr., *D. Pedro II*, p.313.

79 D. Pedro II para a condessa de Barral, Petrópolis, 6 mar. 1880, em ibid., p.319

80 "Saraiva já está na Bahia e restabelecido. Há anos que não me aparece, porém eu sempre o estimei apesar de ser injusto comigo em alguns dos seus discursos."; ver D. Pedro II para a condessa de Barral, Petrópolis, 28 jan. 1880, em ibid., p.307.

Tem andado a pé como simples cidadão, só acompanhado daquelas pessoas que o querem acompanhar sem aparato nenhum; enfim, desapareceu a distância que na Corte o separa do povo e isto sem a menor quebra da sua dignidade, pois que a sua circunspeção, suas belas maneiras fazem com que todos o estimem e respeitem.[81]

Em parte porque Saraiva evitava qualquer ação que ameaçasse a autonomia e o controle do imperador, D. Pedro II permitia-lhe uma amplitude de ação que concedia a poucos outros políticos. Saraiva era um liberal do mesmo tipo que o imperador. Ambos apreciavam os direitos e liberdades tradicionais do cidadão, mas relutavam em embarcar em qualquer mudança radical à ordem socioeconômica vigente.[82]

Figura 49. José Antônio Saraiva, líder do Partido Liberal, senador, duas vezes presidente do Conselho de Ministros.

O novo Gabinete, finalmente formado em 28 de março de 1880, adotou a visão de que a redação dos artigos 90 a 97 da Constituição não era incompa-

---

81 José Antônio Saraiva para Henrique Garcez Pinto de Madureira, São Paulo, 4 mar. 1846, citando em Pinho, *Política e políticos*, p.25-6.

82 O melhor estudo de Saraiva como homem e como político é o artigo "Infância e mocidade de Saraiva", reimpresso em ibid., p.5-54.

tível com um sistema de eleições diretas e, por conseguinte, a promulgação da reforma eleitoral não requeria uma emenda constitucional. O Ministério de Saraiva procedeu por meio de uma lei ordinária, que naturalmente exigia o consentimento do Senado e do imperador.[83] O projeto de lei do Gabinete aboliu a distinção entre "eleitores" e "votantes", estabeleceu um sistema de registro de voto bastante distinto da realização de eleições e restaurou o eleitorado de membro único usado nas eleições de 1856. As medidas levaram sete meses para passar pelo Legislativo. Em 28 de dezembro, D. Pedro II contou à condessa de Barral:

> Nada de novo, senão que votou-se a parte mais importante da reforma eleitoral em 3ª discussão no Senado conforme as ideias do Ministério. Creio que depois de dois anos de trabalho vinga a reforma, apesar de irregularmente feito segundo meu modo de pensar. Estimo que o resultado seja o que eu desejo e desejaram os que fizeram a reforma.[84]

A legislatura concluiu o trabalho sobre o projeto de lei em 7 de janeiro de 1881, e dois dias depois o ato foi promulgado.

Como revelam as cartas de D. Pedro II à condessa de Barral, ele não tinha qualquer receio sobre como tratara a questão da reforma eleitoral. Ele havia satisfeito a demanda popular por mudança sem provocar uma ruptura no sistema político ou permitir qualquer depreciação de sua própria autonomia como governante. A lei promulgada em 9 de janeiro de 1881 contou com ampla aceitação dos brasileiros. "Por aqui todos querem ter a virtude de fazer uma revolução nos maus habitos pela execução da nova lei eleitoral", o imperador observou acidamente em março de 1881. "Assim seja!"[85] As eleições realizadas em 31 de outubro foram as mais honestas jamais vistas no Brasil, graças em grande parte à vigilância de José Antônio Saraiva na prevenção à coação e à fraude. As eleições revelaram-se tão honestas que dois dos ministros do Gabinete sofreram derrota, uma ocorrência sem precedentes. A nova Câmara dos Deputados continha 75 liberais e 47 conservadores.

A lei de reforma eleitoral de 8 de janeiro de 1881 foi aclamada como um triunfo porque havia, em seu primeiro teste, produzido eleições honestas.

---

83 Ver discurso de Saraiva na Câmara dos Deputados em 22 abr. 1880, apud *Organizações*, p.185-7.
84 D. Pedro II para a condessa de Barral, 28 fev. 1880, em Magalhães Jr., *D. Pedro II*, p.387.
85 D. Pedro II para a condessa de Barral, Petrópolis, 8 mar. 1881, em ibid., p.403.

Entretanto, um momento de reflexão teria revelado uma falha fundamental do novo sistema. Embora abolisse a distinção entre "eleitores" e "votantes", a lei deliberadamente requereu a manutenção do direito de voto, com base na comprovação de renda anual, tão restrito e tão difícil de cumprir que somente 96 mil de pelo menos dois milhões de adultos livres do sexo masculino registraram-se para votar nas primeiras eleições conduzidas sob a nova lei.[86] A consequência foi que, como um proeminente oponente ao projeto de lei original de Sinimbu observou na Câmara dos Deputados, "nesse país a pirâmide do poder assenta sobre o vértice em vez de assentar sobre a base".[87]

Na realidade, a situação era mais séria do que sugere a ironia do político, porque as cláusulas da lei foram deliberadamente estruturadas de modo a negar o direito de voto aos trabalhadores urbanos, em particular os assalariados, alguns dos quais haviam sido até então "votantes". A justificativa para essa exclusão era a de que os votantes tinham de possuir uma renda independente para que não pudessem ser subornados ou coagidos. Na verdade, a aversão e a desconfiança em relação à política massificada entre os círculos reinantes motivaram essas cláusulas. Uma seção inteira da população brasileira que, sob outros aspectos, como a alfabetização, qualificava-se como cidadã foi dessa forma eliminada do processo político. O regime identificou-se como exclusivo e hostil às novas forças sociais. Era uma receita para a extinção.

Não há nenhuma evidência de que D. Pedro II tenha contestado ou tentado impedir o cerceamento do direito de voto de tantos dos antigos "votantes". Como dizia, "sempre fui contrário ao sufrágio universal e favorável ao voto de quem mostre saber ler e escrever mormente pelo efeito produzido sobre a instrução primária", e como boa parte dos recém-excluídos do processo não era alfabetizada, as cláusulas da lei provavelmente o incomodaram pouco.[88] A falta de intervenção do imperador a favor deles demonstrou o quanto ele se tornara conservador em 1880, e sua falta de ação colocou em dúvida sua reivindicação como o guardião dos direitos de todos os seus concidadãos.

Ainda mais sério foi D. Pedro II deixar de assegurar a reforma eleitoral por meio de uma emenda à Constituição. Como ele admitiu, a reforma foi

---

86 Como as provisões referentes ao direito de voto da lei de 1881 resultaram mais restritivas do que até seus autores pretendiam, uma emenda de 7 out. 1882 amenizou os requisitos e, por conseguinte, acrescentou outros 25 mil votantes ao eleitorado; ver *Organizações*, p.201, 379, 388.

87 Discurso de José Bonifácio de Andrada e Silva, "o moço", em 28 abr. 1879, apud Buarque de Holanda, "Lei Saraiva", p.203.

88 AHMI POB Cat. B Maço 35 Doc. 1.057 Registro no diário para 18 abr. 1890.

"apesar d'irregularmente feito segundo meu modo de pensar". Não obstante, ele se recusou a usar sua influência e suas prerrogativas para garantir a sanção da reforma pelos meios adequados, visto que ele não gostava da ideia em si de fazer emendas à Constituição e objetava ao processo de emenda estabelecido em 1834. Por sua relutância em pressionar os senadores em 1879 a favor do projeto de lei original de Sinimbu e sua recusa em fevereiro de 1880 a conceder àquele Gabinete a dissolução, o imperador não só assegurou a derrota de uma medida impopular. Ele deixou claro que, enquanto governasse, o regime não adotaria e provavelmente não era capaz de adotar qualquer reforma radical das instituições e dos procedimentos políticos do país por meio de emendas constitucionais.

Com a aprovação do projeto de lei de Saraiva em janeiro de 1881, o ciclo de reformas iniciadas pela Lei do Ventre Livre em setembro de 1871 chegou ao fim. Todas essas medidas, exceto a última, haviam obtido o apoio de D. Pedro II e em grande parte espelhavam suas expectativas e valores. Elas visavam melhorias, buscando remediar abusos e garantir uma administração racional e eficaz. Também eram cautelosas, buscando não perturbar as estruturas existentes de poder ou destruir os meios de controle superior. A resistência de D. Pedro II à reforma eleitoral e, acima de tudo, a emendas à Constituição revelava os limites de seu sistema de governo.

A Constituição de 1824 simbolizava para D. Pedro II tudo aquilo que possuía verdadeiro valor. Representava o estabelecido e o familiar. Ele se apegava à confiança que suas cláusulas inalteradas lhe davam. Como escreveu à condessa de Barral bem no final de 1879, "Sempre tenho medo de mudanças".[89] Sua intransigência impossibilitava qualquer reforma radical à ordem econômica e social vigente. Por considerar a religião como a chave da sociedade, ele não desejava a separação da Igreja católica do Estado. Opunha-se ao sufrágio universal para os homens, muito menos para as mulheres. Temia o surgimento de centros de poder e ação autônomos e concorrentes dentro do Brasil. Em especial, ele não consentia com qualquer diminuição de seu controle sobre o sistema político. Ele não compartilharia o poder com nenhuma pessoa ou entidade. A república poderia ser a forma ideal de governo, mas o Brasil ainda não estava preparado para isso. D. Pedro II recusava-se a adaptar-se, recusava-se a ceder. Com tal conduta desde 1876, ele abria mão de sua capacidade de controlar a evolução dos assuntos públicos do Brasil.

---

89 Pedro II para a condessa de Barral, Rio de Janeiro, 31 dez. 1879, em Magalhães Jr., *D. Pedro II*, p.296.

10
Tragado pelo tempo, 1881-1887

Em 2 de dezembro de 1880, aniversário de seu nascimento, o "faustíssimo dia natalício", D. Pedro II escreveu à condessa de Barral: "Festas de costume. São as outras de que gosto. Chego do teatro que foi massantíssimo. Telegramas de todos - menos de Você. Estou triste".[1] A alienação, o pessimismo e o cansaço do mundo evidentes nesse trecho não advinham somente da chegada de seu aniversário de 55 anos. Esses temas apareciam constantemente nas cartas diárias que D. Pedro II escrevia nessa época à condessa de Barral. Repetidas vezes as cartas enfatizavam sua solidão, seu desejo de escapar para junto dela. As declarações do imperador, tais como "meu coração é ainda quente e sempre o será por quem inspira-me tais sentimentos", devem ser tomadas com certa cautela.[2] Ele era bem capaz de trocar correspondências passionais simultaneamente com duas, três ou até quatro mulheres, e a cada uma delas declarava sua devoção, confessando que a interlocutora era indispensável a sua felicidade.[3] Para D. Pedro II, a condessa de Barral e as

---

1 D. Pedro II para a condessa de Barral, 2 dez. 1880, em Magalhães Jr., D. Pedro II, p.383.

2 D. Pedro II para a condessa de Barral, 1º jan. 1881, em ibid., p.393.

3 Cartas da viscondessa de Benoist d'Azy, da condessa Vallier de la Tour e de Anne de Villeneuve, agora arquivadas em BNRJ TM Arm. 32 Pac. 4, estabelecem que ele estava se correspondendo com todas elas, assim como com a condessa de Barral, desde a época de seu retorno ao Brasil no final de 1877; e ver também o conde de Gobineau para D. Pedro II, 18 via Cavour, Roma, 7 mar. 1878, em Raeders, *Pedro II e Gobineau*, p.351.

demais correspondentes eram importantes menos por seu charme pessoal do que pela encarnação daquilo que ele realmente desejava – a vida na Europa.

> Essa é a terra do contentamento perdido
> Vejo-o claro e resplandecente,
> As alegres estradas onde estive
> E não posso mais voltar

Os sentimentos descritos nestas linhas pelo poeta inglês A. E. Housman expressam os do imperador que se considerava deveras resignado vivendo "neste deserto" – Brasil.[4] Ele comparava seu destino ao do poeta Ovídio condenado ao exílio entre os góticos no Mar Negro – *Barbarus hic ego sum, quia non intellegor ulli* [Cá estou eu o bárbaro que não compreende o significado de absolutamente nada].[5] A vida de D. Pedro II como monarca do Brasil significava para ele o banimento da Europa, "eu se gozasse de toda a minha independência onde estaria? Advinhe". "Se me pusesse a fantasiar livremente o que não posso realizar decerto que não teria resignação."[6] Essa condição de exílio interno – fisicamente residindo em um lugar e emocionalmente vivendo em outro – caracterizava a existência de D. Pedro II durante a década de 1880. Ele não negligenciava seus deveres como imperador, mas os executava unicamente como uma obrigação, impelido por sua consciência.[7] Apegava-se a suas rotinas há muito estabelecidas sem considerar sua adequação à mudança dos tempos. Somente seguindo essas rotinas ele podia suportar sua missão; qualquer mudança o teria feito desistir.

O estado de espírito de D. Pedro II, conforme revelam suas cartas à condessa de Barral, também refletia a realidade de que, após seu retorno ao Brasil

---

4 A identificação do Brasil como um "deserto" aparece em D. Pedro II para a condessa de Barral, Rio de Janeiro, 31 out., 10 nov., 18 e 30 dez. 1877, 9 jan. 1880 e 1º jan. 1881, em Magalhães Jr., *D. Pedro II*, p.280, 282, 293, 305, 393.

5 Esse verso foi extraído de *Tristia* de Ovídio (livro v, seção 10, verso 37), lamentando sua vida entre os getos em Tomis. D. Pedro II citou erroneamente o verso como "*Barbarus hic ego sum nulla intelligor illis*" em sua carta para a condessa de Barral, Rio de Janeiro, 19 abr. 1880, em ibid., p.326. É interessante notar que o mesmo verso, na forma "*Barbarus hic ego sum quia non intelligor illis*", é aplicado a ele mesmo por Cristiano Ottoni, um crítico de D. Pedro II, mas que muito se assemelhava a ele em personalidade, em sua *Autobiographia*, p.256.

6 D. Pedro II para a condessa de Barral, 17 set. 1879 e 9 jan. 1880, em Magalhães Jr., *D. Pedro II*, p.264, 305.

7 "Minha consciência nunca me acusou de falta de cumprimento dos deveres de meu cargo de Monarca constitucional"; ver D. Pedro II para a condessa de Barral, Rio de Janeiro, 8 jan. 1880, em ibid., p.30.

no final de 1877, uma série de fatores voltou-se contra ele e muito afetou sua viabilidade como governante do Brasil. Esses acontecimentos adversos relacionavam-se com sua saúde, sua reputação intelectual, sua posição como monarca e chefe do governo e a natureza da política. Seu poder de dirigir, seu prestígio como cidadão modelo do Brasil e sua legitimidade, tudo estava sob ameaça.

Uma alteração em sua condição física contribuiu consideravelmente para a mudança no mundo de D. Pedro II. Desde o início da idade adulta, D. Pedro II notabilizara-se por sua extraordinária resistência. Sua energia, capacidade de concentração e poder de recuperação evocavam comentários de admiração. Após seu retorno ao Brasil em novembro de 1877, era evidente que o imperador começava a desacelerar. Parte da causa era simplesmente a chegada da meia-idade, mas a falta de exercícios e os péssimos hábitos alimentares também influenciavam. Anos de consumo de açúcar haviam deteriorado seus dentes, tanto que na década de 1880 ele precisou de dentaduras.[8] Para manter a rotina, era forçado a fazer exercícios regulares. Quando ficava em Petrópolis, saía em longas caminhadas tanto pela manhã quanto à noite.[9] Em meados de novembro de 1879, ele contou à condessa de Barral: "Depois de amanhã principiarão os banhos de mar de que eu gosto por causa da natação, ainda que causem sono e tirem bastante tempo".[10] No final da década de 1870 uma deterioração na visão do imperador forçou-o a usar um *pince-nez* para leitura.[11]

A manifestação mais impressionante do declínio físico de D. Pedro II relacionava-se com seus hábitos de sono. Era de longa data sua prática de dormir sete horas ou menos por noite e, como não podia deixar de ser, ele tendia a cochilar em momentos nos quais sua atenção não estava totalmente ocupada. Já em 1870 a imperatriz havia escrito a D. Isabel: "teu pai, no seu louvável costume, dormiu sofrivelmente ao tempo da representação".[12]

---

8 Em 1883, a condessa de Barral enviou chocolate de presente aos filhos de D. Isabel e comentou: "os velhos desdentados não precisam mais dessas gulodices"; ver condessa de Barral para D. Pedro II, Grand Garenne, 16 nov. 1883, em Barral, *Cartas*, p.226.

9 D. Pedro II para o conde de Gobineau, Petrópolis, 7 fev. 1878 e 7 fev. 1881, em Raeders, *Pedro II e Gobineau*, p.528, 605.

10 D. Pedro II para a condessa de Barral, 14 nov. 1879, em Magalhães Jr., *D. Pedro II*, p.283.

11 Uma caricatura em *A Revista Illustrada*, datada do início de mar. 1880, reproduzida em Távora, *Pedro II*, p.70-3, mostra D. Pedro II colocando seu *pince-nez* para ler um documento.

12 D. Teresa Cristina para D. Isabel, 26 jul. 1870, citado em Calmon, *Pedro II*, v.I, p.1006. No final de 1880, ao comentar sobre a opereta *La Fille du Tambour-Majeur*, D. Pedro II escreveu à condessa de Barral: "Lembrei-me muito de nossos teatros em Paris! Se dormi muitas vezes é que você sabe como eu lidava [...] Agora não tenho sono senão quando o teatro me aborrece". Ver D. Pedro II para a condessa de Barral, Rio de Janeiro, 22 out. 1880, em Magalhães Jr., *D. Pedro II*, p.371.

Figura 50. D. Pedro II no final da década de 1870 ou início da década de 1880.

A tendência de cochilar tornou-se mais evidente com o passar dos anos. Escrevendo ao conde de Gobineau em novembro de 1874, o imperador reclamou: "Se ao menos pudesse estudar como outrora! Mas o sono me persegue e sinto necessidade de me repousar".[13] Após seu retorno ao Brasil em 1877, D. Pedro II começou a cair no sono no meio de reuniões importantes e durante compromissos públicos. O imperador estava ciente dos comentários críticos que esse hábito atraía e, em um memorando escrito no início de 1880, ele tentou se defender:

Se cochilo, e porque também fico fatigado, e *homo sum*, etc., e tenho ido a conferências e outros atos depois de despachos que duraram até madrugada – até as duas e mais horas da manhã. Não o faço para mostrar robustez, mas porque desejei sempre animar, nessas conferências, as letras e as ciências.[14]

---

13 D. Pedro II para o conde de Gobineau, Petrópolis, 7 nov. 1874, em Raeders, *Pedro II e Gobineau*, p.489.

14 Rascunho não datado de memorando escrito por D. Pedro II, provavelmente em jan. 1880, em AHMI POB Cat. B Maço 29 Doc. 1.017 transcrito em Vianna, *Pedro I e Pedro II*, p.252.

Na verdade, o hábito do imperador de cochilar, seu cansaço e sua corpulência eram sintomas de uma enfermidade que um jovem médico, nomeado em abril de 1880 como médico da imperial câmara identificou – provavelmente na segunda metade de 1882 – como diabetes.[15] D. Pedro II sofria do que atualmente se conhece como diabetes tipo II (independente de insulina). Essa forma da doença tende a afetar indivíduos com predisposição genética que estão acima do peso e passaram dos 40 anos. No diabetes tipo II o pâncreas não é destruído (como ocorre no tipo I) e continua a gerar insulina. Entretanto, a quantidade produzida pode ser insuficiente ou, mais comumente, os receptores de insulina nas células do corpo param de responder à presença de insulina, não mais absorvendo a glicose que circula no sangue. O efeito diurético de altos níveis de açúcar no sangue causa urinação frequente, e a urina tem cheiro doce, assim como o hálito. O metabolismo é seriamente desequilibrado e, por consequência, os que sofrem de diabetes tipo II apresentam sintomas como fadiga extrema, visão turva e coceira e torpor nas mãos e pés. Cortes, ferimentos e infecções cutâneas levam muito tempo para sarar. Além disso, os altos níveis de glicose interferem no sistema imunológico e aumentam a suscetibilidade a infecções. Com frequência, para combater a fadiga, os portadores dessa doença tentam impulsionar sua energia aumentando o consumo de açúcares, o que por sua vez intensifica seus problemas diabéticos. Em termos fisiológicos, as consequências do diabetes tipo II de longa duração são crescente fraqueza nos músculos, danos à retina causando a degeneração da visão e danos aos rins. Pacientes com diabetes tipo II também têm probabilidade de sofrer de pressão alta e outros problemas cardiovasculares.[16]

A evidência médica disponível sobre D. Pedro II indica que ele sofria de diabetes tipo II vários anos antes de a doença ser diagnosticada pelo Dr. Cláudio Velho da Mota Maia. O longo período, de março a outubro de 1873, que uma infecção na perna precisou para se curar sugere que a condição dia-

---

15 O médico era Cláudio Velho da Mota Maia, futuro visconde e conde de Mota Maia, nascido em 1843. A data em que Mota Maia descobriu o estado de D. Pedro II não é clara. Ao escrever para o conde d'Eu em julho de 1887, Mota Maia argumentou que "há mais de cinco anos, tratava de S. M. o Imperador, de uma diabetes por mim diagnosticada", uma declaração que, se exata, remeteria o diagnóstico ao primeiro semestre de 1882. Um relatório médico do prof. Charles Bouchard, de Paris, também de 1887, observou que o imperador sofria de diabetes desde a idade de 57 anos – isto é, desde 2 dez. 1882; ver Mota Maia, *Mota Maia*, p.85, 202. Uma referência pública ao diabetes do imperador foi feita na *Gazeta de Notícias*, 7 maio 1883; ver Magalhães Jr., *D. Pedro II*, p.417.

16 Ver "Diabetes mellitus", *Encyclopedia of Medicine*, p.349-51.

bética de D. Pedro II pode ter existido desde então.[17] A falha dos médicos da corte em diagnosticar o estado de saúde de D. Pedro II não é surpreendente. Até os dias de hoje muitas pessoas com diabetes tipo II não sabem que estão afetadas. Embora no século XIX o diabetes fosse uma enfermidade conhecida e diagnosticável, sobretudo pelo teste de açúcar na urina do paciente, suas causas não eram compreendidas. Não existia um tratamento eficaz, exceto o controle de ingestão de açúcar por meio de uma dieta rigorosa. Tal regime era eficaz somente nos casos em que os sintomas eram leves e a dieta seguida à risca.[18] Até atualmente, a maioria dos diabéticos acha extremamente difícil mudar hábitos alimentares arraigados e seguir estritamente a dieta prescrita.

Após ter diagnosticado o estado de saúde do imperador, o Dr. Mota Maia colhia amostras frequentes da urina de seu paciente, incentivava-o a fazer longas caminhadas pela manhã e à tarde e também tentava controlar seus hábitos alimentares.[19] Mota Maia provavelmente reduziu consideravelmente a ingestão de gorduras e açúcares do imperador. Dada a tenacidade autocentrada de D. Pedro II, é questionável se ele manteve com rigor a dieta prescrita por Mota Maia, absolutamente necessária ao controle da doença. Também é impossível determinar se tal dieta era adequada para manter a condição diabética do imperador sob efetivo controle.

Como já observado, os efeitos de longo prazo do diabetes tipo II provocam danos aos rins e à visão. O corpo torna-se muito mais suscetível a infecções. Dada a falta de conhecimento sobre a doença na década de 1880, o prognóstico de D. Pedro II foi, portanto, um lento mas progressivo declínio de sua capacidade física, com considerável encurtamento da expectativa de vida.[20] É provável que o tratamento do Dr. Mota Maia dado à enfermidade

---

17 Ver capítulo 8. D. Pedro II também tinha problema de visão em 1873, mas uma variedade de causas poderia ter produzido essa condição. A deficiência de visão resultante de diabetes geralmente se desenvolve cerca de uma década após o início da doença.

18 Sobre o tratamento moderno do diabetes tipo II, ver "Diabetes mellitus", *Encyclopedia of Medicine*, p.350-1.

19 Ver a nota, com uma amostra de urina, enviada por Cândido José Freire, um criado pessoal de D. Pedro II, para Cláudio Velho da Mota Maia, Rio de Janeiro, 30 set. 1884, e a descrição da "um regime isento de féculas e substâncias açucaradas," prescrito para D. Pedro II pelo Dr. Mota Maia; ver Mota Maia, *Mota Maia*, p.77-8. No início de 1881, o imperador dava longas caminhadas duas vezes por dia, ver n.9 anterior.

20 "Complicações podem desenvolver-se em um grande número de diabetes. Essas complicações tendem a ser mais prováveis se o diabetes não foi bem controlado". Ver "Diabetes mellitus", *Encyclopedia of Medicine*, p.351.

do imperador fosse suficientemente eficaz para manter um razoável controle sobre o diabetes de seu paciente. As atividades de D. Pedro II não foram de nenhum modo reduzidas. Entretanto, sua saúde não era perfeita. No final de dezembro de 1883, o imperador sofreu um ataque que é mais bem descrito pelas palavras do conde d'Eu à condessa de Barral:

> O imperador tem estado adoentado – dores estomacais que culminaram em uma congestão do fígado com febre alta durante a noite de sexta-feira para sábado [28-29 de dezembro]. Isso causou certa perturbação, porque seu médico [o visconde de] Ibituruna naturalmente o proibiu de viajar para o Rio para seu despacho. Quinino, tintura de calomelano e óleo de castor deram-lhe imediato alívio, e hoje ele está se sentindo como de costume e imerso em seus estudos eruditos. Entretanto, ele não assistiu à missa e está confinado no quarto. Ele parece, todavia, muito bem.[21]

D. Isabel compartilhava a opinião do marido, mas sua mãe estava bem menos indiferente ao assunto. "A doença do imperador, que graças a Deus cessou com os cuidados medicos; me puz de tal maneira, que não pude escrever a ninguem."[22] O sobressalto de D. Teresa Cristina provavelmente advinha do fato de que ela conhecia muito bem o verdadeiro estado de saúde de seu marido.

No final de 1884, o imperador sofreu um corte na perna esquerda, que infeccionou. Como seria de se esperar, em virtude de sua condição diabética, a cicatrização dessa infecção foi muito lenta e deu ao Dr. Mota Maia considerável motivo de preocupação até que ele finalmente conseguiu curá-la.[23] Em 1886, D. Pedro II passou por problemas urinários, devido ao dano causado pelo diabetes a seus rins. "O que suscita comentários é uma necessidade anormal da parte dele de urinar, que o obriga a retirar-se com frequência, inclusive no meio de eventos públicos", o conde d'Eu informou ao duque de Nemours em outubro de 1886, "e parece que ele tem açúcar na urina. Apesar

---

21 AGP XLI-5 conde d'Eu para a condessa de Barral, Petrópolis, 30 dez. 1883; e ver AGP XL-5 D. Isabel para a condessa de Barral, Petrópolis, 31 dez. 1883.

22 D. Teresa Cristina para Maria Amanda de Paranaguá Dória, Petrópolis, 3 jan. 1884, citado em Fleiuss, *Páginas*, p.290.

23 Ver D. Pedro II para a condessa de Barral, Petrópolis, 30 dez. 1884 e 7 e 14 jan. 1885, em Barral, *Cartas*, p.243-7; e Dr. Jean-Martin Charcot para o visconde de Mota Maia, [Paris] 23 out. 1887, em Mota Maia, *Mota Maia*, p.91.

disso, ele mantém sua excepcional energia e seu gosto por longas reuniões".[24] Fiel a seu temperamento, D. Pedro II não permitia que problemas de saúde alterassem seu comportamento habitual.

A recusa do imperador em mudar sua rotina era evidente em sua relutância ou incapacidade de ajustar-se ao cenário intelectual em transformação. No início de sua vida adulta, nos anos que antecederam seus 40 anos, a curiosidade intelectual de D. Pedro II e seu domínio sobre a maioria dos campos do conhecimento haviam conquistado para si o respeito e a lealdade dos brasileiros cultos. Em termos intelectuais, a primeira metade do século XIX foi dominada por polímatas amadores, em geral bem-nascidos e abastados. D. Pedro II cortejava e era cortejado por sábios da Europa e da América do Norte, que não hesitavam em acolher um imperador como um *confrére*. Esses relacionamentos continham mais do que um toque de mútua adulação e autopromoção; serviam para confirmar e ressaltar a imagem do imperador como um soberano mais por realizações do que por descendência, e como o epítome do que o Brasil poderia ser. Essa imagem formara a base da reputação do imperador como um cidadão modelo.

A explosão de invenções e descobertas científicas, o surgimento de disciplinas distintas e a ascensão do especialista profissional significavam que, nas últimas décadas do século XIX, somente intelectuais excepcionais poderiam ainda se desenvolver como polímatas. O intelecto de D. Pedro II não era de modo algum extraordinário. Para manter sua reputação, ele necessitava restringir seus interesses a um campo específico de conhecimento e empreender uma pesquisa original sobre ele. O imperador ou não estava ciente dessa necessidade de mudar ou se recusava a abandonar seu habitual modo de agir. Ao se esforçar por manter-se a par de cada avanço em cada campo de conhecimento, ele se mostrou não mais do que um diletante amador, sem nenhuma capacidade de aprofundar ou sistematizar seu conhecimento. Elizabeth Agassiz, viúva do cientista Louis Agassiz e fundadora da Radcliffe College, comentou sobre esse ponto fraco quando o imperador visitou-a em Boston, em 1876:

> Seu intelecto é do tipo enciclopédico, embora seja verdade que seu firme propósito (o de aplicar tudo que ele possa aprender para o bem-estar e a iluminação do povo) confira coerência e unidade a aquilo que, de outro modo, pareceria um acúmulo um tanto fragmentado de fatos desconexos. Sua capacidade de receber

---

24 AGP XLI-5 conde d'Eu para o duque de Nemours, Rio de Janeiro, 12 out. 1886.

e reter esse tipo de conhecimento é maravilhosa; até que ponto ele o digere, eu não sei.[25]

No início da década de 1880, D. Pedro II ainda era exaltado como o único sábio entre os soberanos, mas a homenagem não mais carregava o peso que tivera no passado. Não só ele não conseguia produzir qualquer obra de pensamento ou pesquisa original, mas também sua busca frenética por conhecimento por conta própria fez com que perdesse controle sobre aquilo que realmente sabia. O cônsul-geral dos Estados Unidos soube que "sua biblioteca, à qual visitantes são raramente admitidos, está em grande estado de desordem – livros, quadros e outros objetos espalhados pelo chão". O barão von Hübner, um diplomata austríaco aposentado a quem o imperador mostrou São Cristóvão em julho de 1882, teve a prova visual dessa desarrumação:

> Quase todas as salas estão cheias de livros que o Imperador trouxe de suas viagens a Europa. Alguns arrumados e outros espalhados pelo chão; são o símbolo do que vai por essa cabeça imperial. É literalmente uma biblioteca revirada.[26]

Alguns anos mais tarde o conde d'Eu comentou:

> Não se pode imaginar o que é esse monstruoso acúmulo e, acima de tudo, essa total desordem, datados de muitos anos atrás, em que os mais importantes documentos (itens de importância histórica) e os papéis mais pessoais (tais como a correspondência de Cândido Borges [Monteiro], Nioac etc. etc.), tudo escancarado à curiosidade ou à desonestidade dos mais recentes visitantes, tudo jogado, espalhado pelos cantos, misturado com todo o tipo de material impresso de absolutamente nenhum interesse.[27]

D. Pedro II já não era mais associado às ideias mais modernas ou ao conhecimento mais avançado. Sua suposta familiaridade com a maioria dos campos de conhecimento parecia pretensiosa e pouco convincente.

O imperador tentou defender-se do que considerava que fossem ataques imponderados, mas suas respostas deixam claro que ele não compreendia a

---

25 E. C. Agassiz para Caroline Cary Curtis, Nahant, 23 jul. 1876, em Paton, *Elizabeth Agassiz*, p.180

26 Registro no diário do barão von Hübner para 27 jul. 1882, em Mendes Gonçalves, *Diplomata*, p.39.

27 AGP XLI, conde d'Eu para a condessa de Barral, São Cristóvão, 14 jul. 1887 e 10 set. 1887.

razão das objeções as suas reivindicações de conhecimento. No início de 1880, provavelmente fustigado a escrever por algum artigo de jornal particularmente incisivo, D. Pedro II elaborou um longo e repetitivo memorando em defesa de suas próprias ações. Trata-se de um documento revelador. Nele, ele protestou:

> O dizer que eu pretendo ser sábio é tão fundado como acusarem-me de aspirar ao poder pessoal. Até minha maioridade poucos anos tive para aprender, e, depois, o cumprimento dos deveres do meu cargo não me deixaram muita folgar para *estudar*. Apenas leio quanto posso e, por isso, hei de ter sabido quanto me falta aprender para ser sábio.[28]

Nessa época, ele explicou à condessa de Barral com respeito a seus críticos:

> Com efeito querem por força que eu julgue ser o que eu não sou. Já escrevi a Você sobre esse ponto de minha sabença. Eu não posso falar com eles, e por isso emprestam-me vaidade que deveras não tenho. Ainda há de alguns dizer que eu sou tolo.[29]

O imperador poderia ter protestado menos se tivesse ouvido a si próprio. No início da década de 1880, ele adquirira o hábito de responder, quando lhe ofereciam informação sobre qualquer assunto: "Já sei, já sei".[30] Um poema satirizando essa prática, publicado em um jornal radical, capta a atitude popular em relação ao imperador e seu suposto conhecimento:

> Já Sei – Já Sei! Sabe tudo
> O sábio por excelência!
> Sabe mais do que a ciência
> E muito mais do que a lei!
> Do passado e do presente
> Fez um estudo profundo;
> Sabe o futuro do mundo...
> Já Sei – Já Sei!

---

28 AHMI POB Cat. B Maço 29 Doc. 1.017 transcrito em Vianna, *Pedro I e Pedro II*, p.250.

29 Ver D. Pedro II para a condessa de Barral, Rio de Janeiro, 8 abr. 1880, em Magalhães Jr., *D. Pedro II*, p.324.

30 Ver Taunay, *Memórias*, p.442, relatando um uso irônico da frase pelo barão de Cotegipe, então presidente do Conselho de Ministros, em 1886.

Matemática, direito,
Escultura, geografia,
Mistérios da astronomia,
Tudo sabe o nosso rei!
Conhece o desconhecido!
Sabe tudo, e tudo ensina!
É forte na medicina...
Já Sei – Já Sei!

O Padre Eterno, invejoso
De uma tal ciência infusa,
Lhe disse, a juízo de escusa
" – D. Pedro, me sucedei!
Eu vos entrego o universo."
Mas o sábio, firme, teso,
Respondeu-lhe com desprezo:
Já Sei – Já Sei![31]

Na década de 1880, o que proporcionou uma confirmação visual à irreverência sentida pelas pretensões intelectuais do imperador foi seu estilo de vestir-se. Em uma época na qual os homens da cidade usavam chapéu Homburg e o terno xadrez que o futuro rei Eduardo VII tornara moda, ou até chapéu Panamá e paletós de alpaca, D. Pedro II mantinha-se fiel à casaca preta com gravata preta e cartola que usava desde a juventude.[32] Ele parecia antiquado, e essa impressão era confirmada pelo estado decaído dos veículos em que era conduzido. As carruagens compradas nas décadas de 1830 e 1860 na Europa eram as que ele ainda usava.

A impressão que D. Pedro II causava sobre os estrangeiros nessa época pode ser estimada pelas observações do antigo cônsul norte-americano no Rio de Janeiro, que conheceu o imperador no final de 1882:

Dom Pedro II, imperador do Brasil [...], possui uma mente intelectual, olhos de um azul acinzentado [...], barba cheia de grisalha, cabelos bem aparados, também grisalhos, tez rosada e expressão sombria. Ele é aprumado e tem um porte varonil [...] Durante esse longo período [de seu reinado], tem havido algumas

---

31 Esse poema anônimo com sete versos ao todo apareceu originalmente na *Gazeta da Tarde* e está reproduzido em Magalhães Jr., *Império*, p.88-90. Infelizmente, a data da edição em que o poema apareceu não é fornecida, mas a *Gazeta da Tarde* iniciou suas atividades em jul. 1880.

32 Compare o vestuário dos rapazes com aquele usado por D. Pedro II nas duas caricaturas de Angelo Agostini, reproduzidas em Távora, *Pedro II*, p.95, 119.

rebeliões nas províncias e alguma turbulência local, mas o Imperador sempre demonstrou tato, energia e humanidade que ajudaram muito a restaurar a ordem, a tranquilidade e a sensação de bem-estar. Desse modo, enquanto ele manteve a autoridade imperial, seu país continuou a prosperar. A vasta área permaneceu intacta e tornou-se um importante Império. Enquanto olhava para sua cabeça grisalha, quando ele seguia em sua carruagem pelas ruas do Rio, eu disse para mim mesmo, "Ali certamente vai um caráter augusto e venerável". [...]

Como o mundo todo sabe, o imperador é não só um erudito, mas também um homem de grande atividade. Ele é incansável em suas visitas para observar e incentivar a atividade industrial e educacional. Dia após dia, ouve-se que ele passa de duas a três horas seguidas em alguma instituição ou estabelecimento público – pode ser uma repartição do governo ou a Biblioteca Nacional e o Museu ou, ainda, um exame em uma escola pública, a Academia Militar, as oficinas de máquinas e o Arsenal [...]

Se Pedro II, imperador do Brasil, carece de algumas das grandes qualidades da arte de governar que distinguiu Pedro, o Grande, da Rússia, deve-se reconhecer que ele, de algum modo, possui muito tato como governante. Provavelmente ele não exerce a centésima parte do poder de um homem só que é usado pelo presidente dos Estados Unidos.[33]

A impressão que fica é a de um indivíduo digno, embora antiquado, e não muito vigoroso, que deixou de desempenhar um papel central nos assuntos de sua nação. Vários fatores realmente contribuíram para tornar D. Pedro II cada vez menos ativo como chefe de Estado no decorrer da década de 1880. O primeiro deles foi o *status* da monarquia em si. A partir da década de 1840, a estabilidade e a prosperidade do Império, quando comparadas à turbulência e à pobreza das repúblicas hispano-americanas, davam ampla prova da superioridade do governo monárquico. Entretanto, a década de 1870 testemunhou a fundação e o triunfo de uma república na França, o surgimento dos Estados Unidos como uma grande potência e o rápido desenvolvimento econômico e social da república argentina. A monarquia no Brasil parecia ser o estranho no ninho do hemisfério Ocidental e também, dada a continuidade da escravidão e dos problemas financeiros do país, não oferecia nenhuma garantia de progresso e modernidade. A monarquia deixou de inspirar crença, e virou moda entre os jovens brasileiros professar visões republicanas – o que não impedia a maioria de seus adeptos de coexistir satisfatoriamente com a monarquia e de aceitar favores e posições dela. Um desses era Benjamin

---

33 Andrews, *Brazil*, p.82-5.

Franklin Ramiz Galvão, que subira na vida por seus próprios méritos. Médico por formação, ele se tornara diretor da Biblioteca Nacional. Em setembro de 1882, por meio de uma seleção do imperador, ele foi nomeado tutor dos filhos de D. Isabel e do conde d'Eu, e em 1888 chegou a aceitar o título de barão de Ramiz Galvão.[34]

Muito mais séria como uma ameaça ao regime era a imprensa popular, que passara a proliferar, em particular na capital nacional. Dependentes das vendas nas ruas, esses jornais e periódicos não demonstravam nenhuma reverência ao imperador ou à monarquia como tal, e eram ágeis em descobrir e explorar cada escândalo e cada falha associada ao regime. Embora a promoção da república não fosse o tema principal dessa imprensa, ela realmente sujeitava o regime ao descrédito e à perseguição. Assim, o poema "Já Sei – Já Sei" terminava com os seguintes versos:

> É mesmo um sábio... E ignora
> O rumo de barra a fora...
> Já sei – Já Sei![35]

Esse poema caracterizava D. Pedro II como o "rei" ("tudo sabe nosso rei"). O uso do termo não era restrito aos de fora. João Ferreira de Moura empregou-o ao descrever o despacho de 21 de fevereiro de 1880, que selara o destino do Gabinete de Sinimbu. Esse uso sinalizava uma acentuada mudança de atitude em relação à instituição da monarquia. Até a crise política de julho de 1868, quando D. Pedro II demitiu os liberais do poder, geralmente se atribuía a ele a palavra "imperador", que trazia consigo um indício de sanção popular subjacente ao seu governo. Como imperador, ele era o "defensor perpétuo" do Brasil, a incorporação do espírito nacional, um papel que D. Pedro II cumpriu tão auspiciosamente em 1865. Em contraste, a palavra "rei" remontava ao período colonial quando "o Rei Nosso Senhor" governou o Brasil como um déspota desde Lisboa por direito divino somente. Essa identificação de D. Pedro II com o sistema arbitrário e alienado do período colonial foi iniciada pelos primeiros defensores do republicanismo.[36] Na década de 1880 o uso da palavra era lugar--comum. Os próprios termos do discurso público desacreditavam a monarquia.

---

34 Lacombe, *Isabel*, p.194; e Ramiz Galvão, "Gratas reminiscências", p.859. "Dr. Ramiz Galvão foi como sempre, é diretor da Biblioteca Nacional e muito lhe tenho falado dêle"; ver D. Pedro II para a condessa de Barral, Rio de Janeiro, 2 set. 1880, em Magalhães Jr., *D. Pedro II*, p.359-60.

35 Poema na *Gazeta da Tarde* em Magalhães Jr., *Império*, p.90.

36 Um exemplo antigo desse uso, em uma obra primeiramente publicada em duas partes em 1869, foi Saldanha Marinho, *O rei*.

Para sobreviver, a monarquia requeria uma defesa forte e imaginativa, e essa defesa o imperador falhou por completo em oferecer. Intelectualmente, ele era atraído para a república como a forma ideal de governo. Na Revolta do Vintém de janeiro de 1880, ele escreveu à condessa de Barral:

> Difícil é a posição de um monarca nesta época de transição. Muito poucas nações estão preparadas para o sistema do governo para que se caminha, e eu decerto poderia ser melhor e mais feliz presidente da República do que imperador constitucional. Não me iludo; porém, não deixarei de cumprir como até aqui com meus deveres de monarca constitucional.[37]

D. Pedro II compreendia claramente a direção que o Brasil tomava, mas persistia em seus hábitos estabelecidos. Quarenta anos de reinado faziam que ele tomasse como fato consumado a obediência, o respeito e a devoção alheia. Qualquer coisa que ele dissesse ou escrevesse era recebido com gratidão e interesse, não sendo submetido à análise crítica ou descartado. Qualquer curso de ação que ele recomendasse merecia, se não aceitação, uma avaliação favorável. Ele nunca tinha de se preocupar com dinheiro e vivera a vida toda com total desprezo a questões financeiras. Todos aqueles em contato com ele adaptavam sua conduta e opiniões à conveniência dele. A posição de D. Pedro II tornava-o, em suma, incrivelmente autocentrado. O mundo todo girava em torno dele. Esse traço era ainda mais potente e seus efeitos mais insidiosos por não ter sido deliberadamente escolhido. Ele estava acomodado em seu papel e não apreciava a mudança, se isso diminuísse seu controle ou interferisse em sua própria conveniência. Por isso ele não deu atenção quando a condessa de Barral disse-lhe em abril de 1880: "E vai me aparecendo breve teremos mais uma República na América do Sul – Sei que Vossa Majestade por si não importará, mas é Seu dever cuidar na Sua dinastia e fazer respeitar a pessoa do Soberano".[38]

Em seu estudo clássico sobre a Constituição britânica, Walter Bagehot fez distinção entre dois aspectos do governo: "as partes eficientes – aquelas pelas quais ele, na realidade, funciona e governa" e "as partes dignificadas do governo", "que incitam e preservam a reverência da população" e "que

---

37 D. Pedro II para a condessa de Barral, Rio de Janeiro, 2 jan. 1880, em Magalhães Jr., *D. Pedro II*, p.326. D. Pedro II expressou a mesma opinião ao barão von Hübner; ver o registro no diário deste para 27 jul. 1882, em Mendes Gonçalves, *Barão Hübner*, p.16. (Essa obra traduz do original em francês todos os registros no diário para 3, 6 e 15 ago. e 13 set. 1882, enquanto Mendes Gonçalves, *Diplomata*, provê somente extratos e paráfrases de todo o diário.)

38 Condessa de Barral para D. Pedro II, n. 208, 4 maio 1880, em Barral, *Cartas*, p.212.

lhe traz força – que atrai sua força motriz".[39] D. Pedro II, deliberadamente ou não, havia deixado "atrofiar" as "partes dignificadas" da monarquia brasileira. Como ele mesmo admita, "reconheço que sou muito somenos no que é relativo aos dotes da imaginação, que posso bem apreciar nos outros".[40]

À medida que seu reinado progredia, D. Pedro II firmemente desmantelou os aspectos cerimoniais da monarquia. Ao retornar da Europa em 1872, ele tornou voluntária a prática do beija-mão, a cerimônia em que aqueles que se encontravam com o imperador ajoelhavam-se diante dele para beijar-lhe a mão. Em seu retorno ao Brasil em 1877, ele aboliu a guarda dos arqueiros, a guarda palaciana que trajava uniformes multicoloridos e portava alabardas.[41] D. Pedro II raramente aparecia em público vestido com pompa e circunstância. Ele só vestia sua manto cerimonial duas vezes por ano, na abertura e no encerramento da sessão legislativa. D. Pedro II ainda realizava os dias de grande gala por ocasião de importantes festejos, como seu aniversário, mas eles não mais serviam a qualquer função significativa nem atraíam muito público. A monarquia não atuava como o centro da vida social, o casal imperial não oferecia mais bailes, banquetes ou saraus. O máximo que D. Pedro II fazia era participar, nos meses de inverno, dos bailes realizados no Cassino Fluminense, o principal centro social do Rio, onde ele mais conversava do que dançava. "O Cassino agrada-me porque posso conversar com pessoas que aliás me tirariam longo tempo se me procurassem unicamente para esse fim."[42] Quando D. Pedro II percorria as ruas do Rio de Janeiro em sua carruagem, ele passava o tempo lendo e "retribuo às saudações com um leve aceno de cabeça". Somente a imperatriz dava-se ao trabalho de demonstrar apreciação pelos cumprimentos dos espectadores.[43]

Ao visitar São Cristóvão em julho de 1882, o barão von Hübner, o diplomata austríaco em viagem, ficou espantado com a virtual ausência de uma corte. "A solidão deste palácio me impressionou. Nenhum vestígio de aparato que se encontra nos palácios dos príncipes. Um criado na antecâmara, mas nenhum camarista." Após visitar a Argentina, von Hübner fez uma segunda visita a D. Pedro II, seis semanas depois.

---

39 Bagehot, *Constitution*, p.3-4.

40 De sua Fé d'Ofício, escrita em abr. 1890, em Taunay, *Pedro II*, p.209.

41 Calmon, *Pedro II*, v.3, p.994; e BNRJ TM Arm. 25 Pac. 100 Ângelo Amorim Lima para Tobias Monteiro, Petrópolis, 13 mar. 1920.

42 D. Pedro II para a condessa de Barral, Rio de Janeiro, 14 out. 1879, em Magalhães Jr., *D. Pedro II*, p.278.

43 Andrews, *Brazil*, p.85; e BNRJ TM Arm. 25 Pac. 100 Ângelo Amorim Lima para Tobias Monteiro, Petrópolis, 13 mar. 1920.

Encontro o Palácio de São Cristóvão como sempre. É o castelo encantado dos contos de fada. Uma sentinela à porta e fora disso nem viva alma. Erro só pelos corredores que circundam o pátio. Não encontro ninguém, mas ouço o tilintar dos garfos num quarto ao lado onde o imperador janta só com a imperatriz sem o seu séquito, que se compõe de uma dama e de um camareiro.[44]

A Corte e Casa tornara-se, tanto em termos sociais quanto físicos, uma sombra do que havia sido no passado. Durante a década de 1850, o círculo interno dos cortesãos em torno do imperador, homens como o visconde de Sapucaí e Cândido Borges Monteiro, também ocupavam posições importantes na vida oficial, atuando como ministros, senadores e conselheiros de Estado. No início da década de 1880, esses homens estavam ou mortos ou inativos, sem ninguém de seu calibre para substituí-los. O imperador fazia pouco ou nenhum esforço para atrair para a corte a nova geração de políticos e intelectuais.

Figura 51. João Lustosa da Cunha Paranaguá, marquês de Paranaguá, líder do Partido Liberal, senador, presidente do Conselho de Ministros e membro do círculo da corte de D. Pedro II.

---

44 Registro no diário do barão von Hübner para 27 jul. 1882, em Mendes Gonçalves, *Diplomata*, p.39; e registro no diário para 13 set. 1882, em Mendes Gonçalves, *Barão Hübner*, p.24.

Na realidade, ocupar uma posição na corte – e, portanto, pertencer ao círculo interno do imperador – tornara-se uma desvantagem para qualquer político proeminente, como aconteceu a João Lustosa da Cunha Paranaguá, segundo marquês de Paranaguá, que serviu como presidente do Conselho de Ministros de 1882 a 1883. Como camareiro da corte, Paranaguá contava com a simpatia do imperador e frequentemente cumpria um turno semanal de serviço. A filha de Paranaguá, Maria Amanda – "Amandinha", como era conhecida –, que era amiga de infância de D. Isabel, casou-se com um jovem político em ascensão, Franklin Américo de Meneses Dória, posteriormente barão de Loreto. Em maio de 1883, outra filha de Paranaguá casou-se (na presença da família imperial) com Dominique de Barral, filho da condessa que havia sido criado na companhia de D. Isabel e D. Leopoldina.[45] Esses vínculos próximos com o imperador e sua herdeira geraram desconfiança quanto à independência de Paranaguá e sua capacidade de enfrentar D. Pedro II. Em outubro de 1879, o imperador comentou que "está ministro da Guerra o Paranaguá que muito estimo embora sobra de certa gente por ter sido sempre o mesmo para comigo, e fazer-me justiça".[46]

O desprestígio da corte como centro social e político foi acelerado por seu declínio físico. D. Pedro II investia pouco dinheiro na manutenção dos palácios, seu mobiliário, a equipe e outras necessidades físicas da corte. Sua recusa devia-se, em parte, a uma aversão a pompa e cerimônias, mas também era causada por simples falta de fundos. Seu rendimento anual, fixado em 800 contos em 1840, não foi mais aumentado, embora o custo de vida mais do que dobrasse. D. Pedro II estava resoluto em sua recusa em requerer um aumento, que teria certamente sido concedido.[47] Seu endividamento acumulava-se e permanecia um ônus pesado. Em junho de 1880, ele disse à condessa de Barral que ainda pagava o empréstimo que tomara para cobrir as despesas de suas viagens em 1876-1877.[48] No final da década de 1880, os compromissos financeiros incorridos pela residência imperial superavam

---

45 Sobre o relato no *Jornal do Commercio*, 6 maio 1883, do casamento de Maria Francisca Paranaguá com Dominique, conde de Barral, ver Magalhães Jr., *D. Pedro II*, p.415-7. A condessa de Barral fez uma visita ao Rio especialmente para o casamento.

46 D. Pedro II para a condessa de Barral, Rio de Janeiro, 11 out. 1879, em ibid., p.275.

47 Ver Mendes Gonçalves, *Diplomata*, p.37.

48 D. Pedro II para a condessa de Barral, Rio de Janeiro, 22 jun. 1880, em Magalhães Jr., *D. Pedro II*, p.341. De acordo com Calmon, *Pedro II*, v.3, p.1163, a viagem em 1876-1877 havia custado 363:121$630, virtualmente a metade da renda anual do imperador.

os rendimentos de um ano inteiro e, para honrá-los, um empréstimo de 850 contos teve de ser obtido do Banco do Brasil.[49]

A natureza periclitante e a etiqueta antiquada da Corte e Casa brasileira levavam os diplomatas estrangeiros a vê-la com uma espécie de divertido desdém.[50] Uma instituição tão negligenciada e empobrecida não podia inspirar lealdade externa nem bons serviços internos. A indiferença do imperador ao ambiente que o cercava simplesmente incitou um escândalo. "Todas as magníficas joias que a imperatriz e a princesa usavam em uma cerimônia da corte no dia 14 foram roubadas", o conde d'Eu contou à condessa de Barral em março de 1882.

> Confiadas ao criado pessoal [Francisco de Paula] Lobo para que fossem guardadas na escrivaninha do imperador, talvez em acordo com Pedro Paiva [criado pessoal antigo de D. Pedro II], que tem as chaves da escrivaninha, ele não as colocou lá! Em vez disso, em um armário no quarto do imperador. A polícia suspeita de Lobo e acha que ele forjou o arrombamento do armário. Quando recebemos essa horrível notícia na noite de sábado, a imperatriz e D. Josefina [sua dama de companhia] imediatamente suspeitaram de Marcos Paiva, irmão de Pedro, e essa ideia é compartilhada por nossos sobrinhos [Pedro Augusto e Augusto], a baronesa Nogueira da Gama [esposa do mordomo] e o próprio chefe de polícia. Mas o imperador não quer ouvir essa discussão e pode-se compreender o quanto a atividade policial é frustrada, de um lado, pelo temor de desagradar o imperador acusando Paiva e, por outro lado, pelo terror que os Paiva e Lobo inspiram em todo o pessoal do palácio: ninguém ousa dizer qualquer coisa! Por fim, o valor das joias roubadas da imperatriz e da princesa é de cerca de 200 contos![51]

A crise não durou muito. "As joias foram recuperadas", o conde d'Eu informou à condessa de Barral em 28 de março. O chefe de polícia veio pessoalmente a Petrópolis para devolvê-las a nós."[52] Uma denúncia anônima levara

---

49 Ver Auler, *Bolsistas*, p.17. Grande parte desse débito foi consequência da terceira visita de D. Pedro II à Europa, de jul. 1887 a ago. 1888, uma viagem que custou 971.176 francos; ver Calmon, *Pedro II*, v.4, p.1434.

50 Ver St. John, *Reminiscences*, p.184-9; e Hamilton, *My Yesterdays*, p.243-6.

51 AGP XLI-5 conde d'Eu para a condessa de Barral, Petrópolis, 20 mar. 1882. A carta do conde d'Eu não mencionou o terceiro funcionário implicado, um auxiliar de servente chamado José Virgílio Tavares.

52 Ibid., conde d'Eu para a condessa de Barral, Petrópolis, 20 mar. 1880.

a polícia ao quintal da casa de Marcos Paiva, onde algumas caixas velhas de manteiga e biscoitos contendo as joias foram desenterradas. Três criados do palácio indiciados pelo roubo foram imediatamente libertados pelo chefe de polícia, embora a ordem de prisão não tivesse sido anulada pelo juiz. Esse ato inexplicável causou tanta sensação quanto o crime em si. O mordomo publicou uma declaração negando que tivesse havido qualquer interferência no curso da justiça. O máximo que o imperador faria era demitir Francisco de Paula Lobo, seu criado particular, e proibir todos os três suspeitos de entrar no palácio.[53]

A condessa de Barral escreveu ao imperador, censurando a falha em processar os suspeitos:

> Eu digo, como não sei que jornal, que na lama donde se tiraram os brilhantes, se enterrou a justiça. Repito que fiquei com nojo de tudo isso porque nem espírito mostraram os ladrões e que o que mais admira é isso já não ter acontecido muitas vezes com o desleixo que reina em tudo no paço de V. M.[54]

O desgosto da condessa de Barral multiplicou-se mil vezes quando ela soube que a imprensa popular apressara-se em explorar o escândalo, enfatizando sua semelhança com o "Caso do colar de diamante", o qual, na véspera da Revolução Francesa, havia denegrido (injustamente) a reputação da rainha Maria Antonieta.

Dois romances, *As joias da Coroa* e *A ponte do Catete*, foram publicados em capítulos por jornais concorrentes no Rio. Esses *romans à clef* atribuíram a pior interpretação possível aos motivos e ações de todos os envolvidos ainda que marginalmente no escândalo.[55] A condessa de Barral protestou fortemente contra ser ofendida nesses romances.

> Apesar de não querer me afligir com semelhantes coisas devo-lhe confessar que sinto certa curiosidade em saber o papel que vão de representar num nojento *feuilleton* [pasquim] da Ponte de Catete e o que virá depois desta frase: "amanhã é o dia da Condessa!" Quando dancei eu com V. M. na minha vida?

---

53 BNRJ TM Arm. 32 Pac. 52 Nota de Tobias Monteiro sobre o "Roubo de joias da Casa Imperial", baseado em seu estudo sobre a cobertura de imprensa do caso.

54 Condessa de Barral para D. Pedro II, n.207, 19 abr. 1880, em Barral, *Cartas*, p.209.

55 Calmon, *Pedro II*, v.3, p.1262-3; e BNRJ TM Arm. 32 Pac. 52 Relato de Tobias Monteiro sobre o "Roubo de joias da Casa Imperial".

Ela exigiu ação veemente. "Quanto aos escandalosos *feuilletins* – Isso só se deveria levar a chicote, e se um dia não se punir severamente libelitas não sei onde irá parar a realeza a e sociedade brasileira."[56] As queixas da condessa não conseguiram mudar a opinião de D. Pedro II sobre a questão da liberdade de imprensa. No final da vida, ele observou: "Sempre lutei pela total liberdade de imprensa. Eu disse milhares de vezes, sua verdadeira reparação está em si mesma".[57]

O episódio das joias roubadas envolveu apenas tangencialmente D. Isabel e o conde d'Eu, e suas reputações foram pouco afetadas pelo escândalo. Entretanto, a herdeira ao trono e seu marido continuavam a não oferecer aos brasileiros nenhum foco alternativo de lealdade ou visão concorrente da monarquia. Em maio de 1878, buscando tratamento para o braço do filho mais velho, o casal partiu do Rio rumo à Europa, e lá eles permaneceram por três anos e meio até novembro de 1881. Durante sua ausência, seus contatos com o Brasil, ou seu interesse pelo país, foram mínimos. O conde d'Eu até observou em novembro de 1881, ao discutir sobre a divisão do espólio do pai que seria feita após a morte dele,

> Quanto mais eu reflito, mais eu duvido que meus filhos e eu vamos chegar a nos estabelecer permanentemente no Brasil, devido tanto à situação política, essencialmente precária, difícil e dolorosa [...] quanto ao clima (prejudicial a saúdes frágeis).[58]

Durante a maior parte de sua estada, a família viveu em Paris, e lá D. Isabel deu à luz em agosto de 1881 o terceiro filho, D. Antônio, o último que teriam.[59] A necessidade de mostrar ao imperador seu novo neto, o custo de vida na Europa e a falta de qualquer melhoria na condição do filho mais velho levaram o casal a retornar ao Brasil.

---

56 Condessa de Barral para D. Pedro II, n.209 [10 maio 1880], em Barral, *Cartas*, p.215.

57 Parte de uma nota escrita por D. Pedro II sobre o panfleto do visconde de Taunay, *Algumas verdades* (1891) e reproduzido em Taunay, *Homens*, p.126. "O imperador praticava o princípio", observou Joaquim Nabuco, "de que o melhor meio de inutilizar a imprensa política era entregá-la a si mesma"; ver Nabuco, *Estadista*, v.I, p.93 e n.2.

58 AGP XLI-1 conde d'Eu para o duque de Nemours, Madri, 19 nov. 1881. As cartas que ambos, D. Isabel e o conde d'Eu, enviaram a D. Pedro II durante sua longa ausência são esparsas em número e superficiais em conteúdo, contendo pouco ou nada relacionado ao Brasil e suas questões; ver AGP XL-2 e XLI-1'.

59 Condessa de Barral para D. Teresa Cristina [Paris], 8 ago. 1882, em Barral, *Cartas*, p.179. Antônio nasceu na rue de la Faisanderie, n.27, Passy, a casa alugada por seus pais.

D. Isabel e o conde d'Eu retomaram seu modo de vida anterior, deslocando-
-se entre o Rio de Janeiro e Petrópolis. Esbanjando atenção à educação dos
filhos, eles não desempenhavam virtualmente nenhum papel na vida oficial,
"à qual nós somos neste momento, graças a Deus, completos estranhos", o
conde d'Eu informou, como era de seu feitio, à condessa de Barral no início
de 1882.[60] Como resultado da evidente insatisfação do corpo diplomático
quanto à absoluta falta de vida social na corte, "o Conde d'Eu e a Princesa
Imperial começaram neste ano [1882] a dar vesperais de quinze em quinze
dias duranta a estação de inverno". O barão Hübner, autor desse comentário, compareceu a uma dessas recepções no início de agosto de 1882. "Não
havia muita gente", ele observou, "nem o entretenimento foi notável".[61] O
Paço Isabel, localizado no subúrbio de Laranjeiras no Rio, em grande parte
entretinha o pequeno círculo de amigos pessoais de sua dona e nunca se estabeleceu como um centro social de alguma importância. Prova sintomática
do isolamento do casal foi a incapacidade da imprensa, quando D. Isabel e
o conde d'Eu celebraram suas bodas de prata em 15 de outubro de 1889, de
exaltar as realizações do casal.[62]

Mesmo que D. Isabel e seu marido não tivessem buscado retirar-se da
vida pública, é questionável que o imperador teria lhes permitido qualquer
função significativa. "O Conde d'Eu é-me particularmente simpático" o
barão von Hübner escreveu em seu diário em 3 de agosto de 1882. "Dizem
que o Imperador não gosta dele e procura muitas vezes descredita-lo, talvez
por ciúme do mérito adquirido pelo Príncipe, então muito jovem, ativando e
conduzindo a bom termo a guerra do Paraguai."[63] Outros que conheceram D.
Pedro II e o conde d'Eu na década de 1880 tinham a mesma opinião. "Disse-
-me o B. de Estrela", observou o historiador Tobias Monteiro, "que bastava
ver o modo porque o I[mperador] recebeu o C[onde] d'Eu para compreender
que ele não lhe tinha afeição".[64]

---

60 AGP XLI-5 conde d'Eu para a condessa de Barral, Petrópolis, 2 jan. 1882.

61 Ver registro no diário para 3 ago. 1882, em Mendes Gonçalves, *Barão Hübner*, p.14.

62 Ver a coletânea de recortes de jornal sobre as bodas de prata, em IHGB Lata 276 Doc. 33. Os
artigos dedicaram muito mais espaço à descrição dos presentes recebidos e das festividades
oferecidas ao casal.

63 Ver registro no diário para 3 ago. 1882, em Mendes Gonçalves, *Barão Hübner*, p.14-5.

64 BNRJ TM Arm. 32 Pac. 99 Nota não datada, escrita a lápis, por Tobias Monteiro dizia: "O
I. pelo B. de Estrela". O barão de Estrela servia à imperatriz. Ver também ibid., Pac. 46 Nota
não datada, escrita a tinta, por Tobias Monteiro sobre informações de Joaquim Carambi, um
amigo do neto de D. Pedro II, Pedro Augusto. "Disse-me ele parecer-lhe que o Imperador

Essa frieza entre o imperador e seus herdeiros implicava que, na década de 1880, o regime dependia essencialmente da força de caráter de D. Pedro II e de sua habilidade de governar. O barão von Hübner disse isso ao imperador.

"Vossa majestade é e se chama imperador constitucional e se restringe conscienciosamente aos limites da Constituição. No entanto, vossa majestade reina e governa!"

"Não, não", dizia o imperador. "Vossa excelência se engana. Eu deixo andar a máquina. Ela está bem montada e nela tenho confiança. Somente quando as rodas começam a ranger e ameaçam parar ponho um pouco de graxa."[65]

Se tal era a visão afável do imperador sobre seu papel no governo do Brasil, a atitude dos líderes políticos (aqueles que eram ou haviam sido ministros do Gabinete) em relação ao imperador tornava-se cada vez mais negativa, motivada por ressentimento, desrespeito e frustração. Esses três sentimentos eram, na verdade, diferentes facetas ou incorporações da mesma insatisfação fundamental.

O ressentimento dos líderes políticos contra D. Pedro II advinha da impotência que sentiam. Eram homens de posição social estabelecida, que possuíam formação acadêmica ou profissional e estavam familiarizados com o mundo fora do Brasil. Eles haviam se submetido a um longo aprendizado em administração e política. Atuavam no âmbito de uma política que assegurava liberdade de imprensa e fomentava um sistema partidário ativo. Pela Constituição, as leis tinham de ser sancionadas pelo Legislativo nacional e pelo Executivo, conduzidos pelos ministros, que eram responsáveis pela legislatura. Uma política aberta e um governo representativo pareciam manifestar-se.

Apesar de todas essas manifestações, os líderes políticos consideravam-se sob o jugo de um sistema de tutela sufocante. Seus atos estavam sob supervisão implacável e suas ideias e sugestões, sob contínuo exame e sistemática correção. Não lhes era concedida nenhuma autonomia nem margem de erro. Eles podiam ser convocados para dar explicações sobre sua administração de assuntos os mais triviais sob sua responsabilidade. A maior parte do que escreviam era submetida à avaliação e retificação, geralmente do tipo mais fastidiosa e banal. Na melhor das hipóteses, a condição deles se assemelhava

---

não morreu de amores pelo genro. Um dia ouviu-o interompê-lo ao interior duma conversa: 'você não entende disso, G[astão]'".

65 Ver registro no diário para 3 ago. 1882, em Mendes Gonçalves, *Barão Hübner*, p.16.

à de adolescentes, não mais fisicamente crianças, mas ainda assim tratadas por seu pai como tal; na pior das hipóteses, como fantoches que se moviam em reação a mãos que puxavam os fios. Os líderes políticos não tinham quaisquer meios de estabelecer uma agenda política ou bloquear políticas que não lhes agradassem. A anistia que apaziguou a Questão Religiosa em 1875 foi exceção à regra. O detentor do poder Moderador podia, em última análise, fazer o que mais lhe convinha.

O que tornava o ressentimento dos líderes políticos mais feroz e intenso era o fato de que supervisão, correção, acerto de contas e inspeção eram impostos com gentileza, bom humor e uma habilidade que não davam nenhum motivo a queixa ou oportunidade de contra-ataque. "As perguntas imperiais, posto que envolvidas em certo ar prazenteiro e inocente traziam sobrescrito ao Barão", assim recordou o barão de Cotegipe quando, em dezembro de 1877, D. Pedro II pediu-lhe informações sobre certas transações financeiras entre o agente financeiro do barão na Bahia e o governo da província.[66] Em sua explicação, Cotegipe usou, como ele admitiu em uma nota sobre o assunto, "frases e expressões que algum de seus colegas julgou terem sido além do devido".

Em seu trato com o imperador, os líderes políticos estavam em profunda desvantagem, como se tivessem um braço preso às costas. Como a obra *English Constitution* de Walter Bagehot observou, "seria ingênuo supor que uma deliberação entre um ministro e seu soberano possa ser baseada em pura argumentação".[67] O que aumentava o senso de subordinação dos ministros ao despachar assuntos com o imperador era a memória fenomenal de D. Pedro II, sua familiaridade com cada aspecto dos assuntos públicos e sua habilidade administrativa. Continuava muito difícil pegá-lo em desvantagem ou encurralá-lo. Os líderes políticos tinham todos os motivos para se sentirem impotentes, e essa impotência gerava ressentimento.

Tal ressentimento era alimentado por dois outros fatores, nenhum deles de muito prestígio para os líderes políticos, mas tanto mais potentes por esse motivo. Em um sistema político que essencialmente dependia da distribuição de favores, aquele em que o sucesso político dependia da habilidade de conceder a parentes e clientes cargos, contratos e dinheiro, nenhum político, por mais bem-intencionado que fosse, poderia evitar envolver-se em transações de mérito e moralidade questionáveis. O único homem capaz de

---

66 IHGB BC Lata 957 Doc. 12 Relato feito pelo barão de Cotegipe intitulado "Crise ministerial – dezembro de 1877 – documentos".

67 Bagehot, *Constitution*, p.70-1. Ver discussão sobre o relacionamento no capítulo 6.

questionar, e que efetivamente fazia isso, o mérito e a moralidade de inúmeras transações e capaz de, na maioria dos casos, bloqueá-las era D. Pedro II. O barão de Cotegipe manifestou virtude ultrajada quando, em dezembro de 1877, o imperador questionou sua conduta como ministro das Finanças ao aprovar, sem as costumeiras garantias, a liberação pelo Tesouro de sua nativa Bahia de uma elevada soma ao visconde de Pereira Marinho. "A Casa Comercial de Marinhos & Cia é correspondente do barão de Cotegipe; recebe os produtos dos engenhos deste, e os supera", o próprio Cotegipe declarou. "Há portanto relação de confiança e amizade entre os Marinhos e o barão de Cotegipe."[68]

O imperador podia agir como a consciência do sistema político exatamente porque ele próprio não estava envolvido nesses aspectos sujos. Ele detinha poder vitalício e seu rendimento anual estava garantido. Era fácil para ele ser íntegro e intervir quando transações questionáveis estavam em progresso. Em uma declaração de autodefesa escrita no início de 1880, D. Pedro II buscou defender-se contra essa acusação:

> Se eu lembro às vezes, o que me consta a respeito de qualquer indivíduo proposto para emprego etc., é porque devo informar os ministros do que sei, sem por isso deixar de admitir que os homens se regenerem. Até sou inclinado a desculpar e esquecer os fatos que não provem *caráter* imoral.[69]

O problema dessa justificativa era que a longa familiaridade dos líderes políticos com a própria conduta de D. Pedro II dava-lhes motivo para questionar sua superior virtude. Ele também tinha sua própria agenda a seguir, como as cartas remanescentes de suas amizades femininas revelam. Em 30 de março de 1881, a condessa de Villeneuve, escrevendo em francês e usando a forma íntima "tu", disse a D. Pedro II: "Saí com uma impressão muito boa de Bruxelas e com o desejo de voltar lá. Portanto, querido amigo, eu *conto* com seu afeto para que meu marido possa ser confirmado lá assim que possível. Tu me permites falar-lhe assim, não é, querido?"[70] No mesmo ano, o conde de Villeneuve foi nomeado enviado brasileiro na Bélgica. Em fevereiro de 1887, Eponina Otaviano, usando o tratamento íntimo "te", escreveu para

---

68 IHGB BC Lata 957 Doc. 12 Relato feito pelo barão de Cotegipe intitulado "Crise ministerial – dezembro de 1877 – documentos".

69 AHMI POB Cat. B Maço 29 Doc. 1.017 transcrito em Vianna, *Pedro I e Pedro II*, p.250-7.

70 BNRJ TM Arm. 25 Pac. 4 Anne, condessa de Villeneuve, para D. Pedro II, Paris, 30 mar. [1881]. Em suas cartas, escritas em francês, a condessa usa consistentemente "tu".

"meu amorzinho": "Não te esqueça de meu filho Eduardo, o que lhe pedi; um bom consulado, ou um bom emprego aqui ou fora: não seja mau e me faça esse favor que serei sempre reconhecida".[71] Eduardo acabou recebendo um consulado, o de Copenhagen.

Outro tipo de favoritismo praticado pelo imperador foi associado a Tobias Monteiro por um professor da Escola de Medicina do Rio:

> [Lucas Antônio de Oliveira] Cata Preta disse-me que tendo feito concurso, [Cândido] Borges [Monteiro] os assistiu a uma de suas provas e votou a favor de outro concorrente. Devendo ir ao imperador, pretendo dizer isso, para ter havido empate, mas Luís Carlos da Fonseca [médico da corte], primo de sua mãe, a quem falou antes, recomendou-lhe que para coisa alguma dissesse nada desfavorável a Borges, porque se o fizesse desgostaria vivamente o imperador.[72]

Cândido Borges Monteiro, visconde de Itaúna, era o médico da corte que acompanhara o imperador à Europa em 1871. Ele foi membro do círculo íntimo de D. Pedro II desde o final da década de 1840 até sua morte em 1872. A proximidade de Itaúna com o imperador fazia que os demais, como essa história atesta, não se dispusessem a contestar sua conduta, com receio de ofender a D. Pedro II.

O temor de alienar o imperador e, dessa forma, perder acesso às recompensas do poder era a segunda das menos louváveis causas de ressentimento entre os líderes políticos. Como Joaquim Nabuco sucintamente expressou a questão: "Nenhum chefe quisera ser *incompatível*".[73] Somente os muito obstinados e muito astutos estavam dispostos a agir como se suas carreiras não dependessem do imperador. Notável foi José Antônio Saraiva que, quando presidente do Conselho em 1880-1882, assegurou a aprovação da lei de reforma eleitoral e presidiu as primeiras eleições sob a nova lei. Saraiva era praticamente único em sua habilidade de rebater o imperador de um modo que angariava o respeito de D. Pedro II. Muito mais previsível foi o barão de Cotegipe. Sua carta de renúncia ao duque de Caxias em dezembro de 1877 declarou sua intenção de dedicar "os dias que me restam ao lar doméstico, e observando de longe e desinteressadamente a agitação do mar da política,

---

71 Ibid., Eponina Barreto Otaviano para D. Pedro II [Rio], 23 fev. [1887]. Esposa de Francisco Otaviano de Almeida Rosa, um líder político liberal, Eponina Otaviano usou em suas cartas a forma de tratamento íntimo "te".

72 BNRJ TM Arm. 25 Pac. 65 (2) Nota de Tobias Monteiro.

73 Nabuco, *Estadista*, v.II, p.374.

sobre o qual, espero em Deus, não mais navegarei, nem mesmo como passageiro".[74] Tais protestos eram ilusórios. Em setembro de 1885, o barão de Cotegipe não demonstrou o menor pudor ou hesitação em formar um Gabinete e tornar-se presidente do Conselho. Os atrativos do poder superavam a humilhação de se sujeitar aos termos impostos pelo imperador. Tal submissão gerava ressentimento.

Se o ressentimento motivava o descontentamento dos líderes políticos com D. Pedro II, assim também o desrespeito. A geração de políticos que assumira o poder na década de 1830, após a abdicação de D. Pedro I, havia aprendido por amarga experiência as dificuldades e os perigos do governo. Em 1840, eles haviam perdido toda fé em sua capacidade de governar o país por conta própria. Aceitavam D. Pedro II como uma figura de autoridade cuja presença era indispensável à sobrevivência do país. Eles reconheciam seus talentos e habilidades superiores. Consideravam-no a chave do bom funcionamento do sistema, alguém cuja reputação e autoridade protegia-o de toda discussão. Após o visconde de Rio Branco ser sumariamente destituído em 1865 de sua missão diplomática no Rio da Prata, um membro veterano do Partido Conservador escreveu-lhe: "O imperador deve sempre estar fora das nossas questões, ainda quando nos parece que não devera concordar em sacrificar quem por confiar nele se sacrificou".[75] Dessa primeira geração de políticos, virtualmente nenhum continuava em atividade na década de 1880.

A nova geração de políticos atingira a idade adulta após a maioridade precoce de D. Pedro II em 1840. Esses homens não possuíam nenhum conhecimento pessoal sobre os dramas e as decepções da era da regência na década de 1830. Para eles, o Brasil era naturalmente um Estado-nação, e eles não viam nenhuma razão para temer seu desmembramento. Os problemas enfrentados pela nação poderiam ser, em sua maioria, solucionados, eles acreditavam, com a busca pelo "progresso", a adoção das últimas conquistas do mundo civilizado. As tendências mais recentes do pensamento filosófico, em particular as ideias de Herbert Spencer e Auguste Comte, deixavam os políticos confiantes de seu direito de governar a massa de incultos e retrógrados da população e administrar o Estado para seu próprio proveito. Típico dessa nova geração era Lafaiete Rodrigues Pereira, nascido em 1834 na província

---

74 IHGB BC Lata 957 Doc. 12 Carta de 16 dez. 1877, copiada no memorando do barão de Cotegipe intitulado "Crise ministerial – dezembro de 1877 – documentos".

75 AHI VRB Lata 320 Eusébio de Queirós Coutinho Matoso da Câmara para José Maria da Silva Paranhos, futuro visconde de Rio Branco, Hamburgo, 15 jun. 1865 (citado em Nabuco, *Estadista*, v.II, p.376).

de Minas Gerais. A carreira de Lafaiete seguira o curso normal, primeiro a escola de Direito, depois os cargos de deputado provinciano e presidente das províncias do Ceará e Maranhão até 1870, quando assinou o *Manifesto Republicano*. Sua nova crença não o impediu de se tornar em 1877 o ministro da Justiça do Gabinete de Sinimbu. Lafaiete era franco defensor de uma reforma eleitoral que negasse direito a voto à maioria dos "votantes" existentes.[76]

A atitude dessa nova geração de políticos em relação ao imperador diferia acentuadamente daquela dos mais velhos. Em vez de se referirem a ele como "Alguém" ou "O Homem" (ambos os termos com a inicial maiúscula), eles o alcunharam "o homem de São Cristóvão" (sem maiúscula), uma pessoa específica no tempo e no espaço e, portanto, de modo algum universal e onipresente.[77] Enquanto os políticos mais antigos sempre se mostravam dispostos a colocar o imperador e suas ações sob a melhor luz possível, a nova geração tendia a não lhe dar o benefício da dúvida. Para eles, D. Pedro II não era nem um homem indispensável nem um cidadão modelo. Eles o viam como um excêntrico envelhecido, com ideias antiquadas e modos intrometidos, que caía no sono em momentos impróprios e que gastava seu tempo com coisas sem importância. Alguns políticos não hesitavam em expressar suas opiniões em público. Em seus discursos à Câmara dos Deputados, Antônio Ferreira Viana, um mestre em comentários jocosos devastadores, cunhou frases como "quarenta anos de mentiras e perfídias", "o príncipe conspirador", "o novo caricatura caricato", "o império é o déficit".[78] Essas frases foram rapidamente assimiladas pela imprensa popular e incorporadas ao discurso político.

Não mais isento da crítica pública, durante a década de 1880, D. Pedro II como monarca do Brasil foi alvo de constates críticas e injúrias em artigos e caricaturas da imprensa popular.[79] Já em setembro de 1877, o conde d'Eu

---

76 Lafayette (usando a forma tradicional de soletrar seu nome) tinha um irmão chamado Washington. A melhor fonte sobre sua personalidade e carreira é Rodrigues Pereira, *Cartas*.

77 Sobre o uso de "Alguém", ver o capítulo 5. O duque de Caxias referiu-se a D. Pedro II como "O Homem" em sua carta ao barão de Cotegipe, 20 dez. 1877, copiada no memorando de Cotegipe "Crise ministerial – dezembro de 1877 – documentos"; ver IHGB BC Lata 88 Doc. 12. Sobre o uso de "o homem de São Cristóvão", ver Lafayette Rodrigues Pereira para Gaspar Silveira Martins, 6 set. 1870, citado em Silveira Martins, *Silveira Martins*, p.161-2.

78 Discursos de 3 ago. 1882 e 31 jul. 1884, citados em Magalhães Jr., *Três panfletários*, p.247, 251-2. "O império é o déficit" não era original de Ferreira Viana, mas extraído dos ataques dos republicanos franceses a Napoleão III no final da década de 1860.

79 "Não sei como Você gosta de caricaturas. Você sabe que não eram de meu agrado mesmo no tempo em que eu não figurava nelas. Contudo não me importa." Ver D. Pedro II para a condessa de Barral, Petrópolis, 1º fev. 1887, em Barral, *Cartas*, p.259.

observou, por ocasião do retorno de D. Pedro II do exterior, que "como era de se esperar, publicações insultantes não faltam; entre outros o inevitável *Ganganelli* e dois panfletos publicados ontem: *Odisseia Imperial* e *O Regio Saltimbanco*!!"[80] Entre o povo, um apelido comum para o imperador era "Pedro Banana". A opinião popular considerava-o "tímido, mole, tudo querendo arranjar com jeito. A sua tolerância o povo parecia preferir o pulso duro de um senhor".[81]

Em uma longa declaração de autodefesa escrita no início de 1880, o imperador tentou responder a algumas críticas específicas contra seu modo de governar.

> Eu não posso formar estadistas. Desde a criação da presidência do Conselho [...] é o Presidente do Conselho quem tem escolhido os outros ministros, sobretudo depois que foi tomando corpo a acusação infundada de *poder pessoal* [...].
>
> Se tenho assistido a exames e concursos, é sobretudo para conhecer as habilitações individuais, tendo assim reconhecido desde então, por mim mesmo, muitas inteligências que tem figurado depois.
>
> Se vou aos concursos e outras provas literárias ou científicas, é para poder dar minha opinião, que às vezes não se adota, sobre as provas, assim como conhecer as habilitações individuais.[82]

A natureza divagadora, repetitiva e excessivamente específica da contestação do imperador tendia a confirmar em vez de desmentir as acusações contra ele. De certo modo, D. Pedro II compreendia a situação constrangedora em que a mudança dos tempos o havia colocado. "A minha posição coloca-me sobre um dilema de pontas agudíssimas", ele disse à condessa de Barral em abril de 1880.

> A de parecer contraditório e fraco quando eu só devo facilitar a vitória da opinião nacional, aliás, difícil a apreciar – ou a ser tido por obstinado e violento

---

80 AGP XLI-5 conde d'Eu para a condessa de Barral, São Cristóvão, 29 set. 1877.

81 BNRJ TM Arm. 25 Pac. 95 Nota de Tobias Monteiro sobre o conteúdo de *O Corsário*, um jornal radical publicado no Rio de out. 1880 a out. 1883, quando seu editor e proprietário, Apulco de Castro, foi assassinado por oficiais do Exército por ataques a eles e sua honra; ver Magalhães Jr., *Império*, p.208-28

82 AHMI POB Cat. B Maço 29 Doc. 1.017 transcrito em Vianna, *Pedro I e Pedro II*, p.250-2, 257.

quando não procure senão manter os princípios que julgue indispensáveis à felicidade de nossa pátria.[83]

Alguns dias antes ele abordara a mesma questão de uma forma mais específica:

> Cheguei há pouco da inauguração da Escola Normal para cuja criação tanto tenho trabalhado. Custa a crer como tudo anda devagar na nossa [terra] e contudo acusam-me de governo pessoal. É verdade que talvez acusem-me daqui a pouco de não intervir bastante no governo. Deus me dê juízo para julgar sempre tudo com pachorra![84]

Ele era execrado se fizesse e execrado se não fizesse.

A frustração e não menos o ressentimento e o desrespeito motivavam a insatisfação dos políticos com o imperador. Na década de 1880, a economia do Brasil crescia em um ritmo expressivo e a sociedade brasileira visivelmente se diversificava. As mulheres começaram a se organizar e reivindicar seus direitos. Em 1887, a primeira mulher formou-se na Escola de Medicina.[85] Uma ampla gama de grupos de interesse tomou forma e iniciou um sistemático lobby para promover seus anseios. Com isso, a atividade governamental tornou-se ainda mais pesada e complexa. Novas técnicas administrativas e de tomada de decisão com respeito tanto às relações entre o poder central e as províncias quanto à administração nacional eram urgentemente necessárias. Entretanto, o imperador obstinadamente se apegava a seu modo tradicional de governar. Todas as decisões de importância e muitas menos significativas ainda tinham de ser pessoalmente apresentadas a ele pelos ministros do Gabinete e decididas em sua presença. O sistema de despachos era tão exaustivo quanto ineficiente. Na declaração de autodefesa escrita no início de 1880, o imperador procurou defender seu jeito habitual de governar:

> Desejaria que os que não me conheçam, vissem de que modo emprego meu tempo. Nunca durmo de dia, apesar de fatigado às vezes, de alguns anos para cá, pois também eles crescem para mim. Trabalho muito bem de noite, porém menos agora, a não ser por obrigação, que eu tenho querido e não podido evitar,

---

83 D. Pedro II para a condessa de Barral, Rio de Janeiro, 16 abr. 1880, em Magalhães Jr., *D. Pedro II*, p.326.

84 D. Pedro II para a condessa de Barral, Rio de Janeiro, 5 abr. 1880, em ibid.

85 Hahner, *Emancipating*, p.62.

para não fazer perder tempo aos ministros, que preferem estar comigo só um dia na semana, embora por muito mais tempo que dantes, que havia dois despachos por semana, e o presidente do Conselho não tinha tornado tão necessário prolongar minhas conversas com ele.[86]

A partir das cartas do imperador à condessa de Barral, no período de agosto de 1879 a dezembro de 1880, a duração dos despachos realizados nas noites de sábado às 19h pode ser rastreada. De 9 de agosto a 8 de novembro, nenhum despacho terminou antes da 1h da manhã, e o mais longo estendeu-se até as 3h20. No decorrer de janeiro de 1880, o despacho mais curto encerrou-se próximo de 1h15 da manhã. José Antônio Saraiva, que se tornara presidente do Conselho em março de 1880, parece ter sido mais eficaz em tratar os assuntos ou controlar o imperador. De 17 de abril a 29 de dezembro de 1880, três despachos terminaram cedo, às 23h15, embora as demais reuniões ultrapassassem a meia-noite e três delas chegassem a 1h15 da manhã.[87] A tensão dos ministros em preparar os assuntos e participar de uma sessão semanal com quatro ou cinco horas de duração era considerável.

A razão para a frustração dos líderes políticos com D. Pedro II não se restringia à recusa dele em mudar sua forma de trabalho. Ele também relutava em tratar os problemas urgentes enfrentados pelo Brasil. Em vez disso, como o conde d'Eu observou à condessa de Barral em dezembro de 1883, o imperador dedicava seu tempo a assuntos que o interessavam, mas não rendiam frutos:

> As discussões ou palestras do imperador no Palácio da Cidade sobre as quais me pedes informações consistem em reunir em torno de uma grande mesa uma dúzia de ex-ministros (Bom Retiro, Paulino, João Alfredo, Correia, Leôncio, Dória) e alguns outros, como Saboia, Pertence, e fazer-lhes perguntas sobre educação superior, tais como:[88]

Como devem as Faculdades de Teologia ser constituídas?

---

86 AHMI POB Cat. B Maço 29 Doc. 1.017 transcrito em Vianna, *Pedro I e Pedro II*, p.256.

87 Esse dado é extraído das cartas de D. Pedro II à condessa de Barral, de jul. 1879 a mar. 1881, em Magalhães Jr., *D. Pedro II*, p.257-407.

88 O visconde de Bom Retiro, Paulino José Soares de Sousa Jr., João Alfredo Correia de Oliveira, Manuel Francisco Correia, Carlos Leôncio de Carvalho, Franklin Américo de Meneses Dória, Vicente Cândido Figueira de Saboia e Francisco Praxedes de Ándrade Pertence. Os últimos dois foram professores da Escola de Medicina do Rio.

O que devem ensinar?

Como o Conselho da Universidade deve ser constituído?

Quais devem ser os direitos e a missão dos professores?

Como os exames devem ser organizados?

Cada pessoa comenta o melhor que pode sobre esses assuntos, e o imperador nunca deixa de dar sua opinião sobre o tópico, se o aconselhamento concedido não lhe convém.

Mas, no final das contas, o resultado de toda essa conversa é um bocado de fanfarrice sem nenhuma conclusão.

A condessa de Barral escreveu ao lado desse trecho: "Como sempre!"[89] O imperador estava preparado para passar horas infindas discutindo os projetos que apoiava, mas se recusava a dedicar sua atenção a qualquer coisa à qual ele desaprovasse. A área militar era um desses casos. Nas primeiras décadas do governo de D. Pedro II, o alto comando do Exército e da Marinha do Brasil era composto por oficiais em grande parte oriundos de um limitado número de famílias bem relacionadas, como o clã Lima e Silva, ao qual o duque de Caxias pertencia. O serviço à monarquia estava enraizado nesses oficiais, que sentiam uma lealdade pessoal pelo imperador. D. Pedro II podia, portanto, tomar como certas a disciplina e a obediência das forças armadas. Diferentemente de seu primo de primeiro grau, Francisco José da Áustria, que sempre vestia uniforme, D. Pedro II usava roupas civis e, em eventos públicos que exigiam formalidade, ele geralmente trajava uniforme naval.[90] A Marinha realmente exercia certa atração sobre o imperador, por envolver o mar e maquinaria sob a forma de motor a vapor e artilharia. O Exército não possuía nenhum atrativo.

A Guerra do Paraguai mudou radicalmente a natureza do corpo de oficiais brasileiros. Ele estava repleto de homens que haviam alcançado seus postos não por causa de sua família ou suas conexões, mas devido à capacidade comprovada como soldados. Esses oficiais eram intrusos, e nem D. Pedro II nem os ministros em atividade após 1870 fizeram qualquer coisa para cortejá-los ou atender a suas legítimas demandas. Durante uma visita ao Rio, em 1882, o barão von Hübner discutiu o assunto com o conde d'Eu, que comandara o Exército na fase final da Guerra do Paraguai:

---

89 AGP XLI-5 conde d'Eu para a condessa de Barral, Petrópolis, 4 dez. 1883.
90 Ver Carvalho, *Memória*, p.85-6; e Rodrigues, "Fardas", p.25.

Deplora o abandono em que ficou o Exército. Doze mil homens ao todo. Que desproporção com a extensão do Império! Que falta de previdência se se levam em conta as relações exteriores do Brasil, cercado de repúblicas hostis à única monarquia do continente amerciano [...]. Mas os políticos deste país (como os de quaisquer outos) só pensam nos seus interesses pessoais. O conde d'Eu, sem a menor mágoa, disse-me que o imperador não quer falar do aumento do Exército, por causa das finanças.[91]

Não surpreende que a recusa de D. Pedro II em se adaptar ou tomar ação disseminasse ressentimento e descontentamento entre os principais elementos da sociedade brasileira. Até os brasileiros que mais apreciavam o que o imperador havia feito pelo país deviam ter, às vezes, concordado secretamente com os sentimentos expressos em uma emenda à Resposta ao Discurso do Trono apresentada sem êxito em janeiro de 1879 por dois deputados radicais da geração mais jovem:

Senhor – A Câmara reconhece os esforços de vossa majestade em prover o progresso do Brasil. As instituições, porém, que serviram à infância de um povo precisam de ser modificadas de maneira que não tolham sua livre evolução e permitam-o apresentar-se com dignidade no concurso dos povos, para atingir um grau superior de civilização.

A Câmara está persuadida em que vossa majestade achará sempre o país um colaborador sincero de seu progresso, e que vossa majestade entende que a instituição monárquica não deve obstar o livre exercício da soberania popular.[92]

As dificuldades na administração dos assuntos públicos que o imperador enfrentou na década de 1880 não podem ser unicamente atribuídas ao conservadorismo de D. Pedro II e sua perda de controle. Nessa década, os políticos tornaram-se mais complexos e mais partidários do que anteriormente. Embora a economia do Brasil crescesse consideravelmente, as receitas governamentais não se expandiam na mesma proporção. O tamanho do governo permanecia

---

91 Registro no diário do barão von Hübner para 27 jul. 1882, em Mendes Gonçalves, *Diplomata*, p.82-3. Sobre o estado do Exército no início da década de 1880, ver Andrews, *Brazil*, p.214-5.

92 O segundo e o terceiro parágrafos de uma emenda ao Voto das Graças apresentado em 30 jan. 1879, por Antônio Felício dos Santos e Cândido Luís Maria de Oliveira, deputados de Minas Gerais, em *Fallas do throno*, p.770-1. O primeiro era um republicano comprometido, enquanto o segundo continuou a servir duas vezes como ministro na década de 1880.

virtualmente estático, com poucos novos postos sendo criados. Nesse mesmo período, o número de homens que possuíam as qualificações então suficientes para assegurar um cargo governamental aumentou de forma acentuada. Por conseguinte, a concorrência pelo patronato aumentou. Ligações com patronos sempre tiveram importância, mas agora elas eram essenciais. O talento por si só não mais bastava para obter nomeações e fazer carreira.

O resultado desses desdobramentos foi o surgimento de máquinas políticas rigidamente organizadas, que lutavam ferozmente para controlar os favorecimentos em benefício de sua clientela. Em praticamente todas as províncias, os partidos Conservador e Liberal subdividiam-se cada qual em duas ou mais facções que brigavam entre si pelo domínio, mal se importando com legendas partidárias. Como as recompensas eram muito altas, as facções estavam dispostas a ir a extremos para vencer, ao ponto de "eleger" duas assembleias provinciais paralelas e concorrentes buscando adquirir legitimição sua por meio de reconhecimento dela pelo governo nacional. Tal ferocidade de competição e desconsideração a procedimentos estabelecidos exerciam grande tensão sobre o sistema vigente de controle governamental.

A tarefa do governo nacional foi complicada pelos efeitos da lei de reforma eleitoral de janeiro de 1881. Pela primeira vez na história do Brasil, as eleições haviam transcorrido com um alto grau de imparcialidade e justiça. O resultado foi uma Câmara dos Deputados em que os liberais conquistaram 75 assentos e os conservadores, 47.[93] Em nenhum lado da Casa a disciplina partidária vigorava, embora os liberais fossem consideravelmente menos organizados e muito menos disciplinados do que os conservadores. Os deputados tendiam a colocar seus interesses provincianos, regionais e clientelistas à frente da fidelidade a seu partido. Nenhum presidente do Conselho de Ministros podia contar com a obediência dos deputados de seu partido ou reunir uma maioria segura. As habilidades de D. Pedro II em administração política eram postas à prova à medida que ficavam sob fogo.

Durante a existência da Câmara dos Deputados que permaneceu no poder de janeiro de 1882 a setembro de 1885, não menos que quatro gabinetes tomaram posse. José Antônio Saraiva, sempre cauteloso em conservar seu capital político, ofereceu a renúncia de seu Ministério quando a nova sessão

---

93 Sobre a composição dessa câmara, o número de assentos conquistados por cada partido e o número de votos somados, ver a tabela em *Organizações*, p.379. O registro para a província de Sergipe devia ser de dois liberais e dois conservadores (não um e três) e o registro para o total de 75 liberais e 47 conservadores (não 74 e 48).

legislativa começou em 17 de janeiro de 1882. Ele foi substituído como presidente do conselho por Martinho Alvares da Silva Campos, um liberal veterano de Minas Gerais. Proeminente em suas habilidades oposicionistas, Martinho Campos não demonstrava nenhum talento na arte de administrar homens e afazeres. Seu Gabinete, apelidado de "a canoa do Pai Martinho", subsistiu por menos de seis meses.[94] O ministério formado pelo marquês de Paranaguá em julho de 1882 conseguiu perdurar até o fim da sessão, mas, quando o Legislativo voltou a se reunir em maio de 1883, foi vítima da insatisfação dos deputados. Para substituir o Gabinete de Paranaguá, D. Pedro II convocou Lafaiete Rodrigues Pereira, um signatário do *Manifesto Republicano* em 1870. Esse ministério perdurou por exatamente um ano. Caiu em maio de 1884, assim como seu antecessor, vítima do descontentamento dos deputados. O imperador convocou então Manuel Pinto de Sousa Dantas, um senador da província da Bahia que já atuara em dois gabinetes.[95]

A falta de disciplina partidária na Câmara dos Deputados era uma das razões dessa rotatividade de ministérios. Como a maioria liberal restringia-se a trinta votos, a perda de apoio entre apenas vinte deputados poderia derrubar um gabinete.[96] Uma segunda causa para a vida curta dos gabinetes era o imenso déficit orçamentário. Como era politicamente impossível aumentar impostos, todos os ministérios anunciavam que cortariam gastos para eliminar o déficit. Entretanto, ao adotar uma política da "mais rigorosa economia", os gabinetes estavam cometendo suicídio. Cotar gastos implicava abolir cargos e reduzir recompensas, a força vital da política clientelista.[97]

A terceira e talvez mais importante causa da instabilidade vinha de fora do Legislativo. Ao mesmo tempo que a política eleitoral tornava-se cada vez mais fechada, clientelista e agressiva, uma nova forma de política de massas surgia. O impulso para isso foi a questão da escravidão. Após a sanção da Lei do Ventre Livre em setembro de 1871, esse tópico havia deixado de ser

---

94 Em seu discurso franco e revelador que apresentou seu gabinete à Câmara dos Deputados, Martinho Campos havia afirmado que "Vivemos às mil marvilhas na mesma canoa e não temos dificuldades quanto às opiniões [ideológicas]"; ver ibid., p.196. O apelido do Gabinete derivou dessa frase.

95 Ibid., p.191-2, 199-200, 205-7, 211-3.

96 O Gabinete de Martinho Campos caiu por uma votação de 63 a 45 e o ministério de Paranaguá por 53 a 40, enquanto o de Lafaiete sobreviveu a uma moção de falta de confiança por 60 a 56, mas renunciou de qualquer maneira; ver ibid., p.198, 202, 209. Sobre o destino dos ministérios de Dantas, ver o texto.

97 A frase citada foi usada por Martinho Campos e o marquês de Paranaguá, enquanto Lafaiete e Dantas usaram palavras semelhantes; ver ibid., p.195, 200, 207, 213.

uma questão política ativa. As paixões intensas despertadas durante a promulgação da lei fizeram que quase todos desejassem deixar a escravidão de lado. Esperava-se, ademais, que as cláusulas da lei funcionassem eficazmente para extinguir a escravidão.[98]

No final da década de 1870, ficou evidente que a Lei do Ventre Livre era sob muitos aspectos uma lei que não estava sendo cumprida. A partir de 28 de setembro de 1871, os filhos de mães escravas eram livres apenas na palavra. Sua condição não diferia de modo algum daquela dos escravos, e seus serviços eram usados tal como se fossem escravos. O fundo de emancipação criado pela Lei do Ventre Livre havia fracassado cabalmente em libertar mais do que alguns milhares de escravos. A rápida expansão das plantações de café no estado de São Paulo trouxe um afluxo de escravos para essa província, vindos do Norte. A escravidão parecia capaz de sobreviver por muitas décadas no país.[99] A força da escravidão no Brasil contrastava fortemente com sua posição em Cuba, a única parte do Novo Mundo onde ela ainda existia. Em 30 de janeiro de 1880, as cortes espanholas aprovaram a abolição formal da escravidão nas colônias, ficando os antigos escravos obrigados a prestar serviços [patronato] por mais oito anos a seus antigos donos.[100]

A condição próspera da escravidão no Brasil tanto alarmava quanto afrontava um pequeno grupo, em boa parte jovens talentosos e idealistas dentro dos círculos governantes. Para esse grupo, cujo líder era Joaquim Nabuco, a escravidão era não apenas a negação das reivindicações do Brasil como civilização, mas também a principal causa de seu evidente fracasso em desenvolver-se tão rapidamente quanto os Estados Unidos desde 1865 e a República da Argentina desde a década de 1870. A abolição da escravatura parecia a esses homens o remédio mágico que curaria os males sociais e econômicos tão evidentes no início da década de 1880.[101]

A campanha pela imediata abolição da escravatura que esses homens lançaram no parlamento nos anos de 1879 e 1880 teria, por si só, alcançado

---

98 Conrad, *Destruction*, p.105.

99 Ibid., p.106-16. A discussão de Conrad tende a minimizar a contínua força e viabilidade da escravidão no Brasil.

100 Corwin, *Spain and Abolition*, p.301-2, 305. Os libertados poderiam comprar sua alforria do patronato.

101 Dos dezenove deputados que aderiram à causa do abolicionismo na câmara de 1878-1881, oito haviam nascido após 1845. Sobre o ponto de vista desse grupo, ver Conrad, *Destruction*, p.156-60.

pouco. Significativo foi o súbito desenrolar de um movimento popular a favor da abolição. Seus defensores eram em grande parte componentes urbanos, anteriormente "votantes", que haviam sido privados do direto ao voto pela lei de reforma eleitoral de janeiro de 1881. O movimento abolicionista era, em certo sentido, uma mobilização dos prejudicados. Também era um movimento contra a nova exclusividade ideológica que desprezava o povo porque era pobre, inculto e não branco. Daqueles que participavam do movimento popular pela abolição, uma porcentagem considerável era de descendência africana. Abolir a escravidão iria, eles esperavam, remover uma das causas do racismo. O único e essencialmente negativo objetivo da campanha abolicionista tornou-a um movimento de protesto genérico que atraiu todos os descontentes com o *status quo*.[102]

O movimento pela abolição introduziu um componente tanto popular quanto ideológico que antes faltava nos assuntos públicos brasileiros. Os abolicionistas foram rápidos em explorar todas as formas de publicidade para utilizar cada oportunidade de protesto que surgisse em seu caminho. Os defensores do *status quo* estavam igualmente determinados. Alguns não podiam imaginar o Brasil sem escravos; outros não acreditavam que a economia poderia sobreviver sem eles; havia ainda quem considerava a abolição imediata subversiva à ordem social e aos direitos de propriedade. As crescentes polarização e amargura causadas pela campanha abolicionista invadiram a esfera da política eleitoral e a Câmara dos Deputados, onde a questão serviu para intensificar a instabilidade política já mencionada.

Em uma carta à condessa de Barral, escrita em 14 de dezembro de 1880, D. Pedro II relatou sua aflição sobre "o sucesso de Entre-Rios onde mataram quatro escravos que se achavam presos por terem assassinado o filho do seu senhor. Esta questão de escravos vai se tornando muito grave por causa de imprudência dos dois lados".[103] Se o imperador considerava que ambos os lados eram imprudentes em 1881, ele encontrou uma situação ainda mais problemática à medida que a campanha abolicionista cresceu e se alastrou nos anos seguintes. Embora pessoalmente um simpatizante da causa da abolição e disposto a fazer contribuições, geralmente substanciais, às campanhas para comprar a liberdade de escravos, D. Pedro II era muito consciente da necessidade de evitar alienar os interesses dos proprietários de terras que

---

102 Ibid., p.151-6; ver Bergstresser, "Movement".
103 D. Pedro II para a condessa de Barral, 12 dez. 1880, em Magalhães Jr., *D. Pedro II*, p.384.

dependiam dos escravos.[104] Por natureza cauteloso e conservador, ele não permitia que o pessoal do governo se envolvesse ativamente em campanhas em prol de uma mudança rápida e radical.[105]

O sucesso do movimento abolicionista em angariar adeptos foi tamanho que, em junho de 1884, o imperador não pôde deixar de confiar a formação de um novo ministério a um líder liberal simpatizante da causa. Ao apresentar seu Gabinete à Câmara dos Deputados, Manuel Pinto de Sousa Dantas declarou que a Lei do Ventre Livre de 28 de setembro de 1871 não era mais suficiente. "O governo carece intervir com a maior seriedade na solução progressiva deste problema." O projeto de lei que o ministério de Dantas introduziu em 15 de julho concedia liberdade a todos os escravos de 60 anos ou mais. O comércio de escravos entre as províncias foi proibido e maior receita foi destinada ao fundo oficial de emancipação. Um novo registro de escravos estava para ser compilado.[106] A medida tinha toda a aparência de um trabalho de autoria de D. Pedro II, pois buscava efetivar uma conciliação entre os lados opostos e assim aquietar uma agitação que, em sua opinião, ameaçava perturbar a economia brasileira.[107] O movimento abolicionista apoiou a medida como o melhor meio de atingir seu derradeiro objetivo.

Após apresentar o novo projeto de lei à Câmara dos Deputados, o Gabinete de Dantas foi reunido em 28 de julho de 1884, por uma moção de não confiança apresentada por um liberal de Minas Gerais. Durante o debate sobre essa moção, D. Pedro II foi ferozmente atacado, sendo chamado de "o príncipe conspirador" e "a nova caricatura de César". O ministério foi derrotado no mesmo dia por uma votação de 59 a 52, após o que o presidente do

---

104 Por exemplo, em 30 set. 1879, D. Pedro II escreveu à condessa de Barral: "Acabo de chegar d'um espectaculo de prestidigitação – que massada! – a que fui por ser seu produto em parte destinado a alforrias". Ver ibid., p.269. Em dez. 1885, ele deu um conto de réis (US$ 420) para o fundo de emancipação criado pelo conselho da prefeitura do Rio; ver item no *Jornal do Commercio*, 4 mar. 1884, transcrito em "Traços biográphicos", p.653.

105 O general Tibúrcio de Sousa relatou que D. Pedro II contou-lhe durante uma conversa particular em 1883: "Desejaria ver liberto o último escravo de nossa terra, mas como nisso vai de envolto um interesse que não discutirei se é confessável ou não, convinha que os generais de mar e terra, altos magistrados etc. etc. não se pusessem à testa de um movimento que, afinal de contas, é fatal". General A. T. Ferreira de Sousa para João Brígido dos Santos, Corte [Rio de Janeiro], 21 ago. 1883, transcrito em Câmara, *Soldado*, p.267.

106 *Organizações*, p.212; e Conrad, *Destruction*, p.213-5.

107 Sobre um panfleto publicado em 1885, D. Pedro II comentou: "Sem cuidar do melhor meio do obter a emancipação dos escravos, nada se poderá construir de sólido em nosso sistema econômico"; ver Vianna, "Notas do imperador", p.158.

Conselho de Ministros pediu do imperador a dissolução da Câmara Baixa, e D. Pedro II aquiesceu.[108]

Seguiu-se uma terrível batalha em que o Ministério usava todos os meios em seu poder, legítimos ou não, para obter maioria na nova Câmara. Apesar das reivindicações feitas durante os debates sobre a Lei de Reforma Eleitoral de 1881, o eleitorado restrito não se revelou nem independente nem isento de subordinação. Era quase tão manipulável quanto havia sido no eleitorado mais amplo sob o antigo regime em duas instâncias.[109]

Os oponentes da abolição, tantos liberais quanto conservadores, reagiram com fúria à perspectiva de derrota. Um veterano político conservador escreveu a outro em janeiro de 1885:

> Para mim é impossível a monarquia constitucional. A comédia tem durado muitos anos e não é possível prosseguir mais com o consentimento e aprovação daqueles que nela não acreditam.
>
> A esperança que eu depositava no resultado da eleição desapareceu. O imperador quer, e está acabado.
>
> Dantas faz tudo a um tempo, a aprovação do seu projeto servil e a demoralisação da eleição. Não pois supuseram que se fundaria a ordem constitucional transigindo como o imperador; eis o resultado final de tantos esforços a maior indignidade imaginável no poder.[110]

O autor estava sendo pessimista demais. Apesar dos esforços do Gabinete de Dantas, seus oponentes conseguiram obter controle sobre a verificação dos resultados das eleições na nova Câmara e assim rejeitar os diplomas daqueles, como Joaquim Nabuco, que se sabia que favoreciam a medida governamental. Com isso, uma vez reunida a Câmara, uma nova moção de não confiança, apresentada em 4 de maio, derrubou o ministro por uma votação de 52 a 50.[111] O Gabinete não teve escolha senão renunciar. Então o impe-

---

108 *Organizações*, p.214.

109 O relato das eleições em Conrad, *Destruction*, p.219-21, deixa de mencionar a interferência sistemática por parte do Gabinete de Dantas. O imperador compreendeu exatamente o que estava acontecendo. "As eleições têm me entristecido. Veremos a Câmara que vem. Há de dar que fazer." Ver D. Pedro II para a condessa de Barral, Rio de Janeiro, 24 dez. 1884, em Barral, *Cartas*, p.241. Ver também suas cartas em "D. Pedro II e Dantas".

110 BNRJ TM Arm. 25 Pac. 107 Cópia por Tobias Monteiro de Francisco Belisário Soares de Sousa para Paulino José Soares de Sousa Jr., Petrópolis, 25 jan. 1885.

111 *Organizações*, p.214.

rador recorreu a José Antônio Saraiva, que, como presidente do Conselho, havia obtido a aprovação da Lei de Reforma Eleitoral de 1881, para resolver a situação. Saraiva assumiu o poder e apresentou um novo projeto que era muito mais favorável aos interesses pela manutenção da escravidão do que o projeto de Dantas havia sido. Quando o projeto de lei foi aprovado na Câmara dos Deputados em agosto de 1885, Saraiva não pôde contar com o apoio da maioria dos deputados liberais e, sempre relutante em colocar sua reputação política em risco, em seguida renunciou.[112]

Como nenhum político do Partido Liberal poderia esperar formar um Gabinete viável, D. Pedro II convocou ao poder o barão de Cotegipe, líder dos conservadores. Embora derrotado em uma moção de não confiança na Câmara Baixa, o novo Ministério conseguiu concluir a aprovação do projeto de lei de Saraiva antes de obter do imperador um decreto dissolvendo a Câmara dos Deputados.[113] O Gabinete de Cotegipe copiou o Ministério de Dantas ao manipular as próximas eleições e mostrou-se mais competente na tarefa do que seu predecessor. Os conservadores conquistaram 103 assentos contra os 23 dos liberais.[114] Essa derrota inquestionável esfriou por algum tempo a campanha abolicionista. Seus defensores não perderam tempo em acusar D. Pedro II de abandonar a causa da liberdade. Joaquim Nabuco, que fracassara em se eleger deputado, publicou um panfleto intitulado *O erro do imperador*.

Então, o Gabinete de Cotegipe cometeu o erro crucial de interpretar a nova lei de emancipação da maneira mais conservadora possível e de sujeitar o movimento abolicionista a constantes aborrecimentos. O Ministério tentou restringir e até negar o acesso dos abolicionistas à imprensa e a liberdade de realizar reuniões públicas. A perseguição mostrou-se notavelmente eficaz em restaurar e radicalizar o movimento antiescravista.[115] A morte de dois dos quatro escravos condenados a trezentas chicotadas cada um por um júri em um julgamento em uma cidade cafeeira na província do Rio de Janeiro foi tão eficazmente explorada pelos abolicionistas e causou uma indignação tão universal que o próprio

---

112 Conrad, *Destruction*, p.222-5. Parte da razão para a renúncia de Saraiva foi o fato de que uma eleição suplementar na província de Pernambuco devolveu Joaquim Nabuco, o líder abolicionista, à Câmara em jun. 1885. Nabuco foi inexoravelmente hostil a Saraiva e seu projeto de lei.

113 Ibid., p.225; *Organizações*, p.219-26.

114 *Organizações*, p.398.

115 Conrad, *Destruction*, p.233-7.

ministro da Justiça propôs uma lei abolindo o açoitamento como punição legal. A medida recebeu pouca oposição no Legislativo e tornou-se lei em outubro de 1886.[116] Ao escrever uma resposta a comentários da condessa de Barral, D. Pedro II contou a ela em 7 de janeiro de 1887:

> Reprovei que as prisões públicas servissem para guardar escravos e disse que competia aos senhores providenciar para que eles não fugissem e aplicar-lhes os catigos que as leis permitem.
>
> Agora já foi abolida a pena de açoites.[117]

Quando D. Pedro II escreveu essas palavras, ele havia, algumas semanas antes, completado 62 anos, dos quais mais de 47 governando o Brasil. Ele mantinha seu estilo de vida tradicional, passando os meses de inverno, do início de maio a meados de dezembro, no palácio de São Cristóvão. Os meses de verão ele passava em Petrópolis, descendo aos sábados – um hábito de longa data – para despachar com o Ministério. Comentando em agosto de 1886 sobre relatos a respeito do diabetes do imperador, o conde d'Eu observou: "Ele está forte como um touro e possui muita energia; eu gostaria de ter tanta".[118] Por outro lado, um dos amigos mais próximos do imperador, então em visita a Roma, advertiu D. Pedro II no início de março de 1887: "Seu espírito necessita perceber que não pode manter a mesma atividade de dez anos atrás e, pelo amor de Deus, nada de excessos".[119]

Em relação à família, as relações do imperador com a esposa pouco haviam mudado, embora D. Teresa Cristina parecesse mais assertiva com o marido sobre questões pessoais. "A [lembrança] dos brincos que me fala", D. Pedro II escreveu à condessa de Barral no início de 1881, "tem sido causa de muita briga de alguém que pensa ter tido eu culpa no desaparecimento deles".[120] Em outubro de 1885 a imperatriz quebrou o braço em circunstâncias que o conde d'Eu relatou ao pai:

---

116 Ibid., p.237-8.
117 D. Pedro II para a condessa de Barral, Petrópolis, 7 jan. 1887, em Barral, *Cartas*, p.257. A condessa escreveu contra a sentença final: "Mas cada proprietário castiga *at home* [em casa]".
118 AGP XLI-5 conde d'Eu para a condessa de Barral, Paço Isabel, Rio de Janeiro, 4 ago. 1886.
119 BNRJ TM Arm. 32 Pac. 4 Pasta 2 Manuel Antônio da Rocha Faria, visconde de Nioac, para D. Pedro II, Roma, 3 mar. 1887.
120 D. Pedro II para a condessa de Barral, Petrópolis, 18 fev. 1881, em Magalhães Jr., *D. Pedro II*, p.400 (uma carta que falta em Sodré, *Abrindo*), respondendo à carta da condessa de Barral, n.154, Grande Garenne, 19 jan. [1881], em Barral, *Cartas*, p.166.

Na segunda-feira, dia 26, ao passar pela biblioteca quando ia jantar com o imperador que, como de costume, caminhava alguns passos à frente dela (e com quem, presumo pelo que ela nos contou, ela estava discutindo como às vezes faz), ela tropeçou em um fichário sob uma mesa e caiu de frente.[121]

Felizmente, o acidente não foi grave, e o braço da imperatriz logo se restabeleceu. Mais alarmantes eram os repetidos acessos de asma cardíaca de D. Teresa Cristina, que em 1879 havia forçado por um breve período a suspensão dos banhos de mar do casal e que frequentemente exigia cuidados médicos.[122] O amor da imperatriz pelo marido continuava inalterado, como demonstrou sua evidente aflição quando ele se adoentou no final de 1883.

Quanto às relações de D. Pedro II com a filha e o genro, em meados da década de 1880, houve uma notável melhora. Em primeiro lugar, o conde d'Eu estava bem mais resignado com a vida no Brasil do que jamais estivera.[123] Além disso, tanto o conde quanto D. Isabel, pela primeira vez desde o final da segunda regência dela em setembro de 1877, deixaram o isolamento doméstico para desempenhar um papel na esfera pública. De novembro de 1884 a março de 1885, o casal fez uma longa visita oficial às províncias sulinas de São Paulo, Paraná, Santa Catarina e Rio Grande do Sul.[124] A visita parece ter sido um sucesso e surtiu o efeito de deixar o conde d'Eu novamente à vontade em assumir uma função pública. A visita não causou, porém, nenhuma mudança visível no estilo de vida do casal. Uma lista de visitantes a sua residência em Petrópolis, no período de janeiro a

---

121 AGP XLI-1 conde d'Eu para o duque de Nemours, Rio de Janeiro, 29 out. 1885; e ver Mota Maia, *Mota Maia*, p.66, e Calmon, *Pedro II*, v.3, p.1326.

122 D. Pedro II para a condessa de Barral, Rio de Janeiro, 30 nov. 1879, em Magalhães Jr., *D. Pedro II*, p.284; Mota Maia, *Mota Maia*, p.64; e Calmon, *Pedro II*, v.3, p.1326 (sobre um acesso de asma em 26 nov. 1885). Sodré, "Médico", p.222-3, menciona um medicamento prescrito por um médico da corte em dez. 1881 para a queixa da imperatriz. Era quase certo que ela sofria de asma cardíaca. O coração não consegue bombear sangue suficiente para remover o fluido acumulado nos pulmões, o que causa grande dificuldade de respiração.

123 As cartas do conde d'Eu para a condessa de Barral, de 1883 a 1886, em AGP XLI-5, indicam que ele se acomodara em uma vida que tanto o satisfazia quanto não demandava mais dele do que ele podia dar. Elas não expressam nenhuma nostalgia pela vida na Europa. As cartas de D. Isabel ao pai e à condessa de Barral, em AGP XL-3 e XL-5, mostram que a vida dela nesses anos foi principalmente doméstica, embora intensa em atividades sociais e artísticas.

124 O diário de D. Isabel sobre essa viagem, um catálogo de visitas a igrejas, escolas e plantações, está arquivado com as cartas dela ao pai em AGP XLI-2. Os apontamentos relativos à província de São Paulo foram publicados em Daunt, *Diário*.

junho de 1886, não inclui nenhum político proeminente, salvo o marquês de Paranaguá que, na qualidade de camareiro da corte, estava com frequência em serviço no palácio e cuja filha, Amandinha Dória, era amiga íntima de D. Isabel.[125]

O único fato novo na vida da família imperial foi a chegada à idade adulta dos dois netos do imperador, Pedro Augusto e Augusto. Quando D. Leopoldina faleceu no início de 1871, seus quatro filhos passaram a ocupar a linha de sucessão ao trono brasileiro, já que D. Isabel não tinha filhos na época. Os dois mais velhos, com idades de sete e quatro anos, vieram ao Rio de Janeiro com o imperador e a imperatriz quando estes retornaram da Europa em março de 1872. Estranhamente pouca evidência restou de sua infância no Brasil, que deve ter sido algo solitária.[126] Seu pai visitava o Rio apenas ocasionalmente, e seus avós estiveram ausentes por um ano e meio em 1876-1877.[127] Seus tios pareciam não lhes dar muita atenção, em especial após o nascimento do primeiro filho de D. Isabel em 1875.[128]

O mais jovem dos dois meninos, Augusto, cresceu autossuficiente e autoconfiante, sem nenhum grande interesse intelectual ou ambição por sucesso mundano. Aos 15 anos, em dezembro de 1882, ele ingressou na Escola Naval do Rio de Janeiro e depois seguiu para a Academia Naval. Em março de 1884, quando Augusto retornou de uma viagem de treinamento, o conde d'Eu escreveu: "Sua visita é, apesar da diferença de altura e idade, uma grande alegria para seus pequeninos primos com quem ele brincou

---

125 AGP XLI-5 Listas mensais escritas pelo conde d'Eu e evidentemente enviadas à condessa de Barral. A lista de abril está comentada por ela: "Eu creio que retornei todas as suas cartas".

126 Em cartas diárias, escritas em francês, que D. Pedro II compôs para a condessa de Barral entre 6 e 22 nov. 1872, ele menciona ver seus netos na hora do almoço e do jantar todos os dias e com frequência antes de irem deitar-se; AHMI POB Cat. B Maço 37 Doc. 1.057. Em 28 maio 1875, a imperatriz escreve à rainha Vitória: "Meus netos que vivem conosco estão bem e desenvolvendo-se de todas as formas"; ver RA Z 105 n.101. As cartas de D. Pedro II entre 1879 e 1881 para a condessa de Barral raramente mencionam seus netos (na maioria das vezes para relatar sobre os estudos do neto mais velho, Pedro Augusto, mas também para queixar-se de seu tédio quando forçado a ir ao circo com eles); ver Magalhães Jr., *D. Pedro II*, p.263, 280, 291, 295, 304-5, 310-1, 354-5, 380, 394-7, 402, 404.

127 Augusto de Saxe-Coburgo-Gota visitou o Rio em jun. e jul. 1879; ver Magalhães Jr., *D. Pedro II*, p.269; e Constant, *Foxy Ferdinand*, p.48-9.

128 Na primeira carta enviada a D. Pedro II após ele partir para os Estados Unidos em mar. 1876, D. Isabel escreveu: "Pedro veio cá na quarta-feira e achei o bem. O Augusto ainda estava um pouco influxado. Espero poder vê-los amanhã de manhã cedo". AGP XL-2 Paço da Cidade [Rio], 14 abr. 1876. Ver a carta de D. Isabel para Augusto, 27 rue de la Faisandrie, Paris, 9 dez. 1879, transcrito em Saxe-Coburgo e Bragança, *Trabalhos*, p.211.

durante a maior parte do dia pelo tempo que passou aqui".[129] Formando-se na Academia Naval em novembro de 1885, Augusto seguiu carreira como oficial da Marinha brasileira.[130]

O temperamento de Pedro Augusto, o mais velho dos quatro filhos de D. Leopoldina, não é tão fácil de interpretar. Quando o jovem príncipe se formou no Colégio D. Pedro II, no final de 1881, o conde d'Eu escreveu:

> Ele estava um jovem muito atraente, usando gravata branca e fraque pela primeira vez, e é muito bom em tudo que faz. É uma pena que o imperador, seguindo uma de suas bizarras teorias, não deseje torná-lo soldado, pois ele poderia ter sido muito útil nisso.[131]

Em vez de se tornar um engenheiro militar como aspirava, Pedro Augusto ingressou na Escola Politécnica, onde seu histórico foi distinto, embora não perfeito. "Também contribui para esse tom de minha carta a aprovação simpliciter [mínima] do Pedro", o imperador escreveu à condessa de Barral em março de 1884.

> Não lhe falta talento, não lhe faltaram advertências oportunas; porém só agora é que julgo convenceu-se de que é preciso estudar regularmente, e não somente com fúria para o exame. Ele luta igualmente com os 18 anos, e qualidade de príncipe.[132]

Como sugere essa carta, o relacionamento de Pedro Augusto com o avô não era fácil. Por um lado, o imperador favorecia e privilegiava seu neto como homem e como intelectual. Por outro, ele o sujeitava a expectativas muitos altas e o mantinha sob rígido controle, isolando-o do mundo. Na carta de março de 1884, em que relatava a visita de Augusto, o conde d'Eu observou:

---

129 AGP XLI-1 conde d'Eu para o duque de Nemours, Petrópolis, 8 mar. 1884.

130 Calmon, *Pedro II*, v.3, p.1231.

131 AGP XLI-1 conde d'Eu para o duque de Nemours, Petrópolis, 3 jan. 1882. Em 31 out. 1879, D. Pedro II havia informado à condessa de Barral que, após se formarem, "Pedro então ingressará na Escola Politécnica e Augusto provavelmente irá para a Marinha". Ele repetiu a mesma informação em uma carta de 14 set. 1880; ver Magalhães Jr., *D. Pedro II*, p.280 (conforme corrigida por Sodré, *Abrindo*, p.235), 380. "Tomei o rumo da E. Politécnica contra minha vontade e eu sempre quis ser um engenheiro militar. Foi o imperador (talvez incitado pelo C. d'Eu) quem se opôs a isso"; ver Pedro Augusto para comendador Catambrí, Paris, 29 jun. 1890, em Saxe-Coburgo e Bragança, *Trabalhos*, p.240.

132 D. Pedro II para a condessa de Barral, Petrópolis, 24 mar. 1884, em Barral, *Cartas*, p.257.

O irmão dele é sempre mantido em reclusão em São Cristóvão pelo imperador; o que deve ser terrivelmente triste em todos os aspectos para um jovem que completará 18 anos daqui a dez dias; ele está completamente só lá, com os criados. Logo serão dois meses desde que o vimos pela última vez, pois não temos tempo de visitar São Cristóvão nos dias que descemos ao Rio.[133]

O modo como D. Pedro II tratava o neto gerou no jovem príncipe uma relação de amor e ódio com o avô. Por um lado, ele se identificava com o avô, ansiava por sua aprovação, tomava-o como modelo e veio a crer que, como somente ele entre os familiares possuía as mesmas qualidades do imperador, somente ele era digno de suceder a D. Pedro II. Por outro lado, Pedro Augusto desenvolveu um forte ressentimento contra o avô, sentindo que D. Pedro II tanto lhe negava intimidade quanto não o tratava de acordo com seu verdadeiro valor. De modo geral, o jovem príncipe suspeitava que os outros conspiravam para excluí-lo de uma posição que era legitimamente sua. Seu rancor era especialmente dirigido aos tios, em parte porque, por terem tido filhos, privaram-no do trono que certa vez havia sido seu, e em parte porque eles demonstravam, como a carta do conde d'Eu atesta, pouca preocupação com ele. Para obter seus fins, Pedro Augusto aprendeu as artes da dissimulação e da manipulação. No final de 1886, quando a imprensa popular acusou-o de ter comportamento impróprio com as mulheres, D. Isabel disse ao pai: "Pelo que eu conheço do Pedro acho-o incapaz de semelhante coisa, e ele, coitado, muito sentido e impressionado se mostrou por semelhante calúnia. Ele me disse que não sabia o que devesse fazer".[134]

As ambições de Pedro Augusto tomaram um rumo mais sério e questionável quando ele concluiu seus estudos na Escola Politécnica em 1887. Em junho, o conde d'Eu escreveu ao pai: "Ele é um bom jovem que lhe recomendo; muito inteligente, cauteloso e sagaz na busca por seus interesses que, no momento, limita-se a fazer coleções de toda espécie". Na realidade, os interesses dele não eram tão limitados. O conde d'Eu considerou que uma visita à Europa libertaria Pedro Augusto "das insinuações de que tem sido alvo frequente e que ele tem tido que repelir; ele achou que devia, por lealdade, me advertir sobre elas". "Eu mesmo estou convencido de que tudo isso não passa de mera especulação, o que é muito comum no país da fofoca."[135]

---

133 AGP XLI-1 conde d'Eu para o duque de Nemours, Petrópolis, 8 mar. 1884.
134 AGP XLI-2 D. Isabel para D. Pedro II, Petrópolis, 6 nov. 1886.
135 AGP XLI-1 conde d'Eu para o duque de Nemours, Rio de Janeiro, 17 jun. 1887.

El Rey, nosso Senhor, e amo, dorme o sono da indiferença. Os jornais que diariamente trazem os desmandos desta situação parecem produzir em Sua Majestade o efeito de um narcótico.

Figura 52. D. Pedro II caricaturado na capa de um periódico popular em 1887. A legenda dizia: "O Rei, nosso Senhor e mestre dorme o sono da indiferença. Os jornais que diariamente relatam os delitos daqueles no poder parecem surtir um efeito narcótico em Sua Majestade". *Revista Illustrada*, 5 de fevereiro de 1887.

Essas insinuações e especulações faziam parte das manobras pelas quais Pedro Augusto esperava substituir seu tio e seus três primos como herdeiro ao trono, até quem sabe destituir seu avô como monarca. As ambições de Pedro Augusto eram alimentadas e suas intrigas encorajadas por um pequeno círculo de amizades composto pelos desafetos – particularmente aqueles que não simpatizavam com o conde d'Eu – que viam no jovem príncipe uma chance de promoção e ganho pessoal.

Se sabia das intrigas de seu neto, o imperador certamente não prestava atenção a elas. Isso não o preocupava. O que ele lamentou foi a perda de dois homens de quem havia sido íntimo. Em 15 de dezembro de 1885, seu cunhado, D. Fernando, ex-rei de Portugal, faleceu; e em 4 de agosto de 1886, o visconde de Bom Retiro. Com o primeiro, "a quem amo como se fôssemos irmãos de pai e mãe", ele mantivera ininterrupta correspondência desde 1838.[136] O último havia sido companheiro de recreação na década de 1830 e membro da comitiva imperial nas duas viagens de D. Pedro II ao exterior em 1871-1872 e 1876-1877. Desde 1872, Bom Retiro servira ao imperador com absoluta abnegação em qualquer função que D. Pedro II demandasse dele.[137] "Estamos todos consternados com a morte de Bom Retiro, que ocorreu tão subitamente na noite passada, após uma paralisia cerebral e da língua", escreveu o conde d'Eu. "Que enorme perda! Onde se pode encontrar outro que reúna com rara habilidade uma completa devoção com princípios tão sólidos e com quem por fim alguém pode conversar com tamanha franqueza?"[138]

No início de 1887, D. Pedro II viu-se muito só no palácio de Petrópolis, pois D. Isabel e sua família haviam partido em 5 de janeiro para uma visita de seis meses à Europa.[139] Dez dias depois, chegou a Petrópolis o jovem grão-duque Alexandre da Rússia, então em uma viagem ao redor do mundo a bordo do navio de guerra Rynka.[140] Em sua autobiografia escrita cinquenta anos depois, o grão-duque relembrou vividamente sua subida pela escarpa, atravessando a floresta tropical com seus pássaros exóticos, e o encontro que se seguiu.

> O imperador Dom Pedro – sua longa barba branca e óculos de aros dourados davam-lhe a aparência de um velho professor universitário – ouviu cordialmente a minha descrição da selva. A ausência de disputas políticas e até de contatos vitais entre Rússia e Brasil permitiram que conversássemos livremente.

---

136 ANTT Caixa 7336 Capilha 312 Doc. 1 D. Pedro II para Luís I, Rio de Janeiro, 23 maio 1885; e ver AGP IV, que contém as cartas de Fernando para D. Pedro II.

137 Em uma conversa testemunhada por um camareiro da corte, o barão de Tefé, D. Pedro II perguntou a Bom Retiro: "Acabou?" Ele respondeu que não; embora tivesse trabalhado até as 2 horas, ele não completara a tarefa. O imperador respondeu, para surpresa de Tefé, "Pois trabalhe até as 4, mas acaba-lo [sic]". Ver BNRJ TM Arm. 32 Pac. 99 Nota de Tobias Monteiro com comentário: "Coisas de P. II Teffé".

138 AGP XLI-5 conde d'Eu para a condessa de Barral, Paço Isabel, Rio de Janeiro, 8 ago. 1886.

139 Lacombe, *Isabel*, p.216.

140 Alexandre da Rússia, *Grand Duke*, p.94-5; e Calmon, *Pedro II*, v.3, p.1327.

A conversa entre os dois abordou as perspectivas políticas do país.[141]

Gostei imensamente dele, e como ele não estava com nenhuma pressa em particular permanecemos por duas horas em seu despretensioso e confortável estúdio, com grandes janelas que se abriam para um vasto jardim, onde inúmeros pássaros agitados ocupavam-se com a busca de sua refeição vespertina. Falamos em francês. Seu estilo linguístico muito claro, gramaticalmente correto, embora ligeiramente hesitante, deu um toque de amistosa reserva a esse encontro entre um soberano cambaleante dos trópicos e um representante da então formidável casa real do Norte. Quando estávamos prontos para partir, ele prendeu a Grã-Cruz da Ordem [do Cruzeiro] do Brasil em meu peito. Apreciei a honra, mas admiti minha preferência pela Ordem da Rosa, uma estrela de nove pontas em uma coroa de rosas.

Ele riu. "A Ordem da Rosa é uma das condecorações mais humildes. Praticamente todos a possuem."

Mesmo assim, combinava com minha ideia do Brasil. Nós entramos em um acordo com meu aceite de ambas.[142]

Seis semanas após esse encontro, no sábado, 26 de fevereiro, o imperador desceu cedo para o Rio para o habitual despacho com os ministros. Nessa noite, de volta a Petrópolis, ele assistiu a um *show* de mágica. Lá ele foi acometido por uma súbita dor de cabeça tão forte que o obrigou a deixar a apresentação. Na noite seguinte, desenvolveu uma febre alta e, quando seus médicos o examinaram, descobriram que seu fígado estava inchado e rígido.[143]

A doença repentina assemelhava-se àquela que ele sofrera no final de dezembro de 1883, e os médicos claramente esperavam que ele se recuperasse tão rapidamente como naquela ocasião. Não foi esse o caso. A condição de D. Pedro II melhorou muito lentamente e em 18 de março ele sofreu outro surto de febre. Desse acesso ele pareceu recuperar-se uma segunda vez. Em 2 de abril, veio um terceiro surto de febre e vômito igual aos dois anteriores.[144]

---

141 Alexandre da Rússia, *Grand Duke*, p.96-8. O antigo grão-duque alegou ter dito, na conversa com D. Pedro II: "Existe somente uma coisa que sempre permanecerá na América do Sul: o espírito de ódio indócil. Vem da selva. Perturba nossas mentes".

142 Ibid., p.98. No original lê-se *"honey-birds"* e não *"humming-birds"* [colibris], mas são estes que se quer dizer.

143 BNRJ TM Arm. 32 Pac. 98 Mensagem escrita por Tobias Monteiro, intitulada "Memórias do Barão de Teffé"; Calmon, *Pedro II*, v.3, p.1331.

144 Calmon, *Pedro II*, v.3, p.1332.

Era evidente que os médicos que o atendiam eram incapazes de tratar a doença e desconheciam sua natureza. Em pânico, o Dr. Albino Rodrigues de Alvarenga escreveu em 7 de abril ao Dr. Mota Maia insistindo que uma consulta formal fosse feita com outros médicos da corte.[145] O único resultado dessa conferência foi o consenso de que o imperador poderia beneficiar-se de uma mudança de cenário. Ele foi transferido primeiramente para uma residência em uma fazenda próxima a Petrópolis, depois para o palácio de São Cristóvão e finalmente para uma casa na Tijuca, subúrbio do Rio. Nenhuma das mudanças evitou a reincidência da febre e do vômito, e os acessos que ele sofreu em 16 e 27 de abril foram particularmente severos.[146] Somente após D. Pedro II ser mantido em virtual isolamento na Tijuca, com o Dr. Mota Maia rigorosamente supervisionando sua dieta, atividades e visitantes, que seu estado de saúde melhorou de modo significativo.

Embora os médicos que atendiam D. Pedro II não conhecessem a natureza de sua doença, evidências disponíveis dos surtos de 1883 e 1887 indicam que a causa eram cálculos biliares. São pedras que se formam na vesícula, bem abaixo do fígado, e passam das vias biliares para o duodeno, parte do trato gastrointestinal. Quando uma pedra ou várias delas instalam-se nas vias biliares, cólicas surgem, com uma dor intensa, espasmódica no lado superior direito do abdômen, acompanhadas por vômito, febre e dor de cabeça. A obstrução das vias biliares pode levar a um abdômen mole na região do fígado e icterícia, tal como aquela que a imperatriz notou no surto de 16 de abril.[147] A reincidência e a extrema gravidade dos surtos de 1887 indicam que os cálculos biliares alojados nas vias biliares podem também ter causado pancreatite aguda, cujos sintomas são dor abdominal superior intensa, náusea e vômito. Como o principal canal pancreático se junta ao canal biliar comum, as pedras acumuladas nessa junção podem causar inflamação do pâncreas. O dano resultante ao pâncreas teria exacerbado a condição diabética do imperador ao destruir mais células endócrinas ou produtoras de insulina (ilhotas de Langerhans) no pâncreas.[148]

---

145 Ver Albino Rodrigues de Alvarenga para Cláudio Velho da Mota Maia, Rio de Janeiro, 7 abr. 1887, em Mota Maia, *Mota Maia*, p.79.

146 D. Teresa Cristina para Maria Amanda Paranaguá de Dória, Fazenda de Águas Claras, 18 abr. 1887, em Fleiuss, *Páginas*, p.291; e AGP XL-2 D. Isabel para D. Pedro II, Hôtel des Reservoirs [Versailles], 3 maio 1887.

147 Devo agradecer ao Dr. Bradley Fritz por sugerir, com base em evidência apresentada a ele, cálculos biliares como a explicação para os ataques de 1883 e 1887. Ver "Gallstones", *Encyclopedia of Medicine*, p.474.

148 Ver "Pancreatitis", *Encyclopedia of Medicine*, p.767.

A doença do imperador provavelmente não se limitava a cálculos biliares e pancreatite. Ele sofria visivelmente de perda de memória de curto prazo, de lentidão na fala e de um relaxamento no rígido controle que costumava manter sobre seu comportamento. Passou a fazer comentários e tomar atitudes indiscretas, porém perceptíveis, que antes evitava.[149] Esses sintomas sugerem que ele havia sofrido um ou mais pequenos derrames cerebrais, possivelmente causados pelo diabetes. Esse aspecto da saúde do imperador causava particular apreensão tanto aos médicos quanto aos que o cercavam, porque significava que ele não estava em condições de conduzir os assuntos do governo. O presidente do Conselho, barão de Cotegipe, foi efetivamente o substituto de D. Pedro II, uma vez que D. Isabel estava na Europa.

A ausência da herdeira do trono causava muita preocupação. O retorno de D. Isabel era esperado somente para o início de julho e, visto que os boletins oficiais emitidos sobre a saúde do imperador haviam minimizado a gravidade de sua doença, a antecipação do retorno dela ao Brasil inevitavelmente causaria alarme e minaria a confiança no tratamento médico. Entretanto, a falta de melhoria na saúde de D. Pedro II e a paralisação no governo causada pela incapacidade do imperador tornavam urgente a necessidade do retorno de D. Isabel. A indecisão demonstrada por todos os envolvidos e sua relutância comum em assumir responsabilidade ilustram o vácuo de poder que o longo reinado do imperador havia criado. O que finalmente decidiu a questão foi a opinião dos médicos, formalmente solicitada pelo presidente do Conselho de Ministros. Eles concordaram que somente uma viagem à Europa, onde o imperador ficaria livre de trabalho e onde ele poderia obter melhor assistência médica, dava esperança de uma cura cabal. Chamada de volta para casa, D. Isabel chegou ao Rio com o marido e seus três filhos em 6 de junho.[150]

Não foi fácil convencer o imperador a embarcar para a Europa. "Nós nos recusamos e com razão a assumir responsabilidade por essa iniciativa", o conde d'Eu contou ao pai em 17 de junho de 1887.[151] Finalmente tudo foi decidido, a necessária lei da regência aprovada e, no último dia de junho, D. Pedro II, D. Teresa Cristina e Pedro Augusto embarcaram com uma pequena comitiva no Gironde. Uma enorme multidão veio despedir-se do monarca.

---

149 BNRJ TM Arm. 32 Pac. 98 Ver comentários do barão de Tefé, que servia à imperatriz, sobre o comportamento de D. Pedro II quando doente, registrado em um manuscrito de Tobias Monteiro intitulado "Memórias do barão de Teffé".

150 Calmon, *Pedro II*, v.3, p.1338; e AGP XL-2 D. Isabel para D. Pedro II, Hôtel des Reservoirs [Versailles], 3 maio 1887.

151 AGP XLI-1 conde d'Eu para o duque de Nemours, Rio de Janeiro, 17 jun. 1887.

Às 3 horas da tarde largou a boia o *Gironde*, acompanhado pelos encouraçados, pela galiota imperial, por uma esquadrilha de embarcações, que seguiram até [a ilha de] Villegaignon. O paquete passou por entre os navios de guerra, postos em fila, sendo o imperador aclamado pelas tripulações.[152]

A partida foi um momento de profunda emoção. Todos compreendiam que ela marcava um ponto decisivo, um momento histórico de mudança. O *Jornal do Commercio* expressou o espírito predominante em seu editorial de 30 de junho:

> O Imperador representa a superior direção dos destinos da nação, que não pode deixar de sentir-se profundamente abalada nas incertezas do futuro.
>
> Longe vão os agouros dos que reputam irremediavelmente perdida a saúde do imperador; nenhuma razão de Estado vemos para magoar o coração do soberano, discutindo eventualidades ainda nos insondáveis desígnios da providência. [...]
>
> Que nosso soberano parta em paz. Que Deus o proteja e devolva a nós. Todos os brasileiros unem suas vozes à da Igreja em uma oração fervorosa: "Senhor, salve o imperador".[153]

Alguns, antecipando o pior, esperavam não mais rever D. Pedro II vivo. Outros, menos pessimistas, sentiam que, quando o imperador retornasse, sua condição física não estaria suficientemente melhorada a ponto de que ele pudesse exercer o mesmo grau de domínio sobre os assuntos públicos como fizera por quase meio século. Para os descontentes, a partida simbolizava ou ao menos prenunciava o fim do Império; um jornalista republicano chamou o Gironde "o esquife da monarquia".[154] Para aqueles leais a D. Pedro II, a partida marcava o fim de uma época familiar e estável. O encanto lançado pelo imperador estava quebrado. O futuro seria bem diferente, mas o que ele traria ninguém sabia dizer.

---

152 Ver a descrição da partida no *Jornal do Commercio*, 1º jul. 1887.
153 Ibid., 30 jun. 1887.
154 Ver Lyra, *Queda*, v.I, p.168-9.

11
A mão do destino, 1887-1889

A mudança de estado de espírito que se seguiu à partida de D. Pedro II para a Europa em 30 de junho de 1887 foi visível desde o momento em que o navio zarpou do porto do Rio de Janeiro. Os cinco primeiros atos da princesa imperial após assumir a regência marcaram o fim de sua dependência emocional do pai e de sua relutância em tomar a iniciativa. "É do quarto e da mesa de mamãe que estou-lhes escrevendo", D. Isabel contou aos pais em 2 de julho. "A nossa instalação aqui está muito cômoda e mesmo esta solidão de São Christóvão (alegrada pelos meninos) foi boa para estes primeiros dias sobretudo."[1] Ao assumir o palácio do pai, D. Isabel afirmou tanto sua condição de igualdade em relação a ele quanto seu direito de governar no lugar dele. Ela e o marido puseram-se a "colocar em ordem papéis de todo tipo possuídos pelo imperador e deixados por muitos anos em uma *fabulosa desordem*, ao ponto de causar preocupação à imperatriz e a Pedro Gousti [Augusto] sobre o risco de furto de correspondência particular então espalhada por todos os cantos!"[2]

---

1 AGP XL-2 D. Isabel para D. Pedro II e D. Teresa Cristina, São Cristóvão, 2 jul. 1887. Rangel, *Gastão d'Orléans*, p.359, afirma que a mudança foi feita com o consentimento do imperador, mas o texto da carta não sustenta essa alegação.

2 AGP XLI-1 conde d'Eu para o duque de Nemours, Paço Isabel, Rio de Janeiro, 12 jul. 1887. A limpeza do estúdio do imperador levou uma semana, e somente no final de setembro eles conseguiram deixar a biblioteca em ordem; ver D. Isabel para a condessa de Barral, São Cristóvão, 30 set. 1887.

A ação de D. Isabel invadiu o espaço particular do imperador e representou uma crítica praticamente direta a seus métodos de governo. "Deve ser melhor não falar com o imperador sobre estas atividades, que podem aborrecê-lo, sem contudo uma justificativa", o conde d'Eu comentou com a condessa de Barral em 10 de julho. "Foi a imperatriz que, advertida sobre esses riscos pelo Pedro mais velho [Pedro Augusto], pediu à filha, antes de sua partida, que colocasse tudo em ordem."[3] Tendo completado 40 anos em 1886, D. Isabel finalmente deixou de considerar-se como a "filhinha do papai" e, com o conde d'Eu, reivindicou sua autonomia nos assuntos familiares. O casal começou a administrar o velho soberano, para o próprio bem dele, preservando-o do que ele não precisava saber.

Figura 53. D. Isabel à época de sua terceira regência, 1887-1888.

---

3 AGP XLI-5 conde d'Eu para a condessa de Barral, São Cristóvão, 10 set. 1887. Com frequência, Pedro Augusto era chamado "Pedro grande" ou "Pedro velho" para distingui-lo de seu primo Pedro, filho de D. Isabel e do conde d'Eu.

Em relação aos assuntos públicos, D. Isabel foi mais cautelosa em assumir sua independência e sair da sombra do pai. Durante suas duas regências anteriores, em 1871-1872 e em 1876-1877, a princesa imperial e o Gabinete no poder haviam cooperado para manter uma rotina tranquila e sem sobressaltos até o retorno de D. Pedro II. Ambos, regente e políticos, evitaram qualquer coisa que pudesse provocar uma crise. No início da terceira regência, o mesmo padrão de comportamento parecia predominar. "Quanto aos ministros, eles não têm incomodado até o momento", o conde d'Eu escreveu à condessa de Barral em 14 de julho. "As sessões com eles são infrequentes e breves; na ausência do imperador, a política está naturalmente adormecida."[4]

Se a política no Brasil parecia "adormecida" em julho de 1887, essa situação era excepcional. Na realidade, a arena de assuntos públicos estava em um estado incomum de efervescência, por causa do ressurgimento e da radicalização do movimento abolicionista. Após o Partido Conservador sob a liderança do barão de Cotegipe vencer as eleições realizadas em janeiro de 1886, o ministério havia tentado estimular a defesa da escravidão, perseguindo os abolicionistas e negando-lhes acesso à imprensa e a reuniões públicas. Essa política revelou-se contraproducente, pois reavivou e fortaleceu o movimento abolicionista. A opinião pública pressionara pela aprovação da lei de 28 de setembro de 1886, que proibia o uso de chicotadas como punição legal. Nove dias depois, em 7 de outubro, o governo espanhol aboliu o patronato (a obrigação de pessoas libertas trabalharem para seus antigos donos), o último resquício de escravidão em Cuba.[5] O Brasil permaneceu como a única sociedade escravagista no mundo ocidental.

No final de 1886, uma nova forma de militância abolicionista surgiu no Brasil. Ela buscava tanto persuadir os escravos a lutar pela liberdade por meio da luta quanto prover aos fugitivos refúgios seguros de seus donos e das autoridades. Na década de 1880, o maior produtor de café, centro de mão de obra escrava, era a província de São Paulo. O café era exportado pelo porto de Santos, e ali o primeiro refúgio de escravos foi estabelecido. Em 20 de novembro de 1886, o chefe de polícia da província foi atacado na ferrovia de Santos, quando tentava levar quatro escravos de volta ao cativeiro.[6] No dia seguinte, D. Pedro II chamou a atenção do presidente do Conselho de

---

4 AGP XLI-5 conde d'Eu para a condessa de Barral, São Cristóvão, 10 set. 1887.

5 Corwin, *Spain and Abolition*, p.311-2.

6 Conrad, *Destruction*, p.240-1.

Ministros para o confronto. Em resposta, o barão de Cotegipe declarou sua determinação de defender a lei que autorizava a escravidão, denunciou abolicionistas e proclamou a intenção do Gabinete de "reprimir tais desmandos com prudência, mas com energia".[7]

Foi mais fácil ordenar a repressão do que conduzi-la. Os abolicionistas não se deixaram intimidar facilmente, e o uso da força levou as autoridades ao descrédito, tendo em vista a expectativa no Brasil de que, para uma regra vigorar, devia-se evitar uma coerção visível. Além disso, os fazendeiros de São Paulo e outras províncias consideravam a conciliação preferível à defesa do *status quo*. O visconde de Silva Figueira, por exemplo, barganhou com os 201 escravos de suas plantações em Santo Antônio de Pádua na província do Rio. Em troca da liberdade, eles se comprometiam em trabalhar seis anos para ele. O sistema funcionava bem, conforme o visconde relatou em fevereiro de 1887. Se o imperador fosse decretar imediatamente a abolição conjugada com a obrigatoriedade de trabalho por cinco anos da parte dos antigos escravos, não mais do que um quarto dos fazendeiros, segundo o visconde, condenaria tal medida.[8]

Quando D. Isabel assumiu a regência em junho de 1887, o sistema escravagista estava em uma crise manifesta. O Gabinete de Cotegipe permanecia, porém, firme em sua determinação de defender a escravidão. Essa defesa exigia o apoio ativo de D. Isabel, uma vez que pelo artigo 101 da Constituição de 1824 o monarca podia atuar "nomeando e demitindo livremente os ministros de Estado", e essa aplicação do poder Moderador não estava sujeita a qualquer prestação de contas.[9] Em contraste com suas regências anteriores, quando D. Isabel se via como uma substituta interina do pai, mantendo o *status quo* até o retorno dele do exterior e evitando qualquer ação autônoma, sua atitude diferiu acentuadamente ao longo de sua terceira regência.

Apesar da aversão que ambos, D. Isabel e o conde d'Eu, sentiam pela política, o casal aplicou-se criteriosamente à tarefa de supervisionar o governo. O conde d'Eu, por exemplo, lia de cabo a rabo oito jornais por dia, "para observar o estado de coisas e de opiniões".[10] A única questão política que atraía o interesse do casal era a existência da escravidão no Brasil. Suas ações

---

7 D. Pedro II para o barão de Cotegipe, 21 nov. 1886, e rascunho da resposta de Cotegipe em Pinho, *Cartas*, p.285-7.

8 BNRJ TM Arm. 25 Pac. 108 Recorte sem data [mas do início de mar. 1887] do *Jornal do Commercio*.

9 Pimenta Bueno, *Direito público*, p.202-3, 208-9, 492-3.

10 AGP XLI-5 conde d'Eu para a condessa de Barral, São Cristóvão, 14 jul. 1877. A frase está em inglês na carta original.

quando haviam detido autoridade antes – a assinatura por D. Isabel da lei de 28 de setembro de 1871 e a recomendação do conde d'Eu em setembro de 1869 para que o governo paraguaio abolisse a escravatura – mostravam que eles favoreceriam um rápido fim dessa instituição. No início de sua terceira regência, D. Isabel não possuía nem a autoridade nem a experiência para forçar uma mudança política no Gabinete de Cotegipe ou para substituí-lo. Ela e o marido esperavam sua oportunidade de ação.[11]

No segundo semestre de 1887, a posição do Gabinete de Cotegipe enfraqueceu, sofrendo uma série de derrotas eleitorais para preencher vagas na Câmara dos Deputados. O ex-ministro da Agricultura, Antônio Prado, líder do Partido Conservador na província de São Paulo, encorajou seus colegas fazendeiros a reter sua mão de obra prometendo aos escravos a liberdade dentro de um a dois anos. Sua recomendação foi amplamente seguida em São Paulo, mas enfrentou resistência na província vizinha do Rio.[12] A regente encarava a intransigência dos agricultores com crescente impaciência: "Quem dera que todos fossem segundo o exemplo dos fazendeiros de São Paulo!", ela escreveu ao pai no início de dezembro. "O Rio de Janeiro por ora está muito emperrado, mas mais tarde ou mais cedo será constrangido a fazer o mesmo que os outros."[13]

D. Pedro II não desempenhou nenhum papel no conflito que se agravava entre abolicionistas e o Ministério de Cotegipe. Após chegar a Lisboa em 17 de julho, o imperador prosseguiu para Paris, onde chegou quatro dias depois. Na capital francesa, duas coisas ficaram claras. Primeiro, até especialistas médicos renomados como os doutores Bouchard, Brown-Séquard e Peter não entendiam a natureza da recente enfermidade do imperador, nem podiam recomendar um tratamento melhor do que aquele já adotado por seu médico particular, o recém-nomeado visconde de Mota Maia.[14] Em

---

11 AGP XLI-1 conde d'Eu para o duque de Nemours, São Cristóvão, Rio de Janeiro, 11 ago. 1887 (citado em Rangel, *Gastão d'Orléans*, p.361).

12 Conrad, *Destruction*, p.248-9, 252-6.

13 AGP XL-2 D. Isabel para D. Pedro II e D. Teresa Cristina, Paço Isabel, Rio de Janeiro, 3 dez. 1887.

14 Ver as opiniões dos doutores Charles-Jacques Bouchard, Charles Brown-Séquard e Charles-Félix-Michel Peter, datadas 29, 27 e 24 jul. 1887, respectivamente, em Mota Maia, *Mota Maia*, p.85-90. O médico-chefe em Baden-Baden, Dr. Kussmaul, deu sua opinião em 11 ago. e, conforme o conde d'Eu queixou-se com Mota Maia, "Ao contrário do que esperávamos, o que Kussmaul escreveu pouco adianta, e não contraria em coisa alguma os pareceres anteriores"; ver carta do conde d'Eu datada Rio de Janeiro, 25 set. 1887, em ibid., p.210-1.

segundo lugar, D. Pedro II provou ser o pior tipo de paciente. Sem desobede-
cer abertamente às ordens médicas, ele persistia em fazer exatamente o que
queria, sem se importar com as possíveis consequências. "Ele conversa com
todos, sobre tudo, vai a toda parte, examina todas as novidades, [p. 13] vive
a vida de outrora – mas não é o mesmo homem, e neste momento ele não
poderia voltar a reinar", dizia o relatório particular de um político brasileiro
na Europa em 3 de agosto. "As melhoras físicas são extraordinárias, mas a
vontade, a memória, a personalidade estão muito enfraquecidas. É a sombra
de si mesmo – esta é verdade."[15] Não era à toa que o visconde de Mota Maia
estava ansioso por afastar seu paciente das distrações de Paris e levá-lo para
um balneário alemão em Baden Baden, onde, conforme ele escreveu ao conde
d'Eu, "faremos o que humanamente for possível para restabelecer a saúde
do ente a quem tanto prezo".[16]

O tratamento em Baden Baden revelou-se muito benéfico. O imperador
engordou três quilos, a quantidade de açúcar em sua urina caiu acentuadamente e sua memória de curto prazo melhorou de forma significativa. Com
isso, "sua atividade é constante, e é preciso pedir muito, rogar e questionar
sempre, para que S. M. faça a metade do que pretende".[17] A impossibilidade
de controlar as atividades de D. Pedro II contra sua vontade ficou clara com
seu retorno a Paris no início de outubro. Ele insistia, a despeito dos "pedidos,
rogos e admoestações médicas" em ir ao teatro todas as noites. O resultado
foi um pronunciado aumento da taxa de açúcar em sua urina. Felizmente, a
comitiva imperial partiu em 27 de outubro para uma longa estada em Cannes.
Lá, tanto sua condição física quanto sua memória de curto prazo melhoraram
cada vez mais.[18]

O imperador pretendia visitar o Egito e a Palestina, independentemente das
objeções físicas, mas uma grave, embora temporária, fraqueza em sua perna

15 Joaquim Aurélio Nabuco de Araújo para Quintino de Sousa Bocaiúva, editor de *O Paiz*,
Londres, 3 ago. 1887, transcrito em Hahner, "Moléstia", p.12-3.

16 Ver visconde de Mota Maia para conde d'Eu, Paris, 30 jul. 1887, em Mota Maia, *Mota Maia*,
p.203; ver também Francisca, princesa de Joinville, para D. Isabel, Paris, 21 jul. 1887, apud
Calmon, *Pedro II*, v.1, p.1356.

17 Visconde de Mota Maia para conde d'Eu, Baden-Baden, 22 set. 1887, em Mota Maia, *Mota Maia*, p.207.

18 Ver Visconde de Mota Maia para conde d'Eu, Cannes, sem data [após 2 dez. 1887], em
ibid., p.215-6; e UFP JA visconde de Nioac para João Alfredo Correia de Oliveira, particular,
Paris, 24 out. 1887.

esquerda deu a Mota Maia uma incontestável razão para forçá-lo a cancelar a viagem.[19] A estadia em Cannes foi prolongada, com excelentes resultados para a saúde do imperador, mas não para suas atividades.

> Ele já retomou sua habitual leitura de periódicos científicos e literários, e, embora eu esteja sempre pedindo uma redução nessas atividades, só consigo vinte por cento do que peço. Sentindo-se forte e bem disposto, o Imperador não quer acreditar que tem necessidade de poupar-se, e projeta tanto a sua chegada ao Rio, que eu suponho que deseja dobrar a atividade.[20]

Proibido de ir ao Oriente Médio, D. Pedro II não pôde ser impedido de viajar à Itália, para onde ele e sua comitiva partiram no início de abril.

Chegando a Florença, o imperador encontrou residindo lá não somente o rei da Itália mas também as rainhas da Inglaterra, de Württemberg e da Sérvia. Em 6 de abril, a rainha Vitória comentou: "Não saí, pois tive de receber o Imperador e a Imperatriz do Brasil às doze. Eles trouxeram seu belo jovem neto Pedro, filho de Gusty Coburg. Eles pareciam ambos envelhecidos e muito enfermos".[21] A mudança nas condições físicas dele, tão evidentes para a rainha Vitória, era algo que o imperador simplesmente não aceitava, nem o faria modificar seu estilo de vida. "Ele vai sem novidade e em constante atividade!", o visconde de Nioac, que acompanhava D. Pedro II, escreveu de Florença em 8 de abril. "Não é possível retê-lo, viva-se em contínuas lutas, não é possível moderá-lo, quer ir sempre adiante e dormir depois de meia-noite." O ímpeto de fazer e ver, sempre pronunciado, agora se tornara frenético. A ânsia por conhecimento estava fora de controle.[22]

Um problema secundário, embora incômodo, para a comitiva do imperador era a conduta de Pedro Augusto. O rígido controle que Mota Maia mantinha sobre o acesso ao imperador despertou as suspeitas do jovem príncipe e sua propensão à intriga.

---

19 Visconde de Mota Maia para conde d'Eu, Cannes, sem data [após 2 dez. 1887], e a opinião do Dr. Jean-Martin Charcot, Marselha, 29 nov. 1887, em Mota Maia, *Mota Maia*, p.216, 374-7.

20 Visconde de Mota Maia para conde d'Eu, Cannes, 8 fev. 1888, em ibid., p.221-2.

21 Ver Buckle, *Queen Victoria's Letters*, v.I, p.306.

22 UFP JA visconde de Nioac para João Alfredo Correia de Oliveira, particular, Florença, 8 abr. 1888.

Figura 54. O neto mais velho de D. Pedro II,
Pedro Augusto, filho de D. Leopoldina e Augusto
de Saxe-Coburgo-Gota.

Ele começou a insinuar que o médico estava deliberadamente encobrindo o real estado de saúde de D. Pedro II e até impedindo sua plena recuperação. Ele tentou sondar especialistas de Paris sobre a saúde do imperador.[23] Os membros do séquito de D. Pedro II ofenderam-se com as atitudes de Pedro Augusto. "Há junto do imperador um elemento que por todos os títulos lhe deverá ser fiel, e que curamente se tem tornado de mais repreensível infidelidade! A minha indignação não me permite dizer mais", o visconde de Mota Maia informou a D. Isabel em outubro de 1887. O visconde de Nioac foi mais mordaz: "O príncipe Pedro vai para Viena, o que é não mau. É moço

---

23 BNRJ TM Arm. 32 Pac. 4 Pedro Augusto para Joaquim Catambrí, Baden-Baden, 21 set. 1887; Pedro Augusto para o barão de Estrela, Baden-Baden, 21 set., e Colônia, 4 out. 1887, em Saxe-Coburgo e Bragança, *Trabalhos*, p.214-6; e Calmon, *Pedro II*, v.4, p.1362.

vaidoso e muito egoísta".[24] A tendência do séquito de ignorar Pedro Augusto alimentava seu complexo de perseguição, intensificando assim o conflito. Após uma doença que acometeu o príncipe em Cannes no início de fevereiro de 1888, suas ideias e conduta tornaram-se mais erráticas. Certamente suas ambições de tornar-se imperador intensificaram-se nessa época, embora suas tramas fossem imaturas ao extremo.[25]

O comportamento de Pedro Augusto não passava de um aborrecimento. Na verdade, sua má conduta perdeu toda importância diante do drama que se desenrolou no Brasil nos primeiros meses de 1888. Esses acontecimentos surgiram de uma interação entre a crescente autoconfiança de D. Isabel como regente e a contínua radicalização da campanha abolicionista. Após atuar como regente por seis meses, D. Isabel havia conquistado confiança e estava disposta a agir ousadamente para promover os melhores interesses do Brasil. "Entenda, minha querida, que não me preocupo somente com *frivolidades!*", ela disse à condessa de Barral em 11 de janeiro, "que eu sei pensar bem, que eu quero alcançar o melhor possível para meu país".[26] Em particular, D. Isabel estava convencida de que o fim imediato da escravidão era indispensável. Os abolicionistas obtinham cada vez mais êxito nas províncias de São Paulo e Minas Gerais. Até na província do Rio de Janeiro, os agricultores começavam a conceder liberdade em troca de contratos de trabalho.[27] Apesar das pressões que se avolumavam, o Gabinete de Cotegipe continuava inflexível em sua defesa do *status quo*, e sua intransigência simplesmente enfureceu a regente.

Talvez o imperador, se estivesse presente no Rio e com robusta saúde, pudesse ter empregado seu prestígio e habilidades políticas para manobrar o governo a tomar uma atitude contra a escravidão. D. Isabel não era D. Pedro II, e o Gabinete de Cotegipe não estava de modo algum inclinado a se submeter às vontades dela. O desfecho foi inevitável. Uma série de incidentes envolvendo o chefe de polícia da cidade do Rio levou a regente a insistir na demissão dele. Em vez de cumprir o que ela pedia, o barão de Cotegipe apresentou, com a concordância de seus colegas, a renúncia do Gabinete no

---

24 Ver visconde de Mota Maia para D. Isabel, Paris, 25 out. 1887, no AGP; citado em Calmon, *Pedro II*, v.4, p.1384; e UFP JA visconde de Nioac para João Alfredo Correia de Oliveira, particular, Paris, 24 out. 1887.

25 BNRJ TM Arm. 32 Pac. 4 Pedro Augusto para Joaquim Catambrí, Cannes, 16 e 17 fev. e 31 mar. 1888; ibid., Pac. 98 Comentários do barão de Tefé sobre uma reunião com Pedro Augusto em Cannes, registrada em um manuscrito de Tobias Monteiro intitulado "Memórias do Barão de Teffé"; e Pedro Augusto para o barão de Estrela, Cannes, 11 fev., 15 e 31 mar. 1888, em Saxe-Coburgo e Bragança, *Trabalhos*, p.219-24.

26 AGP XLI-5 D. Isabel para a condessa de Barral, Petrópolis, 11 jan. 1888.

27 Conrad, *Destruction*, p.259-70.

despacho de 7 de março.[28] "Não me arreprendo do que fiz", D. Isabel disse ao pai em 14 de março.

Mais tarde ou mais cedo o teria feito, confesso que uma surda irritação se apoderara mim, e em consciência não devia continuar com um Ministério, quando eu por mim mesma sentia e estava convencida de que ele não preenchia as aspirações do país nas circunstâncias atuais.[29]

A princesa nomeou pessoalmente o chefe do novo gabinete, João Alfredo Correia de Oliveira, um senador conservador de Pernambuco que, quando ministro do Gabinete de Rio Branco, havia conduzido a Lei do Ventre Livre pela Câmara dos Deputados. A troca do gabinete abriu as comportas. Ficou claro que nenhum sistema de trabalho compulsório pelos antigos escravos, semelhante ao patronato adotado pelos espanhóis em Cuba, poderia ser imposto. O novo Ministério, portanto, apresentou em 8 de maio um projeto de lei abolindo a escravidão incondicionalmente. Em um frenesi de entusiasmo, o Legislativo apressou a aprovação da lei por todos os estágios, e D. Isabel viajou de Petrópolis no domingo, 13 de maio de 1888, especialmente para assinar a lei e, com isso, não permitir que a escravidão durasse um dia a mais do que o necessário.[30]

"Seria o dia de hoje um dos mais belos da minha vida", D. Isabel declarou na cerimônia de assinatura, "se não fosse saber o meu pai enfermo".[31] Coincidiu com os últimos dias da escravidão uma alarmante doença que acometeu D. Pedro II após sua chegada a Milão durante a excursão pela Itália. Na manhã de 13 de maio, ele não conseguiu levantar-se, mostrando-se incapaz de controlar as pernas.[32] Estava pálido, com a fala balbuciante, a respiração ofegante e

---

28 IHGB BC Lata 91 Doc. 32 Relato do barão de Cotegipe intitulado "Exoneração do Gabinete de 20 de agosto de 1885". Cotegipe sobreviveu menos de um ano a sua demissão, falecendo em 13 fev. 1889.

29 AGP XL-2 D. Isabel para D. Pedro II e D. Teresa Cristina, São Cristóvão, 14 mar. 1887 (transcrito em Magalhães Jr., *Deodoro*, v.II, p.385-6).

30 *Organizações*, p.233-40.

31 Ibid., p.240. Nessa mesma noite, D. Isabel enviou ao pai um relato detalhado sobre os acontecimentos do dia e seu estado de espírito, ver AGP XL-2 Carta a D. Pedro II, 13 maio 1888 (transcrita em Magalhães Jr., *Deodoro*, v.II, p.386-7).

32 As melhores fontes sobre a crise em Milão são o visconde de Mota Maia para o conde d'Eu, Aix-les-Bains, 28 jun. e 20 jul. 1888, em Mota Maia, *Mota Maia*, p.224-30; UFP JA visconde de Nioac para João Alfredo Correia de Oliveira, Milão, 3 maio, particular; Milão, 17 maio, particular; Aix-les-Bains, 15, 19 e 26 jun. 1887, e Pedro Augusto para o barão de Estrela, Milão, 10, 12, 15, 20, 25 e 26 maio; Aix-les-Bains, 6 jun. 1888, em Saxe-Coburgo e Bragança, *Trabalhos*, p.224-32. Os artigos na *Times* de Londres e no *Le Figaro* de Paris fornecem boa informação histórica sobre a doença e seu curso.

a pulsação irregular. Mota Maia diagnosticou o início do que chamou de pleurisia seca e também, o que mais o preocupava, sintomas de uma falência generalizada do sistema prestes a ocorrer. Ele imediatamente chamou especialistas para ajudá-lo. O estado de saúde de D. Pedro II piorou continuamente, levando a uma crise em 11 de maio, que foi superada.[33] Seguiram-se alguns dias de aparente recuperação. Na manhã de 22 de maio, como a imperatriz escreveu, "de manhã deixei o imperador sem novidade e fui me vestir para ir à missa".[34]

Nesse momento, D. Pedro II sofreu um súbito e dramático colapso, novamente ameaçado por uma falência generalizada do sistema. Ele perdeu a consciência. Sua pulsação ficou fraca e irregular. Sua face e corpo cobriram-se de um suor espesso, suas mãos e pés ficaram completamente frios. A respiração, inicialmente profunda e rápida, tornou-se mais superficial e lenta até efetivamente parar por dez a vinte segundos. O ciclo então se reiniciou. A imperatriz foi chamada com urgência ao quarto. "O que devia achar? Meu marido rodeado dos quatro médicos e ele sem sentidos e quase morto."[35] Na desesperada esperança de manter D. Pedro II vivo, seus médicos administraram todo tipo de estimulante que puderam, inclusive injeções de cafeína. Após meia hora, D. Pedro II recobrou a consciência e conseguiu confessar-se com um padre que lhe deu a extrema-unção. Na presença da morte, D. Pedro II subitamente disse a seu médico: "Agora eu me sinto bem; estou bem".[36]

A partir desse momento, o imperador começou uma lenta, mas progressiva recuperação. Em 4 de junho, ele seguiu com especiais precauções para Aix-les-Bains nos Alpes franceses, e lá continuou sua convalescença. Duas semanas depois, ele conseguia andar sozinho. Assim que se sentiu melhor, começou a retomar seu antigo estilo de vida, que causara tanta preocupação a seus médicos e acompanhantes. Mota Maia escreveu ao conde d'Eu em 20 de julho:

> Se as tendências de S. M. fossem de se sujeitar, depois da última moléstia, a um repouso, pelo menos relativo, eu me animaria a propôr uma demora ainda de alguns meses na Europa, o que traria sem dúvida excelentes resultados. Mas S. M. protesta sempre contra a inatividade e já tem tentado frustrar certos cui-

---

33 *Times*, 12 maio 1888, divulgou que "sintomas de congestão cerebral nevrálgica surgiram".

34 D. Teresa Cristina para Maria Amanda Paranaguá de Dória, Aix-les-Bains, 7 jun. 1888, apud Fleiuss, *Páginas*, p.291.

35 Ibid.; e ver "Cheyne-Stokes Respiration", *Encyclopedia of Medicine*, p.262. Os sintomas apareceram pela primeira vez na noite anterior; ver notícia datada Milão, 22 maio, na *Times*, 23 maio 1888.

36 Visconde de Mota Maia para o conde d'Eu, Aix-les-Bains, 28 jun. 1888, em Mota Maia, *Mota Maia*, p.226; e ver "L'empereur du Brésil", *Le Figaro*, 25 maio 1888.

dados e cautelas [...] A vista, pois de suas diposições, não nos é lícito pensar em prolongar a permanência na Europa, e temos cogitado partir de Bordeaux no dia 5 de agosto próximo.[37]

O imperador consentiu com esse plano, e o grupo imperial partiu para o Brasil no paquebote francês Congo. A viagem transcorreu sem problemas, e no início de 22 de agosto de 1888, o navio aportou no Rio. A recepção ao imperador foi tumultuada e avassaladora – uma manifestação sem igual em intensidade. D. Pedro II parecia saudável e alerta e suportou bem a tudo, apesar da extenuante programação de festividades. Determinado a retomar sua rotina, o imperador dispensou cabalmente a sugestão de seu médico, com a concordância do Conselho de Ministros, de que D. Isabel continuasse como regente por mais dois meses. "Ele respondeu que não desejava ser considerado um inválido, ocupando um mero posto honorário, 'do qual já há demais neste país', ele acrescentou!" Assim escreveu o conde d'Eu no dia seguinte.

Figura 55. D. Pedro II, retornando da Europa em agosto de 1888, com D. Teresa Cristina e seu neto Pedro Augusto. Em pé atrás deles estão os membros da comitiva imperial: a condessa e o conde de Carapebus; João Artur de Sousa Correia, enviado brasileiro em Londres; o conde de Nioac; o conde de Mota Maia, médico de D. Pedro II; e o comandante do navio Congo.

---

37 Visconde de Mota Maia para o conde d'Eu, Aix-les-Bains, 20 jul. 1888, em Mota Maia, *Mota Maia*, p.230.

Ele continuou:

> A avidez e o entusiasmo do público pelo imperador foram imensos, ainda mais marcantes, parece-me, do que em seus retornos anteriores. Mas é uma homenagem inteiramente pessoal; porque, como eu acho que já escrevi, o credo republicano fez, desde a partida dele no ano passado, enormes avanços que impressionam a todos; e, não obstante a prosperidade econômica no presente ano, nunca, nos últimos 40 anos, a situação da monarquia brasileira pareceu mais abalada do que atualmente.[38]

Embora o conde d'Eu tendesse ao pessimismo, sua interpretação do relacionamento entre D. Pedro II e os brasileiros era bastante perceptiva. A efusão de alegria com que o imperador foi recebido assemelhava-se muito com as boas-vindas dadas a um avô de idade avançada que retornava de uma prolongada internação hospitalar. Sua ausência desorganizara a rotina da vida familiar, e a doença era uma lembrança perturbadora da fragilidade humana. Passada a acolhida festiva e reinstalado o avô em seu espaço familiar, a vida não pareceu tão satisfatória quanto se imaginava. Ele estava muito menos ativo e era bem menos fundamental à vida familiar do que antes da doença. Seu retorno acabava com a recém-descoberta liberdade de ação e pensamento. Cuidar dele consumia tempo e energia gastos durante sua ausência em outros interesses. Em suma, a família do avô havia se adaptado à existência sem ele e emocionalmente se desprendido dele. E rapidamente se ressentira com seu retorno, o que era desabafado sobre os outros, o médico sendo, por exemplo, culpado por falhar em assegurar um restabelecimento pleno ou um membro da família denunciado por não assumir sua parcela de responsabilidade em cuidar dele.

Tal reação ficou evidente entre os brasileiros no período subsequente ao retorno de D. Pedro II.

> Estamos em uma situação grave. O estado do imperador é precário, a princesa não tem simpatias e parece que o príncipe D. Pedro tem ambições. Ao mesmo tempo o Partido Republicano se organiza.

Assim escreveu em 10 de outubro o novo editor do principal jornal brasileiro, o *Jornal do Commercio*, a seus donos na Europa. "Nem o João Alfredo,

---

38 AGP XLI-1 conde d'Eu para o duque de Nemours, São Cristóvão, Rio de Janeiro, 23 ago. 1888.

nem os companheiros dispõem do prestígio necessário para arcar com as dificuldades que prevejo."[39] O jornalista apontou quase todos os fatores significativos de uma situação que evoluía rapidamente.

Ainda que na aparência o governante do Brasil, rapidamente tornou-se evidente que D. Pedro II não era mais capaz de atuar como líder político e supervisor do governo. "O imperador está cada vez mais fraco; não tem tato nas mãos, e depois da primeira hora de despacho, começa a transpirar de modo que as gotas de suor molham todos os papéis", o editor do *Jornal do Commercio* relatou em 10 de fevereiro de 1889. "O ministros querem poupar-lhe trabalho, mas ele insiste em ir até o fim dos despachos."[40] Na realidade, Mota Maia e João Alfredo tomavam muito cuidado para limitar a quantidade de trabalho que chegava ao imperador e procuravam ocultar esse fato dele e do público.[41] Residindo principalmente em Petrópolis, D. Pedro II empregava seu tempo exercitando-se levemente, escrevendo versos ruins e conversando com aqueles que o procuravam. "O velho imperador, Dom Pedro, fazia questão de acompanhar a partida e a chegada do trem [do Rio] todos os dias, e uma banda militar tocava regularmente na estação, pela manhã e à tarde", um diplomata britânico visitante mais tarde relembrou. "Era uma novidade ver um chefe de Estado em traje a rigor e cartola às 6h30 da manhã, ouvindo a uma banda de metais extremamente medíocre zurrando na sala de espera de uma acanhada estação de trem."[42]

---

39 João Carlos de Sousa Ferreira para François Picot, Rio de Janeiro, 10 out. 1888, em *1º centenário*, p.194.

40 João Carlos de Sousa Ferreira para François Picot, Rio de Janeiro, 10 fev. 1889, em ibid., p.200. Já em 12 nov. 1888, o conde d'Eu contou ao pai que "a decadência da monarquia só se tornou ainda mais evidente, e o povo não tem sido lento em compreender que o imperador com a melhor das intenções não pode mais, por causa das restrições que seu estado de saúde exige, governar como ele costumava fazer antes da doença"; ver AGP XLI-1 conde d'Eu para o duque de Nemours, Petrópolis, 12 nov. 1888.

41 Ver AGP XL-1 D. Isabel para o conde d'Eu, Petrópolis, 12 set. 1888; e as cartas trocadas entre Mota Maia e João Alfredo desde ago. 1888 até maio 1889, transcritas em Mota Maia, *Mota Maia*, p.173-5, 238-40. A pedido de Mota Maia, o editor do *Jornal do Commercio* parou de divulgar o horário em que o despacho se iniciava e terminava; ver João Carlos de Sousa Ferreira para François Picot, Rio de Janeiro, 9 nov. 1888, em *1º centenário*, p.196. Um exame dos arquivos do jornal confirma o relato do editor.

42 Hamilton, *My Yesterdays*, p.245-6. O autor floreou seu relato, já que D. Pedro II estava na estação todas as manhãs não às "6h30", mas às 10 horas da manhã, para receber o primeiro trem do Rio. Rebouças conversou com D. Pedro II na estação ferroviária às 6 horas da tarde em pelo menos treze ocasiões, de jan. a mar. 1889; ver Rebouças, *Diário*, p.323-32.

Figura 56. D. Pedro II, D. Teresa Cristina, Pedro Augusto, D. Isabel, Gastão conde d'Eu e seus três filhos, Pedro, Luís e Antônio, em Petrópolis em 1889.

A mente do imperador continuava ativa e astuta, mas ele não estava mais a par dos acontecimentos, não tinha mais o controle e não era mais indispensável à condução dos assuntos públicos. "A inteligência está clara, dizem-me, mas reaparece uma antiga mania que é agora sua preocupação constante; fazer versos e charadas", o editor do *Jornal do Commercio* observou. "Apenas o deixam só, entrega-se a isto com ardor e, regra geral, faz péssimos versos."[43] "Longa conferencia com o João Alfredo sobre mil assuntos – desânimos e queixas", um senador conservador anotou em seu diário em 11 de abril de 1889. "O Imperador [está] cada vez mais esquecido das coisas presentes e alheio aos assuntos políticos."[44] O guia indispensável, o cidadão modelo, havia se transformando em um coadjuvante um tanto triste e patético.

A passividade de D. Pedro II privava-o de sua utilidade anterior. Com sua presença assídua, ele evitava a redistribuição de poder no âmbito do sistema político e, portanto, uma evolução pacífica desse sistema. A resultante impaciência com o imperador, abertamente verbalizada por alguns, geralmente tomava a forma de um forte ressentimento contra a herdeira do trono, sua

---

43 João Carlos de Sousa Ferreira para François Picot, Rio de Janeiro, 10 fev. 1889, em *1º centenário*, p.201.

44 Ver o registro no diário do visconde de Taunay, em Taunay, *Pedro II*, p.57-63.

personalidade e suas atividades. "É um homem digno, que não terá sucessor do seu quilate", o editor do *Jornal do Commercio* observou em 10 de fevereiro de 1889. "A princesa não tem popularidade e, infelizmente, faltam-lhe muitas outras qualidades para ocupar o lugar do pai, e, sobretudo, a prudência e o critério."[45] Na verdade, D. Isabel contou com alguma popularidade no momento em que demitiu o ministério de Cotegipe em março de 1888 e assim tornou possível a rápida e incondicional abolição da escravatura. O fato de a abolição não ter causado nenhum rompimento da oferta de mão de obra e de a colheita de café de 1888 ter transcorrido sem problemas contribuiu para a popularidade da princesa. Chamada de "A Redentora" pelos defensores da abolição, após 13 de maio D. Isabel foi coberta de elogios e manifestações de apoio. Seu ato, ela assegurava, renovava a monarquia e garantia sua sucessão ao trono. José do Patrocínio, jornalista abolicionista proeminente, republicano inveterado e conhecido por seu desrespeito pela família imperial, não só renunciou a suas opiniões anteriores, mas também usou seu jornal para atacar os inimigos do regime. Em 28 de setembro de 1888, ele assumiu um papel de liderança na organização de uma "Guarda Negra", composta por ex-escravos e dedicada a defender a monarquia.[46]

Como anteriormente não havia recebido nada além de crítica da imprensa popular, D. Isabel naturalmente inferiu dessas manifestações de apoio que seu uso dos poderes monárquicos para apressar o fim da escravidão foi inteiramente justificado. Entretanto, a recente popularidade da princesa advinha dos setores marginalizados da população – aqueles privados de direitos políticos, economicamente carentes e de descendência africana. Por sua própria natureza a nova popularidade de D. Isabel aprofundou a hostilidade dos grupos reinantes em relação a ela. Quando o primeiro aniversário da abolição foi festejado no Rio de Janeiro, o próprio conde d'Eu comentou com altivez aristocrática, mas não sem um fundo de verdade:

> Eventos desse tipo que possuem uma dimensão emotiva, quando realmente derivam de ex-escravos e seus patronos *desinteressados*, possuem em sua essência um caráter político do qual a consequência é: espantar e alienar da monarquia, não sem alguma razão, os interesses estabelecidos e acender os instintos revolucionários dos demais.[47]

---

45 *1º centenário*, p.200.

46 Registro no diário para 28 set. 1888, em Rebouças, *Diário*, p.317; e ver Magalhães Jr., *Vida turbulenta*, p.249-50; e Ottoni, *Autobiographia*, p.391.

47 AGP XLI-5 conde d'Eu para a condessa de Barral, Petrópolis, 9 maio 1889.

Após deixar a regência em agosto de 1888, D. Isabel nada fez para dissipar a desconfiança de longa data em relação a seu caráter e comportamento. Sua aceitação da concessão pelo papa de uma Rosa Dourada – um sinal de estima papal oferecido somente a pessoas leigas com destacado serviço como um católico – era uma lembrança vívida de sua religiosidade. Pior ainda, na cerimônia pública de 28 de setembro de 1888, em que o mensageiro do papa entregou a Rosa a D. Isabel, ela fez um voto de obediência ao papado.[48] Após o retorno de seu pai da Europa, a princesa não tentou manter uma função na vida pública. Ela se retirou para a vida privada, dedicando-se a interesses sociais e artísticos. Os líderes políticos consideravam-na com desprezo. Um antigo presidente do Conselho de Ministros chegou ao ponto de chamá-la de "burra" em suas conversas particulares.[49]

O conde d'Eu estava plenamente ciente de quão ameaçadora era a situação. No início de fevereiro de 1889, ele escreveu à condessa de Barral na Europa:

> Aprecio por estares preocupada com a situação política no Brasil. Quem não estaria? Entretanto, creio que seja *impossível* que o Pai possa algum dia ser exilado. Enquanto ele sobreviver, ninguém levará as questões ao extremo. Mas e depois? Isso é terrível de contemplar. Não compreendo quais *precauções* tu queres que tomemos! Não temos meios de tomá-las de qualquer forma que seja.[50]

As exortações da condessa de Barral sobre esse assunto podem ter levado o conde d'Eu a abandonar sua passividade. Em março de 1889, ele fez uma visita oficial, levando consigo medicamentos e médicos às áreas da província de São Paulo então assoladas por uma epidemia de febre amarela.[51] Em maio, o conde, que estava em suas próprias palavras "cansado de ser tratado como um bode expiatório pela imprensa e de ser alegadamente responsável por tudo sem na realidade possuir qualquer voz ou influência", propôs empreender uma viagem oficial pelas províncias ao norte do Brasil.[52] Durante

---

48 Ver Lacombe, *Isabel*, p.243; e João Carlos de Sousa Ferreira para François Picot, Rio de Janeiro, 10 out. 1889, em *1º centenário*, p.194. A Rosa Dourada (na realidade, um buquê de rosas em um vaso) está ilustrada em Lacombe, *Isabel*, p.244.

49 Em visita a Portugal em 1889, José Antônio Saraiva usou esse termo em conversa com Manuel de Oliveira Lima; ver Oliveira Lima, *Memórias*, p.57.

50 AGP XLI-5 conde d'Eu para a condessa de Barral, Petrópolis, 9 maio 1889.

51 João Carlos de Sousa Ferreira para François Picot, Rio de Janeiro, 28 mar. 1889, em *1º centenário*, p.204.

52 AGP XLI-5 conde d'Eu para a condessa de Barral, Petrópolis, 14 maio 1889. Receptivos à ideia, tanto D. Pedro II quanto o primeiro-ministro queriam que D. Isabel acompanhasse o conde d'Eu, mas Mota Maia vetou a sugestão.

essa jornada, que durou quase três meses, o conde d'Eu foi em geral bem recebido, assim como havia sido em sua passagem por São Paulo.[53] Esses êxitos foram contraproducentes. Eles confirmavam a crença de que, quando D. Isabel sucedesse ao pai, não seria a nova imperatriz, mas seu marido – "o francês" – que guiaria os destinos do Brasil.

Uma insatisfação generalizada sobre o vindouro "Terceiro Reinado" levou alguns monarquistas a fomentar as ambições de Pedro Augusto. Em seu retorno ao Brasil, o príncipe estabeleceu-se em sua própria casa e, oferecendo jantares e recepções, tentou atrair apoio político e voltar a opinião pública a seu favor. Seu comportamento era errático demais e suas opiniões, excessivamente alarmistas para que sua causa prosperasse.[54] As anotações do diário de André Rebouças em 1888 proporcionam uma leitura triste:

14 – Dezembro

O príncipe D. Pedro Augusto conta a mim e a Joaquim Nabuco o absurdo plano dos oficiais do Exército para prendê-lo como refém.

27 – Dezembro

Tristíssima conversação com o príncipe engenheiro. Narra-nos as intrigas para abdicação do imperador; para casá-lo e impedir sua volta ao Brasil e um sem número de misérias.[55]

Cartas de D. Isabel ao marido em setembro de 1888 e em junho de 1889 revelam que a conduta de Pedro Augusto causava tanto aborrecimento quanto preocupação à família.[56] Suas intrigas para substituir a tia eram inúteis, como seu irmão Augusto supostamente disse a ele: "deixa disso que a sucessão não é dela, nem do maneta [o filho dela, D. Pedro], nem do surdo [o conde d'Eu], nem tua também".[57]

---

53 Ele estava bem satisfeito com a viagem, e "a receptividade havia sido extremamente afetuosa em quase toda parte", embora a imprensa do Rio tentasse suprimir qualquer menção a esse fato; ver ibid., Tijuca, 16 set. 1889. O conde d'Eu partiu em 12 jun. e retornou em 10 set. 1889; ver Rangel, *Gastão d'Orléans*, p.376, 382-4.

54 Ver o excelente capítulo sobre Pedro Augusto em Lyra, *Queda*, v.I, p.189-203.

55 Rebouças, *Diário*, p.318-9.

56 AGP XLI-1 D. Isabel para o conde d'Eu, Petrópolis, 6 set. 1888, e Tijuca, Rio de Janeiro, 27 jun. 1889; e ver AGP XLI-5 conde d'Eu para a condessa de Barral, Petrópolis, 9 maio 1889.

57 Se Augusto realmente fez esse comentário, deve tê-lo feito entre o retorno de Pedro Augusto ao Rio de Janeiro, em agosto, e sua própria partida em uma circunavegação em out. 1888. Ver Andrade, *Rio Branco*, p.198.

A passividade do imperador, a impopularidade de sua herdeira e do marido dela e as peculiaridades de seu neto proporcionavam excelentes alvos aos republicanos. Desde o surgimento de seu manifesto original em dezembro de 1870, o movimento republicano não havia prosperado. Nas províncias de São Paulo e Rio Grande do Sul, partidos republicanos locais desenvolveram considerável força. Como esses ganhos derivavam da defesa dos partidos por autonomia local contra o governo central do Rio de Janeiro, eles resultaram de pouca assistência aos republicanos como um movimento nacional. Dois deputados republicanos haviam conquistado assentos representando São Paulo na Câmara de vida curta de 1885, mas resumia-se a isso a soma das vitórias eleitorais do movimento.[58]

O republicanismo como crença predominava entre os alunos das faculdades e escolas de ensino superior. Entretanto, havia uma profunda divergência, rivalidade até, entre aqueles que adotavam um republicanismo parlamentarista, tal como existia na França, e aqueles que apoiavam um republicanismo ditatorial, tecnocrata. O primeiro grupo desejava estabelecer uma república por "evolução" – isto é, pela vitória nas urnas – enquanto o segundo favorecia a "revolução" – isto é, um golpe de Estado. Esse segundo grupo seguia a ideologia do positivismo de Auguste Comte, que pregava "ordem e progresso" – um governo exercido de cima para baixo, por uma minoria iluminada treinada em ciências. "Fiz-me rebelde por amor do Brasil e na crença irredutível de que a supressão da monarquia não era fruto de capricho dos homens senão que obedecia a uma sentença inapelável da evolução humana", relembrou um oficial do Exército sobre seu ponto de vista em 1889, quando ele tinha 20 anos de idade.[59] Os estudantes e jovens oficiais que eram republicanos concordavam em uma questão: eles odiavam a escravidão e demandavam sua extinção. Até maio de 1888 a causa abolicionista consumiu a energia e o fervor que poderiam ter sido empregados contra a monarquia.[60]

Assim que a escravidão foi reprimida, muitos adeptos vigorosos do movimento abolicionista retomaram a agitação em prol da república. Não foram, porém, as atividades desse grupo que produziram o surto de republicanismo em decorrência do 13 de maio. Todo interesse socioeconômico que se julgava

---

58 Lyra, *Queda*, v.I, p.1-42; v.II, p.74-116.

59 Alencar Araripe, *Tasso Fragoso*, p.555.

60 Ibid., e Lyra, *Queda*, v.II, p.134-44. As diferenças e as rivalidades entre os dois tipos de republicanismo, como existiam na província de Pernambuco, são bem analisadas em Hoffnagel, "From Monarchy", p.143-5, 149-52, 169-72, 182-3.

injustiçado pelo confisco de seu capital humano e a violação de seus direitos de propriedade aderiu ao movimento republicano, que acolhia todos os convertidos. Proeminentes entre esses convertidos eram os cafeicultores da província do Rio ou do sul de Minas Gerais. Tradicionalistas em essência, por muito tempo a espinha dorsal da monarquia, eles consideraram a ação da regente uma traição repulsiva a sua longa lealdade. O que atraía os fazendeiros ao republicanismo, além de sua oposição à monarquia, era a promessa do movimento de indenizá-los pelos escravos perdidos. A indenização proveria fundos para pagar as dívidas dos agricultores a fornecedores e comissários (autoridades e negociantes de exportação). O republicanismo para esse grupo era menos uma crença do que uma arma.[61]

Por mais temível que fosse esse aumento da força do republicanismo, os descontentamentos dos agricultores no Rio de Janeiro e Minas Gerais eram de tal natureza que um político capaz e ativo poderia neutralizá-los por meio de medidas econômicas e monetárias. Uma ameaça bem mais séria ao regime era a crescente alienação daqueles nos círculos do poder, antes monarquistas por convicção e convencionais em suas visões de sociedade e moralidade, mas agora desanimados com o *status quo*. Esses elementos deixaram de acreditar que o regime imperial era capaz de reformar-se, de efetuar uma redistribuição de poder em nível nacional e de empreender outras reformas de que o país necessitava urgentemente. Para esse grupo, a passividade de D. Pedro II e sua debilidade física tanto personificavam quanto significavam um regime em fase terminal de existência. Somente uma república, segundo esse grupo, quebraria o impasse e permitiria ao país progredir como devia.

A única esperança de estancar essa perda de apoio ao regime imperial era o Gabinete então no poder primeiramente apresentar um programa dinâmico de reformas e, em segundo lugar, por em prática as reformas propostas. Como o editor do *Jornal do Commercio* observou, o Gabinete de João Alfredo, após obter a abolição da escravidão, perdeu todo o senso de direção e caiu na passividade. Ao final de março de 1889, o editor observou:

> O Ministério atual não me parece que tenha a capacidade indispensável na crise grave em que nos achamos, ameaçados a todo o momento de ver desaparecer

---

61 Ver comentários sarcásticos escritos em jan. 1889 por Cristiano Ottoni em *Autobiographia*, p.349, sobre esses convertidos: "Quanto aos modernos republicanos, que são a maiora dos que gritam, direi que não morro de amores pela monarquia; mas não vejo que república se possa organizar com semelhante pessoal". Com respeito à situação na província de Pernambuco, ver Hoffnagel, "From Monarchy", p.177-80.

o imperador [...]. Mas este Ministério durará assim porque da parte do imperador não encontrará a minima dificuldade. O imperador julga-se preso pela gratidão aos homens de 13 de maio; talvez seja levar longe demais a gratidão.[62]

Quando a sessão legislativa foi aberta, em 3 de maio de 1889, o Ministério de João Alfredo caiu em uma emboscada da oposição. No Senado, os liberais e a ala dissidente dos conservadores sob a liderança de Paulino José Soares de Sousa uniram-se para eleger Paulino presidente desse órgão. Essa notável derrota aniquilou a maioria do Ministério na Câmara Baixa, e o Gabinete entrou em crise. João Alfredo Correia de Oliveira desejava ou renunciar ou obter a dissolução da Câmara dos Deputados. D. Pedro II recusou-se a consentir em qualquer dessas medidas.[63] Finalmente, para usar as palavras do conde d'Eu, em 28 de maio:

> O imperador, colocado contra a parede pelo presidente do Conselho de Ministros, decidiu convocar o Conselho de Estado e consultá-lo quanto à conveniência de dissolver a Câmara e, aliando-se à opinião desfavorável desse órgão, declarou que não concederia uma dissolução, acarretando a renúncia do ministério.[64]

O imperador tratou das consultas para a formação de um novo gabinete quase com a mesma habilidade de sempre. Mas três líderes proeminentes do Partido Conservador ou recusaram ou se revelaram incapazes de formar um Gabinete. A fragmentação e a fragilidade desalentadoras dos conservadores ficou, portanto, patente. D. Pedro II não estava disposto a conferir uma dissolução a nenhuma facção do partido. Por isso ele recorreu aos liberais,

---

62 João Carlos de Sousa Ferreira para François Picot, Rio de Janeiro, 28 mar. 1889, em *1º centenário*, p.204.

63 Ver os registros no diário do visconde de Taunay que se referem a esse período em Taunay, *Pedro II*, p.57-63.

64 AGP XLI-1 conde d'Eu para o duque de Nemours, a bordo do Alagoas rumo à Bahia, Rio de Janeiro, 13 jun. 1889. Era um sinal da mudança de atitude do conde que, no dia anterior à reunião do Conselho de Estado, ele insistisse em dar sua opinião a D. Pedro II. "Foi a primeira vez que falei sobre política. Ele me deixou falar por meia hora, sem dizer nada, um tanto contrariado, eu suponho. Após algum tempo, ele respondeu que iria pensar a respeito, já que (buscando por essas poucas palavras) ele não gostava [...] de mudanças, e finalmente expressou seus agradecimentos." O conde acrescentou: "A princesa prometeu participar dessa reunião, mas, atrasando-se por causa de suas devoções religiosas, só apareceu quando estávamos terminando". Ver AGP XLI-5 conde d'Eu para a condessa de Barral, Paço Isabel, Rio de Janeiro, 28 maio 1889.

convocando primeiramente José Antônio Saraiva.[65] O ex-presidente do Conselho de Ministros declinou a tarefa, alegando tanto seu estado de saúde quanto seu apoio a um federalismo pleno. Ele indicou Afonso Celso de Assis Figueiredo, visconde de Ouro Preto, para formar um ministério. Ouro Preto era um senador de Minas Gerais que servira com sucesso como ministro da Marinha durante a Guerra do Paraguai e com bem menos êxito como ministro das Finanças no Gabinete de Sinimbu. Em sua visão política, Ouro Preto era um tradicionalista, absolutamente hostil ao federalismo. O editor do *Jornal do Commercio* descreveu graficamente o temperamento do novo presidente do Conselho e a estreia do Gabinete:

> O visconde de Ouro Preto (Afonso Celso) organizou habilmente o seu Gabinete nas condições atuais do país. É muito inteligente, ilustrado e jeitoso; receio apenas o arrebatamenteo do seu gênio um tanto impetuoso. Devo desde já confessar que admirei-o no dia da apresentação do Gabinete, porque soube conservar a calma no meio do tumulto que houve na Câmara quando dois deputados declararavam-se republicanos, entre os aplausos do povo que enchia o recinto. Ambas estas declarações pouco valor têm a meus olhos, porque partiram de despeitados, e um dos novos republicanos é um padre que não merece a menor consideração. A propaganda republicana, todavia, vai se extendendo; o novo partido cresce, porque recolhe todos os descontentes, cujo número é sempre grande.[66]

O conde d'Eu concordava com essa avaliação. Ele também destacou em sua carta à condessa de Barral que o visconde de Ouro Preto havia escolhido como ministros dois amigos próximos dele e D. Isabel.

> Dirás que essas são escolhas excelentes: Ah, bem! Estou senão ligeiramente satisfeito. Receio que tudo isso vá parecer áulico demais e não trará convicção aos olhos do país. Desde o instante em que os liberais foram convocados, o que se admite que fosse inevitável, eu teria preferido a aceitação imediata dos elementos mais radicais a fim de satisfazer os anseios por reforma e competir com os republicanos. Se o novo Ministério pretende mostrar-se, como fez seu predecessor, como o veículo dos desejos da princesa, não terá havido nenhum ganho real.[67]

---

65 Registros para 1º a 7 jun. 1889, no diário do visconde de Taunay, impresso em Taunay, *Pedro II*, p.65-75.

66 João Carlos de Sousa Ferreira para François Picot, Rio de Janeiro, 15 jun. 1889, em *1º centenário*, p.206.

67 AGP XLI-5 conde d'Eu para a condessa de Barral, Petrópolis, 7 jun. 1889.

Figura 57. Afonso Celso de Assis Figueiredo, visconde de Ouro Preto, líder do Partido Liberal, senador e último presidente do Conselho de Ministros no reinado de D. Pedro II.

Ao recontar esses acontecimentos ao pai em 13 de junho, o conde d'Eu considerou que "seria pueril fingir que os desdobramentos na situação política do Brasil não *mudaram para pior* imensamente nos últimos dois anos".[68] Por mais justificado que fosse esse pessimismo, a situação não era realmente tão desanimadora quanto parecia, e no período de algumas semanas as perspectivas de sobrevivência da monarquia avivaram-se significativamente.

Tirando pleno proveito da prosperidade e do bom crédito de que o Brasil desfrutava na época, o presidente do Conselho de Ministros adotou a política de garantir por meio dos bancos vastos volumes de empréstimos muito baratos aos fazendeiros. Ele concedeu títulos de nobreza e honrarias menores à mão aberta e sistematicamente cortejava os prejudicados entre os politicamente importantes. Tendo obtido a dissolução da Câmara dos Deputados em 20 de junho, o visconde de Ouro Preto usou todos os recursos que conhecia, legais ou não, para assegurar para os liberais uma maioria incontestável nas

68 AGP XLI-1 conde d'Eu para o duque de Nemours, a bordo do Alagoas rumo à Bahia, Rio de Janeiro, 13 jun. 1889.

eleições a se realizarem em 31 de agosto. Acreditando que a perspectiva de riqueza instantânea desviaria a atenção do público dos problemas políticos, o presidente do Conselho de Ministros empregou também os poderes do governo para favorecer uma expansão de investimentos que passou a ocupar a atenção popular.[69]

A causa da monarquia recebeu um imenso impulso adicional na noite de 15 de julho de 1889. Quando o imperador, sua esposa e sua filha saíam de uma apresentação teatral, eles foram saudados com gritos de "viva a república!", o que causou tumulto. Após a família imperial entrar na carruagem, um jovem estudante com visões republicanas atirou contra o veículo, sem contudo atingir nada nem ninguém.[70] Essa aparente tentativa de assassinato chocou e aquietou a opinião pública. Uma visita do imperador a Minas Gerais no final de julho revelou que tanto a monarquia ainda estava ativa quanto ele contava com amplo apoio nessa província. Por fim, a boa recepção dada ao conde d'Eu, não o mais popular dos homens, durante sua viagem pelo norte do Brasil demonstrava que a monarquia permanecia poderosa por lá. "Está ainda muito agitado, ou melhor, desorientado o espírito público", o editor do *Jornal do Commercio* relatou em 30 de julho, "mas parece-me que o republicanismo (fictício muitas vezes, inconsciente outras, mal equilibrado sempre) tem ultimamente perdido terreno".[71]

No início de agosto, a lista de candidatos do governo triunfou nas eleições de um novo senador para a província do Rio de Janeiro, uma vitória que os liberais não atingiam há anos. As eleições da Câmara em 31 de agosto resultaram ainda mais favoráveis ao Gabinete. "A situação política e econômica do país afigura-se-me lisonjeira; o Ministério terá Câmara sua com pequena oposição conservadora e insignificante do republicano", o editor do *Jornal do Comércio* relatou em 13 de setembro.

Receio todavia o gênio aventuroso e um tanto precipitado do v. de Ouro Preto, que tem notabilíssimo talento e vasta ilustração, além de outros dotes de

---

69 João Carlos de Sousa Ferreira para François Picot, Rio de Janeiro, 15 jun., 30 jul. e 14 ago. 1889, em *1º centenário*, p.206, 208-9.

70 Ver a vívida descrição desse incidente nas cartas de D. Isabel a seu marido e à condessa de Barral; AGP XL-1 e 5 D. Isabel para o conde d'Eu, Tijuca, 17 jul. 1889, e para a condessa de Barral, Tijuca, Rio de Janeiro, 17 ago. 1889.

71 João Carlos de Sousa Ferreira para François Picot, Rio de Janeiro, 30 jul. 1889, em *1º centenário*, p.208. Essa carta identificou os fatores que favoreciam a causa monarquista discutidos aqui.

estadista, mas que nem sempre mede do alcance futuro das medidas que, um tanto apaixonadamente adota, ou propositalmente deixa de medir esse alcance. Até agora tem sido feliz nas suas.[72]

Na realidade, o visconde de Ouro Preto já tomara duas decisões infelizes e, em retrospecto, fatais. A primeira delas foi a forma como ele tratou as eleições para a Câmara dos Deputados e a segunda, o tratamento que dedicou às forças armadas. Em meados de junho, o editor do *Jornal do Comércio* havia previsto que "a representação republicana terá grande aumento na Câmara, apesar de todos os esforços que empregará o presidente do Conselho".[73] Ocorreu que as eleições praticamente excluíram os republicanos, e a maioria mantida pelos liberais deixou claro que o Gabinete arranjaria pretextos para destituir qualquer republicano que tentasse apresentar seu diploma. O visconde de Ouro Preto foi igualmente bem-sucedido em negar assentos a seus inimigos dentro do próprio Partido Liberal, e em particular afastou aqueles liberais que eram a favor do federalismo.[74]

A consequência dessa intolerância e exclusividade da parte do presidente do Conselho de Ministros foi dupla. Isso insultou os republicanos e os liberais federalistas que haviam, apenas algumas semanas antes, acreditado que seu triunfo era iminente. A intransigência do visconde de Ouro Preto privou seus oponentes de qualquer espaço e influência dentro do sistema político formal e encorajou-os a considerar alternativas fora do sistema. Quando os resultados das eleições à câmara foram divulgados, os republicanos que defendiam atingir seu objetivo pela "evolução", por meio das urnas, perderam toda credibilidade. Os proponentes da "revolução", de criar uma república por meio de um golpe de Estado, começaram a preparar seus planos. Eles estavam tanto mais ousados porque avaliavam que, assim que o visconde de Ouro Preto começasse a executar seu programa de reformas (embora o federalismo não fosse uma delas), a causa republicana perderia grande parte de sua visibilidade. Era um caso de "agora ou nunca".

Os meios e o líder para um golpe de Estado estavam à mão. Desde o fim da Guerra do Paraguai em 1870, as forças armadas brasileiras possuíam

---

72 João Carlos de Sousa Ferreira para François Picot, Rio de Janeiro, 14 ago. e 13 set. 1889, em ibid., p.209, 211.

73 João Carlos de Sousa Ferreira para François Picot, Rio de Janeiro, 15 jun. 1889, em ibid., p.206.

74 Ibid.

razões bem fundamentadas para queixas e ressentimentos contra o regime. O Exército era sistematicamente privado de equipamentos e suprimentos e seu pessoal era mal remunerado. As promoções no corpo de oficiais eram extremamente lentas. Era possível permanecer no mesmo posto por uma década ou mais. À medida que oficiais veteranos como o duque de Caxias foram morrendo, o Exército perdeu toda influência nos assuntos nacionais. Nos doze gabinetes empossados entre 1870 e 1889, somente três altos oficiais do Exército haviam efetivamente atuado como ministro da Guerra, e os ministros da Marinha eram todos civis. Apenas raramente os militares eram nomeados como presidentes de províncias.[75]

A consequência disso foi um desprezo generalizado entre os militares pelo que os oficiais chamavam de "casacas", os políticos de partidos que eles julgavam corruptos e interesseiros. Os oficiais mais jovens, bastante influenciados pelo positivismo de Auguste Comte, consideravam uma república ditatorial como a chave para o rápido desenvolvimento do país. Eles concebiam as forças armadas como uma classe independente que devia defender de modo vigoroso seus interesses. Desprezando o *status quo*, esses jovens oficiais reivindicavam o direito de expressar suas opiniões na imprensa, uma demanda que os círculos reinantes consideravam tão presunçosa quanto contrária à disciplina militar.

A alienação dos oficiais veteranos advinha de outra causa. A maioria deles construíra sua reputação e obtivera rápida promoção por causa de sua habilidade e bravura na Guerra do Paraguai. Eles não pertenciam por nascimento, casamento ou criação aos círculos reinantes. O membro mais proeminente desse grupo foi Manuel Deodoro da Fonseca, nascido em 1827. Ele e cinco de seus sete irmãos, pertencentes a uma família bastante humilde na província nordestina de Alagoas, haviam servido na Guerra do Paraguai. Corajoso e franco em seu ponto de vista, não se podia dizer que Deodoro da Fonseca fosse notável com respeito a estudos ou inteligência. Com a morte de Caxias em 1880, Deodoro da Fonseca foi considerado pelos conservadores como o mais prestigioso defensor de seu partido nas fileiras militares, o oficial sênior que poderia melhor contrabalançar a influência do visconde de Pelotas, líder militar que era um fervoroso liberal.[76]

---

75 Ver *Organizações*, p.158.
76 Lyra, *Queda*, v.I, p.52-5.

Figura 58. Manuel Deodoro da Fonseca, veterano
da Guerra do Paraguai, general e fundador da
República.

Em 1886, o Gabinete de Cotegipe indicou Deodoro da Fonseca para ser seu primeiro vice-presidente no Rio Grande do Sul e comandante das armas das unidades militares nessa província. Ao ocupar esses postos, Deodoro da Fonseca havia nutrido uma antipatia particular por Gaspar Silveira Martins, chefe do Partido Liberal na província. Deodoro também se envolveu em uma disputa entre um coronel estacionado no Rio Grande do Sul e o ministro da Guerra. O coronel, notoriamente indisciplinado, havia escrito um artigo na imprensa atacando um antigo ministro da Guerra. O ministro em exercício emitiu, sem consultar Deodoro da Fonseca, uma ordem censurando o oficial. Deodoro da Fonseca colocou-se em defesa de seu subordinado. A disputa tomou vulto e transformou-se em um confronto de grande escala entre o Gabinete de Cotegipe e o corpo de oficiais. Em fevereiro de 1887, o ministro da Guerra renunciou por conta do caso, e o episódio só terminou em maio daquele ano com a desistência do Gabinete de Cotegipe em tentar disciplinar o oficial em questão. A Questão Militar significava nada menos do que a perda de controle pelo governo sobre as forças armadas.[77]

---

77 Sobre o histórico da Questão Militar, ver ibid., v.I, p.43-9; e sobre suas origens e seu curso, ver ibid., v.I, p.49-51, 66-177.

Deodoro da Fonseca, que havia sido demitido de suas nomeações pelo Gabinete, ressurgiu como o líder incontestável do que se denominou "classe militar". Em 26 de junho de 1887, o Clube Militar, recém-fundado no Rio para unir os oficiais do Exército e da Marinha, elegeram-no seu presidente. O Clube Militar não hesitou em intervir nas questões políticas. Lançou seu presidente como candidato à eleição no Senado realizada na província do Rio de Janeiro. Em outubro, o clube apresentou, por meio de Deodoro da Fonseca, uma petição ao governo solicitando que as unidades do Exército não fossem usadas para cercar escravos fugitivos e devolvê-los a seus donos. A ascensão ao poder de João Alfredo Correia de Oliveira e a subsequente abolição da escravatura acalmaram por alguns meses a tensão entre o governo e os altos oficiais. Entretanto, um conflito entre os militares e a polícia civil na província de São Paulo em novembro de 1888 ameaçou reacender as paixões.[78]

Nesse ponto, o Gabinete de João Alfredo fez um de seus poucos usos eficazes de poder. Nomeou Deodoro da Fonseca para comandar uma corporação de observação na fronteira do Brasil com o Paraguai e com a Bolívia e também o nomeou comandante das armas da província fronteiriça de Mato Grosso, no extremo oeste do Brasil. O comando era uma nomeação honorífica, e Deodoro da Fonseca não podia recusá-la. Ele foi então afastado da capital e, sem sua presença e autoridade, o Clube Militar perdeu sua capacidade de causar problemas.[79]

Embora não mais uma ameaça, a insatisfação dos militares continuou inalterada e suas pretensões, incontroladas. "O Exército e a armada estão mais do que nunca indisciplinados", o editor do *Jornal do Commercio* observou em junho de 1889.[80] O visconde de Ouro Preto adotou duas medidas para remediar essa situação. Primeiramente nomeou dois oficiais da ativa como ministros da Guerra e da Marinha em seu Gabinete.[81] A expectativa era de que essas nomeações por si só conciliassem as forças armadas e que os novos ministros tomassem ação para remediar as queixas dos descontentes. Os

---

78 Ibid., v.I, p.81, 139-44, 256-7.

79 Ibid., v.I, p.258-61.

80 João Carlos de Sousa Ferreira para François Picot, Rio de Janeiro, 15 jun. 1889, em *1º centenário*, p.206.

81 Acreditava-se amplamente que o conde d'Eu havia insistido para que as duas pastas militares fossem entregues a oficiais em serviço; ver as fontes citadas em Lyra, *Queda*, v.I, p.365-7. A carta do conde d'Eu para a condessa de Barral, escrita na noite da formação do novo Gabinete, contradiz categoricamente essa afirmação; ver AGP XLI-5 conde d'Eu para a condessa de Barral, Petrópolis, 7 jun. 1889.

apontados não atenderam as expectativas neles depositadas. O visconde de Maracaju, ministro da Guerra, contava com pouco prestígio e autoridade entre seus colegas, sendo visto como íntimo do conde d'Eu. Além disso, sua saúde precária significava que ele nunca tomaria efetivo controle de sua pasta.[82]

O segundo passo do visconde de Ouro Preto foi planejar a reorganização e revitalização da Guarda Nacional, milícia criada em 1831 que, desde o início da década de 1870, tornara-se não mais do que uma organização no papel. Como ele posteriormente escreveu, justificando sua ação, "nada fez o governo do que executar lei vigente em todo o Império exceto na capital ou centro de maior população e importância do país". O visconde de Ouro Preto acrescentou que a medida "visava também não deixar o governo à mercê da força de linha, absolutamente sem outra qualquer em que se apoiasse para, se mister fosse, prevenir ou conter-lhe os demandos".[83] A ideia de reavivar a Guarda Nacional havia sido defendida em vários quartéis por algum tempo. Um dos correspondentes de João Alfredo recomendou a ele em fevereiro de 1889:

> Chamo sua mais particular atenção sobre a reorganização da Guarda Nacional, de ter essa força com que em outros tempos os governos sufocaram revoltas militares. Se tivéssemos a Guarda Nacional organizada, os Deodoros e outros ignorantes militares estariam sossegados.[84]

Excelente que fosse o plano no papel, ele não podia ser posto em prática sem um sério risco. Os oficiais do Exército não eram estúpidos. Eles compreendiam plenamente o propósito do plano, que julgavam ser uma afronta a sua honra e uma ameaça a seus interesses. E não pareciam dispostos a ficar parados enquanto a força militar rival era organizada e armada. O Gabinete de Ouro Preto iniciou a reorganização da Guarda Nacional no final de agosto de 1889.[85] Assim como ocorria com os republicanos, os oficiais do Exército sentiam que era uma questão de "agora ou nunca".

O que se fazia necessário no final de 1889 para que os oponentes da monarquia tomassem ação direta era um líder reconhecido. Esse líder foi

---

82 Ver Ouro Preto, *Advento*, p.33-5.

83 Ibid., p.94.

84 UFP JA visconde de Nioac para João Alfredo Correia de Oliveira, Confidencial, a bordo do Arepehy[?], 23 fev. 1889.

85 Ver o pós-escrito para João Carlos de Sousa Ferreira para François Picot, Rio de Janeiro, 4 ago. 1889, em *1º centenário*, p.209; e o despacho do enviado belga, Rio de Janeiro, 26 nov. 1889, citado em Lyra, *Queda*, v.I, p.399-400.

gentilmente oferecido pelo visconde de Ouro Preto, "que nem sempre mede do alcance futuro das medidas que, um tanto apaixonadamente adota, ou propositalmente deixa de medir esse alcance". Ele demitiu Deodoro da Fonseca como comandante da corporação de observação, que foi dissolvida, mas o presidente do Conselho de Ministros manteve-o em seu posto de comandante das armas da província de Mato Grosso. Ouro Preto então indicou como presidente dessa província um oficial militar de categoria inferior à de Deodoro da Fonseca e seu desafeto pessoal.[86] Esse tratamento foi interpretado pelo soldado como um desdém deliberado. Por isso, Deodoro da Fonseca dissolveu sua tropa e, sem pedir permissão ou comunicar o fato, deixou Mato Grosso rumo à capital nacional. Ele chegou ao Rio de Janeiro em 13 de setembro e foi saudado por uma grande delegação de oficiais e civis. Sem emprego e sem contato com o governo, Deodoro da Fonseca foi logo envolvido e treinado por um grupo de oficiais radicais e líderes do Partido Republicano, que fomentou seus ressentimentos e sugeriu-lhe cursos de ação. A derrubada do Gabinete de Ouro Preto era, segundo eles, essencial para a honra e a segurança dos militares. O imperador estava idoso e doente demais para proteger os legítimos interesses das forças armadas.[87]

No início de novembro, os conspiradores puderam contar com a participação dos oficiais que comandavam as unidades da guarnição do Rio. A informação sobre a conspiração vazou, mas o senso de solidariedade entre os militares e a falta de meios das autoridades para tomar medidas preventivas permitiram que a conspiração se desenvolvesse livremente. Em 9 de novembro, uma reunião com mais de cem oficiais no Clube Militar decidiu realizar, no curso de alguns dias, uma mudança na direção "de uma política caduca, política de homens completamente ignorantes e sem patriotismo algum". O tipo de mudança foi deixado discretamente não especificado, e por conseguinte uma ação tinha de ser tomada antes da abertura da nova sessão legislativa, em 20 de novembro. Deodoro não compareceu a essa reunião no Clube Militar, pois estava sofrendo de um de seus frequentes ataques de asma.[88]

Nenhum pressentimento agitou o público em geral. Sua atenção estava voltada para a visita ao Rio de Janeiro de um navio de guerra chileno. O Ga-

---

86 Lyra, *Queda*, v.I, p.373-5; e ver a defesa de Ouro Preto sobre a forma como ele lidou com o caso em Ouro Preto, *Advento*, p.11-4.

87 Lyra, *Queda*, v.I, p.404-9, v.2, p.28-31.

88 Ibid., v.2, p.171-8. O levante foi originalmente planejado para 9 novembro, como posteriormente alegou o visconde de Ouro Preto, mas a cooperação da Marinha não pôde ser assegurada e, por isso, foi marcado para 17 nov.; ver Ouro Preto, *Advento*, p.81.

binete usou a ocasião para organizar uma série de festividades destinadas a demonstrar a riqueza do país e o prestígio do regime. Na mesma noite, 9 de novembro, em que o Clube Militar se reuniu, ocorreu um concorrido baile, de magnificência e luxo sem precedentes, em homenagem aos oficiais da Marinha chilena. Realizado em uma ilha na baía do Rio de Janeiro, o baile teve a presença de toda a família imperial e todos de importância nos círculos do poder.[89]

Em 11 de novembro, o conde d'Eu escreveu ao pai:

> Meus familiares finalmente desceram de Petrópolis no dia 5 deste mês e, após virem para passar a sexta-feira e o sábado aqui e, anteontem, na noite de domingo [9 de novembro] para participar do baile gigantesco organizado pelo governo em uma ilha usada pela alfândega em homenagem à visita ao Rio de um navio de guerra chileno, retornaram a Petrópolis ontem às 9 horas da manhã. Eles devem voltar no domingo [16 de novembro] como de costume.[90]

Tudo parecia normal, mas no mesmo dia em que o conde escrevia essa carta, os conspiradores se reuniram, desta vez na presença e com o consentimento de Deodoro da Fonseca, ainda prostrado na cama com asma. Foi combinado que tomariam ação nos próximos dias. O governo logo soube do plano e começou a adotar as medidas possíveis para sua proteção.[91]

Temendo a prisão e a frustração dos planos acordados, os oficiais no comando das unidades da guarnição do Rio, estacionados em barracas nas proximidades do palácio de São Cristóvão, lideraram suas tropas na noite de 14 de novembro. A coluna marchou em direção ao quartel-general do Exército do outro lado do Campo de Santa Ana, onde, quase sessenta anos antes, a destituição de D. Pedro I havia se dado. A decisão impeliu à ação os principais conspiradores. Deodoro da Fonseca levantou-se de seu leito para se juntar à tropa, que incluía Benjamin Constant Botelho de Magalhães, um professor da Escola Militar e um dos líderes republicanos participantes da conspiração.[92]

Às 3h30 da manhã de 15 de novembro, o presidente do Conselho de Ministros enviou o seguinte telegrama:

---

89 AMI POB Maço 207 Doc 9.435 conde d'Eu para a condessa de Barral, Palácio Isabel, Rio de Janeiro, 11 nov. 1889 (transcrito em "A deposição", p.224-5); e Lyra, *Queda*, v.2, p.179-82.

90 AGP XLI-I conde d'Eu ao duque de Nemours, Rio de Janeiro, 11 nov. 1889 (citado em Rangel, *Gastão d'Orléans*, p.388).

91 Ver Ouro Preto, *Advento*, p.81; e Lyra, Queda, v.2, p.218-31.

92 Lyra, *Queda*, v.2, p.239-42, 253-64.

Urgente – À Sua Majestade o Imperador. Senhor, esta noite o 1º e o 9º Regimento de Cavalaria e o 2º Batalhão de Artilharia, a pretexto de que iam ser atacados pela Guarda Negra, e de ter sido preso o marechal Deodoro, armaram-se e mandaram prevenir o chefe do Quartel-General de que viriam desagravar aquele marechal. O governo toma as providências necessárias para conter os insubordinados e fazer respeitar a lei. Acho-me no Arsenal da Marinha com meus colegas de Justiça e da Marinha.[93]

Ao amanhecer, o ministro da Guerra decidiu deixar o arsenal naval e seguir para o quartel-general do Exército no centro da cidade. Os outros ministros o acompanharam. No quartel-general, consideráveis forças, maiores e mais bem armadas do que aquelas que apoiavam os rebeldes, estavam reunidas. Os ministros chegaram ao prédio às 7h da manhã e logo depois o drama começou.[94]

As tropas rebeldes lideradas por Deodoro da Fonseca chegaram e posicionaram-se em linha de frente para o quartel-general. Deodoro da Fonseca enviou uma mensagem exigindo uma conferência, que foi imediatamente recusada. As forças oponentes encararam-se em silêncio.[95] Logo ficou claro qual seria o desfecho. Ouro Preto ordenou que as tropas no interior do prédio disparassem e capturassem a artilharia organizada contra o quartel-general. "No Paraguai os nossos soldados se apoderavam da artilharia em bem piores condições!", ele argumentou. "Sim", o ajudante-general respondeu, "mas lá tínhamos em frente inimigos, e aqui somos todos brasileiros".[96] Enquanto essa conversa se dava, os portões principais do quartel-general foram arrombados e os rebeldes marcharam para dentro. Ao entrar no prédio, Deodoro da Fonseca tirou seu quepe e fez a habitual saudação: "Viva Sua Majestade, o Imperador".[97] Ao ficar frente a frente com Ouro Preto, Deodoro da Fonseca primeiramente submeteu-o a uma longa denúncia e depois disse-lhe que apresentaria ao imperador os nomes de um novo ministério. Embora Deodoro ameaçasse o chefe deposto do governo com a deportação, nenhum movimento foi feito para prender Ouro Preto ou qualquer um de seus colegas. No início

---

93 Ouro Preto, *Advento*, p.56.
94 Ibid., p.57-9; e Lyra, *Queda*, v.2, p.248-9. Ouro Preto alegou que o movimento se deu por sugestão do ministério da Guerra, que negou a acusação.
95 Ouro Preto, *Advento*, p.63-5.
96 Ibid., p.64. Três anos depois, o general-adjunto do Exército, na época presidente do Brasil, não hesitou em resistir pelo uso da força a uma rebelião da Marinha para destituí-lo.
97 Lyra, *Queda*, v.2, p.280-3.

da tarde, os ministros, se é que ainda o eram, foram autorizados a deixar o prédio.[98]

Apesar de suas declarações, Deodoro da Fonseca não controlava o curso dos acontecimentos. Os oficiais que cercavam o general incitaram-no a tomar medidas mais radicais, como fez Benjamin Constant Botelho de Magalhães, que estava então acompanhado por Quintino de Sousa Bocaiúva, outro líder do Partido Republicano envolvido na conspiração.[99] Uma coluna de tropas com Deodoro da Fonseca como seu chefe, e Benjamin Constant e Quintino Bocaiúva de cada lado, formou-se e saiu do ministério da Guerra. Enquanto a coluna marchava pela cidade, não encontrou nenhum sinal de oposição, nem o menor traço de resistência. As tropas tomaram controle primeiro do arsenal naval e depois do escritório central do telégrafo, dois movimentos que garantiram o sucesso do golpe.[100] Seu derradeiro objetivo permanecia ambíguo. Às 15h, um grupo de republicanos, desejando forçar uma decisão sobre a questão, reuniu-se na Câmara Municipal onde assinaram um ato proclamando a república. Deodoro e seus colegas de conspiração não estavam presentes e não assinaram esse documento. Somente tarde da noite, o general, após consultar os chefes do Partido Republicano, pôs-se a organizar um governo provisório. No decorrer do dia, a vida da cidade prosseguira como se nada estivesse ocorrendo. Somente a ocasional marcha das tropas e pequenas demonstrações de rua indicavam que nem tudo estava normal.[101]

Do desenrolar dos acontecimentos e da dissolução do regime, tanto o imperador quanto D. Isabel e seu marido foram meros espectadores. O criado pessoal do imperador, Cândido José Freire, entregou o primeiro telegrama de Ouro Preto, anunciando o levante a seu mestre logo cedo na manhã de 15 novembro. O imperador simplesmente colocou o telegrama no bolso e prosseguiu com sua rotina. Sua única ação incomum foi, quando visitava a estação ferroviária, indagar se havia um trem especial disponível para levá-lo ao Rio. Como naquele dia era o aniversário de 45 anos da morte de sua irmã,

---

98 Ouro Preto, *Advento*, p.69-70; e Lyra, *Queda*, v.2, p.284-6, 295, 298-9.

99 Quintino Bocaiúva parece ter-se juntado às forças rebeldes pouco antes de elas chegarem ao quartel-general do exército; ver Silva, *Bocayuva*, p.102.

100 Lyra, *Queda*, v.2, p.286-9, 392. Citando uma obra secundária, Lyra afirma que o escritório central do telégrafo foi ocupado somente na noite de 15 nov., mas o testemunho tanto do conde d'Eu (que Lyra desconsidera na p.328) quanto de André Rebouças deixa claro que a tomada do escritório central do telégrafo ocorreu às 13h; ver "A deposição", p.228; e Rebouças, *Diário*, p.350.

101 Lyra, *Queda*, v.2, p.293-302, 360-82.

D. Maria II, D. Pedro II assistiu a uma missa em sua memória. Ao deixar a igreja, ele recebeu um segundo telegrama, enviado por Ouro Preto às 10h30, relatando o curso dos eventos no quartel-general do Exército e colocando a renúncia de seu Gabinete nas mãos dele.[102]

Esse telegrama impeliu o imperador à ação. Acompanhado pela esposa e por seu médico, ele seguiu diretamente para a estação ferroviária e tomou o trem especial para o Rio de Janeiro. No terminal, a carruagem imperial, puxada por seis cavalos, aguardava e foi conduzida desimpedida pelas ruas da capital até chegar ao palácio da cidade, onde o avô do imperador, D. João VI, rei de Portugal e do Brasil, havia fixado residência em 1808.[103] Era evidente que o imperador acreditava que a rebelião relatada pelo presidente do conselho não tinha maiores implicações e que ele poderia restaurar a ordem e a autoridade sem muita dificuldade.

As primeiras notícias sobre o motim chegaram a D. Isabel e ao conde d'Eu pouco antes das 10 horas.[104] Um de seus informantes declarou, o conde relembrou, "que todas as tropas estavam reunidas diante do ministério da Guerra com Deodoro e [Quintino] *Bocaiúva* [o líder republicano] à frente. 'Nesse caso', não pude deixar de dizer, 'a monarquia está acabada'".[105] O conde d'Eu imediatamente providenciou para que seus três filhos fossem levados a Petrópolis, aonde eles chegaram em segurança naquela noite. As tentativas de comunicação com o imperador, para persuadi-lo a permanecer em Petrópolis e organizar a resistência de lá, falharam. O escritório central do telégrafo estava então nas mãos dos militares.[106] D. Isabel e seu marido conseguiram arranjar um pequeno barco a vapor para chegar à nascente da baía do Rio e de lá tomar um trem para chegar a salvo em Petrópolis. O recebimento de um telegrama de Mota Maia informando que o imperador havia descido para o Rio fez que eles alterassem seu destino para São

---

102 Ibid., v.2, p.279-80; e Calmon, *Pedro II*, v.4, p.1578-9.

103 Lyra, *Queda*, v.2, p.308-21.

104 O seguinte relato dos acontecimentos baseia-se em grande parte na longa carta do conde d'Eu para a condessa de Barral, Palácio Isabel, Rio de Janeiro, 14 nov. 1889 (e retomada em 19 nov.), em AHMI POB Maço 207 Doc. 9.435 e transcrito em "A deposição", p.227-40. O relato dos acontecimentos por D. Isabel, "Memória para meus filhos", foi escrito em Cannes, em 30 maio 1890, a partir de anotações que ela fizera a caminho da Europa, entre 18 e 21 nov. 1889; ver AHMI POB Maço 207 Doc. 9.413 (transcrito em Magalhães Jr., *Deodoro*, v.2, p.395-403). Como o relato de D. Isabel difere quase nada e acrescenta pouco ao conteúdo da carta do conde d'Eu, que é bem mais detalhada, a última fonte é a preferida.

105 "A deposição", p.227-8.

106 Ibid., p.228; ver nota 100 anterior.

Cristóvão.[107] Ao passarem de barco pelo centro do Rio, o conde d'Eu viu a carruagem do imperador passar. Em terra, eles se juntaram a D. Pedro II e D. Teresa Cristina no palácio da cidade. Ao entrarem, a princesa e seu marido foram saudados com as tradicionais honras militares pela guarda do palácio.[108]

No palácio, o imperador e seu genro discutiram sobre a ação a ser tomada. D. Pedro II desejava dissolver as unidades do Exército; a isso o conde d'Eu prontamente replicou:

> "Isso é fácil falar, mas como o senhor planeja dissolver as tropas que estão rebeladas contra o senhor? Primeiramente, é preciso nomear um governo porque o anterior renunciou."
>
> "Mas eu não aceito essa renúncia", respondeu o imperador.
>
> "Mas os ministros são prisioneiros dos rebeldes."
>
> "Mas não é isso! Ouro Preto está vindo falar comigo."[109]

D. Pedro II havia realmente mandado seu ajudante de ordens convocar o presidente deposto do Conselho de Ministros. Ouro Preto apareceu às 16 horas e manteve uma conferência muito breve com D. Pedro II. Ele aconselhou o imperador a nomear um novo Gabinete chefiado pelo senador liberal Gaspar Silveira Martins. Com essa proposta, o imperador concordou.[110]

A aceitação de Silveira Martins por D. Pedro II indicava o total irrealismo da situação. O senador estava no momento navegando do Rio Grande do Sul para o Rio de Janeiro e, portanto, só chegaria em um ou dois dias. Pior ainda, Deodoro da Fonseca quando comandante de armas no Rio Grande do Sul havia entrado em conflito com Gaspar Silveira Martins, a quem detestava. Nomear o senador como presidente do Conselho de Ministros era a melhor maneira de assegurar que Deodoro da Fonseca abraçaria a república.[111] D. Isabel e seu marido salientaram essas objeções e imploraram ao impe-

---

107 Ibid., p.228-9; e Muritiba, "Apontamentos", p.258. O original datilografado do relato do barão de Muritiba, datado 12 jun 1913, está arquivado em AHMI POB Maço 207 Doc. 9.404

108 "A deposição", p.229; e Muritiba, "Apontamentos", p.258.

109 "A deposição", p.229.

110 Ibid., p.229; Ouro Preto, *Advento*, p.72-3; e Muritiba, "Apontamentos", p.259; e João Carlos de Sousa Ferreira para François Picot, Rio de Janeiro, 27 nov. 1889, em *1º centenário*, p.214. *O Paiz*, 16 nov. 1889, relatou que Ouro Preto foi ao palácio da cidade às 16 horas e que sua discussão com D. Pedro II durou apenas cinco minutos. Com esse relato, a narrativa de Ouro Preto coincide; ver texto.

111 Mais tarde, Ouro Preto negou ter ciência do ódio de Deodoro da Fonseca pelo político que ele recomendou para substituí-lo; ver Ouro Preto, *Advento*, p.73.

rador que convocasse uma reunião com o Conselho de Estado. D. Pedro II simplesmente respondeu: "Mais tarde". A família então se sentou para o jantar, trazido de um hotel próximo. Após a refeição, a princesa, por iniciativa própria, mandou chamar os conselheiros ao palácio.[112]

No decorrer da noite, Pedro Augusto apareceu, ao saber que a família imperial estava abrigada no palácio da cidade. Muitos dos líderes políticos do regime vieram e se foram.[113] Um desses visitantes foi Manuel Francisco Correia, um senador conservador e conselheiro de Estado. Em particular, o imperador pediu a opinião dele sobre a situação. O político informou a D. Pedro II, de modo polido porém honesto, que o regime estava acabado. Onze meses depois da reunião, Correia recordou:

> Não notei no semblante do Imperador o mais leve sinal de despeito ou de cólera. As suas palavras, graves como de costume, foram no fim quase no princípio. Em ocasião de tanta angústia o imperador soube guardar consigo o seu pensamento íntimo. Interrogou, ouviu, refletiu, e conservou-se inalterável.[114]

No final da noite, às 23h30, D. Isabel finalmente convenceu o pai a ter uma reunião com o Conselho de Estado, dos quais doze membros estavam presentes. Era o canto do cisne de uma instituição com quase meio século de existência, e seu conselho final foi banal e óbvio: um novo Gabinete devia ser formado.[115] Então o imperador escolheu para a tarefa José Antônio Saraiva, que já viera e saíra no decorrer da noite. Convocado de volta ao palácio, Saraiva chegou à 1h30 da manhã e aceitou a missão. Ele enviou uma carta a Deodoro da Fonseca, solicitando um encontro. O imperador retirou-se para o leito, mas D. Isabel e seu marido ficaram acordados à espera da resposta. Quando o mensageiro finalmente retornou, ele relatou que Deodoro da Fonseca o

---

112 "A deposição", p.229. *O Paiz*, 16 nov. 1889, relatou que o jantar ocorreu às 17 horas e foi fornecido pelo Hotel Globo.

113 Pedro Augusto para comendador Catrambí, Paris, 26 jun. 1890, em Saxe-Coburgo e Bragança, *Trabalhos*, p.243; João Carlos de Sousa Ferreira para François Picot, Rio de Janeiro, 27 nov. 1889, em *1º centenário*, p.214; registro no diário do visconde de Taunay para 19 abr. 1890, em Taunay, *Pedro II*, p.92; e Muritiba, "Apontamentos", p.259.

114 Recordações de Manuel Francisco Correia, datadas 10 out. 1890, em "Memória apresentada", p.12-3.

115 "A deposição", p.229; e registro no diário do visconde de Taunay para 19 abr. 1890, em Taunay, *Pedro II*, p.92. A surdez do conde d'Eu impediu-o de ouvir qualquer coisa na reunião. O visconde de Cruzeiro, também presente, contou ao visconde de Taunay que o Conselho de Estado havia aconselhado D. Pedro II a convidar Saraiva para formar o novo governo.

recebera, mas lhe dissera que não havia resposta, porque "a república estava definitivamente estabelecida".[116]

O conde d'Eu não conseguiu dormir pelo restante da noite. Levantando--se à primeira luz do dia, ele olhou pela janela e viu a vida prosseguindo como de costume na praça diante do palácio. Às 7h da manhã, ele recebeu os jornais, que relatavam a proclamação da república e a formação de um governo provisório.[117] Logo após o palácio foi cercado por um destacamento da cavalaria com uma patrulha da infantaria em cada porta. No decorrer da manhã todo o acesso ao palácio foi proibido, e a família imperial tornou-se prisioneira. D. Pedro II acordou tarde e passou seu tempo calmamente, lendo seus periódicos científicos. Ele rejeitou um plano de escapar e obter refúgio no navio de guerra chileno. Às 15h um oficial do Exército entrou no palácio e apresentou uma mensagem que, após justificar a derrubada do regime, ordenava ao imperador e sua família deixar o país dentro de 24 horas. Ao saber do teor do ultimato, D. Pedro II observou: "Eu parto e parto já".[118] Em sua resposta, rascunhada pelo barão de Loreto, o antigo ministro da Justiça, o imperador anunciou:

> À vista da representação que me foi entregue hoje às 3 hs. da tarde, resolvo, cedendo ao império das circunstâncias, partir com toda a minha famiília para a Europa, amanhã, deixando esta pátria de nós estremecida, à qual me esforcei por dar constantes testemunhos de entranhado amor e dedicação durante quase meio século em que desempenhei o cargo de chefe de Estado. Ausentando-me pois, eu, com todas as pessoas da minha família, conservarei do Brasil a mais saudosa lembrança, fazendo ardentes votos por sua grandeza e prosperidade.
>
> Rio de Janeiro, 16 de novembro de 1889. – *D. Pedro d'Alcantara*.[119]

---

116 "A deposição", p.231; e Muritiba, "Apontamentos", p.260-1.

117 "A deposição", p.231. Exemplares de *O Paiz* e do *Diário de Notícias* para 16 nov. 1889 estão arquivados em BNRJ TM Arm. 32 Pac. 97. O conteúdo de ambos os jornais, cujos editores haviam acabado de tornar-se ministros no novo governo provisório (cada qual se vangloriando do papel central que desempenharam no drama), era uma curiosa mistura. A maioria das notícias relatava as atividades do regime deposto, como se ele ainda existisse, enquanto uma parcela menor cobria os eventos do dia anterior e divulgava os primeiros decretos do novo governo.

118 "A deposição", p.231-2; e Muritiba, "Apontamentos", p.261, 264-5.

119 Rascunho manuscrito pelo barão de Loreto está agora em AHMI POB Maço 220 Doc. 9.107, enquanto o original (ligeiramente diferente do rascunho) é mantido no arquivo da Casa Rui Barbosa; ver "A deposição", p.233.

A partida foi marcada para as 15h do dia seguinte, 17 de novembro, e os deportados imediatamente se voltaram para a atividade urgente de fazer as malas, resolver seus assuntos e escrever cartas de despedida. Naquela noite o conde d'Eu novamente não conseguiu dormir, antevendo novos desdobramentos. Ele estava certo. Nas primeiras horas da manhã, a família imperial foi despertada e informada de que devia partir de imediato. O novo regime temia que manifestações e conflitos ocorressem caso o embarque fosse feito durante o dia. Em princípio, D. Pedro II recusou-se a aquiescer, mas, quando a possibilidade de derramamento de sangue foi mencionada, ele consentiu em partir. O pequeno grupo de exilados era composto pelo imperador deposto e sua esposa, sua filha e genro e seu neto Pedro Augusto. Acompanhando-os estava o médico de D. Pedro II, o conde de Mota Maia; um de seus camareiros, o conde de Aljezur; e a dama de companhia de longa data da imperatriz, D. Josefina, agora viscondessa de Fonseca Costa. Levada até o cais, a família imperial foi conduzida em uma lancha para uma pequena canhoneira, Parnaíba, ancorada na baía do Rio. Durante todo o procedimento, D. Pedro II manteve uma calma altiva. Seu único sinal de desgosto com o curso dos acontecimentos foi para referir-se à falta de disciplina nas forças armadas e dizer aos oficiais militares que o acompanharam ao cais: "Os senhores estão uns doidos".[120]

A bordo do Parnaíba o grupo acomodou-se na pequena popa para aguardar o raiar do dia. Nesse momento, um oficial do Exército veio a bordo e apresentou ao imperador um envelope selado. Quando interrogado por D. Pedro II sobre o conteúdo, o oficial respondeu que continha um documento "que regula o futuro de vossa família" e que "é muito honoroso para vossa pessoa". O imperador apanhou o envelope e o oficial deixou o navio. O documento revelou-se um decreto do governo provisório concedendo ao antigo governante a soma de cinco mil contos de réis (uma quantia que excedia o total de rendimentos de seis anos). O documento foi colocado de lado para uma resposta posterior.[121] No meio da manhã, os três filhos de D. Isabel chegaram de Petrópolis acompanhados por seu tutor, Benjamin Franklin Ramiz Galvão, e por André Rebouças, um professor da Escola Politécnica que estava hospedado em Petrópolis. O primeiro deixou claro que não tinha

---

120 Ibid., p.233-4; e Muritiba, "Apontamentos", p.265-7. Também faziam parte do grupo o filho mais velho de Mota Maia e oito criados.
121 "A deposição", p.234; e Monteiro, *Pesquisas*, p.322-34, citando (p.322) um artigo no jornal *Novidades* do Rio de Janeiro, em uma data não especificada no final de nov. 1889.

intenção de acompanhar seus pupilos, e Rebouças ofereceu-se para ir à Europa no lugar dele.[122]

No início da tarde, o Parnaíba foi posto em movimento e zarpou do porto do Rio, tomando o rumo oeste para um encontro com o paquebote Alagoas, o mesmo vapor em que o conde d'Eu fizera sua viagem ao Nordeste do Brasil algumas semanas antes.[123] O Alagoas chegou ao ponto marcado pouco depois da canhoneira Parnaíba, e então se seguiu a penosa tarefa de transferir a comitiva imperial de um navio a outro em um mar agitado.[124] Exaustos, os exilados, seus acompanhantes e criados escolheram suas cabines e acomodaram-se para dormir.

Que a palavra final seja do conde d'Eu:

> O navio começou a se mover pela noite de 17 para 18 e quando, mais ou menos às 5 horas da manhã, abri minha janela, estávamos em frente à Ilha Rasa, e o Pão de Açúcar com a entrada na baía [do Rio] espalhava-se diante de nós em todo o esplendor da manhã. Pouco depois do meio-dia, passamos por Cabo Frio; e logo depois perdemos de vista a terra.[125]

---

122 "A deposição", p.235; e registros em diário para 16 e 17 nov. 1889, em Rebouças, *Diário*, p.350-1. Em 16 nov., Rebouças tomou a decisão de acompanhar a família imperial à Europa.

123 "A deposição", p.236; e registro em diário para 17 nov. 1889, em Rebouças, *Diário*, p.351. Como o Alagoas ainda não estava abastecido ou suprido para uma viagem transatlântica, os exilados não foram, como originalmente planejado e anunciado a eles, colocados diretamente no paquebote, permanecendo no Parnaíba. Os barões de Loreto e Muritiba e suas esposas, que não haviam passado a noite de 16 nov. no palácio da cidade, embarcaram no Alagoas ao meio-dia do dia seguinte e partiram para o encontro na Ilha Grande às 13h30; ver Muritiba, "Apontamentos", p.268-9.

124 Muritiba, "Apontamentos", p.269-70. A imperatriz teve de ser arrastada, segurada pela cintura, de um navio para o outro, porque sua debilidade física e seu estado emocional impediam que se movesse, "mui nervosa e movendo-se com dificuldade, dava gritos que a todos penalisavam".

125 "A deposição", p.236.

12
Morrer no exílio, 1889-1891

Durante toda a precipitação dos acontecimentos, que em três breves dias levou o imperador de seu palácio em Petrópolis a uma cabine no navio Alagoas, D. Pedro II se moveu como um autômato. Em nenhum momento durante a crise ele fez qualquer esforço para tomar a iniciativa ou assumir o controle da situação. Agiu somente sob comando alheio, embora com evidente relutância. Nem a revolta militar nem o destronamento despertaram qualquer reação emocional. É difícil não descrever D. Pedro II como um observador em vez de como um participante no drama de novembro de 1889.

Esse distanciamento dos eventos pode ser, em parte, atribuído à real deterioração de sua saúde e, portanto, de suas capacidades, tanto físicas quanto mentais. Sua passividade também pode ser atribuída a questões emocionais. Quase cinquenta anos de governo e responsabilidade constituíam um ônus que D. Pedro II não mais desejava, mas ao qual seu senso de dedicação e seu orgulho não lhe permitiam renunciar. Se por um lado a idade e a doença privavam o imperador de qualquer condição para reagir efetivamente à revolta da caserna de 15 de novembro, por outro, a resolução de manter o *status quo* também lhe faltava. A queda do regime proporcionava um honroso meio de escape.

A decisão do novo governo de enviar a família imperial para o exílio não representava para o antigo imperador uma privação, visto que o destino imposto era a Europa. Em três ocasiões anteriores, em 1871, 1876 e 1887, ele havia transferido os poderes de Estado e escapado para o exterior, onde deixava de ser o imperador para tornar-se simplesmente Dom Pedro de

Alcântara, amigo de renomados sábios e escritores. À medida que o Alagoas se afastava da costa brasileira em novembro de 1889, D. Pedro pôde perceber sua nova situação como semelhante à de suas ausências anteriores. Ele estava em férias inesperadas, porém bem-vindas, dos cuidados do Estado, férias que ele poderia aproveitar para aprimorar seu conhecimento e, portanto, suas habilidades para servir ao Brasil.[1] O fato de que em junho de 1887 ele também viajara em um navio comercial (embora agora no Alagoas em vez de no Gironde) e de que dentre seus acompanhantes estavam vários daqueles que o acompanharam na época – a imperatriz, o neto Pedro Augusto e seu médico particular, o conde de Mota Maia – ajudaram a reforçar esse senso de continuidade e assim poupar D. Pedro de uma avaliação da fundamental mudança em sua posição.[2]

Os acompanhantes de D. Pedro não alimentavam tais ilusões, mas eles ou se uniram em um acordo tácito de livrá-lo de preocupações ou eram pessoas cuja opinião não tinha peso para ele. O conde d'Eu, que pertencia a ambos os grupos, não se iludia quanto às perspectivas futuras da família real. Como ele observou a um companheiro a bordo do Alagoas, "desde a Guerra do Paraguai, tenho esperado uma revolução, mas ela me tomou de surpresa neste momento".[3] O conde d'Eu estava perfeitamente conformado em aquiescer ao resultado dessa revolução e, não obstante as dificuldades financeiras a serem enfrentadas por sua família, ele estava disposto a passar o resto da vida em sua terra natal como um *bon-vivant*.

A primeira reação de D. Isabel aos acontecimentos foi um misto de raiva e desalento. Ela se ressentia bastante do uso da força contra a dinastia, deplorava a ingratidão demonstrada a seu pai e detestava a perspectiva de nunca mais rever o Brasil. D. Isabel estava, porém, bem preparada para passar o resto de sua vida no exílio. Boa parte de seus 25 anos de casamento havia sido passada na Europa, com a qual ela estava na verdade mais familiarizada

---

1 A principal fonte de evidências sobre as atitudes e a condição emocional de D. Pedro (como ele será chamado neste capítulo) após 15 nov. 1889, são os catorze cadernos de diário, agora arquivados em AHMI POB Cat. B Maço 37 Doc. 1.057, que vão de 17-18 nov. 1889 até a véspera de sua morte em 5 dez. 1891; ver Vianna (org.), "Diários, cadernetas", p.80-2.

2 As melhores fontes originais sobre a viagem ao exílio são, além do diário de D. Pedro, as duas cartas do conde d'Eu para a condessa de Barral, o relato diário mantido pela baronesa de Loreto, o diário de André Rebouças e as recordações de José Maria Pessoa, comandante do Alagoas, registradas em Monteiro, *Pesquisas*, p.280-311.

3 *Gazeta de Portugal*, 8 dez. 1889, reproduzindo de *Novidades*, 7 dez. 1889, uma entrevista com um oficial do Alagoas. A mesma observação aparece em conde d'Eu para Dominique, conde de Barral, Alagoas, 4 dez. 1889, em "A deposição", p.241.

do que seu pai. Todos os parentes de seu marido residiam lá, assim como a condessa de Barral, sua antiga governanta e confidente preferida. Os dois casais brasileiros com quem D. Isabel mantinha os vínculos mais próximos de amizade, os Muritiba e os Loreto, haviam optado por acompanhá-la à Europa no Alagoas. Residir na Europa significava que D. Isabel poderia garantir uma criação católica apropriada aos filhos, algo que ela receava ser impossível no Brasil. Como jamais exibira muito gosto ou talento para a política e não encontrara satisfação em atuar como regente, a perda da posição de futura imperatriz privava D. Isabel de pouco ou nada.

Para duas pessoas que viajavam no Alagoas os recentes acontecimentos só lhes traziam desgraça. D. Teresa Cristina nunca afirmara sua identidade, nunca lutara contra o que o destino (na pessoa de seu marido) lhe ordenara. Conformada com muito pouco, ela havia com o passar dos anos encontrado satisfação em uma vida simples entre São Cristóvão e Petrópolis, dedicando-se à família, às devoções religiosas e às obras de caridade. Embora não haja registro direto de sua opinião sobre as ausências do Brasil em 1871, 1876-1877 e 1887-1888, elas não podem ter-lhe dado muito prazer. Em boa parte do tempo ela era deixada sozinha, apenas com as damas de companhia, em hotéis de alguma capital nacional ou em um balneário de águas, enquanto seu marido viajava intensamente em companhias bem mais estimulantes. D. Teresa Cristina amava o Brasil e seu povo. Ela não desejava nada mais do que terminar seus dias lá. Com 66 anos e sofrendo de asma cardíaca e artrite, ela agora enfrentava a perspectiva de acompanhar o marido em um incessante deslocamento pela Europa, passando seus últimos anos virtualmente sozinha em aposentos estranhos e desconfortáveis. Os eventos de 15 de novembro de 1889 causaram-lhe impacto tanto emocional quanto físico.

A derrubada da monarquia também foi um duro golpe para Pedro Augusto. Sua vida nunca havia sido fácil. Aos 6 anos de idade ele perdera a mãe e no ano seguinte foi apartado do pai e levado para o Brasil por seus avós. Segundo na linha de sucessão ao trono até 1876, ele perdera toda a esperança de herdá-lo quando sua tia deu à luz três filhos. Inteligente e hipersensível, não estava satisfeito com a perspectiva de desempenhar um papel subalterno na vida pública. Ele não havia repelido as sugestões de monarquistas insatisfeitos de que devia ser herdeiro ao trono, talvez até substituir D. Pedro II diretamente em uma sucessão forçada. A queda do Império e a apressada partida para o exílio destruíram essas ambições e levaram Pedro Augusto a uma crise psicológica. A presença de oficiais militares a bordo da canhoneira Parnaíba e depois a vigilância do Alagoas pelo navio de batalha Riachuelo desencadearam uma paranoia que o fez suspeitar de um iminente assassinato. Temores de que o príncipe cometesse suicídio atirando-se ao mar ou que atacasse seus desafetos a bordo levaram-no a ficar confinado à cabine, uma detenção que intensificou seu complexo de perseguição. Nas palavras do conde d'Eu, "o principal problema durante a viagem é o estado de terror de Pedro Augusto que o impede de dormir, às vezes de comer, e nos faz recear por seu equilíbrio mental". Somente quando o couraçado Riachuelo finalmente abandonou a vigilância do navio e permitiu que o Alagoas prosseguisse sozinho para a Europa, o príncipe retomou um estado quase normal.[4]

O antigo imperador parecia tão abstraído do estado de sua esposa e de seu neto quanto da realidade de seu próprio destronamento. Ele passava o tempo no Alagoas como se nada houvesse de errado no mundo. Lia muito, conversava longamente com André Rebouças e outros e participava das aulas dadas a seus netos. Como nenhum de seus criados pessoais havia optado por compartilhar seu destino, D. Pedro era cuidado por Guilherme Camerloker, um criado de seus netos.[5] Como fizera em suas viagens anteriores à Europa, D. Pedro começou a escrever um diário, e o primeiro apontamento foi feito em 18 de novembro. Além de expressar tristeza por sua última visão do Brasil, o diário não contém nada de natureza remotamente política.[6] Quando o Alagoas se aproximou das ilhas de Cabo Verde, que mantinham uma estação de transmissão no cabo submarino do Atlântico Sul e era o primeiro porto de escala desde a partida do Rio de Janeiro, a ponderação sobre uma questão política não pôde ser evitada.

No porto do Rio, a bordo da canhoneira Parnaíba, D. Pedro havia recebido – embora não tenha lido – um decreto emitido pelo novo governo republicano. Esse documento concedia-lhe a soma de 5 mil contos de réis. O conde d'Eu, que tinha conhecimento da falta de fundos da família imperial, era a favor de que se aceitasse a quantia, sujeita a uma declaração de que o dinheiro era um adiantamento da renda à qual a família imperial tinha direito por lei. D. Isabel

---

4 Conde d'Eu para a condessa de Barral, Alagoas, 19 e 28 nov. 1889, em ibid., p.237-8; e Monteiro, *Pesquisas*, p.285, 293, 298-301. Ver explicação e justificativa de Pedro Augusto sobre sua conduta, em suas cartas para o comendador Catambrí, Cannes, 2 fev. 1890, e Paris, 26 jun. 1890, em Saxe-Coburgo e Bragança, *Trabalhos*, p.235-8, 239-47.

5 Conde d'Eu para a condessa de Barral, Alagoas, 19 nov. 1889, em "A deposição", p.237; e registro em diário para 7 dez. 1889, em Rebouças, *Diário*, p.354.

6 AHMI POB Cat. B Maço 37 Doc. 1.057 Diário de D. Pedro II, registro tanto para 17 e 18 nov. quanto para 24 nov. 1889. Antes da primeira data, o caderno continha somente rascunhos de poemas.

e os demais membros do grupo eram fortemente contra qualquer ato que indicasse um reconhecimento do governo provisório e, portanto, a legitimar a queda do Império. D. Pedro concordava com a filha. Sempre um defensor dos direitos estabelecidos, ele desejava apenas que ele e sua família recebessem as somas garantidas a eles pelas leis e tratados existentes. Além disso, ele nunca gostara de ser colocado em uma posição de visível dependência de quem quer que fosse. D. Pedro não refutaria o estabelecimento da república, mas declinava aceitar seus favores. Uma mensagem nesse sentido foi rascunhada por D. Isabel e copiada por D. Pedro para envio a seu advogado no Rio assim que o Alagoas chegasse ao porto de São Vicente, nas ilhas de Cabo Verde.[7]

Os dois dias passados em São Vicente pouco fizeram para perturbar o senso de normalidade que ainda dominava D. Pedro. Ao desembarcar, ele foi recebido com uma salva de 21 tiros pelo navio de guerra português ancorado no porto. O vice-cônsul brasileiro e as autoridades locais foram recebê-lo. Ele então fez a costumeira rodada de visitas a prédios públicos na pequena cidade, conversando com qualquer pessoa que demonstrasse interesses culturais ou científicos – "assim como nas províncias do Brasil!", o conde d'Eu observou mordazmente.[8] O conde ocupou-se em enviar telegramas e cartas para o Brasil e a Europa, tudo relacionado ao futuro curso da vida de sua família.

A única reminiscência dos recentes acontecimentos foi a chegada a São Vicente do navio Montevideo na manhã de 30 de novembro. A bordo da embarcação, rumo a Hamburgo, estava o visconde de Ouro Preto. Normas de quarentena impediram a comunicação direta com o Montevideo, mas um bilhete escrito por Ouro Preto anunciou que ele também havia sido expulso do Brasil pelo governo provisório.[9] Considerando-se sua natureza impetuosa e sua ânsia de triunfar, era pouco provável que o antigo presidente do Conselho de Ministros se submetesse humildemente ao fim do Império ou à própria deportação. Gostando ou não, D. Pedro teve de pensar no provável surgimento de um movimento de restituição da monarquia e decidir qual deveria ser sua própria atitude em relação a isso.

Nenhuma ação imediata a esse respeito era necessária. A principal preocupação de D. Pedro era enviar um telegrama ao Hotel Bragança em Lisboa solicitando a mesma suíte de cômodos que ele usara em suas visitas anteriores

---

7 Conde d'Eu para a condessa de Barral, Alagoas, 27 nov. 1889, em "A deposição", p.238.

8 Conde d'Eu para a condessa de Barral, Alagoas, 30 nov. 1889, em ibid., p.239.

9 Ver o relato do filho de Ouro Preto sobre a parada em São Vicente e as dificuldades de comunicação com D. Pedro, em Affonso Celso, *O imperador*, p.8-12.

à cidade. Ele desconsiderou por completo os custos consideráveis que essa estada lá acarretaria. Certamente desconhecia que o conde d'Eu, para passar os telegramas ao Rio e a Lisboa, tivera de tomar dinheiro emprestado do comandante do Alagoas. Mesmo que soubesse, o fato não teria mudado sua decisão. Restrições financeiras nunca o haviam demovido do curso escolhido e, no final das contas, o dinheiro necessário sempre aparecia, por empréstimo, se necessário. Durante suas viagens anteriores à Europa, ele sempre se hospedara em hotéis e não estava disposto a mudar seus hábitos.[10] Nenhuma falta de fundos o induziria a aceitar a hospitalidade em um palácio real oferecida em um telegrama de seu sobrinho-neto, o rei Carlos de Portugal. Essa recusa de D. Pedro em admitir qualquer mudança em suas circunstâncias foi encorajada por uma decisão do governo provisório. O Alagoas poderia hastear a antiga bandeira imperial até que D. Pedro e sua comitiva desembarcassem em Lisboa.[11]

Na manhã após o Alagoas zarpar de São Vicente, D. Pedro acordou cedo, "2 (2ª fª). 5 ¾. 64 anos. Quase 50 destes procurei servir o Brasil e mesmo de longe o farei. O dia parece belo, mas há-os veradeiramente assim, sem esperança de voltar quase certa à Pátria?"[12] Sua família e comitiva, auxiliadas pelo comandante do Alagoas, fizeram o possível para tornar o aniversário o mais formal e festivo possível. D. Teresa Cristina estava doente e ficou confinada em sua cabine durante todo o dia, mas, como sempre, sua ausência mal foi notada. O jantar foi uma refeição requintada em que se serviu champanhe. Aqueles que estavam presentes leram poemas, de variado mérito, compostos em homenagem ao imperador. Ao final do jantar, D. Isabel ofereceu um brinde ao pai, e, em resposta, D. Pedro ergueu sua taça e disse: "Menina! Ouça o meu brinde – À prosperidade do Brasil!"[13]

A ausência de amargura do imperador deposto e sua generosidade foram registradas por Rebouças em seu diário:

---

10 Em 1876, quando a condessa de Barral sugeriu que, durante sua visita a Londres o imperador se hospedasse na casa do enviado brasileiro, D. Pedro respondeu, "não posso ir para a casa do Penedo; seria uma contradição com todo o meu procedimento. Em [Nova] Friburgo não tinha hotéis para onde ir, nem é este meu costume em minha terra". Ver condessa de Barral para D. Pedro II, Londres, 3 maio 1876, em Barral, *Cartas*, p.135, e D. Pedro II para a condessa de Barral, Washington D. C., 2 jun. 1876, em Magalhães Jr., *D. Pedro II*, p.183.

11 Monteiro, *Pesquisas*, p.308.

12 AHMI POB Cat. B Maço 35 Doc. 1.057 Registro no diário para 2 dez. 1889.

13 Registro para 2 dez. 1889, em Rebouças, *Diário*, p.353. O diário de D. Pedro II não contém nenhum relato sobre o jantar de aniversário.

É democraticamente encantador ouvir o imperador tratar a princesa imperial de "menina" ou de "minha filha". Ela tambem só diz: "Papai e mamãe" [...] Os principezinhos são "os meninos", "meus filhos", "meus netinhos". Tudo como em uma boa e santa família; sem o menor preconceito. Jamais pronunciam as frases "meu trono", "meu reino", "meu império", "minha dinastia". E tão somente: – O Brasil... Minha bela pátria... Que saudades do Brasil tão bonito... De Petrópolis, de minha casa, do meu jardim, de minhas amigas.[14]

A única vez em toda a viagem em que D. Pedro exerceu seu privilégio monárquico foi quando, ao se aproximarem das Ilhas Canárias, ele pediu ao comandante que alterasse a rota do navio para avistarem o Pico de Tenerife. "É provavelmente a última vez que passarei por aqui [...] e quero ver essa paisagem que já vi em circunstâncias mais felizes."[15] E ele foi recompensado em 4 de dezembro, quando avistou o pico vulcânico coberto de neve despontando das nuvens que cobriam o Tenerife.[16]

A longa viagem finalmente terminou em 7 de dezembro, quando o Alagoas chegou a Lisboa. Ao baixar âncora no Tejo, o vapor foi imediatamente tomado por uma multidão – jornalistas em busca de entrevistas, brasileiros expressando com sua presença o apoio pela causa perdida e velhos conhecidos de todas as nacionalidades prestando solidariedade.[17] D. Pedro tratou os jornalistas com pose altiva, discutindo tudo, exceto sua destituição e expulsão. Ele revelou pouco. Quando perguntado se publicaria um manifesto, ele respondeu: "De jeito nenhum, minha pessoa é um manifesto enquanto eu viver". Somente uma vez ele pareceu trazer à discussão o novo regime no Brasil. Indagado sobre a possibilidade de ser chamado de volta, ele retrucou: "Se eles me convocassem, eu iria; por que não?"[18]

O primeiro contato com a Europa foi caloroso e confortador. Entre os presentes estavam o conde de Nioac, companheiro do imperador durante sua estada na Europa em 1887-1888, e Dominique de Barral, trazendo uma breve carta da mãe dele: "Meu senhor, diga à sua velha criada onde quer que ela vá lhe beijar a mão, e se por às suas ordens em tudo e por tudo. Condessa

---

14 Registro para 3 dez. 1889, em ibid., p.354. A pontuação segue o original.

15 *Gazeta de Portugal*, 8 dez. 1889, reproduzindo de *Novidades*, 7 dez. 1889, uma entrevista com um oficial do Alagoas.

16 AHMI POB Cat. B Maço 35 Doc. 1.057 Registro no diário para 4 dez. 1889

17 Ver a vívida descrição da cena e a admiração expressa pela tolerância de D. Pedro em Oliveira Lima, *Memórias*, p.59-60.

18 *Gazeta de Portugal*, 8 dez. 1889, reproduzindo entrevistas de *O Dia* e *Novidades*, 7 dez. 1889.

de Barral".[19] Essas demonstrações de lealdade equiparavam-se ao respeito e ao interesse que D. Pedro evocava em seus visitantes. Ele havia perdido sua coroa, mas ainda era uma eminência na vida literária e científica da Europa.

Essa atmosfera foi difícil de ser mantida quando o rei Carlos de Portugal veio na barcaça real cumprimentar seus parentes e levá-los à costa com todas as honras. Um observador do encontro relembrou mais tarde "todo o ressentimento que se podia ver no rosto do rei quando ele entrou na barcaça real para recepcionar seu tio-avô destronado".[20] A vexação do sobrinho-neto de D. Pedro era compreensível. Tendo sucedido ao pai, rei Luís, somente algumas semanas antes, D. Carlos estava ocupado estabelecendo sua autoridade como monarca. Seu segundo filho estava prestes a ser batizado. Sua aclamação formal como rei ainda iria ocorrer. A vinda a Lisboa de seu tio-avô destronado e exilado era um mau presságio. D. Pedro atrapalhava o brilho da festa. O desgosto do rei foi agravado pela conduta do imperador deposto, que não manifestou nenhum apoio à posição de seu sobrinho, nem demonstrou gratidão pelas honras reais que lhe foram concedidas e recusou polida mas firmemente a oferta renovada de hospitalidade no palácio real.

As aparências de cordialidade foram mantidas. D. Pedro e sua família foram levados à costa na barcaça real e recepcionados formalmente no arsenal naval, "onde as pessoas presentes tiraram o chapéu e formaram um corredor para a passagem dele". Quando entraram nas carruagens, o grupo se dissipou. O rei retornou ao palácio, enquanto o antigo imperador e sua família seguiram para a igreja de São Vicente de Fora. Lá, na cripta dos Bragança, D. Pedro rezou pela alma de seus parentes, incluindo seu sobrinho recém-falecido D. Luís I. Já eram três e meia da tarde quando D. Pedro e sua família finalmente chegaram ao Hotel Bragança, onde o imperador se hospedara em 1871 e 1877.

D. Pedro nunca demonstrara muita empatia por seus colegas monarcas. Após chegar a Lisboa, ele nada fez para sustentar a causa da monarquia no Brasil. Desencorajou membros do corpo diplomático de renunciar a seus cargos em protesto contra o golpe. O cônsul-geral brasileiro na Grã-Bretanha, filho do visconde de Rio Branco, recebeu o seguinte telegrama: "FRASE TEXTUAL SEI TUDO QUERO LHE MUITO DIGA QUE FIQUE PEÇO QUE FIQUE É SEU DEVER SIRVA SEU PAÍS".[21] Um encontro com o visconde de Ouro Preto,

---

19 Condessa de Barral para D. Pedro II, Neuvy sur Barangeon, 28 nov. 1889, em Barral, *Cartas*, p.316.

20 Oliveira Lima, *Memórias*, p.56-7.

21 Telegrama anônimo (provavelmente enviado pelo conde de Nioac) para o barão de Rio Branco, Lisboa, 8 dez. 1889, comentava, "palavras do Imperador a meu respeito, hoje 8 de dezembro de 1889", em Rio Branco, *Correspondência*, p.90.

que chegara a Lisboa após uma estada nas Ilhas Canárias, não demoveu D. Pedro de sua posição de não se envolver. Se fosse chamado de volta, ele retornaria, mas não conspiraria por uma reintegração nem autorizava qualquer trama.[22]

Essa decisão, se por um lado bloqueava um curso de ação futura, por outro, em nada contribuía para resolver o que o antigo imperador devia fazer com os anos que lhe restavam. No dia de sua chegada, D. Pedro contou à imprensa que, enquanto não tivesse planos claros para o futuro, ele se instalaria em Cannes, onde vivera em 1887-1888. Paris, sua escolha preferida, era fria demais naquela época do ano.[23] Em 17 de dezembro, sua filha partiu com a família para uma breve visita ao tio do conde d'Eu na Espanha. D. Pedro, que decidiu não acompanhá-los, já havia, com sua atividade incessante, esgotado as atrações de Lisboa. Permanecer na cidade iria obrigá-lo a participar da aclamação formal de D. Carlos como rei de Portugal. Em 22 de dezembro ele partiu em uma viagem para as cidades de Coimbra e Porto, ao norte.

Como de costume, D. Pedro tomou a decisão de viajar sem levar em consideração os desejos de D. Teresa Cristina ou seu frágil estado de saúde. Em 18 de dezembro, ele escrevera em seu diário: "7 ¾ Não dormi quase nada por causa da asma da imperatriz". No dia seguinte, Rebouças notou que ele se levantou às "3 ½ para socorrer a imperatriz, chorando em dolorosíssimo ataque de asma".[24] Como sempre, a antiga imperatriz obedeceu às ordens do marido e acompanhou-o, embora sua inseparável dama de companhia, a viscondessa de Fonseca Costa, permanecesse em Lisboa. Os efeitos adversos de ser forçada a viajar logo se evidenciaram. Em Coimbra, no dia 23 de dezembro, após um dia de excursão, D. Pedro voltou ao hotel e lá "achando a Imperatriz deitada por achar-se cansada, mas sem indicação de febre. O dia foi bem empregado".Na manhã seguinte, ele escreveu: "Dormi bem. A Imperatriz passou sofrivelmente". Com isso, ele partiu para um segundo dia de passeios. No final do dia, o grupo tomou um trem para a cidade do Porto, chegando lá às dez da noite. Ao chegarem, a imperatriz passava visivelmente mal.[25]

---

22 Affonso Celso, *O imperador*, p.13-4.

23 *Gazeta de Portugal*, 8 dez. 1889, reproduzindo entrevistas de *O Dia* e *Novidades*, 7 dez. 1889; e conde d'Eu para Dominique, conde de Barral, Alagoas, 4 dez. 1889, em "A deposição", p.241.

24 Registro para 19 dez. 1889, em Rebouças, *Diário*, p.356; e AHMI POB Cat. B Maço 35 Doc. 1.057 Registro no diário para 18 dez. 1889.

25 AHMI POB Cat. B Maço 35 Doc. 1.057 Registros no diário para 23 e 24 dez. 1889; e Rocha Martins, *D. Pedro II*, p.183.

No dia seguinte, dia de Natal, D. Pedro comentou, "8h. Dormi bem", sem escrever nada sobre a saúde da esposa. A habitual rodada de atividades seguiu-se. Retornando ao hotel naquela tarde, ele encontrou um novo motivo para desânimo. "Vou ler diários. *O Economista* tem telegrama de banimento meu e de minha família do Brasil. Para quê?"[26] O decreto, datado de 21 de dezembro, não só bania a família imperial do país mas também os proibia de possuir propriedades reais no Brasil, concedendo-lhes dois anos para vendê-las. Também retirava a concessão de 5 mil contos de réis oferecidos em 17 de novembro e extinguia a anuidade imperial – o honorário pago pelo Estado ao imperador e sua família – a partir de 15 de novembro de 1889.[27] A causa e a justificativa para essa medida eram a crença do novo regime de que, considerando-se que o antigo imperador havia recuado em aceitar inicialmente os 5 mil contos de réis, ele assim perdia o direito de qualquer reivindicação a um tratamento favorável. Como o governo provisório não se sentia seguro naquele momento, ele estava mais do que disposto a se apegar a qualquer desculpa para perseguir e minar seus oponentes.[28]

Para a família imperial, o efeito do decreto foi devastador. Sua renda cessou imediatamente, e eles foram ordenados a vender tudo que possuíam no Brasil. Essa venda não poderia ser realizada rapidamente, e, até que fosse, eles ficariam literalmente sem recursos. Na chegada a Lisboa, eles receberam uma soma de 2.222 libras esterlinas, equivalente a seus salários até 15 de novembro, mas a quantia serviu apenas para pagar despesas já feitas. "Quanto a nossa situação financeira", o conde d'Eu contou ao pai, "está neste momento reduzida a zero, tanto para ele quanto para nós".[29] Pior ainda do que a crise financeira foi o fato do banimento. Os antigos imperador e imperatriz não podiam esperar colocar os pés novamente no Brasil.

A notícia aniquilou a vontade de viver de D. Teresa Cristina. "Dormi mal por causa de incômodos da Imperatriz", D. Pedro escreveu em seu diário em 26 de dezembro. Ele deve ter passado aquela noite em um quarto separado, pois na manhã seguinte recordou: "7 40 Já fui ver a Imperatriz. Acha-se

---

26 AHMI POB Cat. B Maço 35 Doc. 1.057 Registro no diário para 25 dez. 1889.

27 Calmon, *Pedro II*, v.5, p.1728-9.

28 Affonso Celso Jr. lembrou que um telegrama anunciando essas medidas havia sido recebido em Lisboa em 22 dez., data em que D. Pedro partiu para Coimbra; ver Affonso Celso, *O imperador*, p.18-9.

29 AGP XLIX – conde d'Eu para o duque de Nemours, Lisboa, 7 jan. 1890, apud Rangel, *Conde d'Eu*, p.410.

melhor". A doença da esposa não manteve D. Pedro ao lado dela. Ele passou o dia passeando pela cidade do Porto. Na manhã de sábado, 28 de dezembro, ele observou: "7h – Dormi bem. Ouvindo a imperatriz queixar-se fui ver o que é. Está com frio e dor nas costas; mas não tem febre. 7h50 – As janelas estão molhadas de umidade do quarto condensada. 7 °C". D. Teresa Cristina pediu várias vezes que um padre fosse chamado, mas seu estado não parecia suficientemente grave para isso. Em vez de permanecer ao lado da esposa, D. Pedro deixou o hotel com seu camareiro e o médico para uma nova rodada de visitação a pontos turísticos.[30]

Privada da presença de sua família, deixada quase sem companhia naquele quarto frio de hotel, a antiga imperatriz não conseguiu resistir aos recorrentes ataques de asma. Às duas da tarde, ela sofreu uma parada respiratória, que levou a uma parada cardíaca. Sua morte foi tão súbita que não houve tempo de chamar um padre para os ritos finais, muito menos para encontrar D. Pedro. Nas circunstâncias, um padre que passava pela frente do hotel foi levado às pressas para junto do leito de D. Teresa Cristina, onde ele lhe deu a absolvição final.[31]

[2] ¾. Não sei como escrevo. Morreu havia ½ hora a imperatriz, essa santa. Tinha ido à Academia das Belas-Artes e ao sair foi chamar-me o [José Manuel] Rebelo [cônsul do Brasil no Porto] que a imperatriz tinha tido uma síncope. Já achei o prior da freguesia que lhe acudira com os ofícios extremos da Igreja. Ninguém imagina a minha aflição. Somente choro a felicidade perdida de 46 anos. Nada mais posso dizer. Minha filha já telegrafou de Madri com a notícia do estado da mãe, e já se lhe expediu a da morte. Custa-me a escrever mas preciso não sucumbir. Não sei o que farei agora. Só o estudo me consolará de minha dor.

Custa-me crer. Sempre desejei precedê-la na morte. Abriu-se na minha [vida] um vácuo que não sei como preencher. Que me tarda a abraçar minha filha! Se pudesse desafogar minha dor! Nada pode exprimir quanto perdi: que noite vou passar! Dizem que o tempo tudo desfaz! Mas poderei viver tempo igual ao da minha felicidade?[32]

---

30 AHMI POB Cat. B Maço 35 Doc. 1.057 Registros no diário para 26, 27 e 28 dez. 1889.

31 Rocha Martins, *D. Pedro II*, p.192; e o atestado médico de óbito, datado 28 dez. 1889, em ibid., p.243-4.

32 AHMI POB Cat. B Maço 35 Doc. 1.057 Registro no diário para 28 dez. 1889. O primeiro dígito era virtualmente ilegível e deduzido a partir da hora da morte, "duas da tarde", declarada no atestado de óbito.

Enquanto D. Pedro se esforçava para enfrentar essa súbita reviravolta no destino, a notícia do falecimento de sua esposa alastrava-se rapidamente pela Europa. A ex-imperatriz havia falecido durante a aclamação pública de D. Carlos como rei de Portugal em Lisboa. D. Carlos desejava cancelar o restante das festividades, mas os preparativos estavam adiantados demais e o protocolo era tão inflexível que eles tiveram de prosseguir, com ou sem morte.[33] Naquela noite, a rainha Vitória escreveu uma de suas inimitáveis anotações no diário: "Muito chocada em saber da morte da pobre e boa imperatriz do Brasil em Oporto, após somente alguns dias adoentada. A revolução sem dúvida matou-a. É triste demais".[34]

As observações da rainha provavelmente refletiam, como costumava ocorrer, a reação do público em geral. D. Pedro foi mais generoso com o regime republicano e seus companheiros brasileiros. Sentado sozinho, enquanto em um cômodo anexo o corpo de sua esposa era embalsamado e preparado para uma última exibição, ele escreveu:

> Não, não posso crer que meus patrícios talvez concorressem para a morte de quem verdadeiramente mais amei. Foi uma crueldade, e eu a causa, por ter me dado quase 50 anos de ventura! Quanto deverei mitigar com lágrimas essa última dor que ela quis compartilhar! Ninguém sabe como era boa, e sofria mais pelos outros do que por si.
>
> Como sua madrinha, a rainha de Saboia, merece ser santificada. Se ainda exprimo o que sinto é porque a conheceram e quero que me façam justiça. Estou certo de que no Brasil sentirão como eu.

O imperador deposto permaneceu quieto em seu quarto de hotel em meio ao tumulto causado pela morte de D. Teresa Cristina. Ele não se deitou antes das primeiras horas da madrugada, após escrever um lamento final em seu diário.

> Fizessem-lhe tudo, mas não a mataram por causa de mim, de muito amor que me tinha. É crueldade demais. E estou certo que ela está orando no céu por eles mesmos. O estudo e a leitura só podem ser meus consolos. Hei de assim também lembrar dela que tinha vaidade por mim. Quando puder hei de escrever sua vida para exemplo. Pediu muitas vezes um padre, mas havia toda a esperança

---

33 *Times*, Londres, 30 dez. 1889; e Rocha Martins, *D. Pedro II*, p.192.
34 Periódico da rainha Vitória (transcrição da princesa Beatrice) Registro para 28 dez. 1889.

até a síncope, e, se houvesse culpa de não receber [D. Pedro adicionou: todos os sacramentos] foi minha; embora, não o julgasse preciso o Mota Maia – aliás não me disse, não tendo eu perguntado, quando eu mesmo tinha toda a esperança. Infelizmente pelo seu estado antes da síncope eu saíra. Deus me perdoe, assim como o padre a quem primeiro me confessar.[35]

Para um homem que se disciplinara a um autocontrole de aço e uma reserva inexorável, esses trechos em seu diário eram estranhamente francos, mas eram apenas o indício de uma agonia mais profunda. A expressão de remorso de D. Pedro por não ter chamado um padre servia para revelar e aliviar uma culpa mais profunda. Por anos ele colocara seus próprios interesses e suas próprias conveniências em primeiro lugar, negara a sua esposa qualquer liberdade e autonomia e refreara qualquer expressão de respeito e afeição. Em suma, ele não dera o devido valor a D. Teresa Cristina, sobretudo nos últimos dias quando, desconsiderando a saúde precária e a depressão da esposa, ele viajara para Coimbra e Porto para seu próprio deleite.[36] Somente após ela não mais existir ele começou a apreciar a preocupação, bondade, abnegação e generosidade dela. A percepção veio lentamente e com crescente força. No dia seguinte à morte dela, ele observou: "Ninguém conhece a felicidade que lhe devi", e em 30 de dezembro: "Nunca a esquecerei. O que lhe devo de aquela felicidade ninguém o ajuizara. Que mudez!"[37] O corpo deitado no quarto ao lado era uma lembrança constante de sua privação. "Nada me distrai daquela porta fechada." Sobre uma matéria de jornal, ele escreveu: "porém, diz que comtemplei o cadáver da imperatriz, da minha devotada amiga de quase cinquenta anos. Eu não pude fazer isso".[38]

Para abrandar seu sentimento de culpa e amenizar sua privação, D. Pedro rapidamente redefiniu sua imagem mental de D. Teresa Cristina, vislumbrando-a como "minha santa".[39] Agora ela era superior a ele, superando-o em suas virtudes. Ela desfrutava no céu as recompensas e o reconhecimento que ele

35 AHMI POB Cat. B Maço 35 Doc. 1.057 Registro no diário para 28 dez. 1889.

36 O visconde de Taunay afirmou que, os preços exorbitantes do Hotel Bragança não deram escolha a D. Pedro senão visitar Coimbra e Porto. Entretanto, D. Pedro nunca deixou sua conduta ser moldada por pressões monetárias, e seu diário não menciona em lugar algum tais restrições financeiras. Ver registro no diário para 13 dez. 1890, em Taunay, *Pedro II*, p.111.

37 AHMI POB Cat. B Maço 35 Doc. 1.057 Registro no diário para 29 e 30 dez. 1889.

38 Ibid., registros no diário para 28 e 29 dez. 1889.

39 Ibid., registros no diário para 29 dez. 1889: "Ouvi missa e quanto rezei pela minha Santa!"; e para 1º jan. 1890: "Mota Maia esteve falando de certos desejos da *Santa* que todos serão satisfeitos religiosamente.".

não lhe dera na terra. A própria santidade de D. Teresa Cristina assegurava a D. Pedro que ela o perdoara por sua negligência no passado e que ela intercederia junto ao Todo Poderoso para que também o perdoasse. Como uma santa, ela olharia por ele e o ajudaria até sua morte. Como santidade e sexo não se misturam, a nova condição dela preservava e sacramentava sua relação não física de muitos anos.

"Dom Pedro está completamente prostrado de tristeza pela morte da imperatriz", o *Times* de Londres divulgou em 31 de dezembro de 1889, "e parece ter perdido toda sua antiga atividade". Para tirar sua atenção da perda, seus médicos incentivavam-no a receber e conversar com visitas, entre elas o visconde de Ouro Preto, o último presidente do Conselho de Ministros do Império. Ouro Preto foi acompanhado do filho, Afonso Celso Jr., um jovem que posteriormente descreveu o encontro ocorrido nas primeiras horas da manhã.[40] O quarto de hotel de D. Pedro, com a cama desfeita e um lavatório simples, era extremamente modesto. No centro, havia uma grande mesa coberta de livros e papéis. "Tudo frio, desolado, sóbrio", lembrou Afonso Celso Jr.

> Os joelhos envoltos num cobertor ordinário, trajando velho sobretudo, D. Pedro II lia sentado à mesa um grande livro.
>
> Ao nos avistar, acenou para que nos aproximasse-nos. Meu pai curvou-se para beijar-lhe. O imperador lançou-lhe os braços aos ombros e estreitou-o demoradamente contra o peito.
>
> Depois ordenou que nos sentássemos perto dele. Notei-lhe a funda lividez. Calafrios arrepiavam-lhe a cutis, por vezes.
>
> Houve alguns minutos de doloroso silêncio.[41]

D. Pedro quebrou o silêncio identificando o livro que lia como a *Divina comédia* de Dante, sobre o qual ele comentou antes de abordar outros assuntos.

> Não aludiu uma única vez à Imperatriz. Só, quando, ao cabo de meia hora, nos retirávamos, observou baixinho: – A câmara mortuária é aqui ao lado. Amanhã, às 8 horas, há missa de corpo presente.

Após deixar o quarto, Afonso Celso Jr. percebeu que não apanhara o chapéu. Voltou para pegá-lo e, pela porta entreaberta, viu D. Pedro.

---

40 *Times*, 31 dez. 1889; e Affonso Celso, *O imperador*, p.22.
41 Affonso Celso, *O imperador*, p.22.

Ocultando o rosto com as mãos magras e pálidas, o Imperador chorava. Por entre os dedos escorriam-lhe as lágrimas, deslisavam-lhe ao longo da barba nivea e caíam sobres as estrofes de Dante.

Não pude conter. Rompi também em choro convulsivo. Sua Majestade descobriu a face, envolveu-me num indisível olhar, a um tempo de desconforto e de reconhecimento, fazendo com a mão, molhada de pranto, sentido gesto de adeus.[42]

"Estiveram há pouco aí o Visconde de Ouro Preto e o filho", D. Pedro escreveu em seu diário. "Pareceram partilhar a minha dor."[43] Na realidade, àquela altura ele não estava mais sozinho em seu pesar. Os membros de sua família haviam chegado à cidade do Porto vindos da Espanha no dia anterior. Sua presença trouxe-lhe considerável consolo, e a tagarelice de seus jovens netos era uma distração bem-vinda, em contraste com o comportamento excêntrico de Pedro Augusto.[44]

Com a chegada da família de D. Pedro, uma série de questões importantes pôde ser resolvida. Primeiro, havia a questão do enterro de D. Teresa Cristina. O rei de Portugal já concordara com um funeral solene em Lisboa e o enterro no mausoléu real na igreja de São Vicente de Fora. Tendo em vista a origem real de D. Teresa Cristina e sua posição de nobreza, não cabia nenhuma outra decisão. A data do funeral foi marcada para 4 de janeiro. Após uma comovente despedida final, o ataúde foi fechado na noite de 2 de janeiro.[45]

A realização de um funeral solene agravou a situação financeira. A encomenda de um ataúde suntuoso de Lisboa, a compra de trajes de luto e o embalsamento do corpo, além de sua transferência para a capital em um trem especial, demandavam gastos que em muito excediam quaisquer recursos que restassem à família real. Para atender à emergência, o conde de Mota Maia recrutou a ajuda do cônsul geral do Brasil na cidade do Porto. Em nome de D. Pedro, o cônsul abordou o visconde de Alves Machado, um comerciante português que fizera fortuna no Rio de Janeiro e agora estava aposentado na cidade. Alves Machado concordou em fazer um considerável empréstimo a

---

42 Ibid., p.24.

43 AHMI POB Cat. B Maço 35 Doc. 1.057 Registro no diário para 31 dez. 1889.

44 Ibid., registros no diário para 30 e 31 dez. 1889; IHGB Lata 658 Livro 6 Notas de viagem da baronesa de Loreto, registros para 30 e 31 dez. 1889.

45 *Times*, 30 e 31 dez. 1889 e 1º jan. 1890; e IHGB Lata 658 Livro 6 Notas de viagem da baronesa de Loreto, registro para 2 jan. 1890.

D. Pedro, 20 contos de réis a serem pagos com dinheiro que, foi prometido, em breve chegaria do Brasil.[46]

A pressão de assuntos públicos obrigou o governo português a postergar o funeral solene por três dias, implicando que D. Pedro, apesar de sua ânsia de partir, não pôde deixar o Porto até a noite de 6 de janeiro.[47] O funeral em Lisboa foi conduzido no dia seguinte com toda a pompa possível. O rei Carlos cumprimentou seu tio-avô na estação ferroviária. Nas ruas pelas quais a procissão passou, tropas enfileiravam-se e uma vasta multidão assistia. A missa fúnebre foi acompanhada por representantes de monarcas europeus, o corpo diplomático e a nobreza portuguesa. Somente os brasileiros foram notados pela escassa presença. D. Pedro anotou em seu diário: "5h. Depositei a minha Santa no jazigo de São Vicente e assisti à encomendação. Rezei por ela". Naquela noite e nas três seguintes, ele e sua comitiva hospedaram-se no palácio real das Necessidades. Sua mente já se voltava para a nova vida no sul da França. "Quem me dera já em Cannes, junto às praias [...] Hei de comprar flores quando forem brotando no mercado." Finalmente, na noite de 10 de janeiro, após se despedir do rei Carlos na estação, D. Pedro e sua família embarcaram no trem expresso.[48]

No dia seguinte, enquanto viajava rumo à fronteira da França, D. Pedro refletiu sobre sua situação. "A noite é que dura e dura, até querer levantar-me, acender a luz para ler." Ele desejava dar continuidade a suas traduções, em particular a da *Granada* de José Zorrilla y Moral, do espanhol para o português. "Hei de telegrafar para que me mandem. Em S. Cristóvão tenho o [bibliotecário Inácio] Raposo mas não tenho quem os procure com o Raposo. Veremos como poderei restabelecer continuando meus trabalhos literários."

---

46 Os detalhes desse empréstimo podem ser deduzidos da carta de José Manuel Rebelo, o cônsul, para o conde de Mota Maia, sem data [Porto, final de 1891], e daquelas do visconde de Alves Machado para o conde de Mota Maia, Porto, 5 jun. e 23 jul. 1891, em Motta Maia, *Motta Maia*, p.296-7, 311-2, 319-21; e ver também Rocha Martins, *D. Pedro II*, p.193, 199-200. O empréstimo foi de vinte contos fortes, vinte mil milréis portugueses, pagável em seu valor nominal em ouro, e juros de 5% a.a. também pagável em ouro.

47 IHGB Lata 658 Livro 6 Notas de viagem da baronesa de Loreto, registro para 2 jan. 1890: "À meia-noite recebeu-se telegrama do rei de Portugal e do presidente do Conselho, dizendo que não partissem no dia seguinte para Lisboa, porque as funerais não podiam efetuar-se a 4, conforma prévia combinação". A causa do atraso pode ter sido a disputa que se intensificava com a Grã-Bretanha pelo controle das montanhas Shire (atualmente no Malauí), uma disputa que culminou no ultimato britânico de 11 jan. 1890.

48 AHMI POB Cat. B Maço 35 Doc. 1.057 Registro no diário para 11 jan. 1890; *Times*, 8 e 11 jan. 1890; e Rocha Martins, *D. Pedro II*, p.204-6.

Ele lamentava o atraso no trabalho de Zorrilla porque isso retardaria sua tradução da Bíblia para o português. "Dê-me Deus saúde de provar que posso fazer nas letras e nas ciências o que passa falar do meu Brasil. Agora sinto-me capaz disso, pois deram-me tempo que aproveitarei para minha pátria que jamais deslembro."[49]

Como essa anotação no diário demonstra, D. Pedro pretendia retomar seu estilo de vida anterior, somente com a omissão de seus deveres políticos. Ele podia não mais governar, mas ainda servia ao Brasil. E ainda desfrutava as prerrogativas de um monarca. Em Cannes, aonde ele chegou em 16 de janeiro, o prefeito e as celebridades locais foram recepcioná-lo na estação ferroviária.[50] Em toda parte, ele recebia a habitual deferência e atenção. Era como se tivesse acabado de chegar de longas férias na Europa, como fizera três vezes antes. Psicologicamente, ele se apegou a essa percepção de seu destino e não descartava um eventual retorno ao Brasil.

D. Pedro organizou sua vida de acordo com essa percepção. "A comitiva imperial imediatamente se dirigiu ao Hôtel Beau Séjour, onde, como quando sua majestade ficou em Cannes há dois anos, todo o primeiro andar foi-lhe reservado", o *Times* publicou em 17 de janeiro de 1890. "O próprio ex-imperador ocupa a mesma suíte daquela época, seu *cabinet de travail* [gabinete de trabalho] com vista para os belos jardins do hotel e a ilha de St. Marguerite do outro lado da baía." No dia de sua chegada, D. Pedro planejou a agenda que seguiria nos próximos meses. O Dr. Christian Friedrich Seybold, seu professor de línguas que estivera em férias na Alemanha durante os acontecimentos de novembro de 1889, estava entre os que o recepcionaram na estação.

> Já conversei com Seybold que me trouxe livros para as lições que serão às 3 horas cada dia. Hei de saír sempre que haja bom tempo, antes e depois do almoço.[51]

O último apontamento no diário de 16 de janeiro foi: "Passei o dia bem, mas tomara possa tornar à vida regular e de estudo".

Antes que D. Pedro pudesse realizar esse objetivo, ele teve de lidar com uma série de digressões. Suas duas irmãs, D. Januária e D. Francisca, e seu genro Augusto de Saxe-Coburgo-Gota, que não estivera em Lisboa para cumprimen-

---

49 AHMI POB Cat. B Maço 35 Doc. 1.057 Registro no diário para 11 jan. 1890.

50 Ibid., registro no diário para 16 jan. 1890; *Times*, 17 jan. 1890. D. Pedro viajou de Hendaye para Pau e depois para Lourdes, até finalmente chegar a Cannes, via Toulouse e Marselha.

51 AHMI POB Cat. B Maço 35 Doc. 1.057 Registro no diário para 16 jan. 1890.

tá-lo, vieram visitá-lo e tinham de ser entretidos. Seu neto Augusto, um oficial da Marinha que se viu forçado a desembarcar de seu navio de guerra em Colombo, chegou e, com o irmão Pedro Augusto, passou a fazer parte da comitiva de D. Pedro.[52] Mais importante de todas foi a visita da condessa de Barral.

A condessa havia mantido contato próximo com D. Pedro e D. Isabel desde a chegada deles a Lisboa. Ao visitar Cannes, ela cumpria seu dever e renovava antigos vínculos.[53] Entretanto, seu encontro com D. Pedro pressagiava complicações que a condessa não apreciava. D. Pedro sempre demonstrara ardor em sua afeição por ela, mas seus esposos eram um obstáculo.[54] Ela era viúva desde 1868. Agora ele perdera a esposa. Legalmente, eles estavam livres para se casar. Desde o momento de sua chegada em 21 de janeiro, as ações da condessa deixavam sua posição clara. Apesar das ofertas de hospitalidade de D. Pedro, ela se recusou a ficar no mesmo hotel. Embora o único quarto disponível na vizinhança ficasse no quarto andar do Hotel Saint Charles, ela insistiu em ir para lá. Também recusou um convite para jantar com D. Pedro, mas visitou-o à noite.[55]

Não há registro do que foi dito nesse encontro, mas durante a conversa a condessa de Barral deve ter explicitado que o matrimônio não era uma possibilidade. Ao acordar na manhã seguinte, D. Pedro escreveu em seu diário: "7h Vou ler. Dormi bem, mas pensei demais antes de levantar-me".[56] Uma das forças motrizes de longa data de sua vida, seu desejo de possuir a condessa de Barral, era-lhe agora negada. Ele havia, porém, desde a infância se disciplinado a suportar a privação e o desapontamento. A *amitié amoureuse* entre eles continuaria inalterada, e com isso ele tinha de se contentar. Nas próximas duas semanas, ele passou tanto tempo com a condessa quanto ela permitiu. Ela até consentiu em massagear com glicerina as mãos dele, com

---

52 Ibid., registros no diário para 18, 20, 21 e 25 jan. 1890.

53 Além disso, a nora da condessa de Barral, que a acompanhou a Cannes, era irmã da baronesa de Loreto, uma das pessoas que haviam acompanhado D. Pedro ao exílio.

54 Escrevendo à condessa de Barral em 9 ago. 1880, D. Pedro II havia declarado: "O que Você diz de Mr. Gautier mais o sente ele se é possível. Cada vez precisa mais de Mme. Gautier". Sr. Gautier era o nome usado por D. Pedro II em seu contato íntimo com a condessa; ver a carta dele para ela em que assina "Gautier", Caçapava, 17 ago. 1865. Ver Magalhães Jr., *D. Pedro II*, p.52, 355.

55 Ibid., registro no diário para 21 jan. 1890; IHGB Lata 658 Livro 7 Notas de viagem da baronesa de Loreto, registro 21 jan. 1890.

56 AHMI POB Cat. B Maço 35 Doc. 1.057 Registro no diário para 22 jan. 1890. Via de regra, quanto mais sucinto um registro no diário, mais profundo era o sentimento de D. Pedro sobre o assunto.

frequência entorpecidas por causa do diabetes, um ato de gentileza que permitia contato físico de uma forma aceitável. Em 30 de janeiro, ele recordou uma "alisamento das mãos pela Condessa que se mostra sempre amiga minha de quarenta anos".[57]

Se algo perturbou a alegria dessa visita foi a questão da residência de D. Pedro, na qual tanto D. Isabel quanto a condessa afirmaram sua independência. O custo básico da estada de D. Pedro e sua comitiva no Hotel Beau Séjour era de mil francos por dia.[58] D. Isabel e o conde d'Eu ficaram assombrados com a despesa, assim como a condessa. O casal estava determinado a viver de acordo com a mesada que o duque de Nemours, sogro de D. Isabel, acabara de conceder-lhes. Eles decidiram alugar uma casa de campo e esperavam persuadir D. Pedro a viver com eles.[59] "Fui a Mont Cassin e depois a uma vila para a qual queriam que eu fosse; mas em viagem só gosto de hotel", D. Pedro escreveu em 27 de janeiro. "A condessa não ficou satisfeitou com a minha decisão."[60] Após muita procura, D. Isabel encontrou em 30 de janeiro a Villa d'Ormesson, "com uma vista esplêndida, magnífica, e excelentes instalações", e disponível a um aluguel viável.[61] D. Pedro recusou-se categoricamente a se juntar à filha e ao genro, anotando em seu diário em 4 de fevereiro: "questão de vivendas; decidi não sair deste hotel. É difícil viajar com outros".[62]

---

57 Ibid., registros no diário para 25, 27 e 30 jan. e 2, 3, 4 e 5 fev. 1890. Em 12 fev. 1890, a condessa escreveu de Grande Garenne para D. Pedro: "Que falta me tem feito Sua visitinha das 10 horas da manhã e a massagem de Suas Mãos que eu só beijo de tão longe!"; ver Barral, *Cartas*, p.323. O último comentário refere-se à prática do beija-mão, um cumprimento de respeito ao monarca.

58 IHGB Lata 658 Livro 7 Notas de viagem da baronesa de Loreto, registro para 28 jan. 1890. O visconde de Taunay anotou em seu diário de 8 fev.: "O barão de Quartim disse-me que o conde de Mota Maia havia telegrafado, informando que o imperador está em grande dificuldade financeira, necessitando gastar 1:000$000 por dia"; ver Taunay, *Pedro II*, p.88.

59 Sobre o subsídio dado pelo duque de Nemours, ver XLI-5 conde d'Eu para a condessa de Barral, Cannes, 15 mar. 1890; e sobre os planos de D. Isabel, ver IHGB Lata 658 Livro 7 Notas de viagem da baronesa de Loreto, registro para 28 jan. 1890.

60 AHMI POB Cat. B Maço 35 Doc. 1.057 Registro no diário para 27 jan. 1890.

61 "O preço é de 500 francos pelo resto da estação"; ver IHGB Lata 658 Livro 7 Notas de viagem da baronesa de Loreto, registro para 30 jan. 1890. "Casas mobiliadas são fáceis de obter [...] Os contratos são geralmente feitos para toda a estação, de outubro a maio, e o aluguel é 1200-2000 fr., para cima"; ver *Southern France*, p.472.

62 AHMI POB Cat. B Maço 35 Doc. 1.057 Registro no diário para 4 fev. 1890; e IHGB Lata 658 Livro 7 Notas de viagem da baronesa de Loreto, registros para 1º e 8 fev. 1890. A Villa d'Ormesson localizava-se no lado oposto de Cannes em relação ao hotel de D. Pedro e próximo ao Collège Stanislas, onde os filhos de D. Isabel estudariam; ver o mapa de Cannes em *Southern France*, p.471.

A decisão era compatível com a determinação de D. Pedro de manter seu estilo de vida como o de sempre. Entretanto, sua recusa em se mudar levou o número de pessoas que o acompanhava a encolher. A condessa de Barral partiu de Cannes em 8 de fevereiro com a promessa de sua visita no verão ao castelo dela em Voiron, próximo a Grenoble. Dois dias depois, tanto sua irmã Francisca quanto os Loreto partiram. Sua filha com a família, acompanhados pelos Muritiba, mudaram-se em 11 de fevereiro para sua nova Villa.[63] A comitiva de D. Pedro ficou, portanto, reduzida a seus dois netos adultos; seu camareiro, o conde de Aljezur; seu médico, o conde de Mota Maia, com a família dele (raramente mencionada no diário de D. Pedro); e o Dr. Seybold, seu professor de línguas. Era uma corte mínima.

A vida de D. Pedro assumiu um novo padrão. Após acordar entre 6h e 7h da manhã, ele lia um livro ou um periódico. Recebia as primeiras correspondências e escrevia cartas. Por voltas das 9h, ele se vestia e ia às casas de banho onde tomava uma ducha e era esfregado. No caminho de volta ao hotel, parava no mercado de flores para comprar um buquê para a filha, que ele remetia geralmente com versos amadores que acabara de compor. Almoçava às 11h30 e depois lia ou recebia visitas. À tarde, dava um longo passeio de carruagem ou a pé, geralmente nas redondezas de Cannes. Às 17h, ele estava de volta ao hotel e passava uma hora estudando (na maioria das vezes fazendo traduções) com o Dr. Seybol. Comia o jantar às 18h, e a noite era passada conversando ou às vezes jogando bilhar. Após as 22h, ele tomava um chá com sua comitiva. Ia para a cama, onde lia até cair no sono. As noites de D. Pedro eram intranquilas porque ele tinha de se levantar cinco ou seis vezes para urinar. Era auxiliado por seu criado, Guilherme Camerloker, que dormia em seu quarto. Tratava-se, em suma, de uma vida adequada a uma condição de invalidez.[64]

Aos domingos, a rotina variava. Pela manhã, D. Pedro não deixava de ir à missa. À tarde, Seybold não era obrigado a dar aula. D. Pedro ia, como fazia no Brasil nesse dia, visitar a filha. Antes do jantar, lia para ela um trecho de *Luz e calor* do padre Manuel Bernardes, "obra de que tanto gosta por sua linguagem, doutrina e casos tão interessantes em que a apoia".[65] A religião

---

63 AHMI POB Cat. B Maço 35 Doc. 1.057 Registros no diário para 7, 10 e 11 fev. 1890; e IHGB Lata 658 Livro 7 Notas de viagem da baronesa de Loreto, registros para 7, 8 e 10 fev. 1890.

64 AHMI POB Cat. B Maço 35 Doc. 1.057 Registros no diário para fev. e mar. 1890, e ver pontos específicos de sua rotina nos registros para 23 fev. e 21 e 30 mar. 1890.

65 Ibid., registro no diário para 23 fev. 1890, a segunda ocasião em que ele leu o livro para D. Isabel. O padre Manuel Bernardes (1644-1710) publicou *Luz e calor* em 1696, e a obra foi repetidas vezes reeditada desde então. O livro, que enfatiza o contato direto com Deus e o comportamento pessoal, é escrito com inegável força e vivacidade; ver Bernardes, *Luz e calor*.

não se restringia aos domingos. No dia 28 de cada mês, ele assistia à missa em memória de "minha santa" e ia à igreja em outros aniversários e datas comemorativas. Ao escrever à condessa de Barral em 15 de março de 1890, o conde d'Eu fez um relato um tanto sarcástico de D. Pedro e sua rotina:

> Aos domingos, o imperador, que normalmente parece estar sonolento, vem jantar aqui com primo Pedro (um tanto melancólico e hesitante sobre seus planos) e Aljezur. Não com Gusty Junior [Augusto] porque ele é, como há muito tempo, "um esquivo" ou está supostamente impedido por motivo de sua tosse, enquanto Mota Maia *sempre envia suas desculpas*. Suspeito que ele se ressente por termos levantado acampamento de Beau Séjour sem a permissão dele.
>
> Portanto sabemos cada vez menos sobre o que está ocorrendo lá em relação a finanças ou política. É incrível! Mas, no final de contas, consistente com o modo como sempre foi.[66]

Figura 59. D. Pedro II, D. Isabel e o filho mais velho dela, Pedro, fotografados em Cannes em abril de 1891.

---

66 AGP XLI-5 conde d'Eu para a condessa de Barral, Cannes, 15 mar. 1890. Sobre Pedro Augusto e seus planos, ver as cartas dele ao comendador Catambrí, Cannes, 10 mar. 1890, e para a duquesa de Saxe-Coburgo-Gota, Cannes, 19 abr. 1890, em Saxe-Coburgo e Bragança, *Trabalhos*, p.238-9, e 'Cartas do príncipe", p.446-7. Sobre "Gusty Junior", Augusto, ver AHMI POB Cat. B Maço 35 Doc. 1.057 Registros no diário para 4, 5 e 9 mar. 1890.

D. Pedro certamente mantinha hábitos secretos, mas seu genro estava sendo excessivamente desconfiado. D. Pedro lia jornais e resenhas com atenção, mas comentava sobre eles de modo comparativamente raro em seu diário. Sua correspondência era principalmente relacionada a assuntos literários e científicos. Ele participava de poucos encontros e raramente viajava para fora de Cannes.[67] Sua vida intelectual carecia de foco e realização. Como demonstra o registro diário de suas aulas, ele não conseguia manter a atenção fixa em um único projeto. Em fevereiro, quando o *Golden Ass* [O asno dourado] de Apuleius encantou-o, ele planejou traduzir a obra, mas o projeto malogrou no final de abril.[68]

O fracasso desse projeto em particular era explicável. Nos últimos dias de março de 1890, a saúde de D. Pedro tornou-se inconstante e, em 1º de abril sofreu um ataque semelhante, porém bem menos severo, a aquele que sofrera em Milão em 1887. O Dr. Charcot, um renomado neurologista, foi chamado de Paris, mas havia pouco que pudesse prescrever.[69] D. Pedro foi mantido na cama por alguns dias. Somente em 8 de abril ele se exercitou ao ar livre e só no dia 14 voltou a frequentar casas de banho. Sua recuperação, embora não tenha sido rápida, foi notavelmente boa. Ele retomou sem dificuldade seu estilo de vida anterior. Na realidade, sua saúde pareceu sob alguns aspectos, em particular a necessidade de urinar à noite, ter melhorado.[70]

Essa rotina tranquila consumiu o restante de abril e os meses de maio, junho e julho.[71] Nada digno de nota ocorreu. Ao final de maio, "livros meus recebidos do Rio. Já os vi e faltam muitos de meus estudos". Entre aqueles que o visitavam estava o rabino Benjamin Mossé, que havia publicado uma biografia de D. Pedro em 1887. Mossé enviou-lhe diversos materiais, incluindo

---

67 Ele foi três vezes a Nice; ver AHMI POB Cat. B Maço 35 Doc. 1.057 Registros no diário para 6 e 17 fev. e 11 mar. 1890.

68 Ibid., registros no diário para 7, 10 e 27 fev., 12 e 23 mar. e 17 e 18 abr. 1890.

69 AGP XLI-5 D. Isabel para a condessa de Barral, Cannes, 11 abr. 1890; Motta Maia, *Motta Maia*, p.304-5, citando uma opinião médica não datada do Dr. Jean-Martin Charcot.

70 AHMI POB Cat. B Maço 35 Doc. 1.057 Registros no diário. A urinação frequente à noite é mencionada primeiramente no registro para 11 jul. e nos de 4, 5 e 6 ago. A partir de 15 ago., as referências tornam-se cada vez mais comuns.

71 Pedro Augusto e Augusto partiram de Cannes na segunda quinzena de abril, rumo a Paris e Vienna, e não retornaram até a partida do próprio D. Pedro; ver ibid., registro no diário para 27 abr. Sobre as viagens dos dois irmãos, ver Pedro Augusto para comendador Catambrí, Cannes, 10 mar., e Paris, 26 jun. e 4 ago. 1890, em Saxe-Coburgo e Bragança, *Trabalhos*, p.239-40, 247.

uma liturgia hebraica usada pelos judeus provençais. D. Pedro traduziu um dos textos, que Mossé publicou em seu periódico *La Famille de Jacob*.[72] A única outra atividade acadêmica digna de nota era a produção, para distribuição nas cerimônias de fim de ano na escola de seus netos, o Collège Stanislas em Cannes, de uma seleção de aforismos sobre educação extraídos dos idiomas que conhecia. Como demonstram as anotações em seu diário, grande parte do trabalho de encontrar esses ditados era na realidade feito por Christian Friedrich Seybold. D. Pedro não relutava em compartilhar suas realizações com os outros. Ele mandou litografar sua coleção de aforismos e nos meses seguintes distribuiu a brochura fartamente entre os amigos e companheiros membros das cinco academias oficiais que compunham o Institut de France.[73]

D. Pedro mantinha-se a par dos acontecimentos no Brasil. No final de maio o barão de Penedo, ex-enviado brasileiro a Londres e Paris, "que veio sondar-me", mas, como D. Pedro respondia a aqueles que o inquiriam sobre o assunto de uma restauração, "meus sentimentos de desinteresse e desejo de servir de todos os modos à pátria são bem conhecidos". Considerando-se seu desejo de "viver descansado o resto de meus dias [não desejo] voltar ao posto que ocupei sobretudo por meio de conspiração seja de que natureza for".[74] Sua atitude em relação ao regime republicano era cordial, mas condescendente e, sob muitos aspectos, paternal. Ao comentar em 19 de abril sobre a minuta da Constituição, D. Pedro observou: "Enfim, o trabalho revela estudo, mas com já dissesse eu seria republicano, se julgasse o Brasil bastante adiantado para tal forma de governo".[75]

D. Pedro não aceitava nenhum favor pessoal do novo regime. O decreto de 23 de dezembro de 1889, que anulou a anuidade imperial e retirou a concessão dos 5 mil contos de réis, deixara o ex-imperador sem recursos. O empréstimo

---

72 AHMI POB Cat. B Maço 35 Doc. 1.057 Registros no diário para 24 abr., 3 e 31 maio e 11 e 13 jul. 1890.

73 Ibid., registros no diário para 9, 10, 19, 20, 21, 23 e 24 jul., 9, 10 e 13 ago. e 18 nov. 1890. Ver AHMI POB Maço 206 Doc. 9.398 "Institut Stanilas de Cannes. Souvenir de 24 julho 1890". Registros no diário para 4, 5 e 9 mar. 1890. A cópia com uma inscrição, dada por D. Pedro em nov. 1890 a um filho do conde de Mota Maia, está reproduzida em Teixeira, *O imperador*, p.103-7.

74 Anteriormente ele havia conversado com sua filha e genro sobre propostas do mesmo assunto, contidas em uma carta de seu neto Pedro Augusto e o barão de Estrela. "E Eu sempre pronto, como sabem, a servir minha Pátra, e a sacrificar-me por ela, nunca serei manivela de *tripotages*; expressão que empreguei". Ver AHMI POB Cat. B Maço 35 Doc. 1.057 Registros no diário para 21 e 31 maio 1890.

75 Ibid., registros no diário para 8 e 25 mar. e 7, 18 e 19 abr. 1890.

do visconde de Alves Machado foi nada mais que um tapa-buraco. Somente liquidando as propriedades da família imperial no Brasil e transferindo os fundos para a França pôde o empréstimo ser pago e os gastos atendidos. Para esse fim, D. Pedro e o conde d'Eu substituíram seu agente legal original por um advogado bem relacionado que foi encarregado de liquidar o espólio de D. Teresa Cristina e realizar todos os ativos possíveis.[76] Esse processo era inevitavelmente muito lento, e nenhum dinheiro viria imediatamente do Brasil.

O governo republicano, incitado pelos simpatizantes de D. Pedro no Rio de Janeiro, ofereceu em março de 1890 um adiantamento de 100 contos de réis de imediato e 30 contos por mês depois disso, tendo como garantia as posses dele. Recusando-se como sempre a deixar que questões financeiras modificassem seus princípios, D. Pedro recusou a proposta prontamente.[77] Outra proposta, de autoria de Mota Maia e D. Isabel, foi obter um empréstimo dos Rothschild por meio do agenciamento de um brasileiro, o barão de Itajubá, que vivia em Paris. O plano teve de ser abandonado quando o regime republicano indicou Itajubá como seu enviado na França e os Rothschild exigiram que os herdeiros de D. Pedro afiançassem o empréstimo.[78] No final das contas, a crise financeira imediata foi resolvida apelando-se ao visconde de Alves Machado pela segunda vez, e ele concordou em emprestar a D. Pedro outros 20 contos de réis fortes.[79]

A escassez de fundos não restringia os movimentos de D. Pedro. Em 24 de julho, ele deixou Cannes para uma visita à condessa de Barral. Com ele foram Aljezur, Mota Maia e família e D. Isabel e família. A estada no castelo

---

76 Procuração judicial para José da Silva Costa, 9 jan. 1890, ver Calmon, *História de Minas*, p.70, 99 (onde se lê nota 240, leia-se nota 241). Ver também AHMI POB Cat. B Maço 35 Doc. 1.057 Registro no diário para 22 fev. 1890.

77 Ver registros no diário do visconde de Taunay para 28 fev. e 13 mar. 1890, em Taunay, *Pedro II*, p.111; AHMI POB Cat. B Maço 35 Doc. 1.057 Registro no diário para 29 mar. 1890; e Vianna, "Recusas".

78 Conde d'Eu para conde de Mota Maia, Cannes, 23 jun. 1890, em Motta Maia, *Motta Maia*, p.308-9; e ver registros no diário do visconde de Taunay para 20 jul. e 13 dez. 1890, em Taunay, *Pedro II*, p.98-110. Em 28 de junho, D. Pedro escreveu: "Falei a respeito de empréstimo com Mota Maia". Outra possível referência está em seu registro no diário para 20 abr.: "Villa d'Ormesson para protestar contra um arranjo sem ser ouvido entre Mota Maia e minha filha"; AHMI POB Cat. B Maço 35 Doc. 1.057.

79 O conde de Carapebus, que, segundo o diário de D. Pedro, estava em Cannes de 9 a 12 jul. 1890, aparentemente estava presente quando as negociações por um empréstimo dos Rothschild fracassou; ver registro no diário do visconde de Taunay para 13 dez. 1890, em Taunay, *Pedro II*, p.110; e AHMI POB Cat. B Maço 35 Doc. 1.057. O arranjo com o visconde Alves Machado para um segundo empréstimo foi provavelmente feito no final de jul. 1890.

da condessa em Voiron, próximo a Grenoble, foi muito auspiciosa. Também estavam presentes o barão e a baronesa de Loreto, que estavam prestes a retornar ao Rio de Janeiro. Para D. Pedro, o principal prazer dessas duas semanas em Voiron era estar na companhia da condessa, uma alegria constantemente expressa em seu diário. "Deixo hoje Voiron e, com que saudades, os prazes [sic] de uma amizade de quase meio século", ele escreveu em 7 de agosto. "Embora se gozem por todos modos possíveis e apesar das maiores distâncias; custa e muito a deixar de gozá-la na intimidade; porém resta a esperança de breve nos revermos, e o estudo é o meu grande consolo."[80]

O imperador e sua comitiva foram de Voiron para Baden-Baden, o balneário onde ele se curara há três anos e onde permaneceu até o final de setembro. Nas palavras de *Sourthern Germany*, de Baedeker, Baden Baden "é uma das estações de águas mais populares na Europa", e "o número de visitantes supera 77 mil anualmente". O guia acrescentava: "Baden tem a reputação de ser uma estação de águas onerosa, e provavelmente o é para aqueles que se hospedam nos hotéis de primeira classe, compareçam a inúmeros concertos e literalmente frequentam lojas e bazares".[81] D. Pedro hospedava-se no Hotel Stephanie, o mais caro da cidade, e realmente frequentava os concertos e, em menor proporção, as lojas, onde ele comprava presentes ("três pêssegos" e "três cachos de uvas") para seus netos – Pedro, Luís e Antônio – durante a ausência de seus pais em Paris.[82] Toda manhã ele tomava uma ducha e dava um passeio, além de fazer ginástica e nadar, para seu bem-estar geral.[83] A principal atração de Baden-Baden era o contato constante com escritores como Maxime du Camp, com sábios como Jules Oppert e Aurel Stein e com membros da realeza como o grão-duque Michael da Rússia. O que também dava muito prazer a D. Pedro era o grande número de brasileiros, tanto visitantes quanto residentes na Europa, que ele encontrava na cidade. Em 7 de setembro, Dia da Independência, ele presidiu um jantar formal para seus compatriotas.[84]

---

80 AHMI POB Cat. B Maço 35 Doc. 1.057 Registros no diário para 24 jul. a 7 ago. 1890.

81 Ver *The Rhine*, p.366-7.

82 AHMI POB Cat. B Maço 35 Doc. 1.057 Registros no diário para 10 e 13 set. 1890. Sobre as razões para sua ausência, ver a seguir.

83 Ibid., registros no diário para 10, 16 e 20 ago. e 25 set. 1890. Entretanto, referências à urinação noturna frequente recomeçaram em 15 ago. e, no final do mês, ocorrem em quase todos os apontamentos. "a vontade de urinar não me incomoda muito", D. Pedro escreveu em 6 set.

84 Ibid., registros no diário para 9 e 10 ago. e 6, 7 e 13 set. 1890.

Durante a estada em Baden-Baden, D. Isabel e o conde d'Eu decidiram que, pelo bem da educação de seus filhos, eles não retornariam a Cannes, mas alugariam uma casa de campo nos arredores de Paris. Eles esperavam convencer D. Pedro a alugar um apartamento próximo a eles, recorrendo ao apoio da condessa de Barral para esse esquema. D. Pedro recusou-se a comprometer-se. Finalmente em 20 de setembro, quando D. Pedro e seu médico ausentaram-se brevemente de Baden-Baden, o conde d'Eu escreveu a Mota Maia anunciando sua resolução de assinar o contrato de arrendamento de uma vila em Versalhes.[85] Como de hábito, o diário de D. Pedro contém alusão mínima a essas propostas. Em 31 de agosto ele anotou que "Conversei com Gastão que vai a Paris sobre nossos projetos de viagem", e em setembro ele escreveu em seu diário, "a Isabel veio já há algum tempo despedir-me, pois que vai a Paris por alguns dias para ver casa nos arrabaldes para o inverno". Embora ele se recusasse a abandonar Cannes, e realmente Mota Maia pode tê-lo advertido contra Paris, tendo em vista seu clima no inverno, ele aceitou a sugestão de D. Isabel de passar uma semana em um hotel em Versalhes e depois se instalar no apartamento do conde de Nioac para uma longa temporada em Paris.[86]

As semanas seguintes em Versalhes e Paris foram felizes e bem-sucedidas. Em Versalhes, onde D. Pedro passeou pelas galerias e jardins do palácio com o genro, ele estabeleceu pela primeira vez uma proximidade intelectual com o conde d'Eu. "Almocei bem depois conversei com o Gaston sobre a política sobretudo da França e cada vez o estimo mais." D. Pedro dedicava tempo a suas duas irmãs, ambas nessa ocasião em Paris, e ele novamente teve a companhia dos dois netos adultos.[87] Seus dias eram passados em infindável turismo, visitas sociais e atividades culturais, cujo ritmo se intensificou depois que ele se deslocou de Versalhes para Paris em 6 de outubro. Ele viu a Torre Eiffel, "pode-se chamar a maravilha do século". E passava tempo com a condessa de Villeneuve sobre quem, alguns meses antes, a baronesa de Loreto havia

---

85 Conde d'Eu para conde de Mota Maia, Baden-Baden, 20 set. 1890, em Motta Maia, *Motta Maia*, p.419; e ver condessa de Barral para D. Pedro, Voiron, 27 ago. 1890, em Barral, *Cartas*, p.335. D. Pedro fez uma breve visita à família von Krupp em sua residência, a Villa Hügel, próximo a Essen, de 14 a 23 set. 1890.

86 AHMI POB Cat. B Maço 35 Doc. 1.057 Registros no diário para 31 ago. e 10, 27 e 30 set. 1890; e D. Isabel para conde de Mota Maia, sem data [Versalhes, 27 ou 28 set. 1890], em Motta Maia, *Motta Maia*, p.309.

87 AHMI POB Cat. B Maço 35 Doc. 1.057 Registros no diário para 24 set. e 1º, 4, 5 e 8 out. 1890. Quando D. Pedro retornou a Baden-Baden em 24 set., ele encontrou lá seus netos Pedro Augusto e Augusto, que o acompanharam a Paris.

comentado, "apesar de sua idade, ela mantém traços da beleza que virou tantas cabeças". D. Pedro a viu em 11 de outubro e achou-a, "magra e avelhantada, mas sempre boa para comigo".[88] Em 21 de outubro, ele conheceu o Institut Pasteur ciceroneado pelo próprio Louis Pasteur. Cinco dias depois, participou de um jantar oferecido aos membros das cinco academias oficiais, no qual se sentou ao lado de Jules Simon, o reformista político e educacional, e à frente de Ambroise Thomas, o compositor. Por fim, ele conversou com inúmeros brasileiros, alguns já conhecidos, outros novas amizades.[89] Todo domingo ele ia visitar a filha e sua família em Versalhes.

Somente a questão do dinheiro perturbava a felicidade de D. Pedro. Em 16 de outubro, ele escreveu em seu diário: "Conversei com Nioac e Mota Maia sobre despesas". A própria brevidade do apontamento indicava a importância do assunto. Uma carta escrita em 4 de novembro de 1890, pela condessa de Barral ao conde d'Eu, está provavelmente relacionada com o que foi discutido:

> Quanto aos 413 mil francos gastos desde [deixar] o Rio, não me surpreende nem um pouco, com a morte da pobre mamã, os trens especiais, os hotéis, as mudanças de residência. É muito para alguém que não possui nada.[90]

Realmente era. Em menos de um ano, D. Pedro havia gasto cerca de 76 mil dólares. Os dois empréstimos tomados do visconde de Alves Machado cobriam pouco mais de metade dessa quantia, 41 mil dólares. Entretanto, uma ajuda estava a caminho.

Em agosto de 1890, o advogado de D. Pedro no Brasil começara a liquidar o espólio de D. Teresa Cristina levando a leilão todos os bens móveis do casal imperial. O leilão, realizado de 11 de agosto a 20 de outubro, arrecadou 400 contos de réis. Em decorrência dessa venda e de outras medidas tomadas, finalmente o dinheiro começou a fluir do Brasil para a França. No final de outubro, o conde d'Eu havia recebido pouco mais de 28 mil francos "das receitas de julho a setembro". Como os gastos diários de D. Pedro e sua comitiva em sua estada no Hotel Beau Séjour totalizavam cerca de 400 francos, e como ele não demonstrava nenhuma inclinação a economizar em suas

---

88 Ibid., registros no diário para 9, 11, 14 e 17 out. e 8 nov. 1890; e IHGB Lata 658 Livro 9 Notas de viagem da baronesa de Loreto, registro para 4 abr. 1890.

89 AHMI POB Cat. B Maço 35 Doc. 1.057 Registros no diário para 21 e 26 out. 1890. Ele também participou da abertura do Congresso dos Americanistas, do qual era presidente honorário.

90 Calmon, *Pedro II*, v.5, p.1810, citando uma carta no AGP.

outras despesas diárias, qualquer valor recebido do Brasil era rapidamente consumido por gastos correntes.[91]

Ao retornar a Cannes em 10 de novembro, D. Pedro retomou seu estilo de vida assim como o deixara no final de julho. Mas a realidade era a de que a situação havia mudado. Ele estivera em "férias" por um ano; era hora de voltar para casa. Não podia mais esconder de si mesmo que estava exilado de sua terra natal. Em 17 de novembro, ao escrever em seu diário sobre um poema que pretendia compor, ele subitamente desabafou:

> Mas não posso deixar de recordar que deixei hoje às três da madrugada, porque assim me pediram para evitar conflito receiado, o Paço da Cidade para embarcar no Parnaíba que seguiu às 2 da tarde para a Ilha Grande de onde o Alagoas que não estava então ainda pronto veio tomar-me para deixar o meu Brasil. Tristes recordações. Assim não custasse tudo isto a vida à minha santa em cuja sepultura rezarei o mês próximo indo para isto a Lisboa.[92]

Tal desabafo era tão excepcional que indicava um profundo trauma emocional. Três dias depois, as esperanças de D. Pedro foram momentaneamente reavivadas quando o visconde de Ouro Preto telegrafou-lhe informando que "os banimentos tinham sido revogados". No dia seguinte, ele soube que somente os políticos estavam incluídos. "Paciência! Não quiseram fazer justiça a meus sentimentos", D. Pedro escreveu em seu diário. "Tinha já pronto telegrama, caso fosse eu incluído. Mas tenho tanta fé no que é justo, que a medida há de breve ser tomada, e eu nunca servirei de longe ou de perto o fermento de revolução."[93] Apesar de suas expectativas, a revogação de seu exílio nunca veio, e seu desejo de retornar crescia proporcionalmente. "Sonhei muito", ele observou em 16 de janeiro de 1891; "me chamavam do Rio e para lá lia [*sic*] prestar os serviços como Conselheiro de minha filha ou de meu neto". Duas semanas depois ele anotou: "Sonhei com o meu Rio a que me deixavam ir e eu logo fui embora como de viagem. Que felicidade! Lá ira passar o inverno daqui em Petrópolis, voltando na primavera que é na Europa lindíssima. Foi um sonho".[94]

---

91 Conde d'Eu para o conde de Mota Maia, Versalhes, 18 nov. 1890, e 13 e 19 jan. 1891, em Motta Maia, *Motta Maia*, p.418.

92 AHMI POB Cat. B Maço 35 Doc. 1.057 Registros no diário para 17 nov. 1890. A baronesa de Muritiba recordou mais tarde que, sempre que D. Pedro falava de 15 de Novembro, ele tinha lágrimas nos olhos; ver "Entrevista com D. Isabel (2)", *Jornal do Commercio*, 12 out. 1967.

93 AHMI POB Cat. B Maço 35 Doc. 1.057 Registros no diário para 17 e 20 nov. 1890.

94 Ibid., Registros no diário para 16 e 30 jan. 1891.

A segunda mudança na situação de D. Pedro envolveu sua família. D. Isabel e o conde d'Eu haviam afirmado sua independência mudando-se para Paris. Embora o casal fizesse uma breve visita a Cannes no início de dezembro e passasse mais tempo com ele após o Natal, quando trouxeram os três filhos consigo, a realidade era que eles agora viviam em Paris.[95] D. Pedro não pôde mais fazer suas visitas dominicais ou ler *Luz e calor* para sua filha. As trocas de cartas e telegramas, que D. Pedro parece ter enviado de vez em quando, não podiam suprir tal ausência.

O que dava a D. Pedro especial causa de preocupação e até alarme era a situação de seus dois netos adultos, que ainda passavam a maior parte do tempo na companhia dele. O único problema em relação a Augusto, o mais jovem dos dois, era que ele ia e vinha como lhe convinha. Ele era, como o conde d'Eu comentara em março de 1890, "um fujão". Nunca estava presente quando se esperava ou necessitava, especialmente em ocasiões formais. Ele tinha o dom de desaparecer antes que qualquer um notasse sua ausência. "O Augusto não sei onde foi", apareceu várias vezes no diário de D. Pedro. Essencialmente o que Augusto desejava era independência e o direito de fazer sua própria vida.[96]

Apesar da aparente recuperação de Pedro Augusto de seu acesso de mania de perseguição a bordo do *Alagoas*, sua conduta era uma causa contínua de apreensão. De abril a setembro de 1890, quando viveu longe do avô, ele iniciara intrigas para restaurar a monarquia, com ele próprio como imperador.[97] A vida em Cannes, um misto de ociosidade e tédio, particularmente a obrigação de ler à noite para seu avô, proporcionava a Pedro Augusto amplo tempo para pensar sobre a injustiça de seu destino, intensificando uma atitude ambivalente em relação a D. Pedro e alimentando suas antigas suspeitas de Mota Maia. No aniversário de D. Pedro, em 2 de dezembro de 1890, Pedro Augusto, ofendendo-se com o tratamento de Mota Maia a ele, insultou-o. Dois dias depois, D. Pedro escreveu: "O Pedro teve altercação de palavras com Mota Maia que veio falar-me com lágrimas nos olhos. Já fez chorar a Isabel. Vai-se tornando incômodo [...] Receio que nos dê algum desgosto grande". Na noite seguinte, o avô passou-lhe uma severa reprimenda.[98] Pedro Augusto

---

95 Ibid., Registros no diário para 1º a 6 dez. 1890 e 27 dez. 1890 a 5 jan. 1891. D. Isabel ficou de visitá-lo novamente sozinha, de 21 fev. a 19 mar. 1891.
96 Ibid., Registros no diário para 27 e 29 mar., 8 abr., 24 set., 8 e 19 out. e 5 nov. 1890.
97 Ibid., Registros no diário para 27 abr., 21 maio, 11 ago, 8 out. e 10 nov. 1890; Taunay, "Trágico destino", *Jornal do Commercio*, 21 out. 1934.
98 Ibid., Registros no diário para 17 nov. a 6 dez. 1890.

mudou-se para Paris e escreveu pedindo perdão à tia. Entretanto, como D. Isabel informou ao pai em 11 e 21 de dezembro, seu sobrinho estava tão preso a "tanta caraminhola" que ela não via nenhum fim em seu "estado de exaltação". Ficou decidido que os dois irmãos, quando retornassem a Cannes, não ficariam mais no Beau Séjour, mas em outro hotel.[99]

D. Pedro finalmente se dava conta de que não podia manter seus dois netos, com idades de 25 e 24 anos, perpetuamente sem ocupação e em sua companhia. No final de janeiro de 1891, o pais deles, Augusto de Saxe-Coburgo-Gota, fez uma visita a Cannes vindo de Paris. D. Pedro e seu genro concordavam que Augusto devia candidatar-se a servir como oficial na Marinha austríaca e que Pedro Augusto buscaria emprego "em empresa de engenharia".[100] Essa decisão não foi cumprida de todo, e mesmo assim com nenhuma rapidez. Somente em abril Augusto mudou-se para Viena e começou a estudar para seus exames de admissão. Pedro Augusto manteve inalterada a vida errática de antes.[101]

A segunda mudança que D. Pedro experimentou após seu retorno a Cannes foi a perda de velhos amigos. Em 22 de dezembro, ele recebeu um telegrama de Bruxelas anunciando a morte da condessa de Villeneuve, a quem vira tão pouco tempo antes em Paris. Ela era consideravelmente mais jovem do que ele. Na verdade, como ele anotou em seu diário: "eu [a] estimava há quase trinta anos e conhecia de menina quando o pai, chegando da América do Norte ma apresentou. Tinha quase calcinhas [...] *Sic transit gloria mundi* [Assim passa a glória do mundo]".[102]

Um golpe muito mais pesado e significativo foi a morte da condessa de Barral em 14 de janeiro de 1891. D. Pedro levou algum tempo para recuperar seu equilíbrio emocional após essa perda.[103] A condessa de Barral encarnava para ele a mulher ideal – atraente, culta, charmosa e consoladora – que ele sempre buscara. A condessa havia sido uma fixação em sua vida e servido como uma válvula de escape para suas queixas e frustrações. O desaparecimento dela tornava real seu senso de isolamento do mundo. Ele desabafou suas lembranças dela à filha, que respondeu em 2 de fevereiro de 1891: "Compreendo bem o

---

99 AGP XL-2 D. Isabel para D. Pedro, Versalhes, 11 e 21 dez. 1890.

100 AHMI POB Cat. B Maço 35 Doc. 1.057 Registros no diário para 28 a 30 jan. 1891.

101 Ibid., Registros no diário para 28 maio 1891; e cartas de Pedro Augusto para o conde de Mota Maia, Viena, 23 maio 1891, e Augusto para a mesma pessoa, Viena, 28 maio 1891, em Motta Maia, *Motta Maia*, p.429-30.

102 AHMI POB Cat. B Maço 35 Doc. 1.057 Registros no diário para 22 dez. 1890.

103 Ibid., Registros no diário para 14, 15 e 18 jan. 1891.

que papai me diz em sua carta sobre nossa boa condessa". À medida que os meses se passavam, D. Pedro sentia cada vez mais falta dela: "quando viajava com a Barral, anda tudo muito direito. Nunca conheci inteligência assim e sempre a mesma durante quase cinquenta anos. Estou deveras no vácuo".[104]

A terceira mudança na vida de D. Pedro foi a deterioração de sua condição física, particularmente sua capacidade de andar. Embora sua vida calma fizesse que ele se sentisse em bom estado de saúde, até ao ponto de comentar em 27 de novembro que "Estou quase como quando tinha saúde", cada vez mais o diabetes restringia suas capacidades. Desde outubro de 1890, foi preciso que alguém lesse os livros para ele após o jantar, um reconhecimento tácito de que sua visão se deteriorava. Em 14 de dezembro, o diário de D. Pedro contém pela primeira vez uma referência a suas atividades sendo administradas pelo conde de Mota Maia. Seus planos de visitar a Itália e Portugal não deram em nada.[105] Durante o cruelmente frio inverno de 1890-1891, ele se aventurava para fora do hotel com frequência cada vez menor. Seu diário é amplamente voltado a resumos de artigos de jornais e periódicos que ele lia. No final de março, o estado de saúde de D. Pedro, especificamente a fraqueza nos membros e sua insônia, colocou Mota Maia em alerta.[106] O mundo começava a se fechar para D. Pedro. Sua independência, tão ferozmente defendida, não era mais absoluta.

Como consequência dessas mudanças, a vida de D. Pedro em Cannes tornou-se uma existência sem muita atividade ou estímulo. Sua única grande excursão e uma lembrança da grandiosidade de outrora ocorreu em 2 de abril. Nesse dia ele fez uma visita à rainha Vitória, que na época estava em Grasse, ao norte de Cannes.[107] Uma das damas de companhia da realeza descreveu a visita de forma vívida:

> Às três o imperador do Brasil chegou para prestar seus respeitos à rainha e nós estávamos presentes. Aquela horrenda condessa d'Eu veio com ele e também um neto, Pedro de Saxe-Coburgo. O imperador é um homem idoso de aparência

---

104 AGP XL-2 D. Isabel para D. Pedro, Versalhes, 2 fev. 1891. A carta de D. Pedro não está entre sua correspondência à filha; AHMI POB Cat. B Maço 35 Doc. 1.057 Registros no diário para 12 jul. 1891.

105 Ibid., Registros no diário para 1º out., 14 e 27 nov. e 14 dez. 1890; e o conde d'Eu para o conde de Mota Maia, Versalhes, 11 fev. e 12 mar. 1891, em Motta Maia, *Motta Maia*, p.426-7.

106 Ver comentários em conde d'Eu para o conde de Mota Maia, Versalhes, 26 jan. 1891, em Motta Maia, *Motta Maia*, p.429.

107 AHMI POB Cat. B Maço 35 Doc. 1.057 Registros no diário para 2 abr. 1891.

extraordinária com uma voz aguda, muito guinchante e bastante estridente, um semblante inteligente inteiramente estragado pela mais pavorosa dentadura que já vi. Eu esperava a qualquer momento ver seus dentes no chão.[108]

Na primavera de 1891, D. Pedro estava completamente entediado e ansioso por uma mudança. Em 28 de abril ele compôs um poema enaltecendo a beleza de Cannes, mas não expressou nenhum pesar por partir. O tédio e seu crescente ressentimento pelo exílio do Brasil podem tê-lo levado a também escrever "a minha fé de ofício, assim chamo a declaração de meus sentimentos e do que fiz pelo Brasil".[109] Já em março, D. Pedro anunciara em uma carta sua intenção de escrever esse documento, mas o real ímpeto parece ter vindo de um artigo escrito sobre ele por uma admiradora local.[110] Em 20 de abril, ele lembrou que "já foi para [visconde de] Taunay a minha *fé de ofício*".[111]

A Fé d'Ofício em sua versão não publicada chegou a mil palavras. Iniciou-se com uma declaração de fé religiosa e a seguir esboçou as políticas que D. Pedro havia, como imperador, apoiado para moldar a ordem social. O texto possuía pouca coerência além do assunto geral, e os parágrafos não seguiam uma ordem lógica. O documento expressava a curiosa mistura entre conservadorismo e crença no progresso material que guiou D. Pedro por todo o seu reinado: "acompanhava-me sempre a ideia de ver o meu Brasil sem ignorância, sem falsa religião, sem vícios e sem distâncias".[112]

Uma semana depois que D. Pedro terminou de escrever sua declaração de crenças e serviços, André Rebouças, que havia, de veneta, acompanhado a família imperial ao exílio, chegou a Cannes proveniente de Lisboa. Tratado com antipatia e desprezo pelo conde de Mota Maia, Rebouças permanecera em Lisboa quando D. Pedro e sua comitiva viajaram para a França.[113] Durante

---

108 Marie Adeane para lady Elizabeth Biddulph, Grasse, 8 abr. 1891, em *Mallet*, Letters, p.43.

109 AHMI POB Cat. B Maço 35 Doc. 1.057 Registros no diário para 26 abr. e 3 maio, 1891.

110 Ela era Mme. Héraud, a quem D. Pedro sempre chamava de "Savignac", o sobrenome do pai, Dr. Delioux de Savignac, e que vivia em Cannes. Ela pode ser identificada nos registros do diário para 11 e 20 fev., 1º mar. e 1º maio 1891, em ibid. O pai dela era Joseph François Delioux Savignac (1812-1876), autor de diversas obras de medicina.

111 AHMI POB Cat. B Maço 35 Doc. 1.057 Registros no diário para 5, 17 e 20 abr. 1891; e D. Pedro II para o visconde de Taunay, Cannes, 21 mar. 1891, em "Cartas de exílio", p.164-5. A carta de D. Pedro de 20 abr. não está nessa coleção.

112 As versões original e publicada do documento estão impressas em colunas paralelas em Taunay, *Pedro II*, p.209-17.

113 Rebouças não simpatizava com "o tirano" Mota Maia; ver registros no diário para 7 e 26 dez. 1889, em Rebouças, *Diário*, p.354, 356 e ver também p.357.

quatro dias, Rebouças passou o máximo de tempo que pôde na companhia de D. Pedro.

> Jantar com o imperador, o conde de Villeneuve, conde e condessa de Mota Maia e conde de Aljezur (6 ½ da tarde).
>
> Conversação íntima até 10 ½ da noite. O imperador tem as pernas mais fracas do que no "Alagoas"; está, porém, com a memoria mais viva; foi, por vezes, adiante das minhas reminiscências.
>
> É impossível descrever-me sua ternura por mim. Seu criado Guilherme [Camerloker] disse-me que ele teve um transporte de alegria infantil quando recebeu a minha primeira carta de Lisboa, em 2 de abril de 1891.[114]

No dia seguinte, Rebouças lembrou que ele estava "tirando cópias da 'Minha fé de Ofício' íntima coleção de pensamentos e projetos do imperador". Após o jantar, ele observou: "discussão íntima da sua 'Fé de Ofício' cujo original o imperador me confia. Como no 'Alagoas', o Imperador tem prazer em ler para mim, para as filhas de seu médico etc." Em 30 de abril, Rebouças escreveu:

> 6 ½ jantar com o Imperador.
>
> Leitura e conversa íntima até 10 da noite. O imperador presenteou-me com o original da "Minha Fé de Ofício" dizendo: – "É para você [...] Eu fico com sua cópia. Desde que me viu, disse: "[...] Eu tenho uma cousa para você [...] E há de gostar". E não deixou seu médico, enquanto ele não me entregou o precioso documento.
>
> Que santo velho!![115]

O entusiasmo de André Rebouças pela Fé de Ofício de D. Pedro foi compartilhada no Rio pelo visconde de Taunay, que, por natureza romântico e quixotesco, mantinha-se como um fervoroso monarquista. Ele deplorava a

---

114 Ver registro no diário para 28 abr. 1891 em ibid., p.368-9. O diário de D. Pedro registra que Rebouças sentava-se a sua esquerda no jantar. Ao receber a carta de Rebouças, D. Pedro escreveu em seu diário: "Sua leitura comoveu-me. É digno filho de seu pai". Ver AHMI POB Cat. B Maço 35 Doc. 1.057 Registros no diário para 7 e 28 abr. 1891. Quanto ao criado de D. Pedro, Rebouças observou em dez. 1891: "é realmente a única pessoa que lhe é util" e "sem o criado Guilherme morreria ao desamparo"; ver registros no diário para 7 e 26 dez. 1889, em Rebouças, *Diário*, p.354, 356.

115 Ver registros no diário para 29 e 30 abr. e 1º maio 1891, em Rebouças, *Diário*, p.369-70. De acordo com o diário de D. Pedro, ele deu a Rebouças o original da Fé de Ofício na primeira noite, 28 abr. O diário registra almoço, jantar e leitura com Rebouças em 29 abr. e jantar com ele em 30 abr., mas não o menciona em 1º maio. Ver AHMI POB Cat. B Maço 35 Doc. 1.057.

maneira que os líderes do novo regime republicano estavam administrando os assuntos da nação. Quando Taunay recebeu o documento em 20 de maio, ele imediatamente vislumbrou seu potencial como propaganda para a causa. Mediante a permissão de Mota Maia por telegrama para sua publicação, Taunay levou o manuscrito ao *Jornal do Commercio*, o principal jornal do Rio, que ficou satisfeito em publicá-lo. Embora respeitasse o conteúdo e a sequência do original e mantivesse as palavras de D. Pedro, Taunay submeteu o documento no tocante a estilo ao que se pode chamar de um extenso copidesque. Com isso, o documento publicado em 28 de maio foi bem mais incisivo e elegante do que o original. A Fé de Ofício publicada surtiu exatamente o efeito que Taunay previa. O tom magnânimo, sereno e abnegado do documento contrastava acentuadamente com a atmosfera predominante de enriquecimento ilícito e incompetência do regime republicano.[116]

Quando a Fé de Ofício foi publicada, D. Pedro havia partido de Cannes para Paris, em parte porque prometera a D. Isabel passar o 13 de maio, segundo aniversário da abolição, na companhia dela.[117] Praticamente ninguém participou da celebração em Versalhes além de D. Isabel e seu pai, mais um indício de quão marginal a vida de D. Pedro tornara-se.[118] Naquela noite, o visconde de Ouro Preto, último presidente do Conselho de Ministros sob o Império, veio despedir-se. O banimento dele havia sido revogado, e ele partiria para o Brasil no dia seguinte. Ele encontrou o imperador sentado em seu quarto de hotel, ouvindo o conde de Aljezur ler em voz alta os jornais brasileiros. Quando Ouro Preto levantou-se para sair, D. Pedro tentou erguer-se, mas faltaram-lhe forças para isso. Os dias de saúde e de importância haviam há muito ido embora.[119]

O modo como D. Pedro passou sua estada em Paris, por mais agradável que tenha sido, confirmou o declínio de sua vitalidade e independência. Ele não ficou na capital, mas no hotel em Versalhes no qual se hospedara em

---

116 Ver Rebouças, *Diário*, p.124-6, 209-17.

117 D. Pedro deixou Cannes antes do que pretendia para participar do casamento da filha do conde de Nioac com o irmão de Frau von Krupp. Ele se hospedou na Villa Hügel, de 7 a 12 de maio. AHMI POB Cat. B Maço 35 Doc. 1.057 Registros no diário para 22 abr. e 7 a 12 maio 1891.

118 Ibid., registros no diário para 12 e 13 maio 1891; e ver a descrição comovente do evento feita pelo barão de Rio Branco em carta a Joaquim Nabuco, datada "sábado à noite" [16 maio 1891], citada em Viana Filho, *Rio Branco*, p.171.

119 Ver relato do encontro escrito pelo filho de Ouro Preto em Affonso Celso, *O imperador*, p.47-54. O registro no diário para 13 maio confirma a veracidade do relato; ver AHMI POB Cat. B Maço 35 Doc. 1.057.

outubro de 1890. Passava a maior parte do tempo com sua família ou com membros da comunidade brasileira. Apenas ocasionalmente viajava para Paris para passar o dia, participar de uma reunião de uma das cinco academias oficiais ou passar uma noite no teatro.

Em 9 de junho de 1891, D. Pedro deixou Paris para uma estada em Vichy, "a principal estação de águas da França e quiçá da Europa".[120] Ele provavelmente esperava repetir em Vichy sua prazerosa permanência em Baden-Baden, mas, ao contrário, a cidade foi palco de uma catastrófica derrocada em seu estado de saúde. A causa foi trivial. Um calo no pé esquerdo havia sido extraído por um pedicuro pouco antes de sua partida de Paris.[121] Como é comum em portadores de diabetes, o local do corte desenvolveu uma úlcera, que não cicatrizava. As constantes caminhadas em Vichy agravaram o problema e fizeram que a infecção se alastrasse para a perna. Em 13 de junho a gravidade de seu estado forçou D. Pedro a ficar acamado e assim permanecer por quase três semanas.[122] A notícia da doença do pai trouxe D. Isabel de Versalhes.[123] Somente em 3 de julho Mota Maia permitiu que D. Pedro saísse do hotel para um passeio de carruagem. Desde então, D. Pedro lutou com sua habitual obstinação para retomar uma vida normal. Em 15 de julho, ele compareceu a um baile, e na noite seguinte, pouco antes de ir à ópera, ele escreveu: "Sinto-me a cada instante melhor".[124]

Essa afirmação não poderia ter sido mais enganosa. Os esforços de D. Pedro provocaram uma grave recaída. Não só o ferimento não cicatrizava, mas também apresentou sinais de gangrena. O peito do pé estava avermelhado e inchado, e a perna em si muito dolorida. Mota Maia chamou um médico local para uma consulta. O Dr. Poncet, que considerou o caso extremamente grave,

---

120 *Southern France*, p.206. O diário de D. Pedro menciona pela primeira vez a proposta de estada em Vichy em 30 maio 1891, em termos que demonstram que isso havia sido decidido há algum tempo, mas o diário não menciona em nenhuma parte as razões pelas quais o lugar foi escolhido; ver AHMI POB Cat. B Maço 35 Doc. 1.057.

121 D. Pedro II para o visconde de Taunay, Vichy, 27 jun. 1891, transcrito em Taunay, *Pedro II*, p.238; e Dr. F. Poncet ao conde de Mota Maia, Vichy, 17 jul. [*sic* – provavelmente 27] 1891, em Motta Maia, *Motta Maia*, p.315.

122 AHMI POB Cat. B Maço 35 Doc. 1.057 Registros no diário para 16 jun., que sugere que Mota Maia cauterizou o ferimento para prevenir uma gangrena: "Enquanto curava perna Mota Maia meteu-me o ferro sem eu nada sentir". O registro para 2 jul. diz: "Vim bem para sala apoiado em Mota Maia e [o conde de] Carapebus".

123 Ela chegou em 19 jun. e partiu provavelmente em 24 jun.; ver ibid., registros no diário para esses dias; e o conde d'Eu para o conde de Mota Maia, Versalhes, 25 jun. 1891, em Motta Maia, *Motta Maia*, p.431.

124 AHMI POB Cat. B Maço 35 Doc. 1.057 Registros no diário para 15 e 16 jul. 1891.

recomendou um tratamento com bandagens antissépticas muito potentes e "recomendou-me respouso absoluto".[125] Essa recomendação foi estritamente seguida. Um segundo criado foi contratado para prover assistência 24 horas.[126] O tratamento deu resultado, mas, como o médico francês observou, o diabetes de D. Pedro fazia com que a cura do ferimento fosse extremamente lenta e incerta. Somente em 13 de outubro, D. Pedro, então em Paris, pôde escrever em seu diário: "Amanhã espero pôr a pata no chão e daqui a dias passear". No dia seguinte, ele anotou em triunfo: "Vim sofrivelmente por *meu pé*, mas apoiado, para a sala".[127]

Três meses de imobilidade realmente curaram a ferida, mas a um custo muito alto para o estado de saúde geral de D. Pedro. Por ocasião da emergência ocorrida em junho, o conde d'Eu observara que "A privação prolongada de exercício e distrações seria terrível para ele", um prognóstico que os apontamentos no diário confirmam plenamente.[128] A falta de exercícios agravou as enfermidades provocadas pelo diabetes. O mais notável foi a deterioração da visão de D. Pedro. Ele nunca precisara de mais de seis horas de sono por noite, mas agora dormia ainda menos. Acordando de madrugada, ele buscava ocupar-se escrevendo em seu diário.

D. Pedro nunca se interessara pelo abstrato e o especulativo, mas a imobilidade levou sua mente nessa direção. Ao final de julho, ele refletiu sobre o desenho do globo, notando que "a divisão dos continentes pelos istmos de Panamá e de Suez, estreito de Behring e Oceano Atlântico é a da natureza". Mas a ciência melhorava as comunicações.

> Dentro de pouco não distarão no globo dois pontos entre si mais de 7 a 8 dias. [...] O balão aerostático levar-no-á da América à Europa em menos de uma semana. Tudo tenho calculado pelo mínimo. [...] Há motores mais ou menos

---

125 Ibid., registro no diário para 17 jul. 1891, que não identifica Poncet pelo nome, mas o faz em 23 jul.; e ver Dr. F. Poncet para o conde de Mota Maia, Vichy, 17 [*sic* – provavelmente 27] jul. 1891 em, Motta Maia, *Motta Maia*, p.315-7. (Como a carta contém referências a um primeiro tratamento do ferimento de D. Pedro em 17 jul., a três visitas subsequentes e ao estado do ferimento após uma semana de tratamento, sua data não pode ser 17 jul. como foi impresso.)

126 O novo criado, nunca identificado como mais do que "Jean", foi primeiramente mencionado no diário de 20 jul. 1891; ver AHMI POB Cat. B Maço 35 Doc. 1.057.

127 Ibid., registros no diário para 13 e 14 out. 1891.

128 Conde d'Eu para o conde de Mota Maia, Versalhes, 25 jun. 1891, em Motta Maia, *Motta Maia*, p.431.

rápidos. Eletricidade, calor vapor e suas aplicações mais ou menos eficazes conforme as resistências. [...]

Em suma, forças de atração, gravidade, elétrica e magnética que são uma só, a criadora, a de Deus. Creio, pois, em Deus criador e já escrevi que acredito nos dogmas, não só por dever, mas pela razão que pode explicá-los. Penso que eu convenceria o puritano, o budista e o brâmane, e sobretudo os fetichistas e os mais sectários que o são mormente por vaidade de saberem explicar certos fenômenos naturais, sem os observarem, devidamente. Creio que haverá com os tempos só a religião católica competindo-lhe assim o nome.[129]

Essas ponderações refletiam a antiga crença de D. Pedro na interconexão da ciência com o divino manifestando "a verdade".

Ler, compor versos e escrever em seu diário durante a noite dependia de velas e lamparinas. Já em 20 de junho ele escreveu em seu diário: "4 da manhã. Eu poderia escrever agora, mas não quero cansar minha vista".[130] A anotação de 7 de agosto oferece uma evidência detalhada de sua frustração.

3 ¾ Dormi bem, mas não tenho mais sono. Parece que já clareia, se não é luar. Começa o tempo ruim do dia, pois não posso ler. Cismarei.

4[h] O estro ontem não me acode e não posso também cismar, pois a atenção procura fixar-se.

4h 20' Já pus na cama com quem conversar – são publicações – bem é dizer para não haver equívoco – logo que haja luz. Perdei a lamparina.

4 ½ Vou ler a Loti mesmo da lamparina. Custa-me muito! Paciência! Cumpre poupar a vista. Já posso escrever – e ler – mal.

4 ¾ Daqui a pouco lerei deitado.

5h Já vejo bem, mas só inclinando sobre a mesa para o lado da janela.[131]

A degeneração da saúde de D. Pedro requeria cuidado e atenção incessantes.[132] Ele esperava ter não somente companhia constante mas também ser entretido. Seu diário começou a revelar uma impaciência e uma rudeza antes inexistentes e a registrar queixas sobre seus criados.[133] Cuidar de D. Pedro e

---

129 AHMI POB Cat. B Maço 35 Doc. 1.057 Registros no diário para 28 jul. 1891.

130 Ibid., registro no diário para 20 jun. 1891.

131 Ibid., registro no diário para 7 ago. 1891.

132 Em 13 jun., ele começou a usar um recipiente de urina à noite e, posteriormente, durante o dia também. No início de agosto, ele passou a sofrer de coceira. Sua letra ficou ainda maior e menos estável. Ver Ibid., registros no diário para 14 jun. e 9 e 11 ago. 1891.

133 Ver, por exemplo, registros no diário para 3, 13, 18 e 19 jul. e 1º set. 1891, em ibid.

mantê-lo satisfeito obviamente colocava um pesado ônus sobre o que era um séquito pequeno. O próprio Christian Friedrich Seybold era obrigado todas as tardes a ler os jornais em voz alta, além de executar suas tarefas anteriores, de dar aulas diárias de idiomas e ler em voz alta um livro à hora de dormir. Não à toa, em 29 de agosto, D. Pedro recordou: "3h 20' [...] Seybold mandou dizer que não tinha [o] que ler de interessante nos jornais"; "9h50' [...] Na cama para ouvir Seybold [...] Começou a ler. 11h Foi-se sempre com desejo de se retirar e vou dormir". Em 10 de setembro, D. Pedro observou: "4h De há dias que o Seybold parece fazer tudo de má vontade [...] 10h10' O Seybold não vem, pediu-me licença".[134]

Durante essas longas semanas de imobilidade e isolamento, D. Pedro encontrou duas fontes de consolo. Primeiramente, ele terminou o trabalho que constitui sua principal pretensão à erudição original. *Poésies hebraïco-provençales du rituel israélite Comtadin*, um panfleto de 59 páginas contendo quatro poemas no original hebraico com sua tradução em francês nas páginas espelhadas.[135] Os poemas foram extraídos de um antigo ritual usado pela grande comunidade judaica residente em Comtat Venaissin, uma região nas cercanias de Avignon ao sul da França.[136] Como o conhecimento do hebraico é mesmo hoje em dia uma proeza erudita incomum entre os não judeus, o surgimento do trabalho pode ser considerado uma obra linguística respeitável, se não proeminente.

Assim como muitos dos interesses eruditos de D. Pedro, a proeza era mais complexa do que o subtítulo da obra sugere – *Traduite et transcrite par S. M. Dom Pedro II d'Alcântara Empereur du Brésil* [traduzida e transcrita por Sua Majestada Dom Pedro II d'Alcântara Imperador do Brasil]. A tradução e sua publicação foram promovidas pelo biógrafo e rabino Benjamin Mossé, que fornecera a D. Pedro o texto em hebraico.[137] Como parte das festividades que marcaram o

---

134 Ibid.

135 A obra (Pedro II, *Poésies*) foi produzida por Seguir Frères, Imprimeurs-Editeurs, 15 rue Bouquerie, Avignon. O exemplar consultado na biblioteca do IHGB traz a inscrição: "Para o Barão e Baronesa de Loreto Paris 9 9bro 1891 D. Pedro d'Alcantara".

136 No período do governo papal na Comtat, a área deu refúgio a uma considerável população judia. A sinagoga em Carpentras, ex-capital da região, é a mais antiga da França, datada do século XIV.

137 Benjamin Mossé (1832-1892) tinha escrito (com ajuda do barão de Rio Branco) uma biografia de D. Pedro II publicada em 1887. Ele visitara D. Pedro em Cannes em abr. 1890 e novamente em mar. 1891, suprindo-o em ambas as ocasiões com obras em hebraico. O periódico de Mossé, *La Famille de Jacob*, publicou duas traduções de D. Pedro em jul. 1890 e maio 1891. A segunda foi o primeiro poema impresso em Pedro II, *Poésies*, p.1-9

centésimo aniversário da incorporação de Comtat pela França em 1791, o *félibrige* (movimento linguístico provençal) havia organizado um congresso. A contribuição de um monarca, ainda que deposto, ao processo dava brilho ao evento. Para o rabino Mossé, outra vantagem era o apoio implícito que a contribuição de D. Pedro proporcionava à cultura judaica em uma época em que o antissemitismo era muito forte na França. Quando o júri do congresso outorgou um *grande diplome d'honneur* [grande diploma de honra] *hors concours* a D. Pedro por sua obra, o mérito literário de sua tradução pesou pouco ou nada na decisão.[138]

Há dúvidas também quanto à autoria restrita a D. Pedro. Como as anotações em seu diário revelam, as traduções foram realizadas durante suas aulas com Christian Friedrich Seybold, um linguista de incontestável habilidade.[139] Seybold corrigiu o prefácio da obra e preparou o texto para publicação.[140] Não se pode determinar quanto da tradução em si deve ser atribuída a Seybold e quanto a D. Pedro. O panfleto confirma que, mesmo no exílio, D. Pedro continuava a possuir a peculiar condição da realeza de existir no âmbito e beneficiando-se de um grupo apoiador e protetor. A perda do trono não o transformou em um mero mortal, alguém forçado a ser autoconfiante e a confrontar o mundo sozinho. Também inalterada era sua suposição de que suas atividades atrairiam atenção e mereceriam respeito. "Assinei diversos exemplares das poesias hebraicas provençales que mando às pessoas de que anexarei lista", ele anotou em seu diário em 1º de setembro.[141] E ele realmente recebeu um bom número de cartas de agradecimento e apreciação.

Além de sua publicação, D. Pedro também encontrou consolo em sua renovada amizade com Claire, a esposa do visconde Paul Benoist d'Azy. D. Pedro a conhecera em 1872 durante sua visita à Europa, e a amizade havia se

---

138 AHMI POB Cat. B Maço 37 Doc. 1.057 Registro no diário para 31 ago. 1891.

139 Os quatro poemas são datados de 9 abr., 1º maio, 6 jul. e 30 jul. 1891. Os registros no diário para 8 e 29 abr. e 6 jul. registraram, cada qual, D. Pedro estudando hebraico com Seybold. Tal referência inexiste para julho ou dias anteriores. Ver ibid.

140 A introdução às traduções impressas, que é datada "1er Août 1891 [1º de agosto de 1891]", discute sobre os professores de hebraico que D. Pedro teve desde o início da década de 1860; ver Pedro II, *Poésies*, p.v-xiii. Os registros no diário para 11 e 31 jul. diziam respectivamente: "Escrevi uma nota relativa a meu estudo das línguas orientais", e "O Seybold leu-me a nota sobre meus orientais. Está bom". Em 6 ago., D. Pedro escreveu: "Seybold ocupa da tradução que já fiz dos cantos hebráicos [...] do Comtat Venaissin". Ver AHMI POB Cat. B Maço 37 Doc. 1.057.

141 AHMI POB Cat. B Maço 37 Doc. 1.057 Registros no diário para 1º, 9, 12 e 16 set. 1891.

tornado mais próxima durante sua segunda visita.[142] Na década de 1880, a troca de correspondências entre eles havia cessado, mas, ao chegar à França em janeiro de 1890, D. Pedro encontrou uma das filhas dela, e o contato foi restabelecido.[143] Em junho de 1891, quando D. Pedro estava em Vichy, Claire enviou-lhe um convite para que a visitasse em sua casa em Azy ao retornar para Paris. D. Pedro aceitou o convite, mas seu estado de saúde manteve-o na cidade. Finalmente, em 16 de setembro, Claire, seu marido e filha foram passar quatro dias em Vichy.[144] D. Pedro escreveu: "5 ½ Parece um sonho. Estiveram comigo Mme Benoist d'Azy, seu marido e a filha Mme de l'Epinay" e, dois dias depois, "11.20' Estive com Mme Benoist d'Azy e cada vez a estimo mais. Lerei até o almoço. 3 ½ Saíram há pouco os Benoist d'Azy e Mme d'Epinay, sua filha, a quem prometi pagar visita aos primeiros logo que possa".[145]

D. Pedro e sua comitiva partiram de Vichy para Paris cedo na manhã seguinte. Em seu diário, ele ponderou:

a minha carta [a Claire Benoist d'Azy] já foi decerto bem lida e tomara que se firme uma amizade e me livre de outras vulgares. Minha vida deu-me outro norte, porém que infelizmente escureceram as trevas do sepulcro. Não quero viver o resto da vida com meras distrações do estudo, que é meu verdadeiro consolo.

O trem para Paris fez uma parada em Nevers.

Os Benoist d'Azy estavam na estação e entraram no meu vagão, mme. oferecendo-me lindo ramalhete de flores do castelo de Azy e livros para lê-los no trem. Sempre pude dizer algumas palavras, ao adeus dela pediu-me que lhe escrevesse.[146]

---

142 Ver a informação em Calmon, *Pedro II*, v.3, p.1132; e BNRJ TM Arm. 32 Pac. 4 Duas cartas para D. Pedro II de Claire Benoist d'Azy, 30 out. [1876] e 8 dez. 1878, e duas cartas de D. Pedro II para ela, Wadi-Haifi, 1º jan. 1877, e Petrópolis, 1º abr. 1878.
143 AHMI POB Cat. B Maço 37 Doc. 1.057 Registros no diário para 13 e 14 jan. 1890.
144 Ibid., registros para 30 jun., 7, 8, 12, 17 e 19 jul., 22 ago. e 9, 12, e 13 set. 1891. No início de julho, o conde de Mota Maia estava determinado a impedir qualquer visita a Azy e, como foi ele que informou a D. Pedro, em 13 set., sobre a futura visita da viscondessa, o médico havia obviamente providenciado para que os Benoist d'Azy vissem a Vichy, desse modo poupando D. Pedro de visitá-los; ver D. Isabel para o conde de Mota Maia, Versalhes, 24 jul. 1891, em Motta Maia, *Motta Maia*, p.435-6.
145 AHMI POB Cat. B Maço 37 Doc. 1.057 Registros no diário para 16 e 18 set. 1891.
146 Ibid., registro no diário para 19 set. 1891.

Com altas expectativas por uma amizade renovada, D. Pedro acomodou-se em seu hotel habitual em Versalhes. Tais esperanças, contudo, revelaram-se vãs. A condessa de fato respondeu a sua primeira carta, escrita um dia após sua chegada, e depois disso ele lhe enviou um pacote de materiais científicos. Embora continuasse a escrever e enviar materiais a ela quase diariamente, nenhuma outra resposta chegou. Em 28 de setembro, ele anotou: "Enviei o que costumo à condessa Benoist d'Azy que não me escreve. Não o compreendo depois de sua estada em Vichy". O silêncio dela não o deteve, e por várias semanas ele continuou a lhe enviar materiais, tanto como uma forma de protesto quanto como uma súplica por atenção.[147] D. Pedro era uma amizade bem menos desejável do que D. Pedro II, o imperador do Brasil.

O silêncio da condessa não foi a única causa de desilusão. Embora seu pé continuasse a melhorar, sua circulação havia piorado tanto que ele recebia massagens regulares. Em 5 de outubro, ele anotou: "jantei e com goiabada que me deu a [baronesa de] S. Joaquim". Como o teor de açúcar na goiabada é excessivamente alto, não poderia haver um alimento mais inadequado para um diabético consumir. D. Pedro não dormiu na noite de 7 de outubro e, na manhã seguinte, sofreu uma crise em seu estado de saúde que não passou até 13 de outubro. Seus dois criados, que se revezavam em turnos com os cuidados por 24 horas, com frequência tinham de ler para ele durante grande parte da noite e até começaram a fazer apontamentos no diário a pedido de D. Pedro. O conde de Mota Maia, ao escrever para amigos no Rio, relatou sobre seu paciente que as "forças vitais gradualmente estavam cada vez menores".[148]

Uma prova da determinação e da alegria de viver de D. Pedro foi que, mesmo nessas condições, ele não só se reanimou mas também reaprendeu a andar após quatro meses de imobilidade. Ao começar em 14 de outubro de 1891, ele só podia chegar ao quarto ao lado, mesmo assim somente com apoio. Entretanto, ele perseverou. O que certamente ajudou foi sua mudança de Versalhes para Paris em 24 de outubro. Mota Maia reservou uma suíte para ele no segundo andar do Hotel Bedford, um pequeno hotel na rua de l'Arcade,

---

147 Ibid., registros para 20 a 28 set. 1891. Em 30 set., ele observou: "Mandei tudo – mas não veio carta"; e em 12 out., o diário diz: "Já fiz a remessa do costume, não tendo aliás nada recebido". Referências a uma remessa diária continuam até o apontamento para 25 nov. (a última que D. Pedro escreveu de próprio punho): "Enviei a pequena remessa".

148 Registro no diário do visconde de Taunay para 12 nov. 1891, referindo-se a uma carta de Mota Maia para uma terceira pessoa; ver Taunay, *Pedro II*, p.158.

bem atrás da igreja de Madeleine.[149] Mota Maia também encomendou um par de sapatos ortopédicos com solado acolchoado para D. Pedro, que ele calçou pela primeira vez em 7 de novembro. "Mesmo assim, tornava-se penoso o caminhar", o filho de Mota Maia lembrou. "Pouco a pouco, entretanto, com a força de vontade que lhe era peculiar, foi-se D. Pedro habituando a essa situação, e mesmo claudicando, fazia curtos passeios a pé."[150]

D. Pedro esforçou-se para retomar em Paris o dia a dia que havia desfrutado um ano atrás, lendo, escrevendo, fazendo e recebendo visitas e participando de reuniões. Não obstante, sua vida era apenas uma sombra de outrora. Ele dormia mal à noite e só se vestia pouco antes do almoço, às 11h da manhã. À tarde, recebia visitas e, em alguns dias, saía para um passeio ou uma breve caminhada. No final da tarde, recebia uma massagem e descansava antes de vestir-se novamente para o jantar. Ele persistiu com as aulas com Seybold, mas elas ocorriam tarde da noite e não mais seguiam um roteiro planejado. Todos os livros e resenhas eram lidos em voz alta para ele, e suas raras referências a leituras por conta própria sugerem que sua visão estava degradada demais para permitir-lhe ler letras de tamanho comum. Os apontamentos no diário tornaram-se breves e bem menos introspectivos. Somente em 19 de novembro D. Pedro participou de sua primeira reunião, uma sessão da Académie des Sciences, da qual era um associado estrangeiro.[151]

No início de novembro de 1891, notícias recebidas do Brasil fizeram parecer possível que D. Pedro pudesse novamente se envolver na administração de sua terra natal. Deodoro da Fonseca, o líder da rebelião de 15 de novembro, havia sido escolhido o presidente da nova República. Menos de um ano após a escolha, sua falta de habilidades políticas levou Deodoro a um confronto com o Congresso brasileiro. Perdendo a paciência, ele o dissolveu em 3 de novembro e assumiu poderes ditatoriais, prometendo uma consulta futura à nação.

---

149 Mota Maia e Aljezur haviam ficado nesse hotel durante uma visita a Paris no ano anterior; ver AHMI POB Cat. B Maço 37 Doc. 1.057 Registros no diário para 13 out. 1890. Ver fotografia da fachada do hotel, com os quartos de D. Pedro identificados em Mota Maia, *Mota Maia*, p.330. O hotel ainda existe, embora seu interior tenha sido reformado desde a época de D. Pedro.

150 AHMI POB Cat. B Maço 37 Doc. 1.057 Registros no diário para 29 out.: "Vou tirar as medidas de meu pé para o sapato" e 7 nov.: "Calcei os novos sapatos, que serviram muito bem", e Mota Maia, *Mota Maia*, p.323.

151 O diário contém muito poucas referências a D. Pedro lendo no período após sua mudança para Paris; ver AHMI POB Cat. B Maço 37 Doc. 1.057.

A crise no regime republicano naturalmente encorajou especulações sobre a restauração do Império. Em 7 de novembro, um importante jornal de Paris publicou uma longa entrevista com o antigo monarca:

> S. M. o imperador Dom Pedro, para quem todos os olhares se voltaram diante dos recentes acontecimentos no Brasil, ontem concedeu a um dos editores do *Figaro* a honra de recebê-lo, e estava disposto, com uma simplicidade comovente, a informá-lo sobre suas opiniões, seus planos e seus pensamentos [...]
>
> "Durante o que agora é uma longa vida, empreguei todas as minhas forças e toda a minha devoção para assegurar o progresso e a prosperidade de meu povo. Parece que não tive sucesso! [...]
>
> "Sou chamado lá de 'imperador filósofo', *o que é um consolo para tudo!* Essa filosofia atenua, na realidade, a dor que sinto ao me ver assim mal compreendido por aqueles a quem considero como meus filhos; mas nada me consolará, se eu vir um povo inteiro tornar-se vítima de seus próprios erros [...]
>
> "Como eu nunca amei o poder por ambição pessoal, nunca tive nenhum desejo que não o de promover o bem-estar de meu país, e nunca quis outra coisa senão ser o *pastor populi* [pastor do povo] [...]
>
> "Se há uma coisa da qual posso assegurá-lo", o imperador acrescentou, com um triste sorriso, "é que, em meu exílio, amo meu povo mais do que nunca. E, se eles fizessem um apelo a seu velho imperador, eu esqueceria minha idade avançada, minhas doenças e minhas tristezas e correria imediatamente o risco de uma longa viagem para estar em meio a meus filhos e devotar para sua felicidade o que me resta de força e vida.
>
> "Eu estaria suficientemente recompensado, se pudesse dormir meu último sono em meu bem-amado país."[152]

Uma coisa era expressar disposição para servir a seu país e outra, bem diferente, era restaurar o regime imperial. Uma série de consultas seguiu-se, envolvendo D. Pedro, sua filha, o conde d'Eu e um pequeno grupo de monarquistas comprometidos. Entre estes, o mais notável era Gaspar Silveira Martins, a quem em 15 de novembro de 1889 D. Pedro nomeara para substituir o visconde de Ouro Preto como presidente do Conselho de Ministros. O plano de ação agora proposto parece ter sido o de que, se a monarquia fosse

---

152 "Au jour le jour", assinado por Gaston Calmette, *Le Figaro*, 7 nov. 1891. No registro em seu diário para 7 nov., D. Pedro escreveu: "*Figaro* de hoje. *Declaration de l'Empereur*. Exata e muito me honra"; ver AHMI POB Cat. B Maço 37 Doc. 1.057.

restituída, tanto D. Pedro quanto D. Isabel renunciariam a seus direitos ao trono em favor do filho mais velho dela, Pedro, príncipe de Grão Pará, e que D. Pedro governaria o Brasil em nome do neto até este completar 18 anos, em outubro de 1893. D. Isabel e o conde d'Eu, tendo em vista sua impopularidade, não retornariam da Europa nesse período. O plano não prosseguiu além da fase de discussão porque D. Isabel recusou-se categoricamente a separar-se de seu filho, alegando que, se ele fosse viver sem ela no Brasil, ele logo deixaria de ser um católico praticante. A recusa de D. Isabel provavelmente racionalizou sua relutância em retomar, mesmo que indiretamente, um papel público que jamais apreciara. Sem o apoio dela, todos os planos para uma restauração eram inviáveis. Silveira Martins parou de cooperar, e o próprio D. Pedro barrou futuros passos para intervir na crise. Nem eles foram necessários, pois em 21 de novembro de 1891, a Marinha brasileira rebelou-se contra a ditadura. Dois dias depois, Deodoro da Fonseca, relutando em provocar um derramamento de sangue, renunciou ao cargo a favor do vice-presidente.[153]

Nessa época, a atenção de D. Pedro voltou-se para suas ocupações habituais, embora sua vida fosse cada vez mais restringida pela aproximação do inverno. Em diversas manhãs, com a temperatura ao ar livre inferior a 10 °C, um aquecedor tinha de ser aceso em sua sala. Durante um passeio em 16 de novembro, D. Pedro apanhou um resfriado e desenvolveu uma tosse que precisaram de quatro dias para passar.[154] Paris em novembro é úmida, fria e sujeita a ventanias, e no ano anterior Mota Maia não havia corrido riscos, levando D. Pedro para o sul, a Cannes. A demora em 1891 pode ter sido em parte devido ao próprio Mota Maia ter ficado acamado.[155] O médico de D. Pedro também pode ter desejado agradar seu paciente, cuja falta de mobilidade implicava que ele teria pouco ou nada a fazer em Cannes. Qualquer que fosse a razão, o inverno chegou e D. Pedro ainda residia em Paris.

Em 23 de novembro de 1891, D. Pedro fez sua segunda visita à Académie des Sciences para votar na eleição de um novo membro. Ao deixar o prédio aquecido, ele se resfriou. Na tarde seguinte, ele deu um longo passeio pela região oeste de Paris para visitar as ruínas do palácio real em St. Cloud. Lá

---

153 Ibid., registros no diário para 11, 12, 13, 14 e 16 nov. 1891; ver Calmon, *Pedro II*, v.5, p.1180-5.

154 AHMI POB Cat. B Maço 37 Doc. 1.057 Registros no diário para 8, 9, 10, 14, 17, 18 e 19 nov. 1891.

155 Ibid., entradas no diário para 17, 20, 21, 23 e 24 nov. 1891. A natureza da doença de Mota Maia não é clara, mas poderia muito bem tratar-se de uma gripe.

ele admirou "a bela vista de Paris que estava neblinosa". Ao retornar, ele observou: "estou com uma tosse terrível, e Mota Maia só me deu remédio ao deitar". No dia seguinte, ele permaneceu na cama, e em 26 de novembro foi primeiramente examinado pelo Dr. Bouchard, "[que] reconheceu que tive a gripe" e depois pelo Dr. Charcot. Naquela noite, D. Pedro escreveu o último apontamento de próprio punho em seu diário: "Seybold lê-me jornais e estou em dia [palavras ilegíveis]. Vou tratar de dormir"[156]

A infecção logo se espalhou para os pulmões de D. Pedro, evoluindo para uma pneumonia. A medicina no século XIX não oferecia nenhum tratamento para esse mal. O organismo do paciente tinha de derrotar a infecção praticamente sem auxílio. Para diabéticos como D. Pedro, a resistência era frágil e os anticorpos mobilizados contra a doença causavam ainda mais danos ao pâncreas. No curso da doença, o pouco que os médicos de D. Pedro podiam fazer era monitorar o progresso da enfermidade e tentar ao máximo aliviar seus efeitos. Por alguns dias, D. Pedro resistiu, mantendo seu interesse pelo mundo externo e sendo capaz de ditar comentários para que outros os registrassem em seu diário.[157]

Pedro Augusto, chamado às pressas de Viena, chegou em 1º de dezembro e descreveu o estado de seu avô como relativamente favorável. No dia seguinte, aniversário de 66 anos de D. Pedro, ele conseguiu manter conversas bastante espirituosas, embora se relatasse que o Dr. Charcot estava extremamente preocupado. No dia seguinte, o estado de D. Pedro começou a decair; ao meio-dia de 4 de dezembro a pneumonia afetava ambos os pulmões, e sua febre subiu para 41°C. Os médicos abandonaram qualquer esperança. Por volta das 19h da noite, D. Pedro perdeu a consciência, e suas últimas palavras referiram-se ao Brasil. Um padre chamado da igreja de Madeleine administrou os últimos sacramentos. Em suas últimas horas de vida, D. Pedro sofrera pouca dor e não oferecera nenhuma resistência. Aos 35 minutos depois da meia-noite de 5 de dezembro de 1891, a morte levou o segundo e último imperador do Brasil.[158]

Reunidos em torno do leito de D. Pedro estavam sua única filha sobrevivente com o marido, seu neto mais velho e um grupo de cortesãos leais. Destacavam-se entre eles Mota Maia, Aljezur e Muritiba, todos os quais

---

156 Ibid., registros no diário para 23 a 26 nov. 1891.
157 Ibid., os registros são desconexos e escritos em diferentes caligrafias, nenhum deles datado.
158 Ver Pedro Augusto para a duquesa de Saxe-Coburgo-Gota, Paris, 29 dez. 1891, em "Cartas do príncipe", p.447-8; as notícias da imprensa em Motta Maia, *Motta Maia*, p.326-8; *Le Figaro*, 2 e 5 dez. 1891; e (nem sempre acurado) Calmon, *Pedro II*, v.5, p.1888-92.

haviam prestado ao antigo imperador generosa assistência durante seus meses no exílio. Mesmo após a morte, a etiqueta da corte foi mantida. Assim como há 65 anos D. Pedro havia beijado a mão do corpo de sua mãe, agora todos os presentes no quarto do hotel beijaram a mão do falecido. Eles também beijaram a mão de D. Isabel em reconhecimento a seus direitos ao trono. Na condição de gentil-homem imperial da câmara, o conde de Aljezur redigiu o ato legal registrando a morte. O documento foi assinado pelos presentes.[159]

Com D. Pedro não mais capaz de proibir o cerimonial que ele não apreciava, sua passagem ao túmulo foi conduzida com a pompa e a circunstância que notadamente faltaram durante seu reinado. O quarto no Hotel Bedford foi convertido em uma câmara funerária formal. O corpo foi primeiramente embalsamado e depois vestido com uniforme de marechal e decorado com as insígnias do Velocino de Ouro, do Cruzeiro e da Rosa. Vestido dessa forma o corpo de D. Pedro permaneceu cerimoniosamente por três dias. Apresentaram suas condolências um representante do presidente da República da França, o primeiro-ministro francês em pessoa, sábios e escritores, a elite social e uma massa de cidadãos comuns, cerca de 4 mil visitantes ao todo. A última visitante foi a irmã de D. Pedro, D. Francisca, uma das poucas testemunhas sobreviventes de sua infância em São Cristóvão, sua criação reclusa durante a regência e sua ascensão ao poder em 1840.[160]

As autoridades francesas não se limitaram a visitas de condolências. Embora mantivesse relações diplomáticas com a república brasileira desde 1890, o governo francês decidiu que D. Pedro receberia um funeral oficial como chefe de Estado. A decisão gerou protestos do enviado brasileiro em Paris, mas seus esforços foram frustrados por imperturbáveis afirmações de que o falecido, como detentor da grã-cruz da Legião da Honra, tinha direito a um funeral solene. O ministro brasileiro foi obrigado a relatar de volta ao Rio que a decisão do governo francês contava com apoio generalizado por todo o espectro político.[161]

---

159 Ver Pedro Augusto para a duquesa de Saxe-Coburgo-Gota, Paris, 29 dez. 1891, em "Cartas do príncipe", p.448; Silva Costa, "Funerais", p.208-9; e Taunay, "Morte", p.199.

160 *Le Figaro*, 8 dez. 1891; Taunay, "Morte", p.199; e Calmon, *Pedro II*, v.5, p.1893-4. D. Francisca, princesa de Joinville, morreria seis anos depois, em mar. 1897. D. Januária, que não compareceu ao funeral do irmão, sobreviveu até mar. 1901, sendo a última filha de D. Pedro I a morrer; ver Fleiuss, "Pedro II", p.21.

161 *Le Figaro*, 7 dez. 1891; Silva Costa, "Funerais", p.208; e Calmon, *Pedro II*, v.5, p.1895, citando um despacho do enviado brasileiro, Paris, 15 dez. 1891.

No final do dia 8 de dezembro de 1891, o corpo de D. Pedro foi transferido algumas centenas metros do hotel até a igreja de Madeleine. Esse enorme edifício – "um belo templo e não bela igreja", D. Pedro havia observado – erguia-se solitária e com frívola majestade no meio de uma praça.[162] Construída por Napoleão I, em homenagem a sua *Grande Armée* e seus triunfos, a igreja proporcionava um cenário adequado para os últimos ritos a um imperador. Seu vasto interior era decorado com um tecido preto emoldurado em prata. O ataúde, coberto com a bandeira imperial brasileira, repousava em um catafalco elevado, instalado na nave da igreja. A missa de réquiem celebrada ao meio-dia de 7 de dezembro de 1891 foi um evento comovente e magnífico. A música da missa era uma composição de Gabriel Fauré, o organista da igreja que regeu o coro. A igreja estava lotada. Além da realeza, da nobreza e dos diplomatas, a congregação incluía uma multidão de cientistas, artistas e escritores, além de uma delegação de seis academias. Era, como o antigo líder abolicionista Joaquim Nabuco, então em Paris, relatou, a primeira vez que a Europa via a realeza ladeada pelas ciências e as humanidades.[163]

Apesar da chuva que caía, a praça em torno de Madeleine e as ruas próximas estavam, desde cedo, abarrotadas de pessoas. "Quando o ataúde desceu as escadas da igreja, o espetáculo oferecido foi impressionante", o *Times* de Londres noticiou.

> Nesse momento, a chuva cessou e o sol iluminou suavemente os rostos dos espectadores. Ao sinal dado pelo general de St. Mars, que comandava as tropas, os tambores rufaram, os trompetes soaram, os soldados da cavalaria alinharam-se ao lado do carro.

O carro fúnebre, com a coroa imperial no topo, foi puxado por oito cavalos. À frente seguiam duas carruagens "literalmente cobertas por coroas e buquês" e atrás caminhava um pequeno grupo de brasileiros seguido por uma fileira de carruagens em luto. O cortejo fúnebre levou duas horas para chegar ao destino, passando por ruas ladeadas por soldados e multidões de espectadores "curiosos, porém respeitosos". Cruzando o Sena pela Pont de la

---

162 AHMI POB Cat. B Maço 37 Doc. 1.057 Registro no diário para 15 out. 1890. Em 1991, assisti a uma apresentação do *Réquiem*, de Mozart, na igreja Madelaine na véspera do centenário da morte de D. Pedro e passei a noite no Hotel Bedford, atualmente muito frequentado por executivos.

163 Ver as reportagens na *Times* e no *Le Figaro*, 10 dez. 1891; Taunay, "Morte", p.202-3; e Calmon, *Pedro II*, v.5, p.1895, citando um artigo de Joaquim Nabuco no *Jornal do Brasil*, 9 dez. 1891.

Concorde, a procissão percorreu locais como Boulevard Saint Germain, Place Valhubert e Quai d'Austerlitz até finalmente chegar a Gare d'Orléans.[164]

Naquela noite, um trem especial, transportando o ataúde e um grupo em luto, partiu de Paris para Lisboa. Foi recebido com honras oficiais em Madri e finalmente chegou à capital portuguesa em 11 de dezembro. Lá, na presença do rei Carlos e da família real, o corpo de D. Pedro foi recebido com as mesmas honras fúnebres concedidas a D. Teresa Cristina apenas dois anos antes.[165] O antigo imperador foi deixado a repousar em São Vicente de Fora, ao lado da esposa, e ao lado "os caixões de meu pai, de minha mãe Amélia, de minhas irmãs, de Fernando e de outros meus parentes".[166]

---

164 Ver as reportagens no *Times* e no *Le Figaro*, 10 dez. 1891, e Taunay, "Morte", p.204-5.
165 Ibid., p.206-7.
166 AHMI POB Cat. B Maço 37 Doc. 1.057 Registro no diário para 7 jan. 1890. Suas irmãs eram a rainha D. Maria II de Portugal e a princesa Maria Amélia, filha de sua madrasta, D. Amélia. Fernando era marido de D. Maria II.

Epílogo
A voz da história

Somente a história, em alguma data futura, quando as paixões tiverem arrefecido, será capaz – pelo estudo do longo reinado de D. Pedro II e uma análise imparcial do caráter do ex-imperador, pelas ações dos estadistas que compartilharam o poder com ele e as poderosas influências de nossa formação política – de determinar quais foram as causas decisivas dos acontecimentos que acabamos de testemunhar.[1]

Assim escreveu o editor do *Jornal do Commercio*, o jornal mais influente do Brasil, em 18 de novembro de 1889, três dias após o golpe do Exército e um dia após D. Pedro II e sua família partirem às pressas para a Europa. O editorial revelou-se bem mais presciente do que seu autor poderia imaginar. A queda do imperador e, portanto, seu fracasso como governante, dominou a visão da posteridade de D. Pedro II.[2] A imagem do pequeno grupo caminhando penosamente e sob forte escolta no meio da noite, do palácio da cidade até o cais, é mais instigante do que as realizações de meio século. Se D. Pedro II tivesse falecido no Grand Hotel de Milão em maio de 1888, em vez de no Hotel Bedford de Paris em dezembro de 1891, nossa percepção do imperador e de seu período de governo seria sem dúvida diferente. Isso fica evidente

---

1 "A semana", *Jornal do Commercio*, 18 nov. 1889. Para um pano de fundo a esse artigo, ver João Carlos de Sousa Ferreira para François Picot, Rio de Janeiro, 25 nov. 1889, transcrito em *1º centenário*, p.214.

2 Representativa dessa tendência é a discussão em Hahner, "Moléstia", p.3-9.

em uma comparação com o caso de seu primo de primeiro grau, Francisco José que, por ter a boa ventura de falecer em novembro de 1916, escapou de uma identificação direta com a derrota do Império austro-húngaro e seu desmembramento dois anos depois.[3]

Os acontecimentos de 15 de novembro de 1889 são, portanto, cruciais e centrais. Os historiadores não podem escapar à questão da relação entre o golpe e a vida e o reinado do imperador. Em um extremo, pode-se argumentar que o golpe de Estado foi uma retribuição injusta e indigna por uma dedicação generosa de meio século para o bem-estar do Brasil. A morte do imperador aproximava-se rapidamente; era uma questão de meses, no máximo de anos. Dada a falta de um sucessor de confiança, o falecimento de D. Pedro II teria quase certamente desencadeado uma transição pacífica do regime imperial para o republicano. O Brasil teria sido poupado da maldição do militarismo ao qual o golpe de 1889 deu início. No outro extremo, pode-se argumentar que o imperador foi o principal, talvez o único, responsável por sua própria derrota. Por mais grandiosas que tenham sido suas primeiras realizações como governante, sua recusa em ceder controle aos políticos, sua relutância em abrir o sistema e sua negligência em relação aos interesses legítimos do Exército acarretaram, em conjunto, o desastre.

Uma terceira abordagem consiste em considerar os eventos de 15 de novembro de 1889 como predeterminados. A substituição da monarquia pela república, conforme uma variante dessa abordagem argumenta, era parte de uma inexorável marcha para o progresso. Como um proeminente historiador norte-americano especializado na América Latina escreveu em 1920, "Mais cedo ou mais tarde, o advento da República era inevitável", sendo que o Império havia provido "um grande e fecundo aprendizado na prática da autonomia de governo".[4] Mais sofisticado é o argumento de que as mudanças nas estruturas sociais e econômicas do Brasil tornaram impossível a continuidade do regime. Mais de um século depois da morte do imperador, nenhuma dessas visões estabeleceu-se como a interpretação preferencial. A voz da história ainda deve seu veredito.

---

3 Do mesmo modo, se D. Pedro II tivesse falecido no momento em que a lei da abolição da escravatura foi promulgada, a medida seria agora considerada a suprema realização de um reinado dedicado ao progresso e à justiça. Em vez disso, a Lei Áurea é geralmente tida como um ato precipitado que alienou os proprietários de terras e, por conseguinte, derrubou o Império.

4 Martin, "Causes", p.47-8.

Não foi por falta de esforço que não se chegou a um veredito. D. Pedro II conseguiu na morte, assim como fizera em vida, despertar sentimentos muito fortes, fossem eles de apoio, fossem de condenação. A luta para atrair a atenção do divino e desse modo influenciar a cessão de justiça pelo Todo-Poderoso começou bem antes do último suspiro do imperador deposto no Hotel Bedford, quando, ainda no trono, D. Pedro II havia tentado sobrepujar seus críticos convencendo-os de suas boas intenções e de sua disposição em ouvir. A força e a persuasão de seu caráter implicaram que ele acabou conseguindo transformar em fervorosos admiradores os três homens que haviam escrito as obras mais contundentes contra seu governo – Francisco de Sales Torres Homem, Tito Franco de Almeida e Antônio Ferreira Viana. Em 1849, Torres Homem publicou *O libelo do povo*, uma obra amarga e controversa contra D. Pedro II e a monarquia. Quando morreu em 1876, Torres Homem havia atuado duas vezes como ministro das Finanças, era senador e conselheiro de Estado e aceitara um título de nobreza (visconde de Inhomerim) do homem a quem antes denunciara.[5]

Em 1867, Tito Franco de Almeida publicou *O conselheiro Francisco José Furtado*, que deu ampla divulgação à acusação do imperialismo de que o imperador deliberadamente confundia e corrompia os políticos para deter o controle.[6] Um quarto de século depois, em sua obra *Monarquia e monarquistas*, publicada em 1894, Tito Franco de Almeida retirou sem reservas suas acusações e enalteceu o monarca deposto.[7] Antônio Ferreira Viana, que em seus primeiros discursos e panfletos criou frases devastadoras como "quarenta anos de mentiras e perfídias" e "o príncipe conspirador", atuou como ministro do penúltimo Gabinete do reinado e estava entre os poucos políticos que não aderiram à nova república. Ele visitou duas vezes o imperador no exílio e expressou sua profunda admiração por ele. "Senhor! Devendo seguir, forçado pelas necessidades da vida, para o Brasil [...] é-me muito grato protestar mais uma vez a reverência em que estou, e serei até a morte [...] súdito fiel de V. M., a quem tive a honra servir", Ferreira Viana escreveu em junho de 1891.[8]

---

5 O panfleto é reimpresso em Magalhães Jr., *Três panfletários*, p.47-126, e o caráter e a vida de Torres Homem são abordados nas p.3-43.

6 Ver Franco de Almeida, *Conselheiro Furtado*, e a discussão da obra no capítulo 7.

7 Franco de Almeida, *Monarchia*

8 Antônio Ferreira Viana para D. Pedro II, sem data, mas contida em Antônio Ferreira Viana para o conde de Mota Maia, Lisboa, 7 jun. 1891, ambas em Mota Maia, *Mota Maia*, p.402-6.

Embora o golpe que instituiu a República tenha ocorrido sem derramamento de sangue e o antigo monarca tenha sido exemplar em sua indulgência e não recriminação, os apoiadores do novo regime viram-se, na esteira dos eventos de 15 de novembro de 1889, forçados a preparar uma defesa pública de seus atos. O respeito, quase uma veneração, com que o antigo imperador contava na Europa e América do Norte tornava ainda mais necessária uma justificativa para sua destronização. A brusca expulsão de D. Pedro II, a lei de banimento, o cancelamento de sua renda legalmente estabelecida e a remoção de seu nome das instituições públicas não demonstravam nenhuma generosidade de espírito. O pior estava por vir. O novo regime reprimiu com pronta brutalidade e total desprezo pelas liberdades civis todas as tentativas de criação de um partido monarquista ou de publicação de jornais monarquistas.

Os propagandistas da república demonstraram pouca habilidade e menos imaginação ainda na defesa de sua causa. Sem nenhum estímulo para serem inovadores, eles continuaram a usar as técnicas jornalísticas que haviam se provado eficazes contra o Império antes de 1889. A mais conhecida de suas obras, *O antigo regimen*, publicado em 1896 com o pseudônimo de "Suetonio", ilustra bem o gênero.[9] A publicação não apresentava nem uma defesa razoável do sistema republicano nem uma crítica sustentável à monarquia. Em vez disso, "Suetonio" limitava-se a uma série de ataques desconexos a D. Pedro II e a vários aspectos de seu reinado – ataques com demasiada frequência mesquinhos, sem comprovação e até descaradamente inverídicos.

As fraquezas do novo regime e as deficiências de seus apoiadores foram rapidamente exploradas por um pequeno grupo que, diferentemente da maioria dos políticos, permaneceu leal à monarquia subjugada. O visconde de Taunay, um ex-senador, e Afonso Celso Jr., um ex-deputado, para citar os mais veementes e aptos, usaram as virtudes do monarca deposto como a principal arma em sua denúncia do *status quo*.[10] Esse grupo sustentou sua causa contra adversidades cada vez mais opressivas. Uma restauração da monarquia, como ficou evidente alguns dias depois do 15 de novembro, não contava com nenhuma adesão significativa entre as segmentos privilegiados

---

9 Suetonio, *Antigo regime*. A identidade do autor não é certa, mas Sacramento Blake, que era conhecedor desses assuntos, declarou que se tratava de Antônio Ferreira Viana Júnior; ver Sacramento Blake, *Diccionario*, v.2, p.240. A evidência interna é consistente com essa identificação, visto que Antônio Ferreira Viana é tanto o objeto quanto a fonte de muitas anedotas na obra.

10 Ilustrativo dessa abordagem é o prefácio, datado 13 maio 1893, em Affonso Celso, *O imperador*, p.vii-lxxxvii.

do povo brasileiro. O antigo imperador recusava-se a conspirar contra o novo regime. Após a morte do pai, D. Isabel não abdicou formalmente de seu direito ao trono, mas não tomou ações ativas para promover o restauracionismo. Ela e o marido estavam satisfeitos em retomar na França a vida privada que levavam no Brasil antes de 15 de novembro de 1889. Quanto a Pedro Augusto, suas ambições e tramas tiveram fim em outubro de 1893, quando seu estado mental em degeneração levou-o a tentar suicídio. Seu pai não teve escolha senão interná-lo em um hospício na Áustria. Lá Pedro Augusto permaneceu até a morte em 1934.[11] Com pouco direcionamento e apoio da Europa, o movimento monarquista não prosperou e não lucrou de modo algum com a crise que envolveu a república na maior parte da década de 1890.

A natureza quimérica de sua causa, sobretudo após a morte do antigo imperador, não tornou o pequeno grupo de ativos monarquistas nem um pouco menos efetivo como defensor de fé do regime deposto. Eles contavam com certas vantagens inerentes. Sem acesso à política, fizeram uso das instituições culturais fundadas durante o Império, órgãos que a república nem abolira nem expurgara (ao contrário de entidades como o Supremo Tribunal de Justiça). De fundamental importância foi o Instituto Histórico e Geográfico Brasileiro, do qual o antigo imperador havia sido patrono desde a fundação, no Rio, em 1838. A total dependência de fundos públicos fez com que o Instituto rapidamente assegurasse sua sobrevivência elegendo, em julho de 1890, Deodoro da Fonseca como um de seus presidentes honorários. De nenhum outro modo o Instituto adaptou-se ao novo regime. Entre seus associados continuavam a predominar os políticos e escritores proeminentes da época do Império. Suas reuniões e publicações dedicavam-se em grande parte ao estudo e, portanto, à legitimização dos eventos do Segundo Reinado, como ficou conhecido, e o Instituto tomou o devido cuidado para proteger a reputação de seu patrono exilado.[12]

Talvez o ativo mais importante pertencente aos partidários da monarquia fosse o próprio D. Pedro II. Durante os dois anos no exílio, sua conduta foi impecável. Ele se comportou com dignidade na vida privada, evitou recriminações e não participou de nenhuma trama restauracionista. Os partidários do regime deposto não poderiam desejar melhor referência. Somente em uma

---

11 Ver o registro para 5 out. no diário do visconde de Taunay e a carta de Christian F. Seybold a ele, transcrita em Taunay, "Trágico destino", *Jornal do Commercio*, 21 out. 1934; e o texto e as cartas ao comendador Catambrí de Augusto, Viena, 30 out. 1893, e de Augusto de Saxe-Coburgo-Gota, 42 Champs Elysées, Paris, 18 fev. 1894, em Saxe-Coburgo e Bragança, *Trabalhos*, p.82-3.

12 Ver, por exemplo, *RIHGB*, tomo 54, parte 2 (1892), p.12-3, 450-1.

ocasião D. Pedro II cooperou ativamente com os monarquistas. Sua Fé de Ofício elaborada em abril de 1891 chegou ao visconde de Taunay, que imediatamente a publicou no *Jornal do Commercio*. Uma obra-prima de relações públicas, o documento reforçava a imagem de D. Pedro II como um sábio modesto e liberal, que havia trabalhado incessantemente em prol do país colocado sob sua responsabilidade.[13] Essa imagem foi intensificada pelas circunstâncias do fim do imperador. A morte em um modesto hotel de Paris enfatizava tanto a extensão de sua queda quanto a genuína indiferença que ele sentia pelas armadilhas do poder. O funeral solene concedido pela república francesa proclamava as virtudes pessoais do antigo monarca, sua popularidade e, por conseguinte, distinguia o regime imperial das outras monarquias. A resposta irada do governo brasileiro à concessão de um funeral solene demonstrava tanto sua percepção desses fatos quanto seu sentimento de traição pelo próprio regime que servira de inspiração e modelo para os republicanos brasileiros.

No Brasil, a notícia da morte de D. Pedro II despertou um genuíno sentimento de pesar entre aqueles que, embora não simpatizantes da restauração da monarquia, reconheciam tanto os méritos quanto as realizações de seu finado governante. Embora o governo proibisse qualquer expressão organizada de pesar público que pudesse servir à causa monarquista, um número considerável de missas foi realizado e os principais jornais publicaram obituários respeitosos do finado imperador.[14] O Instituto Histórico e Geográfico produziu nada menos que dois volumes memoriais em 1892.[15]

O Instituto Histórico deu sequência a essas homenagens solicitando estudos biográficos de seu finado patrono. Os manuscritos submetidos ao Instituto em 1893 foram satisfatoriamente laudatórios ao finado monarca – com exceção de um.[16] O tom desse estudo era franco e irreverente, de tal modo que, como seu autor observou com sarcasmo, o Instituto recusou-se até a acusar seu recebimento. Essa recusa não impediu a publicação do manuscrito, primeiramente nas colunas do *Jornal do Commercio* e depois sob a forma de panfleto.[17] O autor, Cristiano Ottoni, era um político radical, signatário do *Manifesto Republicano* de 1870, que havia, não obstante, servido

---

13 Ver capítulo 12.

14 Registros no diário do visconde de Taunay para 5, 7, 18 e 22 dez. 1891, em A. Taunay, *Pedro II*, p.169-75.

15 *Homenagem* (1892); e IHGB, *D. Pedro II*, 1892, 157p.

16 Os manuscritos foram publicados como um volume, *Homenagem* (1894).

17 Ottoni, *D. Pedro*.

como presidente da companhia ferroviária de D. Pedro II e até se tornado senador em 1880. Essas experiências intensificaram a desconfiança de Ottoni em relação a D. Pedro II.[18] Orgulhoso e melindroso, Ottoni ressentia-se particularmente da habitual deferência e dependência que, em sua opinião, permitiam ao imperador manipular os assuntos públicos como lhe conviesse.

Esse ressentimento permeava o texto do panfleto. Ottoni chegava a reconhecer algum mérito no finado monarca. D. Pedro II merecia todo o crédito pela abolição da escravatura e "no desterro fez honra ao país que representava". O temperamento do imperador, contudo, anulava seus méritos e suas realizações. "O teor da vida que viveu D. Pedro II nos seus primeiros anos atrofiou-lhe o coração." Sua religião era uma fraude, suas demonstrações de emoção todas calculadas e sua imagem como homem de família uma simulação. O imperador "não era casto, era cauto". Seu intelectualismo pomposo não significava mais do que "uma certa soma de conhecimentos [...] que nunca podia permitir-lhe distinguir-se em qualquer especialidade". Como governante do Brasil, D. Pedro II "seguiu sempre política secreta e tortuosa que desacreditou no país a instituição monarquista".[19] De modo geral, *D. Pedro d'Alcântara, segundo e último imperador do Brasil* faz uma apresentação eficaz – talvez equivalente a qualquer outra que tenha sido escrita – do que se pode chamar de uma abordagem "cética" a D. Pedro II. O estudo foi fortemente criticado por evidentes deficiências, notadamente sua brevidade, uma manipulação seletiva da vida do imperador e fatos equivocados. O tom hostil e crítico do texto ofendeu aos contemporâneos e deu aos posteriores defensores de D. Pedro II fundamentos para rejeitar a obra por completo.[20] O panfleto de Ottoni é raramente citado e jamais considerado por seus méritos.[21]

Destino oposto teve um livro escrito quase na mesma época por Joaquim Nabuco, que havia sido o principal porta-voz do movimento abolicionista. Barrado da política e do jornalismo por causa de seu monarquismo impenitente,

---

18 Ver comentários sobre D. Pedro II, escritos entre jul. 1870 e nov. 1871, em Ottoni, *Autobiographia*, p.62-8, 75-6, 147, 151-2, 162-4.

19 Ibid., p.12-3, 18, 34, 43-9, 60. Ottoni salientou (p.35) que os pecados sexuais do imperador não tinham nenhuma relevância para uma análise de suas qualidades como estadista, um ponto de vista não compartilhado por outros oponentes de D. Pedro II.

20 Vicente Cândido Figueira de Saboia, visconde de Saboia, que havia servido como médico da corte, publicou uma resposta impetuosa, rebatendo todas as acusações de Ottoni e denunciando o panfleto como desonroso; ver Sylvio Tullio [*sic*], *O Sr. D. Pedro II*.

21 Uma rejeição característica ao estudo de Ottoni, que caracterizou as críticas dele como "fábulas desonrosas" é Cavalcanti de Albuquerque, "Condêssa", p.179.

Nabuco ocupava sua ociosidade estudando documentos deixados por seu pai, José Tomás Nabuco de Araújo, três vezes ministro e senador sob o reinado de D. Pedro II. *Um estadista do Império*, publicado em três volumes no final da década de 1890, era muito mais do que uma biografia filial.[22] "Escrevendo a vida do último senador Nabuco de Araújo, não dou senão uma especie de vista lateral da sua época. A figura central do Segundo Reinado é o proprio Imperador";[23] "De certo ele não governa diretamente e por si mesmo; mas [...] o poder é praticamente dele."

> A verdade sobre o seu reinado está resumida no epigrama abribuído a Antônio Ferreira Viana: "O imperador levou cinquenta anos a fingir que governava um povo livre"; o que quer dizer, a elevar-lhe a reputação perante o mundo, escondendo a indiferença geral dos cidadãos pela coisa pública, pelos seus direitos e liberdades e zelando o culto da Constituição, como da divindade política do Império.[24]

Considerando-se o monarquismo ativo de Nabuco quando ele escreveu, sua honestidade sobre as qualidades de D. Pedro II como governante torna sua análise tanto mais convincente. *Um estadista do Império* permanece até os dias de hoje a obra mais consultada e influente sobre o Segundo Reinado.

Controvérsias sobre D. Pedro II e a natureza do regime deposto não atraíram a atenção pública por muito tempo. A Revolta Naval de setembro de 1893 abriu um prolongado ciclo de guerra civil, desastre financeiro e incompetência governamental. O Brasil só viria a recuperar sua estabilidade no início do novo século. A sobrevivência da república a essa provação afirmou sua permanência, mas ao custo de ideais abalados, expectativas reduzidas e reputação maculada do Brasil. A monarquia passou a ser vista com maior tolerância e teve suas conquistas reconhecidas. Em 1902, Francisco de Paula Rodrigues Alves, líder político na última década do Império, foi nomeado presidente do Brasil. Sua eleição pôs fim ao ostracismo dos antigos monarquistas e iniciou um retorno às políticas adotadas pelo Império, políticas que prometiam paz e ordem internamente e a restauração do prestígio brasileiro no exterior.[25] Adotando um amplo programa de modernização da capital na-

---

22 A primeira edição foi publicada em Paris, 1898-1900. A segunda edição, citada aqui, é Nabuco, *Estadista*.

23 Ibid., v.I, p.viii.

24 Ibid., v.II, p.374, 376-7, 379, 381.

25 Ver Melo Franco, *Rodrigues Alves*, v.I, p.172-9.

cional, o prefeito da cidade do Rio de Janeiro nomeado por Rodrigues Alves executou planos elaborados na década de 1870. Uma larga avenida cortava o coração da cidade. Novas docas foram construídas. Medidas de saúde foram aplicadas. A febre amarela foi banida.[26] Rodrigues Alves escolheu para ser o ministro das Relações Exteriores do Brasil o barão de Rio Branco, filho do político favorito de D. Pedro II. O jovem Rio Branco havia permanecido no serviço diplomático após 1889, mas seu uso continuado do título de nobreza proclamava suas simpatias monarquistas. Embora nunca tivesse "aderido" à república, Rio Branco estava disposto a dedicar seus extraordinários talentos a serviço da nação. Como ministro de Relações Exteriores de 1902 até sua morte em 1912, "o Barão", como era conhecido, negociou uma série de tratados que expandiu e protegeu as fronteiras brasileiras. Ele se orgulhava por assim completar a tarefa à qual seu pai havia tão notavelmente contribuído sob o reinado de D. Pedro II.[27]

Nesse mesmo período, o movimento monarquista, jamais uma causa florescente, sofreu golpes mortais. A idade avançada e a aceitação de cargos públicos sob a república tornaram ineficaz uma boa parte da liderança do partido.[28] As esperanças que os monarquistas remanescentes mantinham concentravam-se em D. Luís, o segundo dos filhos de D. Isabel. O mais inteligente e vigoroso dos três irmãos, D. Luís era certamente o mais comprometido com a restauração da monarquia. Em 1907, ele viajou ao Brasil, sem aviso prévio, como o intuito de sondar a opinião pública e testar a determinação do regime vigente. A notícia da viagem do jovem príncipe vazou antes de sua chegada. A evidente ausência de um sentimento monárquico implicou que o governo não teve nenhuma dificuldade em aplicar o decreto de 1889 exilando a família imperial do Brasil, e D. Luís foi proibido de desembarcar.[29] Esse revés não desencorajou D. Isabel nem o conde d'Eu. Em 1908, quando seu filho mais velho decidiu casar-se com uma dama da nobreza, mas não de sangue real, eles decidiram que, como uma condição para dar seu consentimento à

---

26 Ibid., v.I, p.307-89.

27 Ver Lins, *Rio Branco*, p.256, 261-2.

28 Sobre a tempestade causada pelo aceite de Joaquim Nabuco em mar. 1899 do posto de enviado brasileiro na arbitração pelo rei da Itália sobre a fronteira entre Brasil e a Guiana Inglesa, ver Nabuco, *Nabuco*, p.240-4.

29 Sobre a visita de D. Luís ao Rio de Janeiro, ver Vianna, *Letras imperiais*, p.72-9. Uma avaliação do caráter do príncipe e de seus talentos está contida no tributo proferido em out. 1920 por Ramiz Galvão, seu tutor até 1889; ver *RIHGB*, v.141 (1920), p.524-8.

união, ele devia renunciar aos direitos dele em favor do irmão mais novo.[30] Bastante disposto a colocar o amor acima de suas reivindicações a uma coroa inexistente, D. Pedro aquiesceu à demanda dos pais. D. Luís tornou-se, pelo que a posição valia, o pretendente oficial ao trono imperial.[31]

A passagem do tempo e o desaparecimento da monarquia como uma questão política acarretaram uma mudança na atitude popular em relação a D. Pedro II. O primeiro sinal do novo estado de espírito foi o sucesso angariado por uma campanha lançada em 1904 para o erguimento de uma estátua comemorativa.[32] O local do monumento foi escolhido com tato e habilidade. Petrópolis era a cidade nomeada em homenagem ao imperador. Havia sido sua residência favorita, o local com o qual mais se identificava. Uma estátua erguida no Rio de Janeiro teria incitado a controvérsia entre os sobreviventes da primeira geração de republicanos. Nos bastidores, o barão de Rio Branco trabalhou para envolver o mundo oficial em sua homenagem ao imperador. Em 5 de fevereiro de 1911, a estátua foi inaugurada com honras militares, na presença do presidente da república, Hermes da Fonseca, que era sobrinho de Deodoro da Fonseca, responsável pela derrubada do Império. Os discursos enalteceram as virtudes de D. Pedro II, à sua "probidade, à abnegação, à bondade, ao patriotismo".[33]

Se o antigo imperador era digno de honras públicas, a manutenção da rejeição de seu corpo do Brasil e do banimento de seus descendentes não podia ser facilmente justificada. Propostas autorizando o retorno dos restos mortais de D. Pedro II e revogando o banimento começaram a circular tanto entre intelectuais quanto entre políticos.[34] Após vinte anos de existência, a república provara-se não mais bem-sucedida na resolução dos problemas nacionais do que o regime que despejara. Uma crença em declínio na aplica-

---

30 Foi o conde d'Eu que objetou, de acordo com o filho de D. Pedro, à proposta de união com a condessa Elizabeth Dobrzensky de Dobrzenicz; ver D. Pedro d'Orléans e Bragança, "Centenário", p.372.

31 O texto da renúncia de D. Pedro, datada Cannes, 30 out. 1908, é dado em D. Carlos Tasso, "Ramo", p.101, 105.

32 Ver documentos, discursos e artigos de jornal reimpressos no anexo "A estátua do Sr. D. Pedro II em Petrópolis" em Affonso Celso, *O imperador*, p.115-93.

33 Ver ibid., p.200; e Calmon, *Pedro II*, v.5, p.1911-2.

34 Uma moção autorizando o retorno dos corpos de D. Pedro II e D. Teresa Cristina foi aprovada na Câmara dos Deputados em 1913, mas não obteve maioria no Senado; ver Calmon, *Pedro II*, v.5, p.1912-3. O IHGB aprovou moção semelhante em ago. 1916; ver *RIHGB*, tomo 80 (1916), p.739-41.

bilidade das doutrinas democráticas para o Brasil gerou maior simpatia pelo estilo de governo de D. Pedro II. O transcorrer do tempo surtiu seu efeito. O passado caiu em perspectiva e virou história. A realização em 1914, um quarto de século após a queda do Império, do primeiro Congresso de História Nacional organizado pelo Instituto Histórico foi sintomático dessa mudança. As deliberações do congresso deixaram claro o significado do meio século de reinado do imperador na modelagem do Brasil como uma nação.[35]

A eclosão da Primeira Guerra Mundial naturalmente desviou a atenção para assuntos mais vitais, especialmente após 1917, quando o Brasil aderiu aos Aliados. O conflito tirou a vida dos dois filhos mais jovens de D. Isabel e do conde d'Eu. Antônio foi morto em uma colisão aérea no final de novembro de 1918, e Luís, mais velho que ele, morreu em março de 1920 de uma doença contraída na frente de batalha.[36] Por ocasião da morte de Luís, seu filho mais velho e herdeiro era uma criança de dez anos. Pedro, o tio do menino, não tinha nenhum interesse em resgatar os direitos aos quais renunciara em 1908.

Com o fim da guerra, renasceu a campanha pela revogação do decreto de banimento datado de 1889 e pela repatriação do corpo do segundo imperador do Brasil. O enterro de D. Pedro II em solo estrangeiro era uma vergonha e um constrangimento em um período no qual o governo brasileiro pretendia usar o centenário de 1922 para celebrar as glórias da nação no passado. Essa foi a justificativa dada pelo presidente para apresentar um projeto de lei revogando o banimento da família imperial e autorizando o retorno, sob auspícios oficiais, dos restos mortais do imperador. O Congresso nacional aprovou rapidamente a medida, que foi assinada como lei em 7 de setembro de 1920.[37]

O navio de guerra transportando os ataúdes do imperador e da imperatriz aportou no Rio em 8 de janeiro de 1921. A bordo estavam o conde d'Eu e seu filho sobrevivente, D. Pedro. Os restos mortais de D. Pedro II e D. Teresa Cristina foram recebidos na costa com honras militares dignas de um chefe de Estado. Passando pelas ruas do centro do Rio, repletas de espectadores que abriam caminho por entre os soldados enfileirados e cercavam os automóveis, o cortejo carregou os esquifes até a catedral, antigamente a capela

---

35 Como um meio de evitar controvérsia, o ano de 1870 foi escolhido como a data-limite para o período a ser estudado no Congresso. Entretanto, algumas das contribuições foram até o fim do Império. Ver *Annaes do Congresso*.

36 Ver Tasso, "Ramo", p.21, 23.

37 Ver *RIHGB*, v.141 (1920), p.510-1.

imperial, para um funeral público. Tão intenso era o entusiasmo pelo retorno dos exilados que o barão de Muritiba, que acompanhara o conde d'Eu ao exílio em novembro de 1889, comentou com ele em voz baixa, "Onde estão nossos inimigos?"[38] Assim o conde relatou em uma comovente narrativa dos acontecimentos enviada a D. Isabel, a quem a debilidade física e a idade avançada mantiveram na França.[39]

O ato de celebração e reconciliação que a transferência dos corpos representava não era tão espontâneo ou universal quanto sugeriam as aparências. A campanha pelo retorno de D. Pedro II e sua esposa havia sido cuidadosamente orquestrada pelas instituições e os indivíduos mais devotados à memória do imperador.[40] O ministro da Guerra, um antigo protegido de D. Pedro II e o primeiro civil a ocupar o cargo desde 1889, havia desempenhado um papel central para assegurar a participação do governo. Sua cooperação foi basicamente uma manobra tática, um suborno oferecido para aplacar os ânimos de um grupo de interesse sem papas na língua e assim remover um elemento de discórdia nacional. O presidente da república, um republicano pré-1889, não participou pessoalmente das comemorações. Sua esposa e filha, mas não ele, participaram das cerimônias. O plano para sepultar os restos mortais de D. Pedro II e D. Teresa Cristina permanentemente na paróquia de Petrópolis dependia de que o Congresso nacional liberasse os fundos para terminar a igreja e construir em seu interior uma capela mortuária. O Legislativo vetou o custo, e o projeto foi repassado à iniciativa privada com fundos privados. Finalmente em 4 de dezembro de 1925, o último imperador do Brasil foi transferido, com a esposa, ao local de seu repouso final na cidade nomeada em sua homenagem.[41] O regime também restaurou os nomes originais de algumas instituições públicas. O Colégio Nacional, por exemplo, voltou a se chamar Colégio D. Pedro II.[42]

---

38 AGP XLI-3 conde d'Eu para D. Isabel, [jan.] 1921. Uma anotação na primeira página desse manuscrito diz que a carta original, descrevendo os acontecimentos de 8 a 9 jan., foi perdida no correio e que o conde d'Eu reconstruiu seu conteúdo de memória. O interesse e a validade do documento não são afetados por esse fato.

39 D. Isabel faleceu em 14 nov. 1921, e o conde d'Eu, convidado a participar das celebrações do centenário no Rio de Janeiro, morreu a bordo do navio que o levava ao Brasil em 28 ago. 1922; ver Carlos Tasso, "Ramo", p.19.

40 O IHGB publicou um volume sobre a campanha e as cerimônias; ver Fleiuss, *Trasladação*.

41 Calmon, *Pedro II*, v.5, p.1915.

42 O decreto de 2 dez. 1925 restaurou o nome Estação D. Pedro II ao terminal no Rio de Janeiro da Estrada de Ferro Central; ver *RIHGB*, v.151 (1925), p.536-7.

O retorno do corpo de D. Pedro II coincidiu com dois centenários – o da independência nacional em 1922 e o do nascimento do imperador em 1925. Celebrados com muita pompa pública, eles aguçaram a consciência pública sobre o passado da nação. Esses eventos inspiraram e justificaram o surgimento de uma massa de literatura histórica, sobretudo na forma de artigos de jornal e panfletos. Grande parte dessas publicações era dedicada a D. Pedro II ou, mais precisamente, a algum aspecto de seu caráter ou reinado.[43] De modo geral, os estudos não eram inovadores em sua abordagem nem profundos em suas pesquisas. A vasta maioria deles era favorável ao monarca, até excessivamente elogiosos, embora um pequeno grupo de autores contestasse veementemente a visão prevalecente.[44]

A reabilitação da reputação de D. Pedro II iniciada na década de 1920 ganhou impulso na década seguinte. A revolução de 1930 destruiu o regime que havia derrubado o Império. Getúlio Vargas, que de uma forma ou de outra governou o país de 1930 a 1945, assemelhava-se bastante ao segundo imperador em seu desprezo pelas armadilhas do poder, sua persistência silenciosa, sua capacidade de manipular homens e eventos e a concentração do poder em suas próprias mãos. Quando a capela mortuária de D. Pedro II e D. Teresa Cristina em Petrópolis foi enfim concluída, no final de 1939, foi simbólico o comparecimento de Getúlio Vargas na inauguração, acompanhado pelo cardeal arcebispo do Rio de Janeiro e por D. Pedro, o único filho sobrevivente de D. Isabel. A participação do chefe de Estado no novo sepultamento do imperador sinalizou a total reabilitação de D. Pedro II como governante e a plena aceitação de seu reinado como parte do passado da nação. No início de 1939, o palácio imperial em Petrópolis, que era usado como escola particular desde 1890, foi comprado, graças à intervenção pessoal do presidente Vargas, pelo estado do Rio de Janeiro, que a seguir transferiu a propriedade ao governo federal. No ano seguinte, Vargas criou o Museu Imperial, que ele inaugurou pessoalmente em 1943.[45]

---

43 Os papéis de Tobias Monteiro na Biblioteca Nacional contêm uma boa amostragem dos artigos de jornal publicados sobre D. Pedro II nesse período, enquanto os livros e panfletos relevantes podem ser estudados nos arquivos do IHGB.

44 Duas obras destacam-se. Oliveira Vianna, *Ocaso*, focado nas razões para a derrubada do Império. *Contribuições* é valiosa pela riqueza de informações originais (incluindo documentos) que contém sobre o segundo reinado. Oliveira Lima, *O Império brasileiro*, apesar de publicado em 1927 e abordar todo o Império, pertence essencialmente a esse grupo. Das obras hostis a D. Pedro II, somente Sussekind de Mendonça, *Quem foi*, e Medeiros e Albuquerque, *Poesias*, merecem menção. Os artigos em *A voz da verdade* resumem os argumentos antimonarquistas.

45 Ver D. Williams, "Ad perpetuam rei", p.55-7.

D. Pedro, o filho sobrevivente de D. Isabel e do conde d'Eu, faleceu alguns meses depois, antes da fundação do novo museu. Em 1941, o filho dele, D. Pedro Gastão, realizou o desejo do pai de que os documentos da família imperial retornassem ao Brasil como doação ao Museu Imperial. A transferência não pôde ser concluída durante a Segunda Guerra Mundial, mas em maio de 1948 os arquivos do novo museu receberam os documentos públicos de D. Pedro II e outros membros da família imperial, trazidos da residência da família na França, ao custo do governo brasileiro. Essa documentação representa uma fonte indispensável para o estudo dos dois imperadores do Brasil e do próprio regime imperial.[46]

Após a morte dos pais no início da década de 1920, D. Pedro havia começado a organizar os papéis de seu avô e a dar acesso a eles a pesquisadores selecionados.[47] Essa disponibilidade serviu para realçar a reputação póstuma de D. Pedro II e a promover o estudo de seu reinado. Na década de 1930 surgiu uma primeira geração de historiadores que conhecia a mais recente historiografia, compreendia a necessidade de basear suas obras em pesquisas originais e efetivamente utilizava os arquivos disponíveis.[48] Essa nova erudição era evidente em muitas das contribuições submetidas aos segundo, terceiro e quarto Congresso de História Nacional, organizados em 1931, 1936 e 1948 pelo Instituto Histórico e Geográfico Brasileiro, ao qual pertencia a maior parte da geração nascente de historiadores.[49] Notáveis entre eles eram três descendentes de figuras proeminentes do reinado de D. Pedro II: José Wanderley de Araújo Pinho, José Antônio Soares de Sousa e Pedro Calmon Moniz de Aragão Bittencourt.[50] Wanderley Pinho e Soares de Sousa utilizaram, cada qual, documentos de suas famílias para escrever uma sólida biografia de seus

---

46 Ibid.; e ver "Notas referentes a fontes".

47 Ver Pedro d'Orléans e Bragança, "Centenário", p.374.

48 Ver o parágrafo revelador na introdução à primeira edição de Calmon, *Rei filósofo*, p.14: "A história pátria de cem anos para cá não foi escrita. Não se publica ainda, integral, a biografia do imperador, que a abrange em metade daquele período. Tudo, nesse resvaladio terreno da pesquisa histórica, é indeciso, fragmentário, dispersivo. A míngua de obras de conjunto, a síntese definitiva está por fazer. A época, é de contribuições que preencham os vastos claros, subsídios documentais, desentranhamento, revelação dos arquivos particulares, debates e averiguações esclarecidos por uma critica sem paixão".

49 *Annaes do 2º Congresso*; *Anais do 3º Congresso*; e *Anais do 4º Congresso*; com cinco, dez e quinze volumes, respectivamente.

50 Nascido em 1890, José Wanderley de Araújo Pinho era neto do barão de Cotegipe. José Antônio Soares de Sousa, nascido em 1902, era neto de Paulino José Soares de Sousa e bisneto do visconde de Uruguai. Pedro Calmon Moniz de Aragão Bittencourt, também nascido em 1902, era, por parte de mãe, bisneto do visconde de Nogueira da Gama, mordomo e amigo

ancestrais estadistas. Pedro Calmon, um autor profícuo sobre uma variedade de assuntos, também escreveu sobre seu ancestral, um oficial da corte de D. Pedro II, mas somente bem no final da vida.[51] Associado a essa geração, embora nunca realmente tivesse pertencido a ela, estava Hélio Vianna, cujo talento estava não em escrever monografias, mas na descoberta e imediata publicação (geralmente em artigos de jornal) de material histórico.[52]

O surgimento de uma nova e mais erudita escola de História na década de 1930 abriu caminho para, e facilitou, a publicação de três importantes biografias de D. Pedro II, baseadas em fontes em arquivo e que visavam avaliar o caráter e as realizações do imperador. O pioneiro foi um jovem diplomata brasileiro, Heitor Lyra, que publicou sínteses da biografia de sua autoria sob a forma de artigos de jornal em 1934, 1935 e 1936.[53] Esses extratos, que se basearam em documentos guardados no Château d'Eu, despertaram grande interesse público e foram utilizados pelos outros dois historiadores em seus estudos sobre o imperador. A primeira a produzir uma biografia completa foi Mary Wilhelmine Williams, uma professora de História da Goucher College, cujo livro foi publicado em inglês, em 1937.[54] Um ano depois, surgiu *O Rei filósofo*, de Pedro Calmon, do qual uma edição revisada foi lançada em 1939. Os três volumes de Heitor Lyra sobre D. Pedro II foram finalmente publicados em 1938, 1939 e 1940, respectivamente.[55]

Apesar do surgimento dessas biografias, dois fatores eclipsavam o interesse pelo segundo imperador do Brasil.[56] Uma fundamental mudança na historiografia do Brasil começou na década de 1930 com três obras inspira-

---

de D. Pedro II. Henrique Carneiro Leão Teixeira Jr., um membro menor dessa geração, era neto do visconde de Cruzeiro e bisneto do marquês de Paraná.

51 Ver Pinho, *Cotegipe*; Soares de Sousa, *Uruguay*; e Calmon, *História de Minas*.

52 Sobrinho de um deputado nacional na década de 1880, Hélio Vianna nasceu em 1908. Ele sempre foi uma figura controversa, e até certo ponto um forasteiro. Sua publicação erudita mais substancial foi Vianna, *Contribuições*, compilada de artigos previamente publicados.

53 Os artigos que aparecem no *Jornal do Commercio* são citados em Williams, *Dom Pedro*, p.344, 375; e em Calmon, *Rei filósofo*, 1ª ed., p.251, 318-9.

54 Eu gostaria de reconhecer aqui o entendimento de que a Dra. Jacqueline Goggin da Universidade de Harvard passou-me sobre o caráter e a carreira de Mary Wilhelmine Williams por meio de sua tese não publicada, "Williams".

55 Lyra embarcou no estudo em 1930, quando servia em Roma, inspirado e auxiliado por seu chefe, o embaixador Carlos Magalhães de Azevedo, que havia publicado no início da década de 1920 um estudo muito elogiado sobre o caráter de D. Pedro II; ver Lyra, *História*, v.I, p.15; e Magalhães de Azeredo, "Dom Pedro II".

56 Três biografias publicadas em 1941 e 1945 não proporcionaram uma compreensão histórica de D. Pedro II; ver Harding, *Amazon Throne*; Brown, *American Emperor*; e Criss, *Dom Pedro*.

doras. A *Evolução política do Brasil: ensaio de interpretação materialista da história brasileira* de Caio Prado Jr., e *Casa-grande e senzala* de Gilberto Freyre, ambos lançados em 1933. Três anos depois, Sérgio Buarque de Holanda publicou *Raízes do Brasil*. Esses livros inspiraram uma fascinação entre os historiadores brasileiros pelo desenvolvimento social, racial, cultural e econômico da população em geral. O segundo fator foi a criação na década de 1930 das primeiras faculdades de ciências sociais no Brasil, notadamente na nova Universidade de São Paulo. Composta por jovens acadêmicos estrangeiros do calibre de Claude Lévi-Strauss, essas faculdades apresentaram aos estudantes brasileiros o conhecimento teórico moderno, de Karl Marx a Max Weber. Enquanto Getúlio Vargas governou, esses centros eram mantidos sob controle. Após 1945, com a queda de Getúlio, uma nova escola do conhecimento começou a prosperar.[57] Os brasileiros passaram cada vez mais a buscar treinamento acadêmico na Europa e na América do Norte. Da mesma maneira, eruditos norte-americanos e europeus começaram a pesquisar e a escrever sobre o Brasil. Um dos assuntos preferidos dos historiadores, fossem eles brasileiros ou estrangeiros, era a dinâmica da escravidão e as causas de sua abolição.[58]

Uma característica distintiva da nova historiografia era seu engajamento político e radicalismo. O livro publicado em 1933 por Caio Prado Jr. inovava ao aplicar o materialismo dialético ao estudo do passado brasileiro. Sua obra mais influente, publicada em 1942, foi *A formação do Brasil contemporâneo: colônia*, que recontou a história do Brasil sob a ótica das forças econômicas e da luta de classes.[59] O papel desempenhado pelos indivíduos não tinha, para os historiadores marxistas, nenhuma importância. A chave para entender o Brasil do século XIX estava na hegemonia da classe de fazendeiros, a substituição da escravidão por mão de obra livre importada, o domínio do capital estrangeiro e o surgimento do capitalismo industrial. O imperador e os políticos não passavam de marionetes em um teatro de sombras, um teatro de fantoches movendo-se sob o comando de seus proprietários de terras.[60]

---

57 Ilustrativos desse desenvolvimento foram, no Brasil, o estudo de 1951 de Alicia Canabrava sobre o *boom* do algodão em São Paulo (*O desenvolvimento*) e a obra de 1961 de Nicia Villela Luz sobre o início da industrialização (*A luta*). Na América do Norte, o pioneiro foi o clássico de Stanley Stein, *Vassouras*, e também *Cotton Manufacture* (ambos de 1957).

58 Ver Viotti da Costa, *Da senzala* (1971); Conrad, *Destruction* (1972); e Bethell, *Abolition* (1970).

59 Após seu trabalho pioneiro *Evolução* (1933), Caio Prado Jr. publicou *A formação* (1942) e *História* (1945).

60 Essa visão está explícita no título da obra de 1988 de José Murilo de Carvalho, *Teatro de sombras*, que inclui estudos que remontam a 1980.

Estudiosos norte-americanos sobre o Brasil consideraram essa interpretação bastante convincente e trabalharam segundo essa estrutura, em parte porque, criados como bons republicanos, não conseguiam encontrar nenhuma virtude ou viabilidade inerente à monarquia.

No início da década de 1960, a disputa acadêmica entre os historiadores tradicionalistas entrincheirados no Instituto Histórico e os profissionais mais jovens nas universidades tornou-se parte de um confronto geral entre a esquerda e a direita no Brasil.[61] Em 31 de março de 1964, um golpe militar derrubou a república liberal criada em 1945 e estabeleceu um regime autoritário que duraria até 1985. Se por um lado os estudiosos marxistas foram obrigados a ser mais discretos e mais sutis em suas publicações, por outro, os militares não podiam forçar uma mudança, nem o fizeram, na interpretação dominante sobre o passado brasileiro. A força dessa abordagem ficou evidente na organização de *História geral da civilização brasileira*, publicada entre 1965 e 1977.[62] Essa história geral do Brasil, com contribuições de um grupo distinto de estudiosos nacionais e estrangeiros, continha nove volumes, dos quais nada menos que quatro cobriam o Segundo Reinado. Somente no último desses quatro volumes, intitulado "Do Império à República", o papel de D. Pedro II como monarca foi analisado. Com vinte páginas, essa seção intitulada "O poder pessoal" era mais uma discussão sobre as objeções crescentes ao sistema monárquico vigente no Brasil do que uma análise da personalidade de D. Pedro II e seu sistema de governo.

Os vinte anos durante os quais as forças armadas governaram o Brasil acarretaram rápida industrialização e maciça urbanização. Essas mudanças, combinadas com o simples passar do tempo, voltou a atenção dos historiadores ao período da Velha República e de Getúlio Vargas. Nessas décadas teve início a industrialização, as cidades expandiram-se e o proletariado surgiu. Em meados da década de 1970, o estudo histórico do Império estava totalmente fora de moda no Brasil. As únicas obras significativas surgiram em inglês e davam pouca ou nenhuma atenção a D. Pedro II.[63] Todos esses desdobramentos

---

61 Ver o relato em 1964 de um comitê nomeado pelo IHGB, para denunciar erros relativos a fatos e interpretações existentes nos panfletos intitulados *A voz da história* e preparados para alunos do ensino médio sob os auspícios do Ministério da Educação, *RIHGB*, v.263 (1964), p.283-302.

62 A obra em sua forma final continha dois volumes sobre o período colonial, sete sobre o Império e quatro sobre a Velha República (1889-1930).

63 Ver, por exemplo, Viotti da Costa, *Brazilian Empire*, cujo índice contém somente seis referências a D. Pedro II (p.284); e Graham, *Patronage*, p.55-6.

deixaram os historiadores do Instituto Histórico e Geográfico isolados e suas áreas de pesquisa e escrita, obsoletas. A morte reduziu seu contingente, e a idade deixou mais lenta a caneta dos sobreviventes.[64]

A situação crítica do Instituto ficou evidente em 1975, quando seu presidente, Pedro Calmon, publicou uma biografia em cinco volumes como parte da comemoração dos 150 anos do nascimento de D. Pedro II. Baseado em uma ampla gama de fontes de arquivo e impressas, o autor despejou em sua obra informações coletadas por toda uma vida sobre o monarca e sua época. Em vez de oferecer o "entranhamento" que Calmon havia, em 1938, recomendado a historiadores para uma biografia original, o texto dele era amplamente anedótico.[65] O estudo de Pedro Calmon falhou especialmente em reavivar o interesse pelo imperador e seu reinado. O último quarto de século notabilizou-se pela ausência de novos conhecimentos acadêmicos.[66] Os centenários da queda do Império em 1989 e da morte de D. Pedro em 1991 não reacenderam o interesse histórico.

No final do século XX, D. Pedro II está em toda parte e em nenhuma delas no Brasil. Seu nome é amplamente empregado para evocar tanto os valores tradicionais quanto a herança nacional. Sua imagem confere respeitabilidade, dignidade e integridade a qualquer evento ou instituição que a utilize. Ambos os usos são como talismãs. Mas, para a maioria dos brasileiros, D. Pedro II não é uma personalidade ativa, alguém cujas ações tenham de alguma forma contribuído para moldar a nação. Suas realizações e limitações foram em grande parte esquecidas.

---

64 Anais do Congresso do Segundo Reinado ilustra esse desenvolvimento. O congresso foi realizado em 1975, e a ata publicada em 1984.

65 Ver Calmon, *Rei filósofo*, 1ª ed., p.14. Com frequência, a biografia de 1975 parece mais interessada nas vidas e nas obras de Joaquim Manuel Machado de Assis e de Camilo Castelo Branco, renomados autores do Brasil e de Portugal do século XIX, respectivamente, do que no próprio imperador.

66 Em 1973, Harry Bernstein, um especialista em Portugal e na era colonial, publicou na *Twayne Biographical Series* um estudo sobre D. Pedro II que, por sua natureza, foi um breve panorama; ver *D. Pedro II*. Em 1975, surgiu um volume contendo a poesia e a prosa comunicadas por intermédio de um médium, a partir de sua "existência astral", por D. Pedro II para Walter Faé, "poeta e ensaísta, apaixonado pela vida e a obra do grande imperador"; ver a contracapa de Faé, *Chico Xavier*. Também em 1975, Lídia Besouchet produziu uma biografia do imperador que focava seus contatos com a Europa e com os sábios de lá e seu relacionamento com várias mulheres; ver *Exílio e morte*. Em 1993, a obra de Besouchet foi republicada com um novo título, com um grande número de notas de rodapé e sem nenhuma ilustração, embora a obra fosse mantida intacta. Em 1991, um político nacional pró-monarquista publicou uma breve obra sobre Pedro II; ver Cunha Bueno, *Morte no exílio*.

Figura 60. Túmulos de D. Pedro II, D. Teresa Cristina, D. Isabel e Gastão, conde d´Eu, na catedral de Petrópolis.

Nos dias de hoje, ao deixar o calor e o clamor da cidade do Rio de Janeiro e seguir rumo ao norte pela velha estrada do correio que sobe sinuosa pela Serra do Mar, cruza-se a escarpa e chega-se a Petrópolis, aninhada em seus vales estreitos. A cidade, com seus córregos de águas rápidas e avenidas de três faixas, mantém um charme rústico que não corresponde a seu tamanho. Não muito longe da praça central fica o antigo palácio de verão e, passando por ela, chega-se à igreja paroquial (agora uma catedral), em um exercício agradável pelo estilo gótico do final do século XIX.

Adentre em sua fresca obscuridade e olhe à direita. Ali, em uma pequena capela protegida por grades de ferro trabalhado, ficam os túmulos brancos que trazem as efígies de D. Pedro II e D. Teresa Cristina. Em cada lado, repousam sua filha mais velha e o marido dela, cujos restos mortais foram transferidos para o local em 1971.[67] O cenário é de algum modo apropriado. O segundo imperador do Brasil veio descansar na cidade que tanto amava e que leva seu nome. Também é adequado que o local de sepultamento de D. Pedro II seja calmo, discreto, solene e apartado do fluxo da vida comum. A efígie é um retrato bastante fiel do imperador em idade avançada. Acima da barba farta, sua face aparece calma, confiante, quase serena. Lá o imperador cidadão repousa, esperando – para citar um verso do soneto que, embora comumente atribuído a ele, não é realmente de sua autoria – "a justiça de Deus na voz da história".[68]

---

67 D. Isabel e o conde d'Eu, falecidos em 1921 e 1922, respectivamente, foram inicialmente enterrados na França. Seus corpos foram trazidos ao Brasil em 1953 e ficaram na catedral do Rio até 1971, quando foram enterrados novamente, como originalmente se pretendia, em Petrópolis. Ver Calmon, *Pedro II*, v.4, p.1448.

68 Esse verso encerra o soneto intitulado "A terra do Brasil", o sétimo e último poema dos *Sonetos d'Exílio* publicados em 1898, supostamente em Paris, e atribuídos a "D. Pedro d'Alcantara" (isto é, D. Pedro II). D. Pedro negou autoria do primeiro desses sonetos, que começa "Não maldigo o rigor da ímpia sorte"; ver AHMI POB Cat. B Maço 37 Doc. 1.057 Registro no diário para 26 dez. 1889 e 10 nov. 1890. Sobre uma cópia impressa de "Terra do Brasil", Tobias Monteiro observou que a baronesa de Loreto não acreditava que ela tivesse sido escrita por D. Pedro II; ver BNRJ TM Arm. 32.

Referências bibliográficas

"A deposição do Imperador e a viagem para o exílio". *Anuário do Museu Imperial*, 16, 1955, p.223-41.

A Verdade. Rio de Janeiro.

A Voz da Verdade. Rio de Janeiro.

ADALBERT, príncipe da Bavária. *Die Herzen der Leuchtenberg*: Chronik einer napoleonisch--bayerisch-europäischen Familie. Munique: Prestel, 1963.

AFFONSO CELSO, conde de. *O imperador no exílio*. Nova ed. rev. Rio de Janeiro: Francisco Alves, 1929.

Álbum imperial. São Paulo.

ALENCAR ARARIPE, T. de. *Tasso Fragoso*: um pouco de história do nosso Exército. Rio de Janeiro: Biblioteca do Exército, 1960.

ALEXANDER, grão-duque da Rússia. *Once a Grand Duke*. Nova York: Cosmopolitan Book, 1932.

"Almanach do Rio de Janeiro para o ano de 1825", *Revista do Instituto Histórico e Geográfico Brasileiro*, v.291, 1971, p.176-284.

Almanak administrativo, mercantil e industrial da corte e província do Rio de Janeiro para o anno de 1853. Rio de Janeiro: Laemmert, 1853.

Almanak administrativo, mercantil e industrial da corte e província do Rio de Janeiro para o anno de 1865. Rio de Janeiro: Laemmert, 1865.

"Almanak do Rio de Janeiro para o ano de 1827", *Revista do Instituto Histórico e Geográfico Brasileiro*, v.300, 1973, p.137-260.

Anais do Congresso do Segundo Reinado. 10v. Rio de Janeiro: Instituto Histórico e Geográfico Brasileiro, 1984.

ANDERSEN LEITÃO, R. (org.). *Novos documentos dos arquivos de Windsor*. Coimbra: Coimbra Editora, 1958.

ANDRADE, R. M. F. de. *Rio Branco e Gastão da Cunha*. Rio de Janeiro: Ministério das Relações Exteriores, 1953.

ANDREWS, C. C. *Brazil*: Its Conditions and Prospects. Nova York: D. Appleton, 1887.

Annaes do Congresso de História Nacional. 1v. Rio de Janeiro: Imprensa Nacional, 1915.

Annaes do 2º Congresso de História Nacional. 5v. Rio de Janeiro: Imprensa Nacional, 1931.

Annaes do 3º Congresso de História Nacional. 10v. Rio de Janeiro: Imprensa Nacional, 1938.

Annaes do 4º Congresso de História Nacional. 13v. Rio de Janeiro: Imprensa Nacional, 1949.

AULER, G. *A princesa e Petrópolis*. Petrópolis, 1953.

_____. *Os bolsistas do imperador*. Petrópolis: Tribuna de Petrópolis, 1956.

AZEREDO, C. M. de. Dom Pedro II – traços de sua physionomia moral. In: *Contribuições para a biographia de D. Pedro II (Parte 1ª)*. Rio de Janeiro: Imprensa Nacional, 1925, p.953-82.

AZZI, R. D. Pedro II perante os institutos religiosos do Brasil. *Revista do Instituto Histórico e Geográfico Brasileiro*, v.316, 1977, p.124-51.

BAGEHOT, W. *The English Constitution*. 3.ed. Londres: Oxford University Press, 1929.

"Barão de Inhomerim". *Anuário genealógico brasileiro*, 3, 1941, p.29-30.

BARBOSA DE OLIVEIRA, A. J. *Memórias de um magistrado do império*. Revistas e anotadas por A. J. Lacombe. São Paulo: Companhia Editora Nacional, 1943.

BARBOSA, R. *Correspondência*: primeiros tempos, curso jurídico, colegas e parentes. Rio de Janeiro: Fundação Rui Barbosa, 1973.

BARMAN, R. J. *Brazil*: The Forging of a Nation, 1798-1852. Stanford; Stanford University Press, 1988.

_____. The Brazilian Peasantry Re-Examined: The Implications of the Quebra-Quilo Revolt, 1874-75. *Hispanic American Historical Review*, 57, n.3, ago. 1977, p.402-24.

_____. The Role of Titles in Imperial Brazil. In: LIVERMORE, H. V. (org.). *University of British Columbia Hispanic Studies*. Londres: Tamesis Book, 1974, p.39-50.

BARRAL, condessa de. *Cartas a suas magestades 1859-1890*. Rio de Janeiro: Arquivo Nacional, 1977.

BEATTIE, J. M. *The English Court in the Reign of George I*. Cambridge: Cambridge University Press, 1967.

BERGSTRESSER, R. B. The Movement for the Abolition of Slavery in Rio de Janeiro, Brazil, 1880-1889. Stanford: Stanford University, 1973. Tese de doutorado.

BERNARDES, M. *Luz e calor*: obra spiritual dividida em duas partes... 2v. Nova ed. Porto: Lello & Irmão, 1953.

BERNSTEIN, H. *D. Pedro II*. Nova York: Twayne, 1973.

BESOUCHET, L. *Exílio e morte do imperador*. Rio de Janeiro: Nova Fronteira, 1975. [2.ed. rev. *Pedro II e o século XIX*. Rio de Janeiro: Nova Fronteira, 1993.]

BETHEL, L. *The Abolition of the Brazilian Slave Trade*: Britain, Brazil and the Slave Trade Question, 1807-1869. Cambridge: Cambridge University Press, 1970.

BOEHRER, G. *Da monarquia à república*: história do partido republicano do Brasil (1870-1889). Rio de Janeiro: Ministério da Educação e Saúde, 1954.

"Borbone, Luigi di, conde d'Áquila". *Enciclopedia Italiana di Scienze, Lettre ed Arti*, v.7, p.456. Milão: Istituto Giovanni Trecanni, 1930.

BRAGA, R. *História da comissão científica de exploração*. Fortaleza: Imprensa Universitária do Ceará, 1962.

BROWN, R. *American Emperor*: Dom Pedro II of Brazil. Nova York: Viking, 1945.

BUARQUE DE HOLANDA, S. Da "Constituente Constituada" à Lei Saraiva. In: _____. (org.). *História geral da civilização brasileira*, t.II: *O Brasil monárquico*. v.5: *Do império à república*. São Paulo: Difusão Europeia do Livro, 1972, p.195-255.

_____. *Raízes do Brasil*. Rio de Janeiro: José Olympio, 1936.

_____. Reformas e paliativos. In: _____. (org.). *História geral da civilização brasileira*, t.II: *O Brasil monárquico*. v.5: *Do império à república*. São Paulo: Difusão Europeia do Livro, 1972, p.133-92.

BUCKLE, G. E. (org.). *The Letters of Queen Victoria Third Series A Selection from Her Majesty's Correspondence and Journal between the Years 1886 and 1901*. 3v. Londres: John Murray, 1930-1932.

BULCÃO SOBRINHO, A. de A. de A. *Famílias bahianas*. 3v. Salvador: Imprensa Oficial, 1945-1946.

CALMON, P. *História de D. Pedro II*. 5v. Rio de Janeiro: José Olympio, 1975.

_____. *História de Minas e "Memórias" de Nogueira da Gama*. Rio de Janeiro: José Olympio, 1985.

_____. *O rei filósofo*: vida de D. Pedro II. 1.ed. São Paulo: Companhia Editora Nacional, 1938. [2.ed. rev. São Paulo: Companhia Editora Nacional, 1939.]

CÂMARA, J. A. S. *Um soldado do império* (o general Tibúrcio e seu tempo). Rio de Janeiro: José Olympio, 1978.

CANABRAVA, A. *O desenvolvimento da cultura do algodão na província de São Paulo, 1861-1865*. São Paulo: s/l, 1951.

"Cartas do exílio de Dom Pedro II ao visconde de Taunay (1890-91)". *Revista do Instituto Histórico e Geográfico Brasileiro*, t.76, parte I, 1912, p.159-73.

"Cartas do Príncipe Dom Pedro Augusto". *Revista do Instituto Histórico e Geográfico Brasileiro* v.238, 1958, p.442-9.

"Cartas do visconde do Rio Branco", *Anuário do Museu Imperial*, 12, 1951, p.35-202.

CARVALHO, A. G. de. *Um ministério visto por dentro*. Rio de Janeiro: José Olympio, 1959.

CARVALHO, J. C. de. *À memória do imperador D. Pedro II* – brasileiro magnânimo e bom amigo. Rio de Janeiro: Jornal do Commercio, 1925.

CARVALHO, J. M. de. *Teatro de sombras*: a política imperial. São Paulo: Vértice, 1988.

CARVALHO, Pe. J. M. *Reminiscências sobre vultos e factos do império e república*. Amparo: Correio Amparense, 1894.

CAVALCANTI DE ALBUQUERQUE, M. I. "A propósito da condessa de Belmonte". *Anuário do Museu Imperial*, 7, 1946, p.178-89.

Centenário de Petrópolis, v.II: *Trabalhos da comissão*. Petrópolis: Prefeitura Municipal de Petrópolis, 1939.

CHAPMAN, G. *The Third Republic of France*: The First Phase, 1871-1894. Londres: McMillan, 1962.

"Cheyne-Stokes Respiration". In: CLAYMAN, C. B. (org.). *Encyclopedia of Medicine*. American Medical Association. Nova York: Random House, 1988, p.262.

Coleção das leis do império do Brasil para... (1831-1889). Rio de Janeiro: Imprensa Nacional, [s.d.].

Coleção das leis do império do Brasil, 1830-1831. 2.ed. Ouro Preto: Typographia Silva, 1835.

CONACHER, J. B. *The Aberdeen Coalition 1852-1855*: A Study in Mid-Nineteenth Century Party Politics. Cambridge: Cambridge University Press, 1968.

CONRAD, R. *The Destruction of Brazilian Slavery 1850-1888*. Berkley: University of California Press, 1972.

CONSTANT, S. *Foxy Ferdinand 1861-1948 Tsar of Bulgaria*. Londres: Sidgwick & Jackson, 1979.

Contribuições para a biographia de D. Pedro II (Parte 1ª). Rio de Janeiro: Imprensa Nacional, 1925.

CORRÊA FILHO, V. Como se fundou o Instituto Histórico. *Revista do Instituto Histórico e Geográfico Brasileiro*, v.297, 1972, p.3-50.

"Correspondência passiva do senador José Martiniano de Alencar". *Anais da Biblioteca Nacional*, 86, 1966, p.7-469.

CORWIN, A. F. *Spain and the Abolition of Slavery in Cuba, 1817-1886*. Austin: Institute of Latin American Studies, University of Texas at Austin, 1967.

CRAVEIRO COSTA. *O visconde de Sinimbu, sua vida e sua atuação na política nacional (1840-1889)*. São Paulo: Companhia Editora Nacional, 1937.

CRISS, M. *Dom Pedro of Brazil*. Nova York: Dodd, Mead, 1945.

CUNHA BUENO, A. H. *A morte no exílio*: centenário de falecimento do imperador D. Pedro II (1825-1891). Brasília: Câmara dos Deputados, 1991.

CUNNIFF, R. L. *The Great Drought 1877-1880*. Austin: University of Texas, 1970. Tese de doutorado.

"D. Pedro II e o Conselheiro Dantas". *Anuário do Museu Imperial*, 10, 1949, p.179-259.

DAUNT, R. G. (org.). *Diário da princesa* (excursão dos Condes d'Eu à província de S. Paulo em 1884). São Paulo: Anhembi, 1957.

"Diabetes mellitus". In: CLAYMAN, C. B. (org.). *Encyclopedia of Medicine*. American Medical Association. Nova York: Random House, 1988, p.349-51.

Diário de Notícias. Rio de Janeiro.

DUFF, A. B. (org.). *Comte de Gobineau Mère Benedicte de Gobineau Correspondence 1872-1882*. Paris: Mercure de France, 1958.

DUNCAN, J. S. *Public and Private Operation of Railways in Brazil*. Nova York: Columbia University Press, 1932.

Elemento Servil – Parecer e projecto de lei apresentados a camara dos srs. deputados na sessão de 16 de agosto de 1870 pela comissão especial nomeada pela mesma câmara em 24 de maio de 1870. Rio de Janeiro: Typographia Nacional, 1870.

ELTIS, D. *Economic Growth and the Ending of the Transatlantic Slave Trade*. Nova York: Oxford University Press, 1987.

EWBANK, T. *Life in Brazil;* or a Journal of a Visit to the Land of the Cocoa and the Palm. Londres: Sampson Low, 1856.

FAÉ, W. J. *Chico Xavier Pedro II e o Brasil*: edição comemorativa do sesquicentenário do nascimento do segundo imperador brasileiro. São Paulo: Nova Época, 1975.

Fallas do throno desde o anno de 1823 até o anno de 1889 acompanhadas dos respectivos votos de graças. Rio de Janeiro: Imprensa Nacional, 1889.

FERNS, H. S. *Britain and Argentina in the Nineteenth Century*. Oxford: Clarendon Press, 1960.

FERREZ, G.; NAEF, W. J. *Pioneer Photographers of Brazil, 1840-1920*. Nova York: Center for Inter-American Relations, 1976.

FIGUEIRA DE MELLO, J. de A. (org.). A correspondência do barão Wenzel de Mareschal (agente diplomático da Áustria no Brasil, de 1821 a 1831). *Revista do Instituto Histórico e Geográfico Brasileiro*, t.80, 1916, p.5-148.

FLEIUSS, M. D. Pedro II. Seu nascimento, seus irmãos. *Revista do Instituto Histórico e Geográfico Brasileiro*, v.152, 1925, p.20-31.

_____. *Páginas de história*. Rio de Janeiro: Imprensa Nacional, 1924.

_____. (org.). *Transladação dos restos mortais de D. Pedro II e D. Theresa Cristina*. Rio de Janeiro: Imprensa Nacional, 1925.

FLORY, T. *Judge in Imperial Brazil, 1808-1871*: Social Control and Political Stability in the New State. Austin: University of Texas Press, 1981.

FONER, E. *Reconstruction*: America's Unfinished Revolution, 1863-1877. Nova York: Harper & Row, 1988.

FRANCO DE ALMEIDA, T. *A monarchia e os monarchistas*. Belém do Pará: Typographia de Tavares Cardoso, 1894.

_____. *O conselheiro Francisco José Furtado*: biografia e estudo de história política contemporânea. 2.ed. São Paulo: Companhia Editora Nacional, 1944.

FREEMAN, J. M.; VINING, E. P. G.; PILLAS, D. J. *Seizures and Epilepsy in Childhood*: A Guide for Parents. Baltimore: John Hopkins University Press, 1990.

FREYRE, G. *Casa-grande & senzala*: formação da família brasileira sob o regime de economia patriarcal. Rio de Janeiro: Maia & Schmidt, 1933.

FULFORD, R. (org.). *Darling Child*: Correspondence of Queen Victoria and the Crown Princess of Prussia, 1871-1878. Londres: Evans Bros., 1976.

"Gallstones". In: CLAYMAN, C. B. (org.). *Encyclopedia of Medicine*. American Medical Association. Nova York: Random House, 1988, p.474.

GALVÃO, M. da C. *Notícia sobre as estradas de ferro do Brasil*. Rio de Janeiro: Diário do Rio de Janeiro, 1869.

GARCIA, R. Dom Pedro e a língua tupi. *Anuário do Museu Imperial*, 4, 1943, p.5-13.

_____. Os mestres do imperador. *Anuário do Museu Imperial*, 7, 1946, p.5-20.

Gazeta de Portugal. Lisboa.

Genealogisches Handbuch des in Bayern immatrikulierten Adels. Lombada 11, 19. Neustadt na der Aish: Degener, 1975, 1992.

GOBINEAU, A. de. *Lettres Brésiliennes*. Editado por Marie-Louise Concasty. Paris: Les Bibliophiles de l'Originale, 1969.

GOGGIN, J. *Mary Wilhelmine Williams*: Feminist, Activist, and Historian. Tese não publicada. 1990.

GORDON, L. H. Cartas de D. Pedro II a Manzoni. *Anuário do Museu Imperial*, 16, 1955, p.5-27.

GRAHAM, M. C. Escorço biográfico de D. Pedro I, com uma notícia do Brasil e do Rio de Janeiro. *Anais da Biblioteca Nacional*, 60, 1938, p.75-172.

GRAHAM, R. *Patronage and Politics in Nineteenth-Century Brazil*. Stanford: Stanford University Press, 1990.

GRAHAM, S. L. The Vintem Riot and Political Culture, Rio de Janeiro, 1880. *Hispanic American Historical Review*, 60, n.3, ago. 1980, p.431-49.

GREENBERG, M.; MORRIS, N. Engrossment: The Newborn's Impact upon the Father. *American Journal of Orthopsychiatry*, 44, n.4, jul. 1974, p.520-31.

GREENFIELD, G. M. The Great Drought and Elite Discourse in Imperial Brazil. *Hispanic American Historical Review*, 72, n.3, ago. 1992, p.375-420.

GUILLON, J. *François d'Orléans Prince de Joinville, 1818-1900*. Paris: Editions France--Empire, 1990.

GUIMARÃES, A. [de S. M.]. *D. Pedro II nos Estados Unidos* (as reportagens de James O'Kelly e o diário do imperador). Rio de Janeiro: Civilização Brasileira, 1961.

HAHNER, J. E. A Moléstia do Imperador e as interpretações da queda do Império. *Revista do Instituto Histórico e Geográfico Brasileiro*, v.283, 1971, p.3-15.

_____. *Emancipating the Female Sex*: The Struggle for Women's Rights in Brazil, 1850-1940. Durham, NC: Duke University Press, 1990.

HAMILTON, F. *My Yesterdays*. Garden City, NJ: Doubleday, Doran, 1930.

HARDING, B. *Amazon Throne*: The story of the Braganzas of Brazil. Indianapolis, Ind.: Bobbs Merrill, 1941.

HEWETT, O. W. (org.). *... and Mr. Fortescue*: A Selection from the Diaries from 1851 to 1862 of Chichester Fortescue, Lord Carlingford, K. P. Londres: John Murray, 1958.

HILL, L. F. *Diplomatic Relations between the United States and Brazil*. Durham, NC: Duke University Press, 1932.

HIRSH, L. Viagem do príncipe Paulo Alexandre de Wuerttemberg à América do Sul. *Revista do Instituto Histórico e Geográfico Brasileiro*, v.171, 1936, p.3-30.

História da revolução do Brasil no dia 7 d'abril de 1831. Rio de Janeiro: L. Seignot-Planchet, 1831.

HOFFNAGEL, M. J. From Monarchy to Republic in Northeast Brazil: The Case of Pernambuco, 1868-1875. Indianapolis: Indiana University, 1975. Tese de doutorado.

Homenagem do Instituto Histórico e Geográphico Brasileiro...4 de março de 1892. Rio de Janeiro: Companhia Typographica do Brazil, 1894.

Illustrated London News. Londres.

In memoriam Martinho Prado Junior, 1843-1943. São Paulo: Elvino Pocaí, 1943.

INSTITUTO HISTÓRICO E GEOGRÁFICO BRASILEIRO. *D. Pedro II*. Rio de Janeiro: Jornal do Brasil, 1892.

"Itinerário da viagem de S.M. o Imperador à província do Rio de Janeiro, em março e abril de 1847". In: *Annuário político, histórico e estatístico do Brazil*. Rio de Janeiro: Firmin Didot, 1847, p.319-55.

JAMES, D. O imperador do Brasil e os seus amigos da Nova Inglaterra. *Anuário do Museu Imperial*, 13, 1952, p.13-248.

Jornal do Commercio. Rio de Janeiro.

KIDDER, D. P.; FLETCHER, J. C. *Brazil and the Brazilians, Portrayed in Historical and Descriptive Sketches*. Philadelphia: Childs & Peterson, 1857.

KOSSOY, B. Estética, memória e ideologia fotográficas: decifrando a realidade interior das imagens do passado. *Acervo: Revista do Arquivo Nacional*, 6, 1993, p.13-24.

L'Illustration. Paris.

LACOMBE, A. J. A condessa de Barral. *Anuário do Museu Imperial*, 5, 1944, p.7-24.

_____. A fundação de Petrópolis (papel de Paulo Barbosa). In: *Centenário de Petrópolis*, v.II: *Trabalhos da comissão*. Petrópolis: Prefeitura Municipal de Petrópolis, 1939, p.189-224.

_____. Esboço biográfico do conselheiro Paulo Barbosa da Silva. In: *Centenário de Petrópolis*, v.VIII: *Os fundadores*. Petrópolis: Prefeitura Municipal de Petrópolis, 1943, p.31-50.

_____. Nobreza brasileira: notas prévias acerca dos *Apontamentos de legislação para uso dos Procuradores da Coroa e Fazenda Nacional* pelo conselheiro José Antônio da Silva Maia. *Anuário do Museu Imperial*, 1, 1940, p.47-150.

_____. O mordomo do imperador. Rio de Janeiro: Biblioteca do Exército, 1994.

_____. Paulo Barbosa e a fundação de Petrópolis. In: *Centenário de Petrópolis*, v.II: *Trabalhos da comissão*. Petrópolis: Prefeitura Municipal de Petrópolis, 1939, p.27-50.

LACOMBE, L. L. A educação das princesas. *Anuário do Museu Imperial*, 7, 1946, p.241-57.

_____. *A primeira visita do imperador do Brasil D. Pedro II a Portugal*. Lisboa: SEPRO, [s.d.].

_____. Diário do príncipe de Joinville. *Anuário do Museu Imperial*, II, 1950, p.177-219.

_____. *Isabel, a princesa redentora*. Petrópolis: Instituto Histórico de Petrópolis, 1989.

LAGO, L. *Supremo tribunal de justiça e supremo tribunal militar*: dados biográficos (1828-1930). Rio de Janeiro: Imprensa Militar, 1940.

Le Figaro. Paris.

LEVY, R. Viagem de D. Pedro II ao Espírito Santo. *Revista do Instituto Histórico e Geográfico Brasileiro*, v.246, 1960, p.3-164.

LINS, A. *Rio Branco (o barão do Rio Branco), biografia pessoal e história política.* 2.ed. rev. São Paulo: Companhia Editora Nacional, 1964.

LOUISA, princesa da Toscana. *My Own Story.* Londres: Eveleigh Nash, 1911.

LYRA, H. *História da queda do Império.* 2v. São Paulo: Companhia Editora Nacional, 1964.

_____. *História de D. Pedro II, 1825-1891.* 3v. São Paulo: Companhia Editora Nacional, 1938-1940.

MACARTNEY, C. A. *The Hapsburg Empire 1790-1918.* Londres: Weidenfeld & Nicolson, 1968.

MACAULAY, N. *Dom Pedro I*: The Struggle for Liberty in Brazil and Portugal 1798-1834. Durham, NC: Duke University Press, 1986.

MACKENZIE, C. *Alexander Graham Bell, the Man Who Conquered Space.* Boston: Houghton, Mifflin, 1928.

MAGALHÃES JÚNIOR, R. *A vida turbulenta de José do Patrocínio.* Rio de Janeiro: Sabiá, 1969.

_____. *Deodoro*: a espada contra o império. 2v. Rio de Janeiro: José Olympio, 1957.

_____. *O império em chinelos.* Rio de Janeiro: Civilização Brasileira, 1957.

_____. (org.). *D. Pedro II e a condessa de Barral através da correspondência íntima do imperador, anotada e comentada.* Rio de Janeiro: Civilização Brasileira, 1956.

_____. *Três panfletários do Segundo Reinado* – Francisco de Sales Torres Homem e o "Libelo do povo" – Justiniano José da Rocha e "ação; reação; transação" – Antônio Ferreira Viana e "A Conferência dos divinos". São Paulo: Companhia Editora Nacional, 1956.

MALLET, V. (org.). *Life with Queen Victoria*: Marie Mallet's Letters from Court, 1887-1901. Londres: John Murray, 1968.

MANSEL, P. *The Eagle in Splendor*: Napoleon I and His Court. Londres: George Philip, 1987.

MARQUES DOS SANTOS, F. Dom Pedro II e a preparação da maioridade. *Estudos Brasileiros*, a.3, v.7, jul.-dez. 1941, p.7-140.

MARTIN, P. A. Causes for the Collapse of the Brazilian Empire. *Hispanic American Historical Review*, 4, n.1, fev. 1921, p.4-48.

MAVAD, A. M. Imagem e auto-imagem do Segundo Reinado. In: ALENCASTRO, L. F. de (org.). *História da vida privada no Brasil*, v.2: *Império*: a corte e a modernidade nacional, p.181-231. São Paulo: Companhia das Letras, 1997.

MEDEIROS E ALBUQUERQUE, J. J. C. e C. de (org.). *Poesias completas de Pedro II (com um prefácio de Medeiros e Albuquerque)* (originaes e traducções, sonetos de exílio, autênticas e apócrifas). Rio de Janeiro: Guanabara, Waissman Reis, 1932.

MELLO JUNIOR, D. A criação da primeira exposição geral da Academia das Belas Artes em 1840. *Mensário do Arquivo Nacional*, a.4, n.10, out. 1973, p.24-33.

_____. D. Pedro II nas exposições gerais da Academia Imperial das Belas Artes. *Mensário do Arquivo Nacional*, a.12, n.6, jun. 1981, p.12-24.

MELO FRANCO, A. A. de. *Rodrigues Alves.* 2v. São Paulo: Edusp, 1973.

_____. *Um estadista da república* (Afrânio de Melo Franco e seu tempo). 3v. Rio de Janeiro: Livraria José Olympio, 1955.

_____. *Um soldado do reino e do império* (vida do marechal Calado). Rio de Janeiro: Laemmert, 1942.

"Memória apresentada ao Instituto Histórico e Geográphico Brasileiro em 10 de outubro de 1890 para ser lida depois da morte do Imperador o Sr. D. Pedro II". *Revista do Instituto Histórico e Geográfico Brasileiro*, t.55, parte 2, 1892/93, p.1-13.

MENDES GONÇALVES, R. *O barão Hübner na corte de São Cristóvão*. Rio de Janeiro: Ministério da Educação e Cultura, 1955.

_____. *Um diplomata austríaco na corte de São Cristóvão* (à margem do diário do barão Hübner) *Brasil – Uruguai – Argentina de 1882*. Rio de Janeiro: Conselho Federal de Cultura, 1970.

MENEZES, R. de. *Cartas e documentos de José de Alencar*. São Paulo: Conselho Estadual de Cultura, 1967.

_____. *José de Alencar*: literato e político. São Paulo: Martins Editora, 1965.

MONTEIRO, M. *A vida amorosa de D. Pedro II*. Rio de Janeiro: Cruzeiro, 1962.

MONTEIRO, T. *Pesquisas e depoimentos para a história*. Rio de Janeiro: Francisco Alves, 1913.

MORSE, R. Some Themes of Brazilian History. *South Atlantic Monthly*, 61, n.2, 1962, p.159-82.

MOTTA MAIA, M. A. V. da. *O conde de Motta Maia médico e amigo dedicado de D. Pedro Segundo*: reminiscências do Segundo Reinado. Rio de Janeiro: Francisco Alves, 1937.

MURITIBA, barão de [Manuel Vieira Tosta Filho]. Apontamentos sobre o 15 de novembro de 1889. *Revista do Instituto Histórico e Geográfico Brasileiro*, v.176, 1941, p.251-72.

Museu Imperial: guia. Petrópolis: Colorama, 1989.

NABUCO, C. *The Life of Joaquim Nabuco*. Trad. R. Hilton et al. Stanford: Stanford University Press, 1950.

NABUCO DE ARAÚJO, J. A. *Um estadista do império*: Nabuco de Araújo – sua vida, suas opiniões, sua época. 2v. 2.ed. São Paulo: Companhia Editora Nacional, 1936.

NABUCO DE ARAÚJO, J. T. Frei Pedro de Santa Mariana, bispo de Chrisopolis, conde e esmoler-mor da casa imperial. *Revista do Instituto Histórico e Geográfico Brasileiro*, t.38, parte 1, 1877, p.221-44.

NEEDELL, J. D. Rio Branco, Visconde do. In: *Encyclopedia of Latin American History and Culture*, v.4. Nova York: Charles Scribner's Sons, 1996, p.563-4.

NIEDERMEYER, E. *Epilepsy Guide*: Diagnosis and Treatment of Epileptic Seizure Disorders. Baltimore: Urban & Schwartenberg, 1983.

"Notice". *Journal of the American Geographical Society of New York*, 8, 1876, p.131-58.

"Noticiário". *Anuário do Museu Imperial* 1, 1940, p.317-31.

"Noticiário". *Anuário do Museu Imperial* 9, 1948, p.245-58.

"O arquivo do Museu Imperial". *Anuário do Museu Imperial*, II, 1950, p.157-64.

O Brazil. Rio de Janeiro.

O Chronista. Rio de Janeiro.

O Dezenove de Dezembro. Curitiba.

O Paiz. Rio de Janeiro.

OBERACKER JR., C. H. *A imperatriz Leopoldina, sua vida e sua época*: ensaio de uma biografia. Rio de Janeiro: Conselho Federal de Cultura, 1973.

OLIVEIRA LIMA, M. de. *Memórias (estas minhas recordações...)*. Rio de Janeiro: José Olympio, 1937.

_____. *O império brasileiro, 1822-1889*. São Paulo: Melhoramentos, 1927.

OLIVEIRA TÔRRES, J. C. de. *A democracia coroada*: teoria política do império do Brasil. Petrópolis: Vozes, 1964.

OLIVEIRA VIANNA, F. J. de. *O ocaso do império*. São Paulo: Melhoramentos, 1925.

OMAN, C. *Napoleon's Viceroy Eugène de Beauharnais*. Londres: Hodder & Stoughton, 1966.

Organizações e programas ministeriais: regime parlamentar do império. 2.ed. Rio de Janeiro: Arquivo Nacional, 1962.

OTTONI, C. B. *Autobiographia*. Rio de Janeiro: Leuzinger, 1908.

_____. *D. Pedro d'Alcântara segundo e último imperador do Brasil, biografia apresentada em concurso, aberto pelo Instituto Histórico e Geográfico do Rio de Janeiro – setembro de 1892*. Rio de Janeiro: Jornal do Commercio, 1893.

OURO PRETO, visconde de. *O advento da ditadura militar no Brasil*. Paris: F. Pichon, 1891.

PAGET, W. *The Linings of Life*. 2v. Londres: Hurst and Blackett, 1928.

"Pancreatitis". In: CLAYMAN, C. B. (org.). *Encyclopedia of Medicine*. American Medical Association. Nova York: Random House, 1988, p.767.

PANG, E.-S. *In Pursuit of Honor and Power*: Noblemen of the Southern Cross in Nineteenth-Century Brazil. Tuscaloosa: University of Alabama Press, 1988.

PARKE, R. D. *Fathers*. Cambridge: Harvard University Press, 1981.

PATON, L. A. *Elizabeth Cary Agassiz, a Biography*. Boston: Houghton Mifflin, 1919.

D. PEDRO D'ALCÂNTARA [sic]. *Sonetos do exílio recolhidos por um brasileiro*. Paris [sic], 1898.

D. PEDRO D'ORLÉANS E BRAGANÇA. Centenário do príncipe do Grão-Pará. *Revista do Instituto Histórico e Geográfico Brasileiro*, v.316, 1977, p.368-78.

PEDRO II. *Conselhos à regente*. Rio de Janeiro: Livraria São José, 1958.

_____. *Diário da viagem ao norte do Brasil*. Prefácio e notas de Lourenço Luiz Lacombe. Salvador: Progresso, 1959.

_____. *Poesies Hebraico-Provençales du Rituel Israelite Traduite et Transcrite par S. M. Dom Pedro II d'Alcantara Empereur du Brésil*. Avignon: Seguir Frères, 1891.

[_____.] *Voyage au Haut Nil*. *Anuário do Museu Imperial*, 8, 1947, p.1-37.

PERDIGÃO MALHEIROS, A. M. *A escravidão no Brasil*: ensaio histórico, jurídico, social. 2v. 3.ed. Petrópolis: Vozes, 1976.

PEREIRA DE QUEIROZ, C. *Um fazendeiro paulista no século XIX*. São Paulo: Conselho Estadual de Cultura, 1965.

PETERSONS, M. L. (org.). *The Journals of Daniel Noble Johnson (1822-1853) United States Navy*. Washington, D.C.: Smithsonian Institution, 1959.

PIMENTA BUENO, J. A. *Direito público brasileiro e análise da constituição do império*. 1.ed. Rio de Janeiro: J. Villeneuve, 1857. [2.ed. Rio de Janeiro: Ministério da Justiça e Negócios Interiores, 1958.]

PINHEIRO CHAGAS, P. *Teófilo Ottoni*: o ministro do povo. 2.ed. Rio de Janeiro: Livraria São José, 1956.

PINTO DE CAMPO, J. O senhor D. Pedro II. *O futuro*, 1862.

PLUMB, J. H. *The First Four Georges*. Londres: B. T. Batsford, 1956.

PRADO JÚNIOR, C. *A formação do Brasil contemporâneo*: colônia. São Paulo: Martins, 1942.

_____. *Evolução política do Brasil*: ensaio de interpretação materialista da história brasileira. São Paulo: Revista dos tribunais, 1933.

_____. *História econômica do Brasil*. São Paulo: Brasiliense, 1945.

PRADO VALLADARES, C. do. *Tempo e lembrança de D. Pedro II*: um estudo iconográfico. Rio de Janeiro: Funarte, 1977.

1º centenário do Jornal do Commercio 1827-1927. Rio de Janeiro: Jornal do Commercio, 1928.

RADZIWILL, C. *My Recollections*. Londres: Isbister, 1904.

RAEDERS, G. (org.). *D. Pedro II e o conde de Gobineau (correspondências inéditas)*. São Paulo: Companhia Editora Nacional, 1938.

RAFFARD, H. Apontamentos acerca de pessoas e cousas do Brasil. *Revista do Instituto Histórico e Geográfico Brasileiro*, t.61, parte II, 1899, p.7-567.

RAMIREZ, E. S. *As relações entre a Áustria e o Brasil, 1815-1889*. Trad. Américo Jacobina Lacombe. São Paulo: Companhia Editora Nacional, 1968.

RAMIZ GALVÃO, B. F. Gratas reminiscências. *Revista do Instituto Histórico e Geográfico Brasileiro*, v.152, 1925, p.859-61.

RANGEL, A. *A educação do príncipe (esboço histórico sobre o ensino de D. Pedro II)*. Rio de Janeiro: Agir, 1945.

_____. *Dom Pedro I e a marquesa de Santos à vista de cartas íntimas e outros documentos públicos e particulares*. 3.ed. São Paulo: Brasiliense, 1967.

_____. *Gastão d'Orléans (o último conde d'Eu)*. São Paulo: Companhia Editora Nacional, 1935.

REBOUÇAS, A. *Diário e notas autobiográficas*. Rio de Janeiro: José Olympio, 1938.

Registro de estrangeiros, 1823-1830. Rio de Janeiro: Arquivo Nacional, 1961.

"Relatório dos trabalhos annuaes de 1891 a 1892 lido no Instituto Histórico e Geográphico Brasileiro na sessão magna anniversaria de 15 de Dezembro de 1892". *Revista do Instituto Histórico e Geográfico Brasileiro*, t.55, parte 2, 1892-1893, p.432-52.

Revista do Instituto Histórico e Geográfico Brasileiro.

RIO BRANCO, M. do (org.). *Correspondência entre D. Pedro II e o barão do Rio Branco.* São Paulo: Companhia Editora Nacional, 1957.

ROCHA MARTINS, F. J. da. *O imperador D. Pedro II do Brasil proscrito em Portugal.* Porto: Edicções aov, 1949.

RODRIGUES, J. W. Fardas do Reino Unido e do Império. *Anuário do Museus Imperial,* II, 1950, p.5-52.

RODRIGUES PEREIRA, L. *Cartas ao irmão.* São Paulo: Companhia Editora Nacional, 1968.

[RUSCHENBERGER, W. S. W.] *Three Years in the Pacific, including Notices of Brazil, Chile, Bolivia and Peru by an Officer in the U.S. Navy.* Philadelphia: Carey, Lee & Blanchard, 1834.

SACRAMENTO BLAKE, A. V. A. *Diccionário biobibliográphico.* 7v. Rio de Janeiro: Imprensa Nacional, 1883-1902.

SALDANHA MARINHO, J. *O rei e o Partido Liberal.* 2.ed. São Paulo: Semente, 1981.

SAXE-COBURGO E BRAGANÇA, P. A. de. *Trabalhos de mineralogia e numismática*: aspectos da vida de um príncipe brasileiro. São Paulo: Martins, 1958.

SERRÃO, J. V. *História de Portugal.* v.6: *O despotismo iluminado (1750-1807).* Lisboa: Verbo, 1982.

SHAFFER, D. R. *Developmental Psychology*: Theory, Research and Applications. Monterey, Calif.: Cole, 1985.

SILVA COSTA, O. da. Os funerais de S. M. o imperador o sr. D. Pedro II, na Europa. *Revista do Instituto Histórico e Geográfico Brasileiro,* v.152, 1925, p.208-11.

SILVA, C. *Quintino Bacayuva, o patriarca da república.* São Paulo: Edaglit, 1962.

SILVEIRA MARTINS, J. J. *Silveira Martins.* Rio de Janeiro: Typ. São Benedicto, 1929.

SILVEIRA PINTO, A. da. *Resenha das famílias titulares e grandes de Portugal.* 2v. Lisboa: Francisco Arthur da Silva, 1883, 1890.

SISSON, S. A. (org.). *Galeria dos brasileiros ilustres (os contemporâneos).* 2v. São Paulo: Martins, 1948.

SOARES DE SOUSA, J. A. *A vida do visconde do Uruguay.* São Paulo: Companhia Editora Nacional, 1944.

SODRÉ, A. A acção política do conselheiro Jobim. *Anuário do Museu Imperial,* 14, 1953, p.5-110.

_____. *Abrindo um cofre*: cartas de Dom Pedro II à condêssa de Barral. Rio de Janeiro: Livros de Portugal, 1956.

_____. Um médico na monarquia. *Anuário do Museu Imperial,* 6, 1945, p.191-236.

SOUSA JÚNIOR, A. de. A guerra do Paraguai. In: BUARQUE DE HOLANDA, S.; CAMPOS, P. M. (orgs.). *História geral da civilização brasileira,* t.II: *O Brasil monárquico,* v.4: *Declínio e queda do império.* São Paulo: Difusão Europeia do Livro, 1971, p.299-314.

SOUSA, O. T. de. *História dos fundadores do império do Brasil.* v.I: *José Bonifácio.* v.5: *Bernardo Pereira de Vasconcelos.* v.8: *Três golpes de Estado.* Rio de Janeiro: São José, 1957.

Southern France including Corsica: Handbook for Travellers by Karl Baedecker. 4.ed. Leipizig: Karl Baedecker, 1902.

ST. JOHN, F. *Reminiscences of a Retired Diplomat*. Londres: Chapman and Hall, 1905.

STEIN, S. J. *The Brazilian Cotton Manufacture, Textile Enterprise in an Underdeveloped Area, 1850-1950*. Cambridge: Harvard University Press, 1957.

_____. *Vassouras*: A Brazilian Coffee County, 1850-1900. Cambridge: Harvard University Press, 1957.

STENGERS, J. *L'Action du roi en Belgique depuis 1831*: Pouvoir et influence: Essai de typologie des modes d'action du roi. Paris: Duculot, 1992.

STONEY, B.; WELTZIEN, H. C. *My Mistress the Queen*: The Letters of Frieda Arnold Dresser to Queen Victoria, 1854-9. Trad. Sheila de Bellaigue. Londres: Weidenfeld & Nicolson, 1994.

SUETONIO [pseud.]. *O antigo regimen, homens e cousas*. Rio de Janeiro: Cunha & Irmão, 1896.

SUSSEKIND DE MENDONÇA, C. *Quem foi Pedro II*: golpeando, de frente, "o saudosismo". Rio de Janeiro: Freitas Bastos, 1929.

TASSO DE SAXE-COBURGO E BRAGANÇA, C. O ramo brasileiro da casa da Bragança: apontamentos genealógicos. *Anais do Museu Histórico Nacional*, 18, 1968, p.7-209.

TAUNAY, A. d'E., visconde de Taunay. *Homens e cousas do império*. São Paulo: Melhoramentos, 1924.

_____. *Memórias*. Rio de Janeiro: Biblioteca do Exército, 1960.

_____. *Pedro II*. 2.ed. São Paulo: Companhia Editora Nacional, 1938.

_____. *Reminiscências*. 2.ed., rev. São Paulo: Melhoramentos, 1923.

_____. *Trechos da minha vida*. São Paulo: Melhoramentos, 1921.

TAUNAY, G. d'E. A morte do Imperador na manhã de 5 de dezembro de 1891. *Revista do Instituto Histórico e Geográfico Brasileiro*, v.152, 1925, p.194-207.

TAVARES BASTOS, A. C. *Correspondência e catálogo de documentos da coleção da Biblioteca Nacional*. Brasília: Senado Federal, 1977.

TÁVORA, A. *Pedro II através da caricatura*. Rio de Janeiro: Editora Documentária, 1975.

TEIXEIRA, M. *O imperador visto de perto*: perfil de D. Pedro de Alcântara. Rio de Janeiro: Leite Ribeiro e Murillo, 1917.

The Empire of Brazil at the Universal Exhibition of 1876 in Philadelphia. [s.l., s.d.]

The Rhine from Rotterdam to Constance: Handbook for Travellers by Karl Baedeker. 16.ed. Leipzig: Karl Baedeker, 1906.

THORNTON, M. C. *The Church and Freemasonry in Brazil 1872-1875*: A Study in Regalism. Washington, D.C.: Catholic University of America Press, 1948.

Times. Londres.

TITUS, D. A. *Palace and Politics in Prewar Japan*. Nova York: Columbia University Press, 1974.

"Traços biográphicos de D. Pedro II, extrahidos das colecções do *Jornal do Commercio*". *Revista do Instituto Histórico e Geográfico Brasileiro*, v.152, 1925, p.859-61.

TULLIO, S. [pseud. Vicente Cândido Figueira de Saboia, visconde de Saboia]. *O Sr. D. Pedro II*: sucinta apreciação e rápida analyse dos ultrages biográficos assacados pelo sr. senador Christiano B. Ottoni à augusta memória do fallecido imperador do Brasil O Sr. D. Pedro II. Rio de Janeiro: LithoTypographia do Pinheiro, 1896.

VIANA FILHO, L. *A vida do barão do Rio Branco*. Rio de Janeiro: José Olympio, 1959. [São Paulo: Ed. Unesp/Salvador: Edufba, 2008]

VIANA LYRA, M. de L. Isabel de Bragança, uma princesa imperial. *Revista do Instituto Histórico e Geográfico Brasileiro*, v.394, 1997, p.83-131.

VIANNA, H. (Ed.). Diário de 1862. *Anuário do Museu Imperial*, 17, 1956, p.15-319.

_____. Diários, cadernetas de notas e apontamentos de viagens de Dom Pedro II. *Anuário do Museu Imperial*, 15, 1954, p.69-82.

_____. *Contribuições à história da imprensa brasileira (1812-1869)*. Rio de Janeiro: Imprensa Nacional, 1945.

_____. *D. Pedro I e D. Pedro II*: acréscimos às suas biografias. São Paulo: Companhia Editora Nacional, 1966.

_____. *Estudos de história imperial*. São Paulo: Companhia Editora Nacional, 1950.

_____. *Letras imperiais*. Rio de Janeiro: Ministério da Educação e Cultura, 1956.

_____. Notas do imperador a um folheto de 1885. *Revista do Instituto Histórico e Geográfico Brasileiro*, v.285, 1969, p.155-60.

_____. Recusas do imperador a auxílios pecuniários da república. *Revista do Instituto Histórico e Geográfico Brasileiro*, v.278, 1968, p.361-4.

_____. *Vultos do império*. São Paulo: Companhia Editora Nacional, 1968.

VILELA LYZ, N. *A luta pela industrialização do Brasil*. São Paulo: Difusão Europeia do Livro, 1961.

VILHENA DE MORAIS, E. *O gabinete Caxias e a amnistia dos bispos na "questão religiosa"*. Rio de Janeiro: F. Briguiet, 1930.

VINCENT, J. (org.). *Derby and the Conservative Party*: Journals and Memoirs of Edward Henry, Lord Stanley, 1849-1869. Hassocks, Sussex: Harvester Press, 1978.

VIOTTI DA COSTA, E. *Da senzala à colônia*. São Paulo: Difusão Europeia do Livro, 1971. [4.ed. São Paulo: Ed. Unesp, 1998.]

_____. *The Brazilian Empire, Myths and Histories*. Chicago: Dorsey, 1985.

WALSH, R. *Notices of Brazil in 1828 and 1829*. 2v. Londres: Frederick Westley and A. H. Davis, 1830.

WANDERLEY [DE ARAÚJO] PINHO, J. *Cotegipe*: a primeira phase (1815-1867). São Paulo: Companhia Editora Nacional, 1937.

_____. *Política e políticos no império*: contribuições documentaes. Rio de Janeiro: Imprensa Nacional, 1930.

_____. *Salões e damas do segundo reinado*. 2.ed. Rio de Janeiro: Martins, [s.d.].

_____. (org.). *Cartas do imperador D. Pedro II ao barão de Cotegipe*. São Paulo: Companhia Editora Nacional, 1933.

WEBSTER, C. K. (org.). *Britain and the Independence of Latin America, 1812-1830*. Londres: Oxford University Press, 1938.

WHITTIER, J. G. *Anti-Slavery Poems, Songs of Labor & Reform*. v.3 de *The Writings of John Greenleaf Whittier in Seven Volumes*. Londres: Macmillan, 1889.

WILLIAMS, D. Ad Perpetuam Rei Memoriam: The Vargas Regime and Brazil's Historical Patrimony, 1930-1945. *Luso-Brazilian Review*, 31, n.2, inverno 1994, p.45-75.

WILLIAMS, J. H. *The Rise and Fall of the Paraguayan Republic, 1800-1870*. Austin: Institute of Latin American Studies, University of Texas at Austin, 1979.

WILLIAMS, M. W. *Dom Pedro the Magnanimous, Second Emperor of Brazil*. Chapel Hill: University of North Carolina Press, 1937.

ZIVOJNOVIC, Z. Un Complément à la correspondence de Gobineau et Dom Pedro. *Études Gobiniennes*, 1971, p.217-8.

Abreviaturas

ABNRJ	*Anais da Biblioteca Nacional*
AGP	Arquivo Grão Pará
AHI	Arquivo Histórico do Itamaraty
AHMI	Arquivo Histórico do Museu Imperial
ANRJ	Arquivo Nacional (Rio de Janeiro)
ANTT	Arquivo Nacional da Torre do Tombo (Lisboa)
APE	Arquivo Público do Estado (Recife)
BC	Arquivo do Barão de Cotegipe
BL	Arquivo do Barão de Lucena
BNP NAF	Bibliothèque Nationale, Nouvelles Acquisitions Françaises (Paris)
BNRJ	Biblioteca Nacional do Rio de Janeiro
Cat.	Catálogo
CI	Casa Imperial
Doc.	Documento
IHGB	Instituto Histórico e Geográfico Brasileiro
JTN	Arquivo de José Tomás Nabuco de Araújo
MO	Arquivo do Marquês de Olinda
Pac.	Pacote
POB	Coleção Pedro d'Orléans e Bragança
PRO FO	Public Record Office, Foreign Office Archives, Kew
RA	Royal Archives (Castelo de Windsor)

RIHGB *Revista do Instituto Histórico e Geográfico Brasileiro*
  RSP Arquivo Particular de Rodrigo de Sousa da Silva Pontes
   SM Seção dos Manuscritos
  SOR Seção das Obras Raras
   TM Coleção Tobias Monteiro
UFP JA Universidade Federal de Pernambuco, Coleção João Alfredo (Recife)
  VOP Arquivo do Visconde de Ouro Preto
  VRB Arquivo Particular do Visconde do Rio Branco

Índice remissivo

SOBRE O LIVRO

Formato: 16 x 23 cm
Mancha: 29 x 44 paicas
Tipologia: Iowan Old Style 10/14
Papel: Lux Cream 70 g/m² (miolo)
Cartão Supremo 250 g/m² (capa)
1ª edição: 2012

EQUIPE DE REALIZAÇÃO

Edição de Texto
Dafne Mello (Copidesque)
Thaisa Burani (Preparação de original)
Fred Ventura (Revisão)

Editoração eletrônica
Eduardo Seiji Seki (Diagramação)

Capa
Estúdio Bogari

Assistência Editorial
Alberto Bononi

MUNDIAL**GRÁFICA**
www.mundialgrafica.com.br